Habersack
Deutsche Gesetze
Ergänzungsband

Herausgegeben von
Prof. Dr. Mathias Habersack
Ludwig-Maximilians-Universität München

Stand: 23. November 2021
(70. Ergänzungslieferung)

C.H.BECK

Dieses Titelblatt stammt aus der 70. Ergänzungslieferung November 2021
Die Ergänzungslieferung November 2021 schließt an die
Ergänzungslieferung Oktober 2021 (Stand: 4. Oktober 2021) an
ISBN 978 3 406 77627 4

Redaktioneller Hinweis: Paragraphenüberschriften in eckigen Klammern sind nichtamtlich. Sie sind ebenso wie die Fußnoten urheber- und wettbewerbsrechtlich geschützt.

www.beck.de

ISBN 978 3 406 48859 7 (Grundwerk zur Fortsetzung für 12 Monate)
ISBN 978 3 406 61800 0 (Grundwerk ohne Fortsetzung)

Wilhelmstraße 9, 80801 München
Druck: Druckerei C. H. Beck Nördlingen
(Adresse wie Verlag)

CO_2 neutral
chbeck.de/nachhaltig

Gedruckt auf säurefreiem, alterungsbeständigem Papier
(hergestellt aus chlorfrei gebleichtem Zellstoff)

Habersack, Deutsche Gesetze

Ergänzungsband

Einordnungsanweisung für die 70. Ergänzungslieferung
November 2021

(Anschluss an die 69. Ergänzungslieferung Oktober 2021)

Die Angaben beziehen sich auf die Ordnungsnummern (fette Zahlen) und die dazugehörigen Seitenzahlen (magere Zahlen)

Herauszunehmen:		Blätter	Einzufügen:		Blätter
Titelblatt, Geleitwort		2	Titelblatt, Geleitwort		2
45b	1–2a	2	**45b**	1–2a	2
	17/18	1		17/18	1
45e	1–36	18	**45e**	1–28	14
46	1–12	6	**46**	1–12a	7
	23–26	2		23–26a	3
	57/58	1		57/58	1
	89–102	7		89–102	7
62e	1–16	8	**62e**	1–16	8
62i	1–24	12	**62i**	1–24	12
86	1–4	2	**86**	1–4a	3
	29/29a	1		29/29a	1
	43–48	3		43–48a	4
90e	1/2	1	**90e**	1/2	1
	21–24	2		21–24a	3
90h	1–3	2	**90h**	1–3a	3
	37–40	2		37–40	2
91	1–3a	2	**91**	1–3a	3
	39/40	1		39/40	1
91a	1/2	1	**91a**	1/2	1
91c	1–2a	2	**91c**	1–2a	2
94a	1–64	36	**94a**	1–62	31
97	7–12	3	**97**	7–12	3
	31/32	1		31/32	1
98	1–10	5	**98**	1–10a	6
	23/24	1		23/24	1
98/4	1–4	2	**98/4**	1–4a	3
	17/18	1		17/18	1
Sachverzeichnis 1–68		34	Sachverzeichnis 1–70		35
Insgesamt herauszunehmen:		161	Insgesamt einzufügen:		162

Habersack
Deutsche Gesetze

Ergänzungsband

Geleitwort
zur 70. Ergänzungslieferung November 2021

Die 70. Ergänzungslieferung bringt Ihre Textsammlung „Habersack, Deutsche Gesetze, Ergänzungsband“ auf den Stand der Gesetzgebung vom 23. November 2021.

Eingearbeitet wurden folgende Änderungen:

Die 1. Verordnung zur Änderung der Bußgeldkatalogverordnung vom 13. Oktober 2021 (BGBl. I S. 4688) änderte die BKatV (Nr. **94a**) mWv 9.11.2021.

Das Gesetz zur Änderung des Infektionsschutzgesetzes und weiterer Gesetze anlässlich der Aufhebung der Feststellung der epidemischen Lage von nationaler Tragweite vom 22.11.2021 (BGBl. I S. 4906) brachte Änderungen im BKGG (Nr. **45b**). Das Ganztagsförderungsgesetz vom 2.10.2021 (BGBl. I S. 4602) brachte Änderungen im SGB VIII (Nr. **46**) mit unterschiedlichen Inkrafttretensdaten. Das Gesetz zum Ausbau des elektronischen Rechtsverkehrs mit den Gerichten und zur Änderung weiterer Vorschriften vom 5.10.2021 (BGBl. I S. 4607) änderte das SGB VIII (Nr. **46**), das IRG (Nr. **90h**), das StVollzG (Nr. **91**), die BRAO (Nr. **98**) und das EuRAG (Nr. **98/4**). Die 22. Verordnung zur Änderung von Anlagen des Betäubungsmittelgesetzes vom 8.11.2021 (BGBl. I S. 4791) brachte Änderungen im BtMG (Nr. **86**). Weitere Änderungen gab es in der RiStBV (Nr. **90e**)

Darüber hinaus enthält diese Lieferung ein komplett überarbeitetes Sachverzeichnis.

München, im November 2021

45b. Bundeskindergeldgesetz (BKGG)

In der Fassung der Bekanntmachung vom 28. Januar 2009[1]
(BGBl. I S. 142, ber. S. 3177)

FNA 85-4

Lfd. Nr.	Änderndes Gesetz	Datum	Fundstelle	Betroffen	Hinweis
1.	§ 62 Abs. 17 BeamtenstatusG	17.6.2008	BGBl. I S. 1010	§ 1	geänd. mWv 1.4.2009
2.	Art. 104 FGG-ReformG	17.12. 2008	BGBl. I S. 2586	§ 3	geänd. mWv 1.9.2009
3.	Art. 15 Abs. 95 DienstrechtsneuordnungsG	5.2.2009	BGBl. I S. 160	§ 1	geänd. mWv 12.2.2009
4.	Art. 3 G zur Sicherung von Beschäftigung und Stabilität in Deutschland	2.3.2009	BGBl. I S. 416	§ 6	geänd. mWv 6.3.2009
5.	Art. 13 BürgerentlastungsG Krankenversicherung	16.7.2009	BGBl. I S. 1959	§§ 2, 6a, 20	geänd. mWv 23.7.2009
6.	Art. 8 WachstumsbeschleunigungsG	22.12. 2009	BGBl. I S. 3950	§ 6	geänd. mWv 1.1.2010
7.	Art. 5 G zur Ermittlung von Regelbedarfen und zur Änd. des Zweiten und Zwölften Buches Sozialgesetzbuch	24.3.2011	BGBl. I S. 453	§§ 3, 5, 6a, 7, 8, 9, 11, 13, 14, 16, 20	geänd. mWv 1.1.2011
				§§ 6b, 7a	eingef. mWv 1.1.2011
8.	Art. 6 Abs. 11 G zur Änd. des BundesversorgungsG und anderer Vorschriften	20.6.2011	BGBl. I S. 1114	§ 20	geänd. mWv 1.1.2011
9.	Art. 12 SteuervereinfachungsG 2011	1.11.2011	BGBl. I S. 2131	§§ 1, 2	geänd. mWv 1.1.2012
10.	Art. 9 Beitreibungsrichtlinie-UmsetzungsG	7.12.2011	BGBl. I S. 2592	§§ 2, 6a, 20	geänd. mWv 1.1.2011
				§ 10	geänd. mWv 1.1.2012
11.	Art. 2 UnterhaltsvorschussentbürokratisierungsG	3.5.2013	BGBl. I S. 1108	§§ 5, 6a	geänd. mWv 1.7.2013
12.	Art. 3 G zur Änd. des Zweiten Buches Sozialgesetzbuch und anderer G	7.5.2013	BGBl. I S. 1167	§ 6b	geänd. mWv 1.8.2013
13.	Art. 15 Amtshilferichtlinie-UmsetzungsG	26.6.2013	BGBl. I S. 1809	§§ 2, 20	geänd. mWv 1.1.2012
14.	Art. 7 G zur Anpassung steuerlicher Regelungen an die Rechtsprechung des Bundesverfassungsgerichts	18.7.2014	BGBl. I S. 1042	§§ 1, 2, 3, 4, 6a, 10	geänd. mWv 24.7.2014
15.	Art. 21 G zur Anpassung des nationalen Steuerrechts an den Beitritt Kroatiens zur EU und zur Änd. weiterer steuerlicher Vorschriften	25.7.2014	BGBl. I S. 1266	§§ 2, 20	geänd. mWv 31.7.2014

[1] Neubekanntmachung des BundeskindergeldG idF der Bek. v. 17.7.2007 (BGBl. I S. 1450) in der ab 1.1.2009 geltenden Fassung.

Lfd. Nr.	Änderndes Gesetz	Datum	Fundstelle	Betroffen	Hinweis
16.	Art. 14 G zur Anpassung der Abgabenordnung an den Zollkodex der Union und zur Änd. weiterer steuerlicher Vorschriften	22.12. 2014	BGBl. I S. 2417	§ 2	geänd. mWv 1.1.2015
17.	Art. 5, Art. 6, Art. 7 G zur Anhebung des Grundfreibetrags, des Kinderfreibetrags, des Kindergeldes und des Kinderzuschlags	16.7.2015	BGBl. I S. 1202	§ 6	geänd. mWv 1.1.2015
				§ 6	geänd. mWv 1.1.2016
				§ 6a	geänd. mWv 1.7.2016
18.	Art. 3 Abs. 11 Neuntes G zur Änd. des SGB II – Rechtsvereinfachung – sowie zur vorübergehenden Aussetzung der Insolvenzantragspflicht	26.7.2016	BGBl. I S. 1824	§ 11	geänd. mWv 1.8.2016
19.	Art. 12, Art. 13 G zur Umsetzung der Änd. der EU-AmtshilfeRL und von weiteren Maßnahmen gegen Gewinnkürzungen und -verlagerungen	20.12. 2016	BGBl. I S. 3000	§§ 6, 6a, 6b	geänd. mWv 1.1.2017
				§ 6	geänd. mWv 1.1.2018
20.	Art. 157 G zum Abbau verzichtbarer Anordnungen der Schriftform im Verwaltungsrecht des Bundes	29.3.2017	BGBl. I S. 626	§ 14	geänd. mWv 5.4.2017
21.	Art. 8 Steuerumgehungsbekämpfungsgesetz	23.6.2017	BGBl. I S. 1682	§§ 6, 20	geänd. mWv 1.1.2018
22.	Art. 6, Art. 7 FamilienentlastungsG	29.11. 2018	BGBl. I S. 2210	§ 2	geänd. mWv 1.1.2019
				§ 6	geänd. mWv 1.7.2019
23.	Art. 1, Art. 2 Starke-Familien-G	29.4.2019	BGBl. I S. 530	§§ 5, 6, 9, 11, 19, 20, 22	geänd. mWv 1.7.2019
				§§ 6a	neu gef. mWv 1.7.2019
				§ 6b	geänd. mWv 1.8.2019
				§§ 5, 6a, 19, 20, 22	geänd. mWv 1.1.2020
24.	Art. 15 G gegen illegale Beschäftigung und Sozialleistungsmissbrauch	11.7.2019	BGBl. I S. 1066	§ 2	geänd. mWv 18.7.2019
				§ 7b	eingef. mWv 18.7.2019
25.	Art. 33 und 34 G zur weiteren steuerl. Förderung der Elektromobilität und zur Änd. weiterer steuerl. Vorschriften	12.12. 2019	BGBl. I S. 2451	§§ 1, 20	geänd. mWv 1.1.2020
				§§ 1, 20	geänd. mWv 1.3.2020
26.	Art. 6 Sozialschutz-Paket	27.3.2020	BGBl. I S. 575	§ 20	geänd. mWv 28.3.2020
27.	Art. 18 Sozialschutz-Paket II	20.5.2020	BGBl. I S. 1055	§ 20	geänd. mWv 29.5.2020

Lfd. Nr.	Änderndes Gesetz	Datum	Fund-stelle	Betroffen	Hinweis
28.	Art. 9 Zweites Corona-SteuerhilfeG	29.6.2020	BGBl. I S. 1512	§ 6	geänd. mWv 1.7.2020
29.	Art. 12 Krankenhaus-zukunftsG	23.10. 2020	BGBl. I S. 2208	§ 20	geänd. mWv 29.10.2020
30.	Art. 5 Zweites Familienent-lastungsG	1.12.2020	BGBl. I S. 2616	§§ 5, 6, 6a, 8, 13, 20, 22	geänd. mWv 1.1.2021
31.	Art. 8 G zur Ermittlung der Regelbedarfe und zur Änd. des Zwölften Buches Sozial-gesetzbuch sowie weiterer Gesetze	9.12.2020	BGBl. I S. 2855	§ 20	geänd. mWv 1.1.2021
32.	Art. 4 Drittes Corona-Steu-erhilfeG	10.3.2021	BGBl. I S. 330	§ 6	geänd. mWv 18.3.2021
33.	Art. 4 Sozialschutz-Paket III	10.3.2021	BGBl. I S. 335	§ 20	geänd. mWv 1.4.2021
34.	Art. 2 Kitafinanzhilfenände-rungsG	25.6.2021	BGBl. I S. 2020	§§ 6a, 19	geänd. mWv 30.6.2021
				§ 6c	eingef. mWv 30.6.2021
				§ 6d	eingef. mWv 1.7.2021
35.	Art. 14 G zur Änd. des In-fektionsschutzG und wei-terer Gesetze anlässlich der Aufhebung der Feststellung der epidemischen Lage von nationaler Tragweite	22.11. 2021	BGBl. I S. 4906	§ 20	geänd. mWv 24.11.2021

Zum BKGG haben die **Länder** ua folgende Ausführungsvorschriften erlassen:

Baden-Württemberg: G zur Ausführung des SGB IIund zur Ausführung der Aufgaben nach § 6b des BundeskindergeldG (AGSGB II)] v. 14.12.2004 (GBl. S. 907), zuletzt geänd. durch G v. 6.2.2018 (GBl. S. 6),

Niedersachsen: G zur Ausführung des Zweiten Buchs des Sozialgesetzbuchs und des § 6b des Bundes-kindergeldG v. 16.9.2004 (Nds. GVBl. S. 358), zuletzt geänd. durch G v. 10.12.2020 (Nds. GVBl. S. 477),

Rheinland-Pfalz: LandesG zur Ausführung des Zweiten Buches Sozialgesetzbuch und des § 6b des BundeskindergeldG v. 22.12.2004 (GVBl. S. 569), zuletzt geänd. durch G v. 18.12.2017 (GVBl. S. 331),

Saarland: G zur Ausführung des Zweiten Buches Sozialgesetzbuch und des BundeskindergeldG (AGSGB II/BKGG) v. 17.6.2015 (Amtsbl. I S. 538), geänd. durch G v. 21.3.2018 (Amtsbl. I S. 248),

Sachsen-Anhalt: G zur Ausführung des Zweiten Buches Sozialgesetzbuch und des BundeskindergeldG v. 20.1.2012 (GVBl. LSA S. 36, ber. S. 120), zuletzt geänd. durch G v. 22.3.2017 (GVBl. LSA S. 55),

Schleswig-Holstein: G zur Ausführung des Zweiten Buches Sozialgesetzbuch und des § 6b Bundes-kindergeldG v. 27.5.2011 (GVOBl. Schl.-H. S. 146), zuletzt geänd. durch VO v. 16.1.2019 (GVOBl. Schl.-H. S. 30),

(Fortsetzung nächstes Blatt)

Vierter Abschnitt. Übergangs- und Schlussvorschriften

§ 17 Recht der Europäischen Gemeinschaft. [1] Soweit in diesem Gesetz Ansprüche Deutschen vorbehalten sind, haben Angehörige der anderen Mitgliedstaaten der Europäischen Union, Flüchtlinge und Staatenlose nach Maßgabe des Vertrages zur Gründung der Europäischen Gemeinschaft und der auf seiner Grundlage erlassenen Verordnungen die gleichen Rechte. [2] Auch im Übrigen bleiben die Bestimmungen der genannten Verordnungen unberührt.

§ 18 Anwendung des Sozialgesetzbuches. Soweit dieses Gesetz keine ausdrückliche Regelung trifft, ist bei der Ausführung das Sozialgesetzbuch anzuwenden.

§ 19[1)] Übergangsvorschriften. (1) Ist für die Nachzahlung und Rückforderung von Kindergeld und Zuschlag zum Kindergeld für Berechtigte mit geringem Einkommen der Anspruch eines Jahres vor 1996 maßgeblich, finden die §§ 10, 11 und 11a in der bis zum 31. Dezember 1995 geltenden Fassung Anwendung.

(2) Verfahren, die am 1. Januar 1996 anhängig sind, werden nach den Vorschriften des Sozialgesetzbuches und des Bundeskindergeldgesetzes in der bis zum 31. Dezember 1995 geltenden Fassung zu Ende geführt, soweit in § 78 des Einkommensteuergesetzes[2)] nichts anderes bestimmt ist.

(3) Wird Kinderzuschlag vor dem 1. Juli 2019 bewilligt, finden die Regelungen des Bundeskindergeldgesetzes in der bis zum 30. Juni 2019 geltenden Fassung weiter Anwendung, mit Ausnahme der Regelung zum monatlichen Höchstbetrag des Kinderzuschlags nach § 20 Absatz 3.

(4) § 6c lässt Unterhaltsleistungen, die vor dem 30. Juni 2021 fällig geworden sind, unberührt.

§ 20[3)] Anwendungsvorschrift. (1) [1] § 1 Absatz 3 in der am 19. Dezember 2006 geltenden Fassung ist in Fällen, in denen eine Entscheidung über den Anspruch auf Kindergeld für Monate in dem Zeitraum zwischen dem 1. Januar 1994 und dem 18. Dezember 2006 noch nicht bestandskräftig geworden ist, anzuwenden, wenn dies für den Antragsteller günstiger ist. [2] In diesem Fall werden die Aufenthaltsgenehmigungen nach dem Ausländergesetz den Aufenthaltstiteln nach dem Aufenthaltsgesetz[4)]

[1)] § 19 Abs. 3 angef. mWv 1.7.2019; Abs. 3 geänd. mWv 1.1.2020 durch G v. 29.4.2019 (BGBl. I S. 530); Abs. 4 angef. mWv 30.6.2021 durch G v. 25.6.2021 (BGBl. I S. 2020).

[2)] Nr. **45a**.

[3)] § 20 Abs. 5 Satz 3 angef., Abs. 5a eingef. mWv 23.7.2009 durch G v. 16.7.2009 (BGBl. I S. 1959); Abs. 8 angef. mWv 1.1.2011 durch G v. 24.3.2011 (BGBl. I S. 453); Abs. 8 Satz 3 neu gef., Satz 4 eingef., bish. Satz 4 wird Satz 5 mWv 1.1.2011 durch G v. 20.6.2011 (BGBl. I S. 1114); Abs. 5 Satz 4 angef. mWv 1.1.2011 durch G v. 7.12.2011 (BGBl. I S. 2592); Abs. 9 angef. mWv 1.1.2012 durch G v. 26.6.2013 (BGBl. I S. 1809); Abs. 5 Satz 1 geänd., Satz 5 angef. mWv 31.7.2014 durch G v. 25.7.2014 (BGBl. I S. 1266); Abs. 10 angef. mWv 1.1.2018 durch G v. 23.6.2017 (BGBl. I S. 1682); Abs. 2 und 3 neu gef., Abs. 5 Sätze 1–4 aufgeh., bish. Satz 5 wird alleiniger Wortlaut, Abs. 7 und 8 aufgeh, bish. Abs. 9 und 10 werden Abs. 7 und 8 mWv 1.7.2019, Abs. 2 eingef., bish. Abs. 2–8 werden Abs. 3–9 mWv 1.1.2020 durch G v. 29.4.2019 (BGBl. I S. 530); Abs. 10 angef. mWv 1.1.2020 und neu gef. mWv 1.3.2020 durch G v. 12.12.2019 (BGBl. I S. 2451); Abs. 4 geänd., Abs. 5–7 eingef., bish. Abs. 5–10 werden Abs. 8–13 mWv 28.3.2020 durch G v. 27.3.2020 (BGBl. I S. 575); Abs. 7a eingef. mWv 29.5.2020 durch G v. 20.5.2020 (BGBl. I S. 1055); Abs. 6a eingef. mWv 29.10.2020 durch G v. 23.10.2020 (BGBl. I S. 2208); Abs. 2 geänd. mWv 1.1.2021 durch G v. 1.12.2020 (BGBl. I S. 2616); Abs. 6a neu gef. mWv 1.1.2021 durch G v. 9.12.2020 (BGBl. I S. 2855); Abs. 6a Satz 1 geänd., Satz 3 aufgeh. mWv 1.4.2021 durch G v. 10.3.2021 (BGBl. I S. 335); Abs. 6a Satz 1 geänd., Satz 3 angef. mWv 24.11.2021 durch G v. 22.11.2021 (BGBl. I S. 4906).

[4)] **Sartorius Nr. 565.**

entsprechend den Fortgeltungsregelungen in § 101 des Aufenthaltsgesetzes gleichgestellt.

(2) Die Regelung der erweiterten Zugangsmöglichkeit nach § 6a Absatz 1a ist bis zum 31. Dezember 2023 anzuwenden.

(3) Abweichend von § 6a Absatz 2 beträgt für die Zeit vom 1. Juli 2019 bis zum 31. Dezember 2020 der monatliche Höchstbetrag des Kinderzuschlags für jedes zu berücksichtigende Kind 185 Euro.

(4) Wird einer Person Kinderzuschlag für einen nach dem 30. Juni 2019 und vor dem 1. Juli 2021 beginnenden Bewilligungszeitraum bewilligt und wird ihr der Verwaltungsakt erst nach Ablauf des ersten Monats des Bewilligungszeitraums bekannt gegeben, endet dieser Bewilligungszeitraum abweichend von § 6a Absatz 7 Satz 1 am Ende des fünften Monats nach dem Monat der Bekanntgabe des Verwaltungsaktes.

(5) [1] Abweichend von § 6a Absatz 7 Satz 1 wird in Fällen, in denen der höchstmögliche Gesamtkinderzuschlag bezogen wird und der sechsmonatige Bewilligungszeitraum in der Zeit vom 1. April 2020 bis zum 30. September 2020 endet, der Bewilligungszeitraum von Amts wegen einmalig um weitere sechs Monate verlängert. [2] Satz 1 gilt entsprechend, wenn der ursprüngliche Bewilligungszeitraum in Anwendung des § 20 Absatz 4 mehr als sechs Monate umfasst.

(6) [1] Abweichend von § 6a Absatz 8 Satz 1 ist für Anträge, die in der Zeit vom 1. April 2020 bis zum 30. September 2020 eingehen, bei der Ermittlung des monatlich zu berücksichtigenden Einkommens der Eltern nur das Einkommen aus dem letzten Monat vor Beginn des Bewilligungszeitraums maßgeblich. [2] In diesen Fällen wird abweichend von § 6a Absatz 3 Satz 1 und Absatz 5 Satz 1 Vermögen nach § 12 des Zweiten Buches Sozialgesetzbuch nicht berücksichtigt. [3] Satz 2 gilt nicht, wenn das Vermögen erheblich ist; es wird vermutet, dass kein erhebliches Vermögen vorhanden ist, wenn die Antragstellerin oder der Antragsteller dies im Antrag erklärt.

(6a) [1] Abweichend von § 6a Absatz 3 Satz 1 und Absatz 5 Satz 1 wird für Bewilligungszeiträume, die in der Zeit vom 1. Oktober 2020 bis 31. März 2022 beginnen, Vermögen nach § 12 des Zweiten Buches Sozialgesetzbuch nicht berücksichtigt. [2] Satz 1 gilt nicht, wenn das Vermögen erheblich ist; es wird vermutet, dass kein erhebliches Vermögen vorhanden ist, wenn die Antragstellerin oder der Antragsteller dies im Antrag erklärt. [3] Macht die Bundesregierung von ihrer Verordnungsermächtigung nach § 67 Absatz 5 des Zweiten Buches Sozialgesetzbuch Gebrauch und verlängert den in § 67 Absatz 1 des Zweiten Buches Sozialgesetzbuch genannten Zeitraum, ändert sich das in Satz 1 genannte Datum, bis zu dem die Regelung Anwendung findet, entsprechend.

(7) [1] In Fällen, in denen der Bewilligungszeitraum vor dem 1. April 2020 begonnen hat, kann im April oder Mai 2020 einmalig während des laufenden Bewilligungszeitraums ein Antrag auf Überprüfung gestellt werden. [2] Bei der Überprüfung ist abweichend von § 6a Absatz 8 Satz 1 als monatlich zu berücksichtigendes Einkommen der Eltern nur das Einkommen aus dem Monat vor dem Überprüfungsantrag zugrunde zu legen. [3] Im Übrigen sind die bereits für den laufenden Bewilligungszeitraum nach Absatz 8 ermittelten tatsächlichen und rechtlichen Verhältnisse zugrunde zu legen. [4] Die Voraussetzung nach § 6a Absatz 1 Nummer 3, dass bei Bezug des Kinderzuschlags keine Hilfebedürftigkeit besteht, ist nicht anzuwenden. [5] Ergibt die Überprüfung einen höheren Kinderzuschlag, wird für die restlichen Monate des Bewilligungszeitraums

(Fortsetzung nächstes Blatt)

45e. Gesetz zum Elterngeld und zur Elternzeit (Bundeselterngeld- und Elternzeitgesetz – BEEG)

In der Fassung der Bekanntmachung vom 27. Januar 2015[1)]
(BGBl. I S. 33)

FNA 85-5

Lfd. Nr.	Änderndes Gesetz	Datum	Fundstelle	Betroffen	Hinweis
1.	BVerfG, Urteil v. 21.7.2015 – 1 BvF 2/13 –	21.7.2015	BGBl. I S. 1565	§§ 4a, 4b, 4c, 4d	unvereinbar mit Art. 72 Abs. 2 GG und nichtig
2.	Art. 1k Heil- und Hilfsmittelversorgungsg[2)]	4.4.2017	BGBl. I S. 778	§ 4	geänd. mWv 11.4.2017
3.	Art. 6 Abs. 9 G zur Neuregelung des Mutterschutzrechts[3)]	23.5.2017	BGBl. I S. 1228	§§ 2b, 3, 4, 15, 16	geänd. mWv 1.1.2018
4.	Art. 118 Zweites Datenschutz-Anpassungs- und UmsetzungsG EU[4)]	20.11. 2019	BGBl. I S. 1626	§ 24a	geänd. mWv 26.11.2019
				§ 24b	eingef. mWv 26.11.2019
5.	Art. 35 und 36 G zur weiteren steuerl. Förderung der Elektromobilität und zur Änd. weiterer steuerl. Vorschriften	12.12. 2019	BGBl. I S. 2451	§§ 1, 27	geänd. mWv 1.1.2020
				§§ 1, 27	geänd. mWv 1.3.2020
6.	Art. 1 G für Maßnahmen im Elterngeld aus Anlass der COVID-19-Pandemie	20.5.2020	BGBl. I S. 1061	§§ 2b, 28	geänd. mWv 1.3.2020
				§ 27	eingef. mWv 1.3.2020
				§§ 2c, 2d	geänd. mWv 29.5.2020
7.	Art. 6 G zur Digitalisierung von Verwaltungsverfahren bei der Gewährung von Familienleistungen	3.12.2020	BGBl. I S. 2668	§§ 9, 14, 28	geänd. mWv 1.1.2021
				§ 25	neu gef. mWv 1.1.2021

[1)] Neubekanntmachung des Bundeselterngeld- und ElternzeitG v. 5.12.2006 (BGBl. I S. 2748) in der ab 1.1.2015 geltenden Fassung; beachte die Übergangsvorschriften in § 27.

[2)] **Amtl. Anm.:** Dieses Gesetz dient der Umsetzung der Richtlinie 2013/55/EU des Europäischen Parlaments und des Rates vom 20. November 2013 zur Änderung der Richtlinie 2005/36/EG über die Anerkennung von Berufsqualifikationen und der Verordnung (EU) Nr. 1024/2012 über die Verwaltungszusammenarbeit mit Hilfe des Binnenmarkt-Informationssystems („IMI-Verordnung") (ABl. L 354 vom 28.12.2013, S. 132).

[3)] **Amtl. Anm.:** Dieses Gesetz dient der Umsetzung der Richtlinie 92/85/EWG des Rates vom 19. Oktober 1992 über die Durchführung von Maßnahmen zur Verbesserung der Sicherheit und des Gesundheitsschutzes von schwangeren Arbeitnehmerinnen, Wöchnerinnen und stillenden Arbeitnehmerinnen am Arbeitsplatz (zehnte Einzelrichtlinie im Sinne des Artikels 16 Absatz 1 der Richtlinie 89/391/EWG) (ABl. L 348 vom 28.11.1992, S. 1), die zuletzt durch die Richtlinie 2014/27/EU (ABl. L 65 vom 5.3.2014, S. 1) geändert worden ist.

[4)] **Amtl. Anm.:** Dieses Gesetz dient der Umsetzung der Richtlinie (EU) 2016/680 des Europäischen Parlaments und des Rates vom 27. April 2016 zum Schutz natürlicher Personen bei der Verarbeitung personenbezogener Daten durch die zuständigen Behörden zum Zweck der Verhütung, Ermittlung, Aufdeckung oder Verfolgung von Straftaten oder der Strafvollstreckung sowie zum freien Datenverkehr und zur Aufhebung des Rahmenbeschlusses 2008/977/JI des Rates (ABl. L 119 vom 4.5.2016, S. 89; L 127 vom 23.5.2018, S. 9).

Lfd. Nr.	Änderndes Gesetz	Datum	Fundstelle	Betroffen	Hinweis
8.	Art. 3 BeschäftigungssicherungsG	3.12.2020	BGBl. I S. 2691	§§ 2b, 27	geänd. mWv 1.1.2021
9.	Art. 23 Jahressteuergesetz 2020	21.12. 2020	BGBl. I S. 3096	§ 2e	geänd. mWv 1.1.2024
10.	Art. 1 Zweites G zur Änd. des Bundeselterngeld- und ElternzeitG	15.2.2021	BGBl. I S. 239	§ 27	geänd. mWv 28.5.2020
				§§ 1, 2, 2b, 2c, 3, Abschnitt 2 Überschrift, §§ 7, 8, 10, 11, 12, 14, Abschnitt 3 Überschrift, §§ 15, 18, 20, Abschnitt 4 Überschrift, §§ 22, 26, 27, 28	geänd. mWv 1.9.2021
				Abschnitt 2	aufgeh. mWv 1.9.2021
				§§ 4, 4a, 4b, 4c, 4d, 5, 6	neu gef. mWv 1.9.2021
				§ 12	geänd. mWv 1.1.2023

Zum Bundeselterngeld- und ElternzeitG haben die **Länder** ua folgende Vorschriften erlassen:
- **Baden-Württemberg:** VO über die Zuständigkeiten nach dem Bundeselterngeld- und ElternzeitG v. 14.2.2007 (GBl. S. 139), zuletzt geänd. durch VO v. 28.6.2016 (GBl. S. 382)
- **Brandenburg:** VO über die Zuständigkeiten zur Durchführung des Bundeselterngeld- und ElternzeitG v. 5.1.2007 (GVBl. II S. 11), zuletzt geänd. durch VO v. 11.9.2013 (GVBl. II Nr. 71)
- **Hessen:** VO über Zuständigkeiten nach dem Bundeselterngeld- und ElternzeitG v. 2.1.2007 (GVBl. I S. 2), zuletzt geänd. durch VO v. 11.12.2012 (GVBl. S. 681)
- **Nordrhein-Westfalen:** VO zur Regelung von Zuständigkeiten nach dem Bundeselterngeld- und ElternzeitG und nach dem BundeskindergeldG v. 5.12.2006 (GV. NRW. S. 599), zuletzt geänd. durch VO v. 9.7.2013 (GV. NRW. S. 456)
- **Rheinland-Pfalz:** LandesVO über Zuständigkeiten nach dem Achten Buch Sozialgesetzbuch, dem JugendschutzG, dem UnterhaltsvorschussG, dem BundeserziehungsgeldG, dem Bundeselterngeld- und ElternzeitG und dem AdoptionsvermittlungsG v. 23.12.2004 (GVBl. 2005 S. 13), zuletzt geänd. durch G v. 26.6.2020 (GVBl. S. 287)
- **Saarland:** VO über die Zuständigkeit nach dem Bundeselterngeld- und ElternzeitG v. 10.8.2017 (Amtsbl. I S. 730)
- **Sachsen-Anhalt:** AusführungsG des Landes Sachsen-Anhalt zum Bundeselterngeld- und ElternzeitG v. 5.11.2009 (GVBl. LSA S. 514)
- **Schleswig-Holstein:** LandesVO über die zuständige Behörde nach dem Bundeselterngeld- und ElternzeitG v. 7.11.2017 (GVOBl. Schl.-H. S. 508)
- **Thüringen:** Thüringer VO über Zuständigkeiten nach dem Bundeselterngeld- und ElternzeitG v. 13.2.2007 (GVBl. S. 14)

Abschnitt 1. Elterngeld

§ 1[1)] Berechtigte. (1) [1] Anspruch auf Elterngeld hat, wer
1. einen Wohnsitz oder seinen gewöhnlichen Aufenthalt in Deutschland hat,
2. mit seinem Kind in einem Haushalt lebt,
3. dieses Kind selbst betreut und erzieht und
4. keine oder keine volle Erwerbstätigkeit ausübt.

[1)] § 1 Abs. 7 Nr. 2 Buchst. d, Nr. 3 Buchst. b geänd., Nr. 4 angef. mWv 1.1.2020, Abs. 7 neu gef. mWv 1.3.2020 durch G v. 12.12.2019 (BGBl. I S. 2451); Abs. 2 Satz 1 Nr. 2 geänd., Satz 2, Abs. 3 Satz 1 Nr. 2 und Abs. 4 neu gef., Abs. 6 und Abs. 8 Satz 2 geänd. mWv 1.9.2021 durch G v. 15.2.2021 (BGBl. I S. 239).

[2] Bei Mehrlingsgeburten besteht nur ein Anspruch auf Elterngeld.

(2) [1] Anspruch auf Elterngeld hat auch, wer, ohne eine der Voraussetzungen des Absatzes 1 Satz 1 Nummer 1 zu erfüllen,

1. nach § 4 des Vierten Buches Sozialgesetzbuch dem deutschen Sozialversicherungsrecht unterliegt oder im Rahmen seines in Deutschland bestehenden öffentlich-rechtlichen Dienst- oder Amtsverhältnisses vorübergehend ins Ausland abgeordnet, versetzt oder kommandiert ist,
2. Entwicklungshelfer oder Entwicklungshelferin im Sinne des § 1 des Entwicklungshelfer-Gesetzes ist oder als Missionar oder Missionarin der Missionswerke und -gesellschaften, die Mitglieder oder Vereinbarungspartner des Evangelischen Missionswerkes Hamburg, der Arbeitsgemeinschaft Evangelikaler Missionen e.V. oder der Arbeitsgemeinschaft pfingstlich-charismatischer Missionen sind, tätig ist oder
3. die deutsche Staatsangehörigkeit besitzt und nur vorübergehend bei einer zwischen- oder überstaatlichen Einrichtung tätig ist, insbesondere nach den Entsenderichtlinien des Bundes[1)] beurlaubte Beamte und Beamtinnen, oder wer vorübergehend eine nach § 123a des Beamtenrechtsrahmengesetzes[2)] oder § 29 des Bundesbeamtengesetzes[3)] zugewiesene Tätigkeit im Ausland wahrnimmt.

[2] Dies gilt auch für mit der nach Satz 1 berechtigten Person in einem Haushalt lebende Ehegatten oder Ehegattinnen.

(3) [1] Anspruch auf Elterngeld hat abweichend von Absatz 1 Satz 1 Nummer 2 auch, wer

1. mit einem Kind in einem Haushalt lebt, das er mit dem Ziel der Annahme als Kind aufgenommen hat,
2. ein Kind des Ehegatten oder der Ehegattin in seinen Haushalt aufgenommen hat oder
3. mit einem Kind in einem Haushalt lebt und die von ihm erklärte Anerkennung der Vaterschaft nach § 1594 Absatz 2 des Bürgerlichen Gesetzbuchs[4)] noch nicht wirksam oder über die von ihm beantragte Vaterschaftsfeststellung nach § 1600d des Bürgerlichen Gesetzbuchs noch nicht entschieden ist.

[2] Für angenommene Kinder und Kinder im Sinne des Satzes 1 Nummer 1 sind die Vorschriften dieses Gesetzes mit der Maßgabe anzuwenden, dass statt des Zeitpunktes der Geburt der Zeitpunkt der Aufnahme des Kindes bei der berechtigten Person maßgeblich ist.

(4) Können die Eltern wegen einer schweren Krankheit, Schwerbehinderung oder Todes der Eltern ihr Kind nicht betreuen, haben Verwandte bis zum dritten Grad und ihre Ehegatten oder Ehegattinnen Anspruch auf Elterngeld, wenn sie die übrigen Voraussetzungen nach Absatz 1 erfüllen und wenn von anderen Berechtigten Elterngeld nicht in Anspruch genommen wird.

(5) Der Anspruch auf Elterngeld bleibt unberührt, wenn die Betreuung und Erziehung des Kindes aus einem wichtigen Grund nicht sofort aufgenommen werden kann oder wenn sie unterbrochen werden muss.

(6) Eine Person ist nicht voll erwerbstätig, wenn ihre Arbeitszeit 32 Wochenstunden im Durchschnitt des Lebensmonats nicht übersteigt, sie eine Beschäfti-

---

[1)] Siehe die Entsendungsrichtlinie Bund v. 9.12.2015 (GMBl 2016 S. 34).
[2)] **Sartorius Nr. 150a.**
[3)] **Sartorius Nr. 160.**
[4)] **Habersack, Deutsche Gesetze Nr. 20.**

gung zur Berufsbildung ausübt oder sie eine geeignete Tagespflegeperson im Sinne des § 23 des Achten Buches Sozialgesetzbuch[1)] ist und nicht mehr als fünf Kinder in Tagespflege betreut.

(7) [1] Ein nicht freizügigkeitsberechtigter Ausländer oder eine nicht freizügigkeitsberechtigte Ausländerin ist nur anspruchsberechtigt, wenn diese Person

1. eine Niederlassungserlaubnis oder eine Erlaubnis zum Daueraufenthalt-EU besitzt,
2. eine Blaue Karte EU, eine ICT-Karte, eine Mobiler-ICT-Karte oder eine Aufenthaltserlaubnis besitzt, die für einen Zeitraum von mindestens sechs Monaten zur Ausübung einer Erwerbstätigkeit berechtigen oder berechtigt haben oder diese erlauben, es sei denn, die Aufenthaltserlaubnis wurde
   a) nach § 16e des Aufenthaltsgesetzes[2)] zu Ausbildungszwecken, nach § 19c Absatz 1 des Aufenthaltsgesetzes zum Zweck der Beschäftigung als Au-Pair oder zum Zweck der Saisonbeschäftigung, nach § 19e des Aufenthaltsgesetzes zum Zweck der Teilnahme an einem Europäischen Freiwilligendienst oder nach § 20 Absatz 1 und 2 des Aufenthaltsgesetzes zur Arbeitsplatzsuche erteilt,
   b) nach § 16b des Aufenthaltsgesetzes zum Zweck eines Studiums, nach § 16d des Aufenthaltsgesetzes für Maßnahmen zur Anerkennung ausländischer Berufsqualifikationen oder nach § 20 Absatz 3 des Aufenthaltsgesetzes zur Arbeitsplatzsuche erteilt und er ist weder erwerbstätig noch nimmt er Elternzeit nach § 15 des Bundeselterngeld- und Elternzeitgesetzes oder laufende Geldleistungen nach dem Dritten Buch Sozialgesetzbuch in Anspruch,
   c) nach § 23 Absatz 1 des Aufenthaltsgesetzes wegen eines Krieges in seinem Heimatland oder nach den §§ 23a, 24 oder § 25 Absatz 3 bis 5 des Aufenthaltsgesetzes erteilt,
3. eine in Nummer 2 Buchstabe c genannte Aufenthaltserlaubnis besitzt und im Bundesgebiet berechtigt erwerbstätig ist oder Elternzeit nach § 15 des Bundeselterngeld- und Elternzeitgesetzes oder laufende Geldleistungen nach dem Dritten Buch Sozialgesetzbuch in Anspruch nimmt,
4. eine in Nummer 2 Buchstabe c genannte Aufenthaltserlaubnis besitzt und sich seit mindestens 15 Monaten erlaubt, gestattet oder geduldet im Bundesgebiet aufhält oder
5. eine Beschäftigungsduldung gemäß § 60d in Verbindung mit § 60a Absatz 2 Satz 3 des Aufenthaltsgesetzes besitzt.

[2] Abweichend von Satz 1 Nummer 3 erste Alternative ist ein minderjähriger nicht freizügigkeitsberechtigter Ausländer oder eine minderjährige nicht freizügigkeitsberechtigte Ausländerin unabhängig von einer Erwerbstätigkeit anspruchsberechtigt.

(8) [1] Ein Anspruch entfällt, wenn die berechtigte Person im letzten abgeschlossenen Veranlagungszeitraum vor der Geburt des Kindes ein zu versteuerndes Einkommen nach § 2 Absatz 5 des Einkommensteuergesetzes in Höhe von mehr als 250 000 Euro erzielt hat. [2] Erfüllt auch eine andere Person die Voraussetzungen des Absatzes 1 Satz 1 Nummer 2 oder der Absätze 3 oder 4, entfällt abweichend von Satz 1 der Anspruch, wenn die Summe des zu versteuernden Einkommens beider Personen mehr als 300 000 Euro beträgt.

[1)] Nr. **46**.

[2)] **Sartorius Nr. 565.**

§ 2[1)] Höhe des Elterngeldes. (1) [1] Elterngeld wird in Höhe von 67 Prozent des Einkommens aus Erwerbstätigkeit vor der Geburt des Kindes gewährt. [2] Es wird bis zu einem Höchstbetrag von 1 800 Euro monatlich für volle Lebensmonate gezahlt, in denen die berechtigte Person kein Einkommen aus Erwerbstätigkeit hat. [3] Das Einkommen aus Erwerbstätigkeit errechnet sich nach Maßgabe der §§ 2c bis 2f aus der um die Abzüge für Steuern und Sozialabgaben verminderten Summe der positiven Einkünfte aus

1. nichtselbständiger Arbeit nach § 2 Absatz 1 Satz 1 Nummer 4 des Einkommensteuergesetzes sowie
2. Land- und Forstwirtschaft, Gewerbebetrieb und selbständiger Arbeit nach § 2 Absatz 1 Satz 1 Nummer 1 bis 3 des Einkommensteuergesetzes,

die im Inland zu versteuern sind und die die berechtigte Person durchschnittlich monatlich im Bemessungszeitraum nach § 2b oder in Lebensmonaten der Bezugszeit nach § 2 Absatz 3 hat.

(2) [1] In den Fällen, in denen das Einkommen aus Erwerbstätigkeit vor der Geburt geringer als 1 000 Euro war, erhöht sich der Prozentsatz von 67 Prozent um 0,1 Prozentpunkte für je 2 Euro, um die dieses Einkommen den Betrag von 1 000 Euro unterschreitet, auf bis zu 100 Prozent. [2] In den Fällen, in denen das Einkommen aus Erwerbstätigkeit vor der Geburt höher als 1 200 Euro war, sinkt der Prozentsatz von 67 Prozent um 0,1 Prozentpunkte für je 2 Euro, um die dieses Einkommen den Betrag von 1 200 Euro überschreitet, auf bis zu 65 Prozent.

(3) [1] Für Lebensmonate nach der Geburt des Kindes, in denen die berechtigte Person ein Einkommen aus Erwerbstätigkeit hat, das durchschnittlich geringer ist als das Einkommen aus Erwerbstätigkeit vor der Geburt, wird Elterngeld in Höhe des nach Absatz 1 oder 2 maßgeblichen Prozentsatzes des Unterschiedsbetrages dieser Einkommen aus Erwerbstätigkeit gezahlt. [2] Als Einkommen aus Erwerbstätigkeit vor der Geburt ist dabei höchstens der Betrag von 2 770 Euro anzusetzen. [3] Der Unterschiedsbetrag nach Satz 1 ist für das Einkommen aus Erwerbstätigkeit in Lebensmonaten, in denen die berechtigte Person Basiselterngeld in Anspruch nimmt, und in Lebensmonaten, in denen sie Elterngeld Plus im Sinne des § 4a Absatz 2 in Anspruch nimmt, getrennt zu berechnen.

(4) [1] Elterngeld wird mindestens in Höhe von 300 Euro gezahlt. [2] Dies gilt auch, wenn die berechtigte Person vor der Geburt des Kindes kein Einkommen aus Erwerbstätigkeit hat.

§ 2a Geschwisterbonus und Mehrlingszuschlag. (1) [1] Lebt die berechtigte Person in einem Haushalt mit

1. zwei Kindern, die noch nicht drei Jahre alt sind, oder
2. drei oder mehr Kindern, die noch nicht sechs Jahre alt sind,

wird das Elterngeld um 10 Prozent, mindestens jedoch um 75 Euro erhöht (Geschwisterbonus). [2] Zu berücksichtigen sind alle Kinder, für die die berechtigte Person die Voraussetzungen des § 1 Absatz 1 und 3 erfüllt und für die sich das Elterngeld nicht nach Absatz 4 erhöht.

(2) [1] Für angenommene Kinder, die noch nicht 14 Jahre alt sind, gilt als Alter des Kindes der Zeitraum seit der Aufnahme des Kindes in den Haushalt der berechtigten Person. [2] Dies gilt auch für Kinder, die die berechtigte Person entsprechend § 1 Absatz 3 Satz 1 Nummer 1 mit dem Ziel der Annahme als Kind in

---

[1)] § 2 Abs. 1 Satz 2 und Satz 3 abschl. Satzteil, Abs. 3 Sätze 1 und 3 geänd. mWv 1.9.2021 durch G v. 15.2.2021 (BGBl. I S. 239).

ihren Haushalt aufgenommen hat. [3] Für Kinder mit Behinderung im Sinne von § 2 Absatz 1 Satz 1 des Neunten Buches Sozialgesetzbuch liegt die Altersgrenze nach Absatz 1 Satz 1 bei 14 Jahren.

(3) Der Anspruch auf den Geschwisterbonus endet mit Ablauf des Monats, in dem eine der in Absatz 1 genannten Anspruchsvoraussetzungen entfällt.

(4) [1] Bei Mehrlingsgeburten erhöht sich das Elterngeld um je 300 Euro für das zweite und jedes weitere Kind (Mehrlingszuschlag). [2] Dies gilt auch, wenn ein Geschwisterbonus nach Absatz 1 gezahlt wird.

§ 2b[1)] Bemessungszeitraum. (1) [1] Für die Ermittlung des Einkommens aus nichtselbstständiger Erwerbstätigkeit im Sinne von § 2c vor der Geburt sind die zwölf Kalendermonate vor dem Kalendermonat der Geburt des Kindes maßgeblich. [2] Bei der Bestimmung des Bemessungszeitraums nach Satz 1 bleiben Kalendermonate unberücksichtigt, in denen die berechtigte Person

1. im Zeitraum nach § 4 Absatz 1 Satz 2 und 3 und Absatz 5 Satz 3 Nummer 2 Elterngeld für ein älteres Kind bezogen hat,
2. während der Schutzfristen nach § 3 des Mutterschutzgesetzes[2)] nicht beschäftigt werden durfte oder Mutterschaftsgeld nach dem Fünften Buch Sozialgesetzbuch oder nach dem Zweiten Gesetz über die Krankenversicherung der Landwirte bezogen hat,
3. eine Krankheit hatte, die maßgeblich durch eine Schwangerschaft bedingt war, oder
4. Wehrdienst nach dem Wehrpflichtgesetz[3)] in der bis zum 31. Mai 2011 geltenden Fassung oder nach dem Vierten Abschnitt des Soldatengesetzes oder Zivildienst nach dem Zivildienstgesetz[4)] geleistet hat

und in den Fällen der Nummern 3 und 4 dadurch ein geringeres Einkommen aus Erwerbstätigkeit hatte. [3] Abweichend von Satz 2 sind Kalendermonate im Sinne des Satzes 2 Nummer 1 bis 4 auf Antrag der berechtigten Person zu berücksichtigen. [4] Abweichend von Satz 2 bleiben auf Antrag bei der Ermittlung des Einkommens für die Zeit vom 1. März 2020 bis zum Ablauf des 31. Dezember 2021 auch solche Kalendermonate unberücksichtigt, in denen die berechtigte Person aufgrund der COVID-19-Pandemie ein geringeres Einkommen aus Erwerbstätigkeit hatte und dies glaubhaft machen kann. [5] Satz 2 Nummer 1 gilt in den Fällen des § 27 Absatz 1 Satz 1 mit der Maßgabe, dass auf Antrag auch Kalendermonate mit Elterngeldbezug für ein älteres Kind nach Vollendung von dessen 14. Lebensmonat unberücksichtigt bleiben, soweit der Elterngeldbezug von der Zeit vor Vollendung des 14. Lebensmonats auf danach verschoben wurde.

(2) [1] Für die Ermittlung des Einkommens aus selbstständiger Erwerbstätigkeit im Sinne von § 2d vor der Geburt sind die jeweiligen steuerlichen Gewinnermittlungszeiträume maßgeblich, die dem letzten abgeschlossenen steuerlichen Veranlagungszeitraum vor der Geburt des Kindes zugrunde liegen. [2] Haben in einem Gewinnermittlungszeitraum die Voraussetzungen des Absatzes 1 Satz 2 oder Satz 3

---

1) § 2b Abs. 1 Satz 2 Nr. 2 geänd. mWv 1.1.2018 durch G v. 23.5.2017 (BGBl. I S. 1228); Abs. 1 Sätze 3 und 4 angef., Abs. 2 Satz 2 und Abs. 3 Satz 2 geänd. mWv 1.3.2020 durch G v. 20.5.2020 (BGBl. I S. 1061); Abs. 1 Satz 3 geänd. mWv 1.1.2021 durch G v. 3.12.2020 (BGBl. I S. 2691); Abs. 1 Satz 1 geänd., Satz 2 Nr. 1 neu gef., Satz 3 eingef., bish. Sätze 3 und 4 werden Sätze 4 und 5, Abs. 3 Satz 1 neu gef., Abs. 4 angef. mWv 1.9.2021 durch G v. 15.2.2021 (BGBl. I S. 239).

2) Nr. **79**.

3) **Sartorius Nr. 620.**

4) **Sartorius Nr. 625.**

vorgelegen, sind auf Antrag die Gewinnermittlungszeiträume maßgeblich, die dem diesen Ereignissen vorangegangenen abgeschlossenen steuerlichen Veranlagungszeitraum zugrunde liegen.

(3) [1] Abweichend von Absatz 1 ist für die Ermittlung des Einkommens aus nichtselbstständiger Erwerbstätigkeit vor der Geburt der letzte abgeschlossene steuerliche Veranlagungszeitraum vor der Geburt maßgeblich, wenn die berechtigte Person in den Zeiträumen nach Absatz 1 oder Absatz 2 Einkommen aus selbstständiger Erwerbstätigkeit hatte. [2] Haben im Bemessungszeitraum nach Satz 1 die Voraussetzungen des Absatzes 1 Satz 2 oder Satz 3 vorgelegen, ist Absatz 2 Satz 2 mit der zusätzlichen Maßgabe anzuwenden, dass für die Ermittlung des Einkommens aus nichtselbstständiger Erwerbstätigkeit vor der Geburt der vorangegangene steuerliche Veranlagungszeitraum maßgeblich ist.

(4) [1] Abweichend von Absatz 3 ist auf Antrag der berechtigten Person für die Ermittlung des Einkommens aus nichtselbstständiger Erwerbstätigkeit allein der Bemessungszeitraum nach Absatz 1 maßgeblich, wenn die zu berücksichtigende Summe der Einkünfte aus Land- und Forstwirtschaft, Gewerbebetrieb und selbstständiger Arbeit nach § 2 Absatz 1 Satz 1 Nummer 1 bis 3 des Einkommensteuergesetzes

1. in den jeweiligen steuerlichen Gewinnermittlungszeiträumen, die dem letzten abgeschlossenen steuerlichen Veranlagungszeitraum vor der Geburt des Kindes zugrunde liegen, durchschnittlich weniger als 35 Euro im Kalendermonat betrug und
2. in den jeweiligen steuerlichen Gewinnermittlungszeiträumen, die dem steuerlichen Veranlagungszeitraum der Geburt des Kindes zugrunde liegen, bis einschließlich zum Kalendermonat vor der Geburt des Kindes durchschnittlich weniger als 35 Euro im Kalendermonat betrug.

[2] Abweichend von § 2 Absatz 1 Satz 3 Nummer 2 ist für die Berechnung des Elterngeldes im Fall des Satzes 1 allein das Einkommen aus nichtselbstständiger Erwerbstätigkeit maßgeblich. [3] Die für die Entscheidung über den Antrag notwendige Ermittlung der Höhe der Einkünfte aus Land- und Forstwirtschaft, Gewerbebetrieb und selbstständiger Arbeit erfolgt für die Zeiträume nach Satz 1 Nummer 1 entsprechend § 2d Absatz 2; in Fällen, in denen zum Zeitpunkt der Entscheidung kein Einkommensteuerbescheid vorliegt, und für den Zeitraum nach Satz 1 Nummer 2 erfolgt die Ermittlung der Höhe der Einkünfte entsprechend § 2d Absatz 3. [4] Die Entscheidung über den Antrag erfolgt abschließend auf der Grundlage der Höhe der Einkünfte, wie sie sich aus den gemäß Satz 3 vorgelegten Nachweisen ergibt.

§ 2c[1)] Einkommen aus nichtselbstständiger Erwerbstätigkeit. (1) [1] Der monatlich durchschnittlich zu berücksichtigende Überschuss der Einnahmen aus nichtselbstständiger Arbeit in Geld oder Geldeswert über ein Zwölftel des Arbeitnehmer-Pauschbetrags, vermindert um die Abzüge für Steuern und Sozialabgaben nach den §§ 2e und 2f, ergibt das Einkommen aus nichtselbstständiger Erwerbstätigkeit. [2] Nicht berücksichtigt werden Einnahmen, die im Lohnsteuerabzugsverfahren nach den lohnsteuerlichen Vorgaben als sonstige Bezüge zu behandeln sind. [3] Die zeitliche Zuordnung von Einnahmen erfolgt nach den lohnsteuerlichen Vorgaben für das Lohnsteuerabzugsverfahren. [4] Maßgeblich ist der Arbeitnehmer-

---

1) § 2c Abs. 1 Satz 3 eingef., bish. Satz 3 wird Satz 4 mWv 29.5.2020 durch G v. 20.5.2020 (BGBl. I S. 1061); Abs. 2 Satz 1, Abs. 3 Sätze 1 und 2 geänd. mWv 1.9.2021 durch G v. 15.2.2021 (BGBl. I S. 239).

Pauschbetrag nach § 9a Satz 1 Nummer 1 Buchstabe a des Einkommensteuergesetzes in der am 1. Januar des Kalenderjahres vor der Geburt des Kindes für dieses Jahr geltenden Fassung.

(2) [1] Grundlage der Ermittlung der Einnahmen sind die Angaben in den für die maßgeblichen Kalendermonate erstellten Lohn- und Gehaltsbescheinigungen des Arbeitgebers. [2] Die Richtigkeit und Vollständigkeit der Angaben in den maßgeblichen Lohn- und Gehaltsbescheinigungen wird vermutet.

(3) [1] Grundlage der Ermittlung der nach den §§ 2e und 2f erforderlichen Abzugsmerkmale für Steuern und Sozialabgaben sind die Angaben in der Lohn- und Gehaltsbescheinigung, die für den letzten Kalendermonat im Bemessungszeitraum mit Einnahmen nach Absatz 1 erstellt wurde. [2] Soweit sich in den Lohn- und Gehaltsbescheinigungen des Bemessungszeitraums eine Angabe zu einem Abzugsmerkmal geändert hat, ist die von der Angabe nach Satz 1 abweichende Angabe maßgeblich, wenn sie in der überwiegenden Zahl der Kalendermonate des Bemessungszeitraums gegolten hat. [3] § 2c Absatz 2 Satz 2 gilt entsprechend.

§ 2d[1)] Einkommen aus selbstständiger Erwerbstätigkeit. (1) Die monatlich durchschnittlich zu berücksichtigende Summe der positiven Einkünfte aus Land- und Forstwirtschaft, Gewerbebetrieb und selbstständiger Arbeit (Gewinneinkünfte), vermindert um die Abzüge für Steuern und Sozialabgaben nach den §§ 2e und 2f, ergibt das Einkommen aus selbstständiger Erwerbstätigkeit.

(2) [1] Bei der Ermittlung der im Bemessungszeitraum zu berücksichtigenden Gewinneinkünfte sind die entsprechenden im Einkommensteuerbescheid ausgewiesenen Gewinne anzusetzen. [2] Ist kein Einkommensteuerbescheid zu erstellen, werden die Gewinneinkünfte in entsprechender Anwendung des Absatzes 3 ermittelt.

(3) [1] Grundlage der Ermittlung der in den Bezugsmonaten zu berücksichtigenden Gewinneinkünfte ist eine Gewinnermittlung, die mindestens den Anforderungen des § 4 Absatz 3 des Einkommensteuergesetzes entspricht. [2] Als Betriebsausgaben sind 25 Prozent der zugrunde gelegten Einnahmen oder auf Antrag die damit zusammenhängenden tatsächlichen Betriebsausgaben anzusetzen.

(4) [1] Soweit nicht in § 2c Absatz 3 etwas anderes bestimmt ist, sind bei der Ermittlung der nach § 2e erforderlichen Abzugsmerkmale für Steuern die Angaben im Einkommensteuerbescheid maßgeblich. [2] § 2c Absatz 3 Satz 2 gilt entsprechend.

(5) Die zeitliche Zuordnung von Einnahmen und Ausgaben erfolgt nach den einkommensteuerrechtlichen Grundsätzen.

§ 2e[2)] Abzüge für Steuern. (1) [1] Als Abzüge für Steuern sind Beträge für die Einkommensteuer, den Solidaritätszuschlag und, wenn die berechtigte Person kirchensteuerpflichtig ist, die Kirchensteuer zu berücksichtigen. [2] Die Abzüge für Steuern werden einheitlich für Einkommen aus nichtselbstständiger und selbstständiger Erwerbstätigkeit auf Grundlage einer Berechnung anhand des am 1. Januar des Kalenderjahres vor der Geburt des Kindes für dieses Jahr geltenden Programmablaufplans für die maschinelle Berechnung der vom Arbeitslohn einzubehaltenden Lohnsteuer, des Solidaritätszuschlags und der Maßstabsteuer für die Kirchenlohnsteuer im Sinne von § 39b Absatz 6 des Einkommensteuergesetzes nach den Maßgaben der Absätze 2 bis 5 ermittelt.

[1)] § 2d Abs. 5 angef. mWv 29.5.2020 durch G v. 20.5.2020 (BGBl. I S. 1061).

[2)] § 2e Abs. 2 Satz 2 Nr. 2 Buchst a und b geänd. mWv 1.1.2024 durch G v. 21.12.2020 (BGBl. I S. 3096).

(2) [1] Bemessungsgrundlage für die Ermittlung der Abzüge für Steuern ist die monatlich durchschnittlich zu berücksichtigende Summe der Einnahmen nach § 2c, soweit sie von der berechtigten Person zu versteuern sind, und der Gewinneinkünfte nach § 2d. [2] Bei der Ermittlung der Abzüge für Steuern nach Absatz 1 werden folgende Pauschalen berücksichtigt:

1. der Arbeitnehmer-Pauschbetrag nach § 9a Satz 1 Nummer 1 Buchstabe a des Einkommensteuergesetzes, wenn die berechtigte Person von ihr zu versteuernde Einnahmen hat, die unter § 2c fallen, und
2. eine Vorsorgepauschale
   a) ***[bis 31.12.2023:*** mit den Teilbeträgen nach § 39b Absatz 2 Satz 5 Nummer 3 Buchstabe b und c des Einkommensteuergesetzes***][ab 1.1.2024:*** *mit den Teilbeträgen nach § 39b Absatz 2 Satz 5 Nummer 3 Buchstabe b, c und e des Einkommensteuergesetzes****]***, falls die berechtigte Person von ihr zu versteuernde Einnahmen nach § 2c hat, ohne in der gesetzlichen Rentenversicherung oder einer vergleichbaren Einrichtung versicherungspflichtig gewesen zu sein, oder
   b) ***[bis 31.12.2023:*** mit den Teilbeträgen nach § 39b Absatz 2 Satz 5 Nummer 3 Buchstabe a bis c des Einkommensteuergesetzes***][ab 1.1.2024:*** *mit den Teilbeträgen nach § 39b Absatz 2 Satz 5 Nummer 3 Buchstabe a bis c und e des Einkommensteuergesetzes****]*** in allen übrigen Fällen,

   wobei die Höhe der Teilbeträge ohne Berücksichtigung der besonderen Regelungen zur Berechnung der Beiträge nach § 55 Absatz 3 und § 58 Absatz 3 des Elften Buches Sozialgesetzbuch bestimmt wird.

(3) [1] Als Abzug für die Einkommensteuer ist der Betrag anzusetzen, der sich unter Berücksichtigung der Steuerklasse und des Faktors nach § 39f des Einkommensteuergesetzes nach § 2c Absatz 3 ergibt; die Steuerklasse VI bleibt unberücksichtigt. [2] War die berechtigte Person im Bemessungszeitraum nach § 2b in keine Steuerklasse eingereiht oder ist ihr nach § 2d zu berücksichtigender Gewinn höher als ihr nach § 2c zu berücksichtigender Überschuss der Einnahmen über ein Zwölftel des Arbeitnehmer-Pauschbetrags, ist als Abzug für die Einkommensteuer der Betrag anzusetzen, der sich unter Berücksichtigung der Steuerklasse IV ohne Berücksichtigung eines Faktors nach § 39f des Einkommensteuergesetzes ergibt.

(4) [1] Als Abzug für den Solidaritätszuschlag ist der Betrag anzusetzen, der sich nach den Maßgaben des Solidaritätszuschlagsgesetzes 1995 für die Einkommensteuer nach Absatz 3 ergibt. [2] Freibeträge für Kinder werden nach den Maßgaben des § 3 Absatz 2a des Solidaritätszuschlagsgesetzes 1995 berücksichtigt.

(5) [1] Als Abzug für die Kirchensteuer ist der Betrag anzusetzen, der sich unter Anwendung eines Kirchensteuersatzes von 8 Prozent für die Einkommensteuer nach Absatz 3 ergibt. [2] Freibeträge für Kinder werden nach den Maßgaben des § 51a Absatz 2a des Einkommensteuergesetzes berücksichtigt.

(6) Vorbehaltlich der Absätze 2 bis 5 werden Freibeträge und Pauschalen nur berücksichtigt, wenn sie ohne weitere Voraussetzung jeder berechtigten Person zustehen.

§ 2f Abzüge für Sozialabgaben. (1) [1] Als Abzüge für Sozialabgaben sind Beträge für die gesetzliche Sozialversicherung oder für eine vergleichbare Einrichtung sowie für die Arbeitsförderung zu berücksichtigen. [2] Die Abzüge für Sozialabgaben werden einheitlich für Einkommen aus nichtselbstständiger und selbstständiger Erwerbstätigkeit anhand folgender Beitragssatzpauschalen ermittelt:

1. 9 Prozent für die Kranken- und Pflegeversicherung, falls die berechtigte Person in der gesetzlichen Krankenversicherung nach § 5 Absatz 1 Nummer 1 bis 12 des Fünften Buches Sozialgesetzbuch versicherungspflichtig gewesen ist,
2. 10 Prozent für die Rentenversicherung, falls die berechtigte Person in der gesetzlichen Rentenversicherung oder einer vergleichbaren Einrichtung versicherungspflichtig gewesen ist, und
3. 2 Prozent für die Arbeitsförderung, falls die berechtigte Person nach dem Dritten Buch Sozialgesetzbuch versicherungspflichtig gewesen ist.

(2) [1] Bemessungsgrundlage für die Ermittlung der Abzüge für Sozialabgaben ist die monatlich durchschnittlich zu berücksichtigende Summe der Einnahmen nach § 2c und der Gewinneinkünfte nach § 2d. [2] Einnahmen aus Beschäftigungen im Sinne des § 8, des § 8a oder des § 20 Absatz 3 Satz 1 des Vierten Buches Sozialgesetzbuch werden nicht berücksichtigt. [3] Für Einnahmen aus Beschäftigungsverhältnissen im Sinne des § 20 Absatz 2 des Vierten Buches Sozialgesetzbuch ist der Betrag anzusetzen, der sich nach § 344 Absatz 4 des Dritten Buches Sozialgesetzbuch für diese Einnahmen ergibt, wobei der Faktor im Sinne des § 163 Absatz 10 Satz 2 des Sechsten Buches Sozialgesetzbuch unter Zugrundelegung der Beitragssatzpauschalen nach Absatz 1 bestimmt wird.

(3) Andere Maßgaben zur Bestimmung der sozialversicherungsrechtlichen Beitragsbemessungsgrundlagen werden nicht berücksichtigt.

§ 3[1)] Anrechnung von anderen Einnahmen. (1) [1] Auf das der berechtigten Person nach § 2 oder nach § 2 in Verbindung mit § 2a zustehende Elterngeld werden folgende Einnahmen angerechnet:

1. Mutterschaftsleistungen
   a) in Form des Mutterschaftsgeldes nach dem Fünften Buch Sozialgesetzbuch oder nach dem Zweiten Gesetz über die Krankenversicherung der Landwirte mit Ausnahme des Mutterschaftsgeldes nach § 19 Absatz 2 des Mutterschutzgesetzes[2)] oder
   b) in Form des Zuschusses zum Mutterschaftsgeld nach § 20 des Mutterschutzgesetzes, die der berechtigten Person für die Zeit ab dem Tag der Geburt des Kindes zustehen,
2. Dienst- und Anwärterbezüge sowie Zuschüsse, die der berechtigten Person nach beamten- oder soldatenrechtlichen Vorschriften für die Zeit eines Beschäftigungsverbots ab dem Tag der Geburt des Kindes zustehen,
3. dem Elterngeld vergleichbare Leistungen, auf die eine nach § 1 berechtigte Person außerhalb Deutschlands oder gegenüber einer über- oder zwischenstaatlichen Einrichtung Anspruch hat,
4. Elterngeld, das der berechtigten Person für ein älteres Kind zusteht, sowie
5. Einnahmen, die der berechtigten Person als Ersatz für Erwerbseinkommen zustehen und
   a) die nicht bereits für die Berechnung des Elterngeldes nach § 2 berücksichtigt werden oder
   b) bei deren Berechnung das Elterngeld nicht berücksichtigt wird.

[1)] § 3 Abs. 1 Satz 1 Nr. 1 Buchst. a und b geänd. mWv 1.1.2018 durch G v. 23.5.2017 (BGBl. I S. 1228); Abs. 1 Satz 1 Nr. 3 geänd., Satz 4 angef. mWv 1.9.2021 durch G v. 15.2.2021 (BGBl. I S. 239).

[2)] Nr. **79**.

[2] Stehen der berechtigten Person die Einnahmen nur für einen Teil des Lebensmonats des Kindes zu, sind sie nur auf den entsprechenden Teil des Elterngeldes anzurechnen. [3] Für jeden Kalendermonat, in dem Einnahmen nach Satz 1 Nummer 4 oder Nummer 5 im Bemessungszeitraum bezogen worden sind, wird der Anrechnungsbetrag um ein Zwölftel gemindert. [4] Beginnt der Bezug von Einnahmen nach Satz 1 Nummer 5 nach der Geburt des Kindes und berechnen sich die anzurechnenden Einnahmen auf der Grundlage eines Einkommens, das geringer ist als das Einkommen aus Erwerbstätigkeit im Bemessungszeitraum, so ist der Teil des Elterngeldes in Höhe des nach § 2 Absatz 1 oder 2 maßgeblichen Prozentsatzes des Unterschiedsbetrages zwischen dem durchschnittlichen monatlichen Einkommen aus Erwerbstätigkeit im Bemessungszeitraum und dem durchschnittlichen monatlichen Bemessungseinkommen der anzurechnenden Einnahmen von der Anrechnung freigestellt.

(2) [1] Bis zu einem Betrag von 300 Euro ist das Elterngeld von der Anrechnung nach Absatz 1 frei, soweit nicht Einnahmen nach Absatz 1 Satz 1 Nummer 1 bis 3 auf das Elterngeld anzurechnen sind. [2] Dieser Betrag erhöht sich bei Mehrlingsgeburten um je 300 Euro für das zweite und jedes weitere Kind.

(3) Solange kein Antrag auf die in Absatz 1 Satz 1 Nummer 3 genannten vergleichbaren Leistungen gestellt wird, ruht der Anspruch auf Elterngeld bis zur möglichen Höhe der vergleichbaren Leistung.

§ 4[1)] Bezugsdauer, Anspruchsumfang. (1) [1] Elterngeld wird als Basiselterngeld oder als Elterngeld Plus gewährt. [2] Es kann ab dem Tag der Geburt bezogen werden. [3] Basiselterngeld kann bis zur Vollendung des 14. Lebensmonats des Kindes bezogen werden. [4] Elterngeld Plus kann bis zur Vollendung des 32. Lebensmonats bezogen werden, solange es ab dem 15. Lebensmonat in aufeinander folgenden Lebensmonaten von zumindest einem Elternteil in Anspruch genommen wird. [5] Für angenommene Kinder und Kinder im Sinne des § 1 Absatz 3 Satz 1 Nummer 1 kann Elterngeld ab Aufnahme bei der berechtigten Person längstens bis zur Vollendung des achten Lebensjahres des Kindes bezogen werden.

(2) [1] Elterngeld wird in Monatsbeträgen für Lebensmonate des Kindes gezahlt. [2] Der Anspruch endet mit dem Ablauf des Lebensmonats, in dem eine Anspruchsvoraussetzung entfallen ist. [3] Die Eltern können die jeweiligen Monatsbeträge abwechselnd oder gleichzeitig beziehen.

(3) [1] Die Eltern haben gemeinsam Anspruch auf zwölf Monatsbeträge Basiselterngeld. [2] Ist das Einkommen aus Erwerbstätigkeit eines Elternteils in zwei Lebensmonaten gemindert, haben die Eltern gemeinsam Anspruch auf zwei weitere Monate Basiselterngeld (Partnermonate). [3] Statt für einen Lebensmonat Basiselterngeld zu beanspruchen, kann die berechtigte Person jeweils zwei Lebensmonate Elterngeld Plus beziehen.

(4) [1] Ein Elternteil hat Anspruch auf höchstens zwölf Monatsbeträge Basiselterngeld zuzüglich der höchstens vier zustehenden Monatsbeträge Partnerschaftsbonus nach § 4b. [2] Ein Elternteil hat nur Anspruch auf Elterngeld, wenn er es mindestens für zwei Lebensmonate bezieht. [3] Lebensmonate des Kindes, in denen einem Elternteil nach § 3 Absatz 1 Satz 1 Nummer 1 bis 3 anzurechnende Leistungen oder nach § 192 Absatz 5 Satz 2 des Versicherungsvertragsgesetzes[2)] Versicherungs-

[1)] §§ 4–4d neu gef. mWv 1.9.2021 durch G v. 15.2.2021 (BGBl. I S. 239).
[2)] **Habersack, Deutsche Gesetze Nr. 62.**

leistungen zustehen, gelten als Monate, für die dieser Elternteil Basiselterngeld nach § 4a Absatz 1 bezieht.

(5) [1] Abweichend von Absatz 3 Satz 1 beträgt der gemeinsame Anspruch der Eltern auf Basiselterngeld für ein Kind, das

1. mindestens sechs Wochen vor dem voraussichtlichen Tag der Entbindung geboren wurde:
   13 Monatsbeträge Basiselterngeld;
2. mindestens acht Wochen vor dem voraussichtlichen Tag der Entbindung geboren wurde:
   14 Monatsbeträge Basiselterngeld;
3. mindestens zwölf Wochen vor dem voraussichtlichen Tag der Entbindung geboren wurde:
   15 Monatsbeträge Basiselterngeld;
4. mindestens 16 Wochen vor dem voraussichtlichen Tag der Entbindung geboren wurde:
   16 Monatsbeträge Basiselterngeld.

[2] Für die Berechnung des Zeitraums zwischen dem voraussichtlichen Tag der Entbindung und dem tatsächlichen Tag der Geburt ist der voraussichtliche Tag der Entbindung maßgeblich, wie er sich aus dem ärztlichen Zeugnis oder dem Zeugnis einer Hebamme oder eines Entbindungspflegers ergibt.
[3] Im Fall von

1. Satz 1 Nummer 1
   a) hat ein Elternteil abweichend von Absatz 4 Satz 1 Anspruch auf höchstens 13 Monatsbeträge Basiselterngeld zuzüglich der höchstens vier zustehenden Monatsbeträge Partnerschaftsbonus nach § 4b,
   b) kann Basiselterngeld abweichend von Absatz 1 Satz 3 bis zur Vollendung des 15. Lebensmonats des Kindes bezogen werden und
   c) kann Elterngeld Plus abweichend von Absatz 1 Satz 4 bis zur Vollendung des 32. Lebensmonats des Kindes bezogen werden, solange es ab dem 16. Lebensmonat in aufeinander folgenden Lebensmonaten von zumindest einem Elternteil in Anspruch genommen wird;
2. Satz 1 Nummer 2
   a) hat ein Elternteil abweichend von Absatz 4 Satz 1 Anspruch auf höchstens 14 Monatsbeträge Basiselterngeld zuzüglich der höchstens vier zustehenden Monatsbeträge Partnerschaftsbonus nach § 4b,
   b) kann Basiselterngeld abweichend von Absatz 1 Satz 3 bis zur Vollendung des 16. Lebensmonats des Kindes bezogen werden und
   c) kann Elterngeld Plus abweichend von Absatz 1 Satz 4 bis zur Vollendung des 32. Lebensmonats des Kindes bezogen werden, solange es ab dem 17. Lebensmonat in aufeinander folgenden Lebensmonaten von zumindest einem Elternteil in Anspruch genommen wird;
3. Satz 1 Nummer 3
   a) hat ein Elternteil abweichend von Absatz 4 Satz 1 Anspruch auf höchstens 15 Monatsbeträge Basiselterngeld zuzüglich der höchstens vier zustehenden Monatsbeträge Partnerschaftsbonus nach § 4b,
   b) kann Basiselterngeld abweichend von Absatz 1 Satz 3 bis zur Vollendung des 17. Lebensmonats des Kindes bezogen werden und

c) kann Elterngeld Plus abweichend von Absatz 1 Satz 4 bis zur Vollendung des 32. Lebensmonats des Kindes bezogen werden, solange es ab dem 18. Lebensmonat in aufeinander folgenden Lebensmonaten von zumindest einem Elternteil in Anspruch genommen wird;

4. Satz 1 Nummer 4

a) hat ein Elternteil abweichend von Absatz 4 Satz 1 Anspruch auf höchstens 16 Monatsbeträge Basiselterngeld zuzüglich der höchstens vier zustehenden Monatsbeträge Partnerschaftsbonus nach § 4b,

b) kann Basiselterngeld abweichend von Absatz 1 Satz 3 bis zur Vollendung des 18. Lebensmonats des Kindes bezogen werden und

c) kann Elterngeld Plus abweichend von Absatz 1 Satz 4 bis zur Vollendung des 32. Lebensmonats des Kindes bezogen werden, solange es ab dem 19. Lebensmonat in aufeinander folgenden Lebensmonaten von zumindest einem Elternteil in Anspruch genommen wird.

§ 4a[1)] Berechnung von Basiselterngeld und Elterngeld Plus. (1) Basiselterngeld wird allein nach den Vorgaben der §§ 2 bis 3 ermittelt.

(2) [1] Elterngeld Plus wird nach den Vorgaben der §§ 2 bis 3 und den zusätzlichen Vorgaben der Sätze 2 und 3 ermittelt. [2] Das Elterngeld Plus beträgt monatlich höchstens die Hälfte des Basiselterngeldes, das der berechtigten Person zustünde, wenn sie während des Elterngeldbezugs keine Einnahmen im Sinne des § 2 oder des § 3 hätte oder hat. [3] Für die Berechnung des Elterngeldes Plus halbieren sich:

1. der Mindestbetrag für das Elterngeld nach § 2 Absatz 4 Satz 1,
2. der Mindestbetrag des Geschwisterbonus nach § 2a Absatz 1 Satz 1,
3. der Mehrlingszuschlag nach § 2a Absatz 4 sowie
4. die von der Anrechnung freigestellten Elterngeldbeträge nach § 3 Absatz 2.

§ 4b[1)] Partnerschaftsbonus. (1) Wenn beide Elternteile

1. nicht weniger als 24 und nicht mehr als 32 Wochenstunden im Durchschnitt des Lebensmonats erwerbstätig sind und
2. die Voraussetzungen des § 1 erfüllen,

hat jeder Elternteil für diesen Lebensmonat Anspruch auf einen zusätzlichen Monatsbetrag Elterngeld Plus (Partnerschaftsbonus).

(2) [1] Die Eltern haben je Elternteil Anspruch auf höchstens vier Monatsbeträge Partnerschaftsbonus. [2] Sie können den Partnerschaftsbonus nur beziehen, wenn sie ihn jeweils für mindestens zwei Lebensmonate in Anspruch nehmen.

(3) Die Eltern können den Partnerschaftsbonus nur gleichzeitig und in aufeinander folgenden Lebensmonaten beziehen.

(4) Treten während des Bezugs des Partnerschaftsbonus die Voraussetzungen für einen alleinigen Bezug nach § 4c Absatz 1 Nummer 1 bis 3 ein, so kann der Bezug durch einen Elternteil nach § 4c Absatz 2 fortgeführt werden.

(5) Das Erfordernis des Bezugs in aufeinander folgenden Lebensmonaten nach Absatz 3 und § 4 Absatz 1 Satz 4 gilt auch dann als erfüllt, wenn sich während des Bezugs oder nach dem Ende des Bezugs herausstellt, dass die Voraussetzungen für den Partnerschaftsbonus nicht in allen Lebensmonaten, für die der Partnerschaftsbonus beantragt wurde, vorliegen oder vorlagen.

[1)] §§ 4–4d neu gef. mWv 1.9.2021 durch G v. 15.2.2021 (BGBl. I S. 239).

§ 4c[1] Alleiniger Bezug durch einen Elternteil. (1) Ein Elternteil kann abweichend von § 4 Absatz 4 Satz 1 zusätzlich auch das Elterngeld für die Partnermonate nach § 4 Absatz 3 Satz 3 beziehen, wenn das Einkommen aus Erwerbstätigkeit für zwei Lebensmonate gemindert ist und

1. bei diesem Elternteil die Voraussetzungen für den Entlastungsbetrag für Alleinerziehende nach § 24b Absatz 1 und 3 des Einkommensteuergesetzes vorliegen und der andere Elternteil weder mit ihm noch mit dem Kind in einer Wohnung lebt,
2. mit der Betreuung durch den anderen Elternteil eine Gefährdung des Kindeswohls im Sinne von § 1666 Absatz 1 und 2 des Bürgerlichen Gesetzbuchs[2] verbunden wäre oder
3. die Betreuung durch den anderen Elternteil unmöglich ist, insbesondere, weil er wegen einer schweren Krankheit oder einer Schwerbehinderung sein Kind nicht betreuen kann; für die Feststellung der Unmöglichkeit der Betreuung bleiben wirtschaftliche Gründe und Gründe einer Verhinderung wegen anderweitiger Tätigkeiten außer Betracht.

(2) Liegt eine der Voraussetzungen des Absatzes 1 Nummer 1 bis 3 vor, so hat ein Elternteil, der in mindestens zwei bis höchstens vier aufeinander folgenden Lebensmonaten nicht weniger als 24 und nicht mehr als 32 Wochenstunden im Durchschnitt des Lebensmonats erwerbstätig ist, für diese Lebensmonate Anspruch auf zusätzliche Monatsbeträge Elterngeld Plus.

§ 4d[1] Weitere Berechtigte. [1]Die §§ 4 bis 4c gelten in den Fällen des § 1 Absatz 3 und 4 entsprechend. [2]Der Bezug von Elterngeld durch nicht sorgeberechtigte Elternteile und durch Personen, die nach § 1 Absatz 3 Satz 1 Nummer 2 und 3 Anspruch auf Elterngeld haben, bedarf der Zustimmung des sorgeberechtigten Elternteils.

Abschnitt 2.[3] Verfahren und Organisation

§ 5[4] Zusammentreffen von Ansprüchen. (1) Erfüllen beide Elternteile die Anspruchsvoraussetzungen, bestimmen sie, wer von ihnen die Monatsbeträge für welche Lebensmonate des Kindes in Anspruch nimmt.

(2) [1]Beanspruchen beide Elternteile zusammen mehr als die ihnen nach § 4 Absatz 3 und § 4b oder nach § 4 Absatz 3 und § 4b in Verbindung mit § 4d zustehenden Monatsbeträge, so besteht der Anspruch eines Elternteils, der nicht über die Hälfte der zustehenden Monatsbeträge hinausgeht, ungekürzt; der Anspruch des anderen Elternteils wird gekürzt auf die vom Gesamtanspruch verbleibenden Monatsbeträge. [2]Beansprucht jeder der beiden Elternteile mehr als die Hälfte der ihm zustehenden Monatsbeträge, steht jedem Elternteil die Hälfte des Gesamtanspruchs der Monatsbeträge zu.

(3) [1]Die Absätze 1 und 2 gelten in den Fällen des § 1 Absatz 3 und 4 entsprechend. [2]Wird eine Einigung mit einem nicht sorgeberechtigten Elternteil oder einer Person, die nach § 1 Absatz 3 Satz 1 Nummer 2 und 3 Anspruch auf

---

[1] §§ 4–4d neu gef. mWv 1.9.2021 durch G v. 15.2.2021 (BGBl. I S. 239).

[2] **Habersack, Deutsche Gesetze Nr. 20.**

[3] Bish. Abschnitt 2 aufgeh., bish. Abschnitt 3 wird Abschnitt 2 mWv 1.9.2021 durch G v. 15.2.2021 (BGBl. I S. 239).

[4] § 5 neu gef. mWv 1.9.2021 durch G v. 15.2.2021 (BGBl. I S. 239).

Elterngeld hat, nicht erzielt, so kommt es abweichend von Absatz 2 allein auf die Entscheidung des sorgeberechtigten Elternteils an.

§ 6[1] **Auszahlung.** Elterngeld wird im Laufe des Lebensmonats gezahlt, für den es bestimmt ist.

§ 7[2] **Antragstellung.** (1) [1]Elterngeld ist schriftlich zu beantragen. [2]Es wird rückwirkend nur für die letzten drei Lebensmonate vor Beginn des Lebensmonats geleistet, in dem der Antrag auf Elterngeld eingegangen ist. [3]Im Antrag ist anzugeben, für welche Lebensmonate Basiselterngeld, für welche Lebensmonate Elterngeld Plus oder für welche Lebensmonate Partnerschaftsbonus beantragt wird.

(2) [1]Die im Antrag getroffenen Entscheidungen können bis zum Ende des Bezugszeitraums geändert werden. [2]Eine Änderung kann rückwirkend nur für die letzten drei Lebensmonate vor Beginn des Lebensmonats verlangt werden, in dem der Änderungsantrag eingegangen ist. [3]Sie ist außer in den Fällen besonderer Härte unzulässig, soweit Monatsbeträge bereits ausgezahlt sind. [4]Abweichend von den Sätzen 2 und 3 kann für einen Lebensmonat, in dem bereits Elterngeld Plus bezogen wurde, nachträglich Basiselterngeld beantragt werden. [5]Im Übrigen finden die für die Antragstellung geltenden Vorschriften auch auf den Änderungsantrag Anwendung.

(3) [1]Der Antrag ist, außer im Fall des § 4c und der Antragstellung durch eine allein sorgeberechtigte Person, zu unterschreiben von der Person, die ihn stellt, und zur Bestätigung der Kenntnisnahme auch von der anderen berechtigten Person. [2]Die andere berechtigte Person kann gleichzeitig

1. einen Antrag auf Elterngeld stellen oder
2. der Behörde anzeigen, wie viele Monatsbeträge sie beansprucht, wenn mit ihrem Anspruch die Höchstgrenzen nach § 4 Absatz 3 in Verbindung mit § 4b überschritten würden.

[3]Liegt der Behörde von der anderen berechtigten Person weder ein Antrag auf Elterngeld noch eine Anzeige nach Satz 2 vor, so werden sämtliche Monatsbeträge der berechtigten Person ausgezahlt, die den Antrag gestellt hat; die andere berechtigte Person kann bei einem späteren Antrag abweichend von § 5 Absatz 2 nur die unter Berücksichtigung von § 4 Absatz 3 in Verbindung mit § 4b vom Gesamtanspruch verbleibenden Monatsbeträge erhalten.

§ 8[3] **Auskunftspflicht, Nebenbestimmungen.** (1) Soweit im Antrag auf Elterngeld Angaben zum voraussichtlichen Einkommen aus Erwerbstätigkeit gemacht wurden, ist nach Ablauf des Bezugszeitraums für diese Zeit das tatsächliche Einkommen aus Erwerbstätigkeit nachzuweisen.

(1a) [1]Die Mitwirkungspflichten nach § 60 des Ersten Buches Sozialgesetzbuch gelten

1. im Falle des § 1 Absatz 8 Satz 2 auch für die andere Person im Sinne des § 1 Absatz 8 Satz 2 und

---

[1] § 6 neu gef. mWv 1.9.2021 durch G v. 15.2.2021 (BGBl. I S. 239).

[2] § 7 Abs. 1 Satz 1 geänd., Sätze 2 und 3 neu gef., Abs. 2 Sätze 2 und 4 geänd., Abs. 3 neu gef. mWv 1.9.2021 durch G v. 15.2.2021 (BGBl. I S. 239).

[3] § 8 Abs. 1, Abs. 1a Satz 1 Nr. 2 geänd., Abs. 2 Satz 2 neu gef., Abs. 3 Satz 1 Nr. 1–3 geänd., Nr. 4 und Satz 2 aufgeh. mWv 1.9.2021 durch G v. 15.2.2021 (BGBl. I S. 239).

2. im Falle des § 4b oder des § 4b in Verbindung mit § 4d Satz 1 für beide Personen, die den Partnerschaftsbonus beantragt haben.

[2] § 65 Absatz 1 und 3 des Ersten Buches Sozialgesetzbuch gilt entsprechend.

(2) [1] Elterngeld wird in den Fällen, in denen die berechtigte Person nach ihren Angaben im Antrag im Bezugszeitraum voraussichtlich kein Einkommen aus Erwerbstätigkeit haben wird, unter dem Vorbehalt des Widerrufs für den Fall gezahlt, dass sie entgegen ihren Angaben im Antrag Einkommen aus Erwerbstätigkeit hat. [2] In den Fällen, in denen zum Zeitpunkt der Antragstellung der Steuerbescheid für den letzten abgeschlossenen steuerlichen Veranlagungszeitraum vor der Geburt des Kindes nicht vorliegt und nach den Angaben im Antrag die Beträge nach § 1 Absatz 8 voraussichtlich nicht überschritten werden, wird das Elterngeld unter dem Vorbehalt des Widerrufs für den Fall gezahlt, dass entgegen den Angaben im Antrag die Beträge nach § 1 Absatz 8 überschritten werden.

(3) Das Elterngeld wird bis zum Nachweis der jeweils erforderlichen Angaben vorläufig unter Berücksichtigung der glaubhaft gemachten Angaben gezahlt, wenn

1. zum Zeitpunkt der Antragstellung der Steuerbescheid für den letzten abgeschlossenen Veranlagungszeitraum vor der Geburt des Kindes nicht vorliegt und noch nicht angegeben werden kann, ob die Beträge nach § 1 Absatz 8 überschritten werden,
2. das Einkommen aus Erwerbstätigkeit vor der Geburt nicht ermittelt werden kann oder
3. die berechtigte Person nach den Angaben im Antrag auf Elterngeld im Bezugszeitraum voraussichtlich Einkommen aus Erwerbstätigkeit hat.

§ 9[1)] Einkommens- und Arbeitszeitnachweis, Auskunftspflicht des Arbeitgebers. (1) [1] Soweit es zum Nachweis des Einkommens aus Erwerbstätigkeit oder der wöchentlichen Arbeitszeit erforderlich ist, hat der Arbeitgeber der nach § 12 zuständigen Behörde für bei ihm Beschäftigte das Arbeitsentgelt, die für die Ermittlung der nach den §§ 2e und 2f erforderlichen Abzugsmerkmale für Steuern und Sozialabgaben sowie die Arbeitszeit auf Verlangen zu bescheinigen; das Gleiche gilt für ehemalige Arbeitgeber. [2] Für die in Heimarbeit Beschäftigten und die ihnen Gleichgestellten (§ 1 Absatz 1 und 2 des Heimarbeitsgesetzes) tritt an die Stelle des Arbeitgebers der Auftraggeber oder Zwischenmeister.

(2) [1] Für den Nachweis des Einkommens aus Erwerbstätigkeit kann die nach § 12 Absatz 1 zuständige Behörde auch das in § 108a Absatz 1 des Vierten Buches Sozialgesetzbuch vorgesehene Verfahren zur elektronischen Abfrage und Übermittlung von Entgeltbescheinigungsdaten nutzen. [2] Sie darf dieses Verfahren nur nutzen, wenn die betroffene Arbeitnehmerin oder der betroffene Arbeitnehmer zuvor in dessen Nutzung eingewilligt hat. [3] Wenn der betroffene Arbeitgeber ein systemgeprüftes Entgeltabrechnungsprogramm nutzt, ist er verpflichtet, die jeweiligen Entgeltbescheinigungsdaten mit dem in § 108a Absatz 1 des Vierten Buches Sozialgesetzbuch vorgesehenen Verfahren zu übermitteln.

§ 10[2)] Verhältnis zu anderen Sozialleistungen. (1) Das Elterngeld und vergleichbare Leistungen der Länder sowie die nach § 3 auf die Leistung angerechneten Einnahmen oder Leistungen bleiben bei Sozialleistungen, deren Zahlung

---

[1)] § 9 Abs. 2 angef. mWv 10.12.2020 durch G v. 3.12.2020 (BGBl. I S. 2668).
[2)] § 10 Abs. 1, 2 und Abs. 5 Satz 1 geänd. mWv 1.9.2021 durch G v. 15.2.2021 (BGBl. I S. 239).

von anderen Einkommen abhängig ist, bis zu einer Höhe von insgesamt 300 Euro im Monat als Einkommen unberücksichtigt.

(2) Das Elterngeld und vergleichbare Leistungen der Länder sowie die nach § 3 auf die Leistung angerechneten Einnahmen oder Leistungen dürfen bis zu einer Höhe von insgesamt 300 Euro nicht dafür herangezogen werden, um auf Rechtsvorschriften beruhende Leistungen anderer, auf die kein Anspruch besteht, zu versagen.

(3) Soweit die berechtigte Person Elterngeld Plus bezieht, bleibt das Elterngeld nur bis zur Hälfte des Anrechnungsfreibetrags, der nach Abzug der anderen nach Absatz 1 nicht zu berücksichtigenden Einnahmen für das Elterngeld verbleibt, als Einkommen unberücksichtigt und darf nur bis zu dieser Höhe nicht dafür herangezogen werden, um auf Rechtsvorschriften beruhende Leistungen anderer, auf die kein Anspruch besteht, zu versagen.

(4) Die nach den Absätzen 1 bis 3 nicht zu berücksichtigenden oder nicht heranzuziehenden Beträge vervielfachen sich bei Mehrlingsgeburten mit der Zahl der geborenen Kinder.

(5) [1] Die Absätze 1 bis 4 gelten nicht bei Leistungen nach dem Zweiten Buch Sozialgesetzbuch, dem Zwölften Buch Sozialgesetzbuch, § 6a des Bundeskindergeldgesetzes[1)] und dem Asylbewerberleistungsgesetz. [2] Bei den in Satz 1 bezeichneten Leistungen bleiben das Elterngeld und vergleichbare Leistungen der Länder sowie die nach § 3 auf das Elterngeld angerechneten Einnahmen in Höhe des nach § 2 Absatz 1 berücksichtigten Einkommens aus Erwerbstätigkeit vor der Geburt bis zu 300 Euro im Monat als Einkommen unberücksichtigt. [3] Soweit die berechtigte Person Elterngeld Plus bezieht, verringern sich die Beträge nach Satz 2 um die Hälfte.

(6) Die Absätze 1 bis 4 gelten entsprechend, soweit für eine Sozialleistung ein Kostenbeitrag erhoben werden kann, der einkommensabhängig ist.

§ 11[2)] Unterhaltspflichten. [1] Unterhaltsverpflichtungen werden durch die Zahlung des Elterngeldes und vergleichbarer Leistungen der Länder nur insoweit berührt, als die Zahlung 300 Euro monatlich übersteigt. [2] Soweit die berechtigte Person Elterngeld Plus bezieht, werden die Unterhaltspflichten insoweit berührt, als die Zahlung 150 Euro übersteigt. [3] Die in den Sätzen 1 und 2 genannten Beträge vervielfachen sich bei Mehrlingsgeburten mit der Zahl der geborenen Kinder. [4] Die Sätze 1 bis 3 gelten nicht in den Fällen des § 1361 Absatz 3, der §§ 1579, 1603 Absatz 2 und des § 1611 Absatz 1 des Bürgerlichen Gesetzbuchs[3)].

§ 12[4)] Zuständigkeit; Bewirtschaftung der Mittel. (1) [1] Die Landesregierungen oder die von ihnen beauftragten Stellen bestimmen die für die Ausführung dieses Gesetzes zuständigen Behörden. [2] Zuständig ist die von den Ländern für die Durchführung dieses Gesetzes bestimmte Behörde des Bezirks, in dem das Kind, für das Elterngeld beansprucht wird, zum Zeitpunkt der ersten Antragstellung seinen inländischen Wohnsitz hat. [3] Hat das Kind, für das Elterngeld beansprucht wird, in den Fällen des § 1 Absatz 2 zum Zeitpunkt der ersten Antragstellung keinen inländischen Wohnsitz, so ist die von den Ländern für die Durchführung dieses Gesetzes bestimmte Behörde des Bezirks zuständig, in dem die berechtigte

---

1) Nr. **45b**.

2) § 11 Satz 1 geänd. mWv 1.9.2021 durch G v. 15.2.2021 (BGBl. I S. 239).

3) **Habersack, Deutsche Gesetze Nr. 20.**

4) § 12 Überschrift geänd., Abs. 1 Sätze 2 und 3 neu gef., Abs. 2 eingef., bish. Abs 2 wird Abs. 3 mWv 1.9.2021 ; Abs. 3 neu gef. mWv 1.1.2023 durch G v. 15.2.2021 (BGBl. I S. 239).

Person ihren letzten inländischen Wohnsitz hatte; hilfsweise ist die Behörde des Bezirks zuständig, in dem der entsendende Dienstherr oder Arbeitgeber der berechtigten Person oder der Arbeitgeber des Ehegatten oder der Ehegattin der berechtigten Person den inländischen Sitz hat.

(2) Den nach Absatz 1 zuständigen Behörden obliegt auch die Beratung zur Elternzeit.

[Abs. 3 bis 31.12.2022:]

(3) Der Bund trägt die Ausgaben für das Elterngeld und das Betreuungsgeld.

[Abs. 3 ab 1.1.2023:]

(3) [1] Der Bund trägt die Ausgaben für das Elterngeld. [2] Die damit zusammenhängenden Einnahmen sind an den Bund abzuführen. [3] Für die Ausgaben und die mit ihnen zusammenhängenden Einnahmen sind die Vorschriften über das Haushaltsrecht des Bundes einschließlich der Verwaltungsvorschriften anzuwenden.

§ 13 Rechtsweg. (1) [1] Über öffentlich-rechtliche Streitigkeiten in Angelegenheiten der §§ 1 bis 12 entscheiden die Gerichte der Sozialgerichtsbarkeit. [2] § 85 Absatz 2 Nummer 2 des Sozialgerichtsgesetzes gilt mit der Maßgabe, dass die zuständige Stelle nach § 12 bestimmt wird.

(2) Widerspruch und Anfechtungsklage haben keine aufschiebende Wirkung.

§ 14[1)] Bußgeldvorschriften. (1) Ordnungswidrig handelt, wer vorsätzlich oder fahrlässig

1. entgegen § 8 Absatz 1 einen Nachweis nicht, nicht richtig, nicht vollständig oder nicht rechtzeitig erbringt,
2. entgegen § 9 Absatz 1 eine dort genannte Angabe nicht, nicht richtig, nicht vollständig oder nicht rechtzeitig bescheinigt,
3. entgegen § 60 Absatz 1 Satz 1 Nummer 1 des Ersten Buches Sozialgesetzbuch, auch in Verbindung mit § 8 Absatz 1a Satz 1, eine Angabe nicht, nicht richtig, nicht vollständig oder nicht rechtzeitig macht,
4. entgegen § 60 Absatz 1 Satz 1 Nummer 2 des Ersten Buches Sozialgesetzbuch, auch in Verbindung mit § 8 Absatz 1a Satz 1, eine Mitteilung nicht, nicht richtig, nicht vollständig oder nicht rechtzeitig macht oder
5. entgegen § 60 Absatz 1 Satz 1 Nummer 3 des Ersten Buches Sozialgesetzbuch, auch in Verbindung mit § 8 Absatz 1a Satz 1, eine Beweisurkunde nicht, nicht richtig, nicht vollständig oder nicht rechtzeitig vorlegt.

(2) Die Ordnungswidrigkeit kann mit einer Geldbuße von bis zu zweitausend Euro geahndet werden.

(3) Verwaltungsbehörden im Sinne des § 36 Absatz 1 Nummer 1 des Gesetzes über Ordnungswidrigkeiten[2)] sind die in § 12 Absatz 1 genannten Behörden.

[1)] § 14 Abs. 1 Nr. 2 geänd. mWv 10.12.2020 durch G v. 3.12.2020 (BGBl. I S. 2668); Abs. 3 geänd. mWv 1.9.2021 durch G v. 15.2.2021 (BGBl. I S. 239).

[2)] **Habersack, Deutsche Gesetze Nr. 94.**

Abschnitt 3.[1] Elternzeit für Arbeitnehmerinnen und Arbeitnehmer

§ 15[2] Anspruch auf Elternzeit. (1) [1]Arbeitnehmerinnen und Arbeitnehmer haben Anspruch auf Elternzeit, wenn sie

1. a) mit ihrem Kind,
   b) mit einem Kind, für das sie die Anspruchsvoraussetzungen nach § 1 Absatz 3 oder 4 erfüllen, oder
   c) mit einem Kind, das sie in Vollzeitpflege nach § 33 des Achten Buches Sozialgesetzbuch[3] aufgenommen haben,

   in einem Haushalt leben und
2. dieses Kind selbst betreuen und erziehen.

[2]Nicht sorgeberechtigte Elternteile und Personen, die nach Satz 1 Nummer 1 Buchstabe b und c Elternzeit nehmen können, bedürfen der Zustimmung des sorgeberechtigten Elternteils.

(1a) [1]Anspruch auf Elternzeit haben Arbeitnehmerinnen und Arbeitnehmer auch, wenn sie mit ihrem Enkelkind in einem Haushalt leben und dieses Kind selbst betreuen und erziehen und

1. ein Elternteil des Kindes minderjährig ist oder
2. ein Elternteil des Kindes sich in einer Ausbildung befindet, die vor Vollendung des 18. Lebensjahres begonnen wurde und die Arbeitskraft des Elternteils im Allgemeinen voll in Anspruch nimmt.

[2]Der Anspruch besteht nur für Zeiten, in denen keiner der Elternteile des Kindes selbst Elternzeit beansprucht.

(2) [1]Der Anspruch auf Elternzeit besteht bis zur Vollendung des dritten Lebensjahres eines Kindes. [2]Ein Anteil von bis zu 24 Monaten kann zwischen dem dritten Geburtstag und dem vollendeten achten Lebensjahr des Kindes in Anspruch genommen werden. [3]Die Zeit der Mutterschutzfrist nach § 3 Absatz 2 und 3 des Mutterschutzgesetzes[4] wird für die Elternzeit der Mutter auf die Begrenzung nach den Sätzen 1 und 2 angerechnet. [4]Bei mehreren Kindern besteht der Anspruch auf Elternzeit für jedes Kind, auch wenn sich die Zeiträume im Sinne der Sätze 1 und 2 überschneiden. [5]Bei einem angenommenen Kind und bei einem Kind in Vollzeit- oder Adoptionspflege kann Elternzeit von insgesamt bis zu drei Jahren ab der Aufnahme bei der berechtigten Person, längstens bis zur Vollendung des achten Lebensjahres des Kindes genommen werden; die Sätze 2 und 4 sind entsprechend anwendbar, soweit sie die zeitliche Aufteilung regeln. [6]Der Anspruch kann nicht durch Vertrag ausgeschlossen oder beschränkt werden.

(3) [1]Die Elternzeit kann, auch anteilig, von jedem Elternteil allein oder von beiden Elternteilen gemeinsam genommen werden. [2]Satz 1 gilt in den Fällen des Absatzes 1 Satz 1 Nummer 1 Buchstabe b und c entsprechend.

(4) [1]Der Arbeitnehmer oder die Arbeitnehmerin darf während der Elternzeit nicht mehr als 32 Wochenstunden im Durchschnitt des Monats erwerbstätig sein. [2]Eine im Sinne des § 23 des Achten Buches Sozialgesetzbuch geeignete Tages-

---

[1] Bish. Abschnitt 4 wird Abschnitt 3 mWv 1.9.2021 durch G v. 15.2.2021 (BGBl. I S. 239).

[2] § 15 Abs. 2 Satz 3 und Abs. 7 Satz 4 geänd. mWv 1.1.2018 durch G v. 23.5.2017 (BGBl. I S. 1228); Abs. 4 Sätze 1 und 2 neu gef., Abs. 7 Satz 1 Nr. 3 neu gef. mWv 1.9.2021 durch G v. 15.2.2021 (BGBl. I S. 239).

[3] Nr. **46**.

[4] Nr. **79**.

pflegeperson darf bis zu fünf Kinder in Tagespflege betreuen, auch wenn die wöchentliche Betreuungszeit 32 Stunden übersteigt. [3] Teilzeitarbeit bei einem anderen Arbeitgeber oder selbstständige Tätigkeit nach Satz 1 bedürfen der Zustimmung des Arbeitgebers. [4] Dieser kann sie nur innerhalb von vier Wochen aus dringenden betrieblichen Gründen schriftlich ablehnen.

(5) [1] Der Arbeitnehmer oder die Arbeitnehmerin kann eine Verringerung der Arbeitszeit und ihre Verteilung beantragen. [2] Über den Antrag sollen sich der Arbeitgeber und der Arbeitnehmer oder die Arbeitnehmerin innerhalb von vier Wochen einigen. [3] Der Antrag kann mit der schriftlichen Mitteilung nach Absatz 7 Satz 1 Nummer 5 verbunden werden. [4] Unberührt bleibt das Recht, sowohl die vor der Elternzeit bestehende Teilzeitarbeit unverändert während der Elternzeit fortzusetzen, soweit Absatz 4 beachtet ist, als auch nach der Elternzeit zu der Arbeitszeit zurückzukehren, die vor Beginn der Elternzeit vereinbart war.

(6) Der Arbeitnehmer oder die Arbeitnehmerin kann gegenüber dem Arbeitgeber, soweit eine Einigung nach Absatz 5 nicht möglich ist, unter den Voraussetzungen des Absatzes 7 während der Gesamtdauer der Elternzeit zweimal eine Verringerung seiner oder ihrer Arbeitszeit beanspruchen.

(7) [1] Für den Anspruch auf Verringerung der Arbeitszeit gelten folgende Voraussetzungen:

1. Der Arbeitgeber beschäftigt, unabhängig von der Anzahl der Personen in Berufsbildung, in der Regel mehr als 15 Arbeitnehmer und Arbeitnehmerinnen,
2. das Arbeitsverhältnis in demselben Betrieb oder Unternehmen besteht ohne Unterbrechung länger als sechs Monate,
3. die vertraglich vereinbarte regelmäßige Arbeitszeit soll für mindestens zwei Monate auf einen Umfang von nicht weniger als 15 und nicht mehr als 32 Wochenstunden im Durchschnitt des Monats verringert werden,
4. dem Anspruch stehen keine dringenden betrieblichen Gründe entgegen und
5. der Anspruch auf Teilzeit wurde dem Arbeitgeber
   a) für den Zeitraum bis zum vollendeten dritten Lebensjahr des Kindes sieben Wochen und
   b) für den Zeitraum zwischen dem dritten Geburtstag und dem vollendeten achten Lebensjahr des Kindes 13 Wochen

   vor Beginn der Teilzeittätigkeit schriftlich mitgeteilt.

[2] Der Antrag muss den Beginn und den Umfang der verringerten Arbeitszeit enthalten. [3] Die gewünschte Verteilung der verringerten Arbeitszeit soll im Antrag angegeben werden. [4] Falls der Arbeitgeber die beanspruchte Verringerung oder Verteilung der Arbeitszeit ablehnen will, muss er dies innerhalb der in Satz 5 genannten Frist mit schriftlicher Begründung tun. [5] Hat ein Arbeitgeber die Verringerung der Arbeitszeit

1. in einer Elternzeit zwischen der Geburt und dem vollendeten dritten Lebensjahr des Kindes nicht spätestens vier Wochen nach Zugang des Antrags oder
2. in einer Elternzeit zwischen dem dritten Geburtstag und dem vollendeten achten Lebensjahr des Kindes nicht spätestens acht Wochen nach Zugang des Antrags

schriftlich abgelehnt, gilt die Zustimmung als erteilt und die Verringerung der Arbeitszeit entsprechend den Wünschen der Arbeitnehmerin oder des Arbeitnehmers als festgelegt. [6] Haben Arbeitgeber und Arbeitnehmerin oder Arbeitnehmer über die Verteilung der Arbeitszeit kein Einvernehmen nach Absatz 5 Satz 2 erzielt und hat der Arbeitgeber nicht innerhalb der in Satz 5 genannten Fristen die gewünschte Verteilung schriftlich abgelehnt, gilt die Verteilung der Arbeitszeit entsprechend den Wünschen der Arbeitnehmerin oder des Arbeitnehmers als festgelegt. [7] Soweit der Arbeitgeber den Antrag auf Verringerung oder Verteilung der Arbeitszeit rechtzeitig ablehnt, kann die Arbeitnehmerin oder der Arbeitnehmer Klage vor dem Gericht für Arbeitssachen erheben.

§ 16[1)] Inanspruchnahme der Elternzeit. (1) [1] Wer Elternzeit beanspruchen will, muss sie

1. für den Zeitraum bis zum vollendeten dritten Lebensjahr des Kindes spätestens sieben Wochen und
2. für den Zeitraum zwischen dem dritten Geburtstag und dem vollendeten achten Lebensjahr des Kindes spätestens 13 Wochen

vor Beginn der Elternzeit schriftlich vom Arbeitgeber verlangen. [2] Verlangt die Arbeitnehmerin oder der Arbeitnehmer Elternzeit nach Satz 1 Nummer 1, muss sie oder er gleichzeitig erklären, für welche Zeiten innerhalb von zwei Jahren Elternzeit genommen werden soll. [3] Bei dringenden Gründen ist ausnahmsweise eine angemessene kürzere Frist möglich. [4] Nimmt die Mutter die Elternzeit im Anschluss an die Mutterschutzfrist, wird die Zeit der Mutterschutzfrist nach § 3 Absatz 2 und 3 des Mutterschutzgesetzes[2)] auf den Zeitraum nach Satz 2 angerechnet. [5] Nimmt die Mutter die Elternzeit im Anschluss an einen auf die Mutterschutzfrist folgenden Erholungsurlaub, werden die Zeit der Mutterschutzfrist nach § 3 Absatz 2 und 3 des Mutterschutzgesetzes und die Zeit des Erholungsurlaubs auf den Zweijahreszeitraum nach Satz 2 angerechnet. [6] Jeder Elternteil kann seine Elternzeit auf drei Zeitabschnitte verteilen; eine Verteilung auf weitere Zeitabschnitte ist nur mit der Zustimmung des Arbeitgebers möglich. [7] Der Arbeitgeber kann die Inanspruchnahme eines dritten Abschnitts einer Elternzeit innerhalb von acht Wochen nach Zugang des Antrags aus dringenden betrieblichen Gründen ablehnen, wenn dieser Abschnitt im Zeitraum zwischen dem dritten Geburtstag und dem vollendeten achten Lebensjahr des Kindes liegen soll. [8] Der Arbeitgeber hat dem Arbeitnehmer oder der Arbeitnehmerin die Elternzeit zu bescheinigen. [9] Bei einem Arbeitgeberwechsel ist bei der Anmeldung der Elternzeit auf Verlangen des neuen Arbeitgebers eine Bescheinigung des früheren Arbeitgebers über bereits genommene Elternzeit durch die Arbeitnehmerin oder den Arbeitnehmer vorzulegen.

(2) Können Arbeitnehmerinnen aus einem von ihnen nicht zu vertretenden Grund eine sich unmittelbar an die Mutterschutzfrist des § 3 Absatz 2 und 3 des Mutterschutzgesetzes anschließende Elternzeit nicht rechtzeitig verlangen, können sie dies innerhalb einer Woche nach Wegfall des Grundes nachholen.

(3) [1] Die Elternzeit kann vorzeitig beendet oder im Rahmen des § 15 Absatz 2 verlängert werden, wenn der Arbeitgeber zustimmt. [2] Die vorzeitige Beendigung wegen der Geburt eines weiteren Kindes oder in Fällen besonderer Härte, insbesondere bei Eintritt einer schweren Krankheit, Schwerbehinderung oder Tod eines Elternteils oder eines Kindes der berechtigten Person oder bei erheblich gefährdeter wirtschaftlicher Existenz der Eltern nach Inanspruchnahme der Elternzeit, kann der Arbeitgeber unbeschadet von Satz 3 nur innerhalb von vier Wochen aus dringenden betrieblichen Gründen schriftlich ablehnen. [3] Die Elternzeit kann

---

[1)] § 16 Abs. 1 Sätze 4 und 5, Abs. 2 und Abs. 3 Satz 3 geänd. mWv 1.1.2018 durch G v. 23.5.2017 (BGBl. I S. 1228).

[2)] Nr. **79**.

zur Inanspruchnahme der Schutzfristen des § 3 des Mutterschutzgesetzes auch ohne Zustimmung des Arbeitgebers vorzeitig beendet werden; in diesen Fällen soll die Arbeitnehmerin dem Arbeitgeber die Beendigung der Elternzeit rechtzeitig mitteilen. [4] Eine Verlängerung der Elternzeit kann verlangt werden, wenn ein vorgesehener Wechsel der Anspruchsberechtigten aus einem wichtigen Grund nicht erfolgen kann.

(4) Stirbt das Kind während der Elternzeit, endet diese spätestens drei Wochen nach dem Tod des Kindes.

(5) Eine Änderung in der Anspruchsberechtigung hat der Arbeitnehmer oder die Arbeitnehmerin dem Arbeitgeber unverzüglich mitzuteilen.

§ 17 Urlaub. (1) [1] Der Arbeitgeber kann den Erholungsurlaub, der dem Arbeitnehmer oder der Arbeitnehmerin für das Urlaubsjahr zusteht, für jeden vollen Kalendermonat der Elternzeit um ein Zwölftel kürzen. [2] Dies gilt nicht, wenn der Arbeitnehmer oder die Arbeitnehmerin während der Elternzeit bei seinem oder ihrem Arbeitgeber Teilzeitarbeit leistet.

(2) Hat der Arbeitnehmer oder die Arbeitnehmerin den ihm oder ihr zustehenden Urlaub vor dem Beginn der Elternzeit nicht oder nicht vollständig erhalten, hat der Arbeitgeber den Resturlaub nach der Elternzeit im laufenden oder im nächsten Urlaubsjahr zu gewähren.

(3) Endet das Arbeitsverhältnis während der Elternzeit oder wird es im Anschluss an die Elternzeit nicht fortgesetzt, so hat der Arbeitgeber den noch nicht gewährten Urlaub abzugelten.

(4) Hat der Arbeitnehmer oder die Arbeitnehmerin vor Beginn der Elternzeit mehr Urlaub erhalten, als ihm oder ihr nach Absatz 1 zusteht, kann der Arbeitgeber den Urlaub, der dem Arbeitnehmer oder der Arbeitnehmerin nach dem Ende der Elternzeit zusteht, um die zu viel gewährten Urlaubstage kürzen.

§ 18[1)] Kündigungsschutz. (1) [1] Der Arbeitgeber darf das Arbeitsverhältnis ab dem Zeitpunkt, von dem an Elternzeit verlangt worden ist, nicht kündigen. [2] Der Kündigungsschutz nach Satz 1 beginnt

1. frühestens acht Wochen vor Beginn einer Elternzeit bis zum vollendeten dritten Lebensjahr des Kindes und
2. frühestens 14 Wochen vor Beginn einer Elternzeit zwischen dem dritten Geburtstag und dem vollendeten achten Lebensjahr des Kindes.

[3] Während der Elternzeit darf der Arbeitgeber das Arbeitsverhältnis nicht kündigen. [4] In besonderen Fällen kann ausnahmsweise eine Kündigung für zulässig erklärt werden. [5] Die Zulässigkeitserklärung erfolgt durch die für den Arbeitsschutz zuständige oberste Landesbehörde oder die von ihr bestimmte Stelle. [6] Die Bundesregierung kann mit Zustimmung des Bundesrates allgemeine Verwaltungsvorschriften zur Durchführung des Satzes 4 erlassen.

(2) Absatz 1 gilt entsprechend, wenn Arbeitnehmer oder Arbeitnehmerinnen

1. während der Elternzeit bei demselben Arbeitgeber Teilzeitarbeit leisten oder
2. ohne Elternzeit in Anspruch zu nehmen, Teilzeitarbeit leisten und Anspruch auf Elterngeld nach § 1 während des Zeitraums nach § 4 Absatz 1 Satz 2, 3 und 5 haben.

---

1) § 18 Abs. 2 Nr. 2 geänd. mWv 1.9.2021 durch G v. 15.2.2021 (BGBl. I S. 239).

§ 19 Kündigung zum Ende der Elternzeit. Der Arbeitnehmer oder die Arbeitnehmerin kann das Arbeitsverhältnis zum Ende der Elternzeit nur unter Einhaltung einer Kündigungsfrist von drei Monaten kündigen.

§ 20[1] Zur Berufsbildung Beschäftigte, in Heimarbeit Beschäftigte.

(1) [1] Die zu ihrer Berufsbildung Beschäftigten gelten als Arbeitnehmer und Arbeitnehmerinnen im Sinne dieses Gesetzes. [2] Die Elternzeit wird auf die Dauer einer Berufsausbildung nicht angerechnet, es sei denn, dass während der Elternzeit die Berufsausbildung nach § 7a des Berufsbildungsgesetzes oder § 27b der Handwerksordnung[2] in Teilzeit durchgeführt wird. [3] § 15 Absatz 4 Satz 1 bleibt unberührt.

(2) [1] Anspruch auf Elternzeit haben auch die in Heimarbeit Beschäftigten und die ihnen Gleichgestellten (§ 1 Absatz 1 und 2 des Heimarbeitsgesetzes), soweit sie am Stück mitarbeiten. [2] Für sie tritt an die Stelle des Arbeitgebers der Auftraggeber oder Zwischenmeister und an die Stelle des Arbeitsverhältnisses das Beschäftigungsverhältnis.

§ 21 Befristete Arbeitsverträge. (1) Ein sachlicher Grund, der die Befristung eines Arbeitsverhältnisses rechtfertigt, liegt vor, wenn ein Arbeitnehmer oder eine Arbeitnehmerin zur Vertretung eines anderen Arbeitnehmers oder einer anderen Arbeitnehmerin für die Dauer eines Beschäftigungsverbotes nach dem Mutterschutzgesetz[3], einer Elternzeit, einer auf Tarifvertrag, Betriebsvereinbarung oder einzelvertraglicher Vereinbarung beruhenden Arbeitsfreistellung zur Betreuung eines Kindes oder für diese Zeiten zusammen oder für Teile davon eingestellt wird.

(2) Über die Dauer der Vertretung nach Absatz 1 hinaus ist die Befristung für notwendige Zeiten einer Einarbeitung zulässig.

(3) Die Dauer der Befristung des Arbeitsvertrags muss kalendermäßig bestimmt oder bestimmbar oder den in den Absätzen 1 und 2 genannten Zwecken zu entnehmen sein.

(4) [1] Der Arbeitgeber kann den befristeten Arbeitsvertrag unter Einhaltung einer Frist von mindestens drei Wochen, jedoch frühestens zum Ende der Elternzeit, kündigen, wenn die Elternzeit ohne Zustimmung des Arbeitgebers vorzeitig endet und der Arbeitnehmer oder die Arbeitnehmerin die vorzeitige Beendigung der Elternzeit mitgeteilt hat. [2] Satz 1 gilt entsprechend, wenn der Arbeitgeber die vorzeitige Beendigung der Elternzeit in den Fällen des § 16 Absatz 3 Satz 2 nicht ablehnen darf.

(5) Das Kündigungsschutzgesetz[4] ist im Falle des Absatzes 4 nicht anzuwenden.

(6) Absatz 4 gilt nicht, soweit seine Anwendung vertraglich ausgeschlossen ist.

(7) [1] Wird im Rahmen arbeitsrechtlicher Gesetze oder Verordnungen auf die Zahl der beschäftigten Arbeitnehmer und Arbeitnehmerinnen abgestellt, so sind bei der Ermittlung dieser Zahl Arbeitnehmer und Arbeitnehmerinnen, die sich in der Elternzeit befinden oder zur Betreuung eines Kindes freigestellt sind, nicht mitzuzählen, solange für sie aufgrund von Absatz 1 ein Vertreter oder eine Vertreterin eingestellt ist. [2] Dies gilt nicht, wenn der Vertreter oder die Vertreterin nicht mitzuzählen ist. [3] Die Sätze 1 und 2 gelten entsprechend, wenn im Rahmen

---

[1] § 20 Abs. 1 neu gef. mWv 1.9.2021 durch G v. 15.2.2021 (BGBl. I S. 239).

[2] **Sartorius Nr. 815.**

[3] Nr. **79.**

[4] **Habersack, Deutsche Gesetze Nr. 84.**

arbeitsrechtlicher Gesetze oder Verordnungen auf die Zahl der Arbeitsplätze abgestellt wird.

Abschnitt 4.[1] Statistik und Schlussvorschriften

§ 22[2] Bundesstatistik. (1) [1]Zur Beurteilung der Auswirkungen dieses Gesetzes sowie zu seiner Fortentwicklung sind laufende Erhebungen zum Bezug von Elterngeld als Bundesstatistiken durchzuführen. [2]Die Erhebungen erfolgen zentral beim Statistischen Bundesamt.

(2) [1]Die Statistik zum Bezug von Elterngeld erfasst vierteljährlich zum jeweils letzten Tag des aktuellen und der vorangegangenen zwei Kalendermonate für Personen, die in einem dieser Kalendermonate Elterngeld bezogen haben, für jedes den Anspruch auslösende Kind folgende Erhebungsmerkmale:

1. Art der Berechtigung nach § 1,
2. Grundlagen der Berechnung des zustehenden Monatsbetrags nach Art und Höhe (§ 2 Absatz 1, 2, 3 oder 4, § 2a Absatz 1 oder 4, § 2c, die §§ 2d, 2e oder § 2f),
3. Höhe und Art des zustehenden Monatsbetrags (§ 4a Absatz 1 und 2 Satz 1) ohne die Berücksichtigung der Einnahmen nach § 3,
4. Art und Höhe der Einnahmen nach § 3,
5. Inanspruchnahme der als Partnerschaftsbonus gewährten Monatsbeträge nach § 4b Absatz 1 und der weiteren Monatsbeträge Elterngeld Plus nach § 4c Absatz 2,
6. Höhe des monatlichen Auszahlungsbetrags,
7. Geburtstag des Kindes,
8. für die Elterngeld beziehende Person:
   a) Geschlecht, Geburtsjahr und -monat,
   b) Staatsangehörigkeit,
   c) Wohnsitz oder gewöhnlicher Aufenthalt,
   d) Familienstand und unverheiratetes Zusammenleben mit dem anderen Elternteil,
   e) Vorliegen der Voraussetzungen nach § 4c Absatz 1 Nummer 1 und
   f) Anzahl der im Haushalt lebenden Kinder.

[2]Die Angaben nach den Nummern 2, 3, 5 und 6 sind für jeden Lebensmonat des Kindes bezogen auf den nach § 4 Absatz 1 möglichen Zeitraum des Leistungsbezugs zu melden.

(3) Hilfsmerkmale sind:

1. Name und Anschrift der zuständigen Behörde,
2. Name und Telefonnummer sowie Adresse für elektronische Post der für eventuelle Rückfragen zur Verfügung stehenden Person und
3. Kennnummer des Antragstellers oder der Antragstellerin.

---

[1] Bish. Abschnitt 5 wird Abschnitt 4 mWv 1.9.2021 durch G v. 15.2.2021 (BGBl. I S. 239).

[2] § 22 Abs. 1 Satz 1, Abs. 2 Satz 1 Nr. 3, 5 und 8 Buchst. d geänd., Buchst. e eingef., bish. Buchst. e wird Buchst. f, Abs. 3 aufgeh., bish. Abs. 4 wird Abs. 3 mWv 1.9.2021 durch G v. 15.2.2021 (BGBl. I S. 239).

§ 23 Auskunftspflicht; Datenübermittlung an das Statistische Bundesamt. (1) [1]Für die Erhebung nach § 22 besteht Auskunftspflicht. [2]Die Angaben nach § 22 Absatz 4 Nummer 2 sind freiwillig. [3]Auskunftspflichtig sind die nach § 12 Absatz 1 zuständigen Stellen.

(2) [1]Der Antragsteller oder die Antragstellerin ist gegenüber den nach § 12 Absatz 1 zuständigen Stellen zu den Erhebungsmerkmalen nach § 22 Absatz 2 und 3 auskunftspflichtig. [2]Die zuständigen Stellen nach § 12 Absatz 1 dürfen die Angaben nach § 22 Absatz 2 Satz 1 Nummer 8 und Absatz 3 Satz 1 Nummer 4, soweit sie für den Vollzug dieses Gesetzes nicht erforderlich sind, nur durch technische und organisatorische Maßnahmen getrennt von den übrigen Daten nach § 22 Absatz 2 und 3 und nur für die Übermittlung an das Statistische Bundesamt verwenden und haben diese unverzüglich nach Übermittlung an das Statistische Bundesamt zu löschen.

(3) Die in sich schlüssigen Angaben sind als Einzeldatensätze elektronisch bis zum Ablauf von 30 Arbeitstagen nach Ablauf des Berichtszeitraums an das Statistische Bundesamt zu übermitteln.

§ 24 Übermittlung von Tabellen mit statistischen Ergebnissen durch das Statistische Bundesamt. [1]Zur Verwendung gegenüber den gesetzgebenden Körperschaften und zu Zwecken der Planung, jedoch nicht zur Regelung von Einzelfällen, übermittelt das Statistische Bundesamt Tabellen mit statistischen Ergebnissen, auch soweit Tabellenfelder nur einen einzigen Fall ausweisen, an die fachlich zuständigen obersten Bundes- oder Landesbehörden. [2]Tabellen, deren Tabellenfelder nur einen einzigen Fall ausweisen, dürfen nur dann übermittelt werden, wenn sie nicht differenzierter als auf Regierungsbezirksebene, im Falle der Stadtstaaten auf Bezirksebene, aufbereitet sind.

§ 24a[1)] Übermittlung von Einzelangaben durch das Statistische Bundesamt. (1) [1]Zur Abschätzung von Auswirkungen der Änderungen dieses Gesetzes im Rahmen der Zwecke nach § 24 übermittelt das Statistische Bundesamt auf Anforderung des fachlich zuständigen Bundesministeriums diesem oder von ihm beauftragten Forschungseinrichtungen Einzelangaben ab dem Jahr 2007 ohne Hilfsmerkmale mit Ausnahme des Merkmals nach § 22 Absatz 4 Nummer 3 für die Entwicklung und den Betrieb von Mikrosimulationsmodellen. [2]Die Einzelangaben dürfen nur im hierfür erforderlichen Umfang und mittels eines sicheren Datentransfers übermittelt werden.

(2) [1]Bei der Verarbeitung der Daten nach Absatz 1 ist das Statistikgeheimnis nach § 16 des Bundesstatistikgesetzes zu wahren. [2]Dafür ist die Trennung von statistischen und nichtstatistischen Aufgaben durch Organisation und Verfahren zu gewährleisten. [3]Die nach Absatz 1 übermittelten Daten dürfen nur für die Zwecke verwendet werden, für die sie übermittelt wurden. [4]Die übermittelten Einzeldaten sind nach dem Erreichen des Zweckes zu löschen, zu dem sie übermittelt wurden.

(3) [1]Personen, die Empfängerinnen und Empfänger von Einzelangaben nach Absatz 1 Satz 1 sind, unterliegen der Pflicht zur Geheimhaltung nach § 16 Absatz 1 und 10 des Bundesstatistikgesetzes. [2]Personen, die Einzelangaben nach Absatz 1 Satz 1 erhalten sollen, müssen Amtsträger oder für den öffentlichen Dienst besonders Verpflichtete sein. [3]Personen, die Einzelangaben erhalten sollen und die nicht Amtsträger oder für den öffentlichen Dienst besonders Verpflichtete sind, sind vor der Übermittlung zur Geheimhaltung zu verpflichten. [4]§ 1 Absatz 2, 3

---

1) § 24a Abs. 2 Satz 1 geänd. mWv 26.11.2019 durch G v. 20.11.2019 (BGBl. I S. 1626).

und 4 Nummer 2 des Verpflichtungsgesetzes vom 2. März 1974 (BGBl. I S. 469, 547), das durch § 1 Nummer 4 des Gesetzes vom 15. August 1974 (BGBl. I S. 1942) geändert worden ist, gilt in der jeweils geltenden Fassung entsprechend. [5]Die Empfängerinnen und Empfänger von Einzelangaben dürfen aus ihrer Tätigkeit gewonnene Erkenntnisse nur für die in Absatz 1 genannten Zwecke verwenden.

§ 24b[1)] Elektronische Unterstützung bei der Antragstellung. (1) [1]Zur elektronischen Unterstützung bei der Antragstellung kann der Bund ein Internetportal einrichten und betreiben. [2]Das Internetportal ermöglicht das elektronische Ausfüllen der Antragsformulare der Länder sowie die Übermittlung der Daten aus dem Antragsformular an die nach § 12 zuständige Behörde. [3]Zuständig für Einrichtung und Betrieb des Internetportals ist das Bundesministerium für Familie, Senioren, Frauen und Jugend. [4]Die Ausführung dieses Gesetzes durch die nach § 12 zuständigen Behörden bleibt davon unberührt.

(2) [1]Das Bundesministerium für Familie, Senioren, Frauen und Jugend ist für das Internetportal datenschutzrechtlich verantwortlich. [2]Für die elektronische Unterstützung bei der Antragstellung darf das Bundesministerium für Familie, Senioren, Frauen und Jugend die zur Beantragung von Elterngeld erforderlichen personenbezogenen Daten sowie die in § 22 genannten statistischen Erhebungsmerkmale verarbeiten, sofern der Nutzer in die Verarbeitung eingewilligt hat. [3]Die statistischen Erhebungsmerkmale einschließlich der zur Beantragung von Elterngeld erforderlichen personenbezogenen Daten sind nach Beendigung der Nutzung des Internetportals unverzüglich zu löschen.

§ 25[2)] Datenübermittlung durch die Standesämter. Beantragt eine Person Elterngeld, so darf das für die Entgegennahme der Anzeige der Geburt zuständige Standesamt der nach § 12 Absatz 1 zuständigen Behörde die erforderlichen Daten über die Beurkundung der Geburt eines Kindes elektronisch übermitteln, wenn die antragstellende Person zuvor in die elektronische Datenübermittlung eingewilligt hat.

§ 26[3)] Anwendung der Bücher des Sozialgesetzbuches. (1) Soweit dieses Gesetz zum Elterngeld keine ausdrückliche Regelung trifft, ist bei der Ausführung des Ersten, Zweiten und Dritten Abschnitts das Erste Kapitel des Zehnten Buches Sozialgesetzbuch anzuwenden.

(2) § 328 Absatz 3 und § 331 des Dritten Buches Sozialgesetzbuch gelten entsprechend.

§ 27[4)] Sonderregelung aus Anlass der COVID-19-Pandemie. (1) [1]Übt ein Elternteil eine systemrelevante Tätigkeit aus, so kann sein Bezug von Elterngeld auf Antrag für die Zeit vom 1. März 2020 bis 31. Dezember 2020 aufgeschoben werden. [2]Der Bezug der verschobenen Lebensmonate ist spätestens bis zum 30. Juni 2021 anzutreten. [3]Wird von der Möglichkeit des Aufschubs Gebrauch gemacht, so kann das Basiselterngeld abweichend von § 4 Absatz 1 Satz 2 und 3 auch noch nach Vollendung des 14. Lebensmonats bezogen werden. [4]In der Zeit

---

[1)] § 24b eingef. mWv 26.11.2019 durch G v. 20.11.2019 (BGBl. I S. 1626).

[2)] § 25 neu gef. mWv 10.12.2020 durch G v. 3.12.2020 (BGBl. I S. 2668).

[3)] § 26 Abs. 1 geänd. mWv 1.9.2021 durch G v. 15.2.2021 (BGBl. I S. 239).

[4)] § 27 eingef. mWv 1.3.2020 durch G v. 20.5.2020 (BGBl. I S. 1061); Abs. 4 neu gef. mWv 1.1.2021 durch G v. 3.12.2020 (BGBl. I S. 2691); Abs. 3 neu gef. mWv 28.5.2020, Abs. 1 Sätze 3 und 4 geänd., Abs. 4 aufgeh. mWv 1.9.2021 durch G v. 15.2.2021 (BGBl. I S. 239).

vom 1. März 2020 bis 30. Juni 2021 entstehende Lücken im Elterngeldbezug sind abweichend von § 4 Absatz 1 Satz 4 unschädlich.

(2) [1] Für ein Verschieben des Partnerschaftsbonus genügt es, wenn nur ein Elternteil einen systemrelevanten Beruf ausübt. [2] Hat der Bezug des Partnerschaftsbonus bereits begonnen, so gelten allein die Bestimmungen des Absatzes 3.

(3) Liegt der Bezug des Partnerschaftsbonus ganz oder teilweise vor dem Ablauf des 31. Dezember 2021 und kann die berechtigte Person die Voraussetzungen des Bezugs aufgrund der COVID-19-Pandemie nicht einhalten, gelten die Angaben zur Höhe des Einkommens und zum Umfang der Arbeitszeit, die bei der Beantragung des Partnerschaftsbonus glaubhaft gemacht worden sind.

§ 28[1)] Übergangsvorschrift. (1) Für die vor dem 1. September 2021 geborenen oder mit dem Ziel der Adoption aufgenommenen Kinder ist dieses Gesetz in der bis zum 31. August 2021 geltenden Fassung weiter anzuwenden.

(1a) Soweit dieses Gesetz Mutterschaftsgeld nach dem Fünften Buch Sozialgesetzbuch oder nach dem Zweiten Gesetz über die Krankenversicherung der Landwirte in Bezug nimmt, gelten die betreffenden Regelungen für Mutterschaftsgeld nach der Reichsversicherungsordnung oder nach dem Gesetz über die Krankenversicherung der Landwirte entsprechend.

(2) Für die dem Erziehungsgeld vergleichbaren Leistungen der Länder sind § 8 Absatz 1 und § 9 des Bundeserziehungsgeldgesetzes in der bis zum 31. Dezember 2006 geltenden Fassung weiter anzuwenden.

(3) [1] § 1 Absatz 7 Satz 1 Nummer 1 bis 4 in der Fassung des Artikels 36 des Gesetzes vom 12. Dezember 2019 (BGBl. I S. 2451) ist für Entscheidungen anzuwenden, die Zeiträume betreffen, die nach dem 29. Februar 2020 beginnen. [2] § 1 Absatz 7 Satz 1 Nummer 5 in der Fassung des Artikels 36 des Gesetzes vom 12. Dezember 2019 (BGBl. I S. 2451) ist für Entscheidungen anzuwenden, die Zeiträume betreffen, die nach dem 31. Dezember 2019 beginnen.

(4) [1] § 9 Absatz 2 und § 25 sind auf Kinder anwendbar, die nach dem 31. Dezember 2021 geboren oder nach dem 31. Dezember 2021 mit dem Ziel der Adoption aufgenommen worden sind. [2] Zur Erprobung des Verfahrens können diese Regelungen in Pilotprojekten mit Zustimmung des Bundesministeriums für Familie, Senioren, Frauen und Jugend, des Bundesministeriums für Arbeit und Soziales und des Bundesministeriums des Innern, für Bau und Heimat auf Kinder, die vor dem 1. Januar 2022 geboren oder vor dem 1. Januar 2022 zur Adoption aufgenommen worden sind, angewendet werden.

---

1) Früherer § 27 Abs. 3 neu gef. mWv 1.1.2020 und neu gef. mWv 1.3.2020 durch G v. 12.12.2019 (BGBl. I S. 2451); bish. § 27 wird § 28 mWv 1.3.2020 durch G v. 20.5.2020 (BGBl. I S. 1061); Abs. 4 angef. mWv 10.12.2020 durch G v. 3.12.2020 (BGBl. I S. 2668); Abs. 1 Satz 1 geänd., Sätze 2 und 3 aufgeh. mWv 1.9.2021 durch G v. 15.2.2021 (BGBl. I S. 239).

46. Sozialgesetzbuch (SGB) Achtes Buch (VIII) Kinder- und Jugendhilfe

In der Fassung der Bekanntmachung vom 11. September 2012[1)]
(BGBl. I S. 2022)

FNA 860-8

Lfd. Nr.	Änderndes Gesetz	Datum	Fundstelle	Betroffen	Hinweis
1.	Art. 1 KinderförderungsG	10.12.2008	BGBl. I S. 2403	§§ 24, 24a	geänd. mWv 1.8.2013
2.	Art. 2 G zur Änd. des Vormundschafts- und Betreuungsrechts	29.6.2011	BGBl. I S. 1306	§ 55	geänd. mWv 5.7.2012
3.	Art. 2 Abs. 3 BetreuungsgeldG	15.2.2013	BGBl. I S. 254	§ 16	geänd. mWv 1.8.2013
4.	Art. 5 G zur Reform der elterlichen Sorge nicht miteinander verheirateter Eltern	16.4.2013	BGBl. I S. 795	Inhaltsübers., §§ 18, 50, 51, 59, 65, 87c, 99, 101	geänd. mWv 19.5.2013
				§ 58a	neu gef. mWv 19.5.2013
5.	Art. 3 UnterhaltsvorschussentbürokratisierungsG	3.5.2013	BGBl. I S. 1108	§ 59	geänd. mWv 1.7.2013
6.	Art. 1 Kinder- und Jugendhilfeverwaltungsvereinfachungs G	29.8.2013	BGBl. I S. 3464	§§ 92, 93, 94	geänd. mWv 3.12.2013
				Inhaltsübers., §§ 18, 39, 83, 86, 87c, 89a, 98, 99, 100, 101, 102	geänd. mWv 1.1.2014
7.	Art. 2 Abs. 8 49. G zur Änd. des Strafgesetzbuches[2)]	21.1.2015	BGBl. I S. 10	§ 72a	geänd. mWv 27.1.2015
8.	Art. 5 PräventionsG	17.7.2015	BGBl. I S. 1368	§§ 16, 45	geänd. mWv 25.7.2015
9.	Art. 1 G zur Verbesserung der Unterbringung, Versorgung und Betreuung ausländischer Kinder und Jugendlicher	28.10.2015	BGBl. I S. 1802	Inhaltsübers., §§ 2, 7, 76, 87, 89d, 99, 102	geänd. mWv 1.11.2015
				§§ 42a, 42b, 42c, 42d, 42e, 42f, 7. Kapitel 2. Abschn. 4. Unterabschn. (§ 88a), 11. Kapitel (§ 106)	eingef. mWv 1.11.2015
				§ 89d	geänd. mWv 1.7.2017
10.	Art. 3 G zur Verbesserung der Bekämpfung des Menschenhandels und zur Änd. des BundeszentralregisterG sowie des Achten Buches Sozialgesetzbuch	11.10.2016	BGBl. I S. 2226	§ 72a	geänd. mWv 15.10.2016

[1)] Neubekanntmachung des SGB VIII idF der Bek. v. 14.12.2006 (BGBl. I S. 3134) in der ab 1.1.2012 geltenden Fassung.

[2)] **Amtl. Anm.:** Umsetzung von Artikel 4 Absatz 4 und Artikel 17 Absatz 1 Buchstabe b, Absatz 4 in Verbindung mit Artikel 3 Absatz 5 und 6 der Richtlinie 2011/93/EU des Europäischen Parlaments und des Rates vom 13. Dezember 2011 zur Bekämpfung des sexuellen Missbrauchs und der sexuellen Ausbeutung von Kindern sowie der Kinderpornografie sowie zur Ersetzung des Rahmenbeschlusses 2004/68/JI des Rates (ABl. L 335 vom 17.12.2011, S. 1, L 18 vom 21.1.2012, S. 7)

Lfd. Nr.	Änderndes Gesetz	Datum	Fundstelle	Betroffen	Hinweis
11.	Art. 2 Abs. 10 50. G zur Änd des StGB	4.11.2016	BGBl. I S. 2460	§ 72a	geänd. mWv 10.11.2016
12.	Art. 9 BundesteilhabeG	23.12. 2016	BGBl. I S. 3234, geänd. durch G v. 17.7. 2017, BGBl. I S. 2541	§§ 10, 35a, 45	geänd. mWv 1.1.2020
13.	Art. 9 G zur Bekämpfung von Kinderehen	17.7.2017	BGBl. I S. 2429	§ 42a	geänd. mWv 22.7.2017
14.	Art. 3 G zur besseren Durchsetzung der Ausreisepflicht	20.7.2017	BGBl. I S. 2780	§ 42	geänd. mWv 29.7.2017
15.	Art. 10 Abs. 10 G zur Neuregelung des Schutzes von Geheimnissen bei der Mitwirkung Dritter an der Berufsausübung schweigepflichtiger Personen	30.10. 2017	BGBl. I S. 3618	§ 65	geänd. mWv 9.11.2017
16.	Art. 2 G zur Weiterentwicklung der Qualität und zur Teilhabe in der Kindertagesbetreuung	19.12. 2018	BGBl. I S. 2696	§ 22	geänd. mWv 1.1.2019
				§ 90	geänd. mWv 1.8.2019
17.	Art. 6 Zweites DatenaustauschverbesserungsG	4.8.2019	BGBl. I S. 1131	§ 42a	geänd. mWv 9.8.2019
18.	Art. 7 G zur Reform der Psychotherapeutenausbildung[1]	15.11. 2019	BGBl. I S. 1604	§ 35a	geänd. mWv 1.9.2020
19.	Art. 129 Zweites Datenschutz-Anpassungs- und UmsetzungsG EU[2]	20.11. 2019	BGBl. I S. 1626	§§ 61, 62, 64, 65, 68	geänd. mWv 26.11.2019
20.	Art. 8 G zur Änd. des Neunten und des Zwölften Buches Sozialgesetzbuch und anderer Rechtsvorschriften	30.11. 2019	BGBl. I S. 1948	§ 90	geänd. mWv 6.12.2019
				§§ 45, 81	geänd. mWv 1.1.2020
21.	Art. 36 G zur Regelung des Sozialen Entschädigungsrechts	12.12. 2019	BGBl. I S. 2652	Inhaltsübersicht, §§ 10, 81, 93	geänd. mWv 1.1.2024
				§ 107	eingef. mWv 1.1.2024

[1] **Amtl. Anm.:** Dieses Gesetz dient der Umsetzung der Richtlinie 2005/36/EG des Europäischen Parlaments und des Rates vom 7. September 2005 über die Anerkennung von Berufsqualifikationen (ABl. L 255 vom 30.9.2005, S. 22), die zuletzt durch den Delegierten Beschluss (EU) 2017/2113 (ABl. L 317 vom 1.12.2017, S. 119), geändert worden ist.

[2] **Amtl. Anm.:** Dieses Gesetz dient der Umsetzung der Richtlinie (EU) 2016/680 des Europäischen Parlaments und des Rates vom 27. April 2016 zum Schutz natürlicher Personen bei der Verarbeitung personenbezogener Daten durch die zuständigen Behörden zum Zweck der Verhütung, Ermittlung, Aufdeckung oder Verfolgung von Straftaten oder der Strafvollstreckung sowie zum freien Datenverkehr und zur Aufhebung des Rahmenbeschlusses 2008/977/JI des Rates (ABl. L 119 vom 4.5.2016, S. 89; L 127 vom 23.5.2018, S. 9).

Lfd. Nr.	Änderndes Gesetz	Datum	Fundstelle	Betroffen	Hinweis
22.	Art. 16a Abs. 6 Medizinprodukte-EU-AnpassungsG[1)]	28.4.2020	BGBl. I S. 960, geänd. durch G v. 19.5. 2020, BGBl. I S. 1018	§ 35a	geänd. mWv 26.5.2020
23.	Art. 3 Abs. 5 59. G zur Änd. des Strafgesetzbuches	9.10.2020	BGBl. I S. 2075	§ 72a	geänd. mWv 1.1.2021
24.	Art. 4 Abs. 6 Adoptionshilfe-Gesetz	12.2.2021	BGBl. I S. 226	§ 102	geänd. mWv 1.4.2021
25.	Art. 12 Vormundschafts- und Betreuungsrechts-Reformgesetz	4.5.2021	BGBl. I S. 882	Inhaltsübersicht, §§ 2, 50, bish. 58a, 72a, 76, 85, 87c, 87d	geänd. mWv 1.1.2023
				§§ 53, 54, 55, 56, 57	neu gef. mWv 1.1.2023
				§ 53a	eingef. mWv 1.1.2023
				bish. § 58	aufgeh. mWv 1.1.2023
26.	Art. 1 Kinder- und JugendstärkungsG	3.6.2021	BGBl. I S. 1444	Inhaltsübersicht, §§ 1, 2, 4, 7, 8, 8a, 8b, 9, 11, 13, 16, 19, 22, 22a, 23, 24, 27, 35a, 36, 36a, 41, 42, 43, 45, 47, 50, 52, 58a, 62, 64, 65, 71, 72a, 77, 78, 78a, 78b, 79, 79a, 80, 81, 83, 87a, 87c, 90, 92, 94, 98, 99, 100, 101, 102, 103, 104, Elftes Kapitel Überschrift	geänd. mWv 10.6.2021
				§§ 20, 37, 38, 46	neu gef. mWv 10.6.2021
				§§ 4a, 9a, 10a, 13a, 36b, 37a, 37b, 37c, 41a, 45a, 107	eingef. mWv 10.6.2021
				§§ 99, 102	geänd. mWv 1.1.2022
				§ 99	geänd. mWv 1.1.2023
				§ 10b	eingef. mWv 1.1.2024
				§§ 10, 10a	geänd. mWv 1.1.2028

[1)] **Amtl. Anm.:** Dieses Gesetz dient der Anpassung des nationalen Medizinprodukterechts an die Verordnung (EU) 2017/745 des Europäischen Parlaments und des Rates vom 5. April 2017 über Medizinprodukte, zur Änderung der Richtlinie 2001/83/EG, der Verordnung (EG) Nr. 178/2002 und der Verordnung (EG) Nr. 1223/2009 und zur Aufhebung der Richtlinien 90/385/EWG und 93/42/EWG des Rates (ABl. L 117 vom 5.5.2017, S. 1; L 117 vom 3.5.2019, S. 9; L 334 vom 27.12.2019, S. 165) und die Verordnung (EU) 2017/746 des Europäischen Parlaments und des Rates vom 5. April 2017 über In-vitro-Diagnostika und zur Aufhebung der Richtlinie 98/79/EG und des Beschlusses 2010/227/EU der Kommission (ABl. L 117 vom 5.5.2017, S. 176; L 117 vom 3.5.2019, S. 11; L 334 vom 27.12.2019, S. 167).

Lfd. Nr.	Änderndes Gesetz	Datum	Fundstelle	Betroffen	Hinweis
				§ 10b	aufgeh. mit Ablauf des 31.12. 2027
27.	Art. 8 Abs. 4 G zur Bekämpfung sexualisierter Gewalt gegen Kinder	16.6.2021	BGBl. I S. 1810	§ 72a	geänd. mWv 1.7.2021
28.	Art. 8 G zur Durchführung der VO (EU) 2019/1111 sowie zur Änd. sonstiger Vorschriften	10.8.2021	BGBl. I S. 3424	§ 38	geänd. mWv 1.8.2022
29.	Art. 42 G über die Entschädigung der Soldatinnen und Soldaten und zur Neuordnung des Soldatenversorgungsrechts	20.8.2021	BGBl. I S. 3932	Inhaltsübersicht, § 93	geänd. mWv 1.1.2025
				§ 107	aufgeh. mit Ablauf des 31.12. 2024
30.	Art. 1, 2 GanztagsförderungsG	2.10.2021	BGBl. I S. 4602	§§ 98, 99, 101, 102	geänd. mWv 1.7.2022
				Inhaltsübersicht	geänd. mWv 1.1.2023
				§ 24a	eingef. mWv 1.1.2023
				§§ 7, 24	geänd. mWv 1.8.2026
				§ 24	geänd. mWv 1.8.2029
31.	Art. 32 G zum Ausbau des elektronischen Rechtsverkehrs mit den Gerichten und zur Änd. weiterer Vorschriften[1]	5.10.2021	BGBl. I S. 4607	§ 60	geänd. mWv 1.1.2022

Zum SGB VIII haben die Länder ua folgende Ausführungsvorschriften erlassen:
- **Baden-Württemberg:** Kinder- und JugendhilfeG für Baden-Württemberg idF der Bek. v. 14.4.2005 (GBl. S. 376), zuletzt geänd. durch G v. 19.3.2020 (GBl. S. 149);
- **Bayern:** Gesetz zur Ausführung der Sozialgesetze (AGSG) v. 8.12.2006 (GVBl. S. 942), zuletzt geänd. durch G v. 23.4.2021 (GVBl. S. 196);
- **Berlin:** G zur Ausführung des Kinder- und JugendhilfeG (AG KJHG) v. 27.4.2001 (GVBl. S. 134), zuletzt geänd. durch G v. 27.8.2021 (GVBl. S. 995);
- **Brandenburg:** Erstes G zur Ausführung des Achten Buches des Sozialgesetzbuches – Kinder- und Jugendhilfe (AGKJHG-Org) idF der Bek. v. 26.6.1997 (GVBl. I S. 87), zuletzt geänd. durch G v. 25.6. 2020 (GVBl. I Nr. 18) und Zweites G zur Ausführung des Achten Buches des Sozialgesetzbuches – Kinder- und Jugendhilfe – KindertagesstättenG (KitaG) idF der Bek. v. 27.6.2004 (GVBl. I S. 384), zuletzt geänd. durch G v. 25.6.2020 (GVBl. I Nr. 18);
- **Bremen:** Erstes G zur Ausführung des Achten Buches Sozialgesetzbuch – G zur Ausführung des Kinder- und JugendhilfeG im Lande Bremen (BremAGKJHG) v. 17.9.1991 (Brem.GBl. S. 318), zuletzt geänd. durch Bek. v. 20.10.2020 (Brem.GBl. S. 1172);
- **Hamburg:** Hamburgisches G zur Ausführung des Achten Buches Sozialgesetzbuch – Kinder- und Jugendhilfe – (AG SGB VIII) v. 25.6.1997 (HmbGVBl. S. 273), zuletzt geänd. durch G v. 3.2.2021 (HmbGVBl. S. 64);
- **Hessen:** Hessisches Kinder- und Jugendhilfegesetzbuch (HKJGB) v. 18.12.2006 (GVBl. I S. 698), zuletzt geänd. durch G v. 25.6.2020 (GVBl. S. 436);

---

[1] **Amtl. Anm.:** Notifiziert gemäß der Richtlinie (EU) 2015/1535 des Europäischen Parlaments und des Rates vom 9. September 2015 über ein Informationsverfahren auf dem Gebiet der technischen Vorschriften und der Vorschriften für die Dienste der Informationsgesellschaft (ABl. L 241 vom 17.9.2015, S. 1).

– **Mecklenburg-Vorpommern:** Landesjugendhilfeorganisationsgesetz (KJHG-Org M-V) v. 23.2.1993 (GVOBl. M-V S. 158), zuletzt geänd. durch G v. 22.6.2012 (GVOBl. M-V S. 208);
– **Niedersachsen:** G zur Ausführung des Kinder- und JugendhilfeG (AG KJHG) v. 5.2.1993 (Nds. GVBl. S. 45), zuletzt geänd. durch G v. 7.7.2021 (Nds. GVBl. S. 470);
– **Nordrhein-Westfalen:** Erstes G zur Ausführung des Kinder- und JugendhilfeG – AG-KJHG – v. 12.12.1990 (GV. NRW. S. 664), zuletzt geänd. durch G v. 21.7.2018 (GV. NRW. S. 414), Drittes G zur Ausführung des Kinder- und JugendhilfeG; G zur Förderung der Jugendarbeit, der Jugendsozialarbeit und des erzieherischen Kinder- und Jugendschutzes – Kinder- und JugendförderungsG – (3. AG-KJHG – KJFöG) v. 12.10.2004 (GV. NRW. S. 572), zuletzt geänd. durch G v. 26.2.2019 (GV. NRW. S. 151) und Fünftes G zur Ausführung des Kinder- und Jugendhilfegesetzes (5. AG-KJHG) v. 8.12.2015 (GV. NRW. S. 832)
– **Rheinland-Pfalz:** LandesG zur Ausführung des Kinder- und JugendhilfeG (AGKJHG) v. 21.12.1993 (GVBl. S. 632), zuletzt geänd. durch G v. 3.9.2019 (GVBl. S. 213);
– **Saarland:** Erstes G zur Ausführung des Kinder- und JugendhilfeG (AG KJHG) v. 9.7.1993 (Amtsbl. S. 807), zuletzt geänd. durch G v. 13.10.2021 (Amtsbl. I S. 2434);
– **Sachsen:** LandesjugendhilfeG idF der Bek. v. 4.9.2008 (SächsGVBl. S. 578), zuletzt geänd. durch G v. 11.5.2019 (SächsGVBl. S. 358) und Sächsisches G zur Ausführung des Sozialgesetzbuches (SächsAGSGB) v. 6.6.2002 (SächsGVBl. S. 169), zuletzt geänd. durch G v. 31.3.2021 (SächsGVBl. S. 411);
– **Sachsen-Anhalt:** Kinder- und JugendhilfeG des Landes Sachsen-Anhalt (KJHG-LSA) v. 5.5.2000 (GVBl. LSA S. 236), zuletzt geänd. durch G v. 7.7.2020 (GVBl. LSA S. 372);
– **Schleswig-Holstein:** JugendförderungsG (JuFöG) v. 5.2.1992 (GVOBl. Schl.-H. S. 158), zuletzt geänd. durch G v. 6.11.2020 (GVOBl. Schl.-H. S. 804);
– **Thüringen:** Thüringer Kinder- und Jugendhilfe-AusführungsG (ThürKJHAG) idF der Bek. v. 5.2.2009 (GVBl. S. 1), zuletzt geänd. durch G v. 30.6.2020 (GVBl. S. 345) und Thüringer Kindergartengesetz (ThürKigaG) v. 18.12.2017 (GVBl. S. 276), zuletzt geänd. durch G v. ErlDat (GVBl. 2021 S. 387).

Zu abweichendem Landesrecht siehe ua:

– **Bayern:** Abweichungen im Gesetz zur Ausführung der Sozialgesetze v. 8.12.2006 (GVBl. S. 942), zuletzt geänd. durch G v. 23.4.2021 (GVBl. S. 196) mWv 16.7.2013; vgl. Hinweis v. 21.1.2014 (BGBl. I S. 47b),
Hessen: Abweichungen im Hessischen Kinder- und Jugendhilfegesetzbuch v. 18.12.2006 (GVBl. I S. 698), zuletzt geänd. durch G v. 25.6.2020 (GVBl. S. 436) mWv 28.12.2017; vgl. Hinweis v. 28.9.2018 (BGBl. I S. 1390).

Inhaltsübersicht[1)]

Erstes Kapitel. Allgemeine Vorschriften

§ 1 Recht auf Erziehung, Elternverantwortung, Jugendhilfe
§ 2 Aufgaben der Jugendhilfe
§ 3 Freie und öffentliche Jugendhilfe
§ 4 Zusammenarbeit der öffentlichen Jugendhilfe mit der freien Jugendhilfe
§ 4a Selbstorganisierte Zusammenschlüsse zur Selbstvertretung
§ 5 Wunsch- und Wahlrecht
§ 6 Geltungsbereich
§ 7 Begriffsbestimmungen
§ 8 Beteiligung von Kindern und Jugendlichen
§ 8a Schutzauftrag bei Kindeswohlgefährdung
§ 8b Fachliche Beratung und Begleitung zum Schutz von Kindern und Jugendlichen
§ 9 Grundrichtung der Erziehung, Gleichberechtigung von jungen Menschen
§ 9a Ombudsstellen
§ 10 Verhältnis zu anderen Leistungen und Verpflichtungen
§ 10a Beratung
§ 10b Verfahrenslotse

[1)] Inhaltsübers. geänd. mWv 19.5.2013 durch G v. 16.4.2013 (BGBl. I S. 795); geänd. mWv 1.1.2014 durch G v. 29.8.2013 (BGBl. I S. 3464); geänd. mWv 1.11.2015 durch G v. 28.10.2015 (BGBl. I S. 1802); geänd. mWv 1.1.2024 durch G v. 12.12.2019 (BGBl. I S. 2652); geänd. mWv 1.1.2023 durch G v. 4.5.2021 (BGBl. I S. 882); geänd. mWv 10.6.2021 durch G v. 3.6.2021 (BGBl. I S. 1444); geänd. mWv 1.1.2025 durch G v. 20.8.2021 (BGBl. I S. 3932); geänd. mWv 1.1.2023 durch G v. 2.10.2021 (BGBl. I S. 4602).

Zweites Kapitel. Leistungen der Jugendhilfe

Erster Abschnitt. Jugendarbeit, Jugendsozialarbeit, erzieherischer Kinder- und Jugendschutz
§ 11 Jugendarbeit
§ 12 Förderung der Jugendverbände
§ 13 Jugendsozialarbeit
§ 13a Schulsozialarbeit
§ 14 Erzieherischer Kinder- und Jugendschutz
§ 15 Landesrechtsvorbehalt

Zweiter Abschnitt. Förderung der Erziehung in der Familie
§ 16 Allgemeine Förderung der Erziehung in der Familie
§ 17 Beratung in Fragen der Partnerschaft, Trennung und Scheidung
§ 18 Beratung und Unterstützung bei der Ausübung der Personensorge und des Umgangsrechts
§ 19 Gemeinsame Wohnformen für Mütter/Väter und Kinder
§ 20 Betreuung und Versorgung des Kindes in Notsituationen
§ 21 Unterstützung bei notwendiger Unterbringung zur Erfüllung der Schulpflicht

Dritter Abschnitt. Förderung von Kindern in Tageseinrichtungen und in Kindertagespflege
§ 22 Grundsätze der Förderung
§ 22a Förderung in Tageseinrichtungen
§ 23 Förderung in Kindertagespflege
§ 24 Anspruch auf Förderung in Tageseinrichtungen und in Kindertagespflege
[bis 31.12.2022:]
§ 24a (weggefallen)
[ab 1.1.2023:]
§ 24a Bericht zum Ausbaustand der ganztägigen Bildungs- und Betreuungsangebote für Grundschulkinder
§ 25 Unterstützung selbst organisierter Förderung von Kindern
§ 26 Landesrechtsvorbehalt

Vierter Abschnitt. Hilfe zur Erziehung, Eingliederungshilfe für seelisch behinderte Kinder und Jugendliche, Hilfe für junge Volljährige

Erster Unterabschnitt. Hilfe zur Erziehung
§ 27 Hilfe zur Erziehung
§ 28 Erziehungsberatung
§ 29 Soziale Gruppenarbeit
§ 30 Erziehungsbeistand, Betreuungshelfer
§ 31 Sozialpädagogische Familienhilfe
§ 32 Erziehung in einer Tagesgruppe
§ 33 Vollzeitpflege
§ 34 Heimerziehung, sonstige betreute Wohnform
§ 35 Intensive sozialpädagogische Einzelbetreuung

Zweiter Unterabschnitt. Eingliederungshilfe für seelisch behinderte Kinder und Jugendliche
§ 35a Eingliederungshilfe für Kinder und Jugendliche mit seelischer Behinderung oder drohender seelischer Behinderung

Dritter Unterabschnitt. Gemeinsame Vorschriften für die Hilfe zur Erziehung und die Eingliederungshilfe für seelisch behinderte Kinder und Jugendliche
§ 36 Mitwirkung, Hilfeplan
§ 36a Steuerungsverantwortung, Selbstbeschaffung
§ 36b Zusammenarbeit beim Zuständigkeitsübergang
§ 37 Beratung und Unterstützung der Eltern, Zusammenarbeit bei Hilfen außerhalb der eigenen Familie
§ 37a Beratung und Unterstützung der Pflegeperson
§ 37b Sicherung der Rechte von Kindern und Jugendlichen in Familienpflege
§ 37c Ergänzende Bestimmungen zur Hilfeplanung bei Hilfen außerhalb der eigenen Familie
§ 38 Zulässigkeit von Auslandsmaßnahmen
§ 39 Leistungen zum Unterhalt des Kindes oder des Jugendlichen
§ 40 Krankenhilfe

Vierter Unterabschnitt. Hilfe für junge Volljährige
§ 41 Hilfe für junge Volljährige
§ 41a Nachbetreuung

Drittes Kapitel. Andere Aufgaben der Jugendhilfe

Erster Abschnitt. Vorläufige Maßnahmen zum Schutz von Kindern und Jugendlichen

§ 42 Inobhutnahme von Kindern und Jugendlichen
§ 42a Vorläufige Inobhutnahme von ausländischen Kindern und Jugendlichen nach unbegleiteter Einreise
§ 42b Verfahren zur Verteilung unbegleiteter ausländischer Kinder und Jugendlicher
§ 42c Aufnahmequote
§ 42d Übergangsregelung
§ 42e Berichtspflicht
§ 42f Behördliches Verfahren zur Altersfeststellung

Zweiter Abschnitt. Schutz von Kindern und Jugendlichen in Familienpflege und in Einrichtungen

§ 43 Erlaubnis zur Kindertagespflege
§ 44 Erlaubnis zur Vollzeitpflege
§ 45 Erlaubnis für den Betrieb einer Einrichtung
§ 45a Einrichtung
§ 46 Prüfung vor Ort und nach Aktenlage
§ 47 Melde- und Dokumentationspflichten, Aufbewahrung von Unterlagen
§ 48 Tätigkeitsuntersagung
§ 48a Sonstige betreute Wohnform
§ 49 Landesrechtsvorbehalt

Dritter Abschnitt. Mitwirkung in gerichtlichen Verfahren

§ 50 Mitwirkung in Verfahren vor den Familiengerichten
§ 51 Beratung und Belehrung in Verfahren zur Annahme als Kind
§ 52 Mitwirkung in Verfahren nach dem Jugendgerichtsgesetz

Vierter Abschnitt. Beistandschaft, Pflegschaft und Vormundschaft für Kinder und Jugendliche, Auskunft über Nichtabgabe von Sorgeerklärungen

§ 52a Beratung und Unterstützung bei Vaterschaftsfeststellung und Geltendmachung von Unterhaltsansprüchen
[bis 31.12.2022:]
§ 53 Beratung und Unterstützung von Pflegern und Vormündern
[ab 1.1.2023:]
§ 53 Mitwirkung bei der Auswahl von Vormündern und Pflegern durch das Familiengericht
[bis 31.12.2022:]
§ 53a Beratung und Unterstützung von Vormündern und Pflegern *(noch nicht in Kraft)*
[ab 1.1.2023:]
§ 53a Beratung und Unterstützung von Vormündern und Pflegern
[bis 31.12.2022:]
§ 54 Erlaubnis zur Übernahme von Vereinsvormundschaften
[ab 1.1.2023:]
§ 54 Anerkennung als Vormundschaftsverein
[bis 31.12.2022:]
§ 55 Beistandschaft, Amtspflegschaft und Amtsvormundschaft
[ab 1.1.2023:]
§ 55 Beistandschaft, Pflegschaft und Vormundschaft des Jugendamts
[bis 31.12.2022:]
§ 56 Führung der Beistandschaft, der Amtspflegschaft und der Amtsvormundschaft
[ab 1.1.2023:]
§ 56 Führung der Beistandschaft, der Pflegschaft und der Vormundschaft durch das Jugendamt
[bis 31.12.2022:]
§ 57 Mitteilungspflicht des Jugendamts
[ab 1.1.2023:]
§ 57 Mitteilungspflichten des Jugendamts
[bis 31.12.2022:]
§ 58 Gegenvormundschaft des Jugendamts
§ 58a ***[ab 1.1.2023: § 58]*** Auskunft über Alleinsorge aus dem Sorgeregister

Fünfter Abschnitt. Beurkundung, vollstreckbare Urkunden

§ 59 Beurkundung
§ 60 Vollstreckbare Urkunden

Viertes Kapitel. Schutz von Sozialdaten

§ 61 Anwendungsbereich
§ 62 Datenerhebung
§ 63 Datenspeicherung
§ 64 Datenübermittlung und -nutzung
§ 65 Besonderer Vertrauensschutz in der persönlichen und erzieherischen Hilfe
§ 66 (weggefallen)
§ 67 (weggefallen)
§ 68 Sozialdaten im Bereich der Beistandschaft, Amtspflegschaft und der Amtsvormundschaft

Fünftes Kapitel. Träger der Jugendhilfe, Zusammenarbeit, Gesamtverantwortung

Erster Abschnitt. Träger der öffentlichen Jugendhilfe

§ 69 Träger der öffentlichen Jugendhilfe, Jugendämter, Landesjugendämter
§ 70 Organisation des Jugendamts und des Landesjugendamts
§ 71 Jugendhilfeausschuss, Landesjugendhilfeausschuss
§ 72 Mitarbeiter, Fortbildung
§ 72a Tätigkeitsausschluss einschlägig vorbestrafter Personen

Zweiter Abschnitt. Zusammenarbeit mit der freien Jugendhilfe, ehrenamtliche Tätigkeit

§ 73 Ehrenamtliche Tätigkeit
§ 74 Förderung der freien Jugendhilfe
§ 74a Finanzierung von Tageseinrichtungen für Kinder
§ 75 Anerkennung als Träger der freien Jugendhilfe
§ 76 Beteiligung anerkannter Träger der freien Jugendhilfe an der Wahrnehmung anderer Aufgaben
§ 77 Vereinbarungen über Kostenübernahme und Qualitätsentwicklung bei ambulanten Leistungen
§ 78 Arbeitsgemeinschaften

Dritter Abschnitt. Vereinbarungen über Leistungsangebote, Entgelte und Qualitätsentwicklung

§ 78a Anwendungsbereich
§ 78b Voraussetzungen für die Übernahme des Leistungsentgelts
§ 78c Inhalt der Leistungs- und Entgeltvereinbarungen
§ 78d Vereinbarungszeitraum
§ 78e Örtliche Zuständigkeit für den Abschluss von Vereinbarungen
§ 78f Rahmenverträge
§ 78g Schiedsstelle

Vierter Abschnitt. Gesamtverantwortung, Jugendhilfeplanung

§ 79 Gesamtverantwortung, Grundausstattung
§ 79a Qualitätsentwicklung in der Kinder- und Jugendhilfe
§ 80 Jugendhilfeplanung
§ 81 Strukturelle Zusammenarbeit mit anderen Stellen und öffentlichen Einrichtungen

Sechstes Kapitel. Zentrale Aufgaben

§ 82 Aufgaben der Länder
§ 83 Aufgaben des Bundes, sachverständige Beratung
§ 84 Jugendbericht

Siebtes Kapitel. Zuständigkeit, Kostenerstattung

Erster Abschnitt. Sachliche Zuständigkeit

§ 85 Sachliche Zuständigkeit

Zweiter Abschnitt. Örtliche Zuständigkeit

Erster Unterabschnitt. Örtliche Zuständigkeit für Leistungen

§ 86 Örtliche Zuständigkeit für Leistungen an Kinder, Jugendliche und ihre Eltern
§ 86a Örtliche Zuständigkeit für Leistungen an junge Volljährige
§ 86b Örtliche Zuständigkeit für Leistungen in gemeinsamen Wohnformen für Mütter/Väter und Kinder
§ 86c Fortdauernde Leistungsverpflichtung und Fallübergabe bei Zuständigkeitswechsel
§ 86d Verpflichtung zum vorläufigen Tätigwerden

Zweiter Unterabschnitt. Örtliche Zuständigkeit für andere Aufgaben

§ 87 Örtliche Zuständigkeit für vorläufige Maßnahmen zum Schutz von Kindern und Jugendlichen
§ 87a Örtliche Zuständigkeit für Erlaubnis, Meldepflichten und Untersagung
§ 87b Örtliche Zuständigkeit für die Mitwirkung in gerichtlichen Verfahren

§ 87c Örtliche Zuständigkeit für die Beistandschaft, die ***[bis 31.12.2022:*** Amtspflegschaft, die Amtsvormundschaft und die schriftliche Auskunft nach § 58a***][ab 1.1.2023:*** *Pflegschaft, die Vormundschaft und die schriftliche Auskunft nach § 58]*
§ 87d Örtliche Zuständigkeit für weitere Aufgaben im Vormundschaftswesen
§ 87e Örtliche Zuständigkeit für Beurkundung und Beglaubigung

Dritter Unterabschnitt. Örtliche Zuständigkeit bei Aufenthalt im Ausland

§ 88 Örtliche Zuständigkeit bei Aufenthalt im Ausland

Vierter Unterabschnitt. Örtliche Zuständigkeit für vorläufige Maßnahmen, Leistungen und die Amtsvormundschaft für unbegleitete ausländische Kinder und Jugendliche

§ 88a Örtliche Zuständigkeit für vorläufige Maßnahmen, Leistungen und die Amtsvormundschaft für unbegleitete ausländische Kinder und Jugendliche

Dritter Abschnitt. Kostenerstattung

§ 89 Kostenerstattung bei fehlendem gewöhnlichen Aufenthalt
§ 89a Kostenerstattung bei fortdauernder Vollzeitpflege
§ 89b Kostenerstattung bei vorläufigen Maßnahmen zum Schutz von Kindern und Jugendlichen
§ 89c Kostenerstattung bei fortdauernder oder vorläufiger Leistungsverpflichtung
§ 89d Kostenerstattung bei Gewährung von Jugendhilfe nach der Einreise
§ 89e Schutz der Einrichtungsorte
§ 89f Umfang der Kostenerstattung
§ 89g Landesrechtsvorbehalt
§ 89h Übergangsvorschrift

Achtes Kapitel. Kostenbeteiligung

Erster Abschnitt. Pauschalierte Kostenbeteiligung

§ 90 Pauschalierte Kostenbeteiligung

Zweiter Abschnitt. Kostenbeiträge für stationäre und teilstationäre Leistungen sowie vorläufige Maßnahmen

§ 91 Anwendungsbereich
§ 92 Ausgestaltung der Heranziehung
§ 93 Berechnung des Einkommens
§ 94 Umfang der Heranziehung

Dritter Abschnitt. Überleitung von Ansprüchen

§ 95 Überleitung von Ansprüchen
§ 96 (weggefallen)

Vierter Abschnitt. Ergänzende Vorschriften

§ 97 Feststellung der Sozialleistungen
§ 97a Pflicht zur Auskunft
§ 97b (weggefallen)
§ 97c Erhebung von Gebühren und Auslagen

Neuntes Kapitel. Kinder- und Jugendhilfestatistik

§ 98 Zweck und Umfang der Erhebung
§ 99 Erhebungsmerkmale
§ 100 Hilfsmerkmale
§ 101 Periodizität und Berichtszeitraum
§ 102 Auskunftspflicht
§ 103 Übermittlung

Zehntes Kapitel. Straf- und Bußgeldvorschriften

§ 104 Bußgeldvorschriften
§ 105 Strafvorschriften

Elftes Kapitel. Übergangs- und Schlussvorschriften

§ 106 Einschränkung eines Grundrechts
[von 1.1.2024 bis 31.12.2024:]
§ 107 Übergangsregelung aus Anlass des Gesetzes zur Regelung des Sozialen Entschädigungsrechts
§ 107[1] Übergangsregelung

---

[1] Paragrafenzählung amtlich.

Erstes Kapitel. Allgemeine Vorschriften

§ 1[1] Recht auf Erziehung, Elternverantwortung, Jugendhilfe (1) Jeder junge Mensch hat ein Recht auf Förderung seiner Entwicklung und auf Erziehung zu einer selbstbestimmten, eigenverantwortlichen und gemeinschaftsfähigen Persönlichkeit.

(2) [1] Pflege und Erziehung der Kinder sind das natürliche Recht der Eltern und die zuvörderst ihnen obliegende Pflicht. [2] Über ihre Betätigung wacht die staatliche Gemeinschaft.

(3) Jugendhilfe soll zur Verwirklichung des Rechts nach Absatz 1 insbesondere
1. junge Menschen in ihrer individuellen und sozialen Entwicklung fördern und dazu beitragen, Benachteiligungen zu vermeiden oder abzubauen,
2. jungen Menschen ermöglichen oder erleichtern, entsprechend ihrem Alter und ihrer individuellen Fähigkeiten in allen sie betreffenden Lebensbereichen selbstbestimmt zu interagieren und damit gleichberechtigt am Leben in der Gesellschaft teilhaben zu können,
3. Eltern und andere Erziehungsberechtigte bei der Erziehung beraten und unterstützen,
4. Kinder und Jugendliche vor Gefahren für ihr Wohl schützen,
5. dazu beitragen, positive Lebensbedingungen für junge Menschen und ihre Familien sowie eine kinder- und familienfreundliche Umwelt zu erhalten oder zu schaffen.

§ 2[2] Aufgaben der Jugendhilfe. (1) Die Jugendhilfe umfasst Leistungen und andere Aufgaben zugunsten junger Menschen und Familien.

(2) Leistungen der Jugendhilfe sind:
1. Angebote der Jugendarbeit, der Jugendsozialarbeit, der Schulsozialarbeit und des erzieherischen Kinder- und Jugendschutzes (§§ 11 bis 14),
2. Angebote zur Förderung der Erziehung in der Familie (§§ 16 bis 21),
3. Angebote zur Förderung von Kindern in Tageseinrichtungen und in Kindertagespflege (§§ 22 bis 25),
4. Hilfe zur Erziehung und ergänzende Leistungen (§§ 27 bis 35, 36, 37, 39, 40),
5. Hilfe für seelisch behinderte Kinder und Jugendliche und ergänzende Leistungen (§§ 35a bis 37, 39, 40),
6. Hilfe für junge Volljährige und Nachbetreuung (den §§ 41 und 41a[3]).

(3) Andere Aufgaben der Jugendhilfe sind
1. die Inobhutnahme von Kindern und Jugendlichen (§ 42),
2. die vorläufige Inobhutnahme von ausländischen Kindern und Jugendlichen nach unbegleiteter Einreise (§ 42a),
3. die Erteilung, der Widerruf und die Zurücknahme der Pflegeerlaubnis (§§ 43, 44),

---

[1] § 1 Abs. 1 geänd., Abs. 3 Nr. 2 eingef., die bish. Nr. 2–4 werden Nr. 3–5 mWv 10.6.2021 durch G v. 3.6.2021 (BGBl. I S. 1444).

[2] § 2 Abs. 3 Nr. 2 eingef. mWv 1.11.2015 durch G v. 28.10.2015 (BGBl. I S. 1802); Abs. 3 Nr. 9 geänd., Nr. 10 und 11 neu gef. mWv 1.1.2023 durch G v. 4.5.2021 (BGBl. I S. 882); Abs. 2 Nr. 1, 3 und 6 geänd. mWv 10.6.2021 durch G v. 3.6.2021 (BGBl. I S. 1444).

[3] Wortlaut amtlich.

4. die Erteilung, der Widerruf und die Zurücknahme der Erlaubnis für den Betrieb einer Einrichtung sowie die Erteilung nachträglicher Auflagen und die damit verbundenen Aufgaben (§§ 45 bis 47, 48a),
5. die Tätigkeitsuntersagung (§§ 48, 48a),
6. die Mitwirkung in Verfahren vor den Familiengerichten (§ 50),
7. die Beratung und Belehrung in Verfahren zur Annahme als Kind (§ 51),
8. die Mitwirkung in Verfahren nach dem Jugendgerichtsgesetz[1] (§ 52),
9. die Beratung und Unterstützung von Müttern bei Vaterschaftsfeststellung und Geltendmachung von Unterhaltsansprüchen sowie von Pflegern und Vormündern (§§ 52a, ***[bis 31.12.2022:*** 53***][ab 1.1.2023:*** *53a*]),

[Nr. 10 bis 31.12.2022:]

10. die Erteilung, der Widerruf und die Zurücknahme der Erlaubnis zur Übernahme von Vereinsvormundschaften (§ 54),

[Nr. 10 ab 1.1.2023:]

10. die Erteilung, der Widerruf und die Zurücknahme der Anerkennung als Vormundschaftsverein (§ 54),

[Nr. 11 bis 31.12.2022:]

11. Beistandschaft, Amtspflegschaft, Amtsvormundschaft und Gegenvormundschaft des Jugendamts (§§ 55 bis 58),

[Nr. 11 ab 1.1.2023:]

11. Beistandschaft, Pflegschaft und Vormundschaft des Jugendamts (§§ 55 bis 57),

12. Beurkundung (§ 59),
13. die Aufnahme von vollstreckbaren Urkunden (§ 60).

§ 3 Freie und öffentliche Jugendhilfe. (1) Die Jugendhilfe ist gekennzeichnet durch die Vielfalt von Trägern unterschiedlicher Wertorientierungen und die Vielfalt von Inhalten, Methoden und Arbeitsformen.

(2) [1] Leistungen der Jugendhilfe werden von Trägern der freien Jugendhilfe und von Trägern der öffentlichen Jugendhilfe erbracht. [2] Leistungsverpflichtungen, die durch dieses Buch begründet werden, richten sich an die Träger der öffentlichen Jugendhilfe.

(3) [1] Andere Aufgaben der Jugendhilfe werden von Trägern der öffentlichen Jugendhilfe wahrgenommen. [2] Soweit dies ausdrücklich bestimmt ist, können Träger der freien Jugendhilfe diese Aufgaben wahrnehmen oder mit ihrer Ausführung betraut werden.

§ 4[2] Zusammenarbeit der öffentlichen Jugendhilfe mit der freien Jugendhilfe. (1) [1] Die öffentliche Jugendhilfe soll mit der freien Jugendhilfe zum Wohl junger Menschen und ihrer Familien partnerschaftlich zusammenarbeiten. [2] Sie hat dabei die Selbständigkeit der freien Jugendhilfe in Zielsetzung und Durchführung ihrer Aufgaben sowie in der Gestaltung ihrer Organisationsstruktur zu achten.

(2) Soweit geeignete Einrichtungen, Dienste und Veranstaltungen von anerkannten Trägern der freien Jugendhilfe betrieben werden oder rechtzeitig geschaffen werden können, soll die öffentliche Jugendhilfe von eigenen Maßnahmen absehen.

---

[1] **Habersack, Deutsche Gesetze Nr. 89.**

[2] § 4 Abs. 3 geänd. mWv 10.6.2021 durch G v. 3.6.2021 (BGBl. I S. 1444).

(3) Die öffentliche Jugendhilfe soll die freie Jugendhilfe nach Maßgabe dieses Buches fördern und dabei die Beteiligung von Kindern, Jugendlichen und Eltern stärken.

§ 4a[1] Selbstorganisierte Zusammenschlüsse zur Selbstvertretung.

(1) [1]Selbstorganisierte Zusammenschlüsse nach diesem Buch sind solche, in denen sich nicht in berufsständische Organisationen der Kinder- und Jugendhilfe eingebundene Personen, insbesondere Leistungsberechtigte und Leistungsempfänger nach diesem Buch sowie ehrenamtlich in der Kinder- und Jugendhilfe tätige Personen, nicht nur vorübergehend mit dem Ziel zusammenschließen, Adressatinnen und Adressaten der Kinder- und Jugendhilfe zu unterstützen, zu begleiten und zu fördern, sowie Selbsthilfekontaktstellen. [2]Sie umfassen Selbstvertretungen sowohl innerhalb von Einrichtungen und Institutionen als auch im Rahmen gesellschaftlichen Engagements zur Wahrnehmung eigener Interessen sowie die verschiedenen Formen der Selbsthilfe.

(2) Die öffentliche Jugendhilfe arbeitet mit den selbstorganisierten Zusammenschlüssen zusammen, insbesondere zur Lösung von Problemen im Gemeinwesen oder innerhalb von Einrichtungen zur Beteiligung in diese betreffenden Angelegenheiten, und wirkt auf eine partnerschaftliche Zusammenarbeit mit diesen innerhalb der freien Jugendhilfe hin.

(3) Die öffentliche Jugendhilfe soll die selbstorganisierten Zusammenschlüsse nach Maßgabe dieses Buches anregen und fördern.

§ 5 Wunsch- und Wahlrecht. (1) [1]Die Leistungsberechtigten haben das Recht, zwischen Einrichtungen und Diensten verschiedener Träger zu wählen und Wünsche hinsichtlich der Gestaltung der Hilfe zu äußern. [2]Sie sind auf dieses Recht hinzuweisen.

(2) [1]Der Wahl und den Wünschen soll entsprochen werden, sofern dies nicht mit unverhältnismäßigen Mehrkosten verbunden ist. [2]Wünscht der Leistungsberechtigte die Erbringung einer in § 78a genannten Leistung in einer Einrichtung, mit deren Träger keine Vereinbarungen nach § 78b bestehen, so soll der Wahl nur entsprochen werden, wenn die Erbringung der Leistung in dieser Einrichtung im Einzelfall oder nach Maßgabe des Hilfeplanes (§ 36) geboten ist.

§ 6 Geltungsbereich. (1) [1]Leistungen nach diesem Buch werden jungen Menschen, Müttern, Vätern und Personensorgeberechtigten von Kindern und Jugendlichen gewährt, die ihren tatsächlichen Aufenthalt im Inland haben. [2]Für die Erfüllung anderer Aufgaben gilt Satz 1 entsprechend. [3]Umgangsberechtigte haben unabhängig von ihrem tatsächlichen Aufenthalt Anspruch auf Beratung und Unterstützung bei der Ausübung des Umgangsrechts, wenn das Kind oder der Jugendliche seinen gewöhnlichen Aufenthalt im Inland hat.

(2) [1]Ausländer können Leistungen nach diesem Buch nur beanspruchen, wenn sie rechtmäßig oder auf Grund einer ausländerrechtlichen Duldung ihren gewöhnlichen Aufenthalt im Inland haben. [2]Absatz 1 Satz 2 bleibt unberührt.

(3) Deutschen können Leistungen nach diesem Buch auch gewährt werden, wenn sie ihren Aufenthalt im Ausland haben und soweit sie nicht Hilfe vom Aufenthaltsland erhalten.

(4) Regelungen des über- und zwischenstaatlichen Rechts bleiben unberührt.

---

[1] § 4a eingef. mWv 10.6.2021 durch G v. 3.6.2021 (BGBl. I S. 1444).

§ 7[1] Begriffsbestimmungen. (1) Im Sinne dieses Buches ist

1. Kind, wer noch nicht 14 Jahre alt ist, soweit nicht die Absätze 2 bis 4 etwas anderes bestimmen,
2. Jugendlicher, wer 14, aber noch nicht 18 Jahre alt ist,
3. junger Volljähriger, wer 18, aber noch nicht 27 Jahre alt ist,
4. junger Mensch, wer noch nicht 27 Jahre alt ist,
5. Personensorgeberechtigter, wem allein oder gemeinsam mit einer anderen Person nach den Vorschriften des Bürgerlichen Gesetzbuchs[2] die Personensorge zusteht,
6. Erziehungsberechtigter, der Personensorgeberechtigte und jede sonstige Person über 18 Jahre, soweit sie auf Grund einer Vereinbarung mit dem Personensorgeberechtigten nicht nur vorübergehend und nicht nur für einzelne Verrichtungen Aufgaben der Personensorge wahrnimmt.

(2) [1] Kinder, Jugendliche, junge Volljährige und junge Menschen mit Behinderungen im Sinne dieses Buches sind Menschen, die körperliche, seelische, geistige oder Sinnesbeeinträchtigungen haben, die sie in Wechselwirkung mit einstellungs- und umweltbedingten Barrieren an der gleichberechtigten Teilhabe an der Gesellschaft mit hoher Wahrscheinlichkeit länger als sechs Monate hindern können. [2] Eine Beeinträchtigung nach Satz 1 liegt vor, wenn der Körper- und Gesundheitszustand von dem für das Lebensalter typischen Zustand abweicht. [3] Kinder, Jugendliche, junge Volljährige und junge Menschen sind von Behinderung bedroht, wenn eine Beeinträchtigung nach Satz 1 zu erwarten ist.

(3) Kind im Sinne des § 1 Absatz 2 ist, wer noch nicht 18 Jahre alt ist.

(4) Werktage im Sinne ***[ab 1.8.2026:** des § 24 Absatz 4 und **]***der §§ 42a bis 42c sind die Wochentage Montag bis Freitag; ausgenommen sind gesetzliche Feiertage.

(5) Die Bestimmungen dieses Buches, die sich auf die Annahme als Kind beziehen, gelten nur für Personen, die das 18. Lebensjahr noch nicht vollendet haben.

§ 8[3] Beteiligung von Kindern und Jugendlichen. (1) [1] Kinder und Jugendliche sind entsprechend ihrem Entwicklungsstand an allen sie betreffenden Entscheidungen der öffentlichen Jugendhilfe zu beteiligen. [2] Sie sind in geeigneter Weise auf ihre Rechte im Verwaltungsverfahren sowie im Verfahren vor dem Familiengericht und dem Verwaltungsgericht hinzuweisen.

(2) Kinder und Jugendliche haben das Recht, sich in allen Angelegenheiten der Erziehung und Entwicklung an das Jugendamt zu wenden.

(3) [1] Kinder und Jugendliche haben Anspruch auf Beratung ohne Kenntnis des Personensorgeberechtigten, solange durch die Mitteilung an den Personensorgeberechtigten der Beratungszweck vereitelt würde. [2] § 36 des Ersten Buches bleibt unberührt. [3] Die Beratung kann auch durch einen Träger der freien Jugendhilfe erbracht werden; § 36a Absatz 2 Satz 1 bis 3 gilt entsprechend.

---

[1] § 7 Abs. 3 neu gef. mWv 1.11.2015 durch G v. 28.10.2015 (BGBl. I S. 1802); Abs. 2 eingef., bish. Abs. 2–4 werden Abs. 3–5 mWv 10.6.2021 durch G v. 3.6.2021 (BGBl. I S. 1444); Abs. 4 geänd. mWv 1.8.2026 durch G v. 2.10.2021 (BGBl. I S. 4602).

[2] **Habersack, Deutsche Gesetze Nr. 20.**

[3] § 8 Abs. 3 Satz 1 geänd., Satz 3 und Abs. 4 angef. mWv 10.6.2021 durch G v. 3.6.2021 (BGBl. I S. 1444).

(4) Beteiligung und Beratung von Kindern und Jugendlichen nach diesem Buch erfolgen in einer für sie verständlichen, nachvollziehbaren und wahrnehmbaren Form.

§ 8a[1)] Schutzauftrag bei Kindeswohlgefährdung. (1) [1] Werden dem Jugendamt gewichtige Anhaltspunkte für die Gefährdung des Wohls eines Kindes oder Jugendlichen bekannt, so hat es das Gefährdungsrisiko im Zusammenwirken mehrerer Fachkräfte einzuschätzen. [2] Soweit der wirksame Schutz dieses

(Fortsetzung nächstes Blatt)

[1)] § 8a Abs. 1 Satz 2 und Abs. 4 Satz 2 neu gef., Satz 3 angef., Abs. 5 eingef., bish. Abs. 5 wird Abs. 6 mWv 10.6.2021 durch G v. 3.6.2021 (BGBl. I S. 1444).

arbeiten. [3]Sofern Kinder mit und ohne Behinderung gemeinsam gefördert werden, arbeiten die Tageseinrichtungen für Kinder und Kindertagespflege und der Träger der öffentlichen Jugendhilfe mit anderen beteiligten Rehabilitationsträgern zusammen.

(3) [1]Der Förderungsauftrag umfasst Erziehung, Bildung und Betreuung des Kindes und bezieht sich auf die soziale, emotionale, körperliche und geistige Entwicklung des Kindes. [2]Er schließt die Vermittlung orientierender Werte und Regeln ein. [3]Die Förderung soll sich am Alter und Entwicklungsstand, den sprachlichen und sonstigen Fähigkeiten, der Lebenssituation sowie den Interessen und Bedürfnissen des einzelnen Kindes orientieren und seine ethnische Herkunft berücksichtigen.

(4) [1]Für die Erfüllung des Förderungsauftrags nach Absatz 3 sollen geeignete Maßnahmen zur Gewährleistung der Qualität der Förderung von Kindern in Tageseinrichtungen und in der Kindertagespflege weiterentwickelt werden. [2]Das Nähere regelt das Landesrecht.

§ 22a[1)] Förderung in Tageseinrichtungen. (1) [1]Die Träger der öffentlichen Jugendhilfe sollen die Qualität der Förderung in ihren Einrichtungen durch geeignete Maßnahmen sicherstellen und weiterentwickeln. [2]Dazu gehören die Entwicklung und der Einsatz einer pädagogischen Konzeption als Grundlage für die Erfüllung des Förderungsauftrags sowie der Einsatz von Instrumenten und Verfahren zur Evaluation der Arbeit in den Einrichtungen.

(2) [1]Die Träger der öffentlichen Jugendhilfe sollen sicherstellen, dass die Fachkräfte in ihren Einrichtungen zusammenarbeiten

1. mit den Erziehungsberechtigten und Kindertagespflegepersonen zum Wohl der Kinder und zur Sicherung der Kontinuität des Erziehungsprozesses,
2. mit anderen kinder- und familienbezogenen Institutionen und Initiativen im Gemeinwesen, insbesondere solchen der Familienbildung und -beratung,
3. mit den Schulen, um den Kindern einen guten Übergang in die Schule zu sichern und um die Arbeit mit Schulkindern in Horten und altersgemischten Gruppen zu unterstützen.

[2]Die Erziehungsberechtigten sind an den Entscheidungen in wesentlichen Angelegenheiten der Erziehung, Bildung und Betreuung zu beteiligen.

(3) [1]Das Angebot soll sich pädagogisch und organisatorisch an den Bedürfnissen der Kinder und ihrer Familien orientieren. [2]Werden Einrichtungen in den Ferienzeiten geschlossen, so hat der Träger der öffentlichen Jugendhilfe für die Kinder, die nicht von den Erziehungsberechtigten betreut werden können, eine anderweitige Betreuungsmöglichkeit sicherzustellen.

(4) [1]Kinder mit Behinderungen und Kinder ohne Behinderungen sollen gemeinsam gefördert werden. [2]Die besonderen Bedürfnisse von Kindern mit Behinderungen und von Kindern, die von Behinderung bedroht sind, sind zu berücksichtigen.

(5) Die Träger der öffentlichen Jugendhilfe sollen die Realisierung des Förderungsauftrags nach Maßgabe der Absätze 1 bis 4 in den Einrichtungen anderer Träger durch geeignete Maßnahmen sicherstellen.

[1)] § 22a Abs. 2 Satz 1 Nr. 1 geänd., Abs. 4 neu gef. mWv 10.6.2021 durch G v. 3.6.2021 (BGBl. I S. 1444).

§ 23[1] **Förderung in Kindertagespflege.** (1) Die Förderung in Kindertagespflege nach Maßgabe von § 24 umfasst die Vermittlung des Kindes zu einer geeigneten Kindertagespflegeperson, soweit diese nicht von der erziehungsberechtigten Person nachgewiesen wird, deren fachliche Beratung, Begleitung und weitere Qualifizierung sowie die Gewährung einer laufenden Geldleistung an die Kindertagespflegeperson.

(2) Die laufende Geldleistung nach Absatz 1 umfasst

1. die Erstattung angemessener Kosten, die der Kindertagespflegeperson für den Sachaufwand entstehen,
2. einen Betrag zur Anerkennung ihrer Förderungsleistung nach Maßgabe von Absatz 2a,
3. die Erstattung nachgewiesener Aufwendungen für Beiträge zu einer angemessenen Unfallversicherung sowie die hälftige Erstattung nachgewiesener Aufwendungen zu einer angemessenen Alterssicherung der Kindertagespflegeperson und
4. die hälftige Erstattung nachgewiesener Aufwendungen zu einer angemessenen Kranken- und Pflegeversicherung.

(2a) [1]Die Höhe der laufenden Geldleistung wird von den Trägern der öffentlichen Jugendhilfe festgelegt, soweit Landesrecht nicht etwas anderes bestimmt. [2]Der Betrag zur Anerkennung der Förderungsleistung der Kindertagespflegeperson ist leistungsgerecht auszugestalten. [3]Dabei sind der zeitliche Umfang der Leistung und die Anzahl sowie der Förderbedarf der betreuten Kinder zu berücksichtigen.

(3) [1]Geeignet im Sinne von Absatz 1 sind Personen, die sich durch ihre Persönlichkeit, Sachkompetenz und Kooperationsbereitschaft mit Erziehungsberechtigten und anderen Kindertagespflegepersonen auszeichnen und über kindgerechte Räumlichkeiten verfügen. [2]Sie sollen über vertiefte Kenntnisse hinsichtlich der Anforderungen der Kindertagespflege verfügen, die sie in qualifizierten Lehrgängen erworben oder in anderer Weise nachgewiesen haben.

(4) [1]Erziehungsberechtigte und Kindertagespflegepersonen haben Anspruch auf Beratung in allen Fragen der Kindertagespflege. [2]Für Ausfallzeiten einer Kindertagespflegeperson ist rechtzeitig eine andere Betreuungsmöglichkeit für das Kind sicherzustellen. [3]Zusammenschlüsse von Kindertagespflegepersonen sollen beraten, unterstützt und gefördert werden.

§ 24[2] **Anspruch auf Förderung in Tageseinrichtungen und in Kindertagespflege.** (1) [1]Ein Kind, das das erste Lebensjahr noch nicht vollendet hat, ist in einer Einrichtung oder in Kindertagespflege zu fördern, wenn

1. diese Leistung für seine Entwicklung zu einer selbstbestimmten, eigenverantwortlichen und gemeinschaftsfähigen Persönlichkeit geboten ist oder
2. die Erziehungsberechtigten
   a) einer Erwerbstätigkeit nachgehen, eine Erwerbstätigkeit aufnehmen oder Arbeit suchend sind,

---

[1] § 23 Abs. 1, Abs. 2 Nr. 1, 3 und 4, Abs. 2a Satz 2, Abs. 3 Satz 1, Abs. 4 Sätze 1–3 geänd. mWv 10.6.2021 durch G v. 3.6.2021 (BGBl. I S. 1444).

[2] § 24 neu gef. mWv 1.8.2013 durch G v. 10.12.2008 (BGBl. I S. 2403); Abs. 1 Satz 1 Nr. 1 geänd. mWv 10.6.2021 durch G v. 3.6.2021 (BGBl. I S. 1444); Abs. 4 eingef., bish. Abs. 4 wird Abs. 5 und Satz 1 geänd., bish. Abs. 5 wird Abs. 6 und Satz 1 geänd., bish. Abs. 6 wird Abs. 7 mWv 1.8.2026; Abs. 4 Satz 1 und Abs. 5 Satz 1 neu gef. mWv 1.8.2029 durch G v. 2.10.2021 (BGBl. I S. 4602).

b) sich in einer beruflichen Bildungsmaßnahme, in der Schulausbildung oder Hochschulausbildung befinden oder

c) Leistungen zur Eingliederung in Arbeit im Sinne des Zweiten Buches erhalten.

[2] Lebt das Kind nur mit einem Erziehungsberechtigten zusammen, so tritt diese Person an die Stelle der Erziehungsberechtigten. [3] Der Umfang der täglichen Förderung richtet sich nach dem individuellen Bedarf.

(2) [1] Ein Kind, das das erste Lebensjahr vollendet hat, hat bis zur Vollendung des dritten Lebensjahres Anspruch auf frühkindliche Förderung in einer Tageseinrichtung oder in Kindertagespflege. [2] Absatz 1 Satz 3 gilt entsprechend.

(3) [1] Ein Kind, das das dritte Lebensjahr vollendet hat, hat bis zum Schuleintritt Anspruch auf Förderung in einer Tageseinrichtung. [2] Die Träger der öffentlichen Jugendhilfe haben darauf hinzuwirken, dass für diese Altersgruppe ein bedarfsgerechtes Angebot an Ganztagsplätzen zur Verfügung steht. [3] Das Kind kann bei besonderem Bedarf oder ergänzend auch in Kindertagespflege gefördert werden.

[Abs. 4 ab 1.8.2026:]

(4) ***[Satz 1 bis 31.7.2029:]*** *[1] Ein Kind, das im Schuljahr 2026/2027 oder in den folgenden Schuljahren die erste Klassenstufe besucht, hat ab dem Schuleintritt bis zum Beginn der fünften Klassenstufe einen Anspruch auf Förderung in einer Tageseinrichtung.* ***[Satz 1 ab 1.8.2029:]*** *[1] Ein Kind hat ab Schuleintritt bis zum Beginn der fünften Klassenstufe einen Anspruch auf Förderung in einer Tageseinrichtung. [2] Der Anspruch besteht an Werktagen im Umfang von acht Stunden täglich. [3] Der Anspruch des Kindes auf Förderung in Tageseinrichtungen gilt im zeitlichen Umfang des Unterrichts sowie der Angebote der Ganztagsgrundschulen, einschließlich der offenen Ganztagsgrundschulen, als erfüllt. [4] Landesrecht kann eine Schließzeit der Einrichtung im Umfang von bis zu vier Wochen im Jahr während der Schulferien regeln. [5] Über den vom Anspruch umfassten zeitlichen Umfang nach Satz 2 hinaus ist ein bedarfsgerechtes Angebot in Tageseinrichtungen vorzuhalten; dieser Umfang der Förderung richtet sich nach dem individuellen Bedarf. [6] Absatz 3 Satz 3 gilt entsprechend.*

(4) ***[ab 1.8.2026:*** *(5)****]*** ***[Satz 1 bis 31.7.2029:]*** [1] Für Kinder im schulpflichtigen Alter ist ein bedarfsgerechtes Angebot in Tageseinrichtungen vorzuhalten***[ab 1.8.2026:*** *, sofern ein Anspruch nach Absatz 4 nicht besteht****]***. ***[Satz 1 ab 1.8.2029:]*** *[1] Für Kinder ab Beginn der fünften Klassenstufe ist ein bedarfsgerechtes Angebot in Tageseinrichtungen vorzuhalten.* [2] Absatz 1 Satz 3 und Absatz 3 Satz 3 gelten entsprechend.

(5) ***[ab 1.8.2026:*** *(6)****]*** [1] Die Träger der öffentlichen Jugendhilfe oder die von ihnen beauftragten Stellen sind verpflichtet, Eltern oder Elternteile, die Leistungen nach den Absätzen 1 bis ***[bis 31.7.2026:*** 4***][ab 1.8.2026:*** *5****]*** in Anspruch nehmen wollen, über das Platzangebot im örtlichen Einzugsbereich und die pädagogische Konzeption der Einrichtungen zu informieren und sie bei der Auswahl zu beraten. [2] Landesrecht kann bestimmen, dass die erziehungsberechtigten Personen den zuständigen Träger der öffentlichen Jugendhilfe oder die beauftragte Stelle innerhalb einer bestimmten Frist vor der beabsichtigten Inanspruchnahme der Leistung in Kenntnis setzen.

(6) ***[ab 1.8.2026:*** *(7)****]*** Weitergehendes Landesrecht bleibt unberührt.

[§ 24a bis 31.12.2022:]

§ 24a[1)] *(aufgehoben)*

[1)] § 24a aufgeh. mWv 1.8.2013 durch G v. 10.12.2008 (BGBl. I S. 2403).

[§ 24a ab 1.1.2023:]

§ 24a[1] ***Bericht zum Ausbaustand der ganztägigen Bildungs- und Betreuungsangebote für Grundschulkinder.*** *Die Bundesregierung hat dem Deutschen Bundestag jährlich einen Bericht über den Ausbaustand der ganztägigen Bildungs- und Betreuungsangebote für Grundschulkinder vorzulegen.*

§ 25 Unterstützung selbst organisierter Förderung von Kindern. Mütter, Väter und andere Erziehungsberechtigte, die die Förderung von Kindern selbst organisieren wollen, sollen beraten und unterstützt werden.

§ 26 Landesrechtsvorbehalt. [1] Das Nähere über Inhalt und Umfang der in diesem Abschnitt geregelten Aufgaben und Leistungen regelt das Landesrecht. [2] Am 31. Dezember 1990 geltende landesrechtliche Regelungen, die das Kindergartenwesen dem Bildungsbereich zuweisen, bleiben unberührt.

Vierter Abschnitt. Hilfe zur Erziehung, Eingliederungshilfe für seelisch behinderte Kinder und Jugendliche, Hilfe für junge Volljährige

Erster Unterabschnitt. Hilfe zur Erziehung

§ 27[2] **Hilfe zur Erziehung.** (1) Ein Personensorgeberechtigter hat bei der Erziehung eines Kindes oder eines Jugendlichen Anspruch auf Hilfe (Hilfe zur Erziehung), wenn eine dem Wohl des Kindes oder des Jugendlichen entsprechende Erziehung nicht gewährleistet ist und die Hilfe für seine Entwicklung geeignet und notwendig ist.

(2) [1] Hilfe zur Erziehung wird insbesondere nach Maßgabe der §§ 28 bis 35 gewährt. [2] Art und Umfang der Hilfe richten sich nach dem erzieherischen Bedarf im Einzelfall; dabei soll das engere soziale Umfeld des Kindes oder des Jugendlichen einbezogen werden. [3] Unterschiedliche Hilfearten können miteinander kombiniert werden, sofern dies dem erzieherischen Bedarf des Kindes oder Jugendlichen im Einzelfall entspricht.

(2a) Ist eine Erziehung des Kindes oder Jugendlichen außerhalb des Elternhauses erforderlich, so entfällt der Anspruch auf Hilfe zur Erziehung nicht dadurch, dass eine andere unterhaltspflichtige Person bereit ist, diese Aufgabe zu übernehmen; die Gewährung von Hilfe zur Erziehung setzt in diesem Fall voraus, dass diese Person bereit und geeignet ist, den Hilfebedarf in Zusammenarbeit mit dem Träger der öffentlichen Jugendhilfe nach Maßgabe der §§ 36 und 37 zu decken.

(3) [1] Hilfe zur Erziehung umfasst insbesondere die Gewährung pädagogischer und damit verbundener therapeutischer Leistungen. [2] Bei Bedarf soll sie Ausbildungs- und Beschäftigungsmaßnahmen im Sinne des § 13 Absatz 2 einschließen und kann mit anderen Leistungen nach diesem Buch kombiniert werden. [3] Die in der Schule oder Hochschule wegen des erzieherischen Bedarfs erforderliche Anleitung und Begleitung können als Gruppenangebote an Kinder oder Jugendliche gemeinsam erbracht werden, soweit dies dem Bedarf des Kindes oder Jugendlichen im Einzelfall entspricht.

(4) Wird ein Kind oder eine Jugendliche während ihres Aufenthaltes in einer Einrichtung oder einer Pflegefamilie selbst Mutter eines Kindes, so umfasst die

---

[1] § 24a eingef. mWv 1.1.2023 durch G v. 2.10.2021 (BGBl. I S. 4602).

[2] § 27 Abs. 2 Satz 3 und Abs. 3 Satz 2 neu gef., Satz 3 angef. mWv 10.6.2021 durch G v. 3.6.2021 (BGBl. I S. 1444).

Hilfe zur Erziehung auch die Unterstützung bei der Pflege und Erziehung dieses Kindes.

§ 28 Erziehungsberatung. [1] Erziehungsberatungsstellen und andere Beratungsdienste und -einrichtungen sollen Kinder, Jugendliche, Eltern und andere Erziehungsberechtigte bei der Klärung und Bewältigung individueller und familienbezogener Probleme und der zugrunde liegenden Faktoren, bei der Lösung von Erziehungsfragen sowie bei Trennung und Scheidung unterstützen. [2] Dabei sollen Fachkräfte verschiedener Fachrichtungen zusammenwirken, die mit unterschiedlichen methodischen Ansätzen vertraut sind.

§ 29 Soziale Gruppenarbeit. [1] Die Teilnahme an sozialer Gruppenarbeit soll älteren Kindern und Jugendlichen bei der Überwindung von Entwicklungsschwierigkeiten und Verhaltensproblemen helfen. [2] Soziale Gruppenarbeit soll auf der Grundlage eines gruppenpädagogischen Konzepts die Entwicklung älterer Kinder und Jugendlicher durch soziales Lernen in der Gruppe fördern.

§ 30 Erziehungsbeistand, Betreuungshelfer. Der Erziehungsbeistand und der Betreuungshelfer sollen das Kind oder den Jugendlichen bei der Bewältigung von Entwicklungsproblemen möglichst unter Einbeziehung des sozialen Umfelds unterstützen und unter Erhaltung des Lebensbezugs zur Familie seine Verselbständigung fördern.

§ 31 Sozialpädagogische Familienhilfe. [1] Sozialpädagogische Familienhilfe soll durch intensive Betreuung und Begleitung Familien in ihren Erziehungs-

(Fortsetzung nächstes Blatt)

3. die Verpflichtung zur Erfüllung von Unterhaltsansprüchen eines Abkömmlings oder seines gesetzlichen Rechtsnachfolgers zu beurkunden, sofern der Abkömmling zum Zeitpunkt der Beurkundung das 21. Lebensjahr noch nicht vollendet hat,
4. die Verpflichtung zur Erfüllung von Ansprüchen auf Unterhalt (§ 1615l des Bürgerlichen Gesetzbuchs[1)]), auch des gesetzlichen Rechtsnachfolgers, zu beurkunden,
5. die Bereiterklärung der Adoptionsbewerber zur Annahme eines ihnen zur internationalen Adoption vorgeschlagenen Kindes (§ 7 Absatz 1 des Adoptionsübereinkommens-Ausführungsgesetzes) zu beurkunden,
6. den Widerruf der Einwilligung des Kindes in die Annahme als Kind (§ 1746 Absatz 2 des Bürgerlichen Gesetzbuchs) zu beurkunden,
7. die Erklärung, durch die der Vater auf die Übertragung der Sorge verzichtet (§ 1747 Absatz 3 Nummer 2 des Bürgerlichen Gesetzbuchs) zu beurkunden,
8. die Sorgeerklärungen (§ 1626a Absatz 1 Nummer 1 des Bürgerlichen Gesetzbuchs) sowie die etwa erforderliche Zustimmung des gesetzlichen Vertreters eines beschränkt geschäftsfähigen Elternteils (§ 1626c Absatz 2 des Bürgerlichen Gesetzbuchs) zu beurkunden,
9. eine Erklärung des auf Unterhalt in Anspruch genommenen Elternteils nach § 252 des Gesetzes über das Verfahren in Familiensachen und in den Angelegenheiten der freiwilligen Gerichtsbarkeit[2)] aufzunehmen; § 129a der Zivilprozessordnung[3)] gilt entsprechend.

[2]Die Zuständigkeit der Notare, anderer Urkundspersonen oder sonstiger Stellen für öffentliche Beurkundungen bleibt unberührt.

(2) Die Urkundsperson soll eine Beurkundung nicht vornehmen, wenn ihr in der betreffenden Angelegenheit die Vertretung eines Beteiligten obliegt.

(3) [1]Das Jugendamt hat geeignete Beamte und Angestellte zur Wahrnehmung der Aufgaben nach Absatz 1 zu ermächtigen. [2]Die Länder können Näheres hinsichtlich der fachlichen Anforderungen an diese Personen regeln.

§ 60[4)] Vollstreckbare Urkunden. [1]Aus Urkunden, die eine Verpflichtung nach § 59 Absatz 1 Satz 1 Nummer 3 oder 4 zum Gegenstand haben und die von einem Beamten oder Angestellten des Jugendamts innerhalb der Grenzen seiner Amtsbefugnisse in der vorgeschriebenen Form aufgenommen worden sind, findet die Zwangsvollstreckung statt, wenn die Erklärung die Zahlung einer bestimmten Geldsumme betrifft und der Schuldner sich in der Urkunde der sofortigen Zwangsvollstreckung unterworfen hat. [2]Die Zustellung kann auch dadurch vollzogen werden, dass der Beamte oder Angestellte dem Schuldner eine beglaubigte Abschrift der Urkunde aushändigt; § 174 Satz 2 und 3 der Zivilprozessordnung[3)] gilt entsprechend. [3]Auf die Zwangsvollstreckung sind die Vorschriften, die für die Zwangsvollstreckung aus gerichtlichen Urkunden nach § 794 Absatz 1 Nummer 5 der Zivilprozessordnung gelten, mit folgenden Maßgaben entsprechend anzuwenden:

1. Die vollstreckbare Ausfertigung sowie die Bestätigungen nach § 1079 der Zivilprozessordnung werden von den Beamten oder Angestellten des Jugendamts

---

[1)] **Habersack, Deutsche Gesetze Nr. 20.**
[2)] **Habersack, Deutsche Gesetze Nr. 112.**
[3)] **Habersack, Deutsche Gesetze Nr. 100.**
[4)] § 60 Satz 2 geänd. mWv 1.1.2022 durch G v. 5.10.2021 (BGBl. I S. 4607).

erteilt, denen die Beurkundung der Verpflichtungserklärung übertragen ist. Das Gleiche gilt für die Bezifferung einer Verpflichtungserklärung nach § 790 der Zivilprozessordnung.

2. Über Einwendungen, die die Zulässigkeit der Vollstreckungsklausel oder die Zulässigkeit der Bezifferung nach § 790 der Zivilprozessordnung betreffen, über die Erteilung einer weiteren vollstreckbaren Ausfertigung sowie über Anträge nach § 1081 der Zivilprozessordnung entscheidet das für das Jugendamt zuständige Amtsgericht.

Viertes Kapitel. Schutz von Sozialdaten

§ 61[1)] **Anwendungsbereich.** (1) [1] Für den Schutz von Sozialdaten bei ihrer Verarbeitung in der Jugendhilfe gelten § 35 des Ersten Buches, §§ 67 bis 85a des Zehnten Buches sowie die nachfolgenden Vorschriften. [2] Sie gelten für alle Stellen des Trägers der öffentlichen Jugendhilfe, soweit sie Aufgaben nach diesem Buch wahrnehmen. [3] Für die Wahrnehmung von Aufgaben nach diesem Buch durch kreisangehörige Gemeinden und Gemeindeverbände, die nicht örtliche Träger sind, gelten die Sätze 1 und 2 entsprechend.

(2) Für den Schutz von Sozialdaten bei ihrer Verarbeitung im Rahmen der Tätigkeit des Jugendamts als Amtspfleger, Amtsvormund, Beistand und Gegenvormund gilt nur § 68.

(3) Werden Einrichtungen und Dienste der Träger der freien Jugendhilfe in Anspruch genommen, so ist sicherzustellen, dass der Schutz der personenbezogenen Daten bei der Verarbeitung in entsprechender Weise gewährleistet ist.

§ 62[2)] **Datenerhebung.** (1) Sozialdaten dürfen nur erhoben werden, soweit ihre Kenntnis zur Erfüllung der jeweiligen Aufgabe erforderlich ist.

(2) [1] Sozialdaten sind bei der betroffenen Person zu erheben. [2] Sie ist über die Rechtsgrundlage der Erhebung sowie die Zweckbestimmungen der Verarbeitung aufzuklären, soweit diese nicht offenkundig sind.

(3) Ohne Mitwirkung der betroffenen Person dürfen Sozialdaten nur erhoben werden, wenn

1. eine gesetzliche Bestimmung dies vorschreibt oder erlaubt oder
2. ihre Erhebung bei der betroffenen Person nicht möglich ist oder die jeweilige Aufgabe ihrer Art nach eine Erhebung bei anderen erfordert, die Kenntnis der Daten aber erforderlich ist für
   a) die Feststellung der Voraussetzungen oder für die Erfüllung einer Leistung nach diesem Buch oder
   b) die Feststellung der Voraussetzungen für die Erstattung einer Leistung nach § 50 des Zehnten Buches oder
   c) die Wahrnehmung einer Aufgabe nach den §§ 42 bis 48a und nach § 52 oder

(Fortsetzung nächstes Blatt)

[1)] § 61 Abs. 1 Satz 1, Abs. 2 und 3 geänd. mWv 26.11.2019 durch G v. 20.11.2019 (BGBl. I S. 1626).

[2)] § 62 Abs. 2 Sätze 1 und 2, Abs. 3 einl. Satzteil und Nr. 2, 3 und 4, Abs. 4 geänd. mWv 26.11.2019 durch G v. 20.11.2019 (BGBl. I S. 1626); Abs. 3 Nr. 2 Buchst. d geänd. mWv 10.6.2021 durch G v. 3.6. 2021 (BGBl. I S. 1444).

Vierter Abschnitt. Ergänzende Vorschriften

§ 97 Feststellung der Sozialleistungen. [1] Der erstattungsberechtigte Träger der öffentlichen Jugendhilfe kann die Feststellung einer Sozialleistung betreiben sowie Rechtsmittel einlegen. [2] Der Ablauf der Fristen, die ohne sein Verschulden verstrichen sind, wirkt nicht gegen ihn. [3] Dies gilt nicht für die Verfahrensfristen, soweit der Träger der öffentlichen Jugendhilfe das Verfahren selbst betreibt.

§ 97a Pflicht zur Auskunft. (1) [1] Soweit dies für die Berechnung oder den Erlass eines Kostenbeitrags oder die Übernahme eines Teilnahmebeitrags nach § 90 oder die Ermittlung eines Kostenbeitrags nach den §§ 92 bis 94 erforderlich ist, sind Eltern, Ehegatten und Lebenspartner junger Menschen sowie Leistungsberechtigter nach § 19 verpflichtet, dem örtlichen Träger über ihre Einkommensverhältnisse Auskunft zu geben. [2] Junge Volljährige und volljährige Leistungsberechtigte nach § 19 sind verpflichtet, dem örtlichen Träger über ihre Einkommens- und Vermögensverhältnisse Auskunft zu geben. [3] Eltern, denen die Sorge für das Vermögen des Kindes oder des Jugendlichen zusteht, sind auch zur Auskunft über dessen Einkommen verpflichtet. [4] Ist die Sorge über das Vermögen des Kindes oder des Jugendlichen anderen Personen übertragen, so treten diese an die Stelle der Eltern.

(2) [1] Soweit dies für die Berechnung der laufenden Leistung nach § 39 Absatz 6 erforderlich ist, sind Pflegepersonen verpflichtet, dem örtlichen Träger darüber Auskunft zu geben, ob der junge Mensch im Rahmen des Familienleistungsausgleichs nach § 31 des Einkommensteuergesetzes[1)] berücksichtigt wird oder berücksichtigt werden könnte und ob er ältestes Kind in der Pflegefamilie ist. [2] Pflegepersonen, die mit dem jungen Menschen in gerader Linie verwandt sind, sind verpflichtet, dem örtlichen Träger über ihre Einkommens- und Vermögensverhältnisse Auskunft zu geben.

(3) [1] Die Pflicht zur Auskunft nach den Absätzen 1 und 2 umfasst auch die Verpflichtung, Name und Anschrift des Arbeitgebers zu nennen, über die Art des Beschäftigungsverhältnisses Auskunft zu geben sowie auf Verlangen Beweisurkunden vorzulegen oder ihrer Vorlage zuzustimmen. [2] Sofern landesrechtliche Regelungen nach § 90 Absatz 1 Satz 2 bestehen, in denen nach Einkommensgruppen gestaffelte Pauschalbeträge vorgeschrieben oder festgesetzt sind, ist hinsichtlich der Höhe des Einkommens die Auskunftspflicht und die Pflicht zur Vorlage von Beweisurkunden für die Berechnung des Kostenbeitrags nach § 90 Absatz 1 Nummer 3 auf die Angabe der Zugehörigkeit zu einer bestimmten Einkommensgruppe beschränkt.

(4) [1] Kommt eine der nach den Absätzen 1 und 2 zur Auskunft verpflichteten Personen ihrer Pflicht nicht nach oder bestehen tatsächliche Anhaltspunkte für die Unrichtigkeit ihrer Auskunft, so ist der Arbeitgeber dieser Person verpflichtet, dem örtlichen Träger über die Art des Beschäftigungsverhältnisses und den Arbeitsverdienst dieser Person Auskunft zu geben; Absatz 3 Satz 2 gilt entsprechend. [2] Der zur Auskunft verpflichteten Person ist vor einer Nachfrage beim Arbeitgeber eine angemessene Frist zur Erteilung der Auskunft zu setzen. [3] Sie ist darauf hinzuweisen, dass nach Fristablauf die erforderlichen Auskünfte beim Arbeitgeber eingeholt werden.

(5) [1] Die nach den Absätzen 1 und 2 zur Erteilung einer Auskunft Verpflichteten können die Auskunft verweigern, soweit sie sich selbst oder einen der in § 383

[1)] Nr. **45a**.

Absatz 1 Nummer 1 bis 3 der Zivilprozessordnung[1] bezeichneten Angehörigen der Gefahr aussetzen würden, wegen einer Straftat oder einer Ordnungswidrigkeit verfolgt zu werden. [2]Die Auskunftspflichtigen sind auf ihr Auskunftsverweigerungsrecht hinzuweisen.

§ 97b (weggefallen)

§ 97c Erhebung von Gebühren und Auslagen. Landesrecht kann abweichend von § 64 des Zehnten Buches die Erhebung von Gebühren und Auslagen regeln.

Neuntes Kapitel. Kinder- und Jugendhilfestatistik

§ 98[2] Zweck und Umfang der Erhebung. (1) Zur Beurteilung der Auswirkungen der Bestimmungen dieses Buches und zu seiner Fortentwicklung sind laufende Erhebungen über

1. Kinder und tätige Personen in Tageseinrichtungen,

[Nr. 1a ab 1.7.2022:]

1a. Kinder in den Klassenstufen eins bis vier,

2. Kinder und tätige Personen in öffentlich geförderter Kindertagespflege,
3. Personen, die mit öffentlichen Mitteln geförderte Kindertagespflege gemeinsam oder auf Grund einer Erlaubnis nach § 43 Absatz 3 Satz 3 in Pflegestellen durchführen, und die von diesen betreuten Kinder,
4. die Empfänger
   a) der Hilfe zur Erziehung,
   b) der Hilfe für junge Volljährige und
   c) der Eingliederungshilfe für seelisch behinderte Kinder und Jugendliche,
5. Kinder und Jugendliche, zu deren Schutz vorläufige Maßnahmen getroffen worden sind,
6. Kinder und Jugendliche, die als Kind angenommen worden sind,
7. Kinder und Jugendliche, die unter Amtspflegschaft, Amtsvormundschaft oder Beistandschaft des Jugendamts stehen,
8. Kinder und Jugendliche, für die eine Pflegeerlaubnis erteilt worden ist,
9. Maßnahmen des Familiengerichts,
10. Angebote der Jugendarbeit nach § 11 sowie Fortbildungsmaßnahmen für ehrenamtliche Mitarbeiter anerkannter Träger der Jugendhilfe nach § 74 Absatz 6,
11. die Träger der Jugendhilfe, die dort tätigen Personen und deren Einrichtungen mit Ausnahme der Tageseinrichtungen,
12. die Ausgaben und Einnahmen der öffentlichen Jugendhilfe sowie
13. Gefährdungseinschätzungen nach § 8a

als Bundesstatistik durchzuführen.

---

[1] **Habersack, Deutsche Gesetze Nr. 100.**

[2] § 98 Abs. 1 Nr. 10 neu gef. mWv 1.1.2014 durch G v. 29.8.2013 (BGBl. I S. 3464); Abs. 1 Nr. 11 neu gef., Nr. 12 geänd. mWv 10.6.2021 durch G v. 3.6.2021 (BGBl. I S. 1444); Abs. 1 Nr. 1a eingef. mWv 1.7.2022 durch G v. 2.10.2021 (BGBl. I S. 4602).

(2) Zur Verfolgung der gesellschaftlichen Entwicklung im Bereich der elterlichen Sorge sind im Rahmen der Kinder- und Jugendhilfestatistik auch laufende Erhebungen über Sorgeerklärungen durchzuführen.

§ 99[1)] Erhebungsmerkmale. (1) Erhebungsmerkmale bei den Erhebungen über Hilfe zur Erziehung nach den §§ 27 bis 35, Eingliederungshilfe für seelisch behinderte Kinder und Jugendliche nach § 35a und Hilfe für junge Volljährige nach § 41 sind

1. im Hinblick auf die Hilfe
   a) Art des Trägers des Hilfe durchführenden Dienstes oder der Hilfe durchführenden Einrichtung sowie bei Trägern der freien Jugendhilfe deren Verbandszugehörigkeit,
   b) Art der Hilfe,
   c) Ort der Durchführung der Hilfe,
   d) Monat und Jahr des Beginns und Endes sowie Fortdauer der Hilfe,
   e) familienrichterliche Entscheidungen zu Beginn der Hilfe,
   f) Intensität der Hilfe,
   g) Hilfe anregende Institutionen oder Personen,
   h) Gründe für die Hilfegewährung,
   i) Grund für die Beendigung der Hilfe,
   j) vorangegangene Gefährdungseinschätzung nach § 8a Absatz 1,
   k) Einleitung der Hilfe im Anschluss an eine vorläufige Maßnahme zum Schutz von Kindern und Jugendlichen im Fall des § 42 Absatz 1 Satz 1,
   l) gleichzeitige Inanspruchnahme einer weiteren Hilfe zur Erziehung, Hilfe für junge Volljährige oder Eingliederungshilfe bei einer seelischen Behinderung oder einer drohenden seelischen Behinderung sowie
2. im Hinblick auf junge Menschen
   a) Geschlecht,
   b) Geburtsmonat und Geburtsjahr,
   c) Lebenssituation bei Beginn der Hilfe,
   d) ausländische Herkunft mindestens eines Elternteils,
   e) Deutsch als in der Familie vorrangig gesprochene Sprache,

---

[1)] § 99 Abs. 6a neu gef. mWv 19.5.2013 durch G v. 16.4.2013 (BGBl. I S. 795); Abs. 2 Nr. 1 und 2 geänd., Abs. 3 Nr. 1 Buchst. a eingef., bish. Buchst. a wird Buchst. b und geänd., bish. Buchst. b wird Buchst. c, Buchst. d eingef., bish. Buchst. c wird Buchst. e, Abs. 6 Nr. 1, Abs. 6a, Abs. 7 Nr. 1 Buchst. b, Nr. 2 Buchst. b, Nr. 3 Buchst. e geänd., Buchst. f angef., Abs. 7a Nr. 2 Buchst. g geänd., Buchst. h angef., Abs. 8 neu gef., Abs. 9 Nr. 3 Buchst. d geänd. mWv 1.1.2014 durch G v. 29.8.2013 (BGBl. I S. 3464); Abs. 1 Nr. 1 Buchst. a und j geänd., Buchst. k eingef., Abs. 2 einl. Satzteil und Nr. 1 und 2, Abs. 7 Nr. 1 Buchst. a–c geänd., Buchst d. angef., Abs. 7 Nr. 2, Abs. 8 Nr. 1 und Abs. 9 Nr. 1 geänd. mWv 1.11.2015 durch G v. 28.10.2015 (BGBl. I S. 1802); Abs. 1 Nr. 1 Buchst. a und k neu gef., Buchst. l angef., Nr. 2 Buchst. d und e eingef., bish. Buchst. d und e werden Buchst. f und g, Nr. 3 Buchst. b geänd., Nr. 4 angef., Abs. 2 Nr. 1 neu gef., Nr. 2 geänd., Abs. 3 Nr. 1 Buchst. b und c geänd., Buchst. d eingef., bish. Buchst. d und e werden Buchst. e und f und neu gef., Nr. 2 Buchst. b geänd., Nr. 3 angef., Abs. 6 Nr. 1 und 2 neu gef., Abs. 6b Satz 1 abschl. Satzteil geänd., Satz 2 angef., Abs. 7 Nr. 1 Buchst. a neu gef. Buchst. c geänd., Buchst. e und f angef., Nr. 2 Buchst. b geänd., Nr. 3 Buchst. b neu gef., Buchst. c eingef., bish. Buchst. c wird Buchst. d, bish. Buchst. d wird Buchst. e und neu gef., bish. Buchst. e und f werden Buchst. f und g, Abs. 7a Nr. 1 Buchst. b geänd., Nr. 2 Buchst. b neu gef., Buchst. c eingef., bish. Buchst. c und d werden Buchst. d und e, bish. Buchst. e wird Buchst. f und neu gef., bish. Buchst. f–h werden Buchst. g–i, Abs. 7b geänd. mWv 10.6.2021, Abs. 9 neu gef. mWv 1.1.2022, Abs. 8 Nr. 1, 3 und 4 neu gef. mWv 1.1.2023 durch G v. 3.6.2021 (BGBl. I S. 1444); Abs. 7 Nr. 3 Buchst. a geänd., Abs. 7c eingef. mWv 1.7.2022 durch G v. 2.10.2021 (BGBl. I S. 4602).

f) anschließender Aufenthalt,

g) nachfolgende Hilfe;

3. bei sozialpädagogischer Familienhilfe nach § 31 und anderen familienorientierten Hilfen nach § 27 zusätzlich zu den unter den Nummern 1 und 2 genannten Merkmalen

   a) Geschlecht, Geburtsmonat und Geburtsjahr der in der Familie lebenden jungen Menschen sowie

   b) Zahl der außerhalb der Familie lebenden Kinder und Jugendlichen;

4. für Hilfen außerhalb des Elternhauses nach § 27 Absatz 1, 3 und 4, den §§ 29 und 30, 32 bis 35a und 41 zusätzlich zu den unter den Nummern 1 und 2 genannten Merkmalen der Schulbesuch sowie das Ausbildungsverhältnis.

(2) Erhebungsmerkmale bei den Erhebungen über vorläufige Maßnahmen zum Schutz von Kindern und Jugendlichen sind Kinder und Jugendliche, zu deren Schutz Maßnahmen nach § 42 oder § 42a getroffen worden sind, gegliedert nach

1. Art der Maßnahme, Art des Trägers der Maßnahme, Form der Unterbringung während der Maßnahme, hinweisgebender Institution oder Person, Zeitpunkt des Beginns und Dauer der Maßnahme, Durchführung aufgrund einer vorangegangenen Gefährdungseinschätzung nach § 8a Absatz 1, Maßnahmeanlass, im Kalenderjahr bereits wiederholt stattfindende Inobhutnahme, Widerspruch der Personensorge- oder Erziehungsberechtigten gegen die Maßnahme, im Fall des Widerspruchs gegen die Maßnahme Herbeiführung einer Entscheidung des Familiengerichts nach § 42 Absatz 3 Satz 2 Nummer 2, Grund für die Beendigung der Maßnahme, anschließendem Aufenthalt, Art der anschließenden Hilfe,

2. bei Kindern und Jugendlichen zusätzlich zu den unter Nummer 1 genannten Merkmalen nach Geschlecht, Altersgruppe zu Beginn der Maßnahme, ausländischer Herkunft mindestens eines Elternteils, Deutsch als in der Familie vorrangig gesprochene Sprache, Art des Aufenthalts vor Beginn der Maßnahme.

(3) Erhebungsmerkmale bei den Erhebungen über die Annahme als Kind sind

1. angenommene Kinder und Jugendliche, gegliedert

   a) nach nationaler Adoption und internationaler Adoption nach § 2a des Adoptionsvermittlungsgesetzes[1)],

   b) nach Geschlecht, Geburtsdatum, Staatsangehörigkeit und Art des Trägers des Adoptionsvermittlungsdienstes, Datum des Adoptionsbeschlusses,

   c) nach Herkunft des angenommenen Kindes, Art der Unterbringung vor der Adoptionspflege, Geschlecht und Familienstand der Eltern oder des sorgeberechtigten Elternteils oder Tod der Eltern zu Beginn der Adoptionspflege sowie Ersetzung der Einwilligung zur Annahme als Kind,

   d) zusätzlich bei nationalen Adoptionen nach Datum des Beginns und Endes der Adoptionspflege und bei Unterbringung vor der Adoptionspflege in Pflegefamilien nach Datum des Beginns und Endes dieser Unterbringung sowie bei Annahme durch die vorherige Pflegefamilie nach Datum des Beginns und Endes dieser Unterbringung,

   e) zusätzlich bei der internationalen Adoption (§ 2a des Adoptionsvermittlungsgesetzes) nach Staatsangehörigkeit vor Ausspruch der Adoption, nach Herkunftsland und gewöhnlichem Aufenthalt vor der Adoption sowie nach Ausspruch der Adoption im Ausland oder Inland,

---

[1)] Nr. **45i**.

f) nach Staatsangehörigkeit, Geschlecht und Familienstand der oder des Annehmenden sowie nach dem Verwandtschaftsverhältnis zu dem Kind,

2. die Zahl der
   a) ausgesprochenen und aufgehobenen Annahmen sowie der abgebrochenen Adoptionspflegen, gegliedert nach Art des Trägers des Adoptionsvermittlungsdienstes,
   b) vorgemerkten Adoptionsbewerber, die zur Annahme als Kind vorgemerkten und in Adoptionspflege untergebrachten Kinder und Jugendlichen zusätzlich nach ihrem Geschlecht, gegliedert nach Art des Trägers des Adoptionsvermittlungsdienstes,
3. bei Anerkennungs- und Wirkungsfeststellung einer ausländischen Adoptionsentscheidung nach § 2 des Adoptionswirkungsgesetzes[1] sowie eines Umwandlungsausspruchs nach § 3 des Adoptionswirkungsgesetzes die Zahl der
   a) eingeleiteten Verfahren nach den §§ 2 und 3 des Adoptionswirkungsgesetzes,
   b) beendeten Verfahren nach den §§ 2 und 3 des Adoptionswirkungsgesetzes, die ausländische Adoptionen nach § 2a des Adoptionsvermittlungsgesetzes zum Gegenstand haben, gegliedert nach
      aa) dem Ergebnis des Verfahrens im Hinblick auf eine erfolgte und nicht erfolgte Vermittlung nach § 2a Absatz 2 des Adoptionsvermittlungsgesetzes,
      bb) dem Vorliegen einer Bescheinigung nach Artikel 23 des Haager Übereinkommens vom 29. Mai 1993 über den Schutz von Kindern und die Zusammenarbeit auf dem Gebiet der internationalen Adoption und
      cc) der Verfahrensdauer.

(4) Erhebungsmerkmal bei den Erhebungen über die Amtspflegschaft und die Amtsvormundschaft sowie die Beistandschaft ist die Zahl der Kinder und Jugendlichen unter

1. gesetzlicher Amtsvormundschaft,
2. bestellter Amtsvormundschaft,
3. bestellter Amtspflegschaft sowie
4. Beistandschaft,

gegliedert nach Geschlecht, Art des Tätigwerdens des Jugendamts sowie nach deutscher und ausländischer Staatsangehörigkeit (Deutsche/Ausländer).

(5) Erhebungsmerkmal bei den Erhebungen über

1. die Pflegeerlaubnis nach § 43 ist die Zahl der Tagespflegepersonen,
2. die Pflegeerlaubnis nach § 44 ist die Zahl der Kinder und Jugendlichen, gegliedert nach Geschlecht und Art der Pflege.

(6) Erhebungsmerkmale bei der Erhebung zum Schutzauftrag bei Kindeswohlgefährdung nach § 8a sind Kinder und Jugendliche, bei denen eine Gefährdungseinschätzung nach Absatz 1 vorgenommen worden ist, gegliedert

1. nach der hinweisgebenden Institution oder Person, der Art der Kindeswohlgefährdung, der Person, von der die Gefährdung ausgeht, dem Ergebnis der Gefährdungseinschätzung sowie wiederholter Meldung zu demselben Kind oder Jugendlichen im jeweiligen Kalenderjahr,
2. bei Kindern und Jugendlichen zusätzlich zu den in Nummer 1 genannten Merkmalen nach Geschlecht, Geburtsmonat, Geburtsjahr, ausländischer Her-

---

[1] Nr. **45j**.

kunft mindestens eines Elternteils, Deutsch als in der Familie vorrangig gesprochene Sprache, Eingliederungshilfe und Aufenthaltsort des Kindes oder Jugendlichen zum Zeitpunkt der Meldung sowie den Altersgruppen der Eltern und der Inanspruchnahme einer Leistung gemäß den §§ 16 bis 19 sowie 27 bis 35a und der Durchführung einer Maßnahme nach § 42.

(6a) Erhebungsmerkmal bei den Erhebungen über Sorgeerklärungen und die gerichtliche Übertragung der gemeinsamen elterlichen Sorge nach § 1626a Absatz 1 Nummer 3 des Bürgerlichen Gesetzbuchs[1)] ist die gemeinsame elterliche Sorge nicht miteinander verheirateter Eltern, gegliedert danach, ob Sorgeerklärungen beider Eltern vorliegen, oder den Eltern die elterliche Sorge aufgrund einer gerichtlichen Entscheidung ganz oder zum Teil gemeinsam übertragen worden ist.

(6b) [1] Erhebungsmerkmal bei den Erhebungen über Maßnahmen des Familiengerichts ist die Zahl der Kinder und Jugendlichen, bei denen wegen einer Gefährdung ihres Wohls das familiengerichtliche Verfahren auf Grund einer Anrufung durch das Jugendamt nach § 8a Absatz 2 Satz 1 oder § 42 Absatz 3 Satz 2 Nummer 2 oder auf andere Weise eingeleitet worden ist und

1. den Personensorgeberechtigten auferlegt worden ist, Leistungen nach diesem Buch in Anspruch zu nehmen,
2. andere Gebote oder Verbote gegenüber den Personensorgeberechtigten oder Dritten ausgesprochen worden sind,
3. Erklärungen der Personensorgeberechtigten ersetzt worden sind,
4. die elterliche Sorge ganz oder teilweise entzogen und auf das Jugendamt oder einen Dritten als Vormund oder Pfleger übertragen worden ist,

gegliedert nach Geschlecht, Altersgruppen und zusätzlich bei Nummer 4 nach dem Umfang der übertragenen Angelegenheit. [2] Zusätzlich sind die Fälle nach Geschlecht und Altersgruppen zu melden, in denen das Jugendamt insbesondere nach § 8a Absatz 2 Satz 1 oder § 42 Absatz 3 Satz 2 Nummer 2 das Familiengericht anruft, weil es dessen Tätigwerden für erforderlich hält.

(7) Erhebungsmerkmale bei den Erhebungen über Kinder und tätige Personen in Tageseinrichtungen sind

1. die Einrichtungen, gegliedert nach
   a) der Art und Rechtsform des Trägers sowie bei Trägern der freien Jugendhilfe deren Verbandszugehörigkeit sowie besonderen Merkmalen,
   b) der Zahl der genehmigten Plätze,
   c) der Art und Anzahl der Gruppen,
   d) die Anzahl der Kinder insgesamt,
   e) Anzahl der Schließtage an regulären Öffnungstagen im vorangegangenen Jahr sowie
   f) Öffnungszeiten,
2. für jede dort tätige Person
   a) Geschlecht und Beschäftigungsumfang,
   b) für das pädagogisch und in der Verwaltung tätige Personal zusätzlich Geburtsmonat und Geburtsjahr, die Art des Berufsausbildungsabschlusses, Stellung im Beruf, Art der Beschäftigung und Arbeitsbereiche einschließlich Gruppenzugehörigkeit, Monat und Jahr des Beginns der Tätigkeit in der derzeitigen Einrichtung,

---

[1)] **Habersack, Deutsche Gesetze Nr. 20.**

3. für die dort geförderten Kinder
   a) Geschlecht, Geburtsmonat und Geburtsjahr sowie Schulbesuch***[ab 1.7.2022:*** *und Klassenstufe**]***,
   b) ausländische Herkunft mindestens eines Elternteils,
   c) Deutsch als in der Familie vorrangig gesprochene Sprache,
   d) Betreuungszeit und Mittagsverpflegung,
   e) Eingliederungshilfe,
   f) Gruppenzugehörigkeit,
   g) Monat und Jahr der Aufnahme in der Tageseinrichtung.

(7a) Erhebungsmerkmale bei den Erhebungen über Kinder in mit öffentlichen Mitteln geförderter Kindertagespflege sowie die die Kindertagespflege durchführenden Personen sind:

1. für jede tätige Person
   a) Geschlecht, Geburtsmonat und Geburtsjahr,
   b) Art und Umfang der Qualifikation, höchster allgemeinbildender Schulabschluss, höchster beruflicher Ausbildungs- und Hochschulabschluss, Anzahl der betreuten Kinder (Betreuungsverhältnisse am Stichtag) insgesamt und nach dem Ort der Betreuung,
2. für die dort geförderten Kinder
   a) Geschlecht, Geburtsmonat und Geburtsjahr sowie Schulbesuch,
   b) ausländische Herkunft mindestens eines Elternteils,
   c) Deutsch als in der Familie vorrangig gesprochene Sprache,
   d) Betreuungszeit und Mittagsverpflegung,
   e) Art und Umfang der öffentlichen Finanzierung und Förderung,
   f) Eingliederungshilfe,
   g) Verwandtschaftsverhältnis zur Pflegeperson,
   h) gleichzeitig bestehende andere Betreuungsarrangements,
   i) Monat und Jahr der Aufnahme in Kindertagespflege.

(7b) Erhebungsmerkmale bei den Erhebungen über Personen, die mit öffentlichen Mitteln geförderte Kindertagespflege gemeinsam oder auf Grund einer Erlaubnis nach § 43 Absatz 3 Satz 3 durchführen und die von diesen betreuten Kinder sind die Zahl der Kindertagespflegepersonen und die Zahl der von diesen betreuten Kinder jeweils gegliedert nach Pflegestellen.

[Abs. 7c ab 1.7.2022:]

(7c) Erhebungsmerkmale bei den Erhebungen über Kinder in den Klassenstufen eins bis vier sind

1. Klassenstufe,

2. Anzahl der Wochenstunden, die das Kind in Angeboten nach § 24 Absatz 4 verbringt,

3. Art der Angebote nach § 24 Absatz 4.

(8) Erhebungsmerkmale bei den Erhebungen über die Angebote der Jugendarbeit nach § 11 sowie bei den Erhebungen über Fortbildungsmaßnahmen für ehrenamtliche Mitarbeiter anerkannter Träger der Jugendhilfe nach § 74 Absatz 6 sind offene und Gruppenangebote sowie Veranstaltungen und Projekte der Jugendarbeit, soweit diese mit öffentlichen Mitteln pauschal oder maßnahmenbezogen gefördert werden oder der Träger eine öffentliche Förderung erhält, gegliedert nach

[Nr. 1 bis 31.12.2022:]

1. Art, Name und Rechtsform des Trägers,

[Nr. 1 ab 1.1.2023:]

1. *Art und Rechtsform des Trägers sowie bei Trägern der freien Jugendhilfe deren Verbandszugehörigkeit,*
2. Dauer, Häufigkeit, Durchführungsort und Art des Angebots; zusätzlich bei schulbezogenen Angeboten die Art der kooperierenden Schule,

[Nr. 3 bis 31.12.2022:]

3. Alter, Geschlecht sowie Art der Beschäftigung und Tätigkeit der bei der Durchführung des Angebots tätigen Personen,

[Nr. 3 ab 1.1.2023:]

3. *Art der Beschäftigung und Tätigkeit der bei der Durchführung des Angebots tätigen Personen sowie, mit Ausnahme der sonstigen pädagogisch tätigen Personen, deren Altersgruppe und Geschlecht,*

[Nr. 4 bis 31.12.2022:]

4. Zahl, Geschlecht und Alter der Teilnehmenden sowie der Besucher,

[Nr. 4 ab 1.1.2023:]

4. *Zahl der Teilnehmenden und der Besucher sowie, mit Ausnahme von Festen, Feiern, Konzerten, Sportveranstaltungen und sonstigen Veranstaltungen, deren Geschlecht und Altersgruppe,*
5. Partnerländer und Veranstaltungen im In- oder Ausland bei Veranstaltungen und Projekten der internationalen Jugendarbeit.

(9) Erhebungsmerkmale bei den Erhebungen über die Träger der Jugendhilfe, die dort tätigen Personen und deren Einrichtungen, soweit diese nicht in Absatz 7 erfasst werden, sind

1. die Träger gegliedert nach
   a) Art und Rechtsform des Trägers sowie bei Trägern der freien Jugendhilfe deren Verbandszugehörigkeit,
   b) den Betätigungsfeldern nach Aufgabenbereichen,
   c) deren Personalausstattung sowie
   d) Anzahl der Einrichtungen,
2. die Einrichtungen des Trägers mit Betriebserlaubnis nach § 45 und Betreuungsformen nach diesem Gesetz, soweit diese nicht in Absatz 7 erfasst werden, gegliedert nach
   a) Postleitzahl des Standorts,
   b) für jede vorhandene Gruppe und jede sonstige Betreuungsform nach diesem Gesetz, die von der Betriebserlaubnis umfasst ist, Angaben über die Art der Unterbringung oder Betreuung, deren Rechtsgrundlagen, Anzahl der genehmigten und belegten Plätze, Anzahl der Sollstellen des Personals und Hauptstelle der Einrichtung,
3. für jede im Bereich der Jugendhilfe pädagogisch und in der Verwaltung tätige Person des Trägers
   a) Geschlecht, Geburtsmonat und Geburtsjahr,
   b) Art des höchsten Berufsausbildungsabschlusses, Stellung im Beruf, Art der Beschäftigung, Beschäftigungsumfang und Arbeitsbereiche,
   c) Bundesland des überwiegenden Einsatzortes.

(10) Erhebungsmerkmale bei der Erhebung der Ausgaben und Einnahmen der öffentlichen Jugendhilfe sind

1. die Art des Trägers,
2. die Ausgaben für Einzel- und Gruppenhilfen, gegliedert nach Ausgabe- und Hilfeart sowie die Einnahmen nach Einnahmeart,
3. die Ausgaben und Einnahmen für Einrichtungen nach Arten gegliedert nach der Einrichtungsart,
4. die Ausgaben für das Personal, das bei den örtlichen und den überörtlichen Trägern sowie den kreisangehörigen Gemeinden und Gemeindeverbänden, die nicht örtliche Träger sind, Aufgaben der Jugendhilfe wahrnimmt.

§ 100[1)] **Hilfsmerkmale.** Hilfsmerkmale sind

1. Name und Anschrift des Auskunftspflichtigen,
2. für die Erhebungen nach § 99 die Kenn-Nummer der hilfeleistenden Stelle oder der auskunftsgebenden Einrichtung; soweit eine Hilfe nach § 28 gebietsübergreifend erbracht wird, die Kenn-Nummer des Wohnsitzes des Hilfeempfängers,
3. für die Erhebungen nach § 99 Absatz 1, 2, 3 und 6 die Kenn-Nummer der betreffenden Person,
4. Name und Kontaktdaten der für eventuelle Rückfragen zur Verfügung stehenden Person.

§ 101[2)] **Periodizität und Berichtszeitraum.** (1) [1]Die Erhebungen nach § 99 Absatz 1 bis 5, 6a bis ***[bis 30.6.2022:*** 7b***][ab 1.7.2022:*** *7c]* und 10 sind jährlich durchzuführen, die Erhebungen nach § 99 Absatz 3 Nummer 3 erstmalig für das Jahr 2022; die Erhebungen nach § 99 Absatz 1, soweit sie die Eingliederungshilfe für Kinder und Jugendliche mit seelischer Behinderung betreffen, sind 2007 beginnend jährlich durchzuführen. [2]Die Erhebung nach § 99 Absatz 6 erfolgt laufend. [3]Die übrigen Erhebungen nach § 99 sind alle zwei Jahre durchzuführen, die Erhebungen nach § 99 Absatz 8 erstmalig für das Jahr 2015 und die Erhebungen nach § 99 Absatz 9 erstmalig für das Jahr 2014.

(2) Die Angaben für die Erhebung nach

1. § 99 Absatz 1 sind zu dem Zeitpunkt, zu dem die Hilfe endet, bei fortdauernder Hilfe zum 31. Dezember,

2.–5. (weggefallen)

6. § 99 Absatz 2 sind zum Zeitpunkt des Endes einer vorläufigen Maßnahme,
7. § 99 Absatz 3 Nummer 1 sind zum Zeitpunkt der rechtskräftigen gerichtlichen Entscheidung über die Annahme als Kind,
8. § 99 Absatz 3 Nummer 2 Buchstabe a, Nummer 3 und Absatz 6a, 6b und 10 sind für das abgelaufene Kalenderjahr,
9. § 99 Absatz 3 Nummer 2 Buchstabe b und Absatz 4 und 5 sind zum 31. Dezember,

---

1) § 100 Nr. 3 eingef., bish. Nr. 3 wird Nr. 4 mWv 1.1.2014 durch G v. 29.8.2013 (BGBl. I S. 3464); Nr. 4 geänd. mWv 10.6.2021 durch G v. 3.6.2021 (BGBl. I S. 1444).

2) § 101 Abs. 1 Satz 1 geänd. mWv 19.5.2013 durch G v. 16.4.2013 (BGBl. I S. 795); Abs. 1 Satz 3 neu gef., Satz 4 aufgeh., Abs. 2 Nr. 8 und 11 geänd., Nr. 12 angef. mWv 1.1.2014 durch G v. 29.8.2013 (BGBl. I S. 3464); Abs. 1 Satz 1, Abs. 2 Nr. 8 und 9 neu gef., Nr. 12 geänd., Nr. 13 angef. mWv 10.6. 2021 durch G v. 3.6.2021 (BGBl. I S. 1444); Abs. 1 Satz 1, Abs. 2 Nr. 10 geänd. mWv 1.7.2022 durch G v. 2.10.2021 (BGBl. I S. 4602).

10. § 99 Absatz 7, 7a ***[bis 30.6.2022:*** und 7b***][ab 1.7.2022:*** *bis 7c****]*** sind zum 1. März,
11. § 99 Absatz 6 sind zum Zeitpunkt des Abschlusses der Gefährdungseinschätzung,
12. § 99 Absatz 8 sind für das abgelaufene Kalenderjahr,
13. § 99 Absatz 9 sind zum 15. Dezember.[1)]

zu erteilen.

§ 102[2)] **Auskunftspflicht.** (1) [1]Für die Erhebungen besteht Auskunftspflicht. [2]Die Angaben zu § 100 Nummer 4 sind freiwillig.

(2) ***[ab 1.7.2022: 1]*** Auskunftspflichtig sind

1. die örtlichen Träger der Jugendhilfe für die Erhebungen nach § 99 Absatz 1 bis 10, nach Absatz 8 nur, soweit eigene Angebote gemacht wurden,
2. die überörtlichen Träger der Jugendhilfe für die Erhebungen nach § 99 Absatz 3 und 7 und 8 bis 10, nach Absatz 8 nur, soweit eigene Angebote gemacht wurden,
3. die obersten Landesjugendbehörden für die Erhebungen nach § 99 Absatz 7 und 8 bis 10,
4. die fachlich zuständige oberste Bundesbehörde für die Erhebung nach § 99 Absatz 10,
5. die kreisangehörigen Gemeinden und Gemeindeverbände, soweit sie Aufgaben der Jugendhilfe wahrnehmen, für die Erhebungen nach § 99 Absatz 7 bis 10,
6. die Träger der freien Jugendhilfe für Erhebungen nach § 99 Absatz 1, soweit sie eine Beratung nach § 28 oder § 41 betreffen, nach § 99 Absatz 8, soweit sie anerkannte Träger der freien Jugendhilfe nach § 75 Absatz 1 oder Absatz 3 sind, und nach § 99 Abs. 3, 7 und 9,
7. Adoptionsvermittlungsstellen nach § 2 Absatz 3 des Adoptionsvermittlungsgesetzes[3)] aufgrund ihrer Tätigkeit nach § 1 des Adoptionsvermittlungsgesetzes sowie anerkannte Auslandsvermittlungsstellen nach § 4 Absatz 2 Satz 3 des Adoptionsvermittlungsgesetzes aufgrund ihrer Tätigkeit nach § 2a Absatz 4 Nummer 2 des Adoptionsvermittlungsgesetzes gemäß § 99 Absatz 3 Nummer 1 sowie gemäß § 99 Absatz 3 Nummer 2a für die Zahl der ausgesprochenen Annahmen und gemäß § 99 Absatz 3 Nummer 2b für die Zahl der vorgemerkten Adoptionsbewerber,
8. die Leiter der Einrichtungen, Behörden und Geschäftsstellen in der Jugendhilfe für die Erhebungen nach § 99 Absatz 7.

[Satz 2 ab 1.7.2022:] *[2]Die Auskunftspflichtigen für Erhebungen nach § 99 Absatz 7c werden durch Landesrecht bestimmt.*

(3) Zur Durchführung der Erhebungen nach § 99 Absatz 1, 3, 7, 8 und 9 übermitteln die Träger der öffentlichen Jugendhilfe den statistischen Ämtern der Länder auf Anforderung die erforderlichen Anschriften der übrigen Auskunftspflichtigen.

[1)] Zeichensetzung amtlich.

[2)] § 102 Abs. 1 Satz 2, Abs. 2 Nr. 1 und 2 geänd., Abs. 2 Nr. 6 neu gef., Nr. 7 eingef., bish. Nr. 7 wird Nr. 8 mWv 1.1.2014 durch G v. 29.8.2013 (BGBl. I S. 3464); Abs. 2 Nr. 6 geänd. mWv 1.11.2015 durch G v. 28.10.2015 (BGBl. I S. 1802); Abs. 2 Nr. 7 neu gef. mWv 1.4.2021 durch G v. 12.2.2021 (BGBl. I S. 226); Abs. 3 geänd. mWv 10.6.2021, Abs. 2 Nr. 8 geänd. mWv 1.1.2022 durch G v. 3.6.2021 (BGBl. I S. 1444); Abs. 2 Satz 2 angef. mWv 1.7.2022 durch G v. 2.10.2021 (BGBl. I S. 4602).

[3)] Nr. **45i**.

§ 103[1] **Übermittlung.** (1) [1]An die fachlich zuständigen obersten Bundes- oder Landesbehörden dürfen für die Verwendung gegenüber den gesetzgebenden Körperschaften und für Zwecke der Planung, jedoch nicht für die Regelung von Einzelfällen, vom Statistischen Bundesamt und den statistischen Ämtern der Länder Tabellen mit statistischen Ergebnissen übermittelt werden, auch soweit Tabellenfelder nur einen einzigen Fall ausweisen. [2]Tabellen, deren Tabellenfelder nur einen einzigen Fall ausweisen, dürfen nur dann übermittelt werden, wenn sie nicht differenzierter als auf Regierungsbezirksebene, im Fall der Stadtstaaten auf Bezirksebene, aufbereitet sind.

(2) Für ausschließlich statistische Zwecke dürfen den zur Durchführung statistischer Aufgaben zuständigen Stellen der Gemeinden und Gemeindeverbände für ihren Zuständigkeitsbereich Einzelangaben aus der Erhebung nach § 99 mit Ausnahme der Hilfsmerkmale übermittelt werden, soweit die Voraussetzungen nach § 16 Absatz 5 des Bundesstatistikgesetzes gegeben sind.

(3) Die Ergebnisse der Kinder- und Jugendhilfestatistiken gemäß den §§ 98 und 99 dürfen auf der Ebene der einzelnen Gemeinde oder des einzelnen Jugendamtsbezirkes veröffentlicht werden.

(4) Die statistischen Landesämter übermitteln die erhobenen Einzeldaten auf Anforderung an das Statistische Bundesamt.

Zehntes Kapitel. Straf- und Bußgeldvorschriften

§ 104[2] **Bußgeldvorschriften.** (1) Ordnungswidrig handelt, wer
1. ohne Erlaubnis nach § 43 Absatz 1 oder § 44 Absatz 1 Satz 1 ein Kind oder einen Jugendlichen betreut oder ihm Unterkunft gewährt,
2. entgegen § 45 Absatz 1 Satz 1, auch in Verbindung mit § 48a Absatz 1, ohne Erlaubnis eine Einrichtung oder eine sonstige Wohnform betreibt oder
3. entgegen § 47 eine Anzeige nicht, nicht richtig, nicht vollständig oder nicht rechtzeitig erstattet oder eine Meldung nicht, nicht richtig, nicht vollständig oder nicht rechtzeitig macht oder vorsätzlich oder fahrlässig seiner Verpflichtung zur Dokumentation oder Aufbewahrung derselben oder zum Nachweis der ordnungsgemäßen Buchführung auf entsprechendes Verlangen nicht nachkommt oder
4. entgegen § 97a Absatz 4 vorsätzlich oder fahrlässig als Arbeitgeber eine Auskunft nicht, nicht richtig oder nicht vollständig erteilt.

(2) Die Ordnungswidrigkeiten nach Absatz 1 Nummer 1, 3 und 4 können mit einer Geldbuße bis zu fünfhundert Euro, die Ordnungswidrigkeit nach Absatz 1 Nummer 2 kann mit einer Geldbuße bis zu fünfzehntausend Euro geahndet werden.

§ 105 Strafvorschriften. Mit Freiheitsstrafe bis zu einem Jahr oder mit Geldstrafe wird bestraft, wer
1. eine in § 104 Absatz 1 Nummer 1 oder 2 bezeichnete Handlung begeht und dadurch leichtfertig ein Kind oder einen Jugendlichen in seiner körperlichen, geistigen oder sittlichen Entwicklung schwer gefährdet oder
2. eine in § 104 Absatz 1 Nummer 1 oder 2 bezeichnete vorsätzliche Handlung beharrlich wiederholt.

---

[1] § 103 Abs. 4 angef. mWv 10.6.2021 durch G v. 3.6.2021 (BGBl. I S. 1444).
[2] § 104 Abs. 1 Nr. 3 geänd. mWv 10.6.2021 durch G v. 3.6.2021 (BGBl. I S. 1444).

Elftes Kapitel.[1] Übergangs- und Schlussvorschriften

§ 106[2] Einschränkung eines Grundrechts. Durch § 42 Absatz 5 und § 42a Absatz 1 Satz 2 wird das Grundrecht auf Freiheit der Person (Artikel 2 Absatz 2 Satz 3 des Grundgesetzes[3]) eingeschränkt.

[§ 107 von 1.1.2024 bis 31.12.2024:]

§ 107[4] Übergangsregelung aus Anlass des Gesetzes zur Regelung des Sozialen Entschädigungsrechts. *Für Personen, die Leistungen nach dem Soldatenversorgungsgesetz in der Fassung der Bekanntmachung vom 16. September 2009 (BGBl. I S. 3054), das zuletzt durch Artikel 19 des Gesetzes vom 4. August 2019 (BGBl. I S. 1147) geändert worden ist, in Verbindung mit dem Bundesversorgungsgesetz in der Fassung der Bekanntmachung vom 22. Januar 1982 (BGBl. I S. 21), das zuletzt durch Artikel 1 der Verordnung vom 13. Juni 2019 (BGBl. I S. 793) geändert worden ist, erhalten, gelten die Vorschriften des § 81 Nummer 1 und des § 93 Absatz 1 Satz 1 in der am 31. Dezember 2023 geltenden Fassung weiter.*

§ 107[5] [6] Übergangsregelung. (1) [1] Das Bundesministerium für Familie, Senioren, Frauen und Jugend begleitet und untersucht

1. bis zum Inkrafttreten von § 10b am 1. Januar 2024 sowie
2. bis zum Inkrafttreten von § 10 Absatz 4 Satz 1 und 2 am 1. Januar 2028

die Umsetzung der für die Ausführung dieser Regelungen jeweils notwendigen Maßnahmen in den Ländern. [2] Bei der Untersuchung nach Satz 1 Nummer 1 werden insbesondere auch die Erfahrungen der örtlichen Träger der öffentlichen Jugendhilfe einbezogen, die bereits vor dem 1. Januar 2024 Verfahrenslotsen entsprechend § 10b einsetzen. [3] Bei der Untersuchung nach Satz 1 Nummer 2 findet das Bundesgesetz nach § 10 Absatz 4 Satz 3 ab dem Zeitpunkt seiner Verkündung, die als Bedingung für das Inkrafttreten von § 10 Absatz 4 Satz 1 und 2 spätestens bis zum 1. Januar 2027 erfolgen muss, besondere Berücksichtigung.

(2) [1] Das Bundesministerium für Familie, Senioren, Frauen und Jugend untersucht in den Jahren 2022 bis 2024 die rechtlichen Wirkungen von § 10 Absatz 4 und legt dem Bundestag und dem Bundesrat bis zum 31. Dezember 2024 einen Bericht über das Ergebnis der Untersuchung vor. [2] Dabei sollen insbesondere die gesetzlichen Festlegungen des Achten und Neunten Buches

1. zur Bestimmung des leistungsberechtigten Personenkreises,
2. zur Bestimmung von Art und Umfang der Leistungen,
3. zur Ausgestaltung der Kostenbeteiligung bei diesen Leistungen und
4. zur Ausgestaltung des Verfahrens

---

[1] 11. Kapitel (§ 106) eingef. mWv 1.11.2015 durch G v. 28.10.2015 (BGBl. I S. 1802); Überschrift geänd. mWv 10.6.2021 durch G v. 3.6.2021 (BGBl. I S. 1444).

[2] 11. Kapitel (§ 106) eingef. mWv 1.11.2015 durch G v. 28.10.2015 (BGBl. I S. 1802).

[3] Nr. **1**.

[4] § 107 angef. mWv 1.1.2024 durch G v. 12.12.2019 (BGBl. I S. 2652); aufgeh. mWv 1.1.2025 durch G v. 20.8.2021 (BGBl. I S. 3932), eine Klarstellung durch den Gesetzgeber, welcher § 107 aufgehoben werden soll, steht noch aus.

[5] § 107 angef. mWv 10.6.2021 durch G v. 3.6.2021 (BGBl. I S. 1444); aufgeh. mWv 1.1.2025 durch G v. 20.8.2021 (BGBl. I S. 3932), eine Klarstellung durch den Gesetzgeber, welcher § 107 aufgehoben werden soll, steht noch aus.

[6] Paragrafenzählung amtlich.

untersucht werden mit dem Ziel, den leistungsberechtigten Personenkreis, Art und Umfang der Leistungen sowie den Umfang der Kostenbeteiligung für die hierzu Verpflichteten nach dem am 1. Januar 2023 für die Eingliederungshilfe geltenden Recht beizubehalten, insbesondere einerseits keine Verschlechterungen für leistungsberechtigte oder kostenbeitragspflichtige Personen und andererseits keine Ausweitung des Kreises der Leistungsberechtigten sowie des Leistungsumfangs im Vergleich zur Rechtslage am 1. Januar 2023 herbeizuführen, sowie Hinweise auf die zu bestimmenden Inhalte des Bundesgesetzes nach § 10 Absatz 4 Satz 3 zu geben. [3] In die Untersuchung werden auch mögliche finanzielle Auswirkungen gesetzlicher Gestaltungsoptionen einbezogen.

(3) Soweit das Bundesministerium für Familie, Senioren, Frauen und Jugend Dritte in die Durchführung der Untersuchungen nach den Absätzen 1 und 2 einbezieht, beteiligt es hierzu vorab die Länder.

(4) Das Bundesministerium für Familie, Senioren, Frauen und Jugend untersucht unter Beteiligung der Länder die Wirkungen dieses Gesetzes im Übrigen einschließlich seiner finanziellen Auswirkungen auf Länder und Kommunen und berichtet dem Deutschen Bundestag und dem Bundesrat über die Ergebnisse dieser Untersuchung.

62e. Allgemeine Bedingungen für die Versicherung von Reisegepäck 1992/2021 (AVB Reisegepäck 1992/2021)

Musterbedingungen des GDV[1]

Stand: August 2021

Unverbindliche Bekanntgabe des Gesamtverbandes der Deutschen Versicherungswirtschaft e. V. (GDV) zur fakultativen Verwendung. Abweichende Vereinbarungen sind möglich.

Inhalt

1. Versicherte Sachen und Personen
2. Versicherte Gefahren und Schäden
3. Ausschlüsse
4. Begrenzt ersatzpflichtige Schäden
5. Versicherungsschutz in Kraftfahrzeugen und Wassersportfahrzeugen
6. Anzeigepflicht
7. Gefahrerhöhung
8. Beginn und Ende des Versicherungsschutzes, Geltungsbereich
9. Versicherungswert, Versicherungssumme
10. Prämie
11. Vertragsdauer
12. Entschädigung, Unterversicherung
13. Überversicherung
14. Mehrfachversicherung
15. Obliegenheiten
16. Besondere Verwirkungsgründe
17. Zahlung der Entschädigung
18. Kündigung nach dem Versicherungsfall
19. Verjährung
20. Meinungsverschiedenheiten, zuständiges Gericht
21. Schlussbestimmung

1 Versicherte Sachen und Personen

1.1 Versichert ist das gesamte Reisegepäck des Versicherungsnehmers, seiner mitreisenden Familienangehörigen sowie seines namentlich im Versicherungsschein aufgeführten Lebensgefährten und dessen Kinder, soweit diese Personen mit dem Versicherungsnehmer in häuslicher Gemeinschaft leben.

Für Reisen, die mit dem Versicherungsnehmer in häuslicher Gemeinschaft lebende Personen gem. Satz 1 getrennt oder allein unternehmen, besteht Versicherungsschutz nur, wenn dies besonders vereinbart ist.

1.2 Als Reisegepäck gelten sämtliche Sachen des persönlichen Reisebedarfs, die während einer Reise mitgeführt, am Körper oder in der Kleidung getragen oder durch ein übliches Transportmittel befördert werden. Als Reisegepäck gelten auch Geschenke und Reiseandenken, die auf der Reise erworben werden. Gegenstände, die üblicherweise nur zu beruflichen Zwecken mitgeführt werden, sind nur gemäß besonderer Vereinbarung versichert.

Sachen, die dauernd außerhalb des Hauptwohnsitzes der Versicherten aufbewahrt werden (z.B. in Zweitwohnungen, Booten, Campingwagen),

[1] In der jeweils aktuellen Fassung kostenlos abrufbar unter www.gdv.de.

gelten nur als Reisegepäck, solange sie von dort aus zu Fahrten, Gängen oder Reisen mitgenommen werden.

1.3 Falt- und Schlauchboote sowie andere Sportgeräte, jeweils mit Zubehör, sind nur versichert, solange sie sich nicht in bestimmungsgemäßem Gebrauch befinden;

– Außenbordmotoren sind stets ausgeschlossen.

1.4 Pelze, Schmucksachen, Gegenstände aus Edelmetall sowie Foto-, Filmapparate und tragbare Videosysteme, jeweils mit Zubehör, sind – unbeschadet der Entschädigungsgrenze in Ziffer 4.1 – nur versichert, solange sie

a) bestimmungsgemäß getragen bzw. benutzt werden

oder

b) in persönlichem Gewahrsam sicher verwahrt mitgeführt werden

oder

c) einem Beherbergungsbetrieb zur Aufbewahrung übergeben sind

oder

d) sich in einem ordnungsgemäß verschlossenen Raum eines Gebäudes, eines Passagierschiffes oder in einer bewachten Garderobe befinden; Schmucksachen und Gegenstände aus Edelmetall jedoch nur, solange sie außerdem in einem verschlossenem Behältnis untergebracht sind, das erhöhte Sicherheit auch gegen die Wegnahme des Behältnisses selbst bietet.
Pelze, Foto-, Filmapparate und tragbare Videosysteme jeweils mit Zubehör sind auch dann versichert, wenn sie in ordnungsgemäß verschlossenen, nicht einsehbaren Behältnissen einem Beförderungsunternehmen oder einer Gepäckaufbewahrung übergeben sind.

1.5 Nicht versichert sind:

Geld, Wertpapiere, Fahrkarten, Urkunden und Dokumente aller Art, Gegenstände mit überwiegendem Kunst- oder Liebhaberwert, Kontaktlinsen, Prothesen jeder Art, sowie Land-, Luft-, und Wasserfahrzeuge jeweils mit Zubehör, einschließlich Fahrräder, Hängegleiter und Segelsurfgeräte (Falt- und Schlauchboote siehe aber Ziffer 1.3). Ausweispapiere (Ziffer 12.1d)) sind jedoch versichert.

2 Versicherte Gefahren und Schäden

Versicherungsschutz besteht

2.1 wenn versicherte Sachen abhanden kommen, zerstört oder beschädigt werden, während sich das Reisegepäck im Gewahrsam eines Beförderungsunternehmens, Beherbergungsbetriebs, Gepäckträgers oder einer Gepäckaufbewahrung befindet;

2.2 während der übrigen Reisezeit für die in Ziffer 2.1 genannten Schäden durch

a) Diebstahl, Einbruchdiebstahl, Raub, räuberische Erpressung, Mut- oder Böswilligkeit Dritter (vorsätzliche Sachbeschädigung);

b) Verlieren – hierzu zählen nicht Liegen-, Stehen- oder Hängen lassen – bis zur Entschädigungsgrenze in Ziffer 4.2;

c) Transportmittelunfall oder Unfall eines Versicherten;

d) bestimmungswidrig einwirkendes Wasser, einschließlich Regen und Schnee;

e) Sturm, Brand, Blitzschlag oder Explosion;

f) höhere Gewalt;

2.3 wenn Reisegepäck nicht fristgerecht ausgeliefert wird (den Bestimmungsort nicht am selben Tag wie der Versicherte erreicht).

Ersetzt werden die nachgewiesenen Aufwendungen für Ersatzkäufe bis zu dem vereinbarten Prozentsatz der Versicherungssumme, maximal mit dem vereinbarten Höchstbetrag je Versicherungsfall.

3 Ausschlüsse

3.1 Ausgeschlossen sind die Gefahren

a) des Krieges, Bürgerkrieges oder kriegsähnlicher Ereignisse und solche, die sich unabhängig vom Kriegszustand aus der feindlichen Verwendung von Kriegswerkzeugen sowie aus dem Vorhandensein von Kriegswerkzeugen als Folge einer dieser Gefahren ergeben;

b) von Streik, Aussperrung, Arbeitsunruhen, terroristischen oder politischen Gewalthandlungen, unabhängig von der Anzahl der daran beteiligten Personen, Aufruhr und sonstigen bürgerlichen Unruhen;

c) der Beschlagnahme, Entziehung oder sonstiger Eingriffe von hoher Hand;

d) aus der Verwendung von chemischen, biologischen, biochemischen Substanzen oder elektromagnetischen Wellen als Waffen mit gemeingefährlicher Wirkung, und zwar ohne Rücksicht auf sonstige mitwirkende Ursachen;

e) der Kernenergie oder sonstiger ionisierender Strahlung.

3.2 Der Versicherer leistet keinen Ersatz für Schäden, die

a) verursacht werden durch die natürliche oder mangelhafte Beschaffenheit der versicherten Sachen, Abnutzung oder Verschleiß;

b) während des Zeltens oder Campings innerhalb des hierfür benutzten Geländes eintreten.

4 Begrenzt ersatzpflichtige Schäden

4.1 Schäden an Pelzen, Schmucksachen und Gegenständen aus Edelmetall sowie an Foto-, Filmapparaten und tragbaren Videosystemen jeweils mit Zubehör (Ziffer 1.4) werden je Versicherungsfall insgesamt maximal mit dem vereinbarten Prozentsatz der Versicherungssumme ersetzt. Ziffern 5.1d) und 5.2 Satz 2 bleiben unberührt.

4.2 **Schäden**

a) durch Verlieren (Ziffer 2.2b)),

b) an Geschenken und Reiseandenken, die auf der Reise erworben wurden, werden jeweils insgesamt mit dem im Versicherungsvertrag vereinbarten Prozentsatz der Versicherungssumme, maximal mit dem vereinbarten Höchstbetrag je Versicherungsfall ersetzt.

5 Versicherungsschutz in Kraftfahrzeugen und Wassersportfahrzeugen

5.1

a) Es besteht Versicherungsschutz gegen Diebstahl oder Einbruchdiebstahl aus unbeaufsichtigt abgestellten Kraftfahrzeugen oder Anhängern nur, soweit sich das Reisegepäck in einem fest umschlossenen und durch Verschluss gesicherten Innen- oder Kofferraum befindet.

b) Der Versicherer haftet im Rahmen der Versicherungssumme in voller Höhe nur, wenn nachweislich

aa) der Schaden tagsüber eingetreten ist. Als Tageszeit gilt allgemein die Zeit zwischen 06.00 Uhr und 22.00 Uhr;

bb) das Kraftfahrzeug oder der Anhänger in einer abgeschlossenen Garage – Parkhäuser oder Tiefgaragen, die zur allgemeinen Benutzung offen stehen, genügen nicht – abgestellt war oder

cc) der Schaden während einer Fahrtunterbrechung von nicht länger als der im Versicherungsvertrag vereinbarten Dauer eingetreten ist.

c) Kann der Versicherungsnehmer keine der unter Ziffer 5.1b) genannten Voraussetzungen nachweisen, so ist die Entschädigung je Versicherungsfall mit dem im Versicherungsvertrag vereinbarten Höchstbetrag begrenzt.

d) In unbeaufsichtigt abgestellten Kraftfahrzeugen oder Anhängern sind Pelze, Schmucksachen und Gegenstände aus Edelmetall sowie Foto-, Filmapparate und tragbare Videosysteme jeweils mit Zubehör nicht versichert.

5.2 Es besteht Versicherungsschutz im unbeaufsichtigten Wassersportfahrzeug gegen Diebstahl, Einbruchdiebstahl sowie Mut- und Böswilligkeit Dritter (vorsätzliche Sachbeschädigung) nur, solange sich die Sachen in einem fest umschlossenen und durch Sicherheitsschloss gesicherten Innenraum (Kajüte, Backskiste o.ä.) des Wassersportfahrzeuges befinden. Pelze, Schmucksachen, Gegenstände aus Edelmetall sowie Foto-, Filmapparate und tragbare Videosysteme jeweils mit Zubehör, sind im unbeaufsichtigten Wassersportfahrzeug nicht versichert.

5.3 Als Beaufsichtigung gilt nur die ständige Anwesenheit eines Versicherten oder einer von ihm beauftragten Vertrauensperson beim zu sichernden Objekt, nicht jedoch z.B. die Bewachung eines zur allgemeinen Benutzung offenstehenden Platzes o.ä.

5.4 Verletzt der Versicherungsnehmer oder Versicherte eine der vorstehenden Obliegenheiten, so richten sich die Rechtsfolgen nach Ziffer 15.4.

6 Anzeigepflicht

6.1 Vollständigkeit und Richtigkeit von Angaben über gefahrerhebliche Umstände

Der Versicherungsnehmer und/oder Versicherte hat bis zur Abgabe seiner Vertragserklärung dem Versicherer alle ihm bekannten Gefahrumstände anzuzeigen, nach denen der Versicherer in Textform gefragt hat und die für den Entschluss des Versicherers erheblich sind, den Vertrag mit dem vereinbarten Inhalt zu schließen. Der Versicherungsnehmer ist auch insoweit zur Anzeige verpflichtet, als nach seiner Vertragserklärung, aber vor Vertragsannahme der Versicherer in Textform Fragen im Sinne des Satzes 1 stellt.

Gefahrerheblich sind die Umstände, die geeignet sind, auf den Entschluss des Versicherers Einfluss auszuüben, den Vertrag überhaupt oder mit dem vereinbarten Inhalt abzuschließen.

Wird der Vertrag von einem Vertreter des Versicherungsnehmers geschlossen und kennt dieser den gefahrerheblichen Umstand, muss sich der Versicherungsnehmer so behandeln lassen, als habe er selbst davon Kenntnis gehabt oder dies arglistig verschwiegen.

6.2 Rücktritt

6.2.1 Voraussetzungen des Rücktritts

Unvollständige und unrichtige Angaben zu den gefahrerheblichen Umständen berechtigen den Versicherer, vom Versicherungsvertrag zurückzutreten.

6.2.2 Ausschluss des Rücktrittsrechts

Der Versicherer hat kein Rücktrittsrecht, wenn der Versicherungsnehmer und/oder Versicherte nachweist, dass er die unrichtigen oder unvollständigen Angaben weder vorsätzlich noch grob fahrlässig gemacht hat.

Das Rücktrittsrecht des Versicherers wegen grob fahrlässiger Verletzung der Anzeigepflicht besteht nicht, wenn der Versicherungsnehmer nachweist, dass der Versicherer den Vertrag auch bei Kenntnis der nicht angezeigten Umstände, wenn auch zu anderen Bedingungen, geschlossen hätte.

6.2.3 Folgen des Rücktritts

Im Fall des Rücktritts besteht kein Versicherungsschutz. Tritt der Versicherer nach Eintritt des Versicherungsfalls zurück, darf er den Versicherungsschutz nicht versagen, wenn der Versicherungsnehmer und/oder Versicherte nachweist, dass der unvollständig oder unrichtig angezeigte Umstand weder für den Eintritt des Versicherungsfalls noch für die Feststellung oder den Umfang der Leistung ursächlich war. Auch in diesem Fall besteht aber kein Versicherungsschutz, wenn der Versicherungsnehmer die Anzeigepflicht arglistig verletzt hat. Dem Versicherer steht der Teil der Prämie zu, der der bis zum Wirksamwerden der Rücktrittserklärung abgelaufenen Vertragszeit entspricht.

6.3 Kündigung

Ist das Rücktrittsrecht des Versicherers ausgeschlossen, weil die Verletzung einer Anzeigepflicht weder auf Vorsatz noch auf grober Fahrlässigkeit beruhte, kann der Versicherer den Vertrag unter Einhaltung einer Frist von einem Monat kündigen.

Das Kündigungsrecht ist ausgeschlossen, wenn der Versicherungsnehmer und/oder Versicherte nachweist, dass der Versicherer den Vertrag auch bei Kenntnis der nicht angezeigten Umstände, wenn auch zu anderen Bedingungen, geschlossen hätte.

6.4 Rückwirkende Vertragsanpassung

Kann der Versicherer nicht zurücktreten oder kündigen, weil er den Vertrag auch bei Kenntnis der nicht angezeigten Umstände, aber zu anderen Bedingungen, geschlossen hätte, werden die anderen Bedingungen auf Verlangen des Versicherers rückwirkend Vertragsbestandteil. Hat der Versicherungsnehmer und/oder Versicherte die Pflichtverletzung nicht zu vertreten, werden die anderen Bedingungen ab der laufenden Versicherungsperiode Vertragsbestandteil.

Erhöht sich durch die Vertragsanpassung die Prämie um mehr als 10 Prozent oder schließt der Versicherer die Gefahrabsicherung für den nicht angezeigten Umstand aus, kann der Versicherungsnehmer den Vertrag innerhalb eines Monats nach Zugang der Mitteilung des Versicherers fristlos kündigen.

6.5 Ausübung der Rechte des Versicherers

Der Versicherer muss die ihm nach den Ziffern 6.2 bis 6.4 zustehenden Rechte innerhalb eines Monats schriftlich geltend machen. Die Frist beginnt mit dem Zeitpunkt, zu dem er von der Verletzung der Anzeigepflicht, die das von ihm geltend gemachte Recht begründet, Kenntnis erlangt. Er hat die Umstände anzugeben, auf die er seine Erklärung stützt; er darf nachträglich weitere Umstände zur Begründung seiner Erklärung abgeben, wenn für diese die Monatsfrist nicht verstrichen ist.

Dem Versicherer stehen die Rechte nach den Ziffern 6.2 bis 6.4 nur zu, wenn er den Versicherungsnehmer durch gesonderte Mitteilung in Textform auf die Folgen einer Anzeigepflichtverletzung hingewiesen hat.

Der Versicherer kann sich auf die in den Ziffern 6.2 bis 6.4 genannten Rechte nicht berufen, wenn er den nicht angezeigten Gefahrumstand oder die Unrichtigkeit der Anzeige kannte.

6.6 Anfechtung

Das Recht des Versicherers, den Vertrag wegen arglistiger Täuschung anzufechten, bleibt unberührt.

6.7 Ausübung der Rechte

Der Versicherer darf nur zurücktreten oder kündigen, wenn er den Versicherungsnehmer und/oder Versicherten durch gesonderte Mitteilung in Textform auf diese Rechtsfolgen hingewiesen hat.

7 Gefahrerhöhung

7.1 Begriff der Gefahrerhöhung

7.1.1 Eine Gefahrerhöhung liegt vor, wenn nach Abgabe der Vertragserklärung des Versicherungsnehmers die tatsächlich vorhandenen Umstände so verändert werden, dass der Eintritt des Versicherungsfalls oder eine Vergrößerung des Schadens oder die ungerechtfertigte Inanspruchnahme des Versicherers wahrscheinlicher wären.

7.1.2 Eine Gefahrerhöhung kann insbesondere – aber nicht nur – vorliegen, wenn sich ein gefahrerheblicher Umstand ändert nach dem der Versicherer vor Vertragsschluss gefragt hat.

7.1.3 Eine Gefahrerhöhung nach Ziffer 7.1.1 liegt nicht vor, wenn sich die Gefahr nur unerheblich erhöht hat oder nach den Umständen als mitversichert gelten soll.

7.2. Pflichten des Versicherungsnehmers und/oder Versicherten

7.2.1 Nach Abgabe seiner Vertragserklärung darf der Versicherungsnehmer und/oder Versicherte ohne vorherige Zustimmung des Versicherers keine Gefahrerhöhung vornehmen oder deren Vornahme durch einen Dritten gestatten.

7.2.2 Erkennt der Versicherungsnehmer und/oder Versicherte nachträglich, dass er ohne vorherige Zustimmung des Versicherers eine Gefahrerhöhung vorgenommen oder gestattet hat, so muss er diese dem Versicherer unverzüglich anzeigen.

7.2.3 Eine Gefahrerhöhung, die nach Abgabe seiner Vertragserklärung unabhängig von seinem Willen eintritt, muss der Versicherungsnehmer dem Versicherer unverzüglich anzeigen, nachdem er von ihr Kenntnis erlangt hat.

7.3 Kündigung oder Vertragsanpassung durch den Versicherer

7.3.1 Kündigungsrecht des Versicherers

Verletzt der Versicherungsnehmer und/oder Versicherte seine Verpflichtung nach Ziffer 7.2.1, kann der Versicherer den Vertrag fristlos kündigen, wenn der Versicherungsnehmer seine Verpflichtung vorsätzlich oder grob fahrlässig verletzt hat. Beruht die Verletzung auf einfacher Fahrlässigkeit, kann der Versicherer den Vertrag unter Einhaltung einer Frist von einem Monat kündigen. Der Versicherer kann nicht kündigen, wenn der Versicherungsnehmer nachweist, dass er die Pflichtverletzung nicht zu vertreten hat.

Wird dem Versicherer eine Gefahrerhöhung in den Fällen nach Ziffer 7.2.2 und Ziffer 7.2.3 bekannt, kann er den Vertrag unter Einhaltung einer Frist von einem Monat kündigen.

7.3.2 Vertragsanpassung

Statt der Kündigung kann der Versicherer ab dem Zeitpunkt der Gefahrerhöhung eine seinen Geschäftsgrundsätzen entsprechende erhöhte Prämie verlangen oder die Absicherung der höheren Gefahr ausschließen.

Erhöht sich in diesem Fall die Prämie um mehr als 10 Prozent oder schließt der Versicherer die Absicherung der höheren Gefahr aus, so kann der Versicherungsnehmer den Vertrag innerhalb eines Monats nach Zugang der Mitteilung des Versicherers ohne Einhaltung einer Frist kündigen. In der Mitteilung hat der Versicherer den Versicherungsnehmer auf dieses Kündigungsrecht hinzuweisen.

7.4 Erlöschen der Rechte des Versicherers

Die Rechte des Versicherers zur Kündigung oder Vertragsanpassung nach Ziffer 7.3 erlöschen, wenn diese nicht innerhalb eines Monats ab Kenntnis des Versicherers von der Gefahrerhöhung ausgeübt werden oder wenn der Zustand wiederhergestellt ist, der vor der Gefahrerhöhung bestanden hat.

7.5 Leistungsfreiheit wegen Gefahrerhöhung

7.5.1 Tritt nach einer Gefahrerhöhung der Versicherungsfall ein, so ist der Versicherer nicht zur Leistung verpflichtet, wenn der Versicherungsnehmer und/oder Versicherte seine Pflichten nach Ziffer 7.2.1 vorsätzlich verletzt hat. Verletzt der Versicherungsnehmer und/oder Versicherte diese Pflichten grob fahrlässig, so ist der Versicherer berechtigt, seine Leistung in dem Verhältnis zu kürzen, das der Schwere des Verschuldens des Versicherungsnehmers und/oder Versicherten entspricht. Das Nichtvorliegen einer groben Fahrlässigkeit hat der Versicherungsnehmer und/oder Versicherte zu beweisen.

7.5.2 Bei einer Gefahrerhöhung nach Ziffer 7.2.2 und Ziffer 7.2.3 ist der Versicherer bei vorsätzlicher Verletzung der Pflichten des Versicherungsnehmers nicht zur Leistung verpflichtet, wenn der Versicherungsfall später als einen Monat nach dem Zeitpunkt eintritt, zu dem die Anzeige dem Versicherer hätte zugegangen sein müssen. Verletzt der Versicherungsnehmer und/oder Versicherte seine Pflichten grob fahrlässig, so gelten Ziffer 7.5.1 Satz 2 und Satz 3 entsprechend. Die Leistungspflicht des Versicherers bleibt bestehen, wenn ihm die Gefahrerhöhung zu dem in Satz 1 genannten Zeitpunkt bekannt war.

7.5.3 Die Leistungspflicht des Versicherers bleibt ferner bestehen,

a) soweit der Versicherungsnehmer und/oder Versicherte nachweist, dass die Gefahrerhöhung nicht ursächlich für den Eintritt des Versicherungsfalles oder den Umfang der Leistungspflicht war oder

b) wenn zur Zeit des Eintrittes des Versicherungsfalles die Frist für die Kündigung des Versicherers abgelaufen und eine Kündigung nicht erfolgt war.

8 Beginn und Ende des Versicherungsschutzes, Geltungsbereich

8.1 Innerhalb der vereinbarten Laufzeit des Vertrages beginnt der Versicherungsschutz mit dem Zeitpunkt, an dem zum Zwecke des unverzüglichen Antritts der Reise versicherte Sachen aus der ständigen Wohnung des Versicherten entfernt werden, und endet, sobald die versicherten Sachen dort wieder eintreffen. Wird bei Reisen im Kraftfahrzeug das Reisegepäck nicht unverzüglich nach der Ankunft vor der ständigen Wohnung entladen, so endet der Versicherungsschutz bereits mit dieser Ankunft.

8.2 Bei Versicherungsverträgen von weniger als einjähriger Dauer verlängert sich der Versicherungsschutz über die vereinbarte Laufzeit hinaus bis zum Ende der Reise, wenn sich diese aus vom Versicherten nicht zu vertretenden Gründen verzögert und der Versicherte nicht in der Lage ist, eine Verlängerung zu beantragen.

8.3 Die Versicherung gilt für den vereinbarten Bereich.

8.4 Fahrten, Gänge und Aufenthalte innerhalb des ständigen Wohnorts des Versicherten gelten nicht als Reisen.

9 Versicherungswert, Versicherungssumme

9.1 Die Versicherungssumme soll dem Versicherungswert des gesamten versicherten Reisegepäcks gemäß Ziffer 1 entsprechen. Auf der Reise erworbene Geschenke und Reiseandenken bleiben unberücksichtigt.

9.2 Als Versicherungswert gilt derjenige Betrag, der allgemein erforderlich ist, um neue Sachen gleicher Art und Güte am ständigen Wohnort des Versicherten anzuschaffen, abzüglich eines dem Zustand der versicherten Sachen (Alter, Abnutzung, Gebrauch etc.) entsprechenden Betrages (Zeitwert).

10 Prämie

10.1 Die in Rechnung gestellte Prämie enthält die Versicherungsteuer, die der Versicherungsnehmer in der jeweils vom Gesetz bestimmten Höhe zu entrichten hat.

10.2 Zahlung und Folgen verspäteter Zahlung/Erste oder einmalige Prämie

10.2.1 Fälligkeit und Rechtzeitigkeit der Zahlung

Die erste oder einmalige Prämie wird – wenn nichts anderes vereinbart ist – unverzüglich nach Ablauf von zwei Wochen nach Zugang des Versicherungsscheins fällig. Ist die Zahlung der Jahresprämie in Raten vereinbart, gilt als erste Prämie nur die erste Rate der ersten Jahresprämie.

10.2.2 Späterer Beginn des Versicherungsschutzes

Zahlt der Versicherungsnehmer und/oder Versicherte die erste oder einmalige Prämie nicht rechtzeitig, sondern zu einem späteren Zeitpunkt, beginnt der Versicherungsschutz erst ab diesem Zeitpunkt, sofern der Versicherungsnehmer durch gesonderte Mitteilung in Textform oder durch einen auffälligen Hinweis im Versicherungsschein auf diese Rechtfolge aufmerksam gemacht wurde. Das gilt nicht, wenn der Versicherungsnehmer nachweist, dass er die Nichtzahlung nicht zu vertreten hat.

10.2.3 Rücktritt

Zahlt der Versicherungsnehmer und/oder Versicherte die erste oder einmalige Prämie nicht rechtzeitig, kann der Versicherer vom Vertrag zurücktreten, solange die Prämie nicht gezahlt ist. Der Versicherer kann nicht zurücktreten, wenn der Versicherungsnehmer nachweist, dass er die Nichtzahlung nicht zu vertreten hat.

10.3 Zahlung und Folgen verspäteter Zahlung/Folgeprämie

10.3.1 Fälligkeit und Rechtzeitigkeit der Zahlung

Die Folgeprämien werden zu dem jeweils vereinbarten Zeitpunkt fällig.

Wird eine Folgeprämie nicht rechtzeitig gezahlt, gerät der Versicherungsnehmer ohne Mahnung in Verzug, es sei denn, dass er die verspätete Zahlung nicht zu vertreten hat.

Der Versicherer ist berechtigt, Ersatz des ihm durch den Verzug entstandenen Schadens zu verlangen.

10.3.2 Zahlungsaufforderung

Wird eine Folgeprämie nicht rechtzeitig gezahlt, kann der Versicherer dem Versicherungsnehmer auf dessen Kosten in Textform eine Zahlungsfrist bestimmen, die mindestens zwei Wochen betragen muss. Die Bestimmung ist nur wirksam, wenn sie die rückständigen Beträge der Prämie, Zinsen und Kosten im Einzelnen beziffert und die Rechtsfolgen angibt, die mit dem Fristablauf verbunden sind.

10.3.3 Kein Versicherungsschutz

Ist der Versicherungsnehmer nach Ablauf dieser Zahlungsfrist noch mit der Zahlung in Verzug, besteht ab diesem Zeitpunkt bis zur Zahlung kein Versicherungsschutz, wenn er mit der Zahlungsaufforderung nach Ziffer 10.3.2 darauf hingewiesen wurde.

10.3.4 Kündigung

Ist der Versicherungsnehmer nach Ablauf dieser Zahlungsfrist noch mit der Zahlung in Verzug, kann der Versicherer den Vertrag ohne Einhaltung einer Frist kündigen, wenn er den Versicherungsnehmer mit der Zahlungsaufforderung nach Ziffer 10.3.2 darauf hingewiesen hat.

Hat der Versicherer gekündigt, und zahlt der Versicherungsnehmer danach innerhalb eines Monats den angemahnten Betrag, besteht der Vertrag fort. Für Versicherungsfälle, die zwischen dem Zugang der Kündigung und der Zahlung eingetreten sind, besteht jedoch kein Versicherungsschutz.

10.4 Prämie bei vorzeitiger Vertragsbeendigung

10.4.1 Im Fall der Beendigung des Versicherungsverhältnisses vor Ablauf der Versicherungsperiode steht dem Versicherer für diese Versicherungsperiode nur derjenige Teil der Prämie zu, der dem Zeitraum entspricht, in dem Versicherungsschutz bestanden hat. Wird das Versicherungsverhältnis durch Rücktritt wegen einer Anzeigepflichtverletzung (6.2.) oder durch Anfechtung des Versicherers wegen arglistiger Täuschung (6.6) beendet, steht dem Versicherer die Prämie bis zum Wirksamwerden der Rücktritts- oder Anfechtungserklärung zu. Tritt der Versicherer nach Ziffer 10.2.3 wegen Fälligkeit der Prämie zurück, kann er eine angemessene Geschäftsgebühr verlangen.

10.4.2 Kündigt der Versicherungsnehmer nach Eintritt eines Versicherungsfalls, so hat der Versicherer nur Anspruch auf den Teil der Prämie, der der abgelaufenen Vertragszeit entspricht. Kündigt der Versicherer, so hat er die Prämie für das laufende Versicherungsjahr nach dem Verhältnis der noch nicht abgelaufenen zu der gesamten Zeit des Versicherungsjahres zurückzuzahlen.

11 Vertragsdauer

11.1 Der Vertrag ist für die im Versicherungsschein angegebene Zeit abgeschlossen.

11.2 Stillschweigende Verlängerung

Bei einer Vertragsdauer von mindestens einem Jahr verlängert sich der Vertrag um jeweils ein Jahr, wenn nicht dem Vertragspartner spätestens drei Monate vor dem Ablauf des jeweiligen Versicherungsjahres eine Kündigung zugegangen ist.

11.3 Vertragsbeendigung

Bei einer Vertragsdauer von weniger als einem Jahr endet der Vertrag, ohne dass es einer Kündigung bedarf, zum vorgesehenen Zeitpunkt.

Bei einer Vertragsdauer von mehr als drei Jahren kann der Vertrag schon zum Ablauf des dritten Jahres oder jedes darauffolgenden Jahres gekündigt werden; die Kündigung muss dem Vertragspartner spätestens drei Monate vor dem Ablauf des jeweiligen Versicherungsjahres zugegangen sein.

12 Entschädigung, Unterversicherung

12.1 Der Versicherer ersetzt

a) für zerstörte oder abhanden gekommene Sachen ihren Versicherungswert zur Zeit des Schadeneintritts;

b) für beschädigte reparaturfähige Sachen die notwendigen Reparaturkosten und gegebenenfalls eine bleibende Wertminderung, höchstens jedoch den Versicherungswert;

c) für Filme, Bild-, Ton- und Datenträger nur den Materialwert;

d) für die Wiederbeschaffung von Personal-Ausweisen, Reisepässen, Kraftfahrzeug-Papieren und sonstigen Ausweispapieren die amtlichen Gebühren.

12.2 Vermögensfolgeschäden werden nicht ersetzt.

12.3 Ist die Versicherungssumme gemäß Ziffer 9 bei Eintritt des Versicherungsfalls niedriger als der Versicherungswert (Unterversicherung), so haftet der Versicherer nur nach dem Verhältnis der Versicherungssumme zum Versicherungswert.

13 Überversicherung

13.1 Übersteigt die Versicherungssumme den Wert der versicherten Sachen, so kann sowohl der Versicherer als auch der Versicherungsnehmer verlangen, dass zur Beseitigung der Überversicherung die Versicherungssumme mit sofortiger Wirkung herabgesetzt wird.

13.2 Von diesem Zeitpunkt an ist für die Höhe der Prämie der Betrag maßgebend, den der Versicherer berechnet haben würde, wenn der Vertrag von vornherein mit dem neuen Inhalt geschlossen worden wäre.

13.3 Hat der Versicherungsnehmer eine Überversicherung in der Absicht geschlossen, sich dadurch einen rechtswidrigen Vermögensvorteil zu verschaffen, ist jeder in dieser Absicht geschlossene Vertrag nichtig. Dem Versicherer steht die Prämie bis zu dem Zeitpunkt zu, zu dem er von den die Nichtigkeit begründenden Umständen Kenntnis erlangt. Etwaige Schadensersatzansprüche des Versicherers bleiben unberührt.

14 Mehrfachversicherung

14.1 Eine Mehrfachversicherung liegt vor, wenn ein Interesse gegen dieselbe Gefahr in mehreren Versicherungsverträgen versichert ist und entweder die Versicherungssummen zusammen den Versicherungswert übersteigen oder aus anderen Gründen die Summe der Entschädigungen, die von jedem Versicherer ohne Bestehen der anderen Versicherungen zu zahlen wäre, den Gesamtschaden übersteigt.

14.2 Wenn die Mehrfachversicherung zustande gekommen ist, ohne dass der Versicherungsnehmer dies wusste, kann er die Aufhebung des später geschlossenen Vertrages verlangen.

Er kann auch verlangen, dass die Versicherungssumme auf die Prämie herabgesetzt wird, die durch die früher geschlossene Versicherung nicht gedeckt ist; in diesem Fall ist die Prämie entsprechend zu mindern.

14.3 Das Recht auf Aufhebung oder Herabsetzung erlischt, wenn der Versicherungsnehmer es nicht innerhalb eines Monats geltend macht, nachdem er von der Mehrfachversicherung Kenntnis erlangt hat. Die Aufhebung oder Herabsetzung wird zu dem Zeitpunkt wirksam, zu dem die Erklärung, mit der sie verlangt wird, dem Versicherer zugeht.

14.4 Hat der Versicherungsnehmer eine Mehrfachversicherung in der Absicht abgeschlossen, sich dadurch einen rechtswidrigen Vermögensvorteil zu verschaffen, ist jeder in dieser Absicht geschlossene Vertrag nichtig. Der Versicherer hat, Anspruch auf die Prämie bis zu dem Zeitpunkt, in dem er von den die Nichtigkeit begründenden Umständen Kenntnis erlangt.

15 Obliegenheiten

15.1 Der Versicherungsnehmer oder Versicherte hat

a) jeden Schadenfall unverzüglich dem Versicherer anzuzeigen;

b) Schäden nach Möglichkeit abzuwenden und zu mindern, insbesondere Ersatzansprüche gegen Dritte (z.B. Bahn, Post, Reederei, Fluggesellschaft, Gastwirt) form- und fristgerecht geltend zu machen oder auf andere Weise sicherzustellen und Weisungen des Versicherers zu beachten;

c) alles zu tun, was zur Aufklärung des Tatbestandes dienlich sein kann. Er hat alle Belege, die den Entschädigungsanspruch nach Grund und Höhe beweisen, einzureichen, soweit ihre Beschaffung ihm billigerweise zugemutet werden kann, und auf Verlangen ein Verzeichnis über alle bei Eintritt des Schadens gemäß Ziffer 1 versicherten Sachen vorzulegen.

15.2 Schäden, die im Gewahrsam eines Beförderungsunternehmens (einschließlich Schäden durch nicht fristgerechte Auslieferung gem. Ziffer 2.3) oder Beherbergungsbetriebes eingetreten sind, müssen diesen unverzüglich gemeldet werden. Dem Versicherer ist hierüber eine Bescheinigung einzureichen. Bei äußerlich nicht erkennbaren Schäden ist das Beförderungsunternehmen unverzüglich nach der Entdeckung aufzufordern, den Schaden zu besichtigen und zu bescheinigen. Hierbei sind die jeweiligen Reklamationsfristen zu berücksichtigen.

15.3 Schäden durch strafbare Handlungen (z.B. Diebstahl, Raub, vorsätzliche Sachbeschädigung) sind außerdem unverzüglich der zuständigen Polizeidienststelle unter Einreichung einer Liste aller in Verlust geratenen Sachen anzuzeigen. Der Versicherte hat sich dies polizeilich bescheinigen zu lassen. Bei Schäden durch Verlieren (Ziffer 2.2b)) hat der Versicherte Nachforschungen beim Fundbüro anzustellen.

15.4 Verletzt der Versicherungsnehmer und/oder Versicherte vorsätzlich eine Obliegenheit, die er bei oder nach Eintritt des Versicherungsfalls gegenüber dem Versicherer zu erfüllen hat, so ist der Versicherer von der Verpflichtung zur Leistung frei.

Bei grob fahrlässiger Verletzung der Obliegenheit ist der Versicherer berechtigt, seine Leistung in dem Verhältnis zu kürzen, das der Schwere des Verschuldens des Versicherungsnehmers und/oder Versicherten entspricht. Das Nichtvorliegen einer groben Fahrlässigkeit hat der Versicherungsnehmer zu beweisen.

15.5 Außer im Falle der Arglist ist der Versicherer jedoch zur Leistung verpflichtet, soweit der Versicherungsnehmer und/oder Versicherte nachweist, dass die Verletzung der Obliegenheit weder für den Eintritt oder die Feststellung des Versicherungsfalles noch für die Feststellung oder den Umfang der Leistungspflicht des Versicherers ursächlich ist.

15.6 Verletzt der Versicherungsnehmer und/oder Versicherte eine nach Eintritt des Versicherungsfalles bestehende Auskunfts- oder Aufklärungsobliegenheit so ist der Versicherer nur dann vollständig oder teilweise leistungsfrei, wenn er den Versicherungsnehmer durch gesonderte Mitteilung in Textform auf diese Rechtsfolge hingewiesen hat.

16 Besondere Verwirkungsgründe

16.1 Führt der Versicherungsnehmer und/oder Versicherte den Schaden vorsätzlich herbei, so ist der Versicherer von der Entschädigungspflicht frei.

16.2 Führt der Versicherungsnehmer und/oder Versicherte den Schaden grob fahrlässig herbei, so ist der Versicherer berechtigt, seine Leistung in einem der Schwere des Verschuldens des Versicherungsnehmers entsprechenden Verhältnis zu kürzen.

16.3 Versucht der Versicherungsnehmer und/oder Versicherte den Versicherer arglistig über Tatsachen zu täuschen, die für den Grund oder die Höhe der Entschädigung von Bedeutung sind, so ist der Versicherer von der Entschädigungspflicht frei.

17 Zahlung der Entschädigung

17.1 Ist die Leistungspflicht des Versicherers dem Grunde und der Höhe nach festgestellt, so hat die Auszahlung der Entschädigung binnen zwei Wochen zu erfolgen. Jedoch kann ein Monat nach Anzeige des Schadens als Abschlagszahlung der Betrag beansprucht werden, der nach Lage der Sache mindestens zu zahlen ist.

17.2 Der Zinssatz liegt … Prozentpunkt(e) unter dem jeweiligen Basiszinssatz des Bürgerlichen Gesetzbuches, mindestens jedoch bei 4 Prozent und höchstens bei … Prozent Zinsen pro Jahr, soweit nicht aus einem anderen Rechtsgrund ein höherer Zins zu zahlen ist.

17.3 Die Entstehung des Anspruchs auf Abschlagzahlung und der Beginn der Verzinsung verschieben sich um den Zeitraum, um den die Feststellung der Leistungspflicht des Versicherers dem Grunde oder der Höhe nach durch Verschulden des Versicherungsnehmers verzögert wurde.

17.4 Sind im Zusammenhang mit dem Versicherungsfall behördliche Erhebungen oder ein strafgerichtliches Verfahren gegen den Versicherten eingeleitet worden, so kann der Versicherer bis zum rechtskräftigen Abschluss dieser Verfahren die Zahlung aufschieben.

18 Kündigung nach dem Versicherungsfall

Nach Eintritt eines Versicherungsfalls können beide Parteien den Versicherungsvertrag kündigen. Die Kündigung ist in Textform zu erklären. Sie muss spätestens einen Monat nach dem Abschluss der Verhandlungen über die Entschädigung zugehen. Der Versicherer hat eine Kündigungsfrist von einem Monat einzuhalten. Kündigt der Versicherungsnehmer, so kann er bestimmen, dass seine Kündigung sofort oder zu einem späteren Zeitpunkt wirksam wird, jedoch spätestens zum Schluss der laufenden Versicherungsperiode.

19 Verjährung

Die Ansprüche aus dem Versicherungsvertrag verjähren in drei Jahren. Ist ein Anspruch aus dem Versicherungsvertrag bei dem Versicherer angemeldet worden, zählt der Zeitraum von der Anmeldung bis zum Zugang der in Textform mitgeteilten Entscheidung des Versicherers beim Anspruchsteller bei der Fristberechnung nicht mit.

20 Meinungsverschiedenheiten, zuständiges Gericht

20.1 Besteht Unzufriedenheit mit einer Entscheidung des Versicherers oder hat eine Verhandlung mit dem Versicherer nicht zu dem gewünschten Ergebnis geführt, stehen insbesondere die nachfolgenden Beschwerdemöglichkeiten offen.

20.1.1 Versicherungsombudsmann*

Ein Verbraucher, der mit einer Entscheidung des Versicherers nicht zufrieden ist, kann sich an den Ombudsmann für Versicherungen wenden. Dieser ist derzeit wie folgt erreichbar:

Versicherungsombudsmann e.V.

Postfach 080632

10006 Berlin

E-Mail:

beschwerde@versicherungsombudsmann.de

Internet:

www.versicherungsombudsmann.de

Der Ombudsmann für Versicherungen ist eine unabhängige und für Verbraucher kostenfrei arbeitende Schlichtungsstelle. Der Versicherer hat sich verpflichtet, an dem Schlichtungsverfahren teilzunehmen.

Ein Verbraucher, der diesen Vertrag online (z.B. über eine Webseite oder per E-Mail) abgeschlossen hat, kann sich mit seiner Beschwerde auch online an die Plattform: http://ec.europa.eu/consumers/odr/ wenden. Die Beschwerde wird dann über diese Plattform an den Versicherungsombudsmann weitergeleitet.

---

* **Amtl. Anm.:**
Baukastensystem: Es ist eine *Mitgliedschaft des verwendenden VU beim Versicherungsombudsmann e. V. erforderlich.* Formulierung beispielhaft und nicht abschließend. Mit * gekennzeichnete Punkte zur individuellen Regelung des verwendenden VU.

20.1.2 Versicherungsaufsicht

Bei Unzufriedenheit mit der Betreuung durch den Versicherer oder bei Meinungsverschiedenheiten bei der Vertragsabwicklung kann sich der Versicherungsnehmer auch an die zuständige Aufsicht wenden. Als Versicherungsunternehmen unterliegt der Versicherer der Aufsicht der Bundesanstalt für Finanzdienstleistungsaufsicht. Die derzeitigen Kontaktdaten sind:

Bundesanstalt für Finanzdienstleistungsaufsicht (BaFin)

Sektor Versicherungsaufsicht

Graurheindorfer Straße 108

53117 Bonn

E-Mail:

poststelle@bafin.de

Internet: www.bafin.de

Hinweis: Die BaFin ist keine Schiedsstelle und kann einzelne Streitfälle nicht verbindlich entscheiden.

20.1.3 Rechtsweg

Außerdem besteht die Möglichkeit, den Rechtsweg zu beschreiten.

20.2 Zuständiges Gericht

20.2.1 Klagen gegen den Versicherer

Für Klagen aus dem Versicherungsvertrag gegen den Versicherer bestimmt sich die gerichtliche Zuständigkeit nach dem Sitz des Versicherers oder seiner für den Versicherungsvertrag zuständigen Niederlassung. Ist der Versicherungsnehmer eine natürliche Person, ist auch das Gericht örtlich zuständig, in dessen Bezirk der Versicherungsnehmer zur Zeit der Klageerhebung seinen Wohnsitz oder, in Ermangelung eines solchen, seinen gewöhnlichen Aufenthalt hat.

20.2.2 Klagen gegen den Versicherungsnehmer und/oder Versicherten

Ist der Versicherungsnehmer und/oder Versicherte eine natürliche Person, müssen Klagen aus dem Versicherungsvertrag gegen ihn bei dem Gericht erhoben werden, das für seinen Wohnsitz oder, in Ermangelung eines solchen, den Ort seines gewöhnlichen Aufenthalts zuständig ist. Ist der Versicherungsnehmer eine juristische Person, bestimmt sich das zuständige Gericht auch nach dem Sitz oder der Niederlassung des Versicherungsnehmers.

20.2.3 Wohnsitzverlegung des Versicherungsnehmers und/oder Versicherten

Hat der Versicherungsnehmer und/oder Versicherte nach Vertragsschluss seinen Wohnsitz oder gewöhnlichen Aufenthaltsort aus dem Geltungsbereich des Versicherungsvertragsgesetzes[1] verlegt oder sind sein Wohnsitz oder gewöhnlicher Aufenthalt im Zeitpunkt der Klageerhebung nicht bekannt, bestimmt sich die gerichtliche Zuständigkeit für Klagen aus dem Versicherungsvertrag gegen den Versicherer oder den Versicherungsnehmer und/oder Versicherten nach dem Sitz des Versicherers oder seiner für den Versicherungsvertrag zuständigen Niederlassung.

---

[1] **Habersack, Deutsche Gesetze Nr. 62.**

21 Schlussbestimmung

Soweit nicht in den Versicherungsbedingungen etwas anderes bestimmt ist, gelten die gesetzlichen Vorschriften. Dies gilt insbesondere für die im Anhang aufgeführten Gesetzesbestimmungen, die nach Maßgabe der Versicherungsbedingungen Inhalt des Versicherungsvertrages sind.

62i. Allgemeine Unfallversicherungsbedingungen (AUB 2020)

Musterbedingungen des GDV[1)]

Stand: Dezember 2020

Unverbindliche Bekanntgabe des Gesamtverbandes der Deutschen Versicherungswirtschaft e.V. (GDV) zur fakultativen Verwendung. Abweichende Vereinbarungen sind möglich.

Sehr geehrte Kundin, sehr geehrter Kunde,

Unfälle passieren im Haushalt, im Beruf und in der Freizeit. Dann hilft Ihre Unfallversicherung. Egal, wo und wann sich der Unfall ereignet.

Grundlage für Ihren Vertrag sind diese Allgemeinen Unfallversicherungsbedingungen (AUB) und – wenn mit Ihnen vereinbart – weitere Bedingungen. Zusammen mit dem Antrag und dem Versicherungsschein legen diese den Inhalt Ihrer Unfallversicherung fest. Sie sind wichtige Dokumente.

Bitte lesen Sie die AUB daher vollständig und gründlich durch und bewahren Sie sie sorgfältig auf. So können Sie auch später, besonders nach einem Unfall, alles Wichtige noch einmal nachlesen.

Wenn ein Unfall passiert ist, benachrichtigen Sie uns bitte möglichst schnell. Wir klären dann mit Ihnen das weitere Vorgehen.

Auch wir als Versicherer kommen nicht ganz ohne Fachbegriffe aus. Diese sind nicht immer leicht verständlich. Wir möchten aber, dass Sie Ihre Versicherung gut verstehen. Deshalb erklären wir bestimmte Fachbegriffe oder erläutern sie durch Beispiele. Wenn wir Beispiele verwenden, sind diese nicht abschließend.

Ihre Unfallversicherung

Wer ist wer?

- Sie sind unser Versicherungsnehmer und damit unser Vertragspartner.
- Versicherte Person ist jeder, für den Sie Versicherungsschutz mit uns vereinbart haben. Das können Sie selbst und andere Personen sein.

Inhaltsverzeichnis

Der Versicherungsumfang

1. Was ist versichert?
   - 1.1. Grundsatz
   - 1.2. Geltungsbereich
   - 1.3. Unfallbegriff
   - 1.4. Erweiterter Unfallbegriff
   - 1.5. Einschränkungen unserer Leistungspflicht
2. Welche Leistungsarten können vereinbart werden? Welche Fristen und sonstigen Voraussetzungen gelten für die einzelnen Leistungsarten?
   - 2.1. Invaliditätsleistung
   - 2.2. Unfallrente
   - 2.3. Gestrichen
   - 2.4. Tagegeld
   - 2.5. Krankenhaustagegeld
   - 2.6. Todesfallleistung
   - 2.7. Kosten für kosmetische Operationen
   - 2.8. Kosten für Such-, Bergungs- oder Rettungseinsätze

[1)] In der jeweils aktuellen Fassung kostenlos abrufbar unter www.gdv.de.

3. Was passiert, wenn Unfallfolgen mit Krankheiten oder Gebrechen zusammentreffen?
 3.1. Krankheiten und Gebrechen
 3.2. Mitwirkung
4. Gestrichen
5. Was ist nicht versichert?
 5.1. Ausgeschlossene Unfälle
 5.2. Ausgeschlossene Gesundheitsschäden
6. Was müssen Sie bei einem Kinder-Tarif und bei Änderungen der Berufstätigkeit oder Beschäftigung beachten?
 6.1. Umstellung des Kindertarifs
 6.2. Änderung der Berufstätigkeit oder Beschäftigung

Der Leistungsfall

7. Was ist nach einem Unfall zu beachten (Obliegenheiten)?
8. Welche Folgen hat die Nichtbeachtung von Obliegenheiten?
9. Wann sind die Leistungen fällig?
 9.1. Erklärung über die Leistungspflicht
 9.2. Fälligkeit der Leistung
 9.3. Vorschüsse
 9.4. Neubemessung des Invaliditätsgrads

Die Vertragsdauer

10. Wann beginnt und wann endet der Vertrag?
 10.1. Beginn des Versicherungsschutzes
 10.2. Dauer und Ende des Vertrags
 10.3. Kündigung nach Versicherungsfall
 10.4. Versicherungsjahr

Der Versicherungsbeitrag

11. Was müssen Sie bei der Beitragszahlung beachten? Was geschieht, wenn Sie einen Beitrag nicht rechtzeitig zahlen?
 11.1. Beitrag und Versicherungsteuer
 11.2. Zahlung und Folgen verspäteter Zahlung/Erster Beitrag
 11.3. Zahlung und Folgen verspäteter Zahlung/Folgebeitrag
 11.4. Rechtzeitige Zahlung bei SEPA-Lastschriftmandat
 11.5. Beitrag bei vorzeitiger Vertragsbeendigung
 11.6. Beitragsbefreiung bei der Versicherung von Kindern

Weitere Bestimmungen

12. Wie sind die Rechtsverhältnisse der am Vertrag beteiligten Personen zueinander?
 12.1. Fremdversicherung
 12.2. Rechtsnachfolger und sonstige Anspruchsteller
 12.3. Übertragung und Verpfändung von Ansprüchen
13. Was bedeutet die vorvertragliche Anzeigepflicht und welche Folgen hat ihre Verletzung?
 13.1. Vorvertragliche Anzeigepflicht
 13.2. Mögliche Folgen einer Anzeigepflichtverletzung
 13.3. Voraussetzungen für die Ausübung unserer Rechte
 13.4. Anfechtung
 13.5. Erweiterung des Versicherungsschutzes
14. Gestrichen
15. Wann verjähren die Ansprüche aus diesem Vertrag?
 15.1. Gesetzliche Verjährung
 15.2. Aussetzung der Verjährung
16. An wen können Sie sich wenden, wenn Sie mit uns einmal nicht zufrieden sind?
 16.1. Ihre Beschwerdemöglichkeiten
 16.2. Zuständige Gerichte
17. Was ist bei Mitteilungen an uns zu beachten? Was gilt bei Änderung Ihrer Anschrift?
18. Welches Recht findet Anwendung?

Der Vesicherungsumfang

1. Was ist versichert?

1.1 Grundsatz

Wir bieten den vereinbarten Versicherungsschutz bei Unfällen der versicherten Person.

1.2 Geltungsbereich

Versicherungsschutz besteht während der Wirksamkeit des Vertrags

- weltweit und
- rund um die Uhr.

1.3 Unfallbegriff

Ein Unfall liegt vor, wenn die versicherte Person durch

- ein plötzlich von außen auf ihren Körper wirkendes Ereignis (Unfallereignis)
- unfreiwillig eine Gesundheitsschädigung

erleidet.

1.4 Erweiterter Unfallbegriff

1.4.1 Erhöhte Kraftanstrengung

Als Unfall gilt auch, wenn sich die versicherte Person durch eine erhöhte Kraftanstrengung

- ein Gelenk an Gliedmaßen oder der Wirbelsäule verrenkt.

  Beispiel: Die versicherte Person stützt einen schweren Gegenstand ab und verrenkt sich dabei das Ellenbogengelenk.

- Muskeln, Sehnen, Bänder oder Kapseln an Gliedmaßen oder der Wirbelsäule zerrt oder zerreißt.

  Beispiel: Die versicherte Person zerrt sich bei einem Klimmzug die Muskulatur am Unterarm.

  Meniskus und Bandscheiben sind weder Muskeln, Sehnen, Bänder noch Kapseln. Deshalb werden sie von dieser Regelung nicht erfasst.

Eine erhöhte Kraftanstrengung ist eine Bewegung, deren Muskeleinsatz über die normalen Handlungen des täglichen Lebens hinausgeht. Maßgeblich für die Beurteilung des Muskeleinsatzes sind die individuellen körperlichen Verhältnisse der versicherten Person.

1.4.2 Dämpfe und Gase

Als Unfall gelten auch Gesundheitsschäden durch ausströmende gasförmige Stoffe, wenn die versicherte Person unbewusst oder unentrinnbar den Einwirkungen innerhalb eines Zeitraumes bis zu X ausgesetzt war.

Berufs- und Gewerbekrankheiten bleiben ausgeschlossen.

1.4.3 Unfälle unter Wasser

Als Unfall gilt auch, wenn die versicherte Person unter Wasser unfreiwillig

- erstickt, ertrinkt oder
- einen tauchtypischen Gesundheitsschaden erleidet.

  Beispiele: Caissonkrankheit, Trommelfellverletzungen

1.4.4 Gesundheitsschäden bei Rettungsmaßnahmen

Als Unfall gilt auch, wenn die versicherte Person Gesundheitsschäden bewusst in Kauf nimmt, die sie bei (rechtmäßiger Verteidigung oder) der Bemühung zur Rettung von Menschen, Tieren oder Sachen erleidet.

1.4.5 Einschränkungen unserer Leistungspflicht

Für bestimmte Unfälle und Gesundheitsschädigungen können wir keine oder nur eingeschränkt Leistungen erbringen.

Bitte beachten Sie daher die Regelungen zur Mitwirkung von Krankheiten und Gebrechen (Ziffer 3) und zu den Ausschlüssen (Ziffer 5).

2. Welche Leistungsarten können vereinbart werden? Welche Fristen und sonstigen Voraussetzungen gelten für die einzelnen Leistungsarten?

Im Folgenden beschreiben wir verschiedene Arten von Leistungen und deren Voraussetzungen.

Es gelten immer nur die Leistungsarten und Versicherungssummen, die Sie mit uns vereinbart haben, und die in Ihrem Versicherungsschein und dessen Nachträgen genannt sind.

2.1 Invaliditätsleistung

2.1.1 Voraussetzungen für die Leistung

2.1.1.1 Invalidität

Die versicherte Person hat eine Invalidität erlitten. Eine Invalidität liegt vor, wenn unfallbedingt

- die körperliche oder geistige Leistungsfähigkeit
- dauerhaft

beeinträchtigt ist.

Dauerhaft ist eine Beeinträchtigung, wenn

- sie voraussichtlich länger als drei Jahre bestehen wird und
- eine Änderung dieses Zustands nicht zu erwarten ist.

Beispiel: Eine Beeinträchtigung ist nicht dauerhaft, wenn die versicherte Person einen Knochenbruch erleidet, der innerhalb eines Jahres folgenlos ausheilt.

2.1.1.2 Eintritt und ärztliche Feststellung der Invalidität

Die Invalidität ist innerhalb von 15 Monaten nach dem Unfall

- eingetreten und
- von einem Arzt schriftlich festgestellt worden.

Ist eine dieser Voraussetzungen nicht erfüllt, besteht kein Anspruch auf Invaliditätsleistung.

2.1.1.3 Geltendmachung der Invalidität

Sie müssen die Invalidität innerhalb von 15 Monaten nach dem Unfall bei uns geltend machen. Geltend machen heißt: Sie teilen uns mit, dass Sie von einer Invalidität ausgehen.

Versäumen Sie diese Frist, ist der Anspruch auf Invaliditätsleistung ausgeschlossen.

Nur in besonderen Ausnahmefällen lässt es sich entschuldigen, wenn Sie die Frist versäumt haben. Dann müssen Sie die Geltendmachung unverzüglich nachholen.

Beispiel: Sie haben durch den Unfall schwere Kopfverletzungen erlitten und waren deshalb nicht in der Lage, mit uns Kontakt aufzunehmen.

2.1.1.4 Keine Invaliditätsleistung bei Unfalltod im ersten Jahr

Stirbt die versicherte Person unfallbedingt innerhalb eines Jahres nach dem Unfall, besteht kein Anspruch auf Invaliditätsleistung.

In diesem Fall zahlen wir eine Todesfallleistung (Ziffer 2.6), sofern diese vereinbart ist.

2.1.2 Art und Höhe der Leistung

2.1.2.1 Berechnung der Invaliditätsleistung

Die Invaliditätsleistung erhalten Sie als Einmalzahlung. Grundlagen für die Berechnung der Leistung sind

- die vereinbarte Versicherungssumme und
- der unfallbedingte Invaliditätsgrad.

Beispiel: Bei einer Versicherungssumme von 100.000 Euro und einem unfallbedingten Invaliditätsgrad von 20 % zahlen wir 20.000 Euro.

2.1.2.2 Bemessung des Invaliditätsgrads, Zeitraum für die Bemessung

Der Invaliditätsgrad richtet sich

- nach der Gliedertaxe (Ziffer 2.1.2.2.1), sofern die betroffenen Körperteile oder Sinnesorgane dort genannt sind,
- ansonsten danach, in welchem Umfang die normale körperliche oder geistige Leistungsfähigkeit dauerhaft beeinträchtigt ist (Ziffer 2.1.2.2.2).

Maßgeblich ist der unfallbedingte Gesundheitszustand, der spätestens am Ende des dritten Jahres nach dem Unfall erkennbar ist. Dies gilt sowohl für die erste als auch für spätere Bemessungen der Invalidität (Ziffer 9.4).

2.1.2.2.1 Gliedertaxe

Bei Verlust oder vollständiger Funktionsunfähigkeit der folgenden Körperteile oder Sinnesorgane gelten ausschließlich die hier genannten Invaliditätsgrade.

• Arm	70 %
• Arm bis oberhalb des Ellenbogengelenks	65 %
• Arm unterhalb des Ellenbogengelenks	60 %
• Hand	55 %
• Daumen	20 %
• Zeigefinger	10 %
• anderer Finger	5 %
• Bein über der Mitte des Oberschenkels	70 %
• Bein bis zur Mitte des Oberschenkels	60 %
• Bein bis unterhalb des Knies	50 %
• Bein bis zur Mitte des Unterschenkels	45 %

- Fuß 40 %
- große Zehe 5 %
- andere Zehe 2 %

- Auge 50 %
- Gehör auf einem Ohr 30 %
- Geruchssinn 10 %
- Geschmackssinn 5 %

Bei Teilverlust oder teilweiser Funktionsbeeinträchtigung gilt der entsprechende Teil der genannten Invaliditätsgrade.

Beispiel: Ist ein Arm vollständig funktionsunfähig, ergibt das einen Invaliditätsgrad von 70 %. Ist er um ein Zehntel in seiner Funktion beeinträchtigt, ergibt das einen Invaliditätsgrad von 7 % (= ein Zehntel von 70 %).

2.1.2.2.2 Bemessung außerhalb der Gliedertaxe

Für andere Körperteile oder Sinnesorgane richtet sich der Invaliditätsgrad danach, in welchem Umfang die normale körperliche oder geistige Leistungsfähigkeit insgesamt dauerhaft beeinträchtigt ist. Maßstab ist eine durchschnittliche Person gleichen Alters und Geschlechts.

Die Bemessung erfolgt ausschließlich nach medizinischen Gesichtspunkten.

2.1.2.2.3 Minderung bei Vorinvalidität

Eine Vorinvalidität besteht, wenn betroffene Körperteile oder Sinnesorgane schon vor dem Unfall dauerhaft beeinträchtigt waren. Sie wird nach Ziffer 2.1.2.2.1 und Ziffer 2.1.2.2.2 bemessen.

Der Invaliditätsgrad mindert sich um diese Vorinvalidität.

Beispiel: Ist ein Arm vollständig funktionsunfähig, beträgt der Invaliditätsgrad 70 %. War dieser Arm schon vor dem Unfall um ein Zehntel in seiner Funktion beeinträchtigt, beträgt die Vorinvalidität 7 % (= ein Zehntel von 70 %). Diese 7 % Vorinvalidität werden abgezogen. Es verbleibt ein unfallbedingter Invaliditätsgrad von 63 %.

2.1.2.2.4 Invaliditätsgrad bei Beeinträchtigung mehrerer Körperteile oder Sinnesorgane

Durch einen Unfall können mehrere Körperteile oder Sinnesorgane beeinträchtigt sein. Dann werden die Invaliditätsgrade, die nach den vorstehenden Bestimmungen ermittelt wurden, zusammengerechnet.

Mehr als 100 % werden jedoch nicht berücksichtigt.

Beispiel: Durch einen Unfall ist ein Arm vollständig funktionsunfähig (70 %) und ein Bein zur Hälfte in seiner Funktion beeinträchtigt (35 %). Auch wenn die Addition der Invaliditätsgrade 105 % ergibt, ist die Invalidität auf 100 % begrenzt.

2.1.2.3 Invaliditätsleistung bei Tod der versicherten Person

Stirbt die versicherte Person vor der Bemessung der Invalidität, zahlen wir eine Invaliditätsleistung unter folgenden Voraussetzungen:

- Die versicherte Person ist nicht unfallbedingt innerhalb des ersten Jahres nach dem Unfall verstorben (Ziffer 2.1.1.4), und
- die sonstigen Voraussetzungen für die Invaliditätsleistung nach Ziffer 2.1.1 sind erfüllt.

Wir leisten nach dem Invaliditätsgrad, mit dem aufgrund der ärztlichen Befunde zu rechnen gewesen wäre.

2.2 Unfallrente

2.2.1 Voraussetzungen für die Leistung

Der unfallbedingte Invaliditätsgrad beträgt mindestens X %.

Für die Voraussetzungen und die Bemessung der Invalidität gelten die Ziffern 2.1.1 und 2.1.2.2.

Verstirbt die versicherte Person vor der Bemessung der Invalidität, gilt Ziffer 2.1.2.3.

2.2.2 Art und Höhe der Leistung

Wir zahlen die Unfallrente monatlich in Höhe der vereinbarten Versicherungssumme.

2.2.3 Beginn und Dauer der Leistung

2.2.3.1 Wir zahlen die Unfallrente

- rückwirkend ab Beginn des Monats, in dem sich der Unfall ereignet hat, und danach
- monatlich im Voraus.

2.2.3.2 Wir zahlen die Unfallrente bis zum Ende des Monats, in dem

- die versicherte Person stirbt oder
- wir Ihnen mitteilen, dass aufgrund einer Neubemessung nach Ziffer 9.4 der unfallbedingte Invaliditätsgrad unter X % gesunken ist.

Wir sind berechtigt die Voraussetzungen für den Rentenbezug zu prüfen. Dazu können wir Lebensbescheinigungen von Ihnen anfordern.

Wenn Sie uns die Bescheinigungen nicht unverzüglich zusenden, ruht die Rentenzahlung ab der nächsten Fälligkeit so lange, bis uns die Bescheinigung vorliegt.

2.3 Gestrichen

2.4 Tagegeld

2.4.1 Voraussetzungen für die Leistung

Die versicherte Person ist unfallbedingt

- in ihrer Arbeitsfähigkeit beeinträchtigt und
- in ärztlicher Behandlung.

2.4.2 Höhe und Dauer der Leistung

Grundlagen für die Berechnung der Leistung sind

- die vereinbarte Versicherungssumme und
- der unfallbedingte Grad der Beeinträchtigung der Arbeitsfähigkeit.

Der Grad der Beeinträchtigung bemisst sich

- nach der Fähigkeit der versicherten Person, ihrem bis zu dem Unfall ausgeübten Beruf weiter nachzugehen.
- nach der allgemeinen Fähigkeit der versicherten Person, Arbeit zu leisten, wenn sie zum Zeitpunkt des Unfalls nicht berufstätig war.

Das Tagegeld wird nach dem Grad der Beeinträchtigung abgestuft.

Beispiel: Bei einer Beeinträchtigung der Arbeitsfähigkeit von 100 % zahlen wir das vereinbarte Tagegeld in voller Höhe. Bei einem ärztlich festgestellten Grad der Beeinträchtigung von 50 % zahlen wir die Hälfte des Tagegelds.

Wir zahlen das Tagegeld für die Dauer der ärztlichen Behandlung, längstens für ein Jahr ab dem Tag des Unfalls.

2.5 Krankenhaustagegeld

2.5.1 Voraussetzungen für die Leistung

Die versicherte Person

- ist unfallbedingt in medizinisch notwendiger vollstationärer Heilbehandlung.
  Es besteht kein Versicherungsschutz für stationäre Aufenthalte, bei denen nicht die akute Heilbehandlung im Vordergrund steht, sondern die medizinische Rehabilitation.

oder

- unterzieht sich unfallbedingt einer ambulanten Operation.
  Eine ambulante Operation ist ein chirurgischer Eingriff zur Vermeidung einer vollstationären Heilbehandlung.
  Beispiel: Ambulante Operation eines Kreuzbandrisses

Aufenthalte in Sanatorien und Erholungsheimen gelten nicht als medizinisch notwendige Heilbehandlung.

2.5.2 Höhe und Dauer der Leistung

Wir zahlen das vereinbarte Krankenhaustagegeld

- für jeden Kalendertag der vollstationären Behandlung, längstens für X Jahre ab dem Tag des Unfalls.
- für X Tage bei ambulanten chirurgischen Operationen.

2.6 Todesfallleistung

2.6.1 Voraussetzungen für die Leistung

Die versicherte Person stirbt unfallbedingt innerhalb eines Jahres nach dem Unfall. Beachten Sie dann die Verhaltensregeln nach Ziff. 7.5.

2.6.2 Art und Höhe der Leistung

Wir zahlen die Todesfallleistung in Höhe der vereinbarten Versicherungssumme.

2.7 Kosten für kosmetische Operationen

2.7.1 Voraussetzungen für die Leistung

Die versicherte Person hat sich einer kosmetischen Operation unterzogen, um eine unfallbedingte Beeinträchtigung des äußeren Erscheinungsbilds zu beheben.

Soweit Zähne betroffen sind, gehören nur Schneide- und Eckzähne zum äußeren Erscheinungsbild.

Die kosmetische Operation erfolgt

- durch einen Arzt,
- nach Abschluss der Heilbehandlung und
- bei Erwachsenen innerhalb von drei Jahren nach dem Unfall, bei Minderjährigen vor Vollendung des 21. Lebensjahres.

Voraussetzung ist auch, dass ein Dritter (z.B. Krankenkasse, Haftpflichtversicherer) nicht zu einer Kostenerstattung verpflichtet ist oder seine Leistungspflicht bestreitet.

2.7.2 Art und Höhe der Leistung

Wir erstatten nachgewiesene und nicht von Dritten übernommene

- Arzthonorare und sonstige Operationskosten,
- notwendige Kosten für Unterbringung und Verpflegung in einem Krankenhaus,
- Zahnbehandlungs- und Zahnersatzkosten

insgesamt bis zur Höhe der vereinbarten Versicherungssumme.

2.8 Kosten für Such-, Rettungs- und Bergungseinsätze

2.8.1 Voraussetzungen für die Leistung

Der versicherten Person sind nach einem Unfall Kosten

- für Such-, Bergungs- oder Rettungseinsätze von öffentlich- oder privatrechtlich organisierten Rettungsdiensten (dabei steht einem Unfall gleich, wenn ein solcher unmittelbar drohte oder nach den konkreten Umständen zu vermuten war) oder
- für den ärztlich angeordneten Transport der verletzten Person zum Krankenhaus oder zur Spezialklinik oder
- für den Mehraufwand bei der Rückkehr der verletzten Person zu ihrem ständigen Wohnsitz, soweit die Mehrkosten auf ärztliche Anordnung zurückgehen oder nach der Verletzungsart unvermeidbar waren oder
- bei einem Unfall im Ausland für die zusätzliche Heimfahrt oder Unterbringung für mitreisende minderjährige Kinder und den mitreisenden Partner der versicherten Person oder
- bei einem unfallbedingten Todesfall im Ausland für die Bestattung im Ausland oder für die Überführung zum letzten ständigen Wohnsitz

entstanden.

Voraussetzung ist auch, dass ein Dritter (z.B. Krankenkasse, Haftpflichtversicherer) nicht zu einer Kostenerstattung verpflichtet ist oder seine Leistungspflicht bestreitet.

2.8.2 Art und Höhe der Leistung

Wir erstatten nachgewiesene und nicht von Dritten übernommene Kosten insgesamt bis zur Höhe der vereinbarten Versicherungssumme.

3. Was passiert, wenn Unfallfolgen mit Krankheiten oder Gebrechen zusammentreffen?

3.1 Krankheiten und Gebrechen

Wir leisten ausschließlich für Unfallfolgen. Dies sind Gesundheitsschädigungen und ihre Folgen, die durch das Unfallereignis verursacht wurden.

Wir leisten nicht für Krankheiten oder Gebrechen.

Beispiele: Krankheiten sind z.B. Diabetes oder Gelenkserkrankungen; Gebrechen sind z.B. Fehlstellungen der Wirbelsäule, angeborene Sehnenverkürzung.

3.2 Mitwirkung

Treffen Unfallfolgen mit Krankheiten oder Gebrechen zusammen, gilt Folgendes:

3.2.1 Entsprechend dem Umfang, in dem Krankheiten oder Gebrechen an der Gesundheitsschädigung oder ihren Folgen mitgewirkt haben (Mitwirkungsanteil), mindert sich

- bei den Leistungsarten Invaliditätsleistung und Unfallrente der Prozentsatz des Invaliditätsgrads.
- bei der Todesfallleistung und, soweit nicht etwas anderes bestimmt ist, bei den anderen Leistungsarten die Leistung selbst.

Beispiel: Nach einer Beinverletzung besteht ein Invaliditätsgrad von 10 %. Dabei hat eine Rheumaerkrankung zu 50 % mitgewirkt. Der unfallbedingte Invaliditätsgrad beträgt daher 5 %.

3.2.2 Beträgt der Mitwirkungsanteil weniger als 25 %, nehmen wir keine Minderung vor.

4. Gestrichen

5. Was ist nicht versichert?

5.1 Ausgeschlossene Unfälle

Kein Versicherungsschutz besteht für folgende Unfälle:

5.1.1 Unfälle der versicherten Person durch Bewusstseinsstörungen sowie durch Schlaganfälle, epileptische Anfälle oder andere Krampfanfälle, die den ganzen Körper der versicherten Person ergreifen.

Eine Bewusstseinsstörung liegt vor, wenn die versicherte Person in ihrer Aufnahme- und Reaktionsfähigkeit so beeinträchtigt ist, dass sie den Anforderungen der konkreten Gefahrenlage nicht mehr gewachsen ist.

Ursachen für die Bewusstseinsstörung können sein:

- eine gesundheitliche Beeinträchtigung,
- die Einnahme von Medikamenten,
- Alkoholkonsum,
- Konsum von Drogen oder sonstigen Mitteln, die das Bewusstsein beeinträchtigen.

Beispiele: Die versicherte Person

– stürzt infolge einer Kreislaufstörung die Treppe hinunter.
– kommt unter Alkoholeinfluss mit dem Fahrzeug von der Straße ab.
– torkelt alkoholbedingt auf dem Heimweg von der Gaststätte und fällt in eine Baugrube.
– balanciert aufgrund Drogenkonsums auf einem Geländer und stürzt ab.

Ausnahme:
Die Bewusstseinsstörung oder der Anfall wurde durch ein Unfallereignis nach Ziffer 1.3 verursacht, für das nach diesem Vertrag Versicherungsschutz besteht.

In diesen Fällen gilt der Ausschluss nicht.

Beispiel: Die versicherte Person hatte während der Vertragslaufzeit einen Unfall mit einer Hirnschädigung. Ein neuer Unfall ereignet sich durch einen epileptischen Anfall, der auf die alte Hirnschädigung zurückzuführen ist. Wir zahlen für die Folgen des neuen Unfalls.

5.1.2 Unfälle, die der versicherten Person dadurch zustoßen, dass sie vorsätzlich eine Straftat ausführt oder versucht.

5.1.3 Unfälle, die unmittelbar oder mittelbar durch Kriegs- oder Bürgerkriegsereignisse verursacht sind.

Ausnahme:
Die versicherte Person wird auf Reisen im Ausland überraschend von Kriegs- oder Bürgerkriegsereignissen betroffen.

In diesem Fall gilt der Ausschluss nicht.

Der Versicherungsschutz erlischt dann am Ende des siebten Tages nach Beginn eines Krieges oder Bürgerkrieges auf dem Gebiet des Staats, in dem sich die versicherte Person aufhält.

Diese Ausnahme gilt nicht

- bei Reisen in oder durch Staaten, auf deren Gebiet bereits Krieg oder Bürgerkrieg herrscht,
- für die aktive Teilnahme am Krieg oder Bürgerkrieg,
- für Unfälle durch atomare, biologische oder chemische Waffen.

In diesen Fällen gilt der Ausschluss.

5.1.4 **Unfälle der versicherten Person**

- als Führer eines Luftfahrzeugs oder Luftsportgeräts, soweit er nach deutschem Recht dafür eine Erlaubnis benötigt,
  Beispiel: Pilot, Gleitschirm- oder Drachenflieger
- als sonstiges Besatzungsmitglied eines Luftfahrzeugs,
  Beispiel: Funker, Bordmechaniker, Flugbegleiter
- bei beruflichen Tätigkeiten, die mit Hilfe eines Luftfahrzeugs auszuüben sind.
  Beispiel: Luftfotograf, Sprühflüge zur Schädlingsbekämpfung.

5.1.5 Unfälle der versicherten Person durch die Teilnahme an Rennen mit Motorfahrzeugen. Teilnehmer ist jeder Fahrer, Beifahrer oder Insasse des Motorfahrzeugs.

Rennen sind solche Wettfahrten oder dazugehörige Übungsfahrten, bei denen es auf die Erzielung von Höchstgeschwindigkeiten ankommt.

Ausnahme:

- Der Unfall wurde durch eine Fahrt auf einer öffentlichen Kartbahn in Deutschland verursacht,
- die Veranstaltung hatte reinen Freizeitcharakter, und
- die versicherte Person ist kein Berufs-, Lizenz- oder Vertragssportler, Vertragsamateur oder Vereinsmitglied im Bereich Motorsport.

In diesem Fall gilt der Ausschluss nicht.

5.1.6 Unfälle, die unmittelbar oder mittelbar durch Kernenergie verursacht sind.

5.2 **Ausgeschlossene Gesundheitsschäden**

Kein Versicherungsschutz besteht außerdem für folgende Gesundheitsschäden:

5.2.1 Schäden an Bandscheiben sowie Blutungen aus inneren Organen und Gehirnblutungen.

Ausnahme:

- Ein Unfallereignis nach Ziffer 1.3 hat diese Gesundheitsschäden überwiegend (das heißt: zu mehr als 50 %) verursacht, und
- für dieses Unfallereignis besteht Versicherungsschutz nach diesem Vertrag.

In diesem Fall gilt der Ausschluss nicht.

5.2.2 Gesundheitsschäden durch Strahlen.

5.2.3 Gesundheitsschäden durch Heilmaßnahmen oder Eingriffe am Körper der versicherten Person. Als Heilmaßnahmen oder Eingriffe gelten auch strahlendiagnostische und strahlentherapeutische Handlungen.

Ausnahme:

- Die Heilmaßnahmen oder Eingriffe waren durch einen Unfall veranlasst, und
- für diesen Unfall besteht Versicherungsschutz nach diesem Vertrag.

In diesem Fall gilt der Ausschluss nicht.

Beispiel: Die versicherte Person erleidet einen Unfall und lässt die Unfallverletzung ärztlich behandeln. Ein Behandlungsfehler führt dabei zu weiteren Schädigungen.

5.2.4 **Infektionen.**

Ausnahme:

Die versicherte Person infiziert sich

- mit Tollwut oder Wundstarrkrampf.
- mit anderen Krankheitserregern, die durch nicht nur geringfügige Unfallverletzungen in den Körper gelangten.
  Geringfügig sind Unfallverletzungen, die ohne die Infektion und ihre Folgen keiner ärztlichen Behandlung bedürfen.
- durch einen Zeckenstich mit FSME
- durch solche Heilmaßnahmen oder Eingriffe, für die ausnahmsweise Versicherungsschutz besteht (Ziffer 5.2.3).

In diesen Fällen gilt der Ausschluss nicht.

5.2.5 Vergiftungen infolge Einnahme fester oder flüssiger Stoffe durch den Schlund (Eingang der Speiseröhre).

Ausnahme:

Die versicherte Person hat zum Zeitpunkt des Unfalls das X. Lebensjahr noch nicht vollendet.

Für diesen Fall gilt der Ausschluss nicht, es sei denn, die Vergiftung ist durch Nahrungsmittel verursacht.

5.2.6 Krankhafte Störungen infolge psychischer Reaktionen, auch wenn diese durch einen Unfall verursacht wurden.

Beispiele:

- *Posttraumatische Belastungsstörung nach Beinbruch durch einen Verkehrsunfall*
- *Angstzustände des Opfers einer Straftat*

5.2.7 Bauch- oder Unterleibsbrüche.

Ausnahme:

- Sie sind durch eine gewaltsame, von außen kommende Einwirkung entstanden, und
- für die Einwirkung besteht Versicherungsschutz nach diesem Vertrag.

In diesem Fall gilt der Ausschluss nicht.

6. Was müssen Sie bei einem Kinder-Tarif und bei Änderungen der Berufstätigkeit oder Beschäftigung beachten?

6.1 Umstellung des Kindertarifs

6.1.1 Nach Ablauf des Versicherungsjahres (Ziffer 10.4), in dem das Kind das X. Lebensjahr vollendet, stellen wir die Versicherung auf den bei Abschluss des Vertrags gültigen Erwachsenentarif um.

Dabei haben Sie folgendes Wahlrecht:

- Sie zahlen den bisherigen Beitrag, und wir reduzieren die Versicherungssummen entsprechend, oder
- Sie behalten die bisherigen Versicherungssummen, und wir berechnen einen entsprechend höheren Beitrag.

6.1.2 Wir werden Sie rechtzeitig über Ihr Wahlrecht informieren. Haben Sie bis spätestens zwei Monate nach Beginn des neuen Versicherungsjahres noch keine Wahl getroffen, führen wir den Vertrag mit reduzierten Versicherungssummen fort.

6.2 Änderung der Berufstätigkeit oder Beschäftigung

Die Höhe des Beitrags hängt maßgeblich von der Berufstätigkeit oder der Beschäftigung der versicherten Person ab.

Grundlage für die Bemessung des Beitrags ist das für Ihren Vertrag geltende Berufsgruppenverzeichnis *(unternehmensindividueller Text zur Fundstelle)*.

6.2.1 Mitteilung der Änderung

Eine Änderung der Berufstätigkeit oder Beschäftigung der versicherten Person müssen Sie uns unverzüglich mitteilen. Freiwilliger Wehrdienst, militärische Reserveübungen und befristete freiwillige soziale Dienste (z.B. Bundesfreiwilligendienst) fallen nicht darunter.

6.2.2 Auswirkungen der Änderung

Errechnen sich für die neue Berufstätigkeit oder Beschäftigung bei gleich bleibendem Beitrag nach dem vereinbarten Tarif niedrigere Versicherungssummen, gelten diese nach Ablauf eines Monats ab der Änderung.

Errechnen sich dagegen höhere Versicherungssummen, gelten diese, sobald uns Ihre Mitteilung zugeht, spätestens jedoch nach Ablauf eines Monats ab der Änderung.

Auch die neu errechneten Versicherungssummen gelten für berufliche und außerberufliche Unfälle.

Auf Ihren Wunsch führen wir den Vertrag auch mit den bisherigen Versicherungssummen bei erhöhtem oder gesenktem Beitrag weiter, sobald uns Ihre Mitteilung zugeht.

Der Leistungsfall

7. Was ist nach einem Unfall zu beachten (Obliegenheiten)?

Die Fristen und sonstigen Voraussetzungen für die einzelnen Leistungsarten sind in Ziffer 2 geregelt.

Im Folgenden beschreiben wir Verhaltensregeln (Obliegenheiten). Sie oder die versicherte Person müssen diese nach einem Unfall beachten, denn ohne Ihre Mithilfe können wir unsere Leistung nicht erbringen.

7.1 Nach einem Unfall, der voraussichtlich zu einer Leistung führt, müssen Sie oder die versicherte Person unverzüglich einen Arzt hinzuziehen, seine Anordnungen befolgen und uns unterrichten.

7.2 Sämtliche Angaben, um die wir Sie oder die versicherte Person bitten, müssen wahrheitsgemäß, vollständig und unverzüglich erteilt werden.

7.3 Wir beauftragen Ärzte, falls dies für die Prüfung unserer Leistungspflicht erforderlich ist. Von diesen Ärzten muss sich die versicherte Person untersuchen lassen.

Wir tragen die notwendigen Kosten und den Verdienstausfall, der durch die Untersuchung entsteht.

7.4 Für die Prüfung unserer Leistungspflicht benötigen wir möglicherweise Auskünfte von

- Ärzten, die die versicherte Person vor oder nach dem Unfall behandelt oder untersucht haben.
- anderen Versicherern, Versicherungsträgern und Behörden.

Sie oder die versicherte Person müssen es uns ermöglichen, die erforderlichen Auskünfte zu erhalten.

Dazu kann die versicherte Person die Ärzte und die genannten Stellen ermächtigen, uns die Auskünfte direkt zu erteilen. Ansonsten kann die versicherte Person die Auskünfte selbst einholen und uns zur Verfügung stellen.

7.5 Wenn der Unfall zum Tod der versicherten Person führt, ist uns dies innerhalb von 48 Stunden zu melden.

Soweit zur Prüfung unserer Leistungspflicht erforderlich, ist uns das Recht zu verschaffen, eine Obduktion – durch einen von uns beauftragten Arzt – durchführen zu lassen.

8. Welche Folgen hat die Nichtbeachtung von Obliegenheiten?

Wenn Sie oder die versicherte Person eine der in Ziffer 7 genannten Obliegenheiten vorsätzlich verletzen, verlieren Sie den Versicherungsschutz.

Bei grob fahrlässiger Verletzung einer Obliegenheit sind wir berechtigt, unsere Leistung in einem der Schwere Ihres Verschuldens entsprechenden Verhältnis zu kürzen.

Beides gilt nur, wenn wir Sie durch gesonderte Mitteilung in Textform auf diese Rechtsfolgen hingewiesen haben.

Weisen Sie nach, dass die Obliegenheit nicht grob fahrlässig verletzt wurde, bleibt der Versicherungsschutz bestehen.

Der Versicherungsschutz bleibt auch bestehen, wenn Sie nachweisen, dass die Verletzung der Obliegenheit weder für den Eintritt oder die

Feststellung des Versicherungsfalls noch für die Feststellung oder den Umfang der Leistung ursächlich war.

Das gilt für vorsätzliche und grob fahrlässige Obliegenheitsverletzungen, nicht aber, wenn Sie oder die versicherte Person die Obliegenheit arglistig verletzt haben.

9. Wann sind die Leistungen fällig?

Wir erbringen unsere Leistungen, nachdem wir die Erhebungen abgeschlossen haben, die zur Feststellung des Versicherungsfalls und des Umfangs unserer Leistungspflicht notwendig sind. Dazu gilt Folgendes:

9.1 Erklärung über die Leistungspflicht

Wir sind verpflichtet, innerhalb eines Monats in Textform zu erklären, ob und in welchem Umfang wir unsere Leistungspflicht anerkennen. Bei Invaliditätsleistung und Unfallrente beträgt die Frist drei Monate.

Die Fristen beginnen, sobald uns folgende Unterlagen zugehen:

- Nachweis des Unfallhergangs und der Unfallfolgen.
- Bei Invaliditätsleistung und Unfallrente zusätzlich der Nachweis über den Abschluss des Heilverfahrens, soweit dies für die Bemessung des Invaliditätsgrads notwendig ist.

Beachten Sie dabei auch die Verhaltensregeln nach Ziffer 7.

Die ärztlichen Gebühren, die Ihnen zur Begründung des Leistungsanspruchs entstehen, übernehmen wir

- bei Invaliditätsleistung bis zu X ‰ der versicherten Summe.
- bei Unfallrente bis zu X Monatsrenten.
- bei Tagegeld und Krankenhaustagegeld jeweils bis zu X Tagessätze.
- bei Kosten für kosmetische Operationen sowie für Such-, Bergungs- und Rettungseinsätze bis zu X % der jeweils versicherten Summe.

Sonstige Kosten übernehmen wir nicht.

9.2 Fälligkeit der Leistung

Erkennen wir den Anspruch an oder haben wir uns mit Ihnen über Grund und Höhe geeinigt, leisten wir innerhalb von zwei Wochen.

9.3 Vorschüsse

Steht die Leistungspflicht zunächst nur dem Grunde nach fest, zahlen wir – auf Ihren Wunsch – angemessene Vorschüsse.

Beispiel: Es steht fest, dass Sie von uns eine Invaliditätsleistung erhalten. Allerdings ist die Höhe der Leistung noch nicht bestimmbar.

Vor Abschluss des Heilverfahrens kann eine Invaliditätsleistung innerhalb eines Jahres nach dem Unfall nur bis zur Höhe einer vereinbarten Todesfallsumme (Ziffer 2.6) beansprucht werden.

9.4 Neubemessung des Invaliditätsgrads

Nach der Bemessung des Invaliditätsgrads können sich Veränderungen des Gesundheitszustands ergeben.

Sie und wir sind berechtigt, den Grad der Invalidität jährlich erneut ärztlich bemessen zu lassen.

Dieses Recht steht Ihnen und uns längstens bis zu drei Jahren nach dem Unfall zu. Bei Kindern bis zur Vollendung des X. Lebensjahres verlängert sich diese Frist von drei auf X Jahre.

- Wenn wir eine Neubemessung wünschen, teilen wir Ihnen dies zusammen mit der Erklärung über unsere Leistungspflicht mit.
- Wenn Sie eine Neubemessung wünschen, müssen Sie uns dies vor Ablauf der Frist mitteilen.

Ergibt die endgültige Bemessung eine niedrigere Invaliditätsleistung, als wir bereits gezahlt haben, fordern wir den überzahlten Betrag zurück.

Die Vertragsdauer

10. Wann beginnt und wann endet der Vertrag?

10.1 Beginn des Versicherungsschutzes

Der Versicherungsschutz beginnt zu dem im Versicherungsschein angegebenen Zeitpunkt. Voraussetzung für den Versicherungsschutz ist, dass Sie den ersten oder den einmaligen Beitrag unverzüglich nach Ablauf von 14 Tagen nach Zugang des Versicherungsscheins zahlen.

10.2 Dauer und Ende des Vertrags

10.2.1 Vertragsdauer

Der Vertrag ist für die im Versicherungsschein angegebene Zeit abgeschlossen.

10.2.2 Stillschweigende Verlängerung

Bei einer Vertragsdauer von mindestens einem Jahr verlängert sich der Vertrag um jeweils ein weiteres Jahr, wenn der Vertrag nicht gekündigt wird. Kündigen können sowohl Sie als auch wir. Die Kündigung muss Ihnen oder uns spätestens drei Monate vor dem Ablauf der Vertragszeit zugehen.

10.2.3 Vertragsbeendigung

Bei einer Vertragsdauer von weniger als einem Jahr endet der Vertrag zum vorgesehenen Zeitpunkt, ohne dass es einer Kündigung bedarf.

Bei einer Vertragsdauer von mehr als drei Jahren können Sie den Vertrag schon zum Ablauf des dritten Jahres oder jedes darauf folgenden Jahres kündigen. Ihre Kündigung muss uns spätestens drei Monate vor Ablauf des jeweiligen Versicherungsjahres zugehen.

10.3 Kündigung nach Versicherungsfall

Nach einem Versicherungsfall können Sie oder wir den Vertrag kündigen,

- wenn wir erstmals eine Leistung erbracht haben.
  oder
- wenn wir erstmals eine Invaliditätsleistung oder die Unfallrente gezahlt haben,
  oder
- wenn Sie gegen uns Klage auf eine Leistung erhoben haben.

Die Kündigung muss Ihnen oder uns spätestens einen Monat nach Leistung oder Beendigung des Rechtsstreits zugegangen sein.

Wenn Sie kündigen, wird Ihre Kündigung wirksam, sobald sie uns zugeht. Sie können jedoch bestimmen, dass die Kündigung zu einem späteren Zeitpunkt wirksam wird; spätestens jedoch am Ende des Versicherungsjahres. Unsere Kündigung wird einen Monat, nachdem Sie sie erhalten haben, wirksam.

10.4 Versicherungsjahr

Das Versicherungsjahr dauert zwölf Monate.

Ausnahme:
Besteht die vereinbarte Vertragsdauer nicht aus ganzen Jahren, wird das erste Versicherungsjahr entsprechend verkürzt. Die folgenden Versicherungsjahre bis zum vereinbarten Vertragsablauf sind jeweils ganze Jahre.

Beispiel: Bei einer Vertragsdauer von 15 Monaten beträgt das erste Versicherungsjahr 3 Monate, das folgende Versicherungsjahr 12 Monate.

Der Versicherungsbeitrag

11. Was müssen Sie bei der Beitragszahlung beachten? Was geschieht, wenn Sie einen Beitrag nicht rechtzeitig zahlen?

11.1 Beitrag und Versicherungsteuer

11.1.1 Beitragszahlung und Versicherungsperiode

Die Beiträge können Sie je nach Vereinbarung monatlich, vierteljährlich, halbjährlich oder jährlich bezahlen. Danach bestimmt sich die Dauer der Versicherungsperiode: Sie beträgt

- bei Monatsbeiträgen einen Monat,
- bei Vierteljahresbeiträgen ein Vierteljahr,
- bei Halbjahresbeiträgen ein Halbjahr und
- bei Jahresbeiträgen ein Jahr.

11.1.2 Versicherungsteuer

Der in Rechnung gestellte Beitrag enthält die Versicherungsteuer. Diese haben Sie in der jeweils vom Gesetz bestimmten Höhe zu zahlen.

11.2 Zahlung und Folgen verspäteter Zahlung/Erster Beitrag

11.2.1 Fälligkeit der Zahlung

Wenn Sie den Versicherungsschein von uns erhalten, müssen Sie den ersten Beitrag unverzüglich nach Ablauf von 14 Tagen bezahlen.

11.2.2 Späterer Beginn des Versicherungsschutzes

Wenn Sie den ersten Beitrag zu einem späteren Zeitpunkt bezahlen, beginnt der Versicherungsschutz erst ab diesem späteren Zeitpunkt. Darauf müssen wir Sie durch gesonderte Mitteilung in Textform oder durch einen auffälligen Hinweis im Versicherungsschein aufmerksam gemacht haben.

Wenn Sie uns nachweisen, dass Sie die verspätete Zahlung nicht verschuldet haben, beginnt der Versicherungsschutz zum vereinbarten Zeitpunkt.

11.2.3 Rücktritt

Wenn Sie den ersten Beitrag nicht rechtzeitig bezahlen, können wir vom Vertrag zurücktreten, solange der Beitrag nicht bezahlt ist. Wir können nicht zurücktreten, wenn Sie nachweisen, dass Sie die verspätete Zahlung nicht verschuldet haben.

11.3 Zahlung und Folgen verspäteter Zahlung/Folgebeitrag

11.3.1 Fälligkeit und Rechtzeitigkeit der Zahlung

Die Folgebeiträge werden zu dem jeweils vereinbarten Zeitpunkt fällig.

11.3.2 Verzug

Wenn Sie einen Folgebeitrag nicht rechtzeitig bezahlen, geraten Sie in Verzug, auch ohne dass Sie eine Mahnung von uns erhalten haben.

Dies gilt nicht, wenn Sie die verspätete Zahlung nicht verschuldet haben.

Bei Verzug sind wir berechtigt, Ersatz für den Schaden zu verlangen, der uns durch den Verzug entstanden ist (Ziffer 11.3.3).

11.3.3 Zahlungsfrist

Wenn Sie einen Folgebeitrag nicht rechtzeitig bezahlen, können wir Ihnen auf Ihre Kosten in Textform eine Zahlungsfrist setzen. Die Zahlungsfrist muss mindestens zwei Wochen betragen.

Unsere Zahlungsaufforderung ist nur wirksam, wenn sie folgende Informationen enthält:

- Die ausstehenden Beträge, die Zinsen und die Kosten müssen im Einzelnen beziffert sein und
- die Rechtsfolgen müssen angegeben sein, die nach Ziffer 11.3.4 mit der Fristüberschreitung verbunden sind.

11.3.4 Verlust des Versicherungsschutzes und Kündigung

Wenn Sie nach Ablauf der Zahlungsfrist den angemahnten Betrag nicht bezahlt haben,

- besteht ab diesem Zeitpunkt bis zur Zahlung kein Versicherungsschutz.
- können wir den Vertrag kündigen, ohne eine Frist einzuhalten.

Wenn Sie nach unserer Kündigung innerhalb eines Monats den angemahnten Betrag bezahlen, besteht der Vertrag fort. Für Versicherungsfälle zwischen dem Ablauf der Zahlungsfrist und Ihrer Zahlung besteht kein Versicherungsschutz.

11.4 Rechtzeitige Zahlung bei SEPA-Lastschriftmandat

Wenn wir die Einziehung des Beitrags von einem Konto vereinbart haben, gilt die Zahlung als rechtzeitig, wenn der Beitrag zu dem Fälligkeitstag eingezogen werden kann und Sie der Einziehung nicht widersprechen.

Die Zahlung gilt auch als rechtzeitig, wenn der fällige Beitrag ohne Ihr Verschulden nicht eingezogen werden kann und Sie nach einer Aufforderung in Textform unverzüglich zahlen.

Wenn Sie es zu vertreten haben, dass der fällige Beitrag nicht eingezogen werden kann, sind wir berechtigt, künftig eine andere Zahlungsweise zu verlangen.

Sie müssen allerdings erst dann zahlen, wenn wir Sie hierzu in Textform aufgefordert haben.

11.5 Beitrag bei vorzeitiger Vertragsbeendigung

Bei vorzeitiger Beendigung des Vertrags haben wir nur Anspruch auf den Teil des Beitrags, der dem Zeitraum des Versicherungsschutzes entspricht.

11.6 Beitragsbefreiung bei der Versicherung von Kindern

Wenn Sie während der Versicherungsdauer sterben und

- Sie bei Versicherungsbeginn das X. Lebensjahr noch nicht vollendet hatten,
- die Versicherung nicht gekündigt war und
- Ihr Tod nicht durch Kriegs- oder Bürgerkriegsereignisse verursacht wurde,

gilt Folgendes:

11.6.1 Wir führen die Versicherung mit dem zu diesem Zeitpunkt geltenden Leistungsumfang bis zum Ablauf des Versicherungsjahres beitragsfrei weiter, in dem das versicherte Kind das X. Lebensjahr vollendet.

11.6.2 Der gesetzliche Vertreter des Kindes wird neuer Versicherungsnehmer, wenn nichts anderes vereinbart ist.

Weitere Bestimmungen

12. Wie sind die Rechtsverhältnisse der am Vertrag beteiligten Personen zueinander?

12.1 Fremdversicherung

Die Ausübung der Rechte aus diesem Vertrag steht ausschließlich Ihnen als Versicherungsnehmer zu. Das gilt auch, wenn die Versicherung gegen Unfälle abgeschlossen ist, die einem anderen zustoßen (Fremdversicherung).

Wir zahlen Leistungen aus dem Versicherungsvertrag auch dann an Sie aus, wenn der Unfall nicht Ihnen, sondern einer anderen versicherten Person zugestoßen ist.

Sie sind neben der versicherten Person für die Erfüllung der Obliegenheiten verantwortlich.

12.2 Rechtsnachfolger und sonstige Anspruchsteller

Alle für Sie geltenden Bestimmungen sind auf Ihren Rechtsnachfolger und sonstige Anspruchsteller entsprechend anzuwenden.

13. Was bedeutet die vorvertragliche Anzeigepflicht und welche Folgen hat ihre Verletzung?

13.1 Vorvertragliche Anzeigepflicht

Sie sind bis zur Abgabe Ihrer Vertragserklärung verpflichtet, alle Ihnen bekannten gefahrerheblichen Umstände, nach denen wir in Textform gefragt haben, wahrheitsgemäß und vollständig anzuzeigen. Gefahrerheblich sind die Umstände, die für unsere Entscheidung, den Vertrag überhaupt oder mit dem vereinbarten Inhalt zu schließen, erheblich sind.

Diese Anzeigepflicht gilt auch für Fragen nach gefahrerheblichen Umständen, die wir

- nach Ihrer Vertragserklärung,
- aber noch vor Vertragsannahme in Textform stellen.

Soll eine andere Person als Sie selbst versichert werden, ist auch diese – neben Ihnen – zu wahrheitsgemäßer und vollständiger Beantwortung der Fragen verpflichtet.

Wenn eine andere Person die Fragen nach gefahrerheblichen Umständen für Sie beantwortet und wenn diese Person den gefahrerheblichen Umstand kennt oder arglistig handelt, werden Sie so behandelt, als hätten Sie selbst davon Kenntnis gehabt oder arglistig gehandelt.

13.2 Mögliche Folgen einer Anzeigepflichtverletzung

Eine Verletzung der Anzeigepflicht kann erhebliche Auswirkungen auf Ihren Versicherungsschutz haben. Wir können in einem solchen Fall

- vom Vertrag zurücktreten,
- den Vertrag kündigen,
- den Vertrag ändern oder
- den Vertrag wegen arglistiger Täuschung anfechten.

13.2.1 Rücktritt

Wird die vorvertragliche Anzeigepflicht verletzt, können wir vom Vertrag zurücktreten. Kein Rücktrittsrecht besteht, wenn

- weder eine vorsätzliche,
- noch eine grob fahrlässige

Anzeigepflichtverletzung vorliegt.

Auch wenn die Anzeigepflicht grob fahrlässig verletzt wird, haben wir trotzdem kein Rücktrittsrecht, wenn wir den Vertrag – möglicherweise zu anderen Bedingungen (z.B. höherer Beitrag oder eingeschränkter Versicherungsschutz) – auch bei Kenntnis der nicht angezeigten gefahrerheblichen Umstände geschlossen hätten.

Im Fall des Rücktritts haben Sie keinen Versicherungsschutz.

Wenn wir nach Eintritt des Versicherungsfalls zurücktreten, bleibt unsere Leistungspflicht unter folgender Voraussetzung bestehen:

Die Verletzung der Anzeigepflicht bezieht sich auf einen gefahrerheblichen Umstand, der

- weder für den Eintritt oder die Feststellung des Versicherungsfalls,
- noch für die Feststellung oder den Umfang unserer Leistungspflicht

ursächlich war.

Wird die Anzeigepflicht arglistig verletzt, entfällt unsere Leistungspflicht.

13.2.2 Kündigung

Wenn unser Rücktrittsrecht ausgeschlossen ist, weil die Verletzung der Anzeigepflicht weder vorsätzlich noch grob fahrlässig erfolgte, können wir den Vertrag unter Einhaltung einer Frist von einem Monat kündigen.

Unser Kündigungsrecht ist ausgeschlossen, wenn wir den Vertrag – möglicherweise zu anderen Bedingungen (z.B. höherer Beitrag oder eingeschränkter Versicherungsschutz) – auch bei Kenntnis der nicht angezeigten gefahrerheblichen Umstände geschlossen hätten.

13.2.3 Vertragsänderung

Können wir nicht zurücktreten oder kündigen, weil wir den Vertrag – möglicherweise zu anderen Bedingungen (z.B. höherer Beitrag oder eingeschränkter Versicherungsschutz) – auch bei Kenntnis der nicht angezeigten gefahrerheblichen Umstände geschlossen hätten, werden die anderen Bedingungen auf unser Verlangen hin rückwirkend Vertragsbestandteil.

Haben Sie die Anzeigepflichtverletzung nicht zu vertreten, werden die anderen Bedingungen erst ab der laufenden Versicherungsperiode (Ziffer 11.1.1) Vertragsbestandteil.

Sie können den Vertrag innerhalb eines Monats, nachdem Sie unsere Mitteilung erhalten haben, fristlos kündigen, wenn

- wir im Rahmen einer Vertragsänderung den Beitrag um mehr als 10 % erhöhen oder
- wir die Gefahrabsicherung für einen nicht angezeigten Umstand ausschließen.

Auf dieses Recht werden wir Sie in der Mitteilung über die Vertragsänderung hinweisen.

13.3 Voraussetzungen für die Ausübung unserer Rechte

Unsere Rechte zum Rücktritt, zur Kündigung oder zur Vertragsänderung stehen uns nur zu, wenn wir Sie durch gesonderte Mitteilung in Textform auf die Folgen einer Anzeigepflichtverletzung hingewiesen haben.

Wir haben kein Recht zum Rücktritt, zur Kündigung oder zur Vertragsänderung, wenn wir den nicht angezeigten Umstand oder die Unrichtigkeit der Anzeige kannten.

Wir können unsere Rechte zum Rücktritt, zur Kündigung oder zur Vertragsänderung nur innerhalb eines Monats schriftlich geltend machen. Die Frist beginnt mit dem Zeitpunkt, zu dem wir von der Verletzung der Anzeigepflicht, die das von uns geltend gemachte Recht begründet, Kenntnis erlangen.

Bei Ausübung unserer Rechte müssen wir die Umstände angeben, auf die wir unsere Erklärung stützen. Zur Begründung können wir nachträglich weitere Umstände angeben, wenn für diese die Monatsfrist noch nicht verstrichen ist.

Nach Ablauf von fünf Jahren seit Vertragsschluss erlöschen unsere Rechte zum Rücktritt, zur Kündigung oder zur Vertragsänderung. Ist der Versicherungsfall vor Ablauf dieser Frist eingetreten, können wir die Rechte auch nach Ablauf der Frist geltend machen.

Ist die Anzeigepflicht vorsätzlich oder arglistig verletzt worden, beträgt die Frist zehn Jahre.

13.4 Anfechtung

Wir können den Vertrag auch anfechten, falls unsere Entscheidung zur Annahme des Vertrags durch unrichtige oder unvollständige Angaben bewusst und gewollt beeinflusst worden ist.

Im Fall der Anfechtung steht uns der Teil des Beitrags zu, der der bis zum Wirksamwerden der Anfechtungserklärung abgelaufenen Vertragszeit entspricht.

13.5 Erweiterung des Versicherungsschutzes

Die Absätze 13.1. bis 13.4 gelten entsprechend, wenn der Versicherungsschutz nachträglich erweitert wird und deshalb eine erneute Risikoprüfung erforderlich ist.

14. Gestrichen

15. Wann verjähren die Ansprüche aus diesem Vertrag?

15.1 Gesetzliche Verjährung

Die Ansprüche aus dem Versicherungsvertrag verjähren in drei Jahren. Die Fristberechnung richtet sich nach den allgemeinen Vorschriften des Bürgerlichen Gesetzbuchs.

15.2 Aussetzung der Verjährung

Ist ein Anspruch aus dem Versicherungsvertrag bei uns geltend gemacht worden, ist die Verjährung gehemmt. Dies gilt von der Geltendmachung bis zu dem Zeitpunkt, zu dem Ihnen unsere Entscheidung in Textform zugeht.

16. An wen können Sie sich wenden, wenn Sie mit uns einmal nicht zufrieden sind?

16.1 Ihre Beschwerdemöglichkeiten

Wenn Sie mit unserer Entscheidung nicht zufrieden sind oder eine Verhandlung mit uns einmal nicht zu dem von Ihnen gewünschten Ergebnis geführt hat, stehen Ihnen insbesondere die nachfolgenden Beschwerdemöglichkeiten offen.

16.1.1 Versicherungsombudsmann

Wenn Sie Verbraucher sind, können Sie sich an den Ombudsmann für Versicherungen wenden. Diesen erreichen Sie derzeit wie folgt:

Versicherungsombudsmann e.V.

Postfach 080632

10006 Berlin

E-Mail: beschwerde@versicherungsombudsmann.de

Internet: www.versicherungsombudsmann.de Der Ombudsmann für Versicherungen ist eine unabhängige und für Verbraucher kostenfrei arbeitende Schlichtungsstelle. Wir haben uns verpflichtet, an dem Schlichtungsverfahren teilzunehmen.

Wenn Sie Verbraucher sind und diesen Vertrag online (z.B. über eine Webseite oder per E-Mail) abgeschlossen haben, können Sie sich mit ihrer Beschwerde auch online an die Plattform http://ec.europa.eu/consumers/odr/ wenden. Ihre Beschwerde wird dann über diese Plattform an den Versicherungsombudsmann weitergeleitet.

16.1.2 Versicherungsaufsicht

Sind Sie mit unserer Betreuung nicht zufrieden oder treten Meinungsverschiedenheiten bei der Vertragsabwicklung auf, können Sie sich auch an die für uns zuständige Aufsicht wenden. Als Versicherungsunternehmen unterliegen wir der Aufsicht der Bundesanstalt für Finanzdienstleistungsaufsicht. Die derzeitigen Kontaktdaten sind:

Bundesanstalt für Finanzdienstleistungsaufsicht (BaFin)

Sektor Versicherungsaufsicht

Graurheindorfer Straße 108

53117 Bonn

E-Mail: poststelle@bafin.de Bitte beachten Sie, dass die BaFin keine Schiedsstelle ist und einzelne Streitfälle nicht verbindlich entscheiden kann.

16.1.3 Unser Beschwerdemanagement

Unabhängig hiervon können Sie sich jederzeit auch an uns wenden. Unsere interne Beschwerdestelle steht Ihnen hierzu zur Verfügung. Sie erreichen diese derzeit wie folgt:

16.2 Zuständige Gerichte

Außerdem haben Sie die Möglichkeit, den Rechtsweg zu beschreiten:

16.2.1 Für Klagen aus dem Versicherungsvertrag gegen uns sind folgende Gerichte zuständig:

- das Gericht am Sitz unseres Unternehmens oder unserer Niederlassung, die für Ihren Vertrag zuständig ist.
- das Gericht Ihres Wohnorts oder, wenn Sie keinen festen Wohnsitz haben, am Ort Ihres gewöhnlichen Aufenthalts.

16.2.2 Für Klagen aus dem Versicherungsvertrag gegen Sie ist das Gericht Ihres Wohnorts oder, wenn Sie keinen festen Wohnsitz haben, das Gericht Ihres gewöhnlichen Aufenthalts zuständig.

17. Was ist bei Mitteilungen an uns zu beachten? Was gilt bei Änderung Ihrer Anschrift?

17.1 Anzeigen oder Erklärungen sollen an folgende Stellen gerichtet werden:

- an unsere Hauptverwaltung oder
- an die Geschäftsstelle, die für Sie zuständig ist. Welche Geschäftsstelle dies ist, ergibt sich aus Ihrem Versicherungsschein oder aus dessen Nachträgen.

17.2 Änderungen Ihrer Anschrift müssen Sie uns mitteilen.

Wenn Sie dies nicht tun und wir Ihnen gegenüber eine rechtliche Erklärung abgeben wollen, gilt Folgendes:

Die Erklärung gilt drei Tage nach der Absendung als zugegangen, wenn wir sie per Einschreiben an Ihre letzte uns bekannte Anschrift geschickt haben.

Das gilt auch, wenn Sie uns eine Änderung Ihres Namens nicht mitteilen.

18. Welches Recht findet Anwendung?

Für diesen Vertrag gilt deutsches Recht.

86. Gesetz über den Verkehr mit Betäubungsmitteln (Betäubungsmittelgesetz – BtMG)

In der Fassung der Bekanntmachung vom 1. März 1994[1)]
(BGBl. I S. 358)

FNA 2121-6-24

Lfd. Nr.	Änderndes Gesetz	Datum	Fundstelle	Betroffen	Hinweis
1.	Art. 3 § 1 Gesundheitseinrichtungen-NeuordnungsG	24.6.1994	BGBl. I S. 1416	Maßgabe, §§ 3, 4, 6–8, 11, 12, 15, 16, 18–21, 25, 27, 28, 32	geänd. mWv 1.7.1994
2.	§ 34 Grundstoffüberwachungs G[2)]	7.10.1994	BGBl. I S. 2835	§§ 21, 29, 29a, 30, 30a, 30c, 33, 35, 37, 38	geänd. mWv 1.3.1995
				§ 18a	aufgeh. mWv 1.3.1995
3.	Art. 2 § 4 Bundesgrenzschutzneuregelungs G	19.10.1994	BGBl. I S. 2978	§ 21	geänd. mWv 1.11.1994
4.	Art. 9 Verbrechensbekämpfungs G	28.10.1994	BGBl. I S. 3186	§§ 29a, 30a	geänd. mWv 1.´12. 1994
5.	Art. 1 Sechste Betäubungsmittelrechts-ÄndVO	14.9.1995	BGBl. I S. 1161	Anl. I	geänd. mWv 27.9.1995
6.	Art. 1 Siebte Betäubungsmittelrechts-ÄndVO	29.3.1996	BGBl. I S. 562	Anl. I	geänd. mWv 4.4.1996
7.	Art. 1 Zweites ÄndG	4.4.1996	BGBl. I S. 582	Inhaltsübersicht, §§ 19, 32	geänd. mWv 16.4.1996
				§ 24a	eingef. mWv 16.4.1996
8.	Art. 1 Achte Betäubungsmittelrechts-ÄndVO	14.11.1996	BGBl. I S. 1728	Anl. I, II, III	geänd. mWv 1.2.1997
9.	Art. 1 Neunte Betäubungsmittelrechts-ÄndVO	28.1.1997	BGBl. I S. 65	Anl. I	geänd. mWv 1.2.1997
10.	Art. 7 JustizmitteilungsG und G zur Änd. kostenrechtlicher Vorschriften und anderer Gesetze	18.6.1997	BGBl. I S. 1430	§ 27	geänd. mWv 1.6.1998
11.	Art. 1 Zehnte Betäubungsmittelrechts-ÄndVO	20.1.1998	BGBl. I S. 74	Anl. I, II, III	geänd. mWv 1.2.1998
12.	Art. 4 G zur Bekämpfung von Sexualdelikten und anderen gefährlichen Straftaten	26.1.1998	BGBl. I S. 160	§§ 36, 38	geänd. mWv 31.1.1998
13.	Art. 1 Zwölfte Betäubungsmittelrechts-ÄndVO	7.10.1998	BGBl. I S. 3126	Anl. I	geänd. mWv 10.10.1998
14.	Art. 1 13. Betäubungsmittelrechts-ÄndVO	27.9.1999	BGBl. I S. 1935	Anl. I	geänd. mWv 10.10.1999

[1)] Neubekanntmachung des BetäubungsmittelG v. 28.7.1981 (BGBl. I S. 681) in der ab 28.2.1994 geltenden Fassung.

[2)] **Amtl. Anm.:** Dieses Gesetz dient der Umsetzung der Richtlinie 92/109/EWG des Rates vom 14. Dezember 1992 über die Herstellung und das Inverkehrbringen bestimmter Stoffe, die zur unerlaubten Herstellung von Suchtstoffen und psychotropen Stoffen verwendet werden (ABl. EG Nr. 370 S. 76).

Lfd. Nr.	Änderndes Gesetz	Datum	Fundstelle	Betroffen	Hinweis
15.	Art. 1 Drittes BtMG-ÄndG	28.3.2000	BGBl. I S. 302	§§ 13, 19, 29, 30c, 31a, 32, 33, 38	geänd. mWv 1.4.2000
				§§ 10a, 39	eingef. mWv 1.4.2000
16.	Art. 1 14. Betäubungsmittelrechts-ÄndVO	27.9.2000	BGBl. I S. 1414	Anl. I	geänd. mWv 10.10.2000
17.	Art. 1 15. Betäubungsmittelrechts-ÄndVO	19.6.2001	BGBl. I S. 1180	Anl. I, II, III	geänd. mWv 1.7.2001
18.	Art. 1 16. Betäubungsmittelrechts-ÄndVO	28.11.2001	BGBl. I S. 3338	Anl. II, III	geänd. mWv 1.3.2002
19.	Art. 1 17. Betäubungsmittelrechts-ÄndVO	12.2.2002	BGBl. I S. 612	Anl. II	geänd. mWv 1.3.2002
20.	Art. 2 Grundstoffüberwachungs G-ÄndG	26.6.2002	BGBl. I S. 2261	§ 32	geänd. mWv 30.6.2002
21.	Art. 18 Achte ZuständigkeitsanpassungsVO	25.11.2003	BGBl. I S. 2304	§§ 1, 12, 20, 21, 25, 26	geänd. mWv 28.11.2003
22.	Art. 1 18. Betäubungsmittelrechts-ÄndVO	22.12.2003	BGBl. 2004 I S. 28	Anl. II	geänd. mWv 10.1.2004
23.	Art. 1 19. Betäubungsmittelrechts-ÄndVO	10.3.2005	BGBl. I S. 757	Anl. I–III	geänd. mWv 18.3.2005
24.	Art. 15 G zur Umbenennung des Bundesgrenzschutzes in Bundespolizei	21.6.2005	BGBl. I S. 1818	Inhaltsübersicht, §§ 21, 26	geänd. mWv 1.7.2005
25.	Art. 35 Neunte ZuständigkeitsanpassungsVO	31.10.2006	BGBl. I S. 2407	§ 1	geänd. mWv 8.11.2006
26.	Art. 1 Zweites JustizmodernisierungsG	22.12.2006	BGBl. I S. 3416	§ 36	geänd. mWv 31.12.2006
27.	Art. 1 20. Betäubungsmittelrechts-ÄndVO	14.2.2007	BGBl. I S. 154	Anl. II	geänd. mWv 1.3.2007
28.	Art. 1 21. Betäubungsmittelrechts-ÄndVO	18.2.2008	BGBl. I S. 246	Anl. I, II, III	geänd. mWv 1.3.2008
29.	Art. 1, 2 22. Betäubungsmittelrechts-ÄndVO[1)]	19.1.2009	BGBl. I S. 49	Anl. II	geänd. mWv 22.1.2009
				Anl. II	geänd. mWv 22.1.2010
30.	Art. 1 G zur diamorphingestützten Substitutionsbehandlung	15.7.2009	BGBl. I S. 1801	§§ 13, 19, 29, 32, Anl. I–III	geänd. mWv 21.7.2009
31.	Art. 5 G zur Änd. arzneimittelrechtlicher und anderer Vorschriften[2)]	17.7.2009	BGBl. I S. 1990	Inhaltübers., §§ 2, 4, 6, 19, 24a, 30a, Anl. I	geänd. mWv 23.7.2009

[1)] **Amtl. Anm.:** Die Verpflichtungen aus der Richtlinie 98/34/EG des Europäischen Parlaments und des Rates vom 22. Juni 1998 über ein Informationsverfahren auf dem Gebiet der Normen und technischen Vorschriften und der Vorschriften für die Dienste der Informationsgesellschaft (ABl. L 204 vom 21.7.1998, S. 37), die zuletzt durch die Richtlinie 2006/96/EG vom 20. November 2006 (ABl. L 363 vom 20.12.2006, S. 81) geändert worden ist, sind beachtet worden.

[2)] **Amtl. Anm.:** Die Verpflichtungen aus der Richtlinie 98/34/EG des Europäischen Parlaments und des Rates vom 22. Juni 1998 über ein Informationsverfahren auf dem Gebiet der Normen und technischen Vorschriften und der Vorschriften für die Dienste der Informationsgesellschaft (ABl. L 204 vom 21.7.1998, S. 37), die zuletzt durch die Richtlinie 2006/96/EG vom 20. November 2006 (ABl. L 363 vom 20.12.2006, S. 81) geändert worden ist, sind beachtet worden. Artikel 1 Nummer 4 Buchstabe c, Nummer 6 und 49 dienen der Umsetzung von Artikel 1 Nummer 4a, Artikel 3 Nummer 7 und Artikel 81 →

Lfd. Nr.	Änderndes Gesetz	Datum	Fundstelle	Betroffen	Hinweis
				§ 39a	eingef. mWv 23.7.2009
32.	Art. 2 43. ÄndG	29.7.2009	BGBl. I S. 2288	§ 31	geänd. mWv 1.9.2009
33.	Art. 1, 2 24. Betäubungsmittelrechts-ÄndVO[1]	18.12. 2009	BGBl. I S. 3944	Anl. I, II	geänd. mWv 22.1.2010
				Anl. III	geänd. mWv 1.6.2010
34.	Art. 6 ArzneimittelmarktneuordnungsG	22.12. 2010	BGBl. I S. 2262	§§ 12, 19, Anl. I	geänd. mWv 1.1.2011
35.	Art. 1 25. VO zur Änd. betäubungsmittelrechtlicher Vorschriften	11.5.2011	BGBl. I S. 821	Anl. I, II, III	geänd. mWv 18.5.2011
				Anl. III	geänd. mWv 1.11.2011
36.	Art. 1 26. VO zur Änd. betäubungsmittelrechtlicher Vorschriften[1]	20.7.2012	BGBl. I S. 1639	Anl. I, II	geänd. mWv 26.7.2012
				Anl. III	geänd. mWv 1.1.2013
37.	Art. 4 Zweites G zur Änd. arzneimittelrechtlicher und anderer Vorschriften	19.10. 2012	BGBl. I S. 2192	§§ 4, 5, 9, 11, 12, 13, 19, 29, 32	geänd. mWv 26.10.2012
38.	Art. 2 46. StrafrechtsänderungsG	10.6.2013	BGBl. I S. 1497	§ 31	geänd. mWv 1.8.2013
39.	Art. 1 27. VO zur Änd. betäubungsmittelrechtlicher Vorschriften[2]	9.7.2013	BGBl. I S. 2274	Anl. I, II, III	geänd. mWv 17.7.2013
40.	Art. 2 Abs. 20, Art. 4 Abs. 7 G zur Strukturreform des Gebührenrechts des Bundes	7.8.2013	BGBl. I S. 3154, Art. 4 Abs. 7 dieses G aufgeh. durch Art. 2 G v. 18.7. 2016, BGBl. I S. 1666	Inhaltsübersicht, § 25	geänd. mWv 15.8.2013
				Inhaltsübersicht	geänd. mWv 14.8.2018, insoweit aufgeh. durch G v. 18.7. 2016 (BGBl. I S. 1666)
				§ 25	aufgeh. mit Ablauf des 13.8. 2018, insoweit aufgeh. durch G v. 18.7.2016

(Fortsetzung der Anm. von voriger Seite)
der Richtlinie 2001/83/EG des Europäischen Parlaments und des Rates vom 6. November 2001 zur Schaffung eines Gemeinschaftskodexes für Humanarzneimittel (ABl. L 311 vom 28. November 2001, S. 67), die zuletzt durch die Richtlinie 2008/29/EG des Europäischen Parlaments und des Rates vom 11. März 2008 (ABl. L 81 vom 20.3.2008, S. 51) geändert worden ist.

[1] **Amtl. Anm.:** Die Verpflichtungen aus der Richtlinie 98/34/EG des Europäischen Parlaments und des Rates vom 22. Juni 1998 über ein Informationsverfahren auf dem Gebiet der Normen und technischen Vorschriften und der Vorschriften für die Dienste der Informationsgesellschaft (ABl. L 204 vom 21.7.1998, S. 37), die zuletzt durch die Richtlinie 2006/96/EG (ABl. L 363 vom 20.12.2006, S. 81) geändert worden ist, sind beachtet worden.

[2] **Amtl. Anm.:** Notifiziert gemäß der Richtlinie 98/34/EG des Europäischen Parlaments und des Rates vom 22. Juni 1998 über ein Informationsverfahren auf dem Gebiet der Normen und technischen Vorschriften und der Vorschriften für die Dienste der Informationsgesellschaft (ABl. L 204 vom 21.07. 1998, S. 37), zuletzt geändert durch Artikel 26 Absatz 2 der Verordnung (EU) Nr. 1025/2012 des Europäischen Parlaments und des Rates vom 25. Oktober 2012 (ABl. L 316 vom 14.11.2012, S. 12).

Lfd. Nr.	Änderndes Gesetz	Datum	Fundstelle	Betroffen	Hinweis
					(BGBl. I S. 1666)
41.	Art. 1 28. VO zur Änd. betäubungsmittelrechtlicher Vorschriften[1]	5.12.2014	BGBl. I S. 1999	Anl. I, II	geänd. mWv 13.12.2014
42.	Art. 1 29. VO zur Änd. betäubungsmittelrechtlicher Vorschriften[1]	18.5.2015	BGBl. I S. 723	Anl. II	geänd. mWv 23.5.2015
43.	Art. 2 G zur Änd. des Agrar- und Fischereifonds-Informationen-G und des BetäubungsmittelG	20.5.2015	BGBl. I S. 725	§§ 19, 24a, Anl. I	geänd. mWv 23.5.2015
44.	Art. 1 30. VO zur Änd. betäubungsmittelrechtlicher Vorschriften[1]	11.11. 2015	BGBl. I S. 1992	Anl. I, II	geänd. mWv 21.11.2015
45.	Art. 1 31. VO zur Änd. betäubungsmittelrechtlicher Vorschriften[2]	31.5.2016	BGBl. I S. 1282	Anl. I, II	geänd. mWv 9.6.2016
46.	Art. 4 Abs. 7 G zur Aktualisierung der Strukturreform des Gebührenrechts des Bundes	18.7.2016	BGBl. I S. 1666	Inhaltsübersicht § 25	geänd. mWv 1.10.2021 aufgeh. mit Ablauf des 30.9. 2021
47.	Art. 1 G zur Änd. betäubungsmittelrechtlicher und anderer Vorschriften[2]	6.3.2017	BGBl. I S. 403	§§ 19, 24a, Anl. I, II, III	geänd. mWv 10.3.2017
48.	Art. 6 Abs. 6 G zur Reform der strafrechtlichen Vermögensabschöpfung	13.4.2017	BGBl. I S. 872	Inhaltsübersicht, § 33 § 30c	geänd. mWv 1.7.2017 aufgeh. mit Ablauf des 30.6. 2017
49.	Art. 1 18. ÄndVO[2]	16.6.2017	BGBl. I S. 1670	Anl. I, II	geänd. mWv 21.6.2017
50.	Art. 1 VO zur Änd. betäubungsmittelrechtlicher und anderer Vorschriften[2]	2.7.2018	BGBl. I S. 1078	Anl. II	geänd. mWv 13.7.2018
51.	Art. 2 VO zur Änd. der Anl. des Neue-psychoaktive-Stoffe-G und von Anl. des BetäubungsmittelG[2]	12.7.2019	BGBl. I S. 1083	Anl. I, II	geänd. mWv 18.7.2019
52.	Art. 8 G für mehr Sicherheit in der Arzneimittelversorgung[3]	9.8.2019	BGBl. I S. 1202	§ 1	geänd. mWv 16.8.2019

[1] **Amtl. Anm.:** Notifiziert gemäß der Richtlinie 98/34/EG des Europäischen Parlaments und des Rates vom 22. Juni 1998 über ein Informationsverfahren auf dem Gebiet der Normen und technischen Vorschriften und der Vorschriften für die Dienste der Informationsgesellschaft (ABl. L 204 vom 21.07. 1998, S. 37), zuletzt geändert durch Artikel 26 Absatz 2 der Verordnung (EU) Nr. 1025/2012 des Europäischen Parlaments und des Rates vom 25. Oktober 2012 (ABl. L 316 vom 14.11.2012, S. 12).

[2] **Amtl. Anm.:** Notifiziert gemäß der Richtlinie (EU) 2015/1535 des Europäischen Parlaments und des Rates vom 9. September 2015 über ein Informationsverfahren auf dem Gebiet der technischen Vorschriften und der Vorschriften für die Dienste der Informationsgesellschaft (ABl. L 241 vom 17.9.2015, S. 1).

[3] **Amtl. Anm.:** Dieses Gesetz dient der Durchführung der Delegierten Verordnung (EU) 2016/161 der Kommission vom 2. Oktober 2015 zur Ergänzung der Richtlinie 2001/83/EG des Europäischen →

Lfd. Nr.	Änderndes Gesetz	Datum	Fundstelle	Betroffen	Hinweis
53.	Art. 1 19. ÄndVO[1]	17.12. 2019	BGBl. I S. 2850	Anl. II	geänd. mWv 21.12.2019
54.	Art. 91 Elfte ZuständigkeitsanpassungsVO	19.6.2020	BGBl. I S. 1328	§ 21	geänd. mWv 27.6.2020
55.	Art. 1 20. VO zur Änd. von Anlagen des BetäubungsmittelG[1]	10.7.2020	BGBl. I S. 1691	Anl. II, III	geänd. mWv 17.7.2020
56.	Art. 4 60. G zur Änd. des Strafgesetzbuches	30.11. 2020	BGBl. I S. 2600	§ 29	geänd. mWv 1.1.2021
57.	Art. 1 21. VO zur Änd. von Anlagen des BetäubungsmittelG[1]	14.1.2021	BGBl. I S. 70	Anl. II	geänd. mWv 21.1.2021
58.	Art. 1 32. VO zur Änd. betäubungsmittelrechtlicher Vorschriften[1]	18.5.2021	BGBl. I S. 1096	Anl. II, III	geänd. mWv 22.5.2021
59.	Art. 11 Digitale-Versorgung-und-Pflege-Modernisierungs-G	3.6.2021	BGBl. I S. 1309	§§ 13, 19	geänd. mWv 9.6.2021
60.	Art. 9 PersonengesellschaftsrechtsmodernisierungsG (MoPeG)	10.8.2021	BGBl. I S. 3436	§§ 5, 22	geänd. mWv 1.1.2024
61.	Art. 8 Abs. 5 G zum Erlass eines Tierarzneimittelgesetzes und zur Anpassung arzneimittelrechtlicher und anderer Vorschriften[1]	27.9.2021	BGBl. I S. 4530	§§ 1, 4, 6	geänd. mWv 28.1.2022
62.	Art. 1 22. VO zur Änd. von Anlagen des BetäubungsmittelG[1]	8.11.2021	BGBl. I S. 4791	Anl. II	geänd. mWv 11.11.2021

(Fortsetzung nächstes Blatt)

(Fortsetzung der Anm. von voriger Seite)
Parlaments und des Rates durch die Festlegung genauer Bestimmungen über die Sicherheitsmerkmale auf der Verpackung von Humanarzneimitteln (ABl. L 32 vom 9.2.2016, S. 1).

[1] **Amtl. Anm.:** Notifiziert gemäß der Richtlinie (EU) 2015/1535 des Europäischen Parlaments und des Rates vom 9. September 2015 über ein Informationsverfahren auf dem Gebiet der technischen Vorschriften und der Vorschriften für die Dienste der Informationsgesellschaft (ABl. L 241 vom 17.9.2015, S. 1).

einzuführen, auszuführen, zu veräußern, abzugeben oder sonst in den Verkehr zu bringen oder eine dieser Handlungen zu fördern, oder

2. mit Betäubungsmitteln in nicht geringer Menge unerlaubt Handel treibt oder sie, ohne Handel zu treiben, einführt, ausführt oder sich verschafft und dabei eine Schußwaffe oder sonstige Gegenstände mit sich führt, die ihrer Art nach zur Verletzung von Personen geeignet und bestimmt sind.

(3) In minder schweren Fällen ist die Strafe Freiheitsstrafe von sechs Monaten bis zu zehn Jahren.

§ 30b Straftaten. § 129 des Strafgesetzbuches[1] gilt auch dann, wenn eine Vereinigung, deren Zwecke oder deren Tätigkeit auf den unbefugten Vertrieb von Betäubungsmitteln im Sinne des § 6 Nr. 5 des Strafgesetzbuches gerichtet sind, nicht oder nicht nur im Inland besteht.

§ 30c[2] *(aufgehoben)*

§ 31[3] **Strafmilderung oder Absehen von Strafe.** [1]Das Gericht kann die Strafe nach § 49 Abs. 1 des Strafgesetzbuches[1] mildern oder, wenn der Täter keine Freiheitsstrafe von mehr als drei Jahren verwirkt hat, von Strafe absehen, wenn der Täter

1. durch freiwilliges Offenbaren seines Wissens wesentlich dazu beigetragen hat, daß eine Straftat nach den §§ 29 bis 30a, die mit seiner Tat im Zusammenhang steht, aufgedeckt werden konnte, oder
2. freiwillig sein Wissen so rechtzeitig einer Dienststelle offenbart, daß eine Straftat nach § 29 Abs. 3, § 29a Abs. 1, § 30 Abs. 1, § 30a Abs. 1, die mit seiner Tat im Zusammenhang steht und von deren Planung er weiß, noch verhindert werden kann.

[2]War der Täter an der Tat beteiligt, muss sich sein Beitrag zur Aufklärung nach Satz 1 Nummer 1 über den eigenen Tatbeitrag hinaus erstrecken. [3]§ 46b Abs. 2 und 3 des Strafgesetzbuches gilt entsprechend.

§ 31a[4] **Absehen von der Verfolgung.** (1) [1]Hat das Verfahren ein Vergehen nach § 29 Abs. 1, 2 oder 4 zum Gegenstand, so kann die Staatsanwaltschaft von der Verfolgung absehen, wenn die Schuld des Täters als gering anzusehen wäre, kein öffentliches Interesse an der Strafverfolgung besteht und der Täter die Betäubungsmittel lediglich zum Eigenverbrauch in geringer Menge anbaut, herstellt, einführt, ausführt, durchführt, erwirbt, sich in sonstiger Weise verschafft oder besitzt. [2]Von der Verfolgung soll abgesehen werden, wenn der Täter in einem Drogenkonsumraum Betäubungsmittel lediglich zum Eigenverbrauch, der nach § 10a geduldet werden kann, in geringer Menge besitzt, ohne zugleich im Besitz einer schriftlichen Erlaubnis für den Erwerb zu sein.

(2) [1]Ist die Klage bereits erhoben, so kann das Gericht in jeder Lage des Verfahrens unter den Voraussetzungen des Absatzes 1 mit Zustimmung der Staatsanwaltschaft und des Angeschuldigten das Verfahren einstellen. [2]Der Zustimmung des Angeschuldigten bedarf es nicht, wenn die Hauptverhandlung aus den in § 205

---

[1] **Habersack, Deutsche Gesetze Nr. 85.**

[2] § 30c aufgeh. mWv 1.7.2017 durch G v. 13.4.2017 (BGBl. I S. 872).

[3] § 31 geänd., Satz 2 eingef., bish. Wortlaut wird Satz 1 mWv 1.9.2009 durch G v. 29.7.2009 (BGBl. I S. 2288); Satz 1 Nr. 1 und 2 geänd., Satz 2 eingef., bish. Satz 2 wird Satz 3 mWv 1.8.2013 durch G v. 10.6.2013 (BGBl. I S. 1497).

[4] § 31a Abs. 1 Satz 2 angef. mWv 1.4.2000 durch G v. 28.3.2000 (BGBl. I S. 302).

der Strafprozeßordnung[1] angeführten Gründen nicht durchgeführt werden kann oder in den Fällen des § 231 Abs. 2 der Strafprozeßordnung und der §§ 232 und 233 der Strafprozeßordnung in seiner Abwesenheit durchgeführt wird. [3]Die Entscheidung ergeht durch Beschluß. [4]Der Beschluß ist nicht anfechtbar.

§ 32[2] Ordnungswidrigkeiten. (1) Ordnungswidrig handelt, wer vorsätzlich oder fahrlässig

1. entgegen § 4 Abs. 3 Satz 1 die Teilnahme am Betäubungsmittelverkehr nicht anzeigt,
2. in einem Antrag nach § 7, auch in Verbindung mit § 10a Abs. 3 oder § 13 Absatz 3 Satz 3, unrichtige Angaben macht oder unrichtige Unterlagen beifügt,
3. entgegen § 8 Abs. 3 Satz 1, auch in Verbindung mit § 10a Abs. 3, eine Änderung nicht richtig, nicht vollständig oder nicht unverzüglich mitteilt,
4. einer vollziehbaren Auflage nach § 9 Abs. 2, auch in Verbindung mit § 10a Abs. 3, zuwiderhandelt,
5. entgegen § 11 Abs. 1 Satz 1 Betäubungsmittel ohne Genehmigung ein- oder ausführt,
6. einer Rechtsverordnung nach § 11 Abs. 2 Satz 2 Nr. 2 bis 4, § 12 Abs. 4, § 13 Abs. 3 Satz 2 Nr. 2, 3 oder 4, § 20 Abs. 1 oder § 28 Abs. 2 zuwiderhandelt, soweit sie für einen bestimmten Tatbestand auf diese Bußgeldvorschrift verweist,
7. entgegen § 12 Abs. 1 Betäubungsmittel abgibt oder entgegen § 12 Abs. 2 die Abgabe oder den Erwerb nicht richtig, nicht vollständig oder nicht unverzüglich meldet oder den Empfang nicht bestätigt,

7a. entgegen § 13 Absatz 1a Satz 3 nicht, nicht richtig oder nicht rechtzeitig bei einer Apotheke anfragt,

7b. entgegen § 13 Absatz 1a Satz 4 oder 5 eine Aufzeichnung nicht, nicht richtig oder nicht vollständig führt oder eine Aufzeichnung nicht oder nicht mindestens drei Jahre aufbewahrt,

8. entgegen § 14 Abs. 1 bis 4 Betäubungsmittel nicht vorschriftsmäßig kennzeichnet,
9. einer vollziehbaren Anordnung nach § 15 Satz 2 zuwiderhandelt,

(Fortsetzung nächstes Blatt)

[1] **Habersack, Deutsche Gesetze Nr. 90.**

[2] § 32 Abs. 3 geänd. durch G v. 24.6.1994 (BGBl. I S. 1416); Abs. 1 Nr. 13 geänd., Nr. 14 eingef., bish. Nr. 14 wird Nr. 15 und Abs. 3 zweiter Halbsatz angef. durch G v. 4.4.1996 (BGBl. I S. 582); Abs. 1 Nrn. 2, 3 und 4 geänd., Nr. 6 neu gef. mWv 1.4.2000 durch G v. 28.3.2000 (BGBl. I S. 302); Abs. 2 geänd. mWv 30.6.2002 durch G v. 26.6.2002 (BGBl. I S. 2261); Abs. 1 Nr. 2 geänd. mWv 21.7.2009 durch G v. 15.7.2009 (BGBl. I S. 1801); Abs. 1 Nr. 7a und 7b eingef. mWv 26.10.2012 durch G v. 19.10. 2012 (BGBl. I S. 2192).

Anlage II.[1)] (verkehrsfähige, aber nicht verschreibungsfähige Betäubungsmittel)

INN	andere nicht geschützte oder Trivialnamen	chemische Namen (IUPAC)
–	AB-CHMINACA	*N*-(1-Amino-3-methyl-1-oxobutan-2-yl)-1-(cyclohexylmethyl)-1*H*-indazol-3-carboxamid
–	AB-FUBINACA	*N*-(1-Amino-3-methyl-1-oxobutan-2-yl)-1-[(4-fluorphenyl)methyl]-1*H*-indazol-3-carboxamid
–	AB-PINACA	*N*-(1-Amino-3-methyl-1-oxobutan-2-yl)-1-pentyl-1*H*-indazol-3-carboxamid
–	Acetylfentanyl (Desmethylfentanyl)	*N*-Phenyl-*N*-[1-(2-phenylethyl)piperidin-4-yl]acetamid
–	Acryloylfentanyl (Acrylfentanyl, ACF)	*N*-Phenyl-*N*-[1-(2-phenylethyl)piperidin-4-yl]prop-3-enamid
–	1-Adamantyl(1-pentyl-1H-indol-3-yl)methanon	(Adamantan-1-yl)(1-pentyl-1*H*-indol-3-yl)methanon
–	ADB-CHMINACA (MAB-CHMINACA)	*N*-(1-Amino-3,3-dimethyl-1-oxobutan-2-yl)-1-(cyclohexylmethyl)-1*H*-indazol-3-carboxamid
–	ADB-FUBINACA	*N*-(1-Amino-3,3-dimethyl-1-oxobutan-2-yl)-1-[(4-fluorphenyl)methyl]-1*H*-indazol-3-carboxamid
–	AH-7921 (Doxylam)	3,4-Dichlor-*N*-{[1-(dimethylamino)cyclohexyl]methyl}benzamid
–	AKB-48 (APINACA)	*N*-(Adamantan-1-yl)-1-pentyl-1*H*-indazol-3-carboxamid
–	AKB-48F	*N*-(Adamantan-1-yl)-1-(5-fluorpentyl)-1*H*-indazol-3-carboxamid
–	Alpha-PVT (α-PVT, alpha-Pyrrolidinopentiothiophenon)	2-(Pyrrolidin-1-yl)-1-(thiophen-2-yl)pentan-1-on
–	AM-694	[1-(5-Fluorpentyl)-1*H*-indol-3-yl](2-iodphenyl)methanon
–	AM-1220	{1-[(1-Methylpiperidin-2-yl)methyl]-1*H*-indol-3-yl}(naphthalin-1-yl)methanon

[1)] Anl. II neu gef. mWv 1.7.2001 durch G v. 19.6.2001 (BGBl. I S. 1180); geänd. mWv 1.3.2002 durch G v. 28.11.2001 (BGBl. I S. 3338) und VO v. 12.2.2002 (BGBl. I S. 612); geänd. mWv 10.1.2004 durch VO v. 22.12.2003 (BGBl. I 2004 S. 28); geänd. mWv 18.3.2005 durch VO v. 10.3.2005 (BGBl. I S. 757); geänd. mWv 1.3.2007 durch VO v. 14.2.2007 (BGBl. I S. 154); geänd. mWv 1.3.2008 durch VO v. 18.2.2008 (BGBl. I S. 246); geänd. mWv 22.1.2009 und mWv 22.1.2010 durch VO v. 19.1.2009 (BGBl. I S. 49); geänd. mWv 21.7.2009 durch G v. 15.7.2009 (BGBl. I S. 1801); geänd. mWv 22.1.2010 durch VO v. 18.12.2009 (BGBl. I S. 3944); geänd. mWv 18.5.2011 durch VO v. 11.5.2011 (BGBl. I S. 821); geänd. mWv 26.7.2012 durch VO v. 20.7.2012 (BGBl. I S. 1639); geänd. mWv 17.7.2013 durch VO v. 9.7.2013 (BGBl. I S. 2274); geänd. mWv 13.12.2014 durch VO v. 5.12.2014 (BGBl. I S. 1999); geänd. mWv 23.5.2015 durch VO v. 18.5.2015 (BGBl. I S. 723); geänd. mWv 21.11.2015 durch VO v. 11.11.2015 (BGBl. I S. 1992); geänd. mWv 9.6.2016 durch VO v. 31.5.2016 (BGBl. I S. 1282); geänd. mWv 10.3.2017 durch G v. 6.3.2017 (BGBl. I S. 403); geänd. mWv 21.6.2017 durch VO v. 16.6.2017 (BGBl. I S. 1670); geänd. mWv 13.7.2018 durch VO v. 2.7.2018 (BGBl. I S. 1078); geänd. mWv 18.7.2019 durch VO v. 12.7.2019 (BGBl. I S. 1083); geänd. mWv 21.12.2019 durch VO v. 17.12.2019 (BGBl. I S. 2850); geänd. mWv 17.7.2020 durch VO v. 10.7.2020 (BGBl. I S. 1691); geänd. mWv 21.1.2021 durch VO v. 14.1.2021 (BGBl. I S. 70); geänd. mWv 22.5.2021 durch VO v. 18.5.2021 (BGBl. I S. 1096); geänd. mWv 11.11.2021 durch VO v. 8.11.2021 (BGBl. I S. 4791).

INN	andere nicht geschützte oder Trivialnamen	chemische Namen (IUPAC)
–	AM-1220-Azepan	[1-(1-Methylazepan-3-yl)-1*H*-indol-3-yl](naphthalin-1-yl)methanon
–	AM-2201	[1-(5-Fluorpentyl)-1*H*-indol-3-yl](naphthalin-1-yl)methanon
–	AM-2232	5-[3-(Naphthalin-1-carbonyl)-1*H*-indol-1-yl]pentannitril
–	AM-2233	(2-Iodphenyl){1-[(1-methylpiperidin-2-yl)methyl]-1*H*-indol-3-yl}methanon
–	AMB-CHMICA (MMB-CHMICA)	Methyl{2-[1-(cyclohexylmethyl)-1*H*-indol-3-carboxamido]-3-methylbutanoat}
–	AMB-FUBINACA (FUB-AMB)	Methyl(2-{1-[(4-fluorphenyl)methyl]-1*H*-indazol-3-carboxamid}-3-methylbutanoat)
Amfetaminil	–	(Phenyl)[(1-phenylpropan-2-yl) amino]acetonitril
Amineptin	–	7-(10,11-Dihydro-5H-dibenzo[a,d][7]annulen-5-ylamino)heptansäure
Aminorex	–	5-Phenyl-4,5-dihydro-1,3-oxazol-2-ylazan
–	5-APB	1-(Benzofuran-5-yl)propan-2-amin
–	6-APB	1-(Benzofuran-6-yl)propan-2-amin
–	APICA (SDB-001, 2NE1)	*N*-(Adamantan-1-yl)-1-pentyl-1*H*-indol-3-carboxamid
–	BB-22 (QUCHIC)	Chinolin-8-yl[1-(cyclohexylmethyl)-1*H*-indol-3-carboxylat]
–	Benzylpiperazin (BZP)	1-Benzylpiperazin
–	Buphedron	2-(Methylamino)-1-phenylbutan-1-on
Butalbital	–	5-Allyl-5-isobutylbarbitursäure
–	**Butobarbital**	5-Butyl-5-ethylpyrimidin-2,4,6(1*H*,3*H*,5*H*)-trion
–	Butylon	1-(Benzo[d][1,3]dioxol-5-yl)-2-(methylamino)butan-1-on
–	Butyrfentanyl (Butyrylfentanyl)	*N*-Phenyl-*N*-[1-(2-phenylethyl)piperidin-4-yl]butanamid
Cetobemidon	Ketobemidon	1-[4-(3-Hydroxyphenyl)-1-methyl-4-piperidyl]propan-1-on
–	5Cl-AKB-48 (5C-AKB-48, AKB-48Cl, 5CI-APINACA, 5C-APINACA)	*N*-(Adamantan-1-yl)-1-(5-chlorpentyl)-1*H*-indazol-3-carboxamid
–	5Cl-JWH-018 (JWH-018 N-(5-Chlorpentyl)-Analogon)	[1-(5-Chlorpentyl)-1*H*-indol-3-yl](naphthalin-1-yl)methanon
–	Clonazolam (Clonitrazolam)	6-(2-Chlorphenyl)-1-methyl-8-nitro-4*H*-[1,2,4]triazolo[4,3-*a*][1,4]benzodiazepin
–	***d*-Cocain**	Methyl[3*β*-(benzoyloxy)tropan-2α-carboxylat]
–	CP 47,497 (*cis*-3-[4-(1,1-Dimethylheptyl)-2-hydroxyphenyl]-cyclohexanol)	5-(1,1-Dimethylheptyl)-2-[(1*RS*,3*SR*)-3-hydroxycyclohexyl]-phenol

INN	andere nicht geschützte oder Trivialnamen	chemische Namen (IUPAC)
–	CP 47,497-C6-Homolog (*cis*-3-[4-(1,1-Dimethylhexyl)-2-hydroxyphenyl]-cyclohexanol)	5-(1,1-Dimethylhexyl)-2-[(1*RS*,3*SR*)-3-hydroxycyclohexyl]-phenol
–	CP 47,497-C8-Homolog (*cis*-3-[4-(1,1-Dimethyloctyl)-2-hydroxyphenyl]-cyclohexanol)	5-(1,1-Dimethyloctyl)-2-[(1*RS*,3*SR*)-3-hydroxycyclohexyl]-phenol
–	CP 47,497-C9-Homolog (*cis*-3-[4-(1,1-Dimethylnonyl)-2-hydroxyphenyl]-cyclohexanol)	5-(1,1-Dimethylnonyl)-2-[(1*RS*,3*SR*)-3-hydroxycyclohexyl]-phenol
–	Crotonylfentanyl	(2E)-*N*-Phenyl-*N*-[1-(2-phenylethyl)piperidin-4-yl]but-2-enamid
–	CUMYL-4CN-BINACA* (SGT-78)	1-(4-Cyanobutyl)-*N*-(2-phenylpropan-2-yl)-1*H*-indazol-3-carboxamid
–	CUMYL-5F-P7AICA (5-Fluor-CUMYL-P7AICA, SGT-263)	1-(5-Fluorpentyl)-*N*-(2-phenylpropan-2-yl)-1*H*-pyrrolo[2,3-*b*]pyridin-3-carboxamid
–	CUMYL-5F-PEGACLONE (5F-Cumyl-PeGaClone, 5F-SGT-151)	5-(5-Fluorpentyl)-2-(2-phenylpropan-2-yl)-2,5-dihydro-1*H*-pyrido[4,3-*b*]indol-1-on
–	CUMYL-PEGACLONE (SGT-151)	5-Pentyl-2-(2-phenylpropan-2-yl)-2,5-dihydro-1*H*-pyrido[4,3-*b*]indol-1-on
Cyclobarbital	–	5-(Cyclohex-1-en-1-yl)-5-ethylpyrimidin-2,4,6(1*H*,3*H*,5*H*)-trion
–	Cyclopropylfentanyl*	*N*-Phenyl-*N*-[1-(2-phenylethyl)piperidin-4-yl]cyclopropancarboxamid
–	Desoxypipradrol (2-DPMP)	2-(Diphenylmethyl)piperidin
–	**Dextromethadon**	(*S*)-6-Dimethylamino-4,4-diphenylheptan-3-on
Dextromoramid	–	(*S*)-3-Methyl-4-morpholino-2,2-diphenyl-1-(pyrrolidin-1-yl)butan-1-on
Dextropropoxyphen	–	[(2*S*,3*R*)-4-Dimethylamino-3-methyl-1,2-diphenylbutan-2-yl]propionat
–	**Diamorphin**	[(5R,6S)-4,5-Epoxy-17- methylmorphin-7-en-3,6- diyl]diacetat
– sofern es zur Herstellung von Zubereitungen zu medizinischen Zwecken bestimmt ist –		
–	Diclazepam (2'-Chlordiazepam)	7-Chlor-5-(2-chlorphenyl)-1-methyl-1,3-dihydro-2*H*-1,4-benzodiazepin-2-on
Difenoxin	–	1-(3-Cyan-3,3-diphenylpropyl)-4-phenylpiperidin-4-carbonsäure
– ausgenommen in Zubereitungen, die ohne einen weiteren Stoff der Anlagen I bis III je abgeteilte Form bis zu 0,5 mg Difenoxin, berechnet als Base, und, bezogen auf diese Menge, mindestens 5 vom Hundert Atropinsulfat enthalten –		
–	**Dihydromorphin**	4,5α-Epoxy-17-methylmorphinan-3,6α-diol
–	Dihydrothebain	4,5α-Epoxy-3,6-dimethoxy-17-methylmorphin-6-en
–	Dimethocain (DMC, Larocain)	(3-Diethylamino-2,2-dimethylpropyl)-4-aminobenzoat

INN	andere nicht geschützte oder Trivialnamen	chemische Namen (IUPAC)
–	2,5-Dimethoxy-4-iodamfetamin (DOI)	1-(4-Iod-2,5-dimethoxyphenyl)propan-2-amin
–	3,4-Dimethylmethcathinon (3,4-DMMC)	1-(3,4-Dimethylphenyl)-2-(methylamino)propan-1-on
–	Diphenidin (1,2-DEP, DPD, DND, 1,2-Diphenylethylpiperidin)	1-(1,2-Diphenylethyl)piperidin
Diphenoxylat	–	Ethyl[1-(3-cyan-3,3-diphenylpropyl)-4-phenylpiperidin-4-carboxylat]

– ausgenommen in Zubereitungen, die ohne einen weiteren Stoff der Anlagen I bis III bis zu 0,25 vom Hundert oder je abgeteilte Form bis zu 2,5 mg Diphenoxylat, berechnet als Base, und, bezogen auf diese Mengen, mindestens 1 vom Hundert Atropinsulfat enthalten –

–	4,4'-DMAR (para-Methyl-4-methylaminorex)	4-Methyl-5-(4-methylphenyl)-4,5-dihydro-1,3-oxazol-2-amin
–	EAM-2201 (5-Fluor-JWH-210)	(4-Ethylnaphthalin-1-yl)[1-(5-fluorpentyl)-1*H*-indol-3-yl]methanon
–	**Ecgonin**	3*β*-Hydroxytropan-2*β*-carbonsäure
–	**Erythroxylum coca** (Pflanzen und Pflanzenteile der zur Art Erythroxylum coca – einschließlich der Varietäten bolivianum, spruceanum und novogranatense – gehörenden Pflanzen)	–
–	Ethcathinon	(*RS*)-2-(Ethylamino)-1-phenylpropan-1-on
Ethchlorvynol	–	1-Chlor-3-ethylpent-1-en-4-in-3-ol
Ethinamat	–	(1-Ethinylcyclohexyl)carbamat
–	*N*-Ethylhexedron (Ethyl-Hexedron, HexEn, Ethyl-Hex, NEH)	2-(Ethylamino)-1-phenylhexan-1-on
–	**3-*O*-Ethylmorphin** (Ethylmorphin)	4,5α-Epoxy-3-ethoxy-17-methylmorphin-7-en-6α-ol

– ausgenommen in Zubereitungen, die ohne einen weiteren Stoff der Anlagen I bis III bis zu 2,5 vom Hundert oder je abgeteilte Form bis zu 100 mg Ethylmorphin, berechnet als Base, enthalten –

–	*N*-Ethylnorpentylon (Ephylon, bk-EBDP, bk-Ethyl-K)	1-(1,3-Benzodioxol-5-yl)-2-(ethylamino)pentan-1-on
–	Ethylphenidat	Ethyl[2-(phenyl)-2-(piperidin-2-yl)acetat]
Etilamfetamin	*N*-Ethylamphetamin	(Ethyl)(1-phenylpropan-2-yl)azan
–	5F-ABICA (5F-AMBICA, 5-Fluor-ABICA,5-Fluor-AMBICA)	*N*-(1-Amino-3-methyl-1-oxobutan-2-yl)-1-(5-fluorpentyl)-1*H*-indol-3-carboxamid
–	5F-AB-PINACA (5-Fluor-AB-PINACA)	*N*-(1-Amino-3-methyl-1-oxobutan-2-yl)-1-(5-fluorpentyl)-1*H*-indazol-3-carboxamid
–	5F-ADB (5F-MDMB-PINACA)	Methyl{2-[1-(5-fluorpentyl)-1*H*-indazol-3-carboxamid]-3,3-dimethylbutanoat}
–	5F-AMB (5-Fluor-AMB)	Methyl{2-[1-(5-fluorpentyl)-1*H*-indazol-3-carboxamido]-3-methylbutanoat}
–	FDU-PB-22	Naphthalin-1-yl{1[(4-fluorphenyl)methyl]-1*H*-indol-3-carboxylat}

INN	andere nicht geschützte oder Trivialnamen	chemische Namen (IUPAC)
Fencamfamin	–	N-Ethyl-3-phenylbicyclo[2.2.1] heptan-2-amin
–	Flephedron (4-Fluormethcathinon, 4-FMC)	1-(4-Fluorphenyl)-2-(methylamino)-propan-1-on
–	Flualprazolam (2-Fluor-Alprazolam, SCHEMBL7327360, Flu-Alp)	8-Chlor-6-(2-fluorphenyl)-1-methyl-4*H*-[1,2,4] triazolo[4,3-*a*] [1,4] benzodiazepin
–	Flubromazepam	7-Brom-5-(2-fluorphenyl)-1,3-dihydro-2*H*-1,4-benzodiazepin-2-on
–	Flubromazolam	8-Brom-6-(2-fluorphenyl)-1-methyl-4*H*-[1,2,4]triazolo[4,3-a][1,4] benzodiazepin
–	4-Fluorisobutyrfentanyl (4-Fluorisobutyrylfentanyl, 4F-iBF, p-FIBF)	*N*-(4-Fluorphenyl)-2-methyl-*N*-[1-(2-phenylethyl)piperidin-4-yl]propanamid
–	4-Fluormethamfetamin (4-FMA)	1-(4-Fluorphenyl)-N-methylpropan-2-amin
–	3-Fluormethcathinon (3-FMC)	1-(3-Fluorphenyl)-2-(methylamino) propan-1-on
–	5-Fluorpentyl-JWH-122 (MAM-2201)	[1-(5-Fluorpentyl)-1*H*-indol-3-yl](4-methylnaphthalin-1-yl)methanon
–	p-Fluorphenylpiperazin (p-FPP)	1-(4-Fluorphenyl)piperazin
–	4-Fluortropacocain	3-(4-Fluorbenzoyloxy)tropan
–	5-Fluor-UR-144 (XLR-11)	[1-(5-Fluorpentyl)-1*H*-indol-3-yl] (2,2,3,3-tetramethylcyclopropyl)methanon
–	4F-MDMB-BICA (4F-MDMB-BUTICA, 4FBC, 4FBCA, MDMB-073-F, 4F-MDMB-2201)	Methyl{2-[1-(4-fluorbutyl)-1*H*-indol-3-carboxamido]-3,3-dimethylbutanoat}
–	4F-MDMB-BINACA (4F-MDMB-BUTINACA, 4F-ADB)	Methyl{2-[1-(4-fluorbutyl)-1*H*-indazol-3-carboxamido]-3,3-dimethylbutanoat}
–	5F-MDMB-PICA (5F-MDMB-2201)	Methyl{2-[1-(5-fluorpentyl)-1*H*-indol-3-carboxamido]-3,3-dimethylbutanoat}
–	5F-MN-18 (AM-2201 Indazolcarboxamid-Analogon)	1-(5-Fluorpentyl)-*N*-1-(naphthalin-1-yl)-1*H*-indazol-3-carboxamid
–	5F-PB-22 (5F-QUPIC)	Chinolin-8-yl[1-(5-fluorpentyl)indol-3-carboxylat]
–	5F-SDB-006	*N*-Benzyl-1-(5-fluorpentyl)-1*H*-indol-3-carboxamid
–	FUB-PB-22	Chinolin-8-yl{1-[(4-fluorphenyl) methyl]-1*H*-indol-3-carboxylat}
–	Furanylfentanyl (FU-F)	*N*-Phenyl-*N*-[1-(2-phenylethyl)piperidin-4-yl]furan-2-carboxamid
Glutethimid	–	3-Ethyl-3-phenylpiperidin-2,6-dion
–	**Isocodein**	4,5α-Epoxy-3-methoxy-17-methylmorphin-7-en-6β-ol
Isomethadon	–	6-Dimethylamino-5-methyl-4,4-diphenylhexan-3-on

INN	andere nicht geschützte oder Trivialnamen	chemische Namen (IUPAC)
–	Isotonitazen (Iso)	*N,N*-Diethyl-2-{[4-(1-methylethoxy)phenyl]methyl}-5-nitro-1*H*-benzimidazol-1-ethanamin
–	JWH-007	(2-Methyl-1-pentyl-1*H*-indol-3-yl)(naphthalin-1-yl)methanon
–	JWH-015	(2-Methyl-1-propyl-1*H*-indol-3-yl)(naphthalin-1-yl)methanon
–	JWH-018 (1-Pentyl-3-(1-naphthoyl)indol)	(Naphthalin-1-yl)(1-pentyl-1*H*-indol-3-yl)methanon
–	JWH-019 (1-Hexyl-3-(1-naphthoyl)indol)	(Naphthalin-1-yl)(1-hexyl-1*H*-indol-3-yl)methanon
–	JWH-073 (1-Butyl-3-(1-naphthoyl)indol)	(Naphthalin-1-yl)(1-butyl-1*H*-indol-3-yl)methanon
–	JWH-081	(4-Methoxynaphthalin-1-yl)(1-pentyl-1*H*-indol-3-yl)methanon
–	JWH-122	(4-Methylnaphthalin-1-yl)(1-pentyl-1*H*-indol-3-yl)methanon
–	JWH-200	[1-(2-Morpholinoethyl)-1*H*-indol-3-yl](naphthalin-1-yl)methanon
–	JWH-203	2-(2-Chlorphenyl)-1-(1-pentyl-1*H*-indol-3-yl)ethanon
–	JWH-210	(4-Ethylnaphthalin-1-yl)(1-pentyl-1*H*-indol-3-yl)methanon
–	JWH-250 (1-Pentyl-3-(2-methoxyphenylacetyl)indol)	2-(2-Methoxyphenyl)-1-(1-pentyl-1*H*-indol-3-yl)ethanon
–	JWH-251	2-(2-Methylphenyl)-1-(1-pentyl-1*H*-indol-3-yl)ethanon
–	JWH-307	[5-(2-Fluorphenyl)-1-pentyl-1*H*-pyrrol-3-yl](naphthalin-1-yl)methanon
Levamfetamin	Levamphetamin	(*R*)-1-Phenylpropan-2-ylazan
–	Levmetamfetamin (Levometamfetamin)	(*R*)-(Methyl)(1-phenylpropan-2-yl)azan
Levomoramid	–	(*R*)-3-Methyl-4-morpholino-2,2-diphenyl-1-(pyrrolidin-1-yl)butan-1-on
Levorphanol	–	(9*R*,13*R*,14*R*)-17-Methylmorphinan-3-ol
Mazindol	–	5-(4-Chlorphenyl)-2,5-dihydro-3*H*-imidazol[2,1-a]isoindol-5-ol
–	MDMB-CHMCZCA (EGMB-CHMINACA)	Methyl{2-[9-(cyclohexylmethyl)-9*H*-carbazol-3-carboxamido]-3,3-dimethylbutanoat}
–	MDMB-CHMICA	Methyl{2-[1-(cyclohexylmethyl)-1*H*-indol-3-carboxamido]-3,3-dimethylbutanoat}
–	MDMB-4en-PINACA	Methyl{2-[1-(pent-4-en-1-yl)-1*H*-indazol-3-carboxamido]-3,3-dimethylbutanoat}
Mefenorex	–	3-Chlor-N-(1-phenylpropan-2-yl)propan-1-amin
Meprobamat	–	(2-Methyl-2-propylpropan-1,3-diyl)dicarbamat

INN	andere nicht geschützte oder Trivialnamen	chemische Namen (IUPAC)
Mesocarb	–	(Phenylcarbamoyl)[3-(1-phenylpropan-2-yl)-1,2,3-oxadiazol-3-ium-5-yl]azanid
–	meta-Chlorphenylpiperazin (m-CPP)	1-(3-Chlorphenyl)piperazin
Metamfetamin	Methamphetamin	(2S)-*N*-Methyl-1-phenylpropan-2-amin
(*RS*)-Metamfetamin	Metamfetaminracemat	(*RS*)-(Methyl)(1-phenylpropan-2-yl)azan
–	Methadon-Zwischenprodukt (Premethadon)	4-Dimethylamino-2,2-diphenylpentannitril
Methaqualon	–	2-Methyl-3-(2-methylphenyl) chinazolin-4(3*H*)-on
–	Methedron (4-Methoxymethcathinon, PMMC)	1-(4-Methoxyphenyl)-2-(methylamino)propan-1-on
–	Methoxyacetylfentanyl*	2-Methoxy-*N*-phenyl-*N*-[1-(2-phenylethyl)piperidin-4-yl]acetamid
–	p-Methoxyethylamfetamin (PMEA)	N-Ethyl-1-(4-methoxyphenyl)propan-2-amin

(Fortsetzung nächstes Blatt)

90e. Richtlinien für das Strafverfahren und das Bußgeldverfahren (RiStBV)

Vom 1. Januar 1977[1)]

(vgl. Bek. des BMJ v. 21.12.1976, BAnz. Nr. 245 S. 2)

Die Richtlinien sind im Bund und in den Ländern durch folgende Verfügungen eingeführt, geändert und ergänzt worden:

- **Bund:** Bek. v. 21.12.1976 (BAnz. Nr. 245), v. 23.6.1980 (BAnz. Nr. 116), v. 2.8.1982 (BAnz. Nr. 107), v. 20.2.1984 (BAnz. Nr. 63), v. 11.3.1986 (BAnz. Nr. 60), v. 17.9.1987 (BAnz. Nr. 181), v. 8.9.1988 (BAnz. Nr. 183, 188), v. 23.3.1990 (BAnz. Nr. 63), v. 18.4.1991 (BAnz. Nr. 81), v. 15.9.1992 (BAnz. Nr. 184), v. 25.8.1994 (BAnz. Nr. 166), v. 22.1.1997 (BAnz. Nr. 18), v. 12.6.1998 (BAnz. Nr. 112), v. 4.6.1999 (BAnz. Nr. 106), v. 21.7.2000 (BAnz. Nr. 141), v. 14.6.2002 (BAnz. Nr. 113 S. 13685), v. 18.4.2005 (BAnz. Nr. 80 S. 6823), v. 24.5.2006 (BAnz. Nr. 131 S. 5074), v. 1.11.2007 (BAnz. Nr. 208 S. 7950), v. 13.3.2012 (BAnz AT 02.05.2012 B1), v. 23.7.2014 (BAnz AT 18.08.2014 B1), v. 21.7.2015 (BAnz AT 31.07.2015 B1), v. 15.8.2016 (BAnz AT 24.08.2016 B1), v. 26.11.2018 (BAnz AT 30.11.2018 B3), v. 8.11.2021 (BAnz AT 24.11.2021 B1)
- **Baden-Württemberg:** AV v. 19.11.1976 (Die Justiz 1977 S. 3), v. 9.6.1980 (Die Justiz S. 346), v. 8.6.1982 (Die Justiz S. 244), v. 6.3.1984 (Die Justiz S. 154), v. 5.3.1986 (Die Justiz S. 125), v. 2.9.1987 (Die Justiz S. 407), v. 5.9.1988 (Die Justiz S. 424), v. 12.3.1990 (Die Justiz S. 150), v. 10.4.1991 (Die Justiz S. 514), v. 7.8.1992 (Die Justiz S. 382), v. 15.8.1994 (Die Justiz S. 359), v. 20.1.1997 (Die Justiz S. 76), v. 9.4.1998 (Die Justiz S. 199), v. 17.7.2000 (Die Justiz S. 281), v. 2.5.2002 (Die Justiz S. 243), v. 11.7.2006 (Die Justiz S. 298), v. 24.9.2007 (Die Justiz S. 342), v. 13.3.2012 (Die Justiz S. 262), v. 13.8.2014 (Die Justiz S. 239), v. 15.7.2015 (Die Justiz S. 217), v. 9.8.2016 (Die Justiz S. 338), v. 14.11.2018 (Die Justiz 2019 S. 1), v. 13.10.2021 (Die Justiz S. 273)
- **Bayern:** Bek. v. 2.12.1976 (JMBl. S. 358), v. 28.5.1980 (JMBl. S. 179), v. 28.5.1982 (JMBl. S. 74), v. 17.2.1984 (JMBl. S. 49), v. 4.3.1986 (JMBl. S. 9), v. 10.9.1987 (JMBl. S. 174), v. 6.9.1988 (JMBl. S. 264), v. 13.3.1990 (JMBl. S 37), v. 9.4.1991 (JMBl. S. 38), v. 21.8.1992 (JMBl. S. 208), v. 25.7.1994 (JMBl. S. 233), v. 14.1.1997 (JMBl. S. 2), v. 29.4.1998 (JMBl. S. 45), v. 19.5.1999 (JMBl. S. 63), v. 4.7.2000 (JMBl. S. 95), v. 6.6.2002 (JMBl. S. 67), v. 14.7.2006 (JMBl. S. 162), v. 14.9.2007 (JMBl. S. 142), v. 8.2.2012 (JMBl. S. 23), v. 5.3.2012 (JMBl. S. 30), v. 25.7.2014 (JMBl. S. 131), v. 22.7.2015 (JMBl. S. 89), v. 8.8.2016 (JMBl. S. 89), 23.6.2017 (JMBl. S. 194), v. 2.11.2018 (JMBl. S. 121)
- **Berlin:** AV v. 10.12.1976 (ABl. S. 1688), v. 12.6.1980 (ABl. S. 1034), v. 10.6.1982 (ABl. S. 777), v. 8.3.1984 (ABl. S. 406), v. 8.3.1986 (ABl. S. 489), v. 7.9.1987 (ABl. S. 1416), v. 13.9.1988 (ABl. S. 1551), v. 14.3.1990 (ABl. S. 593), v. 16.5.1991 (ABl. S. 1098), v. 13.8.1992 (ABl. S. 2602), v. 29.7.1994 (ABl. S. 2501), v. 18.5.1998 (ABl. S. 2240), v. 14.5.1999 (ABl. S. 2231), v. 15.7.2000 (ABl. S. 3050), v. 18.6.2002 (ABl. S. 2455), v. 20.7.2006 (ABl. S. 2830), v. 22.1.2009 (ABl. S. 397), v. 12.7.2010 (ABl. S. 1321), v. 30.11.2016 (ABl. 2017 S. 624), v. 19.6.2019 (ABl. S. 4559)
- **Brandenburg:** AV v. 25.11.1991 (JMBl. S. 90), v. 21.7.1992 (JMBl. S. 110), v. 31.8.1994 (JMBl. S. 134), v. 5.3.1997 (JMBl. S. 34), v. 25.5.1998 (JMBl. S. 61), v. 21.5.1999 (JMBl. S. 75), v. 13.7.2000 (JMBl. S. 102), v. 21.5.2002 (JMBl. S. 78), v. 11.7.2006 (JMBl. S. 98), v. 6.11.2007 (JMBl. S. 175), v. 6.3.2012 (JMBl. S. 18), v. 31.7.2014 (JMBl. S. 102), v. 28.8.2015 (JMBl. S. 85), v. 8.9.2016 (JMBl. S. 94), v. 12.11.2018 (JMBl. S. 111)
- **Hamburg:** AV v. 9.12.1976 (JVBl. S. 115), v. 4.6.1980 (JVBl. S. 111), v. 19.5.1982 (JVBl. S. 99), v. 7.3.1984 (JVBl. S. 35), v. 6.3.1986 (JVBl. S. 17), v. 6.9.1987 (JVBl. S. 73), v. 5.9.1988 (JVBl. S. 83), v. 15.3.1990 (JVBl. S. 25), v. 10.4.1991 (JVBl. S. 42), v. 25.8.1992 (JVBl. S. 75), v. 30.8.1994 (JVBl. S. 65), v. 9.1.1997 (JVBl. S. 7), v. 9.6.1998 (JVBl. S. 45), v. 12.5.1999 (JVBl. S. 49), v. 15.8.2000 (JVBl. S. 57), v. 21.5.2002 (JVBl. S. 39), v. 7.7.2006 (JVBl. S. 73), v. 7.9.2007 (JVBl. S. 117), v. 8.3.2012 (JVBl. S. 17), v. 28.7.2014 (JVBl. S. 93), v. 15.2.2017 (JVBl. S. 41), v. 8.11.2018 (JVBl. S. 112), v. 18.5.2021 (JVBl S. 55, ber. S. 59)
- **Hessen:** RdErl. Neubek. v. 14.1.1997 (JMBl. S. 50), v. 15.4.1998 (JMBl. S. 521), v. 10.5.1999 (JMBl. S. 389), v. 4.7.2000 (JMBl. S. 242), v. 14.5.2002 (JMBl. S. 324), v. 11.7.2006 (JMBl. S. 365), v. 30.10.2007 (JMBl. S. 585), v. 3.12.2007 (JMBl. 2008 S. 26), v. 8.3.2012 (JMBl. S. 118), v. 25.9.2012 (JMBl. S. 458), v. 4.9.2017 (JMBl. S. 599), v. 7.9.2017 (JMBl. S. 599, ber. S. 626), v. 7.11.2018 (JMBl. S. 724)

---

1) In der ab 1.2.1997 bundeseinheitlich geltenden Fassung.

– **Mecklenburg-Vorpommern:** AV v. 20.9.1991 (AmtsBl. M-V S. 869), v. 18.9.1992 (AmtsBl. M-V S. 987), v. 30.8.1994 (AmtsBl. M-V S. 958), v. 24.1.1997 (AmtsBl. M-V S. 134), v. 8.6.1998 (AmtsBl. M-V S. 795), v. 7.6.1999 (AmtsBl. M-V S. 627), v. 19.7.2000 (AmtsBl. M-V S. 1114), v. 17.6.2002 (AmtsBl. M-V S. 675), v. 19.7.2006 (AmtsBl. M-V S. 519), v. 7.11.2007 (AmtsBl. M-V S. 620), v. 30.3.2012 (AmtsBl. M-V S. 367), v. 7.8.2014 (AmtsBl. M-V S. 990), v. 6.7.2015 (AmtsBl. M-V S. 450), v. 19.8.2016 (AmtsBl. M-V S. 926), v. 21.11.2018 (AmtsBl. M-V S. 626)

– **Niedersachsen:** AV v. 22.11.1976 (NdsRpfl. S. 250), v. 23.6.1980 (NdsRpfl. S. 146), v. 28.5.1982 (NdsRpfl. S. 119), v. 15.3.1984 (NdsRpfl. S. 88), v. 26.2.1986 (NdsRpfl. S. 61), v. 10.9.1987 (NdsRpfl. S. 225), v. 1.9.1988 (NdsRpfl. S. 206), v. 22.3.1990 (NdsRpfl. S. 104), v. 18.4.1991 (NdsRpfl. S. 107), v. 7.8.1992 (NdsRpfl. S. 213), v. 3.8.1994 (Nds. Rpfl. S. 260), v. 17.2.1997 (Nds. Rpfl. S. 39), v. 8.5.1998 (Nds. Rpfl. S. 143), v. 5.5.1999 (Nds. Rpfl. S. 165), v. 5.7.2000 (Nds. Rpfl. S. 220), v. 7.5.2002 (Nds. Rpfl. S. 161), v. 20.7.2006 (Nds. RPfl. S. 239), v. 5.9.2007 (Nds. RPfl. S. 294), v. 6.3.2012 Nds. RPfl. S. 199), v. 22. 7.2014 (Nds. RPfl. S. 271), v. 18.8.2015 (Nds. RPfl. S. 256), v. 5.9.2016 (Nds. RPfl. S. 328), v. 29.10.2018 (Nds. RPfl. S. 342)

– **Nordrhein-Westfalen:** AV v. 25.11.1976 (JMBl. 1977 S. 2), v. 12.6.1980 (JMBl. S. 157), v. 3.6.1982 (JMBl. S. 146), v. 24.2.1984 (JMBl. S. 61), v. 5.3.1986 (JMBl. S. 75), v. 8.9.1987 (JMBl. S. 217), v. 8.9.1988 (JMBl. S. 217), v. 23.3.1990 (JMBl. S. 85), v. 22.4.1991 (JMBl. S. 109), v. 11.9.1992 (JMBl. S. 233), v. 6.8.1994 (JMBl. S. 205), v. 15.1.1997 (JMBl. S. 37), v. 23.6.1998 (JMBl. S. 217), v. 19.5.1999 (JMBl. S. 138), v. 29.6.2000 (JMBl. S. 169), v. 8.5.2002 (JMBl. S. 144), v. 13.11.2007 (JMBl. S. 285), v. 23.2.2012 (JMBl. S. 56), v. 19.11.2018 (JMBl. S. 306)

– **Rheinland-Pfalz:** VV v. 24.4.1990 (JBl. S. 87), v. 17.1.1997 (JBl. S. 215), v. 19.5.1998 (JBl. S. 225), v. 19.5.1999 (JBl. S. 133), v. 17.7.2000 (JBl. S. 143), v. 16.5.2002 (JBl. S. 157), v. 7.7.2006 (JBl. S. 143), v. 25.9.2007 (JBl. S. 369), v. 27.11.2008 (JBl. S. 284), v. 3.12.2013 (JBl. S. 151), v. 5.7.2014 (JBl. S. 72), v. 14.7.2015 (JBl. S. 63), v. 8.8.2016 (JBl. S. 159), v. 29.9.2016 (JBl. S. 178), v. 12.11.2018 (JBl. S. 91), v. 3.11.2021 (JBl. S. 93)

– **Saarland:** AV v. 15.12.1976 (GMBl. 1977 S. 5), v. 12.6.1980 (GMBl. S. 404), v. 15.2.1982 (GMBl. S. 143), v. 20.3.1984 (GMBl. S. 155), v. 7.3.1986 (GMBl. S. 209), v. 7.9.1987 (GMBl. S. 316), v. 22.9.1988 (GMBl. S. 248), v. 19.3.1990 (GMBl. S. 108), v. 23.4.1991 (GMBl. S. 254), v. 6.8.1992 (GMBl. S. 291), v. 1.8.1994 (GMBl. S. 383), v. 15.1.1997 (GMBl. S. 52), v. 2.6.1998 (GMBl. S. 167), v. 17.5.2002 (GMBl. S. 92), v. 14.7.2006 (GMBl. 2006 S. 1183), v. 21.9.2007 (GMBl. S. 1919), v. 16.3.2012 (ABl. II S. 410), v. 6.7.2015 (ABl. II S. 772), v. 22.2.2016 (ABl. I S. 199), v. 29.10.2018 (ABl. I S. 760)

– **Sachsen:** Bek. v. 14.5.1991 (ABl. Nr. 14 S. 4), v. 14.8.1992 (ABl. Nr. 25 S. 1270), v. 12.10.1994 (JMBl. S. 118), v. 30. 11 1995 (ABl. Nr. 57 S. 1402), v. 3.12.1996 (JMBl. S. 142), geänd. durch VV v. 23.1.1997 (JMBl. S. 9), v. 30.6.1998 (JMBl. S. 93), v. 20.5.1999 (JMBl. S. 106), v. 25.7.2000 (JMBl. S. 81), v. 12.7.2001 (JMBl. S. 82), v. 6.6.2002 (JMBl. S. 70), v. 10.7.2003 (JMBl. S. 44), v. 21.7.2005 (ABl. Nr. 33 S. 751), v. 29.8.2006 (JMBl. S. 133), v. 5.12.2007 (JMBl. S. 378), [...], v. 25.8.2015 (SächsJMBl. S. 146), v. 29.8.2016 (SächsJMBl. S. 60), v. 19.2.2019 (SächsJMBl. S. 100)

– **Sachsen-Anhalt:** AV v. 25.4.1991 (MBl. S. 136), v. 27.8.1992 (MBl. S. 1390), v. 31.8.1994 (MBl. S. 2434), v. 16.1.1997 (JMBl. S. 27), v. 27.4.1998 (JMBl. S. 220), v. 3.5.1999 (JMBl. S. 66), v. 21.7.2000 (JMBl. S. 211), v. 10.6.2002 (JMBl. S. 208), v. 18.7.2006 (JMBl. S. 275), v. 26.11.2018 (JMBl. S. 179)

– **Schleswig-Holstein:** AV v. 9.12.1976 (SchlHA 1977 S. 20), v. 10.6.1980 (SchlHA S. 127), v. 9.6.1982 (SchlHA S. 108), v. 12.3.1984 (SchlHA S. 67), v. 27.3.1986 (SchlHA S. 69), v. 3.9.1987 (SchlHA S. 150), v. 26.9.1988 (SchlHA S. 154); v. 4.4.1990 (SchlHA S. 68), v. 13.5.1991 (SchlHA S. 103), v. 30.9.1992 (SchlHA S. 185), v. 26.9.1994 (SchlHA S. 281), v. 30.1.1997 (SchlHA 1997 S. 68), v. 19.6.1998 (SchlHA S. 210), v. 21.5.1999 (SchlHA S. 146), v. 27.9.2000 (SchlHA S. 239), v. 4.6.2002 (SchlHA S. 153), v. 28.6.2006 (SchlHA S. 270), v. 29.10.2007 (SchlHA S. 466), v. 22.3.2012 (SchlHA S. 131),), v. 22.7.2014, (SchlHA S 316), v. 24.7.2015, (SchlHA S 316), v. 10.8.2016 (SchlHA S. 350), v. 11.10.2018 (SchlHA S. 416)

– **Thüringen:** VV v. 27.8.1991 (JMBl. S. 124), v. 4.9.1992 (JMBl. S. 88), v. 2.9.1994 (JMBl. S. 127), v. 27.1.1997 (JMBl. S. 42), v. 25.5.1998 (JMBl. S. 22), v. 15.12.1998 (JMBl. 1999, S. 6), v. 31.7.2000 (JMBl. S. 42), v. 13.5.2002 (JMBl. S. 71), v. 21.6.2006 (JMBl. S. 47), v. 6.9.2007 (JMBl. S. 52), v. 15.3.2012 (JMBl. S. 21), v. 24.7.2014 (JMBl. S. 76), v. 28.7.2015 (JMBl. S. 38), v. 18.8.2016 (JMBl. S. 72), v. 30.10.2018 (JMBl. S. 89)

(3) Sind anlässlich der Leichenöffnung Körperglieder, Organe oder sonstige wesentliche Körperteile abgetrennt oder entnommen und aufbewahrt worden, trägt der Staatsanwalt regelmäßig dafür Sorge, dass ein Totensorgeberechtigter hierüber in geeigneter Weise spätestens bei der Freigabe der Leiche zur Bestattung (§ 159 Abs. 2 StPO[1]) unterrichtet und auf die weitere Verfahrensweise, insbesondere die Möglichkeit einer Nachbestattung, hingewiesen wird.

36. Beschleunigung

(1) Leichenschau und Leichenöffnung sind mit größter Beschleunigung herbeizuführen, weil die ärztlichen Feststellungen über die Todesursache auch durch geringe Verzögerungen an Zuverlässigkeit verlieren können.

(2) [1] Dies gilt besonders bei Leichen von Personen, die möglicherweise durch elektrischen Strom getötet worden sind; die durch Elektrizität verursachten Veränderungen werden durch Fäulniserscheinungen rasch verwischt. [2] In der Regel wird es sich empfehlen, bereits bei der Leichenöffnung einen auf dem Gebiet der Elektrotechnik erfahrenen Sachverständigen zu beteiligen. [3] In den Fällen, in denen eine Tötung durch elektrischen Strom wahrscheinlich ist, können Verletzungen oder andere Veränderungen oft gar nicht oder nur von einem besonders geschulten Sachverständigen festgestellt werden; daher kann es ferner geboten sein, in schwierig zu deutenden Fällen außer dem elektrotechnischen Sachverständigen nach Anhörung des Gerichtsarztes auch einen erfahrenen Pathologen zu der Leichenöffnung zuzuziehen.

37.[2] Leichenöffnung in Krankenhäusern

[1] Besteht der Verdacht, daß der Tod einer Person, die in einem Krankenhaus gestorben ist, durch eine Straftat verursacht wurde, so haben der Staatsanwalt und seine Ermittlungspersonen darauf hinzuwirken, daß die Leiche nicht von den Krankenhausärzten geöffnet wird. [2] Da die Krankenhausärzte indes an der Leichenöffnung vielfach ein erhebliches wissenschaftliches Interesse haben, empfiehlt es sich, ihnen die Anwesenheit zu gestatten, sofern nicht gewichtige Bedenken entgegenstehen. [3] Hat das Krankenhaus einen pathologisch besonders ausgebildeten Arzt zur Verfügung, so kann es zweckmäßig sein, auch ihn zu der Leichenöffnung zuzuziehen.

38. Feuerbestattung

[1] Aus dem Bestattungsschein muß sich ergeben, ob auch die Feuerbestattung genehmigt wird. [2] Bestehen gegen diese Bestattungsart Bedenken, weil dadurch die Leiche als Beweismittel verlorengeht, so wird die Genehmigung hierfür zu versagen sein. [3] Solange der Verdacht eines nicht natürlichen Todes besteht, empfiehlt es sich, die Feuerbestattung nur im Einvernehmen mit dem Arzt (§ 87 Abs. 2 Satz 3 StPO[1]) zu genehmigen.

---

[1] **Habersack, Deutsche Gesetze Nr. 90.**

[2] Nr. 37 Satz 1 geänd. mWv 1.8.2006 durch Bek. v. 24.5.2006 (BAnz. S. 5074).

5. Fahndung

39.[1] Allgemeines

(1) Ist der Täter nicht bekannt, hält er sich im Ausland auf oder ist sein Aufenthalt oder der eines wichtigen Zeugen nicht ermittelt, so veranlasst der Staatsanwalt, soweit nicht ausschließlich ein Gericht dazu berufen ist, die erforderlichen Fahndungsmaßnahmen nach Maßgabe der §§ 131 bis 131c StPO[2] und beantragt die Ausstellung eines Europäischen Haftbefehls, sofern die Voraussetzungen dafür vorliegen.

(2) Soweit erforderlich, veranlasst der Staatsanwalt nach Wegfall des Fahndungsgrundes unverzüglich die Rücknahme aller Fahndungsmaßnahmen.

40.[3] Fahndungshilfsmittel

(1) Fahndungshilfsmittel des Staatsanwalts, die auch dann eingesetzt werden können, wenn die Voraussetzungen einer Öffentlichkeitsfahndung nicht gegeben sind, sind neben Auskünften von Behörden oder anderen Stellen insbesondere:

a) das Bundeszentralregister,
das Fahreignungsregister,
das Gewerbezentralregister,
das Ausländerzentralregister,

b) das EDV-Fahndungssystem der Polizei (INPOL),

c) Dateien nach den §§ 483 ff. StPO[2], die Fahndungsinformationen enthalten,

d) die Landeskriminalblätter,

e) das Schengener Informationssystem (SIS).

(2) Sollen für eine Öffentlichkeitsfahndung Publikationsorgane in Anspruch genommen oder öffentlich zugängliche elektronische Medien wie das Internet genutzt werden, ist Anlage B zu beachten.

41.[4] Fahndung nach dem Beschuldigten

(1) [1]In den Fällen des § 131 StPO[2] veranlasst der Staatsanwalt die Ausschreibung des Beschuldigten zur Festnahme und die Niederlegung eines entsprechenden Suchvermerks im Bundszentralregister. [2]Die Ausschreibung ist grundsätzlich auch dann bei der Polizeidiensstelle zu veranlassen, die für die Dateneingabe in das Informationssystem der Polizei (INPOL) und gegebenenfalls auch in das Schengener Informationssystem (SIS) zuständig ist (vgl. auch Nummer 43), wenn der Haftbefehl (Unterbringungsbefehl) zur Auslösung einer gezielten Fahndung der für den mutmaßlichen Wohnsitz des Gesuchten zuständigen Polizeidiensstelle übersandt wird. [3]Der für die Dateneingabe zuständigen Polizeidiensstelle ist eine beglaubigte Abschrift der Haftunterlagen zu übersenden. [4]Wenn die überörtliche Ausschreibung aus Verhältnismäßigkeitserwägungen nicht in Frage kommt, ist dies

---

[1] Nr. 39 neu gef. mWv 1.7.2002 durch Bek. v. 14.6.2002 (BAnz. S. 13685); Abs. 1 geänd. mWv 1.4.2012 durch Bek. v. 13.3.2012 (BAnz AT 02.05.2012 B1); Abs. 1 neu gef. mWv 1.12.2021 durch Bek. v. 8.11.2021 (BAnz AT 24.11.2021 B1).

[2] **Habersack, Deutsche Gesetze Nr. 90.**

[3] Nr. 40 neu gef. mWv 1.7.2002 durch Bek. v. 14.6.2002 (BAnz. S. 13685); Abs. 1 Buchst. a und d, Abs. 2 geänd. mWv 1.12.2021 durch Bek. v. 8.11.2021 (BAnz AT 24.11.2021 B1).

[4] Nr. 41 Abs. 1, 2 und 4 neu gef. mWv 1.7.2002 durch Bek. v. 14.6.2002 (BAnz. S. 13685); Abs. 2 eingef., bish. Abs. 2–5 werden Abs. 3–6, neue Abs. 4 Satz 1, Abs. 5 Satz 2 und Abs. 6 geänd., Abs. 7 angef. mWv 1.4.2012 durch Bek. v. 13.3.2012 (BAnz AT 02.05.2012 B1); Abs. 1 Satz 1 geänd., Abs. 2, Abs. 3 Satz 1, Abs. 7 neu gef., Abs. 5 Sätze 1 und 2, Abs. 6 geänd. mWv 1.12.2021 durch Bek. v. 8.11.2021 (BAnz AT 24.11.2021 B1).

gegenüber der zur örtlichen Fahndung aufgeforderten Polizeidiensstelle zum Ausdruck zu bringen.

(2) [1] Bei auslieferungsfähigen Straftaten ist gleichzeitig mit Einleitung der nationalen Fahndung zur Festnahme einer Person auch in allen Mitgliedstaaten der Europäischen Union, den Schengen-assoziierten Staaten[1)] und dem Vereinigten Königreich Großbritannien und Nordirland auf Grundlage des Europäischen Haftbefehls zu fahnden, es sei denn, dass eine entsprechende Fahndung unverhältnismäßig ist. [2] Eine darüber hinausgehende Fahndung, insbesondere in der INTERPOL-Zone 2 (übriges Europa), ist zu prüfen (vgl. Nummer 4 Anlage F). [3] Erfolgt keine internationale Fahndung zur Festnahme, ist die gesuchte Person im SIS zur Aufenthaltsermittlung auszuschreiben (vgl. Anlage F); der Grundsatz der Verhältnismäßigkeit ist zu berücksichtigen.

(3) [1] Erfolgt eine Ausschreibung zur Festnahme nach Absatz 1, ohne dass ein Haft- oder Unterbringungsbefehl vorliegt, ist § 131 Absatz 2 Satz 2 StPO zu beachten. [2] Nach Erlass des Haft- oder Unterbringungsbefehls ist die Ausschreibung entsprechend zu aktualisieren.

(4) [1] Ist der Beschuldigte ausländischer Staatsangehöriger und liegen Anhaltspunkte dafür vor, daß er sich im Ausland befindet, so setzt sich der Staatsanwalt, bevor er um Ausschreibung zur Festnahme ersucht, in der Regel mit der Ausländerbehörde in Verbindung. [2] Besteht ein Aufenthaltsverbot oder sind bei einer späteren Abschiebung Schwierigkeiten zu erwarten, so prüft der Staatsanwalt bei Straftaten von geringerer Bedeutung, ob die Ausschreibung unterbleiben kann.

(5) [1] Liegen die Voraussetzungen des § 131 StPO nicht vor, so veranlasst der Staatsanwalt die Ausschreibung zur Aufenthaltsermittlung (§ 131a StPO) und die Niederlegung eines entsprechenden Suchvermerkes im Bundeszentralregister. [2] Er veranlasst gegebenenfalls daneben die Ausschreibung zur Aufenthaltsermittlung im SIS.

(6) Ist der Beschuldigte im Zusammenhang mit einer Haftverschonung nach § 116 Absatz 1 Satz 2 StPO angewiesen worden, den Geltungsbereich der Strafprozeßordnung nicht zu verlassen, so veranlaßt der Staatsanwalt die Ausschreibung zur Festnahme im geschützten Grenzfahndungsbestand.

(7) [1] Eine Fahndung zur polizeilichen Beobachtung wird unter den Voraussetzungen des § 163e StPO auch in Verbindung mit § 463a StPO durchgeführt. [2] Liegen die Voraussetzungen vor, so kann auch eine Ausschreibung im SIS zur verdeckten Kontrolle erfolgen (vgl. Anlage F).

42.[2)] Fahndung nach einem Zeugen

[1] Ist der Aufenthalt eines wichtigen Zeugen nicht bekannt, so kann der Staatsanwalt nach Maßgabe des § 131a Absatz 1, Absatz 3 bis 5, § 131b Absatz 2 und 3, § 131c StPO[3)] eine Fahndung veranlassen. [2] Ersuchen zur Aufnahme von Zeugen in die INPOL-Fahndung und gegebenenfalls in das SIS (vgl. Anlage F) sind an die für die Dateneingabe zuständigen Polizeidienststelle zu richten.

[1)] **Amtl. Anm.:** Island, Liechtenstein, Norwegen und Schweiz (Stand 1. Dezember 2021).

[2)] Nr. 42 neu gef. mWv 1.7.2002 durch Bek. v. 14.6.2002 (BAnz. S. 13685); Sätze 1 und 2 geänd. mWv 1.4.2012 durch Bek. v. 13.3.2012 (BAnz AT 02.05.2012 B1); Sätze 1 und 2 geänd. mWv 1.12.2021 durch Bek. v. 8.11.2021 (BAnz AT 24.11.2021 B1).

[3)] **Habersack, Deutsche Gesetze Nr. 90.**

43.[1)] Internationale Fahndung

(1) [1] In den in Nr. 41 Absatz 2 Satz 1 genannten Staaten wird durch das SIS gefahndet. [2] In anderen Staaten erfolgt die Fahndung durch INTERPOL.

(2) [1] Liegen Anhaltspunkte vor, dass sich die gesuchte Person in einem bestimmten Staat aufhält, so kann eine internationale Fahndung durch ein gezieltes Mitfahndungsersuchen veranlasst werden. [2] Dies schließt die Ausschreibung der gesuchten Person im SIS nicht aus, um möglichen Reisebewegungen zuvorzukommen.

(3) [1] Alle in Absatz 1 und 2 genannten Ausschreibungen zur internationalen Fahndung können zur Festnahme oder Aufenthaltsermittlung erfolgen, um möglichen Reisebewegungen zuvorzukommen. [2] Befindet sich die gesuchte Person in einem der in Nummer 41 Absatz 2 Satz 1 genannten Staaten in Haft und steht eine Haftentlassung nicht zeitnah bevor, soll ohne internationale Ausschreibung auf dem justiziellen Geschäftsweg ein gezieltes Auslieferungsersuchen gestellt oder ein Europäischer Haftbefehl übersandt werden. [3] Die internationale Fahndung zur Festnahme ist nur einzuleiten, wenn beabsichtigt ist, ein Auslieferungsersuchen anzuregen oder zu stellen. [4] *Die internationale Fahndung zur Festnahme ist nur einzuleiten, wenn beabsichtigt ist, ein Auslieferungsersuchen anzuregen oder zu stellen.*[2)]

(4) Zeugen können zur Aufenthaltsermittlung ausgeschrieben werden.

(5) Für die internationale Fahndung nach Personen, einschließlich der Fahndung nach Personen im SIS und aufgrund eines Europäischen Haftbefehls, gelten die hierfür erlassenen Richtlinien (vgl. Anlage F).

6. Vernehmung des Beschuldigten

44. Ladung und Aussagegenehmigung

(1) [1] Die Ladung eines Beschuldigten soll erkennen lassen, daß er als Beschuldigter vernommen werden soll. [2] Der Gegenstand der Beschuldigung wird dabei kurz anzugeben sein, wenn und soweit es mit dem Zweck der Untersuchung vereinbar ist. [3] Der Beschuldigte ist durch Brief, nicht durch Postkarte, zu laden.

(2) In der Ladung zu einer richterlichen oder staatsanwaltschaftlichen Vernehmung sollen Zwangsmaßnahmen für den Fall des Ausbleibens nur angedroht werden, wenn sie gegen den unentschuldigt ausgebliebenen Beschuldigten voraussichtlich auch durchgeführt werden.

(3) [1] Soll ein Richter, Beamter oder eine andere Person des öffentlichen Dienstes als Beschuldigter vernommen werden und erstreckt sich die Vernehmung auf Umstände, die der Amtsverschwiegenheit unterliegen können, so ist der Beschuldigte in der Ladung darauf hinzuweisen, dass er, sofern er sich zu der Beschuldigung äußern will, einer Aussagegenehmigung des Dienstherrn bedarf. [2] Erklärt der Beschuldigte seine Aussagebereitschaft, soll ihm Gelegenheit gegeben werden, diese Aussagegenehmigung einzuholen. [3] Im Übrigen gilt Nummer 66 Abs. 2 und 3 entsprechend.

[1)] Nr. 43 neu gef. mWv 1.4.2012 durch Bek. v. 13.3.2012 (BAnz AT 02.05.2012 B1); Abs. 1 Satz 1 geänd., Abs. 2 Satz 2 angef., Abs. 3 Satz 1 neu gef., Sätze 2 und 3 eingef., bish. Satz 2 wird Satz 4, Abs. 5 geänd. mWv 1.12.2021 durch Bek. v. 8.11.2021 (BAnz AT 24.11.2021 B1).

[2)] Doppelte Fassung des Wortlauts amtlich.

45. Form der Vernehmung und Niederschrift

(1) Die Belehrung des Beschuldigten vor seiner ersten Vernehmung nach §§ 136 Abs. 1, 163a Abs. 3 Satz 2 StPO[1)] ist aktenkundig zu machen.

(2) [1] Für bedeutsame Teile der Vernehmung empfiehlt es sich, die Fragen, Vorhalte und Antworten möglichst wörtlich in die Niederschrift aufzunehmen. [2] Legt der Beschuldigte ein Geständnis ab, so sind die Einzelheiten der Tat möglichst mit seinen eigenen Worten wiederzugeben. [3] Es ist darauf zu achten, daß besonders solche Umstände aktenkundig gemacht werden, die nur der Täter wissen kann. [4] Die Namen der Personen, die das Geständnis mit angehört haben, sind zu vermerken.

(Fortsetzung nächstes Blatt)

[1)] **Habersack, Deutsche Gesetze Nr. 90.**

90h. Gesetz über die internationale Rechtshilfe in Strafsachen (IRG)

In der Fassung der Bekanntmachung vom 27. Juni 1994[1)]
(BGBl. I S. 1537)

FNA 319-87

Lfd. Nr.	Änderndes Gesetz	Datum	Fundstelle	Betroffen	Hinweis
1.	§ 7 Jugoslawien-StrafgerichtshofG	10.4.1995	BGBl. I S. 485	§§ 67a, 74a	eingef. mWv 14.4.1995
2.	Art. 2 BundeskriminalamtG	7.7.1997	BGBl. I S. 1650	§ 74	geänd. mWv 1.8.1997
3.	Art. 16 Rechtspflege-, Straf- und OWi-Gesetze-EuroeinführungsG	13.12. 2001	BGBl. I S. 3574	§ 54	geänd. mWv 1.1.2002
4.	Art. 5 IStGH-AusführungsG	21.6.2002	BGBl. I S. 2144	§§ 18, 67a, 74a	geänd. mWv 1.7.2002
				§ 9a	eingef. mWv 1.7.2002
5.	Art. 1 Europäisches HaftbefehlsG[2)]	21.7.2004	BGBl. I S. 1748, nichtig gem. BVerfG-Urt. v. 18.7.2005 – 2 BvR-2236/04 –, BGBl. I S. 2300	Inhaltsübersicht, §§ 1, 40, 73, 77, 78, 79, 80, 81, 82, 83, 84, 86	geänd. mWv 23.8.2004
				§§ 74b, 83a, 83b, 83c, 83d, 83e, 83f, 83g, 83h, 83i	eingef. mWv 23.8.2004
				§ 85	aufgeh. mWv 23.8.2004
6.	Art. 12g Abs. 7 Erstes JustizmodernisierungsG	24.8.2004	BGBl. I S. 2198	§§ 39, 67	geänd. mWv 1.9.2004
7.	Art. 1 G zur Umsetzung des Übereinkommens über die Rechtshilfe in Strafsachen zwischen den Mitgliedstaaten der EU	22.7.2005	BGBl. I S. 2189	Inhaltsübersicht, §§ 73, 74, 78	geänd. mWv 8.8.2005
				§§ 61a, 61b, 83j, 83k	eingef. mWv 8.8.2005
8.	Art. 1 Europäisches HaftbefehlsG[2)]	20.7.2006	BGBl. I S. 1721	Inhaltsübersicht, §§ 1, 40, 41, 73, 77, 84, 86	geänd. mWv 2.8.2006
				§§ 78, 79, 80, 81, 82, 83, 83a, 83b, 83c, 83d, 83e, 83f, 83g, 83h, 83i	eingef. mWv 2.8.2006
				§ 85	aufgeh. mWv 2.8.2006
9.	Art. 2 G zur Änd. des ÜberstellungsausführungsG und des G über die internationale Rechtshilfe in Strafsachen	17.12. 2006	BGBl. I S. 3175	§ 71	geänd. mWv 1.8.2007

[1)] Neubekanntmachung des IRG v. 23.12.1982 (BGBl. I S. 2071) in der seit 28.2.1994 geltenden Fassung.

[2)] **Amtl. Anm.:** Dieses Gesetz dient der Umsetzung des Rahmenbeschlusses 2002/584/JI des Rates vom 13. Juni 2002 über den Europäischen Haftbefehl und die Übergabeverfahren zwischen den Mitgliedstaaten (ABl. EG Nr. L 190 S. 1).

Lfd. Nr.	Änderndes Gesetz	Datum	Fundstelle	Betroffen	Hinweis
10.	UmsetzungsG zum Rahmenbeschl. (EU) 2003/757/JI[1]	6.6.2008	BGBl. I S. 995	Inhaltsübersicht, §§ 1, 58, 66, 73, 74, 78, 84, 85, 86	geänd. mWv 30.6.2008
				§§ 87, 88, 89, 90, 91, 92, 93, 94, 95, 96, 97, 98	eingef. mWv 30.6.2008
				§§ 83j, 83k	aufgeh. mWv 30.6.2008
11.	Art. 4 G zur Änd. des Untersuchungshaftrechts	29.7.2009	BGBl. I S. 2274	§ 27	geänd. mWv 1.1.2010
12.	Art. 1 UmsetzungsG Rahmenbeschl. Einziehung und Vorverurteilungen	2.10.2009	BGBl. I S. 3214	Inhaltsübersicht, §§ 49, 54, 55, 56, 57, 58, 61c, 67a, 74a, 81, 93, 94, 95	geänd. mWv 22.10.2009
				§§ 56b, 57a, 61b, 71a, 88a, 88b, 88c, 88d, 88e, 88f	eingef. mWv 22.10.2009
				§§ 56a, 88, 90	neu gef. mWv 22.10.2009
13.	Art. 1 G zur Umsetzung des Rahmenbeschl. 2005/214/JI[2]	18.10. 2010	BGBl. I S. 1408	Inhaltsübersicht, §§ 55, 74	geänd. mWv 28.10.2010
				§§ 77a, 77b, 98, 99	eingef. mWv 28.10.2010
				9. Teil Abschnitt 2 (§§ 86–87p)	neu gef. mWv 28.10.2010
14.	Art. 1 G über die Vereinfachung des Austauschs von Informationen und Erkenntnissen zwischen den Strafverfolgungsbehörden der Mitgliedstaaten der EU	21.7.2012	BGBl. I S. 1566	Inhaltsübersicht, §§ 74, 91	geänd. mWv 26.7.2012
				§§ 92a, 92b, 92c	eingef. mWv 26.7.2012
				§ 92	neu gef. mWv 26.7.2012
15.	Art. 4 G zur Durchführung der VO (EU) Nr. 1215/2012 sowie zur Änd. sonstiger Vorschriften	8.7.2014	BGBl. I S. 890	§ 87	geänd. mWv 10.1.2015
16.	Art. 1 Drittes ÄndG[3]	16.7.2015	BGBl. I S. 1197	Inhaltsübersicht	geänd. mWv 23.7.2015
				9. Teil Abschnitt 5 (§§ 90o–90z)	eingef. mWv 23.7.2015
17.	Art. 2 G zur Stärkung des Rechts des Angeklagten auf Vertretung in der Berufungsverhandlung und über die Anerkennung von Abwesenheitsentscheidungen in der Rechtshilfe	17.7.2015	BGBl. I S. 1332, ber. S. 1933	§§ 81, 83, 83a, 83b, 83f, 83i, 87, 87a, 87b, 87o, 88, 88a, 88b, 88c, 88d, 90, 94, 95, 97, 98	geänd. mWv 25.7.2015
				Inhaltsübersicht	neu gef. mWv 25.7.2015
				§ 98a	eingef. mWv 25.7.2015

[1] **Amtl. Anm.:** Dieses Gesetz dient der Umsetzung des Rahmenbeschlusses 2003/577/JI des Rates vom 22. Juli 2003 über die Vollstreckung von Entscheidungen über die Sicherstellung von Vermögensgegenständen oder Beweismitteln in der Europäischen Union (ABl. EU Nr. L 196 S. 45).

[2] **Amtl. Anm.:** Dieses Gesetz dient der Umsetzung des Rahmenbeschlusses 2005/214/JI des Rates vom 24. Februar 2005 über die Anwendung des Grundsatzes der gegenseitigen Anerkennung von Geldstrafen und Geldbußen (ABl. L 76 vom 22.3.2005, S. 16).

[3] **Amtl. Anm.:** Dieses Gesetz dient der Umsetzung des Rahmenbeschlusses 2009/829/JI des Rates vom 23. Oktober 2009 über die Anwendung – zwischen den Mitgliedstaaten der Europäischen Union – des Grundsatzes der gegenseitigen Anerkennung auf Entscheidungen über Überwachungsmaßnahmen als Alternative zur Untersuchungshaft (ABl. L 294 vom 11.11.2009, S. 20).

Lfd. Nr.	Änderndes Gesetz	Datum	Fundstelle	Betroffen	Hinweis
18.	Art. 1 G zur Verbesserung der internationalen Rechtshilfe bei der Vollstreckung von freiheitsentziehenden Sanktionen und bei der Überwachung von Bewährungsmaßnahmen[1] sowie zur Änd. des Jugoslawien-StrafgerichtshofG und des Ruanda-StrafgerichtshofG	17.7.2015	BGBl. I S. 1349	Inhaltsübersicht, §§ 48, 49, 51, 52, 53, 54, 55, 56, 56a, 56b, 57, 57a, 58, 72, 74, 75, 76, 77, 80, 83b, 83f	geänd. mWv 25.7.2015
				§§ 54a, 9. Teil Abschnitt 4 (§§ 90a–90n), § 98b	eingef. mWv 25.7.2015
				§§ 71, 71a, 9. Teil Abschnitt 1 (§§ 84–85f)	neu gef. mWv 25.7.2015
19.	Art. 163 Zehnte ZuständigkeitsanpassungsVO	31.8.2015	BGBl. I S. 1474	§§ 74, 77b	geänd. mWv 8.9.2015
20.	Art. 5 G zur Neuregelung des Kulturgutschutzrechts	31.7.2016	BGBl. I S. 1914	§ 56b	geänd. mWv 6.8.2016
21.	Art. 15 Abs. 3 EU-KontenpfändungsVO-DurchführungsG	21.11. 2016	BGBl. I S. 2591	§ 87n	geänd. mWv 1.7.2017
22.	Art. 1 Viertes ÄndG[2]	5.1.2017	BGBl. I S. 31	Inhaltsübersicht, §§ 63, 69, 10. Teil Abschnitt 3	geänd. mWv 22.5.2017
				10. Teil Abschnitt 2 (§§ 91a–91j), §§ 92d, 98c, 98d, 98e	eingef. mWv 22.5.2017
				§ 97	aufgeh. mit Ablauf des 21.5. 2017
23.	Art. 6 Abs. 20 G zur Reform der strafrechtlichen Vermögensabschöpfung	13.4.2017	BGBl. I S. 872	Inhaltsübersicht, §§ 38, 48, 49, 51, 52, 53, 54, 55, 56, 56a, 56b, 57, 58, 66, 71a, 87, 9. Teil Abschnitt 3 Überschrift, §§ 88a, 88b, 88c, 88d, 89, 90, 91a, 94	geänd. mWv 1.7.2017
24.	Art. 5 G zur Neustrukturierung des Bundeskriminalamt G[3]	1.6.2017	BGBl. I S. 1354	§ 74	geänd. mWv 25.5.2018
25.	Art. 1 Fünftes ÄndG	1.6.2017	BGBl. I S. 1414 iVm Bek. v. 2.12. 2019, BGBl. I S. 1999, geänd. durch G v. 20.11. 2019, BGBl. I S. 1724	Inhaltsübersicht, §§ 1, 73, 83c, 12. Teil (§§ 100–106)	geänd. mWv 1.11.2019
				11. Teil (§§ 98, 99)	eingef. mWv 1.11.2019
				Inhaltsübersicht, § 73, 12. Teil (§§ 98, 99), 13. Teil (§§ 100–106)	geänd. mWv 26.11.2019

[1] **Amtl. Anm.:** *(vom Abdruck der amtl. Anm. wurde abgesehen)*

[2] **Amtl. Anm.:** Dieses Gesetz dient der Umsetzung der Richtlinie 2014/41/EU des Europäischen Parlaments und des Rates vom 3. April 2014 über die Europäische Ermittlungsanordnung in Strafsachen (ABl. L 130 vom 1.5.2014, S. 1, L 143 vom 9.6.2015, S. 16).

[3] **Amtl. Anm.:** Dieses Gesetz dient der Umsetzung der Richtlinie (EU) 2016/680 des Europäischen Parlaments und des Rates vom 27. April 2016 zum Schutz natürlicher Personen bei der Verarbeitung personenbezogener Daten durch die zuständigen Behörden zum Zwecke der Verhütung, Ermittlung, Aufdeckung oder Verfolgung von Straftaten oder der Strafvollstreckung sowie zum freien Datenverkehr und zur Aufhebung des Rahmenbeschlusses 2008/977/JI des Rates (ABl. L 119 vom 4.5.2016, S. 89).

Lfd. Nr.	Änderndes Gesetz	Datum	Fundstelle	Betroffen	Hinweis
26.	Art. 15 G zur Einführung der elektronischen Akte in der Justiz und zur weiteren Förderung des elektronischen Rechtsverkehrs	5.7.2017	BGBl. I S. 2208	§ 77a	geänd. mWv 1.1.2018
27.	Art. 11 Abs. 21 eIDAS-DurchführungsG[1]	18.7.2017	BGBl. I S. 2745	§ 77a	geänd. mWv 29.7.2017
28.	Art. 3 Zweites G zur Stärkung der Verfahrensrechte von Beschuldigten im Strafverfahren und zur Änd. des Schöffenrechts[2]	27.8.2017	BGBl. I S. 3295	Inhaltsübersicht, §§ 83c, 83d	geänd. mWv 5.9.2017
29.	Art. 20 G zur Umsetzung der RL (EU) 2016/680 im Strafverfahren sowie zur Anpassung datenschutzrechtlicher Bestimmungen an die VO (EU) 2016/679	20.11. 2019	BGBl. I S. 1724	Inhaltsübersicht, § 83c, 12. Teil	geänd. mWv 26.11.2019
				7. Teil Abschnitt 1 Überschrift, Abschnitt 2 (§§ 77c–77h), 11. Teil (§§ 97a–97c)	eingef. mWv 26.11.2019
30.	Art. 4 G zur Neuregelung des Rechts der notwendigen Verteidigung[3]	10.12. 2019	BGBl. I S. 2128	Inhaltsübersicht, §§ 21, 22, 28, 31, 32, 45, 47, 87e	geänd. mWv 13.12.2019
				§§ 40, 53	neu gef. mWv 13.12.2019
				§ 83j	eingef. mWv 13.12.2019
31.	Art. 1 Sechstes ÄndG	23.11. 2020	BGBl. I S. 2474	Inhaltsübersicht, §§ 83c, 87c, 87f, 87g, 87h, 87i, 87j, 87k, 87n, 87p, 87q	geänd. mWv 27.11.2020
				§ 87o	eingef. mWv 27.11.2020
				Inhaltsübersicht, §§ 73, 88, 91a, 94, 12. Teil, 13. Teil, § 98, 14. Teil	geänd. mWv 19.12.2020
				11. Teil (§§ 96a, 96b, 96c, 96d, 96e)	eingef. mWv 19.12.2020
32.	Art. 29 G zum Ausbau des elektronischen Rechtsverkehrs mit den Gerichten	5.10.2021	BGBl. I S. 4607	§ 77a	geänd. mWv 1.1.2022

[1] **Amtl. Anm.:** *(abgedruckt in Änderungstabelle Nr.* ***50d****)*

[2] **Amtl. Anm.:** Die Artikel 1 bis 6 dieses Gesetzes dienen der Umsetzung der Richtlinie 2013/48/EU des Europäischen Parlaments und des Rates vom 22. Oktober 2013 über das Recht auf Zugang zu einem Rechtsbeistand in Strafverfahren und in Verfahren zur Vollstreckung des Europäischen Haftbefehls sowie über das Recht auf Benachrichtigung eines Dritten bei Freiheitsentzug und das Recht auf Kommunikation mit Dritten und mit Konsularbehörden während des Freiheitsentzugs (ABl. L 294 vom 6.11.2013, S. 1).

[3] **Amtl. Anm.:** Dieses Gesetz dient der Umsetzung der Richtlinie (EU) 2016/1919 des Europäischen Parlaments und des Rates vom 26. Oktober 2016 über Prozesskostenhilfe für Verdächtige und beschuldigte Personen in Strafverfahren sowie für gesuchte Personen in Verfahren zur Vollstreckung eines Europäischen Haftbefehls (ABl. L 297 vom 4.11.2016, S. 1; L 91 vom 5.4.2017, S. 40). Artikel 1 Nummer 2, 4, 6, 8, 9 (insbesondere die §§ 141, 142), 11 und 12 sowie Artikel 4 Nummer 4 dienen gleichzeitig der Umsetzung der Richtlinie (EU) 2016/800 des Europäischen Parlaments und des Rates vom 11. Mai 2016 über Verfahrensgarantien in Strafverfahren für Kinder, die Verdächtige oder beschuldigte Personen in Strafverfahren sind (ABl. L 132 vom 21.5.2016, S. 1).

Lfd. Nr.	Änderndes Gesetz	Datum	Fund-stelle	Betroffen	Hinweis
	und zur Änd. weiterer Vorschriften[4]				

(Fortsetzung nächstes Blatt)

[4] **Amtl. Anm.:** Notifiziert gemäß der Richtlinie (EU) 2015/1535 des Europäischen Parlaments und des Rates vom 9. September 2015 über ein Informationsverfahren auf dem Gebiet der technischen Vorschriften und der Vorschriften für die Dienste der Informationsgesellschaft (ABl. L 241 vom 17.9.2015, S. 1).

hilfeersuchen zu stellen, im Wege einer Vereinbarung auf die Landesregierungen übertragen. [2]Die Landesregierungen haben das Recht zur weiteren Übertragung.

(3) Die Befugnisse des Bundeskriminalamtes zur Datenübermittlung, Ausschreibung und Identitätsfeststellung auf ausländisches Ersuchen richten sich nach § 27 Absatz 1 Satz 1 Nummer 2 und § 33 Absatz 1 bis 4 des Bundeskriminalamtgesetzes[1)].

(4) [1]Als Ersuchen im Sinne der Absätze 1 und 2 gelten auch Datenübermittlungen nach den §§ 61a und 92c. [2]Datenübermittlungen nach § 61a sind, soweit sie nicht in völkerrechtlichen Vereinbarungen nach § 1 Abs. 3 vorgesehen sind, von der Möglichkeit einer Übertragung nach Absatz 2 ausgeschlossen.

§ 74a[2)] Internationale Strafgerichtshöfe, zwischen- und überstaatliche Einrichtungen. Für die Entscheidung über Ersuchen eines internationalen Strafgerichtshofes und anderer zwischen- und überstaatlicher Einrichtungen um sonstige Rechtshilfe in strafrechtlichen Angelegenheiten gilt § 74 entsprechend, soweit nicht spezialgesetzliche Vorschriften eine abschließende Regelung treffen.

§ 75[3)] Kosten. Auf die Erstattung von Kosten der Rechtshilfe kann gegenüber dem ausländischen Staat verzichtet werden.

§ 76[4)] Gegenseitigkeitszusicherung. [1]Im Zusammenhang mit deutschen Rechtshilfeersuchen kann einem ausländischen Staat zugesichert werden, von ihm ausgehende Ersuchen zu erledigen, soweit dieses Gesetz dem nicht entgegensteht. [2]§ 74 Abs. 1 gilt entsprechend.

§ 77[5)] Anwendung anderer Verfahrensvorschriften. (1) Soweit dieses Gesetz keine besonderen Verfahrensvorschriften enthält, gelten die Vorschriften des Gerichtsverfassungsgesetzes[6)] und seines Einführungsgesetzes[7)], der Strafprozeßordnung[8)], des Jugendgerichtsgesetzes[9)], der Abgabenordnung[10)] und des Gesetzes über Ordnungswidrigkeiten[11)] sinngemäß.

(2) Bei der Leistung von Rechtshilfe für ein ausländisches Verfahren finden die Vorschriften zur Immunität, zur Indemnität und die Genehmigungsvorbehalte für Durchsuchungen und Beschlagnahmen in den Räumen eines Parlaments Anwendung, welche für deutsche Straf- und Bußgeldverfahren gelten.

§ 77a[12)] Elektronische Kommunikation und Aktenführung. (1) [1]Ist nach diesem Gesetz für die Leistung von Rechtshilfe die Einreichung schriftlicher Unterlagen einschließlich von Originalen oder beglaubigten Abschriften notwen-

---

[1)] **Sartorius Nr. 450.**

[2)] § 74a eingef. mWv 1.7.2002 durch G v. 21.6.2002 (BGBl. I S. 2144); Überschrift und Wortlaut geänd. mWv 22.10.2009 durch G v. 2.10.2009 (BGBl. I S. 3214).

[3)] § 75 geänd. mWv 25.7.2015 durch G v. 17.7.2015 (BGBl. I S. 1349).

[4)] § 76 Satz 1 geänd. mWv 25.7.2015 durch G v. 17.7.2015 (BGBl. I S. 1349).

[5)] § 77 Abs. 2 angef. mWv 2.8.2006 durch G v. 20.7.2006 (BGBl. I S. 1721); Abs. 2 geänd. mWv 25.7.2015 durch G v. 17.7.2015 (BGBl. I S. 1349).

[6)] **Habersack, Deutsche Gesetze Nr. 95.**

[7)] **Habersack, Deutsche Gesetze Nr. 95a.**

[8)] **Habersack, Deutsche Gesetze Nr. 90.**

[9)] **Habersack, Deutsche Gesetze Nr. 89.**

[10)] Auszugsweise abgedruckt unter Nr. **88b.**

[11)] **Habersack, Deutsche Gesetze Nr. 94.**

[12)] § 77a eingef. mWv 28.10.2010 durch G v. 18.10.2010 (BGBl. I S. 1408); Abs. 7 neu gef. mWv 1.1.2018 durch G v. 5.7.2017 (BGBl. I S. 2208); Abs. 1 Satz 2 geänd. mWv 29.7.2017 durch G v. 18.7.2017 (BGBl. I S. 2745); Abs. 7 Satz 1 geänd. mWv 1.1.2022 durch G v. 5.10.2021 (BGBl. I S. 4607).

dig, können auch elektronische Dokumente vorgelegt werden, soweit dies durch Rechtsverordnung nach § 77b zugelassen ist. [2] Die elektronischen Dokumente sind mit einer qualifizierten elektronischen Signatur zu versehen und müssen für die Bearbeitung durch eine Behörde oder ein Gericht geeignet sein. [3] Das Gleiche gilt für Erklärungen, Anträge oder Begründungen, die nach diesem Gesetz ausdrücklich schriftlich abzufassen oder zu unterzeichnen sind.

(2) Die qualifizierte elektronische Signatur kann durch ein anderes sicheres Verfahren ersetzt werden, das die Authentizität und die Integrität des übermittelten elektronischen Dokuments sicherstellt.

(3) [1] Ein elektronisches Dokument ist eingegangen, sobald die für den Empfang bestimmte Einrichtung der Behörde oder des Gerichts es aufgezeichnet hat. [2] Ist ein übermitteltes elektronisches Dokument zur Bearbeitung nicht geeignet, ist dies dem Absender unter Angabe der geltenden technischen Rahmenbedingungen unverzüglich mitzuteilen. [3] Soweit nicht die elektronische Aktenführung nach Absatz 4 zugelassen ist, ist von dem elektronischen Dokument unverzüglich ein Aktenauszug zu fertigen.

(4) [1] Die Verfahrensakten können elektronisch geführt werden, soweit dies durch Rechtsverordnung nach § 77b zugelassen ist. [2] Schriftstücke und Gegenstände des Augenscheins (Urschriften), die zu den elektronisch geführten Akten eingereicht und für eine Übertragung geeignet sind, sind zur Ersetzung der Urschrift in ein elektronisches Dokument zu übertragen, soweit die Rechtsverordnung nach § 77b nichts anderes bestimmt. [3] Das elektronische Dokument muss den Vermerk enthalten, wann und durch wen die Urschrift übertragen worden ist. [4] Die Urschriften sind bis zum Abschluss des Verfahrens so aufzubewahren, dass sie auf Anforderung innerhalb von einer Woche vorgelegt werden können.

(5) Ein nach Absatz 4 Satz 2 und 3 hergestelltes elektronisches Dokument ist für das Verfahren zugrunde zu legen, soweit kein Anlass besteht, an der Übereinstimmung mit der Urschrift zu zweifeln.

(6) [1] Enthält das nach Absatz 1 hergestellte elektronische Dokument zusätzlich zu dem Vermerk nach Absatz 4 Satz 3 einen mit einer qualifizierten elektronischen Signatur versehenen Vermerk darüber,

1. dass die Wiedergabe auf dem Bildschirm mit der Urschrift inhaltlich und bildlich übereinstimmt sowie
2. ob die Urschrift bei der Übertragung als Original oder in Abschrift vorgelegen hat,

kann die Urschrift bereits vor Abschluss des Verfahrens vernichtet werden. [2] Verfahrensinterne Erklärungen des Betroffenen und Dritter sowie ihnen beigefügte einfache Abschriften können unter den Voraussetzungen von Satz 1 vernichtet werden.

(7) [1] Im Übrigen gelten für die elektronische Kommunikation und die elektronische Aktenführung § 32 Absatz 1 Satz 3 zweiter Halbsatz und Absatz 2, § 32a Absatz 4 Satz 1 Nummer 1 bis 5, Absatz 5 Satz 2 und Absatz 6 Satz 2, § 32b Absatz 1 bis 4, § 32c Satz 1 bis 4, § 32d Satz 1, § 32e Absatz 2 bis 4, die §§ 32f sowie 497 der Strafprozessordnung[1)] sinngemäß. [2] Abweichend von § 32b Absatz 1 Satz 2 der Strafprozessordnung ist bei der automatisierten Herstellung eines zu signierenden elektronischen Dokuments statt seiner die begleitende Verfügung zu

---

[1)] **Habersack, Deutsche Gesetze Nr. 90.**

signieren. [3] § 32c Satz 1 gilt mit der Maßgabe, dass die Zustimmung des Bundesrates nicht erforderlich ist.

§ 77b[1)] Verordnungsermächtigung. [1] Das Bundesministerium der Justiz und für Verbraucherschutz und die Landesregierungen bestimmen für ihren Bereich durch Rechtsverordnung,

1. den Zeitpunkt, von dem an elektronische Dokumente nach § 77a Absatz 1 eingereicht werden können,
2. die für die Übersendung der elektronischen Dokumente nach § 77a Absatz 2 notwendigen Signaturanforderungen und die für die Bearbeitung notwendige Form,
3. den Zeitpunkt, von dem an Akten nach § 77a Absatz 4 elektronisch geführt werden oder geführt werden können,
4. die organisatorisch-technischen Rahmenbedingungen für die Bildung, Führung und Aufbewahrung der elektronisch geführten Akten einschließlich der Ausnahmen von der Ersetzung der Urschrift nach § 77a Absatz 4,
5. die Urschriften, die abweichend von § 77a Absatz 6 weiterhin aufzubewahren sind.

[2] Die Landesregierungen können die Ermächtigung durch Rechtsverordnung auf die Landesjustizverwaltungen übertragen. [3] Die Zulassung der elektronischen Übermittlung nach § 77a Absatz 1 kann auf einzelne Gerichte und Behörden sowie auf einzelne Verfahren beschränkt werden. [4] Die elektronische Aktenführung nach § 77a Absatz 4 kann auf das Verfahren bei einzelnen Behörden oder auf Verfahrensabschnitte beschränkt werden.

Abschnitt 2.[2)] Schutz personenbezogener Daten im Rechtshilfeverkehr

§ 77c[2)] Anwendungsbereich. Die Vorschriften dieses Abschnitts sind auf personenbezogene Daten anzuwenden, die im Rechtshilfeverkehr übermittelt oder empfangen werden.

§ 77d[2)] Übermittlung personenbezogener Daten. (1) Personenbezogene Daten dürfen, soweit dies gesetzlich vorgesehen ist und vorbehaltlich der Regelungen in den §§ 97a und 97b, an öffentliche Stellen anderer Staaten sowie an zwischen- oder überstaatliche Einrichtungen übermittelt werden, wenn

1. dies für die Verhütung oder Verfolgung von Straftaten oder von Ordnungswidrigkeiten oder für die Vollstreckung oder den Vollzug von strafrechtlichen Sanktionen oder zur Abwehr von Gefahren erforderlich ist,
2. die empfangende Stelle für eine der in Nummer 1 genannten Aufgaben zuständig ist,
3. in Fällen, in denen die personenbezogenen Daten aus einem anderen Mitgliedstaat der Europäischen Union oder aus einem Schengen-assoziierten Staat übermittelt wurden, dieser Staat der Übermittlung zuvor zugestimmt oder auf das Zustimmungserfordernis ausdrücklich verzichtet hat,
4. die Europäische Kommission nach Artikel 36 Absatz 3 der Richtlinie (EU) 2016/680 des Europäischen Parlaments und des Rates vom 27. April 2016 zum Schutz natürlicher Personen bei der Verarbeitung personenbezogener Daten

---

[1)] § 77b eingef. mWv 28.10.2010 durch G v. 18.10.2010 (BGBl. I S. 1408); Satz 1 einl. Satzteil geänd. mWv 8.9.2015 durch VO v. 31.8.2015 (BGBl. I S. 1474).

[2)] Abschnitt 2 (§§ 77c–77h) eingef. mWv 26.11.2019 durch G v. 20.11.2019 (BGBl. I S. 1724).

durch die zuständigen Behörden zum Zwecke der Verhütung, Ermittlung, Aufdeckung oder Verfolgung von Straftaten oder der Strafvollstreckung sowie zum freien Datenverkehr und zur Aufhebung des Rahmenbeschlusses 2008/977/JI des Rates (ABl. L 119 vom 4.5.2016, S. 89; L 127 vom 23.5.2018, S. 9) einen Beschluss zum angemessenen Datenschutzniveau des Empfängerstaats oder der empfangenden zwischen- oder überstaatlichen Einrichtung gefasst hat (Angemessenheitsbeschluss) oder die Voraussetzungen von § 77f erfüllt sind und

5. die personenbezogenen Daten in Fällen, in denen sie zu einem anderen als dem der Übermittlung zugrunde liegenden Zweck erhoben wurden, mit vergleichbaren Mitteln auch für den Übermittlungszweck erhoben werden dürften.

(2) Die Übermittlung personenbezogener Daten unterbleibt, auch unter Berücksichtigung eines besonderen öffentlichen Interesses an der Datenübermittlung, wenn im Einzelfall ein datenschutzrechtlich angemessener und die elementaren Menschenrechte wahrender Umgang mit den personenbezogenen Daten im Empfängerstaat oder bei der empfangenden zwischen- oder überstaatlichen Einrichtung nicht hinreichend gesichert ist oder sonst schutzwürdige Interessen der betroffenen Person entgegenstehen.

(3) [1] Die Übermittlung von personenbezogenen Daten an andere als die in Absatz 1 Nummer 2 genannten zuständigen Stellen oder an nicht-öffentliche Stellen ist unter Einhaltung der übrigen Voraussetzungen des Absatzes 1 zulässig, wenn

1. dies für die Erfüllung einer der übermittelnden Stelle zugewiesenen Aufgabe unbedingt erforderlich ist,
2. die Übermittlung an die zuständige Stelle wirkungslos oder ungeeignet wäre, insbesondere, weil die Übermittlung nicht rechtzeitig durchgeführt werden könnte, und
3. die empfangende Stelle auf den Zweck der Datenübermittlung sowie darauf hingewiesen wird, dass die personenbezogenen Daten nur verwendet werden dürfen, soweit dies zur Zweckerreichung erforderlich ist.

[2] Die zuständige Stelle ist über die Übermittlung unverzüglich zu unterrichten, es sei denn, die Unterrichtung wäre wirkungslos oder ungeeignet.

(4) [1] Kann die nach Absatz 1 Nummer 3 erforderliche vorherige Zustimmung des betroffenen Mitgliedstaates der Europäischen Union oder des betroffenen Schengen-assoziierten Staates nicht rechtzeitig eingeholt werden, so ist die Übermittlung von personenbezogenen Daten auch ohne Zustimmung

(Fortsetzung nächstes Blatt)

91. Gesetz über den Vollzug der Freiheitsstrafe und der freiheitsentziehenden Maßregeln der Besserung und Sicherung – Strafvollzugsgesetz (StVollzG)

Vom 16. März 1976
(BGBl. I S. 581, ber. S. 2088 und 1977 I S. 436)

FNA 312-9-1

Lfd. Nr.	Änderndes Gesetz	Datum	Fundstelle	Betroffen	Hinweis
1.	Art. 5 G zur Änd. des StGB, der StPO, des GVG, der BundesrechtsanwaltsO und des StVollzG	18.8.1976	BGBl. I S. 2181	§§ 26, 27, 29, 122	geänd. mWv 1.1.1977
2.	Art. 22 Zweites HaushaltsstrukturG	22.12. 1981	BGBl. I S. 1523	§§ 121, 198, 201	geänd. mWv 1.1.1982
3.	Art. 1 ÄndG	20.1.1984	BGBl. I S. 97, ber. S. 360	§ 138	geänd. mWv 1.1.1985
4.	Art. 1 ÄndG	20.12. 1984	BGBl. I S. 1654, ber. 1985 I S. 1266	§§ 7, 9, 130, 134, 139, 140, 198	geänd. 1.1.1985
				2. Abschnitt 16. Titel (§§ 123, 124, 125, 126)	eingef. 1.1.1985
				3. Abschnitt 1. Titel (§§ 123, 124, 125, 126, 127, 128)	aufgeh. 1.1.1985
5.	Art. 1 ÄndG	27.2.1985	BGBl. I S. 461	§ 101	geänd. mWv 7.3.1985
6.	Art. 7 StrafverfahrensänderungsG 1987	27.1.1987	BGBl. I S. 475	§ 29	geänd. mWv 1.4.1987
7.	Art. 51 Gesundheits-ReformG	20.12. 1988	BGBl. I S. 2477	§§ 57, 58, 59, 60, 61, 62, 65, 76, 78, 198	geänd. mWv 1.1.1989
				§ 62a	eingef. mWv 1.1.1989
8.	Art. 56 RentenreformG 1992	18.12. 1989	BGBl. I S. 2261	§§ 43, 199, 200	geänd. mWv 1.1.1992
9.	Anl. I Kap. III Sachgeb. C. Abschnitt II Nr. 3 Einigungsvertrag	31.8.1990	BGBl. II S. 885	§ 199	geänd. mWv 29.9.1990
				§ 202	eingef. mWv 29.9.1990
10.	Art. 7 Abs. 12 Rechtspflege-VereinfachungsG	17.12. 1990	BGBl. I S. 2847	§ 120	geänd. mWv 1.4.1991
11.	Art. 40 Arbeitsförderungs-ReformG	24.3.1997	BGBl. I S. 594	§§ 7, 17, 37, 38, 39, 44, 148	geänd. mWv 1.1.1998
12.	Art. 5 G zur Bekämpfung von Sexualdelikten und anderen gefährlichen Straftaten	26.1.1998	BGBl. I S. 160	§ 6, 7, 9, 199	geänd. mWv 31.1.1998
13.	BVerfGE	1.7.1998	BGBl. I S. 2208	§ 200	geänd. mWv 1.1.1992

Lfd. Nr.	Änderndes Gesetz	Datum	Fundstelle	Betroffen	Hinweis
14.	Art. 1 Viertes ÄndG	26.8.1998	BGBl. I S. 2461, ber. 1999 I S. 1096	§§ 27, 29, 32, 48, 69, 84, 86, 87, 103, 121, 130, 133, 144, 166, Überschrift 5. Abschnitt, §§ 167, 171, 179, 180, 181, 182, 183, 184, 185, 186, 187, 198, 199, 5. Abschnitt 5. bis 7. Titel Überschrift	geänd. mWv 1.12.1998
				2. Abschnitt 8. Titel Überschrift	eingef. mWv 1.12.1998
				§§ 34, 188, 194, 197	aufgeh. mWv 1.12.1998
15.	Art. 8 Strafverfahrensänderungsg 1999	2.8.2000	BGBl. I S. 1253	§ 186	geänd. mWv 1.11.2000
16.	Art. 1 Fünftes ÄndG	27.12.2000	BGBl. I S. 2043	Inhaltsübersicht, §§ 43, 44, 121, 133, 176, 177, 199, 200	geänd. mWv 1.1.2001
17.	Art. 8f G zur Änd. des BDSG und anderer Gesetze[1]	18.5.2001	BGBl. I S. 904	§§ 179, 184, 187	geänd. 23.5.2001
18.	Art. 11 Elektronische Register/Justizkosten-G	10.12.2001	BGBl. I S. 3422	§§ 50, 138, 167, 171, 199	geänd. mWv 15.12.2001
19.	Art. 4 Vierunddreißigstes StrafrechtsänderungsG	22.8.2002	BGBl. I S. 3390	§ 29	geänd. mWv 30.8.2002
20.	Art. 1 Sechstes StVollzG-ÄndG	5.10.2002	BGBl. I S. 3954	Inhaltsübersicht, §§ 86, 87, 180	geänd. mWv 11.10.2002
				§ 86a	eingef. mWv 11.10.2002
21.	Art. 62 Achte ZuständigkeitsanpassungsVO	25.11.2003	BGBl. I S. 2304	§ 48	geänd. mWv 28.11.2003
22.	Art. 41 Drittes G für moderne Dienstleistungen am Arbeitsmarkt	23.12.2003	BGBl. I S. 2848	§§ 148, 154, 195	geänd. mWv 1.1.2004
23.	Art. 37 G zur Einordnung des Sozialhilferechts in das SGB	27.12.2003	BGBl. I S. 3022	§ 44	geänd. mWv 1.1.2005
24.	Art. 1 Siebtes StVollzG-ÄndG	23.3.2005	BGBl. I S. 930	§ 115	geänd. mWv 1.4.2005
25.	Art. 91 Neunte ZuständigkeitsanpassungsVO	31.10.2006	BGBl. I S. 2407	§ 48	geänd. mWv 8.11.2006
26.	Art. 2 Abs. 11 PersonenstandsrechtsreformG	19.2.2007	BGBl. I S. 122	§ 79	geänd. mWv 1.1.2009
27.	Art. 10 G zur Änd. des SGB IV und anderer Gesetze	19.12.2007	BGBl. I S. 3024	§ 50	geänd. mWv 1.1.2008
28.	§ 62 Abs. 10 BeamtenstatusG	17.6.2008	BGBl. I S. 1010	§ 97	geänd. mWv 1.4.2009
29.	Art. 2 G zur Änd. des Untersuchungshaftrechts	29.7.2009	BGBl. I S. 2274	Inhaltsübersicht, §§ 167, 171, 178	geänd. mWv 1.1.2010
				§ 122	aufgeh. mWv 1.1.2010

[1] **Amtl. Anm.:** Dieses Gesetz dient der Umsetzung der Richtlinie 95/46/EG des Europäischen Parlaments und des Rates vom 24. Oktober 1995 zum Schutz natürlicher Personen bei der Verarbeitung personenbezogener Daten und zum freien Datenverkehr (ABl. EG Nr. L 281 S. 31).

Lfd. Nr.	Änderndes Gesetz	Datum	Fundstelle	Betroffen	Hinweis
30.	Art. 4 G zur bundesrechtlichen Umsetzung des Abstandsgebotes im Recht der Sicherungsverwahrung	5.12.2012	BGBl. I S. 2425	Inhaltsübersicht, §§ 109, 110, 112, 115, 120, 121, 130	geänd. mWv 1.6.2013
				§ 119a	eingef. mWv 1.6.2013
31.	Art. 7 G zur Intensivierung des Einsatzes von Videokonferenztechnik in gerichtlichen und staatsanwaltschaftlichen Verfahren	25.4.2013	BGBl. I S. 935	§ 115	geänd. mWv 1.11.2013
32.	Art. 152 Zehnte ZuständigkeitsanpassungsVO	31.8.2015	BGBl. I S. 1474	§§ 48, 50, 144	geänd. mWv 8.9.2015
33.	Art. 5, 6 G zur Einführung der elektronischen Akte in der Justiz und zur weiteren Förderung des elektronischen Rechtsverkehrs	5.7.2017	BGBl. I S. 2208	Inhaltsübersicht, §§ 112, 115, 118, 120	geänd. mWv 1.1.2018
				§ 110a	eingef. mWv 1.1.2018
				§ 110a	geänd. mWv 1.7.2025
				§ 110a	geänd. mWv 1.1.2026
34.	Art. 8 PflegeberufereformG	17.7.2017	BGBl. I S. 2581	§ 158	geänd. mWv 1.1.2020
35.	Art. 10 Abs. 7 G zur Neuregelung des Schutzes von Geheimnissen bei der Mitwirkung Dritter an der Berufsausübung schweigepflichtiger Personen	30.10.2017	BGBl. I S. 3618	§ 182	geänd. mWv 9.11.2017
36.	Art. 2 G zur Stärkung des Rechts des Angeklagten auf Anwesenheit in der Verhandlung	17.12.2018	BGBl. I S. 2571	§ 110a	geänd. mWv 21.12.2018
37.	Art. 1 G zur Stärkung der Rechte von Betroffenen bei Fixierungen im Rahmen von Freiheitsentziehungen	19.6.2019	BGBl. I S. 840	Inhaltsübersicht, 2. Abschnitt 14. Titel Überschrift, §§ 138, 167, 171	geänd. mWv 28.6.2019
				§§ 121a, 121b, 171a	eingef. mWv 28.6.2019
38.	Art. 14 G zur Umsetzung der RL (EU) 2016/680 im Strafverfahren sowie zur Anpassung datenschutzrechtlicher Bestimmungen an die VO (EU) 2016/679	20.11.2019	BGBl. I S. 1724	Inhaltsübersicht, §§ 86, 88, 130, 166, 5. Abschnitt Überschrift, §§ 167, 171, 179, 180, 182, 183, 184, 185, 186	geänd. mWv 26.11.2019
				5. Abschnitt 5. Titel Überschrift, § 181	neu gef. mWv 26.11.2019
				§ 187	aufgeh. mit Ablauf des 25.11.2019
39.	Art. 7 G zur Stärkung der Verfahrensrechte von Beschuldigten im Jugendstrafverfahren[1]	9.12.2019	BGBl. I S. 2146	§§ 167, 171	neu gef. mWv 17.12.2019

[1] **Amtl. Anm.:** Dieses Gesetz dient der Umsetzung der Richtlinie (EU) 2016/800 des Europäischen Parlaments und des Rates vom 11. Mai 2016 über Verfahrensgarantien für Kinder, die Verdächtige oder beschuldigte Personen in Strafverfahren sind (ABl. L 132 vom 21.5.2016, S. 1).

Lfd. Nr.	Änderndes Gesetz	Datum	Fundstelle	Betroffen	Hinweis
40.	Art. 12 G zur Fortentwicklung der StrafprozessO und zur Änd. weiterer Vorschriften	25.6.2021	BGBl. I S. 2099	§ 119a	geänd. mWv 1.7.2021
41.	Art. 27 G zum Ausbau des elektronischen Rechtsverkehrs mit den Gerichten und zur Änd. weiterer Vorschriften[1)]	5.10.2021	BGBl. I S. 4607	§ 120	geänd. mWv 1.1.2022

Nach der Neuregelung der Art. 72 ff. GG (Nr. **1**) durch das FöderalismusreformG v. 28.8.2006 (BGBl. I S. 2034) fällt der Strafvollzug einschließlich des Untersuchungshaftvollzugs in die Gesetzgebungskompetenz der Länder (Art. 74 Abs. 1 Nr. 1 iVm Art. 70 Abs. 1 GG).

Das StVollzG gilt gem. Art. 125a Abs. 1 GG seit dem 1.9.2006 als Bundesrecht fort, kann aber durch Landesrecht ersetzt werden. Der Bundesgesetzgeber besitzt nach dem 31.8.2006 für Änderungen des StVollzG keine Gesetzgebungskompetenz mehr.

Die Länder haben auf dem Gebiet des Strafvollzugs bisher ua folgende Vorschriften erlassen:

- **Baden-Württemberg:** Justizvollzugsgesetzbuch v. 10.11.2009 (GBl. S. 545), zuletzt geänd. durch G v. 17.12.2020 (GBl. 2021 S. 1)
- **Bayern:** Bayerisches StrafvollzugsG v. 10.12.2007 (GVBl. S. 866), zuletzt geänd. durch G v. 8.7.2020 (GVBl. S. 330); Bayerisches SicherungsverwahrungsvollzugsG v. 22.5.2013 (GVBl. S. 275), zuletzt geänd. durch G v. 8.7.2020 (GVBl. S. 330)
- **Berlin:** Berliner SicherungsverwahrungsvollzugsG v. 27.3.2013 (GVBl. S. 71), zuletzt geänd. durch G v. 27.9.2021 (GVBl. S. 1145); Berliner StrafvollzugsG v. 4.4.2016 (GVBl. S. 152), geänd. durch G v. 27.9. 2021 (GVBl. S. 1145); Berliner JugendstrafvollzugsG v. 4.4.2016 (GVBl. S. 152, 171), geänd. durch G v. 27.9.2021 (GVBl. S. 1145); Psychische Krankheiten-Gesetz v. 17.6.2016 (GVBl. S. 336), geänd. durch G v. 27.9.2021 (GVBl. S. 1117)
- **Brandenburg:** Brandenburgisches JustizvollzugsG v. 24.4.2013 (GVBl. I Nr. 14), zuletzt geänd. durch G v. 19.6.2019 (GVBl. I Nr. 43)
- **Bremen:** Bremisches JugendstrafvollzugsG v. 27.3.2007 (Brem.GBl. S. 233), geänd. durch G v. 14.7. 2020 (Brem.GBl. S. 721); Bremisches SicherungsverwahrungsvollzugsG v. 21.5.2013 (Brem.GBl. S. 172), zuletzt geänd. durch G v. 24.11.2020 (Brem.GBl. S. 1486); Bremisches StrafvollzugsG v. 25.11.2014 (Brem.GBl. S. 639), zuletzt geänd. durch G v. 24.11.2020 (Brem.GBl. S. 1486)
- **Hamburg:** Hamburgisches StrafvollzugsG v. 14.7.2009 (HmbGVBl. S. 257), zuletzt geänd. durch G v. 27.4.2021 (HmbGVBl. S. 285); Hamburgisches JugendstrafvollzugsG v. 14.7.2009 (HmbGVBl. S. 257, 280), zuletzt geänd. durch G v. 27.4.2021 (HmbGVBl. S. 285); Hamburgisches SicherungsverwahrungsvollzugsG v. 21.5.2013 (HmbGVBl. S. 211), zuletzt geänd. durch G v. 27.4.2021 (HmbGVBl. S. 285)
- **Hessen:** Hessisches StrafvollzugsG v. 28.6.2010 (GVBl. I S. 185), zuletzt geänd. durch G v. 12.11.2020 (GVBl. S. 778); Hessisches JugendstrafvollzugsG v. 19.11.2007 (GVBl. I S. 758), zuletzt geänd. durch G v. 12.11.2020 (GVBl. S. 778); Hessisches SicherungsverwahrungsvollzugsG v. 5.3.2013 (GVBl. S. 46), zuletzt geänd. durch G v. 12.11.2020 (GVBl. S. 778)
- **Mecklenburg-Vorpommern:** JugendstrafvollzugsG M-V v. 14.12.2007 (GVOBl. M-V S. 427), zuletzt geänd. durch G v. 21.11.2020 (GVOBl. M-V S. 1254); StrafvollzugsG M-V v. 7.5.2013 (GVOBl. M-V S. 322), geänd. durch G v. 21.11.2020 (GVOBl. M-V S. 1254); SicherungsverwahrungsvollzugsG M-V v. 7.5.2013 (GVOBl. M-V S. 348, ber. S. 430), zuletzt geänd. durch G v. 21.11.2020 (GVOBl. M-V S. 1254); JugendarrestvollzugsG M-V v. 27.5.2016 (GVOBl. M-V S. 302), geänd. durch G v. 21.11.2020 (GVOBl. M-V S. 1254)
- **Niedersachsen:** Niedersächsisches JustizvollzugsG idF der Bek. v. 8.4.2014 (Nds. GVBl. S. 106), zuletzt geänd. durch G v. 20.5.2019 (Nds. GVBl. S. 88)
- **Nordrhein-Westfalen:** StrafvollzugsG NRW v. 13.1.2015 (GV. NRW. S. 76), zuletzt geänd. durch G v. 2.7.2019 (GV. NRW. S. 339); JugendstrafvollzugsG NRW v. 7.4.2017 (GV. NRW. S. 511), zuletzt geänd.

[1)] **Amtl. Anm.:** Notifiziert gemäß der Richtlinie (EU) 2015/1535 des Europäischen Parlaments und des Rates vom 9. September 2015 über ein Informationsverfahren auf dem Gebiet der technischen Vorschriften und der Vorschriften für die Dienste der Informationsgesellschaft (ABl. L 241 vom 17.9.2015, S. 1).

durch G v. 2.7.2019 (GV. NRW. S. 339);JugendarrestvollzugsG v. 30.4.2013 (GV. NRW. S. 203), zuletzt geänd. durch G v. 12.10.2018 (GV. NRW. S. 555); SicherungsverwahrungsvollzugsG NRW v. 30.4.2013 (GV. NRW. S. 212), zuletzt geänd. durch G v. 2.7.2019 (GV. NRW. S. 339)

– **Rheinland-Pfalz:** LandesjustizvollzugsG v. 8.5.2013 (GVBl. S. 79), zuletzt geänd. durch G v. 15.10. 2020 (GVBl. S. 571), LandessicherungsverwahrungsvollzugsG v. 8.5.2013 (GVBl. S. 79, 102), zuletzt geänd. durch G v. 15.10.2020 (GVBl. S. 571) und LandesjustizvollzugsdatenschutzG v. 3.6.2020 (GVBl. S. 218), geänd. durch G v. 15.10.2020 (GVBl. S. 571); LandesjugendarrestvollzugsG v. 6.10.2015 (GVBl. S. 354), zuletzt geänd. durch G v. 15.10.2020 (GVBl. S. 571); MaßregelvollzugsG v. 22.12.2015 (GVBl. S. 487), zuletzt geänd. durch G v. 15.10.2020 (GVBl. S. 556); Saarländisches StrafvollzugsG v. 24.4.2013 (Amtsbl. I S. 116), zuletzt geänd. durch G v. 16.6.2021 (Amtsbl. I S. 1822); Saarländisches SicherungsverwahrungsvollzugsG v. 15.5.2013 (Amtsbl. I S. 146), geänd. durch G v. 4.12.2019 (Amtsbl. 2020 I S. 79)

– **Sachsen:** Sächsisches JugendstrafvollzugsG v. 12.12.2007 (SächsGVBl. S. 558), zuletzt geänd. durch G v. 22.8.2019 (SächsGVBl. S. 663); Sächsisches StrafvollzugsG v. 16.5.2013 (SächsGVBl. S. 250), zuletzt geänd. durch G v. 22.8.2019 (SächsGVBl. S. 663); Sächsisches SicherungsverwahrungsvollzugsG v. 16.5. 2013 (SächsGVBl. S. 294), zuletzt geänd. durch G v. 22.8.2019 (SächsGVBl. S. 663)

– **Sachsen-Anhalt:** SicherungsverwahrungsvollzugsG LSA v. 13.5.2013 (GVBl. LSA S. 206), zuletzt geänd. durch G v. 25.3.2021 (GVBl. LSA S. 120); Justizvollzugsgesetzbuch LSA v. 18.12.2015 (GVBl. LSA S. 666), zuletzt geänd. durch G v. 25.3.2021 (GVBl. LSA S. 120)

– **Schleswig-Holstein:** JugendstrafvollzugsG v. 19.12.2007 (GVOBl. Schl.-H. S. 563), aufgeh. durch G v. 23.9.2021 (GVOBl. Schl.-H. S. 1170); SicherungsverwahrungsvollzugsG Schl-H v. 15.5.2013 (GVOBl. Schl.-H. S. 169), zuletzt geänd. durch G v. 23.9.2021 (GVOBl. Schl.-H. S. 1170)

– **Thüringen:** Thüringer Justizvollzugsgesetzbuch v. 27.2.2014 (GVBl. S. 13); Thüringer SicherungsverwahrungsvollzugsG v. 23.5.2013 (GVBl. S. 121), geänd. durch G v. 27.2.2014 (GVBl. S. 46)

Siehe auch den am 6.9.2011 vorgestellten gemeinsamen Musterentwurf für ein einheitliches LandesstrafvollzugsG v. 23.8.2011 der Länder Berlin, Brandenburg, Bremen, Mecklenburg-Vorpommern, Rheinland-Pfalz, Saarland, Sachsen, Sachsen-Anhalt, Schleswig-Holstein und Thüringen.

(Fortsetzung nächstes Blatt)

(3) [1]Entscheidungen von Amts wegen sind alle zwei Jahre zu treffen. [2]Das Gericht kann bei einer Entscheidung nach Absatz 1, auch in Verbindung mit Absatz 2 Satz 2, im Hinblick auf die Gesamtdauer der noch zu vollziehenden Freiheitsstrafe eine längere Frist festsetzen, die fünf Jahre nicht überschreiten darf. [3]Die Frist für die erste Entscheidung von Amts wegen beginnt mit dem Vollzug der Freiheitsstrafe zu laufen, die Frist für jede weitere mit Bekanntgabe einer erstinstanzlichen Entscheidung nach Absatz 1.

(4) Die Strafvollstreckungskammer ist bei Entscheidungen nach den Absätzen 1 und 2 Satz 2 mit drei Richtern unter Einschluss des Vorsitzenden besetzt.

(5) Gegen die gerichtliche Entscheidung ist die Beschwerde zulässig.

(6) [1]Für das gerichtliche Verfahren ist dem Gefangenen von Amts wegen ein Rechtsanwalt beizuordnen. [2]Vor einer Entscheidung sind der Gefangene, die Vollzugsbehörde und die Vollstreckungsbehörde anzuhören. [3]Im Übrigen gelten § 109 Absatz 3 Satz 2, die §§ 110,[1] und 110a sowie die auf dessen Grundlage erlassenen Rechtsverordnungen, die §§ 111, 115 Absatz 1 Satz 1 und 2 sowie die §§ 117, 118 Absatz 1 Satz 1, § 119 Absatz 1 und 5 entsprechend.

(7) Alle Gerichte sind bei nachfolgenden Entscheidungen an die rechtskräftigen Feststellungen nach den Absätzen 1 und 2 Satz 2 gebunden.

§ 120[2] Entsprechende Anwendung anderer Vorschriften. (1) [1]Kommt die Behörde in den Fällen des § 114 Absatz 2 Satz 2 sowie des § 115 Absatz 2 Satz 2 und Absatz 4 der ihr in der einstweiligen Anordnung oder im Beschluss auferlegten Verpflichtung nicht nach, gilt § 172 der Verwaltungsgerichtsordnung[3] entsprechend. [2]Im Übrigen sind die Vorschriften der Strafprozessordnung[4] und die auf der Grundlage des § 32a Absatz 2 Satz 2 und Absatz 4 Satz 1 Nummer 6, des § 32b Absatz 5 und des § 32f Absatz 6 der Strafprozessordnung erlassenen Rechtsverordnungen entsprechend anzuwenden, soweit sich aus diesem Gesetz nichts anderes ergibt.

(2) Auf die Bewilligung der Prozeßkostenhilfe sind die Vorschriften der Zivilprozeßordnung[5] entsprechend anzuwenden.

§ 121[6] Kosten des Verfahrens. (1) In der das Verfahren abschließenden Entscheidung ist zu bestimmen, von wem die Kosten des Verfahrens und die notwendigen Auslagen zu tragen sind.

(2) [1]Soweit der Antragsteller unterliegt oder seinen Antrag zurücknimmt, trägt er die Kosten des Verfahrens und die notwendigen Auslagen. [2]Hat sich die Maßnahme vor einer Entscheidung nach Absatz 1 in anderer Weise als durch Zurücknahme des Antrags erledigt, so entscheidet das Gericht über die Kosten des Verfahrens und die notwendigen Auslagen nach billigem Ermessen.

---

[1] Zeichensetzung amtlich.

[2] § 120 Abs. 2 geänd. durch G v. 17.12.1990 (BGBl. I S. 2847); Abs. 1 neu gef. mWv 1.6.2013 durch G v. 5.12.2012 (BGBl. I S. 2425); Abs. 1 Satz 2 geänd. mWv 1.1.2018 durch G v. 5.7.2017 (BGBl. I S. 2208); Abs. 1 Satz 2 geänd. mWv 1.1.2022 durch G v. 5.10.2021 (BGBl. I S. 4607).

[3] **Sartorius Nr. 600.**

[4] **Habersack, Deutsche Gesetze Nr. 90.**

[5] **Habersack, Deutsche Gesetze Nr. 100.**

[6] § 121 Abs. 5 angef. durch G v. 22.12.1981 (BGBl. I S. 1523), Abs. 5 geänd. durch G v. 26.8.1998 (BGBl. I S. 2461), Abs. 5 neu gef. mWv 1.1.2001 durch G v. 27.12.2000 (BGBl. I S. 2043); Abs. 3 Satz 1 eingef., bish. Wortlaut wird Satz 2 mWv 1.6.2013 durch G v. 5.12.2012 (BGBl. I S. 2425).

(3) [1]Bei erstinstanzlichen Entscheidungen des Gerichts nach § 119a fallen die Kosten des Verfahrens und die notwendigen Auslagen der Staatskasse zur Last. [2]Absatz 2 Satz 2 gilt nicht im Falle des § 115 Abs. 3.

(4) Im übrigen gelten die §§ 464 bis 473 der Strafprozeßordnung entsprechend.

(5) Für die Kosten des Verfahrens nach den §§ 109ff. kann auch ein den dreifachen Tagessatz der Eckvergütung nach § 43 Abs. 2 übersteigender Teil des Hausgeldes (§ 47) in Anspruch genommen werden.

§ 121a[1)] Gerichtliche Zuständigkeit bei dem Richtervorbehalt unterliegenden Maßnahmen. (1) Soweit nach den Vollzugsgesetzen eine Maßnahme der vorherigen gerichtlichen Anordnung oder der gerichtlichen Genehmigung bedarf, ist das Amtsgericht zuständig, in dessen Bezirk die Maßnahme durchgeführt wird.

(2) Unterhält ein Land eine Anstalt, in der Freiheitsstrafen oder freiheitsentziehende Maßregeln der Besserung und Sicherung vollzogen werden, auf dem Gebiet eines anderen Landes, so können die beteiligten Länder vereinbaren, dass für gerichtliche Entscheidungen im Sinne des Absatzes 1 das Amtsgericht zuständig ist, in dessen Bezirk die für die Anstalt zuständige Aufsichtsbehörde ihren Sitz hat.

§ 121b[2)] Gerichtliches Verfahren bei dem Richtervorbehalt unterliegenden Maßnahmen. (1) [1]Das gerichtliche Verfahren im Sinne des § 121a richtet sich nach dem Gesetz über das Verfahren in Familiensachen und in den Angelegenheiten der freiwilligen Gerichtsbarkeit[3)]. [2]Die für Unterbringungssachen nach § 312 Nummer 4 des Gesetzes über das Verfahren in Familiensachen und in den Angelegenheiten der freiwilligen Gerichtsbarkeit anzuwendenden Bestimmungen gelten entsprechend. [3]Über die Beschwerde entscheidet das Landgericht, über die Rechtsbeschwerde der Bundesgerichtshof.

(2) Für das Verfahren werden keine Kosten erhoben.

Fünfzehnter Titel. Strafvollstreckung und Untersuchungshaft

§ 122[4)] *(aufgehoben)*

Sechzehnter Titel.[5)] Sozialtherapeutische Anstalten

§ 123[5)] Sozialtherapeutische Anstalten und Abteilungen. (1) Für den Vollzug nach § 9 sind von den übrigen Vollzugsanstalten getrennte sozialtherapeutische Anstalten vorzusehen.

(2) [1]Aus besonderen Gründen können auch sozialtherapeutische Abteilungen in anderen Vollzugsanstalten eingerichtet werden. [2]Für diese Abteilungen gelten die Vorschriften über die sozialtherapeutische Anstalt entsprechend.

---

1) § 121a eingef. mWv 28.6.2019 durch G v. 19.6.2019 (BGBl. I S. 840).
2) § 121b eingef. mWv 28.6.2019 durch G v. 19.6.2019 (BGBl. I S. 840).
3) **Habersack, Deutsche Gesetze Nr. 112.**
4) § 122 aufgeh. mWv 1.1.2010 durch G v. 29.7.2009 (BGBl. I S. 2274).
5) 16. Titel (§§ 123–126) eingef. durch G v. 20.12.1984 (BGBl. I S. 1654).

91a. Untersuchungshaftvollzugsordnung (UVollzO)

Vom 12. Februar 1953[1) 2)]

Erster Teil. Untersuchungshaft

Erster Abschnitt. Allgemeines

Erstes Kapitel

1 Grundsätze. (1) Die Untersuchungshaft dient dem Zweck, durch sichere Verwahrung des Beschuldigten die Durchführung eines geordneten Strafverfahrens zu gewährleisten oder der Gefahr weiterer Straftaten zu begegnen.

(2) Dem Gefangenen dürfen nur solche Beschränkungen auferlegt werden, die der Zweck der Untersuchungshaft oder die Ordnung in der Vollzugsanstalt erfordert (§ 119 Abs. 3 StPO[3)]).

(3) [1]Die Persönlichkeit des Gefangenen ist zu achten und sein Ehrgefühl zu schonen. [2]Im Umgang mit ihm muß selbst der Anschein vermieden werden, als

---

[1)] Neufassung ab 1. Januar 1977 mit späteren Änderungen und Ergänzungen.

[2)] Nach der Neuregelung der Art. 72 ff. GG (Nr. **1**) durch das FöderalismusreformG v. 28.8.2006 (BGBl. I S. 2034) fällt der Strafvollzug einschließlich des Untersuchungshaftvollzugs in die Gesetzgebungskompetenz der Länder (Art. 74 Abs. 1 Nr. 1 iVm Art. 70 Abs. 1 GG).

Die UVollzO gilt gem. Art. 125a Abs. 1 GG seit dem 1.9.2006 als Bundesrecht fort, kann aber durch Landesrecht ersetzt werden. Der Bundesgesetzgeber besitzt nach dem 31.8.2006 für Änderungen der UVollzO keine Gesetzgebungskompetenz mehr.

Bisher haben die Länder auf dem Gebiet des Untersuchungshaftvollzugs ua folgende Vorschriften erlassen:
- **Baden-Württemberg:** Justizvollzugsgesetzbuch v. 10.11.2009 (GBl. S. 545), zuletzt geänd. durch G v. 17.12.2020 (GBl. 2021 S. 1)
- **Bayern:** Bayerisches UntersuchungshaftvollzugsG v. 20.12.2011 (GVBl. S. 678), zuletzt geänd. durch G v. 8.7.2020 (GVBl. S. 330)
- **Berlin:** Berliner UntersuchungshaftvollzugsG v. 3.12.2009 (GVBl. S. 686), zuletzt geänd. durch G v. 14.9.2021 (GVBl. S. 1079)
- **Brandenburg:** Brandenburgisches JustizvollzugsG v. 24.4.2013 (GVBl. I Nr. 14), zuletzt geänd. durch G v. 19.6.2019 (GVBl. I Nr. 43)
- **Bremen:** Bremisches UntersuchungshaftvollzugsG v. 2.3.2010 (Brem.GBl. S. 191), geänd. durch G v. 14.7.2020 (Brem.GBl. S. 721)
- **Hamburg:** Hamburgisches UntersuchungshaftvollzugsG v. 15.12.2009 (HmbGVBl. S. 473), zuletzt geänd. durch G v. 27.4.2021 (HmbGVBl. S. 285)
- **Hessen:** Hessisches UntersuchungshaftvollzugsG v. 28.6.2010 (GVBl. I S. 185, 208), zuletzt geänd. durch G v. 12.11.2020 (GVBl. S. 778)
- **Mecklenburg-Vorpommern:** UntersuchungshaftvollzugsG Mecklenburg-Vorpommern v. 17.12.2009 (GVOBl. M-V S. 763), zuletzt geänd. durch G v. 21.11.2020 (GVOBl. M-V S. 1254)
- **Niedersachsen:** Niedersächsisches JustizvollzugsG idF der Bek. v. 8.4.2014 (Nds. GVBl. S. 106), zuletzt geänd. durch G v. 20.5.2019 (Nds. GVBl. S. 88)
- **Nordrhein-Westfalen:** UntersuchungshaftvollzugsG Nordrhein-Westfalen v. 27.10.2009 (GV. NRW. S. 540), zuletzt geänd. durch G v. 2.7.2019 (GV. NRW. S. 339)
- **Rheinland-Pfalz:** LandesjustizvollzugsG v. 8.5.2013 (GVBl. S. 79), zuletzt geänd. durch G v. 15.10.2020 (GVBl. S. 571)
- **Saarland:** UntersuchungshaftvollzugsG v. 1.7.2009 (Amtsbl. S. 1219), zuletzt geänd. durch G v. 16.6.2021 (Amtsbl. I S. 1822)
- **Sachsen:** Sächsisches UntersuchungshaftvollzugsG v. 14.12.2010 (SächsGVBl. S. 414), zuletzt geänd. durch G v. 22.8.2019 (SächsGVBl. S. 663)
- **Sachsen-Anhalt:** Justizvollzugsgesetzbuch LSA v. 18.12.2015 (GVBl. LSA S. 666), zuletzt geänd. durch G v. 25.3.2021 (GVBl. LSA S. 120)
- **Schleswig-Holstein:** UntersuchungshaftvollzugsG v. 23.9.2021 (GVOBl. Schl.-H. S. 1170, 1209)
- **Thüringen:** Thüringer Justizvollzugsgesetzbuch v. 27.2.2014 (GVBl. S. 13)

[3)] **Habersack, Deutsche Gesetze Nr. 90.**

ob er zur Strafe festgehalten werde. [3] Schädlichen Folgen des Freiheitsentzuges ist entgegenzuwirken.

(4) Bei Gefangenen unter 21 Jahren (jungen Gefangenen) wird die Untersuchungshaft erzieherisch gestaltet.

Zweites Kapitel. Richter. Staatsanwalt. Anstaltsleiter

2 Richter. (1) [1] Die für den Vollzug der Untersuchungshaft erforderlichen Maßnahmen und notwendigen Beschränkungen ordnet der Richter an (§ 119 Abs. 6 StPO[1)]). [2] Der Richter entscheidet insbesondere über die Art der Unterbringung, den Verkehr mit der Außenwelt, besondere Sicherungsmaßnahmen und Disziplinarmaßnahmen.

(2) [1] Dem Richter bleibt es im Einzelfall unbenommen, von Amts wegen oder auf Antrag im Rahmen der Vorschriften der Strafprozeßordnung von den Richtlinien dieser Vollzugsordnung abzuweichen. [2] Soweit er in Verbindung mit dem Aufnahmeersuchen oder später keine besonderen Verfügungen trifft, ist davon auszugehen, daß die für den Vollzug der Untersuchungshaft durch diese Vollzugsordnung allgemein getroffene Regelung nach dem Willen des Richters auch für den Einzelfall gelten soll.

(3) [1] Die richterliche Zuständigkeit ist in § 126 StPO geregelt. [2] Hiernach ist bis zur Erhebung der öffentlichen Klage der Richter zuständig, der den Haftbefehl erlassen hat. [3] Nach Erhebung der öffentlichen Klage ist das Gericht zuständig, das mit der Sache befaßt ist. [4] Nach Einlegung der Revision ist das Gericht zuständig, dessen Urteil angefochten ist. [5] Einzelne Maßnahmen, insbesondere nach § 119 StPO, ordnet der Vorsitzende an.

3 Staatsanwalt. (1) Der Richter kann für den einzelnen Gefangenen auf dessen Antrag dem Staatsanwalt bis zur Erhebung der öffentlichen Klage die Anordnung einzelner Maßnahmen, die den Gefangenen nicht beschweren, insbesondere die Anordnungen über den Verkehr mit der Außenwelt, überlassen, wenn dadurch das Verfahren beschleunigt, namentlich eine sonst notwendige Aktenverschickung vermieden wird.

(Fortsetzung nächstes Blatt)

[1)] **Habersack, Deutsche Gesetze Nr. 90.**

91c. Verordnung über den Vollzug des Jugendarrestes (Jugendarrestvollzugsordnung – JAVollzO)

In der Fassung der Bekanntmachung vom 30. November 1976[1) 2)]
(BGBl. I S. 3270)

FNA 451-1-1

Lfd. Nr.	Änderndes Gesetz	Datum	Fundstelle	Betroffen	Hinweis
1.	Art. 9 Abs. 7 Kinder- und JugendhilfeG	26.6.1990	BGBl. I S. 1163	§ 27	geänd. mWv 1.1.1991
				§ 28	aufgeh. mWv 1.1.1991
2.	Art. 53 Bundesrecht-BereinigungsG	8.12.2010	BGBl. I S. 1864	§ 32	aufgeh. mWv 15.12.2010

Nach der Neuregelung der Art. 72 ff. GG durch das FöderalismusreformG v. 28.8.2006 (BGBl. I S. 2034) fällt der Jugendarrestvollzug in die Gesetzgebungskompetenz der Länder (Art. 74 Abs. 1 Nr. 1 iVm Art. 70 Abs. 1 GG).

Die JAVollzO gilt gem. Art. 125a Abs. 1 GG seit dem 1.9.2006 als Bundesrecht fort, kann aber durch Landesrecht ersetzt werden. Der Bundesgesetzgeber besitzt nach dem 31.8.2006 für Änderungen der JAVollzO keine Gesetzgebungskompetenz mehr.

Die Länder haben auf dem Gebiet des Jugendarrestvollzugs bisher ua folgende Vorschriften erlassen:
- **Baden-Württemberg:** JugendarrestG v. 25.11.2014 (GBl. S. 582), geänd. durch G v. 21.5.2019 (GBl. S. 189)
- **Bayern:** Bayerisches JugendarrestvollzugsG v. 26.6.2018 (GVBl. S. 438), geänd. durch G v. 8.7.2020 (GVBl. S. 330)
- **Berlin:** G zu dem Staatsvertrag der Länder Berlin und Brandenburg über die Errichtung und den Betrieb einer gemeinsamen Jugendarrestanstalt v. 15.12.2015 (GVBl. S. 589); AV zum Jugendarrestvollzug v. 3.2. 2015 (ABl. S. 275); Berliner JugendarrestvollzugsG v. 27.9.2021 (GVBl. S. 1135)
- **Brandenburg:** Brandenburgisches JugendarrestvollzugsG v. 10.7.2014 (GVBl. I Nr. 34)
- **Hamburg:** Hamburgisches JugendarrestvollzugsG v. 29.12.2014 (HmbGVBl. S. 542), zuletzt geänd. durch G v. 27.4.2021 (HmbGVBl. S. 285)
- **Hessen:** Hessisches JugendarrestvollzugsG v. 27.5.2015 (GVBl. S. 223), zuletzt geänd. durch G v. 12.11. 2020 (GVBl. S. 778)
- **Mecklenburg-Vorpommern:** JugendarrestvollzugsG Mecklenburg-Vorpommern v. 27.5.2016 (GVOBl. M-V S. 302), geänd. durch G v. 21.11.2020 (GVOBl. M-V S. 1254)
- **Niedersachsen:** Niedersächsisches JugendarrestvollzugsG v. 17.2.2016 (Nds. GVBl. S. 38, ber. 2016, S. 75), zuletzt geänd. durch G v. 20.5.2019 (Nds. GVBl. S. 88)
- **Nordrhein-Westfalen:** JugendarrestvollzugsG Nordrhein-Westfalen v. 30.4.2013 (GV. NRW. S. 203), zuletzt geänd. durch G v. 12.10.2018 (GV. NRW. S. 555)
- **Rheinland-Pfalz:** LandesjugendarrestvollzugsG v. 6.10.2015 (GVBl. S. 354), zuletzt geänd. durch G v. 15.10.2020 (GVBl. S. 571)
- **Saarland:** Saarländisches JugendarrestvollzugsG v. 20.1.2016 (Amtsbl. I S. 132), zuletzt geänd. durch G v. 16.6.2021 (Amtsbl. I S. 1822)
- **Sachsen:** Sächsisches JugendarrestvollzugsG v. 5.3.2019 (SächsGVBl. S. 158), geänd. durch G v. 22.8. 2019 (SächsGVBl. S. 663)
- **Sachsen-Anhalt:** Drittes Buch Justizvollzugsgesetzbuch Sachsen-Anhalt v. 11.11.2020 (GVBl. LSA S. 644)
- **Schleswig-Holstein:** JugendarrestvollzugsG v. 2.12.2014 (GVOBl. Schl.-H. S. 356), geänd. durch G v. 23.9.2021 (GVOBl. Schl.-H. S. 1170)
- **Thüringen:** Thüringer JugendarrestvollzugsG v. 19.3.2019 (GVBl. S. 9)

---

1) Neubekanntmachung der JAVollzO v. 12.8.1966 (BGBl. I S. 505) in der ab 1.1.1977 geltenden Fassung.

2) Die VO wurde erlassen auf Grund von § 115 Abs. 1 und 2 JGG.

§ 1 Vollzugseinrichtungen. (1) [1] Dauerarrest und Kurzarrest von mehr als zwei Tagen werden in Jugendarrestanstalten, Freizeitarrest und Kurzarrest bis zu zwei Tagen in Freizeitarresträumen vollzogen. [2] Freizeitarrest und Kurzarrest bis zu zwei Tagen können auch in einer Jugendarrestanstalt vollzogen werden.

(2) [1] Jugendarrestanstalten dürfen nicht, Freizeitarresträume dürfen nicht gleichzeitig dem Vollzug von Strafe oder dem Vollzug an Erwachsenen dienen. [2] Jugendarrestanstalten und Freizeitarresträume dürfen nicht in Straf- oder Untersuchungshaftanstalten, auch nicht im Verwaltungsteil dieser Anstalten, eingerichtet werden.

(3) [1] Männliche und weibliche Jugendliche werden getrennt. [2] Hiervon darf abgesehen werden, um Jugendlichen die Teilnahme an religiösen Veranstaltungen und an erzieherischen Maßnahmen zu ermöglichen.

(4) Jugendarrestanstalten sollen nicht weniger als 10 und nicht mehr als 60 Jugendliche aufnehmen können.

§ 2 Leitung des Vollzuges. (1) [1] Vollzugsleiter ist der Jugendrichter am Ort des Vollzuges. [2] Ist dort kein Jugendrichter oder sind mehrere tätig, so ist Vollzugsleiter der Jugendrichter, den die oberste Behörde der Landesjustizverwaltung dazu bestimmt.

(2) [1] Der Vollzugsleiter ist für den gesamten Vollzug verantwortlich. [2] Er kann bestimmte Aufgaben einzelnen oder mehreren Mitarbeitern gemeinschaftlich übertragen.

(3) Die Zusammenarbeit aller an der Erziehung Beteiligten soll durch regelmäßige Besprechungen gefördert werden.

§ 3 Mitarbeiter. (1) [1] Die Mitarbeiter des Vollzugsleiters sollen erzieherisch befähigt und in der Jugenderziehung erfahren sein. [2] Sie sollen so ausgewählt und angeleitet werden, daß sie mit dem Vollzugsleiter in einer erzieherischen Einheit vertrauensvoll zusammenarbeiten.

(2) [1] Männliche Jugendliche werden von Männern, weibliche Jugendliche von Frauen beaufsichtigt. [2] Hiervon darf abgewichen werden, wenn Unzuträglichkeiten nicht zu befürchten sind.

(3) Nach Bedarf werden Psychologen, Sozialpädagogen, Sozialarbeiter, Lehrer und andere Fachkräfte als Mitarbeiter bestellt.

(4) Ehrenamtliche Mitarbeiter können zur Mitwirkung an der Erziehungsarbeit herangezogen werden.

§ 4 Nachdrückliche Vollstreckung. Der Jugendarrest ist in der Regel unmittelbar nach Rechtskraft des Urteils zu vollziehen.

§ 5 Aufnahme. (1) [1] Der Jugendliche hat sämtliche eingebrachten Sachen, die er während des Vollzuges nicht benötigt, bei der Aufnahme abzugeben und, soweit tunlich, selbst zu verzeichnen. [2] Sie werden außerhalb des Arrestraumes verwahrt. [3] Der Jugendliche wird über seine Rechte und Pflichten unterrichtet. [4] Anschließend wird er, nach Möglichkeit ohne Entkleiden, gründlich, aber schonend durchsucht. [5] Männliche Jugendliche dürfen nur von Männern, weibliche Jugendliche nur von Frauen durchsucht werden. [6] Gegenstände der eingebrachten Sachen, die einem berechtigten Bedürfnis dienen, können dem Jugendlichen belassen werden.

(2) Fürsorgemaßnahmen, die infolge der Freiheitsentziehung erforderlich werden, sind rechtzeitig zu veranlassen.

(3) Weibliche Jugendliche, die über den fünften Monat hinaus schwanger sind, vor weniger als sechs Wochen entbunden haben oder ihr Kind selbst nähren, dürfen nicht aufgenommen werden.

§ 6 Unterbringung. (1) Der Jugendliche wird während der Nacht allein in einem Arrestraum untergebracht, sofern nicht sein körperlicher oder seelischer Zustand eine gemeinsame Unterbringung erfordert.

(2) [1] Während des Tages soll der Jugendliche bei der Arbeit und bei gemeinschaftlichen Veranstaltungen mit anderen Jugendlichen zusammen untergebracht werden, sofern Aufsicht gewährleistet ist und erzieherische Gründe nicht

(Fortsetzung nächstes Blatt)

94a. Verordnung über die Erteilung einer Verwarnung, Regelsätze für Geldbußen und die Anordnung eines Fahrverbotes wegen Ordnungswidrigkeiten im Straßenverkehr (Bußgeldkatalog-Verordnung – BKatV)

Vom 14. März 2013
(BGBl. I S. 498)

FNA 9231-1-21

Lfd. Nr.	Änderndes Gesetz	Datum	Fundstelle	Betroffen	Hinweis
1.	Art. 4 Neunte VO zur Änd. der Fahrerlaubnis-VO und anderer straßenverkehrsrechtlicher Vorschriften	5.11.2013	BGBl. I S. 3920, geänd. durch VO v. 16.4. 2014 (BGBl. I S. 348)	§§ 1, 2, 3, Anl., Anh. (zu Nr. 11 der Anl.) Anh. (zu Nr. 12 der Anl.), Anh. (zu § 3 Abs. 3)	geänd. mWv 1.5.2014 neu gef. mWv 1.5.2014
2.	Art. 7a Zehnte VO zur Änd. der Fahrerlaubnis-VO und anderer straßenverkehrsrechtlicher Vorschriften[1]	16.4.2014	BGBl. I S. 348	§§ 3, 4, Anl.	geänd. mWv 1.5.2014
3.	Art. 3 49. VO zur Änd. straßenverkehrsrechtlicher Vorschriften	22.10. 2014	BGBl. I S. 1635	Anl.	geänd. mWv 30.10.2014
4.	Art. 3 Zweite VO zur Änd. der Fahrzeug-ZulassungsVO und anderer straßenverkehrsrechtlicher Vorschriften	30.10. 2014	BGBl. I S. 1666	Anl. Anl.	geänd. mWv 1.1.2015 geänd. mWv 1.4.2015
5.	Art. 3 51. VO zur Änd. straßenverkehrsrechtlicher Vorschriften	17.6.2016	BGBl. I S. 1463	Anl.	geänd. mWv 1.2.2017
6.	Art. 5 Dritte VO zur Änd. der Fahrzeug-ZulassungsVO und anderer straßenverkehrsrechtlicher Vorschriften[2]	23.3.2017	BGBl. I S. 522	Anl.	geänd. mWv 1.10.2017
7.	Art. 3 52. VO zur Änd. straßenverkehrsrechtlicher Vorschriften	18.5.2017	BGBl. I S. 1282	Anl.	geänd. mWv 1.6.2017

[1] **Amtl. Anm.:** Diese Verordnung dient der Umsetzung der Richtlinie 2006/126/EG des Europäischen Parlaments und des Rates vom 20. Dezember 2006 über den Führerschein (ABl. L 403 vom 30.12. 2006, S. 18) und der Richtlinie 2013/47/EG der Kommission vom 2. Oktober 2013 zur Änderung der Richtlinie 2006/126/EG des Europäischen Parlaments und des Rates über den Führerschein (ABl. L 261 vom 3.10.2013, S. 29).

[2] **Amtl. Anm.:** Diese Verordnung dient der Umsetzung der
- Richtlinie 2014/45/EU des Europäischen Parlaments und des Rates vom 3. April 2014 über die regelmäßige technische Überwachung von Kraftfahrzeugen und Kraftfahrzeuganhängern und zur Aufhebung der Richtlinie 2009/40/EG (ABl. L 127 vom 29.4.2014, S. 51) in Teilen sowie
- Richtlinie 2014/46/EU des Europäischen Parlaments und des Rates vom 3. April 2014 zur Änderung der Richtlinie 1999/37/EG des Rates über Zulassungsdokumente für Fahrzeuge (ABl. L 127 vom 29.4. 2014, S. 129).

Lfd. Nr.	Änderndes Gesetz	Datum	Fundstelle	Betroffen	Hinweis
8.	Art. 3 56. StrafrechtsänderungsG	30.9.2017	BGBl. I S. 3532	§ 4, Anl.	gänd. mWv 13.10.2017
9.	Art. 3 53. VO zur Änd. straßenverkehrsrechtlicher Vorschriften	6.10.2017	BGBl. I S. 3549, ber. 2018 S. 53	§ 4, Anl.	gänd. mWv 19.10.2017
10.	Art. 3 Vierte VO zur Änd. der Fahrzeug-ZulassungsVO und anderer straßenverkehrsrechtlicher Vorschriften	22.3.2019	BGBl. I S. 382	Anl.	gänd. mWv 1.10.2019
11.	Art. 4 VO über die Teilnahme von Elektrokleinstfahrzeugen am Straßenverkehr und zur Änd. weiterer straßenverkehrsrechtlicher Vorschriften	6.6.2019	BGBl. I S. 756	Anl.	gänd. mWv 15.6.2019
12.	Art. 3 54. VO zur Änd. straßenverkehrsrechtlicher Vorschriften	20.4.2020	BGBl. I S. 814	§ 4, Anl., Anh. (zu Nr. 11 der Anl.)	gänd. mWv 28.4.2020
13.	Art. 6 55. VO zur Änd. straßenverkehrsrechtlicher Vorschriften	25.6.2021	BGBl. I S. 2204	Anl.	gänd. mWv 3.7.2021
14.	Art. 14 Viertes G zur Änd. des StraßenverkehrsG und anderer straßenverkehrsrechtlicher Vorschriften	12.7.2021	BGBl. I S. 3091	§§ 1, 2, 3, 4, Anlage	gänd. mWv 28.7.2021
15.	Art. 1 Erste ÄndVO	13.10. 2021	BGBl. I S. 4688	§ 4, Anl.	gänd. mWv 9.11.2021
				Anh.	neu gef. mWv 9.11.2021

Auf Grund des § 26a des Straßenverkehrsgesetzes[1] in der Fassung der Bekanntmachung vom 5. März 2003 (BGBl. I S. 310, 919), der zuletzt durch Artikel 1 Nummer 3 des Gesetzes vom 19. Juli 2007 (BGBl. I S. 1460) geändert worden ist, verordnet das Bundesministerium für Verkehr, Bau und Stadtentwicklung:

§ 1[2] Bußgeldkatalog. (1) [1] Bei Ordnungswidrigkeiten nach § 24 Absatz 1, § 24a Absatz 1 bis 3 und § 24c Absatz 1 und 2 des Straßenverkehrsgesetzes[1], die in der Anlage zu dieser Verordnung (Bußgeldkatalog – BKat) aufgeführt sind, ist eine Geldbuße nach den dort bestimmten Beträgen festzusetzen. [2] Bei Ordnungswidrigkeiten nach § 24 Absatz 1 des Straßenverkehrsgesetzes, bei denen im Bußgeldkatalog ein Regelsatz von bis zu 55 Euro bestimmt ist, ist ein entsprechendes Verwarnungsgeld zu erheben.

(2) [1] Die im Bußgeldkatalog bestimmten Beträge sind Regelsätze. [2] Sie gehen von gewöhnlichen Tatumständen sowie in Abschnitt I des Bußgeldkatalogs von fahrlässiger und in Abschnitt II des Bußgeldkatalogs von vorsätzlicher Begehung aus.

---

[1] **Habersack, Deutsche Gesetze Nr. 35.**

[2] § 1 Abs. 1 Satz 2 geänd. mWv 1.5.2014 durch VO v. 5.11.2013 (BGBl. I S. 3920); Abs. 1 Sätze 1 und 2 geänd. mWv 28.7.2021 durch G v. 12.7.2021 (BGBl. I S. 3091).

§ 2[1] **Verwarnung.** (1) Die Verwarnung muss mit einem Hinweis auf die Verkehrszuwiderhandlung verbunden sein.

(2) Bei unbedeutenden Ordnungswidrigkeiten nach § 24 Absatz 1 des Straßenverkehrsgesetzes[2] kommt eine Verwarnung ohne Verwarnungsgeld in Betracht.

(3) Das Verwarnungsgeld wird in Höhe von 5, 10, 15, 20, 25, 30, 35, 40, 45, 50 und 55 Euro erhoben.

(4) Bei Fußgängern soll das Verwarnungsgeld in der Regel 5 Euro, bei Radfahrern in der Regel 15 Euro betragen, sofern der Bußgeldkatalog nichts anderes bestimmt.

(5) Ist im Bußgeldkatalog ein Regelsatz für das Verwarnungsgeld von mehr als 20 Euro vorgesehen, so kann er bei offenkundig außergewöhnlich schlechten wirtschaftlichen Verhältnissen des Betroffenen bis auf 20 Euro ermäßigt werden.

(6) Hat der Betroffene durch dieselbe Handlung mehrere geringfügige Ordnungswidrigkeiten begangen, für die jeweils eine Verwarnung mit Verwarnungsgeld in Betracht kommt, so wird nur ein Verwarnungsgeld, und zwar das höchste der in Betracht kommenden Verwarnungsgelder, erhoben.

(7) Hat der Betroffene durch mehrere Handlungen geringfügige Ordnungswidrigkeiten begangen oder gegen dieselbe Vorschrift mehrfach verstoßen, so sind die einzelnen Verstöße getrennt zu verwarnen.

(8) In den Fällen der Absätze 6 und 7 ist jedoch zu prüfen, ob die Handlung oder die Handlungen insgesamt noch geringfügig sind.

§ 3[3] **Bußgeldregelsätze.** (1) Etwaige Eintragungen des Betroffenen im Fahreignungsregister sind im Bußgeldkatalog nicht berücksichtigt, soweit nicht in den Nummern 152.1, 241.1, 241.2, 242.1 und 242.2 des Bußgeldkatalogs etwas anderes bestimmt ist.

(2) Wird ein Tatbestand der Nummer 119, der Nummer 198.1 in Verbindung mit Tabelle 3 des Anhangs oder der Nummern 212, 214.1, 214.2 oder 223 des Bußgeldkatalogs, für den ein Regelsatz von mehr als 55 Euro vorgesehen ist, vom Halter eines Kraftfahrzeugs verwirklicht, so ist derjenige Regelsatz anzuwenden, der in diesen Fällen für das Anordnen oder Zulassen der Inbetriebnahme eines Kraftfahrzeugs durch den Halter vorgesehen ist.

(3) Die Regelsätze, die einen Betrag von mehr als 55 Euro vorsehen, erhöhen sich bei Vorliegen einer Gefährdung oder Sachbeschädigung nach Tabelle 4 des Anhangs, soweit diese Merkmale oder eines dieser Merkmale nicht bereits im Tatbestand des Bußgeldkatalogs enthalten sind.

(4) [1] Wird von dem Führer eines kennzeichnungspflichtigen Kraftfahrzeugs mit gefährlichen Gütern oder eines Kraftomnibusses mit Fahrgästen ein Tatbestand

1. der Nummern 8.1, 8.2, 15, 19, 19.1, 19.1.1, 19.1.2, 21, 21.1, 21.2, 212, 214.1, 214.2, 223,
2. der Nummern 12.5, 12.6 oder 12.7, jeweils in Verbindung mit Tabelle 2 des Anhangs, oder

---

[1] § 2 Abs. 3 neu gef. mWv 1.5.2014 durch VO v. 5.11.2013 (BGBl. I S. 3920); Abs. 2 geänd. mWv 28.7.2021 durch G v. 12.7.2021 (BGBl. I S. 3091).

[2] **Habersack, Deutsche Gesetze Nr. 35.**

[3] § 3 Abs. 1–3, 4 Satz 1 abschl. Satzteil, Abs. 4a Satz 1, Abs. 5 Satz 1, Abs. 6 Sätze 1 und 2 geänd. mWv 1.5.2014 durch VO v. 5.11.2013 (BGBl. I S. 3920); Abs. 4 Satz 1 Nr. 2 geänd. mWv 1.5.2014 durch VO v. 16.4.2014 (BGBl. I S. 348); Abs. 6 Satz 1 geänd. mWv 28.7.2021 durch G v. 12.7.2021 (BGBl. I S. 3091).

3. der Nummern 198.1 oder 198.2, jeweils in Verbindung mit Tabelle 3 des Anhangs,

des Bußgeldkatalogs verwirklicht, so erhöht sich der dort genannte Regelsatz, sofern dieser einen Betrag von mehr als 55 Euro vorsieht, auch in den Fällen des Absatzes 3, jeweils um die Hälfte. 2 Der nach Satz 1 erhöhte Regelsatz ist auch anzuwenden, wenn der Halter die Inbetriebnahme eines kennzeichnungspflichtigen Kraftfahrzeugs mit gefährlichen Gütern oder eines Kraftomnibusses mit Fahrgästen in den Fällen

1. der Nummern 189.1.1, 189.1.2, 189.2.1, 189.2.2, 189.3.1, 189.3.2, 213 oder
2. der Nummern 199.1, 199.2, jeweils in Verbindung mit der Tabelle 3 des Anhangs, oder 224

des Bußgeldkatalogs anordnet oder zulässt.

(4a) 1 Wird ein Tatbestand des Abschnitts I des Bußgeldkatalogs vorsätzlich verwirklicht, für den ein Regelsatz von mehr als 55 Euro vorgesehen ist, so ist der dort genannte Regelsatz zu verdoppeln, auch in den Fällen, in denen eine Erhöhung nach den Absätzen 2, 3 oder 4 vorgenommen worden ist. 2 Der ermittelte Betrag wird auf den nächsten vollen Euro-Betrag abgerundet.

(5) 1 Werden durch eine Handlung mehrere Tatbestände des Bußgeldkatalogs verwirklicht, die jeweils einen Bußgeldregelsatz von mehr als 55 Euro vorsehen, so ist nur ein Regelsatz anzuwenden; bei unterschiedlichen Regelsätzen ist der höchste anzuwenden. 2 Der Regelsatz kann angemessen erhöht werden.

(6) 1 Bei Ordnungswidrigkeiten nach § 24 Absatz 1 des Straßenverkehrsgesetzes[1)], die von nicht motorisierten Verkehrsteilnehmern begangen werden, ist, sofern der Bußgeldregelsatz mehr als 55 Euro beträgt und der Bußgeldkatalog nicht besondere Tatbestände für diese Verkehrsteilnehmer enthält, der Regelsatz um die Hälfte zu ermäßigen. 2 Beträgt der nach Satz 1 ermäßigte Regelsatz weniger als 60 Euro, so soll eine Geldbuße nur festgesetzt werden, wenn eine Verwarnung mit Verwarnungsgeld nicht erteilt werden kann.

§ 4[2)] Regelfahrverbot. (1) 1 Bei Ordnungswidrigkeiten nach § 24 Absatz 1 des Straßenverkehrsgesetzes[1)] kommt die Anordnung eines Fahrverbots (§ 25 Absatz 1 Satz 1 des Straßenverkehrsgesetzes) wegen grober Verletzung der Pflichten eines Kraftfahrzeugführers in der Regel in Betracht, wenn ein Tatbestand

1. der Nummern 9.1 bis 9.3, der Nummern 11.1 bis 11.3, jeweils in Verbindung mit Tabelle 1 des Anhangs,
2. der Nummern 12.6.3, 12.6.4, 12.6.5, 12.7.3, 12.7.4 oder 12.7.5 der Tabelle 2 des Anhangs,
3. der Nummern 19.1.1, 19.1.2, 21.1, 21.2, 39.1, 41, 50, 50.1, 50.2, 50.3, 50a, 50a.1, 50a.2, 50a.3, 83.3, 89b.2, 132.1, 132.2, 132.3, 132.3.1, 132.3.2, 135, 135.1, 135.2, 152.1 oder
4. der Nummern 244, 246.2, 246.3 oder 250a

[1)] **Habersack, Deutsche Gesetze Nr. 35.**

[2)] § 4 Abs. 1 Satz 1 Nr. 2 neu gef., Nr. 3 geänd. mWv 1.5.2014 durch VO v. 16.4.2014 (BGBl. I S. 348); Abs. 1 Satz 1 Nr. 4 neu gef. mWv 13.10.2017 durch G v. 30.9.2017 (BGBl. I S. 3532); Abs. 1 Satz 1 Nr. 3 und 4 geänd. mWv 19.10.2017 durch VO v. 6.10.2017 (BGBl. I S. 3549, ber. 2018 S. 53); Abs. 1 Nr. 3 geänd. mWv 28.4.2020 durch VO v. 20.4.2020 (BGBl. I S. 814); Abs. 1 Satz 1 einl. Satzteil geänd. mWv 28.7.2021 durch G v. 12.7.2021 (BGBl. I S. 3091); Abs. 1 Nr. 3 neu gef. mWv 9.11.2021 durch VO v. 13.10.2021 (BGBl. I S. 4688).

des Bußgeldkatalogs verwirklicht wird. [2] Wird in diesen Fällen ein Fahrverbot angeordnet, so ist in der Regel die dort bestimmte Dauer festzusetzen.

(2) [1] Wird ein Fahrverbot wegen beharrlicher Verletzung der Pflichten eines Kraftfahrzeugführers zum ersten Mal angeordnet, so ist seine Dauer in der Regel auf einen Monat festzusetzen. [2] Ein Fahrverbot kommt in der Regel in Betracht, wenn gegen den Führer eines Kraftfahrzeugs wegen einer Geschwindigkeitsüberschreitung von mindestens 26 km/h bereits eine Geldbuße rechtskräftig festgesetzt worden ist und er innerhalb eines Jahres seit Rechtskraft der Entscheidung eine weitere Geschwindigkeitsüberschreitung von mindestens 26 km/h begeht.

(3) Bei Ordnungswidrigkeiten nach § 24a des Straßenverkehrsgesetzes ist ein Fahrverbot (§ 25 Absatz 1 Satz 2 des Straßenverkehrsgesetzes) in der Regel mit der in den Nummern 241, 241.1, 241.2, 242, 242.1 und 242.2 des Bußgeldkatalogs vorgesehenen Dauer anzuordnen.

(4) Wird von der Anordnung eines Fahrverbots ausnahmsweise abgesehen, so soll das für den betreffenden Tatbestand als Regelsatz vorgesehene Bußgeld angemessen erhöht werden.

§ 5 Inkrafttreten, Außerkrafttreten. [1] Diese Verordnung tritt am 1. April 2013 in Kraft. [2] Gleichzeitig tritt die Bußgeldkatalog-Verordnung vom 13. November 2001 (BGBl. I S. 3033), die zuletzt durch Artikel 3 der Verordnung vom 19. Oktober 2012 (BGBl. I S. 2232) geändert worden ist, außer Kraft.

Anlage[1)]
(zu § 1 Absatz 1)

Bußgeldkatalog (BKat)

Abschnitt I. Fahrlässig begangene Ordnungswidrigkeiten

Lfd. Nr.	Tatbestand	Straßenverkehrs-Ordnung (StVO[2)])	Regelsatz in Euro (€), Fahrverbot in Monaten
	A. Zuwiderhandlungen gegen § 24 Absatz 1 StVG[3)]		
	a) Straßenverkehrs-Ordnung		
	Grundregeln		
1	Durch Außer-Acht-Lassen der im Verkehr erforderlichen Sorgfalt	§ 1 Absatz 2 § 49 Absatz 1 Nummer 1	
1.1	einen Anderen mehr als nach den Umständen unvermeidbar belästigt		10 €

[1)] Anlage geänd. mWv 1.5.2014 durch VO v. 5.11.2013 (BGBl. I S. 3920, geänd. durch VO v. 16.4.2014 (BGBl. I S. 348); geänd. mWv 1.5.2014 durch VO v. 16.4.2014 (BGBl. I S. 348); geänd. mWv 30.10.2014 durch VO v. 22.10.2014 (BGBl. I S. 1635); geänd. mWv 1.1.2015 und mWv 1.4.2015 durch VO v. 30.10.2014 (BGBl. I S. 1666); geänd. mWv 1.2.2017 durch VO v. 17.6.2016 (BGBl. I S. 1463); geänd. mWv 1.10.2017 durch VO v. 23.3.2017 (BGBl. I S. 522); geänd. mWv 1.6.2017 durch VO v. 18.5.2017 (BGBl. I S. 1282); geänd. mWv 13.10.2017 durch G v. 30.9.2017 (BGBl. I S. 3532); geänd. mWv 19.10.2017 durch VO v. 6.10.2017 (BGBl. I S. 3549, ber. 2018 S. 53); geänd. mWv 1.10.2019 durch VO v. 22.3.2019 (BGBl. I S. 382); geänd. mWv 15.6.2019 durch VO v. 6.6.2019 (BGBl. I S. 756); geänd. mWv 28.4.2020 durch VO v. 20.4.2020 (BGBl. I S. 814); geänd. mWv 3.7.2021 durch VO v. 25.6.2021 (BGBl. I S. 2204); geänd. mWv 28.7.2021 durch G v. 12.7.2021 (BGBl. I S. 3091); geänd. mWv 9.11.2021 durch VO v. 13.10.2021 (BGBl. I S. 4688).

[2)] **Habersack, Deutsche Gesetze Nr. 35a.**

[3)] **Habersack, Deutsche Gesetze Nr. 35.**

Lfd. Nr.	Tatbestand	Straßenverkehrs-Ordnung (StVO)	Regelsatz in Euro (€), Fahrverbot in Monaten
1.2	einen Anderen mehr als nach den Umständen unvermeidbar behindert		20 €
1.3	einen Anderen gefährdet		30 €
1.4	einen Anderen geschädigt, soweit im Folgenden nichts anderes bestimmt ist		35 €
1.5	Beim Fahren in eine oder aus einer Parklücke stehendes Fahrzeug beschädigt	§ 1 Absatz 2 § 49 Absatz 1 Nummer 1	30 €
	Straßenbenutzung durch Fahrzeuge		
2	Vorschriftswidrig Gehweg, linksseitig angelegten Radweg, Seitenstreifen (außer auf Autobahnen oder Kraftfahrstraßen), Verkehrsinsel oder Grünanlage benutzt	§ 2 Absatz 1 § 49 Absatz 1 Nummer 2	55 €
2.1	– mit Behinderung	§ 2 Absatz 1 § 1 Absatz 2 § 49 Absatz 1 Nummer 1, 2	70 €
2.2	– mit Gefährdung		80 €
2.3	– mit Sachbeschädigung		100 €
3	Gegen das Rechtsfahrgebot verstoßen durch Nichtbenutzen		
3.1	der rechten Fahrbahnseite	§ 2 Absatz 2 § 49 Absatz 1 Nummer 2	15 €
3.1.1	– mit Behinderung	§ 2 Absatz 2 § 1 Absatz 2 § 49 Absatz 1 Nummer 1, 2	25 €
3.2	des rechten Fahrstreifens (außer auf Autobahnen oder Kraftfahrstraßen) und dadurch einen Anderen behindert	§ 2 Absatz 2 § 1 Absatz 2 § 49 Absatz 1 Nummer 1, 2	20 €
3.3	der rechten Fahrbahn bei zwei getrennten Fahrbahnen	§ 2 Absatz 1 § 49 Absatz 1 Nummer 2	25 €
3.3.1	– mit Gefährdung	§ 2 Absatz 1 § 1 Absatz 2 § 49 Absatz 1 Nummer 1, 2	35 €
3.3.2	– mit Sachbeschädigung	§ 2 Absatz 1 § 1 Absatz 2 § 49 Absatz 1 Nummer 1, 2	40 €
3.4	eines markierten Schutzstreifens als Radfahrer	§ 2 Absatz 2 § 49 Absatz 1 Nummer 2	15 €
3.4.1	– mit Behinderung	§ 2 Absatz 2 § 1 Absatz 2 § 49 Absatz 1 Nummer 1, 2	20 €
3.4.2	– mit Gefährdung		25 €
3.4.3	– mit Sachbeschädigung		30 €
4	Gegen das Rechtsfahrgebot verstoßen	§ 2 Absatz 2 § 1 Absatz 2	

Lfd. Nr.	Tatbestand	Straßenverkehrs-Ordnung (StVO)	Regelsatz in Euro (€), Fahrverbot in Monaten
		§ 49 Absatz 1 Nummer 1, 2	
4.1	bei Gegenverkehr, beim Überholtwerden, an Kuppen, in Kurven oder bei Unübersichtlichkeit und dadurch einen Anderen gefährdet		80 €
4.2	auf Autobahnen oder Kraftfahrstraßen und dadurch einen Anderen behindert		80 €
5	Schienenbahn nicht durchfahren lassen	§ 2 Absatz 3 § 49 Absatz 1 Nummer 2	5 €
5a	Fahren bei Glatteis, Schneeglätte, Schneematsch, Eis- oder Reifglätte ohne Bereifung, welche die in § 36 Absatz 4 StVZO beschriebenen Eigenschaften erfüllt	§ 2 Absatz 3a Satz 1 § 49 Absatz 1 Nummer 2	60 €
5a.1	– mit Behinderung	§ 2 Absatz 3a Satz 1 § 1 Absatz 2 § 49 Absatz 1 Nummer 1, 2	80 €
6	Beim Führen eines kennzeichnungspflichtigen Kraftfahrzeugs mit gefährlichen Gütern bei Sichtweite unter 50 m, bei Schneeglätte oder Glatteis sich nicht so verhalten, dass die Gefährdung eines anderen ausgeschlossen war, insbesondere, obwohl nötig, nicht den nächsten geeigneten Platz zum Parken aufgesucht	§ 2 Absatz 3a Satz 4 § 49 Absatz 1 Nummer 2	140 €
7	Beim Radfahren oder Mofafahren, soweit dies durch Treten fortbewegt wird		
7.1	Radweg (Zeichen 237, 240, 241) nicht benutzt	§ 41 Absatz 1 i.V.m. Anlage 2 lfd. Nr. 16, 19, 20 (Zeichen 237, 240, 241) Spalte 3 Nummer 1 auch i.V.m. § 2 Absatz 4 Satz 6 § 49 Absatz 3 Nummer 4 auch i.V.m Absatz 1 Nummer 2	20 €
7.1.1	– mit Behinderung	§ 41 Absatz 1 i.V.m. Anlage 2 lfd. Nr. 16, 19, 20 (Zeichen 237, 240, 241) Spalte 3 Nummer 1 auch i.V.m. § 2 Absatz 4 Satz 6 § 1 Absatz 2 § 49 Absatz 1 Nummer 1, Absatz 3 Nummer 4 auch i.V.m. Absatz 1 Nummer 2	25 €
7.1.2	– mit Gefährdung		30 €
7.1.3	– mit Sachbeschädigung		35 €
7.2	Fahrbahn, Radweg oder Seitenstreifen nicht vorschriftsmäßig benutzt		
7.2.1	– mit Behinderung	§ 2 Absatz 4 Satz 1, 5 § 1 Absatz 2 § 49 Absatz 1 Nummer 1, 2	20 €
7.2.2	– mit Gefährdung		25 €
7.2.3	– mit Sachbeschädigung		30 €

Lfd. Nr.	Tatbestand	Straßenverkehrs-Ordnung (StVO)	Regelsatz in Euro (€), Fahrverbot in Monaten
7.3	Radweg nicht in zulässiger Richtung befahren, obwohl Radweg oder Seitenstreifen in zulässiger Richtung vorhanden	§ 2 Absatz 4 Satz 4 § 49 Absatz 1 Nummer 2	20 €
7.3.1	– mit Behinderung	§ 2 Absatz 4 Satz 4 § 1 Absatz 2 § 49 Absatz 1 Nummer 1, 2	25 €
7.3.2	– mit Gefährdung		30 €
7.3.3	– mit Sachbeschädigung		35 €
	Geschwindigkeit		
8	Mit nicht angepasster Geschwindigkeit gefahren		
8.1	trotz angekündigter Gefahrenstelle, bei Unübersichtlichkeit, an Straßenkreuzungen, Straßeneinmündungen, Bahnübergängen oder bei schlechten Sicht- oder Wetterverhältnissen (z.B. Nebel, Glatteis)	§ 3 Absatz 1 Satz 1, 2, 4, 5 § 19 Absatz 1 Satz 2 § 49 Absatz 1 Nummer 3, 19 Buchstabe a	100 €
8.2	in anderen als in Nummer 8.1 genannten Fällen mit Sachbeschädigung	§ 3 Absatz 1 Satz 1, 2, 4, 5 § 1 Absatz 2 § 49 Absatz 1 Nummer 1, 3	35 €
9	Festgesetzte Höchstgeschwindigkeit bei Sichtweite unter 50 m durch Nebel, Schneefall oder Regen überschritten	§ 3 Absatz 1 Satz 3 § 49 Absatz 1 Nummer 3	80 €
9.1	bis 15 km/h für mehr als 5 Minuten Dauer, bis 15 km/h in mehr als zwei Fällen nach Fahrtantritt oder um mehr als 15 km/h, mit einem Kraftfahrzeug der in § 3 Absatz 3 Nummer 2 Buchstabe a oder b StVO genannten Art		Tabelle 1 Buchstabe a
9.2	um mehr als 10 km/h innerorts, um mehr als 15 km/h außerorts, bis 15 km/h innerorts oder außerorts jeweils für mehr als 5 Minuten Dauer oder bis 15 km/h innerorts oder außerorts jeweils in mehr als zwei Fällen nach Fahrtantritt mit kennzeichnungspflichtigen Kraftfahrzeugen der in Nummer 9.1 genannten Art mit gefährlichen Gütern oder Kraftomnibussen mit Fahrgästen		Tabelle 1 Buchstabe b
9.3	um mehr als 20 km/h mit anderen als den in Nummer 9.1 oder 9.2 genannten Kraftfahrzeugen		Tabelle 1 Buchstabe c
10	Beim Führen eines Fahrzeugs ein Kind, einen Hilfsbedürftigen oder älteren Menschen gefährdet, insbesondere durch nicht ausreichend verminderte Geschwindigkeit, mangelnde Bremsbereitschaft oder unzureichenden Seitenabstand beim Vorbeifahren oder Überholen	§ 3 Absatz 2a § 49 Absatz 1 Nummer 3	80 €
11	Zulässige Höchstgeschwindigkeit überschritten mit	§ 3 Absatz 3 Satz 1, Absatz 4 § 49 Absatz 1 Nummer 3 § 18 Absatz 5 Satz 2 § 49 Absatz 1 Nummer 18 § 20 Absatz 2 Satz 1, Absatz 4 Satz 1, 2	

Lfd. Nr.	Tatbestand	Straßenverkehrs-Ordnung (StVO)	Regelsatz in Euro (€), Fahrverbot in Monaten
		§ 49 Absatz 1 Nummer 19 Buchstabe b § 41 Absatz 1 i.V.m. Anlage 2 lfd. Nr. 16, 17 (Zeichen 237, 238) Spalte 3 Nummer 3, lfd. Nr. 18 (Zeichen 239) Spalte 3 Nummer 2, lfd. Nr. 19 (Zeichen 240) Spalte 3 Nummer 3, lfd. Nr. 20 (Zeichen 241) Spalte 3 Nummer 4, lfd. Nr. 21 (Zeichen 239 oder 242.1 mit Zusatzzeichen, das den Fahrzeugverkehr zulässt) Spalte 3 Nummer 2, lfd. Nr. 23 (Zeichen 244.1 mit Zusatzzeichen, das den Fahrzeugverkehr zulässt) Spalte 3 Nummer 2, lfd. Nr. 24.1 (Zeichen 244.3 mit Zusatzzeichen, das den Fahrzeugverkehr zulässt) Spalte 3 Nummer 2, lfd. Nr. 49 (Zeichen 274), lfd. Nr. 50 (Zeichen 274.1, 274.2) § 49 Absatz 3 Nummer 4 § 42 Absatz 2 i.V.m. Anlage 3 lfd. Nr. 12 (Zeichen 325.1) Spalte 3 Nummer 1 § 49 Absatz 3 Nummer 5	
11.1	Kraftfahrzeugen der in § 3 Absatz 3 Nummer 2 Buchstabe a oder b StVO genannten Art		Tabelle 1 Buchstabe a
11.2	kennzeichnungspflichtigen Kraftfahrzeugen der in Nummer 11.1 genannten Art mit gefährlichen Gütern oder Kraftomnibussen mit Fahrgästen		Tabelle 1 Buchstabe b
11.3	anderen als den in Nummer 11.1 oder 11.2 genannten Kraftfahrzeugen		Tabelle 1 Buchstabe c
	Abstand		
12	Erforderlichen Abstand von einem vorausfahrenden Fahrzeug nicht eingehalten	§ 4 Absatz 1 Satz 1 § 49 Absatz 1 Nummer 4	
12.1	bei einer Geschwindigkeit bis 80 km/h		25 €
12.2	– mit Gefährdung	§ 4 Absatz 1 Satz 1 § 1 Absatz 2 § 49 Absatz 1 Nummer 1, 4	30 €
12.3	– mit Sachbeschädigung		35 €
12.4	bei einer Geschwindigkeit von mehr als 80 km/h, sofern der Abstand in Metern nicht weniger als ein Viertel des Tachowertes betrug	§ 4 Absatz 1 Satz 1 § 49 Absatz 1 Nummer 4	35 €

Lfd. Nr.	Tatbestand	Straßenverkehrs-Ordnung (StVO)	Regelsatz in Euro (€), Fahrverbot in Monaten
12.5	bei einer Geschwindigkeit von mehr als 80 km/h, sofern der Abstand in Metern weniger als ein Viertel des Tachowertes betrug		Tabelle 2 Buchstabe a
12.6	bei einer Geschwindigkeit von mehr als 100 km/h, sofern der Abstand in Metern weniger als ein Viertel des Tachowertes betrug		Tabelle 2 Buchstabe b
12.7	bei einer Geschwindigkeit von mehr als 130 km/h, sofern der Abstand in Metern weniger als ein Viertel des Tachowertes betrug		Tabelle 2 Buchstabe c
13	Vorausgefahren und ohne zwingenden Grund stark gebremst		
13.1	– mit Gefährdung	§ 4 Absatz 1 Satz 2 § 1 Absatz 2 § 49 Absatz 1 Nummer 1, 4	20 €
13.2	– mit Sachbeschädigung		30 €
14	Den zum Einscheren erforderlichen Abstand von dem vorausfahrenden Fahrzeug außerhalb geschlossener Ortschaften nicht eingehalten	§ 4 Absatz 2 Satz 1 § 49 Absatz 1 Nummer 4	25 €
15	Mit Lastkraftwagen (zulässige Gesamtmasse über 3,5 t) oder Kraftomnibus bei einer Geschwindigkeit von mehr als 50 km/h auf einer Autobahn Mindestabstand von 50 m von einem vorausfahrenden Fahrzeug nicht eingehalten	§ 4 Absatz 3 § 49 Absatz 1 Nummer 4	80 €
	Überholen		
16	Innerhalb geschlossener Ortschaften rechts überholt	§ 5 Absatz 1 § 49 Absatz 1 Nummer 5	30 €
16.1	– mit Sachbeschädigung	§ 5 Absatz 1 § 1 Absatz 2 § 49 Absatz 1 Nummer 1, 5	35 €
17	Außerhalb geschlossener Ortschaften rechts überholt	§ 5 Absatz 1 § 49 Absatz 1 Nummer 5	100 €
18	Mit nicht wesentlich höherer Geschwindigkeit als der zu Überholende überholt	§ 5 Absatz 2 Satz 2 § 49 Absatz 1 Nummer 5	80 €
19	Überholt, obwohl nicht übersehen werden konnte, dass während des ganzen Überholvorgangs jede Behinderung des Gegenverkehrs ausgeschlossen war, oder bei unklarer Verkehrslage	§ 5 Absatz 2 Satz 1, Absatz 3 Nummer 1 § 49 Absatz 1 Nummer 5	100 €
19.1	und dabei ein Überholverbot (§ 19 Absatz 1 Satz 3 StVO, Zeichen 276, 277, 277.1) nicht beachtet oder Fahrstreifenbegrenzung (Zeichen 295, 296) überquert oder überfahren oder der durch Pfeile vorgeschriebenen Fahrtrichtung (Zeichen 297) nicht gefolgt	§ 5 Absatz 2 Satz 1, Absatz 3 Nummer 1 § 19 Absatz 1 Satz 3 § 49 Absatz 1 Nummer 5, 19a § 41 Absatz 1 i.V.m. Anlage 2 zu lfd. Nr. 53, 54 und 54.4 (Zeichen 276, 277, 277.1) Spalte 3, lfd. Nr. 68 (Zeichen 295) Spalte 3 Nummer 1a, lfd. Nr. 69, 70 (Zeichen 296, 297) Spalte 3 Nummer 1 § 49 Absatz 3 Nummer 4	150 €

Lfd. Nr.	Tatbestand	Straßenverkehrs-Ordnung (StVO)	Regelsatz in Euro (€), Fahrverbot in Monaten
19.1.1	– mit Gefährdung	§ 5 Absatz 2 Satz 1, Absatz 3 Nummer 1 § 19 Absatz 1 Satz 3 § 49 Absatz 1 Nummer 5, 19a § 41 Absatz 1 i.V.m. Anlage 2 zu lfd. Nr. 53, 54 und 54.4 (Zeichen 276, 277, 277.1) Spalte 3, lfd. Nr. 68 (Zeichen 295) Spalte 3 Nummer 1a, lfd. Nr. 69, 70 (Zeichen 296, 297) Spalte 3 Nummer 1 § 49 Absatz 3 Nummer 4 § 1 Absatz 2 § 49 Absatz 1 Nummer 1	**250 €** **Fahrverbot 1 Monat**
19.1.2	– mit Sachbeschädigung		250 € **Fahrverbot 1 Monat**
(20)	(aufgehoben)		
21	Mit einem Kraftfahrzeug mit einer zulässigen Gesamtmasse über 7,5 t überholt, obwohl die Sichtweite durch Nebel, Schneefall oder Regen weniger als 50 m betrug	§ 5 Absatz 3a § 49 Absatz 1 Nummer 5	120 €
21.1	– mit Gefährdung	§ 5 Absatz 3a § 1 Absatz 2 § 49 Absatz 1 Nummer 1, 5	200 € **Fahrverbot 1 Monat**
21.2	– mit Sachbeschädigung		240 € **Fahrverbot 1 Monat**
22	Zum Überholen ausgeschert und dadurch nachfolgenden Verkehr gefährdet	§ 5 Absatz 4 Satz 1 § 49 Absatz 1 Nummer 5	80 €
23	Beim Überholen ausreichenden Seitenabstand zu anderen Verkehrsteilnehmern nicht eingehalten	§ 5 Absatz 4 Satz 2, 3 § 49 Absatz 1 Nummer 5	30 €
23.1	– mit Sachbeschädigung	§ 5 Absatz 4 Satz 2, 3 § 1 Absatz 2 § 49 Absatz 1 Nummer 1, 5	35 €
24	Nach dem Überholen nicht so bald wie möglich wieder nach rechts eingeordnet	§ 5 Absatz 4 Satz 5 § 49 Absatz 1 Nummer 5	10 €
25	Nach dem Überholen beim Einordnen, denjenigen, der überholt wurde, behindert	§ 5 Absatz 4 Satz 6 § 49 Absatz 1 Nummer 5	20 €
26	Beim Überholtwerden Geschwindigkeit erhöht	§ 5 Absatz 6 Satz 1 § 49 Absatz 1 Nummer 5	30 €
27	Ein langsameres Fahrzeug geführt und die Geschwindigkeit nicht ermäßigt oder nicht gewartet, um mehreren unmittelbar folgenden Fahrzeugen das Überholen zu ermöglichen	§ 5 Absatz 6 Satz 2 § 49 Absatz 1 Nummer 5	10 €
28	Vorschriftswidrig links überholt, obwohl der Fahrer des vorausfahrenden Fahrzeugs die Absicht, nach links abzubiegen, angekündigt und sich eingeordnet hatte	§ 5 Absatz 7 Satz 1 § 49 Absatz 1 Nummer 5	25 €

Lfd. Nr.	Tatbestand	Straßenverkehrs-Ordnung (StVO)	Regelsatz in Euro (€), Fahrverbot in Monaten
28.1	– mit Sachbeschädigung	§ 5 Absatz 7 Satz 1 § 1 Absatz 2 § 49 Absatz 1 Nummer 1, 5	30 €
	Fahrtrichtungsanzeiger		
29	Fahrtrichtungsanzeiger nicht wie vorgeschrieben benutzt	§ 5 Absatz 4a § 49 Absatz 1 Nummer 5 § 6 Satz 3 § 49 Absatz 1 Nummer 6 § 7 Absatz 5 Satz 2 § 49 Absatz 1 Nummer 7 § 9 Absatz 1 Satz 1 § 49 Absatz 1 Nummer 9 § 10 Satz 2 § 49 Absatz 1 Nummer 10 § 42 Absatz 2 i.V.m. Anlage 3 lfd. Nr. 2.1 (Zusatzzeichen zu Zeichen 306) Spalte 3 Nummer 1 § 49 Absatz 3 Nummer 5	10 €
	Vorbeifahren		
30	An einer Fahrbahnverengung, einem Hindernis auf der Fahrbahn oder einem haltenden Fahrzeug auf der Fahrbahn links vorbeigefahren, ohne ein entgegenkommendes Fahrzeug durchfahren zu lassen	§ 6 Satz 1 § 49 Absatz 1 Nummer 6	20 €
30.1	– mit Gefährdung	§ 6 Absatz 1 § 1 Absatz 2 § 49 Absatz 1 Nummer 1, 6	30 €
30.2	– mit Sachbeschädigung		35 €
	Benutzung von Fahrstreifen durch Kraftfahrzeuge		
31	Fahrstreifen gewechselt und dadurch einen anderen Verkehrsteilnehmer gefährdet	§ 7 Absatz 5 Satz 1 § 49 Absatz 1 Nummer 7	30 €
31.1	– mit Sachbeschädigung	§ 7 Absatz 5 Satz 1 § 1 Absatz 2 § 49 Absatz 1 Nummer 1, 7	35 €
31a	Auf einer Fahrbahn für beide Richtungen den mittleren oder linken von mehreren durch Leitlinien (Zeichen 340) markierten Fahrstreifen zum Überholen benutzt	§ 7 Absatz 3a Satz 1, 2, Absatz 3b § 49 Absatz 1 Nummer 7	30 €
31a.1	– mit Gefährdung	§ 7 Absatz 3a Satz 1, 2, Absatz 3b § 1 Absatz 2 § 49 Absatz 1 Nummer 1, 7	40 €
31b	Außerhalb geschlossener Ortschaften linken Fahrstreifen mit einem Lastkraftwagen mit einer zulässigen Gesamtmasse von mehr als 3,5 t oder	§ 7 Absatz 3c Satz 3 § 49 Absatz 1 Nummer 7	15 €

Lfd. Nr.	Tatbestand	Straßenverkehrs-Ordnung (StVO)	Regelsatz in Euro (€), Fahrverbot in Monaten
	einem Kraftfahrzeug mit Anhänger zu einem anderen Zweck als dem des Linksabbiegens benutzt		
31b.1	– mit Behinderung	§ 7 Absatz 3c Satz 3 § 1 Absatz 2 § 49 Absatz 1 Nummer 1, 7	20 €
	Vorfahrt		
32	Nicht mit mäßiger Geschwindigkeit an eine bevorrechtigte Straße herangefahren	§ 8 Absatz 2 Satz 1 § 49 Absatz 1 Nummer 8	10 €
33	Vorfahrt nicht beachtet und dadurch eine vorfahrtberechtigte Person wesentlich behindert	§ 8 Absatz 2 Satz 2 § 49 Absatz 1 Nummer 8	25 €
34	Vorfahrt nicht beachtet und dadurch eine vorfahrtberechtigte Person gefährdet	§ 8 Absatz 2 Satz 2 § 49 Absatz 1 Nummer 8	100 €
	Abbiegen, Wenden, Rückwärtsfahren		
35	Abgebogen, ohne sich ordnungsgemäß oder rechtzeitig eingeordnet oder ohne vor dem Einordnen oder Abbiegen auf den nachfolgenden Verkehr geachtet zu haben	§ 9 Absatz 1 Satz 2, 4 § 49 Absatz 1 Nummer 9	10 €
35.1	– mit Gefährdung	§ 9 Absatz 1 Satz 2, 4 § 1 Absatz 2 § 49 Absatz 1 Nummer 1, 9	30 €
35.2	– mit Sachbeschädigung		35 €
36	Beim Linksabbiegen auf längs verlegten Schienen eingeordnet und dadurch ein Schienenfahrzeug behindert	§ 9 Absatz 1 Satz 3 § 49 Absatz 1 Nummer 9	5 €
(37 bis 37.3)	(aufgehoben)		
38	Beim Linksabbiegen mit dem Fahrrad nach einer Kreuzung oder Einmündung die Fahrbahn überquert und dabei den Fahrzeugverkehr nicht beachtet oder einer Radverkehrsführung im Kreuzungs- oder Einmündungsbereich nicht gefolgt	§ 9 Absatz 2 Satz 2, 3 § 49 Absatz 1 Nummer 9	15 €
38.1	– mit Behinderung	§ 9 Absatz 2 Satz 2, 3 § 1 Absatz 2 § 49 Absatz 1 Nummer 1, 9	20 €
38.2	– mit Gefährdung		25 €
38.3	– mit Sachbeschädigung		30 €
39	Abgebogen, ohne Fahrzeug durchfahren zu lassen	§ 9 Absatz 3 Satz 1, 2, Absatz 4 Satz 1 § 49 Absatz 1 Nummer 9	40 €
39.1	– mit Gefährdung	§ 9 Absatz 3 Satz 1, 2, Absatz 4 Satz 1 § 1 Absatz 2 § 49 Absatz 1 Nummer 1, 9	140 € **Fahrverbot 1 Monat**
(40)	(aufgehoben)		
41	Beim Abbiegen auf zu Fuß Gehende keine besondere Rücksicht genommen und diese dadurch gefährdet	§ 9 Absatz 3 Satz 3 § 1 Absatz 2	140 € **Fahrverbot 1 Monat**

Lfd. Nr.	Tatbestand	Straßenverkehrs-Ordnung (StVO)	Regelsatz in Euro (€), Fahrverbot in Monaten
		§ 49 Absatz 1 Nummer 1, 9	
42	Beim Linksabbiegen nicht voreinander abgebogen	§ 9 Absatz 4 Satz 2 § 49 Absatz 1 Nummer 9	10 €
42.1	– mit Gefährdung	§ 9 Absatz 4 Satz 2 § 1 Absatz 2 § 49 Absatz 1 Nummer 1, 9	70 €
(43)	(aufgehoben)		
44	Beim Abbiegen in ein Grundstück, beim Wenden oder Rückwärtsfahren einen anderen Verkehrsteilnehmer gefährdet	§ 9 Absatz 5 § 49 Absatz 1 Nummer 9	80 €
45	Mit einem Kraftfahrzeug mit einer zulässigen Gesamtmasse über 3,5 t innerorts beim Rechtsabbiegen nicht mit Schrittgeschwindigkeit gefahren	§ 9 Absatz 6 § 49 Absatz 1 Nummer 9	70 €
(46)	(aufgehoben)		
	Einfahren und Anfahren		
47	Aus einem Grundstück, einem Fußgängerbereich (Zeichen 242.1, 242.2), einem verkehrsberuhigten Bereich (Zeichen 325.1, 325.2) auf die Straße oder von einem anderen Straßenteil oder über einen abgesenkten Bordstein hinweg auf die Fahrbahn eingefahren oder vom Fahrbahnrand angefahren und dadurch einen anderen Verkehrsteilnehmer gefährdet	§ 10 Satz 1 § 49 Absatz 1 Nummer 10	30 €
47.1	– mit Sachbeschädigung	§ 10 Satz 1 § 1 Absatz 2 § 49 Absatz 1 Nummer 1, 10	35 €
(48)	(aufgehoben)		
	Besondere Verkehrslagen		
49	Trotz stockenden Verkehrs in eine Kreuzung oder Einmündung eingefahren und dadurch einen Anderen behindert	§ 11 Absatz 1 § 1 Absatz 2 § 49 Absatz 1 Nummer 1, 11	20 €
50	Bei stockendem Verkehr auf einer Autobahn oder Außerortsstraße für die Durchfahrt von Polizei- oder Hilfsfahrzeugen keine vorschriftsmäßige Gasse gebildet	§ 11 Absatz 2 § 49 Absatz 1 Nummer 11	200 € **Fahrverbot 1 Monat**
50.1	– mit Behinderung	§ 11 Absatz 2 § 1 Absatz 2 § 49 Absatz 1 Nummer 1, 11	240 € **Fahrverbot 1 Monat**
50.2	– mit Gefährdung		280 € **Fahrverbot 1 Monat**
50.3	– mit Sachbeschädigung		320 € **Fahrverbot 1 Monat**
50a	Unberechtigt mit einem Fahrzeug auf einer Autobahn oder Außerortsstraße eine freie Gasse für die Durchfahrt von Polizei- oder Hilfsfahrzeugen benutzt	§ 11 Absatz 2 § 49 Absatz 1 Nummer 11	240 € **Fahrverbot 1 Monat**

Lfd. Nr.	Tatbestand	Straßenverkehrs-Ordnung (StVO)	Regelsatz in Euro (€), Fahrverbot in Monaten
50a.1	– mit Behinderung	§ 11 Absatz 2 § 1 Absatz 2 § 49 Absatz 1 Nummer 1, 11	280 € **Fahrverbot 1 Monat**
50a.2	– mit Gefährdung		300 € **Fahrverbot 1 Monat**
50a.3	– mit Sachbeschädigung		320 € **Fahrverbot 1 Monat**
	Halten und Parken		
51	Unzulässig gehalten	§ 12 Absatz 1 § 49 Absatz 1 Nummer 12 § 37 Absatz 1 Satz 2, Absatz 5 § 49 Absatz 3 Nummer 2 § 41 Absatz 1 i.V.m. Anlage 2 lfd. Nr. 1, 2, 3 (Zeichen 201, 205, 206) Spalte 3 Nummer 2, lfd. Nr. 8 (Zeichen 215) Spalte 3 Nummer 3, lfd. Nr. 15 (Zeichen 229) Spalte 3 Satz 1, lfd. Nr. 62 (Zeichen 283) Spalte 3, lfd. Nr. 63, 64 (Zeichen 286, 290.1) Spalte 3 Nummer 1, lfd. Nr. 66 (Zeichen 293) Spalte 3, lfd. Nr. 68 (Zeichen 295) Spalte 3 Nummer 2a, lfd. Nr. 70 (Zeichen 297) Spalte 3 Nummer 2, lfd. Nr. 73 (Zeichen 299) Spalte 3 Satz 1 § 49 Absatz 3 Nummer 4	20 €
51.1	– mit Behinderung	§ 12 Absatz 1 § 1 Absatz 2 § 49 Absatz 1 Nummer 1,12 § 37 Absatz 1 Satz 2, Absatz 5 § 1 Absatz 2 § 49 Absatz 1 Nummer 1, Absatz 3 Nummer 2 § 41 Absatz 1 i.V.m. Anlage 2 lfd. Nr. 1, 2, 3 (Zeichen 201, 205, 206) Spalte 3 Nummer 2, lfd. Nr. 8 (Zeichen 215) Spalte 3 Nummer 3, lfd. Nr. 15 (Zeichen 229) Spalte 3 Satz 1, lfd. Nr. 62 (Zeichen 283) Spalte 3, lfd. Nr. 63, 64 (Zeichen 286, 290.1)	35 €

Lfd. Nr.	Tatbestand	Straßenverkehrs-Ordnung (StVO)	Regelsatz in Euro (€), Fahrverbot in Monaten
		Spalte 3 Nummer 1, lfd. Nr. 66 (Zeichen 293) Spalte 3, lfd. Nr. 68 (Zeichen 295) Spalte 3 Nummer 2a, lfd. Nr. 70 (Zeichen 297) Spalte 3 Nummer 2, lfd. Nr. 73 (Zeichen 299) Spalte 3 Satz 1 § 1 Absatz 2 § 49 Absatz 1 Nummer 1, Absatz 3 Nummer 4	
51a	Unzulässig in „zweiter Reihe" gehalten	§ 12 Absatz 4 Satz 1, 2 Halbsatz 2 § 49 Absatz 1 Nummer 12	55 €
51a.1	– mit Behinderung	§ 12 Absatz 4 Satz 1, 2 Halbsatz 2 § 1 Absatz 2 § 49 Absatz 1 Nummer 1, 12	70 €
51a.2	– mit Gefährdung		80 €
51a.3	– mit Sachbeschädigung		100 €
51b	An einer engen oder unübersichtlichen Straßenstelle oder im Bereich einer scharfen Kurve geparkt (§ 12 Absatz 2 StVO)	§ 12 Absatz 1 Nummer 1, 2 § 49 Absatz 1 Nummer 12	35 €
51b.1	– mit Behinderung	§ 12 Absatz 1 Nummer 1, 2 § 1 Absatz 2 § 49 Absatz 1 Nummer 1, 12	55 €
51b.2	länger als 1 Stunde	§ 12 Absatz 1 Nummer 1, 2 § 49 Absatz 1 Nummer 12	55 €
51b.2.1	– mit Behinderung	§ 12 Absatz 1 Nummer 1, 2 § 1 Absatz 2 § 49 Absatz 1 Nummer 1, 12	55 €
51b.3	wenn ein Rettungsfahrzeug im Einsatz behindert worden ist	§ 12 Absatz 1 Nummer 1, 2 § 1 Absatz 2 § 49 Absatz 1 Nummer 1, 12	100 €
52	Unzulässig geparkt (§ 12 Absatz 2 StVO) in den Fällen, in denen das Halten verboten ist	§ 12 Absatz 1 Nummer 3, 4 § 49 Absatz 1 Nummer 12 § 37 Absatz 1 Satz 2, Absatz 5 § 49 Absatz 3 Nummer 2 § 41 Absatz 1 i.V.m. Anlage 2 lfd. Nr. 1, 2, 3 (Zeichen 201, 205, 206) Spalte 3 Nummer 2, lfd. Nr. 8 (Zeichen 215) Spalte 3	25 €

Lfd. Nr.	Tatbestand	Straßenverkehrs-Ordnung (StVO)	Regelsatz in Euro (€), Fahrverbot in Monaten
		Nummer 3, lfd. Nr. 15 (Zeichen 229) Spalte 3 Satz 1, lfd. Nr. 17 (Zeichen 238) Spalte 3 Nummer 2, lfd. Nr. 62 (Zeichen 283) Spalte 3, lfd. Nr. 63, 64 (Zeichen 286, 290.1) Spalte 3 Nummer 1, lfd. Nr. 66 (Zeichen 293) Spalte 3, lfd. Nr. 68 (Zeichen 295) Spalte 3 Nummer 2a, lfd. Nr. 70 (Zeichen 297) Spalte 3 Nummer 2, lfd. Nr. 73 (Zeichen 299) Spalte 3 Satz 1 § 49 Absatz 3 Nummer 4	
52.1	– mit Behinderung	§ 12 Absatz 1 Nummer 3, 4 § 1 Absatz 2 § 49 Absatz 1 Nummer 1, 12 § 41 Absatz 1 i.V.m. Anlage 2 lfd. Nr. 1, 2, 3 (Zeichen 201, 205, 206) Spalte 3 Nummer 2, lfd. Nr. 8 (Zeichen 215) Spalte 3 Nummer 3, lfd. Nr. 15 (Zeichen 229) Spalte 3 Satz 1, lfd. Nr. 17 (Zeichen 238) Spalte 3 Nummer 2, lfd. Nr. 62 (Zeichen 283) Spalte 3, lfd. Nr. 63, 64 (Zeichen 286, 290.1) Spalte 3 Nummer 1, lfd. Nr. 66 (Zeichen 293) Spalte 3, lfd. Nr. 68 (Zeichen 295) Spalte 3 Nummer 2a, lfd. Nr. 70 (Zeichen 297) Spalte 3 Nummer 2, lfd. Nr. 73 (Zeichen 299) Spalte 3 Satz 1 § 1 Absatz 2 § 49 Absatz 1 Nummer 1, Absatz 3 Nummer 4	40 €
52.2	länger als 1 Stunde	§ 12 Absatz 1 Nummer 3, 4 § 49 Absatz 1 Nummer 12 § 41 Absatz 1 i.V.m. Anlage 2 lfd. Nr. 1, 2, 3 (Zeichen 201, 205, 206) Spalte 3 Nummer 2, lfd. Nr. 8 (Zeichen 215) Spalte 3 Nummer 3, lfd. Nr. 15 (Zeichen 229) Spalte 3 Satz 1, lfd. Nr. 17 (Zeichen 238) Spalte 3 Nummer 2,	40 €

Lfd. Nr.	Tatbestand	Straßenverkehrs-Ordnung (StVO)	Regelsatz in Euro (€), Fahrverbot in Monaten
		lfd. Nr. 62 (Zeichen 283) Spalte 3, lfd. Nr. 63, 64 (Zeichen 286, 290.1) Spalte 3 Nummer 1, lfd. Nr. 66 (Zeichen 293) Spalte 3, lfd. Nr. 68 (Zeichen 295) Spalte 3 Nummer 2a, lfd. Nr. 70 (Zeichen 297) Spalte 3 Nummer 2, lfd. Nr. 73 (Zeichen 299) Spalte 3 Satz 1 § 49 Absatz 3 Nummer 4	
52.2.1	– mit Behinderung	§ 12 Absatz 1 Nummer 3, 4 § 1 Absatz 2 § 49 Absatz 1 Nummer 1, 12 § 41 Absatz 1 i.V.m. Anlage 2 lfd. Nr. 1, 2, 3 (Zeichen 201, 205, 206) Spalte 3 Nummer 2, lfd. Nr. 8 (Zeichen 215) Spalte 3 Nummer 3, lfd. Nr. 15 (Zeichen 229) Spalte 3 Satz 1, lfd. Nr. 17 (Zeichen 238) Spalte 3 Nummer 2, lfd. Nr. 62 (Zeichen 283) Spalte 3, lfd. Nr. 63, 64 (Zeichen 286, 290.1) Spalte 3 Nummer 1, lfd. Nr. 66 (Zeichen 293) Spalte 3, lfd. Nr. 68 (Zeichen 295) Spalte 3 Nummer 2a, lfd. Nr. 70 (Zeichen 297) Spalte 3 Nummer 2, lfd. Nr. 73 (Zeichen 299) Spalte 3 Satz 1 § 1 Absatz 2 § 49 Absatz 1 Nummer 1, Absatz 3 Nummer 4	50 €
52a	Unzulässig auf Geh- und Radwegen geparkt (§ 12 Absatz 2 StVO)	§ 12 Absatz 4 Satz 1, Absatz 4a § 49 Absatz 1 Nummer 12 § 41 Absatz 1 i.V.m. Anlage 2 lfd. Nr. 16, 19, 20 (Zeichen 237, 240, 241) Spalte 3 Nummer 2 § 49 Absatz 3 Nummer 4	55 €
52a.1	– mit Behinderung	§ 12 Absatz 4 Satz 1, Absatz 4a § 1 Absatz 2 § 49 Absatz 1 Nummer 1, 12 § 41 Absatz 1 i.V.m. Anlage 2 lfd. Nr. 16, 19, 20 (Zei-	70 €

Lfd. Nr.	Tatbestand	Straßenverkehrs-Ordnung (StVO)	Regelsatz in Euro (€), Fahrverbot in Monaten
		chen 237, 240, 241) Spalte 3 Nummer 2 § 1 Absatz 2 § 49 Absatz 1 Nummer 1, Absatz 3 Nummer 4	
52a.2	länger als 1 Stunde	§ 12 Absatz 4 Satz 1, Absatz 4a § 49 Absatz 1 Nummer 12 § 41 Absatz 1 i.V.m. Anlage 2 lfd. Nr. 16, 19, 20 (Zeichen 237, 240, 241) Spalte 3 Nummer 2 § 49 Absatz 3 Nummer 4	70 €
52a.2.1	– mit Behinderung	§ 12 Absatz 4 Satz 1, Absatz 4a § 1 Absatz 2 § 49 Absatz 1 Nummer 1, 12 § 41 Absatz 1 i.V.m. Anlage 2 lfd. Nr. 16, 19, 20 (Zeichen 237, 240, 241) Spalte 3 Nummer 2 § 1 Absatz 2 § 49 Absatz 1 Nummer 1, Absatz 3 Nummer 4	80 €
52a.3	– mit Gefährdung		80 €
52a.4	– mit Sachbeschädigung		100 €
53	Vor oder in amtlich gekennzeichneten Feuerwehrzufahrten geparkt (§ 12 Absatz 2 StVO)	§ 12 Absatz 1 Nummer 5 § 49 Absatz 1 Nummer 12	55 €
53.1	und dadurch ein Rettungsfahrzeug im Einsatz behindert	§ 12 Absatz 1 Nummer 5 § 1 Absatz 2 § 49 Absatz 1 Nummer 1, 12	100 €
54	Unzulässig geparkt (§ 12 Absatz 2 StVO) in den in § 12 Absatz 3 Nummer 1 bis 5 genannten Fällen oder in den Fällen der Zeichen 201, 295, 296, 306, 314 mit Zusatzzeichen und 315 StVO	§ 12 Absatz 3 Nummer 1 bis 5 § 49 Absatz 1 Nummer 12 § 41 Absatz 1 i.V.m. Anlage 2 lfd. Nr. 1 (Zeichen 201) Spalte 3 Nummer 3, lfd. Nr. 68 (Zeichen 295) Spalte 3 Nummer 1d, lfd. Nr. 69 (Zeichen 296) Spalte 3 Nummer 2 § 49 Absatz 3 Nummer 4 § 42 Absatz 2 i.V.m. Anlage 3 lfd. Nr. 2 (Zeichen 306) Spalte 3 Satz 1, lfd. Nr. 7 (Zeichen 314 mit Zusatzzeichen) Spalte 3 Nummer 1, 2, lfd. Nr. 10 (Zeichen 315) Spalte 3 Nummer 1, 2 § 49 Absatz 3 Nummer 5	10 €

Lfd. Nr.	Tatbestand	Straßenverkehrs-Ordnung (StVO)	Regelsatz in Euro (€), Fahrverbot in Monaten
54.1	– mit Behinderung	§ 12 Absatz 3 Nummer 1 bis 5 § 1 Absatz 2 § 49 Absatz 1 Nummer 1, 12 § 41 Absatz 1 i.V.m. Anlage 2 lfd. Nr. 1 (Zeichen 201) Spalte 3 Nummer 3, lfd. Nr. 68 (Zeichen 295) Spalte 3 Nummer 1d, lfd. Nr. 69 (Zeichen 296) Spalte 3 Nummer 2 § 1 Absatz 2 § 49 Absatz 1 Nummer 1, Absatz 3 Nummer 4 § 42 Absatz 2 i.V.m. Anlage 3 lfd. Nr. 2 (Zeichen 306) Spalte 3 Satz 1, lfd. Nr. 7 (Zeichen 314 mit Zusatzzeichen) Spalte 3 Nummer 1, 2, lfd. Nr. 10 (Zeichen 315) Spalte 3 Nummer 1, 2 § 1 Absatz 2 § 49 Absatz 1 Nummer 1, Absatz 3 Nummer 5	15 €
54.2	länger als 3 Stunden	§ 12 Absatz 3 Nummer 1 bis 5 § 49 Absatz 1 Nummer 12 § 41 Absatz 1 i.V.m. Anlage 2 lfd. Nr. 1 (Zeichen 201) Spalte 3 Nummer 3, lfd. Nr. 68 (Zeichen 295) Spalte 3 Nummer 1d, lfd. Nr. 69 (Zeichen 296) Spalte 3 Nummer 2 § 49 Absatz 3 Nummer 4 § 42 Absatz 2 i.V.m. Anlage 3 lfd. Nr. 2 (Zeichen 306) Spalte 3 Satz 1, lfd. Nr. 7 (Zeichen 314 mit Zusatzzeichen) Spalte 3 Nummer 1, 2, lfd. Nr. 10 (Zeichen 315) Spalte 3 Nummer 1, 2 § 49 Absatz 3 Nummer 5	20 €
54.2.1	– mit Behinderung	§ 12 Absatz 3 Nummer 1 bis 5 § 1 Absatz 2 § 49 Absatz 1 Nummer 1, 12 § 41 Absatz 1 i.V.m. Anlage 2 lfd. Nr. 1 (Zeichen 201) Spalte 3 Nummer 3, lfd. Nr. 68 (Zeichen 295)	55 €

Lfd. Nr.	Tatbestand	Straßenverkehrs-Ordnung (StVO)	Regelsatz in Euro (€), Fahrverbot in Monaten
		Spalte 3 Nummer 1d, lfd. Nr. 69 (Zeichen 296) Spalte 3 Nummer 2 § 1 Absatz 2 § 49 Absatz 1 Nummer 1, Absatz 3 Nummer 4 § 42 Absatz 2 i.V.m. Anlage 3 lfd. Nr. 2 (Zeichen 306) Spalte 3 Satz 1, lfd. Nr. 7 (Zeichen 314 mit Zusatzzeichen) Spalte 3 Nummer 1, 2, lfd. Nr. 10 (Zeichen 315) Spalte 3 Nummer 1, 2 § 1 Absatz 2 § 49 Absatz 1 Nummer 1, Absatz 3 Nummer 5	
54.3	Unzulässig gehalten in den Fällen des Zeichens 245 auch in Verbindung mit dem Zeichen 299	§ 41 Absatz 1 i.V.m. Anlage 2 lfd. Nr. 25 (Zeichen 245) Spalte 3 Nummer 1 auch i.V.m. lfd. Nr. 73 (Zeichen 299) Spalte 3 Satz 1 § 49 Absatz 3 Nummer 4	55 €
54.3.1	– mit Behinderung	§ 41 Absatz 1 i.V.m. Anlage 2 lfd. Nr. 25 (Zeichen 245) Spalte 3 Nummer 1 auch i.V.m. lfd. Nr. 73 (Zeichen 299) Spalte 3 Satz 1 § 1 Absatz 2 § 49 Absatz 1 Nummer 1, Absatz 3 Nummer 4	70 €
54.3.2	– mit Gefährdung		80 €
54.3.3	– mit Sachbeschädigung		100 €
54.4	Unzulässig geparkt in den Fällen der Zeichen 224, 245 jeweils auch in Verbindung mit dem Zeichen 299	§ 41 Absatz 1 i.V.m. Anlage 2 lfd. Nr. 14 (Zeichen 224) Spalte 3 Satz 1, lfd. Nr. 25 (Zeichen 245), Spalte 3 Nummer 1 auch i.V.m. lfd. 73 (Zeichen 299) Spalte 3 Satz 1 § 49 Absatz 3 Nummer 4	55 €
54.4.1	– mit Behinderung	§ 41 Absatz 1 i.V.m. Anlage 2 lfd. Nr. 14 (Zeichen 224) Spalte 3 Satz 1, lfd. Nr. 25 (Zeichen 245) Spalte 3 Nummer 1 auch i.V.m. lfd. Nr. 73 (Zeichen 299) Spalte 3 Satz 1 § 1 Absatz 2 § 49 Absatz 3 Nummer 4	70 €

Lfd. Nr.	Tatbestand	Straßenverkehrs-Ordnung (StVO)	Regelsatz in Euro (€), Fahrverbot in Monaten
54.4.2	– mit Gefährdung		80 €
54.4.3	– mit Sachbeschädigung		100 €
54.4.4	länger als 3 Stunden	§ 41 Absatz 1 i.V.m. Anlage 2 lfd. Nr. 14 (Zeichen 224) Spalte 3 Satz 1, lfd. Nr. 25 (Zeichen 245) Spalte 3 Nummer 1 auch i.V.m. lfd. Nr. 73 (Zeichen 299) Spalte 3 Satz 1 § 49 Absatz 3 Nummer 4	70 €
54.4.4.1	– mit Behinderung	§ 41 Absatz 1 i.V.m. Anlage 2 lfd. Nr. 14 (Zeichen 224) Spalte 3 Satz 1, lfd. Nr. 25 (Zeichen 245) Spalte 3 Nummer 1 auch i.V.m. lfd. Nr. 73 (Zeichen 299) Spalte 3 Satz 1 § 1 Absatz 2 § 49 Absatz 1 Nummer 1, Absatz 3 Nummer 4	80 €
54.4.4.2	– mit Gefährdung		80 €
54.4.4.3	– mit Sachbeschädigung		100 €
54a	Unzulässig auf Schutzstreifen für den Radverkehr (Zeichen 340) gehalten	§ 42 Absatz 2 i.V.m. Anlage 3 lfd. Nr. 22 (Zeichen 340) Spalte 3 Nummer 3 § 49 Absatz 3 Nummer 5	55 €
54a.1	– mit Behinderung	§ 42 Absatz 2 i.V.m. Anlage 3 lfd. Nr. 22 (Zeichen 340) Spalte 3 Nummer 3 § 1 Absatz 2 § 49 Absatz 1 Nummer 1, Absatz 3 Nummer 5	70 €
54a.2	– mit Gefährdung		80 €
54a.3	– mit Sachbeschädigung		100 €
55	Unberechtigt auf Schwerbehinderten-Parkplatz geparkt (§ 12 Absatz 2 StVO)	§ 42 Absatz 2 i.V.m. Anlage 3 lfd. Nr. 7 (Zeichen 314) Spalte 3 Nummer 1, 2d, lfd. Nr. 10 (Zeichen 315) Spalte 3 Nummer 1 Satz 2, Nummer 2d § 49 Absatz 3 Nummer 5	55 €
55a	Unberechtigt auf einem Parkplatz für elektrisch betriebene Fahrzeuge geparkt (§ 12 Absatz 2 StVO; Zeichen 314, 315)	§ 42 Absatz 2 i.V.m. Anlage 3 lfd. Nr. 7 (Zeichen 314 mit Zusatzzeichen 1010-66) Spalte 3 Nummer 1, 3a, lfd. Nr. 10 (Zeichen 315 mit Zusatzzeichen 1010-66) Spalte 3 Nummer 1 Satz 2, Nummer 3a § 49 Absatz 3 Nummer 5	55 €

Lfd. Nr.	Tatbestand	Straßenverkehrs-Ordnung (StVO)	Regelsatz in Euro (€), Fahrverbot in Monaten
55b	Unberechtigt auf einem Parkplatz für Carsharingfahrzeuge geparkt (§ 12 Absatz 2 StVO; Zeichen 314, 315)	§ 42 Absatz 2 i.V.m. Anlage 3 lfd. Nr. 7 (Zeichen 314 mit Zusatzzeichen 1010-70) Spalte 3 Nummer 1, 4a, lfd. Nr. 10 (Zeichen 315 mit Zusatzzeichen 1010-70) Spalte 3 Nummer 1 Satz 2, Nummer 4a § 49 Absatz 3 Nummer 5	55 €
56	In einem nach § 12 Absatz 3a Satz 1 StVO geschützten Bereich während nicht zugelassener Zeiten mit einem Kraftfahrzeug über 7,5 t zulässiger Gesamtmasse oder einem Kraftfahrzeuganhänger über 2 t zulässiger Gesamtmasse regelmäßig geparkt (§ 12 Absatz 2 StVO)	§ 12 Absatz 3a Satz 1 § 49 Absatz 1 Nummer 12	30 €
57	Mit Kraftfahrzeuganhänger ohne Zugfahrzeug länger als zwei Wochen geparkt (§ 12 Absatz 2 StVO)	§ 12 Absatz 3b Satz 1 § 49 Absatz 1 Nummer 12	20 €
58	In „zweiter Reihe" geparkt (§ 12 Absatz 2 StVO)	§ 12 Absatz 4 Satz 1 § 49 Absatz 1 Nummer 12	55 €
58.1	– mit Behinderung	§ 12 Absatz 4 Satz 1 § 1 Absatz 2 § 49 Absatz 1 Nummer 1, 12	80 €
58.1.1	– mit Gefährdung		90 €
58.1.2	– mit Sachbeschädigung		110 €
58.2	länger als 15 Minuten	§ 12 Absatz 4 Satz 1 § 49 Absatz 1 Nummer 12	85 €
58.2.1	– mit Behinderung	§ 12 Absatz 4 Satz 1 § 1 Absatz 2 § 49 Absatz 1 Nummer 1, 12	90 €
59	Im Fahrraum von Schienenfahrzeugen gehalten	§ 12 Absatz 4 Satz 5 § 49 Absatz 1 Nummer 12	20 €
59.1	– mit Behinderung	§ 12 Absatz 4 Satz 5 § 1 Absatz 2 § 49 Absatz 1 Nummer 1, 12	30 €
60	Im Fahrraum von Schienenfahrzeugen geparkt (§ 12 Absatz 2 StVO)	§ 12 Absatz 4 Satz 5 § 49 Absatz 1 Nummer 12	55 €
60.1	– mit Behinderung	§ 12 Absatz 4 Satz 5 § 1 Absatz 2 § 49 Absatz 1 Nummer 1, 12	70 €
61	Vorrang des Berechtigten beim Einparken in eine Parklücke nicht beachtet	§ 12 Absatz 5 § 49 Absatz 1 Nummer 12	10 €
62	Nicht Platz sparend gehalten oder geparkt (§ 12 Absatz 2 StVO)	§ 12 Absatz 6 § 49 Absatz 1 Nummer 12	10 €

Lfd. Nr.	Tatbestand	Straßenverkehrs-Ordnung (StVO)	Regelsatz in Euro (€), Fahrverbot in Monaten
	Einrichtungen zur Überwachung der Parkzeit		
63	An einer abgelaufenen Parkuhr, ohne vorgeschriebene Parkscheibe, ohne Parkschein oder unter Überschreiten der erlaubten Höchstparkdauer geparkt (§ 12 Absatz 2 StVO)	§ 13 Absatz 1, 2 § 49 Absatz 1 Nummer 13	20 €
63.1	bis zu 30 Minuten		20 €
63.2	bis zu 1 Stunde		25 €
63.3	bis zu 2 Stunden		30 €
63.4	bis zu 3 Stunden		35 €
63.5	länger als 3 Stunden		40 €
	Sorgfaltspflichten beim Ein- und Aussteigen		
64	Beim Ein- oder Aussteigen einen anderen Verkehrsteilnehmer gefährdet	§ 14 Absatz 1 § 49 Absatz 1 Nummer 14	40 €
64.1	– mit Sachbeschädigung	§ 14 Absatz 1 § 1 Absatz 2 § 49 Absatz 1 Nummer 1, 14	50 €
65	Fahrzeug verlassen, ohne die nötigen Maßnahmen getroffen zu haben, um Unfälle oder Verkehrsstörungen zu vermeiden	§ 14 Absatz 2 Satz 1 § 49 Absatz 1 Nummer 14	15 €
65.1	– mit Sachbeschädigung	§ 14 Absatz 2 Satz 1 § 1 Absatz 2 § 49 Absatz 1 Nummer 1, 14	25 €
	Liegenbleiben von Fahrzeugen		
66	Liegen gebliebenes mehrspuriges Fahrzeug nicht oder nicht wie vorgeschrieben abgesichert, beleuchtet oder kenntlich gemacht und dadurch einen Anderen gefährdet	§ 15, auch i.V.m. § 17 Absatz 4 Satz 1, 3 § 1 Absatz 2 § 49 Absatz 1 Nummer 1, 15	60 €
	Abschleppen von Fahrzeugen		
67	Beim Abschleppen eines auf der Autobahn liegen gebliebenen Fahrzeugs die Autobahn nicht bei der nächsten Ausfahrt verlassen oder mit einem außerhalb der Autobahn liegen gebliebenen Fahrzeug in die Autobahn eingefahren	§ 15a Absatz 1, 2 § 49 Absatz 1 Nummer 15a	20 €
68	Während des Abschleppens Warnblinklicht nicht eingeschaltet	§ 15a Absatz 3 § 49 Absatz 1 Nummer 15a	5 €
69	Kraftrad abgeschleppt	§ 15a Absatz 4 § 49 Absatz 1 Nummer 15a	10 €
	Warnzeichen		
70	Missbräuchlich Schall- oder Leuchtzeichen gegeben und dadurch einen Anderen belästigt oder Schallzeichen gegeben, die aus einer Folge verschieden hoher Töne bestehen	§ 16 Absatz 1, 3 § 1 Absatz 2 § 49 Absatz 1 Nummer 1, 16	10 €
71	Einen Omnibus des Linienverkehrs oder einen gekennzeichneten Schulbus geführt und Warn-	§ 16 Absatz 2 Satz 1 § 49 Absatz 1 Nummer 16	10 €

Lfd. Nr.	Tatbestand	Straßenverkehrs-Ordnung (StVO)	Regelsatz in Euro (€), Fahrverbot in Monaten
	blinklicht bei Annäherung an eine Haltestelle oder für die Dauer des Ein- und Aussteigens der Fahrgäste entgegen der straßenverkehrsbehördlichen Anordnung nicht eingeschaltet		
72	Warnblinklicht missbräuchlich eingeschaltet	§ 16 Absatz 2 Satz 2 § 49 Absatz 1 Nummer 16	5 €
	Beleuchtung		
73	Vorgeschriebene Beleuchtungseinrichtungen nicht oder nicht vorschriftsmäßig benutzt, obwohl die Sichtverhältnisse es erforderten, oder nicht rechtzeitig abgeblendet oder Beleuchtungseinrichtungen in verdecktem oder beschmutztem Zustand benutzt	§ 17 Absatz 1, 2 Satz 3, Absatz 3 Satz 2, 5, Absatz 6 § 49 Absatz 1 Nummer 17	20 €
73.1	– mit Gefährdung	§ 17 Absatz 1, 2 Satz 3, Absatz 3 Satz 2, 5, Absatz 6 § 1 Absatz 2 § 49 Absatz 1 Nummer 1, 17	25 €
73.2	– mit Sachbeschädigung		35 €
74	Nur mit Standlicht oder auf einer Straße mit durchgehender, ausreichender Beleuchtung mit Fernlicht gefahren oder mit einem Kraftrad am Tage nicht mit Abblendlicht oder eingeschalteten Tagfahrleuchten gefahren	§ 17 Absatz 2 Satz 1, 2, Absatz 2a § 49 Absatz 1 Nummer 17	10 €
74.1	– mit Gefährdung	§ 17 Absatz 2 Satz 1, 2, Absatz 2a § 1 Absatz 2 § 49 Absatz 1 Nummer 1, 17	15 €
74.2	– mit Sachbeschädigung		35 €
75	Bei erheblicher Sichtbehinderung durch Nebel, Schneefall oder Regen innerhalb geschlossener Ortschaften am Tage nicht mit Abblendlicht gefahren	§ 17 Absatz 3 Satz 1 § 49 Absatz 1 Nummer 17	25 €
75.1	– mit Sachbeschädigung	§ 17 Absatz 3 Satz 1 § 1 Absatz 2 § 49 Absatz 1 Nummer 1, 17	35 €
76	Bei erheblicher Sichtbehinderung durch Nebel, Schneefall oder Regen außerhalb geschlossener Ortschaften am Tage nicht mit Abblendlicht gefahren	§ 17 Absatz 3 Satz 1 § 49 Absatz 1 Nummer 17	60 €
77	Haltendes mehrspuriges Fahrzeug nicht oder nicht wie vorgeschrieben beleuchtet oder kenntlich gemacht	§ 17 Absatz 4 Satz 1, 3 § 49 Absatz 1 Nummer 17	20 €
77.1	– mit Sachbeschädigung	§ 17 Absatz 4 Satz 1, 3 § 1 Absatz 2 § 49 Absatz 1 Nummer 1, 17	35 €
	Autobahnen und Kraftfahrstraßen		
78	Autobahn oder Kraftfahrstraße mit einem Fahrzeug benutzt, dessen durch die Bauart bestimmte Höchstgeschwindigkeit weniger als 60 km/h be-	§ 18 Absatz 1 § 49 Absatz 1 Nummer 18	20 €

Lfd. Nr.	Tatbestand	Straßenverkehrs-Ordnung (StVO)	Regelsatz in Euro (€), Fahrverbot in Monaten
	trug oder dessen zulässige Höchstabmessungen zusammen mit der Ladung überschritten waren, soweit die Gesamthöhe nicht mehr als 4,20 m betrug		
79	Autobahn oder Kraftfahrstraße mit einem Fahrzeug benutzt, dessen Höhe zusammen mit der Ladung mehr als 4,20 m betrug	§ 18 Absatz 1 Satz 2 § 49 Absatz 1 Nummer 18	70 €
80	An dafür nicht vorgesehener Stelle eingefahren	§ 18 Absatz 2 § 49 Absatz 1 Nummer 18	25 €
80.1	– mit Gefährdung	§ 18 Absatz 2 § 1 Absatz 2 § 49 Absatz 1 Nummer 1, 18	75 €
(81)	(aufgehoben)		
82	Beim Einfahren Vorfahrt auf der durchgehenden Fahrbahn nicht beachtet	§ 18 Absatz 3 § 49 Absatz 1 Nummer 18	75 €
83	Gewendet, rückwärts oder entgegen der Fahrtrichtung gefahren	§ 18 Absatz 7 § 2 Absatz 1 § 49 Absatz 1 Nummer 2, 18	
83.1	in einer Ein- oder Ausfahrt		75 €
83.2	auf der Nebenfahrbahn oder dem Seitenstreifen		130 €
83.3	auf der durchgehenden Fahrbahn		200 € **Fahrverbot 1 Monat**
84	Auf einer Autobahn oder Kraftfahrstraße gehalten	§ 18 Absatz 8 § 49 Absatz 1 Nummer 18	30 €
85	Auf einer Autobahn oder Kraftfahrstraße geparkt (§ 12 Absatz 2 StVO)	§ 18 Absatz 8 § 49 Absatz 1 Nummer 18	70 €
86	Als zu Fuß Gehender Autobahn betreten oder Kraftfahrstraße an dafür nicht vorgesehener Stelle betreten	§ 18 Absatz 9 § 49 Absatz 1 Nummer 18	10 €
87	An dafür nicht vorgesehener Stelle ausgefahren	§ 18 Absatz 10 § 49 Absatz 1 Nummer 18	25 €
87a	Mit einem Lastkraftwagen über 7,5 t zulässiger Gesamtmasse, einschließlich Anhänger, oder einer Zugmaschine den äußerst linken Fahrstreifen bei Schneeglätte oder Glatteis oder, obwohl die Sichtweite durch erheblichen Schneefall oder Regen auf 50 m oder weniger eingeschränkt ist, benutzt	§ 18 Absatz 11 § 49 Absatz 1 Nummer 18	80 €
88	Seitenstreifen zum Zweck des schnelleren Vorwärtskommens benutzt	§ 2 Absatz 1 § 49 Absatz 1 Nummer 2	75 €
	Bahnübergänge		
89	Mit einem Fahrzeug den Vorrang eines Schienenfahrzeugs nicht beachtet	§ 19 Absatz 1 Satz 1 § 49 Absatz 1 Nummer 19 Buchstabe a	80 €
89a	Kraftfahrzeug an einem Bahnübergang (Zeichen 151, 156 bis einschließlich Kreuzungsbereich von Schiene und Straße) unzulässig überholt	§ 19 Absatz 1 Satz 3 § 49 Absatz 1 Nummer 19 Buchstabe a	70 €
89b	Bahnübergang unter Verstoß gegen die Wartepflicht nach § 19 Absatz 2 StVO überquert		

Lfd. Nr.	Tatbestand	Straßenverkehrs-Ordnung (StVO)	Regelsatz in Euro (€), Fahrverbot in Monaten
89b.1	in den Fällen des § 19 Absatz 2 Satz 1 Nummer 1 StVO	§ 19 Absatz 2 Satz 1 Nummer 1 § 49 Absatz 1 Nummer 19 Buchstabe a	80 €
89b.2	in den Fällen des § 19 Absatz 2 Satz 1 Nummer 2 bis 5 StVO (außer bei geschlossener Schranke)	§ 19 Absatz 2 Satz 1 Nummer 2 bis 5 § 49 Absatz 1 Nummer 19 Buchstabe a	240 € **Fahrverbot 1 Monat**
90	Vor einem Bahnübergang Wartepflichten verletzt	§ 19 Absatz 2 bis 5 § 49 Absatz 1 Nummer 19 Buchstabe a	10 €
	Öffentliche Verkehrsmittel und Schulbusse		
91	An einem Omnibus des Linienverkehrs, einer Straßenbahn oder einem gekennzeichneten Schulbus nicht mit Schrittgeschwindigkeit rechts vorbeigefahren, obwohl diese an einer Haltestelle (Zeichen 224) hielten und Fahrgäste ein- oder ausstiegen (soweit nicht von Nummer 11 erfasst)	§ 20 Absatz 2 Satz 1 § 49 Absatz 1 Nummer 19 Buchstabe b	15 €
92	An einer Haltestelle (Zeichen 224) an einem haltenden Omnibus des Linienverkehrs, einer haltenden Straßenbahn oder einem haltenden gekennzeichneten Schulbus nicht mit Schrittgeschwindigkeit oder ohne ausreichenden Abstand rechts vorbeigefahren oder nicht gewartet, obwohl dies nötig war und Fahrgäste ein- oder ausstiegen, und dadurch einen Fahrgast		
92.1	behindert	§ 20 Absatz 2 § 49 Absatz 1 Nummer 19 Buchstabe b	60 €, soweit sich nicht aus Nummer 11 ein höherer Regelsatz ergibt
92.2	gefährdet	§ 20 Absatz 2 Satz 1, 3 § 1 Absatz 2 § 49 Absatz 1 Nummer 1, 19 Buchstabe b	70 €, soweit sich nicht aus Nummer 11, auch i.V.m. Tabelle 4, ein höherer Regelsatz ergibt
93	Omnibus des Linienverkehrs oder gekennzeichneten Schulbus, der sich mit eingeschaltetem Warnblinklicht einer Haltestelle (Zeichen 224) nähert, überholt	§ 20 Absatz 3 § 49 Absatz 1 Nummer 19 Buchstabe b	60 €
94	An einem Omnibus des Linienverkehrs oder einem gekennzeichneten Schulbus nicht mit Schrittgeschwindigkeit vorbeigefahren, obwohl dieser an einer Haltestelle (Zeichen 224) hielt und Warnblinklicht eingeschaltet hatte (soweit nicht von Nummer 11 erfasst)	§ 20 Absatz 4 Satz 1, 2 § 49 Absatz 1 Nummer 19 Buchstabe b	15 €
95	An einem Omnibus des Linienverkehrs oder einem gekennzeichneten Schulbus, die an einer Haltestelle (Zeichen 224) hielten und Warnblink-		

Lfd. Nr.	Tatbestand	Straßenverkehrs-Ordnung (StVO)	Regelsatz in Euro (€), Fahrverbot in Monaten
	licht eingeschaltet hatten, nicht mit Schrittgeschwindigkeit oder ohne ausreichendem Abstand vorbeigefahren oder nicht gewartet, obwohl dies nötig war, und dadurch einen Fahrgast		
95.1	behindert	§ 20 Absatz 4 § 49 Absatz 1 Nummer 19 Buchstabe b	60 €, soweit sich nicht aus Nummer 11 ein höherer Regelsatz ergibt
95.2	gefährdet	§ 20 Absatz 4 Satz 1, 2, 4 § 1 Absatz 2 § 49 Absatz 1 Nummer 1, 19 Buchstabe b	70 €, soweit sich nicht aus Nummer 11, auch i.V.m. Tabelle 4, ein höherer Regelsatz ergibt
96	Einem Omnibus des Linienverkehrs oder einem Schulbus das Abfahren von einer gekennzeichneten Haltestelle nicht ermöglicht	§ 20 Absatz 5 § 49 Absatz 1 Nummer 19 Buchstabe b	5 €
96.1	– mit Gefährdung	§ 20 Absatz 5 § 1 Absatz 2 § 49 Absatz 1 Nummer 1, 19 Buchstabe b	20 €
96.2	– mit Sachbeschädigung		30 €
	Personenbeförderung, Sicherungspflichten		
97	Gegen eine Vorschrift über die Mitnahme von Personen auf oder in Fahrzeugen verstoßen	§ 21 Absatz 1, 2, 3 § 49 Absatz 1 Nummer 20	5 €
98	Ein Kind mitgenommen, ohne für die vorschriftsmäßige Sicherung zu sorgen (außer in KOM über 3,5 t zulässige Gesamtmasse)	§ 21 Absatz 1a Satz 1 § 21a Absatz 1 Satz 1 § 49 Absatz 1 Nummer 20, 20a	
98.1	bei einem Kind		30 €
98.2	bei mehreren Kindern		35 €
99	Ein Kind ohne Sicherung mitgenommen oder nicht für eine Sicherung eines Kindes in einem Kfz gesorgt (außer in Kraftomnibus über 3,5 t zulässige Gesamtmasse) oder beim Führen eines Kraftrades ein Kind befördert, obwohl es keinen Schutzhelm trug	§ 21 Absatz 1a Satz 1 § 21a Absatz 1 Satz 1, Absatz 2 § 49 Absatz 1 Nummer 20, 20a	
99.1	bei einem Kind		60 €
99.2	bei mehreren Kindern		70 €
100	Vorgeschriebenen Sicherheitsgurt während der Fahrt nicht angelegt	§ 21a Absatz 1 Satz 1 § 49 Absatz 1 Nummer 20a	30 €
100.1	Vorgeschriebenes Rollstuhl-Rückhaltesystem oder Rollstuhlnutzer-Rückhaltesystem während der Fahrt nicht angelegt	§ 21a Absatz 1 Satz 1 § 49 Absatz 1 Nummer 20a	30 €
101	Während der Fahrt keinen geeigneten Schutzhelm getragen	§ 21a Absatz 2 Satz 1 § 49 Absatz 1 Nummer 20a	15 €

Lfd. Nr.	Tatbestand	Straßenverkehrs-Ordnung (StVO)	Regelsatz in Euro (€), Fahrverbot in Monaten
	Ladung		
102	Ladung oder Ladeeinrichtung nicht so verstaut oder gesichert, dass sie selbst bei Vollbremsung oder plötzlicher Ausweichbewegung nicht verrutschen, umfallen, hin- und herrollen oder herabfallen können		
102.1	bei Lastkraftwagen oder Kraftomnibussen bzw. ihren Anhängern	§ 22 Absatz 1 § 49 Absatz 1 Nummer 21	60 €
102.1.1	– mit Gefährdung	§ 22 Absatz 1 § 1 Absatz 2 § 49 Absatz 1 Nummer 1, 21	75 €
102.2	bei anderen als in Nummer 102.1 genannten Kraftfahrzeugen bzw. ihren Anhängern	§ 22 Absatz 1 § 49 Absatz 1 Nummer 21	35 €
102.2.1	– mit Gefährdung	§ 22 Absatz 1 § 1 Absatz 2 § 49 Absatz 1 Nummer 1, 21	60 €
103	Ladung oder Ladeeinrichtung nicht so verstaut oder gesichert, dass sie keinen vermeidbaren Lärm erzeugen können	§ 22 Absatz 1 § 49 Absatz 1 Nummer 21	10 €
104	Fahrzeug geführt, dessen Höhe zusammen mit der Ladung mehr als 4,20 m betrug	§ 22 Absatz 2 Satz 1 § 49 Absatz 1 Nummer 21	60 €
105	Fahrzeug geführt, das zusammen mit der Ladung eine der höchstzulässigen Abmessungen überschritt, soweit die Gesamthöhe nicht mehr als 4,20 m betrug, oder dessen Ladung unzulässig über das Fahrzeug hinausragte	§ 22 Absatz 2, 3, 4 Satz 1, 2, Absatz 5 Satz 2 § 49 Absatz 1 Nummer 21	20 €
106	Vorgeschriebene Sicherungsmittel nicht oder nicht ordnungsgemäß angebracht	§ 22 Absatz 4 Satz 3 bis 5, Absatz 5 Satz 1 § 49 Absatz 1 Nummer 21	25 €
	Sonstige Pflichten von Fahrzeugführenden		
107	Beim Führen eines Fahrzeugs nicht dafür gesorgt, dass		
107.1	seine Sicht oder das Gehör durch die Besetzung, Tiere, die Ladung, ein Gerät oder den Zustand des Fahrzeugs nicht beeinträchtigt waren	§ 23 Absatz 1 Satz 1 § 49 Absatz 1 Nummer 22	10 €
107.2	das Fahrzeug, der Zug, das Gespann, die Ladung oder die Besetzung vorschriftsmäßig waren oder die Verkehrssicherheit des Fahrzeugs durch die Ladung oder die Besetzung nicht litt	§ 23 Absatz 1 Satz 2 § 49 Absatz 1 Nummer 22	25 €
107.3	die vorgeschriebenen Kennzeichen stets gut lesbar waren	§ 23 Absatz 1 Satz 3 § 49 Absatz 1 Nummer 22	5 €
107.4	an einem Kraftfahrzeug, an dessen Anhänger oder an einem Fahrrad die vorgeschriebene Beleuchtungseinrichtung auch am Tage vorhanden oder betriebsbereit war	§ 23 Absatz 1 Satz 4 § 49 Absatz 1 Nummer 22	20 €
107.4.1	– mit Gefährdung	§ 23 Absatz 1 Satz 4 § 1 Absatz 2 § 49 Absatz 1 Nummer 1, 22	25 €

Lfd. Nr.	Tatbestand	Straßenverkehrs-Ordnung (StVO)	Regelsatz in Euro (€), Fahrverbot in Monaten
107.4.2	– mit Sachbeschädigung		35 €
108	Beim Führen eines Fahrzeugs nicht dafür gesorgt, dass das Fahrzeug, der Zug, das Gespann, die Ladung oder die Besetzung vorschriftsmäßig waren, wenn dadurch die Verkehrssicherheit wesentlich beeinträchtigt war oder die Verkehrssicherheit des Fahrzeugs durch die Ladung oder die Besetzung wesentlich litt	§ 23 Absatz 1 Satz 2 § 49 Absatz 1 Nummer 22	80 €
(109)	(aufgehoben)		
(109a)	(aufgehoben)		
110	Fahrzeug, Zug oder Gespann nicht auf dem kürzesten Weg aus dem Verkehr gezogen, obwohl unterwegs die Verkehrssicherheit wesentlich beeinträchtigende Mängel aufgetreten waren, die nicht alsbald beseitigt werden konnten	§ 23 Absatz 2 Halbsatz 1 § 49 Absatz 1 Nummer 22	10 €
	Fußgänger		
111	Trotz vorhandenen Gehwegs oder Seitenstreifens auf der Fahrbahn oder außerhalb geschlossener Ortschaften nicht am linken Fahrbahnrand gegangen	§ 25 Absatz 1 Satz 2, 3 Halbsatz 2 § 49 Absatz 1 Nummer 24 Buchstabe a	5 €
112	Fahrbahn ohne Beachtung des Fahrzeugverkehrs oder nicht zügig auf dem kürzesten Weg quer zur Fahrtrichtung oder an nicht vorgesehener Stelle überschritten	§ 25 Absatz 3 Satz 1 § 49 Absatz 1 Nummer 24 Buchstabe a	
112.1	– mit Gefährdung	§ 25 Absatz 3 Satz 1 § 1 Absatz 2 § 49 Absatz 1 Nummer 1, 24 Buchstabe a	5 €
112.2	– mit Sachbeschädigung		10 €
	Fußgängerüberweg		
113	An einem Fußgängerüberweg, den zu Fuß Gehende oder Fahrende von Krankenfahrstühlen oder Rollstühlen erkennbar benutzen wollten, das Überqueren der Fahrbahn nicht ermöglicht oder nicht mit mäßiger Geschwindigkeit herangefahren oder an einem Fußgängerüberweg überholt	§ 26 Absatz 1, 3 § 49 Absatz 1 Nummer 24 Buchstabe b	80 €
114	Bei stockendem Verkehr auf einen Fußgängerüberweg gefahren	§ 26 Absatz 2 § 49 Absatz 1 Nummer 24 Buchstabe b	5 €
	Übermäßige Straßenbenutzung		
115	Als Veranstalter erlaubnispflichtige Veranstaltung ohne Erlaubnis durchgeführt	§ 29 Absatz 2 Satz 1 § 49 Absatz 2 Nummer 6	40 €
116	Ohne Erlaubnis ein Fahrzeug oder einen Zug geführt, dessen Abmessungen, Achslasten oder Gesamtmasse die gesetzlich allgemein zugelassenen Grenzen tatsächlich überschritten oder dessen Bauart dem Fahrzeugführenden kein ausreichendes Sichtfeld ließ	§ 29 Absatz 3 § 49 Absatz 2 Nummer 7	60 €

Lfd. Nr.	Tatbestand	Straßenverkehrs-Ordnung (StVO)	Regelsatz in Euro (€), Fahrverbot in Monaten
	Umweltschutz		
117	Bei Benutzung eines Fahrzeugs unnötigen Lärm oder vermeidbare Abgasbelästigungen verursacht	§ 30 Absatz 1 Satz 1, 2 § 49 Absatz 1 Nummer 25	80 €
118	Innerhalb einer geschlossenen Ortschaft unnütz hin- und hergefahren und dadurch Andere belästigt	§ 30 Absatz 1 Satz 3 § 49 Absatz 1 Nummer 25	100 €
	Sonn- und Feiertagsfahrverbot		
119	Verbotswidrig an einem Sonntag oder Feiertag gefahren	§ 30 Absatz 3 Satz 1 § 49 Absatz 1 Nummer 25	120 €
120	Als Halter das verbotswidrige Fahren an einem Sonntag oder Feiertag angeordnet oder zugelassen	§ 30 Absatz 3 Satz 1 § 49 Absatz 1 Nummer 25	570 €
	Inline-Skaten und Rollschuhfahren		
120a	Beim Inline-Skaten oder Rollschuhfahren Fahrbahn, Seitenstreifen oder Radweg unzulässig benutzt oder bei durch Zusatzzeichen erlaubtem Inline-Skaten und Rollschuhfahren sich nicht mit äußerster Vorsicht und unter besonderer Rücksichtnahme auf den übrigen Verkehr am rechten Rand in Fahrtrichtung bewegt oder Fahrzeugen das Überholen nicht ermöglicht	§ 31 Absatz 1 Satz 1, Absatz 2 Satz 3 § 49 Absatz 1 Nummer 26	10 €
120a.1	– mit Behinderung	§ 31 Absatz 1 Satz 1, Absatz 2 Satz 3 § 1 Absatz 2 § 49 Absatz 1 Nummer 1, 26	15 €
120a.2	– mit Gefährdung		20 €
	Verkehrshindernisse		
121	Straße beschmutzt oder benetzt, obwohl dadurch der Verkehr gefährdet oder erschwert werden konnte	§ 32 Absatz 1 Satz 1 § 49 Absatz 1 Nummer 27	10 €
122	Verkehrswidrigen Zustand nicht oder nicht rechtzeitig beseitigt oder nicht ausreichend kenntlich gemacht	§ 32 Absatz 1 Satz 2 § 49 Absatz 1 Nummer 27	10 €
123	Gegenstand auf eine Straße gebracht oder dort liegen gelassen, obwohl dadurch der Verkehr gefährdet oder erschwert werden konnte	§ 32 Absatz 1 Satz 1 § 49 Absatz 1 Nummer 27	60 €
124	Gefährliches Gerät nicht wirksam verkleidet	§ 32 Absatz 2 § 49 Absatz 1 Nummer 27	5 €
	Unfall		
125	Als an einem Unfall beteiligte Person den Verkehr nicht gesichert oder bei geringfügigem Schaden nicht unverzüglich beiseite gefahren	§ 34 Absatz 1 Nummer 2 § 49 Absatz 1 Nummer 29	30 €
125.1	– mit Sachbeschädigung	§ 34 Absatz 1 Nummer 2 § 1 Absatz 2 § 49 Absatz 1 Nummer 1, 29	35 €
126	Unfallspuren beseitigt, bevor die notwendigen Feststellungen getroffen worden waren	§ 34 Absatz 3 § 49 Absatz 1 Nummer 29	30 €
	Warnkleidung		
127	Bei Arbeiten außerhalb von Gehwegen oder Absperrungen keine auffällige Warnkleidung getragen	§ 35 Absatz 6 Satz 4 § 49 Absatz 4 Nummer 1a	5 €

Lfd. Nr.	Tatbestand	Straßenverkehrs-Ordnung (StVO)	Regelsatz in Euro (€), Fahrverbot in Monaten
	Zeichen und Weisungen der Polizeibeamten		
128	Weisung eines Polizeibeamten nicht befolgt	§ 36 Absatz 1 Satz 1, Absatz 3, Absatz 5 Satz 4 § 49 Absatz 3 Nummer 1	20 €
129	Zeichen oder Haltgebot eines Polizeibeamten nicht befolgt	§ 36 Absatz 1 Satz 1, Absatz 2, Absatz 4, Absatz 5 Satz 4 § 49 Absatz 3 Nummer 1	70 €
	Wechsellichtzeichen, Dauerlichtzeichen und Grünpfeil		
130	Beim zu Fuß gehen rotes Wechsellichtzeichen nicht befolgt oder den Weg beim Überschreiten der Fahrbahn beim Wechsel von Grün auf Rot nicht zügig fortgesetzt	§ 37 Absatz 2 Nummer 1 Satz 7, Nummer 2, 5 Satz 3 § 49 Absatz 3 Nummer 2	5 €
130.1	– mit Gefährdung	§ 37 Absatz 2 Nummer 1 Satz 7, Nummer 2, 5 Satz 3 § 1 Absatz 2 § 49 Absatz 1 Nummer 1, Absatz 3 Nummer 2	5 €
130.2	– mit Sachbeschädigung		10 €
131	Beim Rechtsabbiegen mit Grünpfeil		
131.1	aus einem anderen als dem rechten Fahrstreifen abgebogen	§ 37 Absatz 2 Nummer 1 Satz 9 § 49 Absatz 3 Nummer 2	15 €
131.2	den Fahrzeugverkehr der freigegebenen Verkehrsrichtungen, ausgenommen den Fahrradverkehr auf Radwegfurten, behindert	§ 37 Absatz 2 Nummer 1 Satz 12 § 49 Absatz 3 Nummer 2	35 €
132	Als Kfz-Führer in anderen als den Fällen des Rechtsabbiegens mit Grünpfeil rotes Wechsellichtzeichen oder rotes Dauerlichtzeichen nicht befolgt	§ 37 Absatz 2 Nummer 1 Satz 7, 13, Nummer 2, Absatz 3 Satz 1, 2 § 49 Absatz 3 Nummer 2	90 €
132.1	– mit Gefährdung	§ 37 Absatz 2 Nummer 1 Satz 7, 13, Nummer 2, Absatz 3 Satz 1, 2 § 1 Absatz 2 § 49 Absatz 1 Nummer 1, Absatz 3 Nummer 2	200 € **Fahrverbot 1 Monat**
132.2	– mit Sachbeschädigung		240 € **Fahrverbot 1 Monat**
132.3	bei schon länger als 1 Sekunde andauernder Rotphase eines Wechsellichtzeichens	§ 37 Absatz 2 Nummer 1 Satz 7, 13, Nummer 2 § 49 Absatz 3 Nummer 2	200 € **Fahrverbot 1 Monat**
132.3.1	– mit Gefährdung	§ 37 Absatz 2 Nummer 1 Satz 7, 13, Nummer 2 § 1 Absatz 2 § 49 Absatz 1 Nummer 1, Absatz 3 Nummer 2	320 € **Fahrverbot 1 Monat**
132.3.2	– mit Sachbeschädigung		360 € **Fahrverbot 1 Monat**

Lfd. Nr.	Tatbestand	Straßenverkehrs-Ordnung (StVO)	Regelsatz in Euro (€), Fahrverbot in Monaten
132a	Als Radfahrer oder Fahrer eines Elektrokleinstfahrzeugs in anderen als den Fällen des Rechtsabbiegens mit Grünpfeil rotes Wechsellichtzeichen oder rotes Dauerlichtzeichen nicht befolgt	§ 37 Absatz 2 Nummer 1 Satz 7, 13, Nummer 2, Absatz 3 Satz 1, 2 § 49 Absatz 3 Nummer 2	60 €
132a.1	– mit Gefährdung	§ 37 Absatz 2 Nummer 1 Satz 7, 13, Nummer 2, Absatz 3 Satz 1, 2	100 €
132a.2	– mit Sachbeschädigung	§ 1 Absatz 2 § 49 Absatz 1 Nummer 1, Absatz 3 Nummer 2	120 €
132a.3	bei schon länger als 1 Sekunde andauernder Rotphase eines Wechsellichtzeichens	§ 37 Absatz 2 Nummer 1 Satz 7, 13, Nummer 2 § 49 Absatz 3 Nummer 2	100 €
132a.3.1	– mit Gefährdung	§ 37 Absatz 2 Nummer 1 Satz 7, 13, Nummer 2 § 1 Absatz 2	160 €
132a.3.2	– mit Sachbeschädigung	§ 49 Absatz 1 Nummer 1, Absatz 3 Nummer 2	180 €
133	Beim Rechtsabbiegen mit Grünpfeil		
133.1	vor dem Rechtsabbiegen nicht angehalten	§ 37 Absatz 2 Nummer 1 Satz 7 § 49 Absatz 3 Nummer 2	70 €
133.2	den Fahrzeugverkehr der freigegebenen Verkehrsrichtungen, ausgenommen den Fahrradverkehr auf Radwegfurten, gefährdet	§ 37 Absatz 2 Nummer 1 Satz 12 § 49 Absatz 3 Nummer 2	100 €
133.3	den Fußgängerverkehr oder den Fahrradverkehr auf Radwegfurten der freigegebenen Verkehrsrichtungen	§ 37 Absatz 2 Nummer 1 Satz 12 § 49 Absatz 3 Nummer 2	
133.3.1	behindert		100 €
133.3.2	gefährdet		150 €
	Blaues und gelbes Blinklicht		
134	Blaues Blinklicht zusammen mit dem Einsatzhorn oder allein oder gelbes Blinklicht missbräuchlich verwendet	§ 38 Absatz 1 Satz 1, Absatz 2, Absatz 3 Satz 3 § 49 Absatz 3 Nummer 3	20 €
135	Einem Einsatzfahrzeug, das blaues Blinklicht zusammen mit dem Einsatzhorn verwendet hatte, nicht sofort freie Bahn geschaffen	§ 38 Absatz 1 Satz 2 § 49 Absatz 3 Nummer 3	240 € **Fahrverbot 1 Monat**
135.1	– mit Gefährdung	§ 38 Absatz 1 Satz 2 § 1 Absatz 2 § 49 Absatz 1 Nummer 1, Absatz 3 Nummer 3	280 € **Fahrverbot 1 Monat**
135.2	– mit Sachbeschädigung		320 € **Fahrverbot 1 Monat**
	Vorschriftzeichen		
136	Dem Schienenverkehr nicht Vorrang gewährt (Zeichen 201)	§ 41 Absatz 1 i.V.m. Anlage 2 lfd. Nr. 1 (Zeichen 201) Spalte 3 Nummer 1 § 49 Absatz 3 Nummer 4	80 €
136.1	Zeichen 206 (Halt. Vorfahrt gewähren.) nicht befolgt	§ 41 Absatz 1 i.V.m. Anlage 2 lfd. Nr. 3 (Zeichen 206) Spalte 3 Nummer 1, 3 § 49 Absatz 3 Nummer 4	10 €

Lfd. Nr.	Tatbestand	Straßenverkehrs-Ordnung (StVO)	Regelsatz in Euro (€), Fahrverbot in Monaten
137	Bei verengter Fahrbahn (Zeichen 208) dem Gegenverkehr keinen Vorrang gewährt	§ 41 Absatz 1 i.V.m. Anlage 2 lfd. Nr. 4 (Zeichen 208) Spalte 3 § 49 Absatz 3 Nummer 4	5 €
137.1	– mit Gefährdung	§ 41 Absatz 1 i.V.m. Anlage 2 lfd. Nr. 4 (Zeichen 208) Spalte 3 § 1 Absatz 2 § 49 Absatz 1 Nummer 1, Absatz 3 Nummer 4	10 €
137.2	– mit Sachbeschädigung		20 €
138	Die durch Vorschriftzeichen (Zeichen 209, 211, 214, 222) vorgeschriebene Fahrtrichtung oder Vorbeifahrt nicht befolgt	§ 41 Absatz 1 i.V.m. Anlage 2 lfd. Nr. 5, 6, 7, 10 (Zeichen 209, 211, 214, 222) Spalte 3 Satz 1 § 49 Absatz 3 Nummer 4	10 €
138.1	– mit Gefährdung	§ 41 Absatz 1 i.V.m. Anlage 2 lfd. Nr. 5, 6, 7, 10 (Zeichen 209, 211, 214, 222) Spalte 3 Satz 1 § 1 Absatz 2 § 49 Absatz 1 Nummer 1, Absatz 3 Nummer 4	15 €
138.2	– mit Sachbeschädigung		25 €
139	Die durch Zeichen 215 (Kreisverkehr) oder Zeichen 220 (Einbahnstraße) vorgeschriebene Fahrtrichtung nicht befolgt	§ 41 Absatz 1 i.V.m. Anlage 2 lfd. Nr. 8 (Zeichen 215) Spalte 3 Nummer 1, lfd. Nr. 9 (Zeichen 220) Spalte 3 Satz 1 § 49 Absatz 3 Nummer 4	
139.1	als Kfz-Führer		25 €
139.2	als Radfahrer		20 €
139.2.1	– mit Behinderung	§ 41 Absatz 1 i.V.m. Anlage 2 lfd. Nr. 8 (Zeichen 215) Spalte 3 Nummer 1, lfd. Nr. 9 (Zeichen 220) Spalte 3 Satz 1 § 1 Absatz 2 § 49 Absatz 1 Nummer 1, Absatz 3 Nummer 4	25 €
139.2.2	– mit Gefährdung		30 €
139.2.3	– mit Sachbeschädigung		35 €
139a	Beim berechtigten Überfahren der Mittelinsel eines Kreisverkehrs einen anderen Verkehrsteilnehmer gefährdet	§ 41 Absatz 1 i.V.m. Anlage 2 lfd. Nr. 8 (Zeichen 215) Spalte 3 Nummer 2 § 49 Absatz 3 Nummer 4	35 €
140	Vorschriftswidrig einen Radweg (Zeichen 237), einen sonstigen Sonderweg (Zeichen 238, 240, 241) benutzt oder mit einem Fahrzeug eine Fahrradstraße (Zeichen 244.1) oder Fahrradzone (Zeichen 244.3) benutzt	§ 41 Absatz 1 i.V.m. Anlage 2 lfd. Nr. 16, 17, 19, 20 (Zeichen 237, 238, 240, 241) Spalte 3 Nummer 2, lfd. Nr. 23 (Zeichen 244.1) Spalte 3 Nummer 1,	15 €

Lfd. Nr.	Tatbestand	Straßenverkehrs-Ordnung (StVO)	Regelsatz in Euro (€), Fahrverbot in Monaten
		lfd. Nr. 24.1 (Zeichen 244.3) Spalte 3 Nummer 1 § 49 Absatz 3 Nummer 4	
140.1	– mit Behinderung	§ 41 Absatz 1 i.V.m. Anlage 2 lfd. Nr. 16, 17, 19, 20 (Zeichen 237, 238, 240, 241) Spalte 3 Nummer 2, lfd. Nr. 23 (Zeichen 244.1) Spalte 3 Nummer 1, lfd. Nr. 24.1 (Zeichen 244.3) Spalte 3 Nummer 1 § 1 Absatz 2 § 49 Absatz 1 Nummer 1, Absatz 3 Nummer 4	20 €
140.2	– mit Gefährdung		25 €
140.3	– mit Sachbeschädigung		30 €
141	Vorschriftswidrig einen Gehweg (Zeichen 239), einen gemeinsamen Geh- und Radweg (Zeichen 240), einen Gehweg des getrennten Rad- und Gehwegs (Zeichen 241) oder den Bereich einer Fußgängerzone (Zeichen 242.1) befahren, dort gehalten oder ein Verkehrsverbot (Zeichen 250, 251, 253, 254, 255, 260) nicht beachtet	§ 41 Absatz 1 i.V.m. Anlage 2 lfd. Nr. 18 (Zeichen 239) Spalte 3 Nummer 1, lfd. Nr. 19 (Zeichen 240) Spalte 3 Nummer 2, lfd. Nr. 20 (Zeichen 241) Spalte 3 Nummer 2, lfd. Nr. 21 (Zeichen 242.1) Spalte 3 Nummer 1, lfd. Nr. 26 Spalte 3 Satz 1 i.V.m. lfd. Nr. 28, 29, 30, 31, 32, 34 (Zeichen 250, 251, 253, 254, 255, 260) Spalte 3 § 49 Absatz 3 Nummer 4	
141.1	mit Kraftfahrzeugen über 3,5 t zulässiger Gesamtmasse, ausgenommen Personenkraftwagen und Kraftomnibusse		100 €
141.2	mit den übrigen Kraftfahrzeugen der in § 3 Absatz 3 Nummer 2 Buchstabe a oder b StVO genannten Art		55 €
141.3	mit anderen als in den Nummern 141.1 und 141.2 genannten Kraftfahrzeugen		50 €
141.4	als Radfahrer		25 €
141.4.1	– mit Behinderung	§ 41 Absatz 1 i.V.m. Anlage 2 lfd. Nr. 18 (Zeichen 239) Spalte 3 Nummer 1, lfd. Nr. 19 (Zeichen 240) Spalte 3 Nummer 2, lfd. Nr. 20 (Zeichen 241) Spalte 3 Nummer 2, lfd. Nr. 21 (Zeichen 242.1) Spalte 3 Nummer 1, lfd. Nr. 26 Spalte 3 Satz 1 i.V.m. lfd. Nr. 28, 31 (Zeichen 250, 254) § 1 Absatz 2	30 €

Lfd. Nr.	Tatbestand	Straßenverkehrs-Ordnung (StVO)	Regelsatz in Euro (€), Fahrverbot in Monaten
		§ 49 Absatz 1 Nummer 1, Absatz 3 Nummer 4	
141.4.2	– mit Gefährdung		35 €
141.4.3	– mit Sachbeschädigung		40 €
142	Verkehrsverbot (Zeichen 262 bis 266) nicht beachtet	§ 41 Absatz 1 i.V.m. Anlage 2 lfd. Nr. 36 bis 40 (Zeichen 262 bis 266) Spalte 3 § 49 Absatz 3 Nummer 4	40 €
142a	Verbot des Einfahrens (Zeichen 267) nicht beachtet	§ 41 Absatz 1 i.V.m. Anlage 2 lfd. Nr. 41 (Zeichen 267) Spalte 3 § 49 Absatz 3 Nummer 4	50 €
143	Beim Radfahren Verbot des Einfahrens (Zeichen 267) nicht beachtet	§ 41 Absatz 1 i.V.m. Anlage 2 lfd. Nr. 41 (Zeichen 267) Spalte 3 § 49 Absatz 3 Nummer 4	20 €
143.1	– mit Behinderung	§ 41 Absatz 1 i.V.m. Anlage 2 lfd. Nr. 41 (Zeichen 267) Spalte 3 § 1 Absatz 2 § 49 Absatz 1 Nummer 1, Absatz 3 Nummer 4	25 €
143.2	– mit Gefährdung		30 €
143.3	– mit Sachbeschädigung		35 €
144	Vorschriftswidrig auf einem Gehweg (Zeichen 239), auf einem gemeinsamen Geh- und Radweg (Zeichen 240), auf einem Gehweg des getrennten Rad- und Gehwegs (Zeichen 241), im Bereich einer Fußgängerzone (Zeichen 242.1) oder trotz eines Verkehrsverbotes (Zeichen 250, 251, 253, 254, 255, 260) geparkt	§ 41 Absatz 1 i.V.m. Anlage 2 lfd. Nr. 18 (Zeichen 239) Spalte 3 Nummer 1, lfd. Nr. 19 (Zeichen 240) Spalte 3 Nummer 2, lfd. Nr. 20 (Zeichen 241) Spalte 3 Nummer 2, lfd. Nr. 21 (Zeichen 242.1) Spalte 3 Nummer 1, lfd. Nr. 26 Spalte 3 Satz 1 i.V.m. lfd. Nr. 28, 29, 30, 31, 32, 34 (Zeichen 250, 251, 253, 254, 255, 260) Spalte 3 § 49 Absatz 3 Nummer 4	55 €
144.1	– mit Behinderung	§ 41 Absatz 1 i.V.m. Anlage 2 lfd. Nr. 18 (Zeichen 239) Spalte 3 Nummer 1, lfd. Nr. 19 (Zeichen 240) Spalte 3 Nummer 2, lfd. Nr. 20 (Zeichen 241) Spalte 3 Nummer 2, lfd. Nr. 21 (Zeichen 242.1) Spalte 3 Nummer 1, lfd. Nr. 26 Spalte 3 Satz 1 i.V.m. lfd. Nr. 28, 29, 30, 31, 32, 34 (Zeichen 250, 251, 253, 254, 255, 260) Spalte 3 § 1 Absatz 2	70 €

Lfd. Nr.	Tatbestand	Straßenverkehrs-Ordnung (StVO)	Regelsatz in Euro (€), Fahrverbot in Monaten
		§ 49 Absatz 1 Nummer 1, Absatz 3 Nummer 4	
144.2	länger als 3 Stunden	§ 41 Absatz 1 i.V.m. Anlage 2 lfd. Nr. 18 (Zeichen 239) Spalte 3 Nummer 1, lfd. Nr. 19 (Zeichen 240) Spalte 3 Nummer 2, lfd. Nr. 20 (Zeichen 241) Spalte 3 Nummer 2, lfd. Nr. 21 (Zeichen 242.1) Spalte 3 Nummer 1, lfd. Nr. 26 Spalte 3 Satz 1 i.V.m. lfd. Nr. 28, 29, 30, 31, 32, 34 (Zeichen 250, 251, 253, 254, 255, 260) Spalte 3 § 49 Absatz 3 Nummer 4	70 €
(145 bis 145.3)	(aufgehoben)		
146	Bei zugelassenem Fahrzeugverkehr auf einem Gehweg (Zeichen 239) oder in einem Fußgängerbereich (Zeichen 242.1, 242.2) nicht mit Schrittgeschwindigkeit gefahren (soweit nicht von Nummer 11 erfasst)	§ 41 Absatz 1 i.V.m. Anlage 2 lfd. Nr. 18 (Zeichen 239) Spalte 3 Nummer 2 Satz 3 Halbsatz 2, lfd. Nr. 21 (Zeichen 242.1) Spalte 3 Nummer 2 § 49 Absatz 3 Nummer 4	15 €
146a	Bei zugelassenem Fahrzeugverkehr auf einem Radweg (Zeichen 237), einem gemeinsamen Geh- und Radweg (Zeichen 240), einem getrennten Rad- und Gehweg (Zeichen 241) die Geschwindigkeit nicht angepasst (soweit nicht von lfd. Nr. 11 erfasst)	§ 41 Absatz 1 i.V.m. Anlage 2 lfd. Nr. 16 (Zeichen 237) Spalte 3 Nummer 3, lfd. Nr. 19 (Zeichen 240) Spalte 3 Nummer 3 Satz 2, lfd. Nr. 20 (Zeichen 241) Spalte 3 Nummer 4 Satz 2 § 49 Absatz 3 Nummer 4	15 €
147	Unberechtigt mit einem Fahrzeug einen Bussonderfahrstreifen (Zeichen 245) benutzt	§ 41 Absatz 1 i.V.m. Anlage 2 lfd. Nr. 25 (Zeichen 245) Spalte 3 Nummer 1 und 2 § 49 Absatz 3 Nummer 4	15 €
147.1	– mit Behinderung	§ 41 Absatz 1 i.V.m. Anlage 2 lfd. Nr. 25 (Zeichen 245) Spalte 3 Nummer 1 und 2 § 1 Absatz 2 § 49 Absatz 1 Nummer 1, Absatz 3 Nummer 4	35 €
148	Wendeverbot (Zeichen 272) nicht beachtet	§ 41 Absatz 1 i.V.m. Anlage 2 lfd. Nr. 47 (Zeichen 272) Spalte 3 § 49 Absatz 3 Nummer 4	20 €
149	Vorgeschriebenen Mindestabstand (Zeichen 273) zu einem vorausfahrenden Fahrzeug unterschritten	§ 41 Absatz 1 i.V.m. Anlage 2 lfd. Nr. 48 (Zeichen 273) Spalte 3 Satz 1 § 49 Absatz 3 Nummer 4	25 €

Lfd. Nr.	Tatbestand	Straßenverkehrs-Ordnung (StVO)	Regelsatz in Euro (€), Fahrverbot in Monaten
150	Zeichen 206 (Halt. Vorfahrt gewähren.) nicht befolgt oder trotz Rotlicht nicht an der Haltlinie (Zeichen 294) gehalten und dadurch einen Anderen gefährdet	§ 41 Absatz 1 i.V.m. Anlage 2 lfd. Nr. 3 (Zeichen 206) Spalte 3 Nummer 1, lfd. Nr. 67 (Zeichen 294) Spalte 3 § 1 Absatz 2 § 49 Absatz 1 Nummer 1, Absatz 3 Nummer 4	70 €
151	Beim Führen eines Fahrzeugs in einem Fußgängerbereich (Zeichen 239, 242.1, 242.2) einen Fußgänger gefährdet		
151.1	bei zugelassenem Fahrzeugverkehr (Zeichen 239, 242.1 mit Zusatzzeichen)	§ 41 Absatz 1 i.V.m. Anlage 2 lfd. Nr. 18, 21 (Zeichen 239, 242.1 mit Zusatzzeichen) Spalte 3 Nummer 2 § 49 Absatz 3 Nummer 4	60 €
151.2	bei nicht zugelassenem Fahrzeugverkehr	§ 41 Absatz 1 i.V.m. Anlage 2 lfd. Nr. 18, 21 (Zeichen 239, 242.1) Spalte 3 Nummer 2, § 49 Absatz 3 Nummer 4	70 €
152	Eine für kennzeichnungspflichtige Kraftfahrzeuge mit gefährlichen Gütern (Zeichen 261) oder für Kraftfahrzeuge mit wassergefährdender Ladung (Zeichen 269) gesperrte Straße befahren	§ 41 Absatz 1 i.V.m. Anlage 2 lfd. Nr. 35, 43 (Zeichen 261, 269) Spalte 3 § 49 Absatz 3 Nummer 4	100 €
152.1	bei Eintragung von bereits einer Entscheidung wegen Verstoßes gegen Zeichen 261 oder 269 im Fahreignungsregister		250 € **Fahrverbot 1 Monat**
153	Mit einem Kraftfahrzeug trotz Verkehrsverbotes zur Verminderung schädlicher Luftverunreinigungen (Zeichen 270.1, 270.2) am Verkehr teilgenommen	§ 41 Absatz 1 i.V.m. Anlage 2 lfd. Nr. 44, 45 (Zeichen 270.1, 270.2) Spalte 3 § 49 Absatz 3 Nummer 4	100 €
153a	Überholverbot (Zeichen 276, 277, 277.1) nicht beachtet	§ 41 Absatz 1 i.V.m. Anlage 2 zu lfd. Nr. 53, 54 und 54.4 und lfd. Nr. 53, 54, 54.4 (Zeichen 276, 277, 277.1) Spalte 3 § 49 Absatz 3 Nummer 4	70 €
154	An der Haltlinie (Zeichen 294) nicht gehalten	§ 41 Absatz 1 i.V.m. Anlage 2 lfd. Nr. 67 (Zeichen 294) Spalte 3 § 49 Absatz 3 Nummer 4	10 €
155	Fahrstreifenbegrenzung (Zeichen 295, 296) überfahren oder durch Pfeile vorgeschriebener Fahrtrichtung (Zeichen 297) nicht gefolgt oder Sperrfläche (Zeichen 298) benutzt (außer Parken)	§ 41 Absatz 1 i.V.m. Anlage 2 lfd. Nr. 68 (Zeichen 295) Spalte 3 Nummer 1a, lfd. Nr. 69 (Zeichen 296) Spalte 3 Nummer 1, lfd. Nr. 70 (Zeichen 297) Spalte 3 Nummer 1, lfd. Nr. 72 (Zeichen 298) Spalte 3 § 49 Absatz 3 Nummer 4	10 €

Lfd. Nr.	Tatbestand	Straßenverkehrs-Ordnung (StVO)	Regelsatz in Euro (€), Fahrverbot in Monaten
155.1	– mit Sachbeschädigung	§ 41 Absatz 1 i.V.m. Anlage 2 lfd. Nr. 68 (Zeichen 295) Spalte 3 Nummer 1a, lfd. Nr. 69 (Zeichen 296) Spalte 3 Nummer 1, lfd. Nr. 70 (Zeichen 297) Spalte 3 Nummer 1, lfd. Nr. 72 (Zeichen 298) Spalte 3 § 1 Absatz 2 § 49 Absatz 1 Nummer 1, Absatz 3 Nummer 4	35 €
155.2	und dabei überholt	§ 41 Absatz 1 i.V.m. Anlage 2 lfd. Nr. 68 (Zeichen 295) Spalte 3 Nummer 1a, lfd. Nr. 69 (Zeichen 296) Spalte 3 Nummer 1, lfd. Nr. 70 (Zeichen 297) Spalte 3 Nummer 1, lfd. Nr. 72 (Zeichen 298) Spalte 3 § 49 Absatz 3 Nummer 4	30 €
155.3	und dabei nach links abgebogen oder gewendet	§ 41 Absatz 1 i.V.m. Anlage 2 lfd. Nr. 68 (Zeichen 295) Spalte 3 Nummer 1a, lfd. Nr. 69 (Zeichen 296) Spalte 3 Nummer 1, lfd. Nr. 70 (Zeichen 297) Spalte 3 Nummer 1, lfd. Nr. 72 (Zeichen 298) Spalte 3 § 49 Absatz 3 Nummer 4	30 €
155.3.1	– mit Gefährdung	§ 41 Absatz 1 i.V.m. Anlage 2 lfd. Nr. 68 (Zeichen 295) Spalte 3 Nummer 1a, lfd. Nr. 69 (Zeichen 296) Spalte 3 Nummer 1, lfd. Nr. 70 (Zeichen 297) Spalte 3 Nummer 1, lfd. Nr. 72 (Zeichen 298) Spalte 3 § 1 Absatz 2 § 49 Absatz 1 Nummer 1, Absatz 3 Nummer 4	35 €
156	Sperrfläche (Zeichen 298) zum Parken benutzt	§ 41 Absatz 1 i.V.m. Anlage 2 lfd. Nr. 72 (Zeichen 298) Spalte 3 § 49 Absatz 3 Nummer 4	25 €
	Richtzeichen		
157	Beim Führen eines Fahrzeugs in einem verkehrsberuhigten Bereich (Zeichen 325.1, 325.2)		
157.1	– Schrittgeschwindigkeit nicht eingehalten (soweit nicht von Nummer 11 erfasst)	§ 42 Absatz 2 i.V.m. Anlage 3 lfd. Nr. 12 (Zeichen 325.1) Spalte 3 Nummer 1 § 49 Absatz 3 Nummer 5	15 €
157.2	– Fußgängerverkehr behindert	§ 42 Absatz 2 i.V.m. Anlage 3 lfd. Nr. 12 (Zeichen 325.1) Spalte 3 Nummer 2 § 49 Absatz 3 Nummer 5	15 €

Lfd. Nr.	Tatbestand	Straßenverkehrs-Ordnung (StVO)	Regelsatz in Euro (€), Fahrverbot in Monaten
157.3	– Fußgängerverkehr gefährdet		60 €
(158)	(aufgehoben)		
159	In einem verkehrsberuhigten Bereich (Zeichen 325.1, 325.2) außerhalb der zum Parken gekennzeichneten Flächen geparkt (§ 12 Absatz 2 StVO)	§ 42 Absatz 2 i.V.m. Anlage 3 lfd. Nr. 12 (Zeichen 325.1) Spalte 3 Nummer 4 § 49 Absatz 3 Nummer 5	10 €
159.1	– mit Behinderung	§ 42 Absatz 2 i.V.m. Anlage 3 lfd. Nr. 12 (Zeichen 325.1) Spalte 3 Nummer 4 § 1 Absatz 2 § 49 Absatz 1 Nummer 1, Absatz 3 Nummer 5	15 €
159.2	länger als 3 Stunden	§ 42 Absatz 2 i.V.m. Anlage 3 lfd. Nr. 12 (Zeichen 325.1) Spalte 3 Nummer 4 § 49 Absatz 3 Nummer 5	20 €
159.2.1	– mit Behinderung	§ 42 Absatz 2 i.V.m. Anlage 3 lfd. Nr. 12 (Zeichen 325.1) Spalte 3 Nummer 4 § 1 Absatz 2 § 49 Absatz 1 Nummer 1, Absatz 3 Nummer 5	30 €
159a	In einem Tunnel (Zeichen 327) Abblendlicht nicht benutzt	§ 42 Absatz 2 i.V.m. Anlage 3 lfd. Nr. 14 (Zeichen 327) Spalte 3 Nummer 1 § 49 Absatz 3 Nummer 5	10 €
159a.1	– mit Gefährdung	§ 42 Absatz 2 i.V.m. Anlage 3 lfd. Nr. 14 (Zeichen 327) Spalte 3 Nummer 1 § 1 Absatz 2 § 49 Absatz 1 Nummer 1, Absatz 3 Nummer 5	15 €
159a.2	– mit Sachbeschädigung		35 €
159b	In einem Tunnel (Zeichen 327) gewendet	§ 42 Absatz 2 i.V.m. Anlage 3 lfd. Nr. 14 (Zeichen 327) Spalte 3 Nummer 1 § 49 Absatz 3 Nummer 5	60 €
159c	In einer Nothalte- und Pannenbucht (Zeichen 328) unberechtigt	§ 42 Absatz 2 i.V.m. Anlage 3 lfd. Nr. 15 (Zeichen 328) Spalte 3 § 49 Absatz 3 Nummer 5	
159c.1	– gehalten		20 €
159c.2	– geparkt		25 €
(160 bis 162)	(aufgehoben)		
	Verkehrseinrichtungen		
163	Durch Verkehrseinrichtungen abgesperrte Straßenfläche befahren	§ 43 Absatz 3 Satz 2 i.V.m. Anlage 4 lfd. Nr. 1 bis 7 (Zeichen 600, 605, 628, 629, 610, 615, 616) Spalte 3 § 49 Absatz 3 Nummer 6	5 €

Lfd. Nr.	Tatbestand	Straßenverkehrs-Ordnung (StVO)	Regelsatz in Euro (€), Fahrverbot in Monaten
	Andere verkehrsrechtliche Anordnungen		
164	Einer den Verkehr verbietenden oder beschränkenden Anordnung, die öffentlich bekannt gemacht wurde, zuwidergehandelt	§ 45 Absatz 4 Halbsatz 2 § 49 Absatz 3 Nummer 7	60 €
165	Mit Arbeiten begonnen, ohne zuvor Anordnungen eingeholt zu haben, diese Anordnungen nicht befolgt oder Lichtzeichenanlagen nicht bedient	§ 45 Absatz 6 § 49 Absatz 4 Nummer 3	75 €
	Ausnahmegenehmigung und Erlaubnis		
166	Vollziehbare Auflage einer Ausnahmegenehmigung oder Erlaubnis nicht befolgt	§ 46 Absatz 3 Satz 1 § 49 Absatz 4 Nummer 4	60 €
167	Genehmigungs- oder Erlaubnisbescheid nicht mitgeführt	§ 46 Absatz 3 Satz 3 § 49 Absatz 4 Nummer 5	10 €

Lfd. Nr.	Tatbestand	Fahrerlaubnis-Verordnung (FeV[1])	Regelsatz in Euro (€), Fahrverbot in Monaten
	b) Fahrerlaubnis-Verordnung		
	Mitführen von Führerscheinen und Bescheinigungen		
168	Führerschein oder Bescheinigung oder die Übersetzung des ausländischen Führerscheins nicht mitgeführt	§ 75 Nummer 4 i.V.m. den dort genannten Vorschriften	10 €
168a	Führerscheinverlust nicht unverzüglich angezeigt und sich kein Ersatzdokument ausstellen lassen	§ 75 Nummer 4	10 €
	Einschränkung der Fahrerlaubnis		
169	Einer vollziehbaren Auflage nicht nachgekommen	§ 10 Absatz 2 Satz 4 § 23 Absatz 2 Satz 1 § 28 Absatz 1 Satz 2 § 46 Absatz 2 § 74 Absatz 3 § 75 Nummer 9, 14, 15	25 €
	Ablieferung und Vorlage des Führerscheins		
170	Einer Pflicht zur Ablieferung oder zur Vorlage eines Führerscheins nicht oder nicht rechtzeitig nachgekommen	§ 75 Nummer 10 i.V.m. den dort genannten Vorschriften	25 €
	Fahrerlaubnis zur Fahrgastbeförderung		
171	Ohne erforderliche Fahrerlaubnis zur Fahrgastbeförderung einen oder mehrere Fahrgäste in einem in § 48 Absatz 1 FeV genannten Fahrzeug befördert	§ 48 Absatz 1 § 75 Nummer 12	75 €
172	Als Halter die Fahrgastbeförderung in einem in § 48 Absatz 1 FeV genannten Fahrzeug angeordnet oder zugelassen, obwohl der Fahrzeugführer die erforderliche Fahrerlaubnis zur Fahrgastbeförderung nicht besaß	§ 48 Absatz 8 § 75 Nummer 12	75 €

[1] Nr. **35d**.

Lfd. Nr.	Tatbestand	Fahrerlaubnis-Verordnung (FeV)	Regelsatz in Euro (€), Fahrverbot in Monaten
	Ortskenntnisse bei Fahrgastbeförderung		
173	Als Halter die Fahrgastbeförderung in einem in § 48 Absatz 1 i.V.m. § 48 Absatz 4 Nummer 7 FeV genannten Fahrzeug angeordnet oder zugelassen, obwohl der Fahrzeugführer die erforderlichen Ortskenntnisse nicht nachgewiesen hat	§ 48 Absatz 8 § 75 Nummer 12	35 €

Lfd. Nr.	Tatbestand	Fahrzeug-Zulassungsverordnung (FZV)	Regelsatz in Euro (€), Fahrverbot in Monaten
	c) Fahrzeug-Zulassungsverordnung		
	Mitführen von Fahrzeugpapieren		
174	Die Zulassungsbescheinigung Teil I oder sonstige Bescheinigung nicht mitgeführt	§ 4 Absatz 5 Satz 1 § 11 Absatz 6 § 26 Absatz 1 Satz 6 § 48 Nummer 5	10 €
	Zulassung		
175	Kraftfahrzeug oder Kraftfahrzeuganhänger ohne die erforderliche EG-Typgenehmigung, Einzelgenehmigung oder Zulassung auf einer öffentlichen Straße in Betrieb gesetzt	§ 3 Absatz 1 Satz 1 § 4 Absatz 1 § 48 Nummer 1	70 €
175a	Kraftfahrzeug oder Kraftfahrzeuganhänger außerhalb des auf dem Saisonkennzeichen angegebenen Betriebszeitraums oder nach dem auf dem Kurzzeitkennzeichen oder nach dem auf dem Ausfuhrkennzeichen angegebenen Ablaufdatum oder Fahrzeug mit Wechselkennzeichen ohne oder mit einem unvollständigen Wechselkennzeichen auf einer öffentlichen Straße in Betrieb gesetzt	§ 8 Absatz 1a Satz 6 § 9 Absatz 3 Satz 5 § 16a Absatz 4 Satz 3 § 19 Absatz 1 Nummer 4 Satz 3 § 48 Nummer 1	50 €
176	Das vorgeschriebene Kennzeichen an einem von der Zulassungspflicht ausgenommenen Fahrzeug nicht geführt	§ 4 Absatz 2 Satz 1, Absatz 3 Satz 1, 2 § 48 Nummer 3	40 €
177	Fahrzeug außerhalb des auf dem Saisonkennzeichen angegebenen Betriebszeitraums oder mit Wechselkennzeichen ohne oder mit einem unvollständigen Wechselkennzeichen auf einer öffentlichen Straße abgestellt	§ 8 Absatz 1a Satz 6 § 9 Absatz 3 Satz 5 § 48 Nummer 9	40 €
	Betriebsverbot und -beschränkungen		
(178)	(aufgehoben)		
178a	Betriebsverbot wegen Verstoßes gegen Mitteilungspflichten oder gegen die Pflichten beim Erwerb des Fahrzeugs nicht beachtet	§ 13 Absatz 1 Satz 5, auch i.V.m. Absatz 4 Satz 7, Absatz 3 Satz 2 § 48 Nummer 7	40 €
179	Ein Fahrzeug in Betrieb gesetzt, dessen Kennzeichen nicht wie vorgeschrieben ausgestaltet oder angebracht ist; ausgenommen ist das Fehlen des vorgeschriebenen Kennzeichens	§ 10 Absatz 12 i.V.m. § 10 Absatz 1, 2 Satz 2 und 3 Halbsatz 1, Absatz 6, 7, 8 Halbsatz 1, Absatz 9 Satz 1 auch i.V.m. § 16 Absatz 5 Satz 3 § 16a Absatz 3 Satz 4 § 17 Absatz 2 Satz 4	10 €

Lfd. Nr.	Tatbestand	Fahrzeug-Zulassungsverordnung (FZV)	Regelsatz in Euro (€), Fahrverbot in Monaten
		§ 19 Absatz 1 Nummer 3 Satz 5 § 48 Nummer 1	
179a	Fahrzeug in Betrieb genommen, obwohl das vorgeschriebene Kennzeichen fehlt	§ 10 Absatz 12 i.V.m. § 10 Absatz 5 Satz 1, Absatz 8 § 48 Nummer 1	60 €
179b	Fahrzeug in Betrieb genommen, dessen Kennzeichen mit Glas, Folien oder ähnlichen Abdeckungen versehen ist	§ 10 Absatz 12 i.V.m. § 10 Absatz 2 Satz 1, Absatz 8 § 48 Nummer 1	65 €
179c	Fahrzeug mit CC- oder CD-Zeichen auf öffentlichen Straßen in Betrieb genommen, ohne dass hierzu eine Berechtigung besteht und diese in der Zulassungsbescheinigung Teil I eingetragen ist	§ 10 Absatz 11 Satz 3 § 48 Nummer 9b	10 €
	Mitteilungs-, Anzeige- und Vorlagepflichten, Zurückziehen aus dem Verkehr, Verwertungsnachweis		
180	Gegen die Mitteilungspflicht bei Änderungen der tatsächlichen Verhältnisse, Wohnsitz- oder Sitzänderung des Halters, Standortverlegung des Fahrzeugs, Veräußerung oder Erwerb verstoßen	§ 13 Absatz 1 Satz 1 bis 4, Absatz 3 Satz 1, Absatz 4 Satz 1 erster Halbsatz, Satz 3 oder 4 § 48 Nummer 12	15 €
180a	Als Halter ein Fahrzeug nicht oder nicht ordnungsgemäß außer Betrieb setzen lassen	§ 15 Absatz 1 Satz 1, Absatz 2 Satz 1 § 48 Nummer 8 Buchstabe b	15 €
	Internetbasierte Zulassung		
180b	Als Halter einen Plakettenträger nicht, nicht rechtzeitig oder nicht ordnungsgemäß (ausgenommen auf einem anderen als dem zugehörigen zugeteilten Kennzeichen) angebracht	§ 15i Absatz 5 Satz 1 § 48 Nummer 14	40 €
180c	Plakettenträger auf einem Kennzeichenschild mit einem anderen als dem zugehörigen zugeteilten Kennzeichen angebracht	§ 15i Absatz 5 Satz 2 § 48 Nummer 14a	65 €
180d	Fahrzeug ohne die dafür übersandten Plakettenträger oder mit einem anderen als den angebrachten Plakettenträgern zugehörigen zugeteilten Kennzeichen in Betrieb gesetzt	§ 15i Absatz 5 Satz 3 § 48 Nummer 1 Buchstabe c	70 €
180e	Als Halter die Inbetriebnahme eines Fahrzeuges ohne die dafür übersandten Plakettenträger oder mit einem anderen als den angebrachten Plakettenträgern zugehörigen zugeteilten Kennzeichen zugelassen oder angeordnet	§ 15i Absatz 5 Satz 4 § 48 Nummer 2	70 €
	Prüfungs-, Probe-, Überführungsfahrten **Rote Kennzeichen, Kurzzeitkennzeichen**		
181	Gegen die Pflicht zur Eintragung in Fahrzeugscheinhefte verstoßen oder das rote Kennzeichen oder das Fahrzeugscheinheft nicht zurückgegeben	§ 16 Absatz 2 Satz 3, 7 § 48 Nummer 15, 18	10 €
182	Kurzzeitkennzeichen für unzulässige Fahrten oder an einem anderen Fahrzeug verwendet	§ 16a Absatz 3 Satz 1 § 48 Nummer 18a	50 €
183	Gegen die Pflicht zum Fertigen, Aufbewahren oder Aushändigen von Aufzeichnungen über	§ 16 Absatz 2 Satz 5, 6 § 48 Nummer 6, 17	25 €

Lfd. Nr.	Tatbestand	Fahrzeug-Zulassungsverordnung (FZV)	Regelsatz in Euro (€), Fahrverbot in Monaten
	Prüfungs-, Probe- oder Überführungsfahrten verstoßen		
183a	Fahrzeugscheinheft für Fahrzeuge mit rotem Kennzeichen oder Fahrzeugscheinheft für Oldtimerfahrzeuge mit roten Kennzeichen nicht mitgeführt	§ 16 Absatz 2 Satz 4 § 17 Absatz 2 Satz 1 § 48 Nummer 5	10 €
183b	Fahrzeugschein für Fahrzeuge mit Kurzzeitkennzeichen nicht mitgeführt	§ 16a Absatz 5 Satz 3 § 48 Nummer 5	20 €
	Versicherungskennzeichen und -plaketten		
184	Fahrzeug in Betrieb genommen, dessen Versicherungskennzeichen oder -plakette nicht wie vorgeschrieben ausgestaltet ist, ausgenommen ist das Fehlen des vorgeschriebenen Versicherungskennzeichens oder der vorgeschriebenen Versicherungsplakette	§ 27 Absatz 7 § 29a Absatz 4 § 48 Nummer 1 Buchstabe c	10 €
	Ausländische Kraftfahrzeuge		
185	Zulassungsbescheinigung oder die Übersetzung des ausländischen Zulassungsscheins nicht mitgeführt oder nicht ausgehändigt	§ 20 Absatz 5 § 48 Nummer 5	10 €
185a	An einem ausländischen Kraftfahrzeug oder ausländischen Kraftfahrzeuganhänger das heimische Kennzeichen oder das Unterscheidungszeichen unter Verstoß gegen eine Vorschrift über deren Anbringung geführt	§ 21 Absatz 1 Satz 1 Halbsatz 2, Absatz 2 Satz 1 Halbsatz 2 § 48 Nummer 19	10 €
185b	An einem ausländischen Kraftfahrzeug oder ausländischen Kraftfahrzeuganhänger das vorgeschriebene heimische Kennzeichen nicht geführt	§ 21 Absatz 1 Satz 1 Halbsatz 1 § 48 Nummer 19	40 €
185c	An einem ausländischen Kraftfahrzeug oder ausländischen Kraftfahrzeuganhänger das Unterscheidungszeichen nicht geführt	§ 21 Absatz 2 Satz 1 Halbsatz 1 § 48 Nummer 19	15 €

Lfd. Nr.	Tatbestand	Straßenverkehrs-Zulassungs-Ordnung[1] (StVZO[1])	Regelsatz in Euro (€), Fahrverbot in Monaten
	d) Straßenverkehrs-Zulassungs-Ordnung[1]		
	Untersuchung der Kraftfahrzeuge und Anhänger		
186	Als Halter Fahrzeug zur Hauptuntersuchung oder zur Sicherheitsprüfung nicht vorgeführt	§ 29 Absatz 1 Satz 1 i.V.m. Nummer 2.1, 2.2, 2.6, 2.7 Satz 2, 3, Nummer 3.1.1, 3.1.2, 3.2.2 der Anlage VIII § 69a Absatz 2 Nummer 14	
186.1	bei Fahrzeugen, die nach Nummer 2.1 der Anlage VIII zu § 29 StVZO[2] in bestimmten Zeitabständen einer Sicherheitsprüfung zu unterziehen sind, wenn der Vorführtermin überschritten worden ist um		

[1] Auszugsweise abgedruckt unter Nr. **35b**.
[2] Nr. **35b**.

Lfd. Nr.	Tatbestand	Straßenverkehrs-Zulassungs-Ordnung (StVZO)	Regelsatz in Euro (€), Fahrverbot in Monaten
186.1.1	bis zu 2 Monate		15 €
186.1.2	mehr als 2 bis zu 4 Monate		25 €
186.1.3	mehr als 4 bis zu 8 Monate		60 €
186.1.4	mehr als 8 Monate		75 €
186.2	bei anderen als in Nummer 186.1 genannten Fahrzeugen, wenn der Vorführtermin überschritten worden ist um		
186.2.1	mehr als 2 bis zu 4 Monate		15 €
186.2.2	mehr als 4 bis zu 8 Monate		25 €
186.2.3	mehr als 8 Monate		60 €
187	Fahrzeug zur Nachprüfung der Mängelbeseitigung nicht rechtzeitig vorgeführt	§ 29 Absatz 1 Satz 1 i.V.m. Nummer 3.1.4.3 Satz 2 Halbsatz 2 der Anlage VIII § 69a Absatz 2 Nummer 18	15 €
187a	Betriebsverbot oder -beschränkung wegen Fehlens einer gültigen Prüfplakette oder Prüfmarke in Verbindung mit einem SP-Schild nicht beachtet	§ 29 Absatz 7 Satz 5 § 69a Absatz 2 Nummer 15	60 €
	Vorstehende Außenkanten		
188	Fahrzeug oder Fahrzeugkombination in Betrieb genommen, obwohl Teile, die den Verkehr mehr als unvermeidbar gefährdeten, an dessen Umriss hervorragten	§ 30c Absatz 1 § 69a Absatz 3 Nummer 1a	20 €
	Verantwortung für den Betrieb der Fahrzeuge		
189	Als Halter die Inbetriebnahme eines Fahrzeugs oder Zuges angeordnet oder zugelassen, obwohl	§ 31 Absatz 2 § 69a Absatz 5 Nummer 3	
189.1	der Führer zur selbstständigen Leitung nicht geeignet war		
189.1.1	bei Lastkraftwagen oder Kraftomnibussen		180 €
189.1.2	bei anderen als in Nummer 189.1.1 genannten Fahrzeugen		90 €
189.2	das Fahrzeug oder der Zug nicht vorschriftsmäßig war und dadurch die Verkehrssicherheit wesentlich beeinträchtigt war, insbesondere unter Verstoß gegen eine Vorschrift über Lenkeinrichtungen, Bremsen, Einrichtungen zur Verbindung von Fahrzeugen	§ 31 Absatz 2 § 69a Absatz 5 Nummer 3 § 31 Absatz 2, jeweils i.V.m. § 38 § 41 Absatz 1 bis 12, 15 bis 17 § 43 Absatz 1 Satz 1 bis 3, Absatz 4 Satz 1, 3 § 69a Absatz 5 Nummer 3	
189.2.1	bei Lastkraftwagen oder Kraftomnibussen bzw. ihren Anhängern		270 €
189.2.2	bei anderen als in Nummer 189.2.1 genannten Fahrzeugen		135 €
189.3	die Verkehrssicherheit des Fahrzeugs oder des Zuges durch die Ladung oder die Besetzung wesentlich litt	§ 31 Absatz 2 § 69a Absatz 5 Nummer 3	
189.3.1	bei Lastkraftwagen oder Kraftomnibussen bzw. ihren Anhängern		270 €

Lfd. Nr.	Tatbestand	Straßenverkehrs-Zulassungs-Ordnung (StVZO)	Regelsatz in Euro (€), Fahrverbot in Monaten
189.3.2	bei anderen als in Nummer 189.3.1 genannten Fahrzeugen		135 €
189a	Als Halter die Inbetriebnahme eines Fahrzeugs angeordnet oder zugelassen, obwohl die Betriebserlaubnis erloschen war, und dadurch die Verkehrssicherheit wesentlich beeinträchtigt	§ 19 Absatz 5 Satz 1 § 69a Absatz 2 Nummer 1b	
189a.1	bei Lastkraftwagen oder Kraftomnibussen		270 €
189a.2	bei anderen als in Nummer 189a.1 genannten Fahrzeugen		135 €
189b	Als Halter die Inbetriebnahme eines Fahrzeugs angeordnet oder zugelassen, obwohl die Betriebserlaubnis erloschen war, und dadurch die Umwelt wesentlich beeinträchtigt	§ 19 Absatz 5 Satz 1 § 69a Absatz 2 Nummer 1a	
189b.1	bei Lastkraftwagen oder Kraftomnibussen		270 €
189b.2	bei anderen als in Nummer 189b.1 genannten Fahrzeugen		135 €
	Führung eines Fahrtenbuches		
190	Fahrtenbuch nicht ordnungsgemäß geführt, auf Verlangen nicht ausgehändigt oder nicht für die vorgeschriebene Dauer aufbewahrt	§ 31a Absatz 2, 3 § 69a Absatz 5 Nummer 4, 4a	100 €
	Überprüfung mitzuführender Gegenstände		
191	Mitzuführende Gegenstände auf Verlangen nicht vorgezeigt oder zur Prüfung nicht ausgehändigt	§ 31b § 69a Absatz 5 Nummer 4b	5 €
	Abmessungen von Fahrzeugen und Fahrzeugkombinationen		
192	Kraftfahrzeug, Anhänger oder Fahrzeugkombination in Betrieb genommen, obwohl die höchstzulässige Breite, Höhe oder Länge überschritten war	§ 32 Absatz 1 bis 4, 9 § 69a Absatz 3 Nummer 2	60 €
193	Als Halter die Inbetriebnahme eines Kraftfahrzeugs, Anhängers oder einer Fahrzeugkombination angeordnet oder zugelassen, obwohl die höchstzulässige Breite, Höhe oder Länge überschritten war	§ 31 Absatz 2 i.V.m. § 32 Absatz 1 bis 4, 9 § 69a Absatz 5 Nummer 3	75 €
	Unterfahrschutz		
194	Kraftfahrzeug, Anhänger oder Fahrzeug mit austauschbarem Ladungsträger ohne vorgeschriebenen Unterfahrschutz in Betrieb genommen	§ 32b Absatz 1, 2, 4 § 69a Absatz 3 Nummer 3a	25 €
	Kurvenlaufeigenschaften		
195	Kraftfahrzeug oder Fahrzeugkombination in Betrieb genommen, obwohl die vorgeschriebenen Kurvenlaufeigenschaften nicht eingehalten waren	§ 32d Absatz 1, 2 Satz 1 § 69a Absatz 3 Nummer 3c	60 €
196	Als Halter die Inbetriebnahme eines Kraftfahrzeugs oder einer Fahrzeugkombination angeordnet oder zugelassen, obwohl die vorgeschriebenen Kurvenlaufeigenschaften nicht eingehalten waren	§ 31 Absatz 2 i.V.m. § 32d Absatz 1, 2 Satz 1 § 69a Absatz 5 Nummer 3	75 €
	Schleppen von Fahrzeugen		
197	Fahrzeug unter Verstoß gegen eine Vorschrift über das Schleppen von Fahrzeugen in Betrieb genommen	§ 33 Absatz 1 Satz 1, Absatz 2 Nummer 1, 6 § 69a Absatz 3 Nummer 3	25 €

Lfd. Nr.	Tatbestand	Straßenverkehrs-Zulassungs-Ordnung (StVZO)	Regelsatz in Euro (€), Fahrverbot in Monaten
	Achslast, Gesamtgewicht, Anhängelast hinter Kraftfahrzeugen		
198	Kraftfahrzeug, Anhänger oder Fahrzeugkombination in Betrieb genommen, obwohl die zulässige Achslast, das zulässige Gesamtgewicht oder die zulässige Anhängelast hinter einem Kraftfahrzeug überschritten war	§ 34 Absatz 3 Satz 3 § 31d Absatz 1 § 42 Absatz 1, 2 Satz 2 § 69a Absatz 3 Nummer 4	
198.1	bei Kraftfahrzeugen mit einem zulässigen Gesamtgewicht über 7,5 t oder Kraftfahrzeugen mit Anhängern, deren zulässiges Gesamtgewicht 2 t übersteigt		Tabelle 3 Buchstabe a
198.2	bei anderen Kraftfahrzeugen bis 7,5 t zulässiges Gesamtgewicht		Tabelle 3 Buchstabe b
199	Als Halter die Inbetriebnahme eines Kraftfahrzeugs, eines Anhängers oder einer Fahrzeugkombination angeordnet oder zugelassen, obwohl die zulässige Achslast, das zulässige Gesamtgewicht oder die zulässige Anhängelast hinter einem Kraftfahrzeug überschritten war	§ 31 Absatz 2 i.V.m. § 34 Absatz 3 Satz 3 § 42 Absatz 1, 2 Satz 2 § 31d Absatz 1 § 69a Absatz 5 Nummer 3	
199.1	bei Kraftfahrzeugen mit einem zulässigen Gesamtgewicht über 7,5 t oder Kraftfahrzeugen mit Anhängern, deren zulässiges Gesamtgewicht 2 t übersteigt		Tabelle 3 Buchstabe a
199.2	bei anderen Kraftfahrzeugen bis 7,5 t zulässiges Gesamtgewicht		Tabelle 3 Buchstabe b
(200)	(aufgehoben)		
	Besetzung von Kraftomnibussen		
201	Kraftomnibus in Betrieb genommen und dabei mehr Personen oder Gepäck befördert, als in der Zulassungsbescheinigung Teil I Sitz- und Stehplätze eingetragen sind, und die Summe der im Fahrzeug angeschriebenen Fahrgastplätze sowie die Angaben für die Höchstmasse des Gepäcks ausweisen	§ 34a Absatz 1 § 69a Absatz 3 Nummer 5	60 €
202	Als Halter die Inbetriebnahme eines Kraftomnibusses angeordnet oder zugelassen, obwohl mehr Personen befördert wurden, als in der Zulassungsbescheinigung Teil I Plätze ausgewiesen waren	§ 31 Absatz 2 i.V.m. § 34a Absatz 1 § 69a Absatz 5 Nummer 3	75 €
	Kindersitze		
203	Kraftfahrzeug in Betrieb genommen unter Verstoß gegen		
203.1	das Verbot der Anbringung von nach hinten gerichteten Kinderrückhalteeinrichtungen auf Beifahrerplätzen mit Airbag	§ 35a Absatz 8 Satz 1 § 69a Absatz 3 Nummer 7	25 €
203.2	die Pflicht zur Anbringung des Warnhinweises zur Verwendung von Kinderrückhalteeinrichtungen auf Beifahrerplätzen mit Airbag	§ 35a Absatz 8 Satz 2, 4 § 69a Absatz 3 Nummer 7	5 €
203.3	die Pflicht zur rückwärts oder seitlich gerichteten Anbringung von Rückhalteeinrichtungen für Kinder bis zu einem Alter von 15 Monaten	§ 35a Absatz 13 § 69a Absatz 3 Nummer 7	25 €

Lfd. Nr.	Tatbestand	Straßenverkehrs-Zulassungs-Ordnung (StVZO)	Regelsatz in Euro (€), Fahrverbot in Monaten
	Rollstuhlplätze und Rückhaltesysteme		
203a	Als Halter die Inbetriebnahme eines Personenkraftwagens, in dem ein Rollstuhlnutzer befördert wurde, angeordnet oder zugelassen, obwohl er nicht mit dem vorgeschriebenen Rollstuhlstellplatz ausgerüstet war	§ 35a Absatz 4a Satz 1 § 31 Absatz 2 § 69a Absatz 5 Nummer 3	35 €
203b	Personenkraftwagen, in dem ein Rollstuhlnutzer befördert wurde, in Betrieb genommen, obwohl er nicht mit dem vorgeschriebenen Rollstuhlstellplatz ausgerüstet war	§ 35a Absatz 4a Satz 1 § 69a Absatz 3 Nummer 7	35 €
203c	Als Halter die Inbetriebnahme eines Personenkraftwagens, in dem ein Rollstuhlnutzer befördert wurde, angeordnet oder zugelassen, obwohl der Rollstuhlstellplatz nicht mit dem vorgeschriebenen Rollstuhl-Rückhaltesystem oder Rollstuhlnutzer-Rückhaltesystem ausgerüstet war	§ 35a Absatz 4a Satz 2, 3 § 31 Absatz 2, § 69a Absatz 5 Nummer 3	30 €
203d	Einen Personenkraftwagen, in dem ein Rollstuhlnutzer befördert wurde, in Betrieb genommen, obwohl der Rollstuhlstellplatz nicht mit dem vorgeschriebenen Rollstuhl-Rückhaltesystem oder Rollstuhlnutzer-Rückhaltesystem ausgerüstet war	§ 35a Absatz 4a Satz 2, 3 § 69a Absatz 3 Nummer 7	30 €
203e	Als Fahrer nicht sichergestellt, dass das Rollstuhl-Rückhaltesystem oder Rollstuhlnutzer-Rückhaltesystem in der vom Hersteller des jeweiligen Systems vorgesehenen Weise während der Fahrt betrieben wurde	§ 35a Absatz 4a Satz 4 § 69a Absatz 3 Nummer 7	30 €
203f	Als Halter nicht sichergestellt, dass das Rollstuhl-Rückhaltesystem oder Rollstuhlnutzer-Rückhaltesystem in der vom Hersteller des jeweiligen Systems vorgesehenen Weise während der Fahrt betrieben wurde	§ 35a Absatz 4a Satz 4 § 31 Absatz 2 § 69a Absatz 5 Nummer 3	30 €
	Feuerlöscher in Kraftomnibussen		
204	Kraftomnibus unter Verstoß gegen eine Vorschrift über mitzuführende Feuerlöscher in Betrieb genommen	§ 35g Absatz 1, 2 § 69a Absatz 3 Nummer 7c	15 €
205	Als Halter die Inbetriebnahme eines Kraftomnibusses unter Verstoß gegen eine Vorschrift über mitzuführende Feuerlöscher angeordnet oder zugelassen	§ 31 Absatz 2 i.V.m. § 35g Absatz 1, 2 § 69a Absatz 5 Nummer 3	20 €
	Erste-Hilfe-Material in Kraftfahrzeugen		
206	Unter Verstoß gegen eine Vorschrift über mitzuführendes Erste-Hilfe-Material		
206.1	einen Kraftomnibus	§ 35h Absatz 1, 2 § 69a Absatz 3 Nummer 7c	15 €
206.2	ein anderes Kraftfahrzeug	§ 35h Absatz 3 § 69a Absatz 3 Nummer 7c	5 €
	in Betrieb genommen		
207	Als Halter die Inbetriebnahme unter Verstoß gegen eine Vorschrift über mitzuführendes Erste-Hilfe-Material		
207.1	eines Kraftomnibusses	§ 31 Absatz 2 i.V.m. § 35h Absatz 1, 2	25 €

Lfd. Nr.	Tatbestand	Straßenverkehrs-Zulassungs-Ordnung (StVZO)	Regelsatz in Euro (€), Fahrverbot in Monaten
		§ 69a Absatz 5 Nummer 3	
207.2	eines anderen Kraftfahrzeugs	§ 31 Absatz 2 i.V.m. § 35h Absatz 3 § 69a Absatz 5 Nummer 3	10 €
	angeordnet oder zugelassen		
	Bereifung und Laufflächen		
208	Kraftfahrzeug oder Anhänger, die unzulässig mit Diagonal- und mit Radialreifen ausgerüstet waren, in Betrieb genommen	§ 36 Absatz 6 Satz 1, 2 § 69a Absatz 3 Nummer 8	15 €
209	Als Halter die Inbetriebnahme eines Kraftfahrzeugs oder Anhängers, die unzulässig mit Diagonal- und mit Radialreifen ausgerüstet waren, angeordnet oder zugelassen	§ 31 Absatz 2 i.V.m. § 36 Absatz 6 Satz 1, 2 § 69a Absatz 5 Nummer 3	30 €
210	Mofa in Betrieb genommen, dessen Reifen keine ausreichenden Profilrillen oder Einschnitte oder keine ausreichende Profil- oder Einschnitttiefe besaß	§ 36 Absatz 3 Satz 5 § 31d Absatz 4 Satz 1 § 69a Absatz 3 Nummer 1c, 8	25 €
211	Als Halter die Inbetriebnahme eines Mofas angeordnet oder zugelassen, dessen Reifen keine ausreichenden Profilrillen oder Einschnitte oder keine ausreichende Profil- oder Einschnitttiefe besaß	§ 31 Absatz 2 i.V.m. § 36 Absatz 3 Satz 5 § 31d Absatz 4 Satz 1 § 69a Absatz 5 Nummer 3	35 €
212	Kraftfahrzeug (außer Mofa) oder Anhänger in Betrieb genommen, dessen Reifen keine ausreichenden Profilrillen oder Einschnitte oder keine ausreichende Profil- oder Einschnitttiefe besaß	§ 36 Absatz 3 Satz 3 bis 5 § 31d Absatz 4 Satz 1 § 69a Absatz 3 Nummer 1c, 8	60 €
213	Als Halter die Inbetriebnahme eines Kraftfahrzeugs (außer Mofa) oder Anhängers angeordnet oder zugelassen, dessen Reifen keine ausreichenden Profilrillen oder Einschnitte oder keine ausreichende Profil- oder Einschnitttiefe besaß	§ 31 Absatz 2 i.V.m. § 36 Absatz 3 Satz 3 bis 5 § 31d Absatz 4 Satz 1 § 69a Absatz 5 Nummer 3	75 €
213a	Als Halter die Inbetriebnahme eines Kraftfahrzeugs bei Glatteis, Schneeglätte, Schneematsch, Eis- oder Reifglätte angeordnet oder zugelassen, dessen Bereifung, die in § 36 Absatz 4 oder Absatz 4a StVZO beschriebenen Eigenschaften nicht erfüllt, wenn das Kraftfahrzeug gemäß § 2 Absatz 3a StVO bei Glatteis, Schneeglätte, Schneematsch, Eis- oder Reifglätte nur mit solchen Reifen gefahren werden darf, die die in § 36 Absatz 4 StVZO beschriebenen Eigenschaften erfüllen	§ 31 Absatz 2 i.V.m. § 36 Absatz 4 und 4a § 69a Absatz 5 Nummer 3	75 €
	Sonstige Pflichten für den verkehrssicheren Zustand des Fahrzeugs		
214	Kraftfahrzeug oder Kraftfahrzeug mit Anhänger in Betrieb genommen, das sich in einem Zustand befand, der die Verkehrssicherheit wesentlich beeinträchtigt	§ 30 Absatz 1 § 69a Absatz 3 Nummer 1	
	insbesondere unter Verstoß gegen eine Vorschrift über Lenkeinrichtungen, Bremsen, Einrichtungen zur Verbindung von Fahrzeugen	§ 38 § 41 Absatz 1 bis 12, 15 Satz 1, 3, 4, Absatz 16, 17 § 43 Absatz 1 Satz 1 bis 3, Absatz 4 Satz 1, 3	

Lfd. Nr.	Tatbestand	Straßenverkehrs-Zulassungs-Ordnung (StVZO)	Regelsatz in Euro (€), Fahrverbot in Monaten
		§ 69a Absatz 3 Nummer 3, 9, 13	
214.1	bei Lastkraftwagen oder Kraftomnibussen bzw. ihren Anhängern		180 €
214.2	bei anderen als in Nummer 214.1 genannten Fahrzeugen		90 €
	Erlöschen der Betriebserlaubnis		
214a	Fahrzeug trotz erloschener Betriebserlaubnis in Betrieb genommen und dadurch die Verkehrssicherheit wesentlich beeinträchtigt	§ 19 Absatz 5 Satz 1 § 69a Absatz 2 Nummer 1b	
214a.1	bei Lastkraftwagen oder Kraftomnibussen		180 €
214a.2	bei anderen als in Nummer 214a.1 genannten Fahrzeugen		90 €
214b	Fahrzeug trotz erloschener Betriebserlaubnis in Betrieb genommen und dadurch die Umwelt wesentlich beeinträchtigt	§ 19 Absatz 5 Satz 1 § 69a Absatz 2 Nummer 1a	
214b.1	bei Lastkraftwagen oder Kraftomnibussen		180 €
214b.2	bei anderen als in Nummer 214b.1 genannten Fahrzeugen		90 €
	Mitführen von Anhängern hinter Kraftrad oder Personenkraftwagen		
215	Kraftrad oder Personenkraftwagen unter Verstoß gegen eine Vorschrift über das Mitführen von Anhängern in Betrieb genommen	§ 42 Absatz 2 Satz 1 § 69a Absatz 3 Nummer 3	25 €
	Einrichtungen zur Verbindung von Fahrzeugen		
216	Abschleppstange oder Abschleppseil nicht ausreichend erkennbar gemacht	§ 43 Absatz 3 Satz 2 § 69a Absatz 3 Nummer 3	5 €
	Stützlast		
217	Kraftfahrzeug mit einem einachsigen Anhänger in Betrieb genommen, dessen zulässige Stützlast um mehr als 50 % über- oder unterschritten wurde	§ 44 Absatz 3 Satz 1 § 69a Absatz 3 Nummer 3	60 €
(218)	(aufgehoben)		
	Geräuschentwicklung und Schalldämpferanlage		
219	Kraftfahrzeug, dessen Schalldämpferanlage defekt war, in Betrieb genommen	§ 49 Absatz 1 § 69a Absatz 3 Nummer 17	20 €
220	Weisung, den Schallpegel im Nahfeld feststellen zu lassen, nicht befolgt	§ 49 Absatz 4 Satz 1 § 69a Absatz 5 Nummer 5d	10 €
	Lichttechnische Einrichtungen		
221	Kraftfahrzeug oder Anhänger in Betrieb genommen		
221.1	unter Verstoß gegen eine allgemeine Vorschrift über lichttechnische Einrichtungen	§ 49a Absatz 1 bis 4, 5 Satz 1, Absatz 6, 8, 9 Satz 2, Absatz 9a, 10 Satz 1 § 69a Absatz 3 Nummer 18	5 €

Lfd. Nr.	Tatbestand	Straßenverkehrs-Zulassungs-Ordnung (StVZO)	Regelsatz in Euro (€), Fahrverbot in Monaten
221.2	unter Verstoß gegen das Verbot zum Anbringen anderer als vorgeschriebener oder für zulässig erklärter lichttechnischer Einrichtungen	§ 49a Absatz 1 Satz 1 § 69a Absatz 3 Nummer 18	20 €
222	Kraftfahrzeug oder Anhänger in Betrieb genommen unter Verstoß gegen eine Vorschrift über		
222.1	Scheinwerfer für Fern- oder Abblendlicht	§ 50 Absatz 1, 2 Satz 1, 6 Halbsatz 2, Satz 7, Absatz 3 Satz 1, 2, Absatz 5, 6 Satz 1, 3, 4, 6, Absatz 6a Satz 2 bis 5, Absatz 9 § 69a Absatz 3 Nummer 18a	15 €
222.2	Begrenzungsleuchten oder vordere Richtstrahler	§ 51 Absatz 1 Satz 1, 4 bis 6, Absatz 2 Satz 1, 4, Absatz 3 § 69a Absatz 3 Nummer 18b	15 €
222.3	seitliche Kenntlichmachung oder Umrissleuchten	§ 51a Absatz 1 Satz 1 bis 7, Absatz 3 Satz 1, Absatz 4 Satz 2, Absatz 6 Satz 1, Absatz 7 Satz 1, 3 § 51b Absatz 2 Satz 1, 3, Absatz 5, 6 § 69a Absatz 3 Nummer 18c	15 €
222.4	zusätzliche Scheinwerfer oder Leuchten	§ 52 Absatz 1 Satz 2 bis 5, Absatz 2 Satz 2, 3, Absatz 5 Satz 2, Absatz 7 Satz 2, 4, Absatz 9 Satz 2 § 69a Absatz 3 Nummer 18e	15 €
222.5	Schluss-, Nebelschluss-, Bremsleuchten oder Rückstrahler	§ 53 Absatz 1 Satz 1, 3 bis 5, 7, Absatz 2 Satz 1, 2, 4 bis 6, Absatz 4 Satz 1 bis 4, 6, Absatz 5 Satz 1 bis 3, Absatz 6 Satz 2, Absatz 8, 9 Satz 1, § 53d Absatz 2, 3 § 69a Absatz 3 Nummer 18g, 19c	15 €
222.6	Warndreieck, Warnleuchte oder Warnblinkanlage	§ 53a Absatz 1, 2 Satz 1, Absatz 3 Satz 2, Absatz 4, 5 § 69a Absatz 3 Nummer 19	15 €
222.7	Ausrüstung oder Kenntlichmachung von Anbaugeräten oder Hubladebühnen	§ 53b Absatz 1 Satz 1 bis 3, 4 Halbsatz 2, Absatz 2 Satz 1 bis 3, 4 Halbsatz 2, Absatz 3 Satz 1, Absatz 4, 5 § 69a Absatz 3 Nummer 19a	15 €
	Arztschild		
222a	Bescheinigung zur Berechtigung der Führung des Schildes „Arzt Notfalleinsatz“ nicht mitgeführt oder zur Prüfung nicht ausgehändigt	§ 52 Absatz 6 Satz 3 § 69a Absatz 5 Nummer 5f	10 €

Lfd. Nr.	Tatbestand	Straßenverkehrs-Zulassungs-Ordnung (StVZO)	Regelsatz in Euro (€), Fahrverbot in Monaten
	Geschwindigkeitsbegrenzer		
223	Kraftfahrzeug in Betrieb genommen, das nicht mit dem vorgeschriebenen Geschwindigkeitsbegrenzer ausgerüstet war, oder den Geschwindigkeitsbegrenzer auf unzulässige Geschwindigkeit eingestellt oder nicht benutzt, auch wenn es sich um ein ausländisches Kfz handelt	§ 57c Absatz 2, 5 § 31d Absatz 3 § 69a Absatz 3 Nummer 1c, 25b	100 €
224	Als Halter die Inbetriebnahme eines Kraftfahrzeugs angeordnet oder zugelassen, das nicht mit dem vorgeschriebenen Geschwindigkeitsbegrenzer ausgerüstet war oder dessen Geschwindigkeitsbegrenzer auf eine unzulässige Geschwindigkeit eingestellt war oder nicht benutzt wurde	§ 31 Absatz 2 i.V.m. § 57c Absatz 2, 5 § 31d Absatz 3 § 69a Absatz 5 Nummer 3	150 €
225	Als Halter den Geschwindigkeitsbegrenzer in den vorgeschriebenen Fällen nicht prüfen lassen, wenn seit fällig gewordener Prüfung		
225.1	nicht mehr als ein Monat	§ 57d Absatz 2 Satz 1 § 69a Absatz 5 Nummer 6d	25 €
225.2	mehr als ein Monat	§ 57d Absatz 2 Satz 1 § 69a Absatz 5 Nummer 6d	40 €
	vergangen ist		
226	Bescheinigung über die Prüfung des Geschwindigkeitsbegrenzers nicht mitgeführt oder auf Verlangen nicht ausgehändigt	§ 57d Absatz 2 Satz 3 § 69a Absatz 5 Nummer 6e	10 €
(227)	(aufgehoben)		
(228)	(aufgehoben)		
	Einrichtungen an Fahrrädern		
229	Fahrrad unter Verstoß gegen eine Vorschrift über die Einrichtungen für Schallzeichen in Betrieb genommen	§ 64a § 69a Absatz 4 Nummer 4	15 €
230	Fahrrad oder Fahrradanhänger oder Fahrrad mit Beiwagen unter Verstoß gegen eine Vorschrift über lichttechnische Einrichtungen im öffentlichen Straßenverkehr in Betrieb genommen	§ 67 § 67a § 69a Absatz 4 Nummer 8, 9	20 €
	Ausnahmen		
231	Urkunde über eine Ausnahmegenehmigung nicht mitgeführt	§ 70 Absatz 3a Satz 1 § 69a Absatz 5 Nummer 7	10 €
	Auflagen bei Ausnahmegenehmigungen		
232	Als Fahrzeugführer, ohne Halter zu sein, einer vollziehbaren Auflage einer Ausnahmegenehmigung nicht nachgekommen	§ 71 § 69a Absatz 5 Nummer 8	15 €
233	Als Halter einer vollziehbaren Auflage einer Ausnahmegenehmigung nicht nachgekommen	§ 71 § 69a Absatz 5 Nummer 8	70 €

Lfd. Nr.	Tatbestand	Elektrokleinstfahrzeuge-Verordnung (eKFV)	Regelsatz in Euro (€), Fahrverbot in Monaten
	e) Elektrokleinstfahrzeuge-Verordnung (eKFV)		
	Betriebsbeschränkungen		
234	Elektrokleinstfahrzeug ohne die erforderliche Allgemeine Betriebserlaubnis oder Einzelbetriebserlaubnis auf öffentlichen Straßen in Betrieb gesetzt	§ 2 Absatz 1 Satz 1 Nummer 1 § 14 Nummer 1	70 €

Lfd. Nr.	Tatbestand	Elektrokleinstfahrzeuge-Verordnung (eKFV)	Regelsatz in Euro (€), Fahrverbot in Monaten
234a	Die Inbetriebnahme eines Elektrokleinstfahrzeugs ohne die erforderliche Allgemeine Betriebserlaubnis oder Einzelbetriebserlaubnis auf öffentlichen Straßen angeordnet oder zugelassen	§ 2 Absatz 4 i.V.m. Absatz 1 Satz 1 Nummer 1 § 14 Nummer 3	70 €
235	Elektrokleinstfahrzeug ohne gültige Versicherungsplakette auf öffentlichen Straßen in Betrieb gesetzt	§ 2 Absatz 1 Satz 1 Nummer 2 § 14 Nummer 1	40 €
235a	Die Inbetriebnahme eines Elektrokleinstfahrzeugs auf öffentlichen Straßen ohne die erforderliche Versicherungsplakette angeordnet oder zugelassen	§ 2 Absatz 4 i.V.m. Absatz 1 Satz 1 Nummer 2 § 14 Nummer 3	40 €
236	Elektrokleinstfahrzeug trotz erloschener Betriebserlaubnis auf öffentlichen Straßen in Betrieb gesetzt und dadurch die Verkehrssicherheit wesentlich beeinträchtigt	§ 2 Absatz 3 Satz 2 i.V.m. Absatz 4 § 14 Nummer 1	30 €
236a	Die Inbetriebnahme eines Elektrokleinstfahrzeugs auf öffentlichen Straßen trotz erloschener Betriebserlaubnis angeordnet oder zugelassen	§ 2 Absatz 4 § 14 Nummer 3	30 €
237	Elektrokleinstfahrzeug unter Verstoß gegen die Vorschriften über die Anforderungen an die lichttechnischen Einrichtungen im öffentlichen Straßenverkehr in Betrieb gesetzt	§ 2 Absatz 1 Nummer 4 Buchstabe b § 14 Nummer 1	20 €
237a	Elektrokleinstfahrzeug unter Verstoß gegen die Vorschriften über die Anforderungen an die Schalleinrichtung im öffentlichen Straßenverkehr in Betrieb gesetzt	§ 2 Absatz 1 Nummer 4 Buchstabe c § 14 Nummer 1	15 €
237b	Elektrokleinstfahrzeug unter Verstoß gegen die Vorschriften über die Anforderungen an die sonstigen Sicherheitsanforderungen im öffentlichen Straßenverkehr in Betrieb gesetzt	§ 2 Absatz 1 Nummer 4 Buchstabe d § 14 Nummer 1	25 €
	Verhaltensrechtliche Anforderungen		
238	Mit einem Elektrokleinstfahrzeug eine nicht zulässige Verkehrsfläche befahren	§ 10 Absatz 1 Satz 1, Absatz 2 Satz 1 § 14 Nummer 5	15 €
238.1	– mit Behinderung	§ 10 Absatz 1 Satz 1, Absatz 2 Satz 1 § 14 Nummer 5 § 1 Absatz 2 StVO § 49 Absatz 1 Nummer 1 StVO	20 €
238.2	– mit Gefährdung		25 €
238.3	– mit Sachbeschädigung		30 €
238a	Mit einem Elektrokleinstfahrzeug nebeneinander gefahren	§ 11 Absatz 1 § 14 Nummer 6	15 €
238a.1	– mit Behinderung	§ 11 Absatz 1 § 14 Nummer 6 § 1 Absatz 2 StVO § 49 Absatz 1 Nummer 1 StVO	20 €
238a.2	– mit Gefährdung		25 €
238a.3	– mit Sachbeschädigung		30€

Lfd. Nr.	Tatbestand	Ferienreise-Verordnung	Regelsatz in Euro (€), Fahrverbot in Monaten
	f) Ferienreise-Verordnung		
239	Kraftfahrzeug trotz eines Verkehrsverbots innerhalb der Verbotszeiten länger als 15 Minuten geführt	§ 1 § 5 Nummer 1	60 €
240	Als Halter das Führen eines Kraftfahrzeugs trotz eines Verkehrsverbots innerhalb der Verbotszeiten länger als 15 Minuten zugelassen	§ 1 § 5 Nummer 1	150 €

Lfd. Nr.	Tatbestand	Straßenverkehrsgesetz (StVG)	Regelsatz in Euro (€), Fahrverbot in Monaten
	B. Zuwiderhandlungen gegen §§ 24a, 24c StVG		
	0,5-Promille-Grenze		
241	Kraftfahrzeug geführt mit einer Atemalkoholkonzentration von 0,25 mg/l oder mehr oder mit einer Blutalkoholkonzentration von 0,5 Promille oder mehr oder mit einer Alkoholmenge im Körper, die zu einer solchen Atem- oder Blutalkoholkonzentration führt	§ 24a Absatz 1	500 € **Fahrverbot 1 Monat**
241.1	bei Eintragung von bereits einer Entscheidung nach § 24a StVG, § 316 oder § 315c Absatz 1 Nummer 1 Buchstabe a StGB[1] im Fahreignungsregister		1 000 € **Fahrverbot 3 Monate**
241.2	bei Eintragung von bereits mehreren Entscheidungen nach § 24a StVG, § 316 oder § 315c Absatz 1 Nummer 1 Buchstabe a StGB im Fahreignungsregister		1 500 € **Fahrverbot 3 Monate**
	Berauschende Mittel		
242	Kraftfahrzeug unter Wirkung eines in der Anlage zu § 24a Absatz 2 StVG genannten berauschenden Mittels geführt	§ 24a Absatz 2 Satz 1 i.V.m. Absatz 3	500 € **Fahrverbot 1 Monat**
242.1	bei Eintragung von bereits einer Entscheidung nach § 24a StVG, § 316 oder § 315c Absatz 1 Nummer 1 Buchstabe a StGB im Fahreignungsregister		1 000 € **Fahrverbot 3 Monate**
242.2	bei Eintragung von bereits mehreren Entscheidungen nach § 24a StVG, § 316 oder § 315c Absatz 1 Nummer 1 Buchstabe a StGB im Fahreignungsregister		1 500 € **Fahrverbot 3 Monate**
	Alkoholverbot für Fahranfänger und Fahranfängerinnen		
243	In der Probezeit nach § 2a StVG oder vor Vollendung des 21. Lebensjahres als Führer eines Kraftfahrzeugs alkoholische Getränke zu sich genommen oder die Fahrt unter der Wirkung eines solchen Getränks angetreten	§ 24c Absatz 1, 2	250 €

[1] **Habersack, Deutsche Gesetze Nr. 85.**

Abschnitt II. Vorsätzlich begangene Ordnungswidrigkeiten

Lfd. Nr.	Tatbestand	StVO[1]	Regelsatz in Euro (€), Fahrverbot in Monaten
	Zuwiderhandlungen gegen § 24 Absatz 1 StVG[2]		
	a) Straßenverkehrs-Ordnung		
	Bahnübergänge		
244	Beim Führen eines Kraftfahrzeugs Bahnübergang trotz geschlossener Schranke oder Halbschranke überquert	§ 19 Absatz 2 Satz 1 Nummer 3 § 49 Absatz 1 Nummer 19 Buchstabe a	700 € **Fahrverbot 3 Monate**
245	Beim zu Fuß gehen, Rad fahren oder als andere nichtmotorisierte am Verkehr teilnehmende Person Bahnübergang trotz geschlossener Schranke oder Halbschranke überquert	§ 19 Absatz 2 Satz 1 Nummer 3 § 49 Absatz 1 Nummer 19 Buchstabe a	350 €
	Sonstige Pflichten von Fahrzeugführenden		
246	Elektronisches Gerät rechtswidrig benutzt	§ 23 Absatz 1a § 49 Absatz 1 Nummer 22	
246.1	beim Führen eines Fahrzeugs		100 €
246.2	– mit Gefährdung	§ 23 Absatz 1a Satz 1, § 1 Absatz 2 § 49 Absatz 1 Nummer 1, 22	150 € **Fahrverbot 1 Monat**
246.3	– mit Sachbeschädigung		200 € **Fahrverbot 1 Monat**
246.4	beim Radfahren	§ 23 Absatz 1a Satz 1 § 49 Absatz 1 Nummer 22	55 €
247	Beim Führen eines Kraftfahrzeugs verbotswidrig ein technisches Gerät zur Feststellung von Verkehrsüberwachungsmaßnahmen betrieben oder betriebsbereit mitgeführt	§ 23 Absatz 1c § 49 Absatz 1 Nummer 22	75 €
247a	Beim Führen eines Kraftfahrzeugs Gesicht verdeckt oder verhüllt	§ 23 Absatz 4 Satz 1 § 49 Absatz 1 Nummer 22	60 €
248	*(aufgehoben)*		
249	*(aufgehoben)*		
	Genehmigungs- oder Erlaubnisbescheid		
250	Genehmigungs- oder Erlaubnisbescheid auf Verlangen nicht ausgehändigt	§ 46 Absatz 3 Satz 3 § 49 Absatz 4 Nummer 5	10 €
	Verkehrseinrichtungen zum Schutz der Infrastruktur		
250a	Vorschriftswidrig ein Verbot für Kraftwagen mit einem die Gesamtmasse beschränkenden Zusatzzeichen (Zeichen 251 mit Zusatzzeichen 1053–33) oder eine tatsächliche Höhenbeschränkung (Zeichen 265) nicht beachtet, wobei die Straßenfläche zusätzlich durch Verkehrseinrichtungen (Anlage 4 lfd. Nr. 1 bis 4 zu § 43 Absatz 3) gekennzeichnet ist.	§ 41 Absatz 1 i.V.m. Anlage 2 lfd. Nr. 27 Spalte 3, lfd. Nr. 29 (Zeichen 251) Spalte 3, lfd. Nr. zu 36 bis 40, lfd. Nr. 39 (Zeichen 265) § 43 Absatz 3 Satz 2 § 49 Absatz 3 Nummer 4, 6	500 € **Fahrverbot 2 Monate**

[1] **Habersack, Deutsche Gesetze Nr. 35a.**
[2] **Habersack, Deutsche Gesetze Nr. 35.**

Lfd. Nr.	Tatbestand	StVO	Regelsatz in Euro (€), Fahrverbot in Monaten
	b) Fahrerlaubnis-Verordnung[1)]		
	Aushändigen von Führerscheinen und Bescheinigungen		
251	Führerschein, Bescheinigung oder die Übersetzung des ausländischen Führerscheins auf Verlangen nicht ausgehändigt	§ 4 Absatz 2 Satz 2, 3 § 5 Absatz 4 Satz 2, 3 § 48 Absatz 3 Satz 2 § 48a Absatz 3 Satz 2 § 74 Absatz 4 Satz 2 § 75 Nummer 4 § 75 Nummer 13	10 €
251a	Beim begleiteten Fahren ab 17 Jahren ein Kraftfahrzeug der Klasse B oder BE ohne Begleitung geführt	§ 48a Absatz 2 Satz 1 § 75 Nummer 15	70 €
	c) Fahrzeug-Zulassungsverordnung		
	Aushändigen von Fahrzeugpapieren		
252	Die Zulassungsbescheinigung Teil I oder sonstige Bescheinigung auf Verlangen nicht ausgehändigt	§ 4 Absatz 5 Satz 1 § 11 Absatz 6 § 26 Absatz 1 Satz 6 § 48 Nummer 5	10 €
	Betriebsverbot und Beschränkungen		
253	Einem Verbot, ein Fahrzeug in Betrieb zu setzen, zuwidergehandelt oder Beschränkung nicht beachtet	§ 5 Absatz 1 § 48 Nummer 7	70 €
	d) Straßenverkehrs-Zulassungs-Ordnung[2)]		
	Erlöschen der Betriebserlaubnis		
253a.	Änderungen am Fahrzeug vorgenommen oder vornehmen lassen, die zum Erlöschen der Betriebserlaubnis führen	§ 19 Absatz 2 Satz 3 § 69a Absatz 2 Nummer 1a	
253a.1	– als Hersteller oder Importeur		800 €
253a.2	– als Gewerbetreibender		400 €
	Achslast, Gesamtgewicht, Anhängelast hinter Kraftfahrzeugen		
254	Gegen die Pflicht zur Feststellung der zugelassenen Achslasten oder Gesamtgewichte oder gegen Vorschriften über das Um- oder Entladen bei Überlastung verstoßen	§ 31c Satz 1, 4 Halbsatz 2 § 69a Absatz 5 Nummer 4c	50 €
	Ausnahmen		
255	Urkunde über eine Ausnahmegenehmigung auf Verlangen nicht ausgehändigt	§ 70 Absatz 3a Satz 1 § 69a Absatz 5 Nummer 7	10 €

[1)] Nr. **35d**.
[2)] Auszugsweise abgedruckt unter Nr. **35b**.

Anhang[1]
(zu Nummer 11 der Anlage)

Tabelle 1
Geschwindigkeitsüberschreitungen

a) **Kraftfahrzeuge der in § 3 Absatz 3 Nummer 2 Buchstaben a oder b StVO**[2] **genannten Art**

Lfd. Nr.	Überschreitung in km/h	Regelsatz in Euro bei Begehung	
		innerhalb	außerhalb
		geschlossener Ortschaften	
		(außer bei Überschreitung für mehr als 5 Minuten Dauer oder in mehr als zwei Fällen nach Fahrtantritt)	
11.1.1	bis 10	40	30
11.1.2	11 – 15	60	50

Die nachfolgenden Regelsätze und Fahrverbote gelten auch für die Überschreitung der festgesetzten Höchstgeschwindigkeit bei Sichtweite unter 50 m durch Nebel, Schneefall oder Regen nach Nummer 9.1 der Anlage.

Lfd. Nr.	Überschreitung in km/h	Regelsatz in Euro bei Begehung		Fahrverbote in Monaten bei Begehung	
		innerhalb	außerhalb	innerhalb	außerhalb
		geschlossener Ortschaften		geschlossener Ortschaften	
11.1.3	bis 15 für mehr als 5 Minuten Dauer oder in mehr als zwei Fällen nach Fahrtantritt	160	140	–	–
11.1.4	16 – 20	160	140	–	–
11.1.5	21 – 25	175	150	–	–
11.1.6	26 – 30	235	175	1 Monat	–
11.1.7	31 – 40	340	255	1 Monat	1 Monat
11.1.8	41 – 50	560	480	2 Monate	1 Monat
11.1.9	51 – 60	700	600	3 Monate	2 Monate
11.1.10	über 60	800	700	3 Monate	3 Monate

b) **kennzeichnungspflichtige Kraftfahrzeuge der in Buchstabe a genannten Art mit gefährlichen Gütern oder Kraftomnibusse mit Fahrgästen**

Lfd. Nr.	Überschreitung in km/h	Regelsatz in Euro bei Begehung	
		innerhalb	außerhalb
		geschlossener Ortschaften	
		(außer bei Überschreitung für mehr als 5 Minuten Dauer oder in mehr als zwei Fällen nach Fahrtantritt)	
11.2.1	bis 10	70	60

Die nachfolgenden Regelsätze und Fahrverbote gelten auch für die Überschreitung der festgesetzten Höchstgeschwindigkeit bei Sichtweite unter 50 m durch Nebel, Schneefall oder Regen nach Nummer 9.2 der Anlage.

Lfd. Nr.	Überschreitung in km/h	Regelsatz in Euro bei Begehung	
		innerhalb	außerhalb
		geschlossener Ortschaften	
		(außer bei Überschreitung für mehr als 5 Minuten Dauer oder in mehr als zwei Fällen nach Fahrtantritt)	
11.2.2	11 – 15	120	70

---

[1] Anh. (Tabelle 1) neu gef. mWv 9.11.2021 durch VO v. 13.10.2021 (BGBl. I S. 4688).
[2] **Habersack, Deutsche Gesetze Nr. 35a.**

Lfd. Nr.	Überschreitung in km/h	Regelsatz in Euro bei Begehung		Fahrverbote in Monaten bei Begehung	
		innerhalb	außerhalb	innerhalb	außerhalb
		geschlossener Ortschaften		geschlossener Ortschaften	
11.2.3	bis 15 für mehr als 5 Minuten Dauer oder in mehr als zwei Fällen nach Fahrtantritt	320	240	–	–
11.2.4	16 – 20	320	240	–	–
11.2.5	21 – 25	360	280	1 Monat	–
11.2.6	26 – 30	480	400	1 Monat	1 Monat
11.2.7	31 – 40	640	560	2 Monate	1 Monat
11.2.8	41 – 50	800	700	3 Monate	2 Monate
11.2.9	51 – 60	900	800	3 Monate	3 Monate
11.2.10	über 60	950	900	3 Monate	3 Monate

c) andere als die in Buchstabe a oder b genannten Kraftfahrzeuge

Lfd. Nr.	Überschreitung in km/h	Regelsatz in Euro bei Begehung	
		innerhalb	außerhalb
		geschlossener Ortschaften	
11.3.1	bis 10	30	20
11.3.2	11 – 15	50	40
11.3.3	16 – 20	70	60

Die nachfolgenden Regelsätze und Fahrverbote gelten auch für die Überschreitung der festgesetzten Höchstgeschwindigkeit bei Sichtweite unter 50 m durch Nebel, Schneefall oder Regen nach Nummer 9.3 der Anlage.

Lfd. Nr.	Überschreitung in km/h	Regelsatz in Euro bei Begehung		Fahrverbote in Monaten bei Begehung	
		innerhalb	außerhalb	innerhalb	außerhalb
		geschlossener Ortschaften		geschlossener Ortschaften	
11.3.4	21 – 25	115	100	–	–
11.3.5	26 – 30	180	150	–	–
11.3.6	31 – 40	260	200	1 Monat	–
11.3.7	41 – 50	400	320	1 Monat	1 Monat
11.3.8	51 – 60	560	480	2 Monate	1 Monat
11.3.9	61 – 70	700	600	3 Monate	2 Monate
11.3.10	über 70	800	700	3 Monate	3 Monate

Anhang[1)]
(zu Nummer 12 der Anlage)

Tabelle 2
Nichteinhalten des Abstandes von einem vorausfahrenden Fahrzeug

Lfd. Nr.		Regelsatz in Euro	Fahrverbot
	Der Abstand von einem vorausfahrenden Fahrzeug betrug in Metern		
12.5	a) bei einer Geschwindigkeit von mehr als 80 km/h		
12.5.1	weniger als $^5/_{10}$ des halben Tachowertes	75	
12.5.2	weniger als $^4/_{10}$ des halben Tachowertes	100	
12.5.3	weniger als $^3/_{10}$ des halben Tachowertes	160	
12.5.4	weniger als $^2/_{10}$ des halben Tachowertes	240	

1) Anh. neu gef. mWv 1.5.2014 durch VO v. 5.11.2013 (BGBl. I S. 3920).

Lfd. Nr.			Regelsatz in Euro	Fahrverbot
12.5.5		weniger als $^1/_{10}$ des halben Tachowertes	320	
12.6	b)	bei einer Geschwindigkeit von mehr als 100 km/h		
12.6.1		weniger als $^5/_{10}$ des halben Tachowertes	75	
12.6.2		weniger als $^4/_{10}$ des halben Tachowertes	100	
12.6.3		weniger als $^3/_{10}$ des halben Tachowertes	160	**Fahrverbot 1 Monat**
12.6.4		weniger als $^2/_{10}$ des halben Tachowertes	240	**Fahrverbot 2 Monate**
12.6.5		weniger als $^1/_{10}$ des halben Tachowertes	320	**Fahrverbot 3 Monate**
12.7	c)	bei einer Geschwindigkeit von mehr als 130 km/h		
12.7.1		weniger als $^5/_{10}$ des halben Tachowertes	100	
12.7.2		weniger als $^4/_{10}$ des halben Tachowertes	180	
12.7.3		weniger als $^3/_{10}$ des halben Tachowertes	240	**Fahrverbot 1 Monat**
12.7.4		weniger als $^2/_{10}$ des halben Tachowertes	320	**Fahrverbot 2 Monate**
12.7.5		weniger als $^1/_{10}$ des halben Tachowertes	400	**Fahrverbot 3 Monate**

Anhang
(zu den Nummern 198 und 199 der Anlage)

Tabelle 3
Überschreiten der zulässigen Achslast oder des zulässigen Gesamtgewichts von Kraftfahrzeugen, Anhängern, Fahrzeugkombinationen sowie der Anhängelast hinter Kraftfahrzeugen

a) **bei Kraftfahrzeugen mit einem zulässigen Gesamtgewicht über 7,5 t sowie Kraftfahrzeugen mit Anhängern, deren zulässiges Gesamtgewicht 2 t übersteigt**

Lfd. Nr.	Überschreitung in v.H.	Regelsatz in Euro
198.1	**für Inbetriebnahme**	
198.1.1	2 bis 5	30
198.1.2	mehr als 5	80
198.1.3	mehr als 10	110
198.1.4	mehr als 15	140
198.1.5	mehr als 20	190
198.1.6	mehr als 25	285
198.1.7	mehr als 30	380
199.1	**für Anordnen oder Zulassen der Inbetriebnahme**	
199.1.1	2 bis 5	35
199.1.2	mehr als 5	140
199.1.3	mehr als 10	235
199.1.4	mehr als 15	285
199.1.5	mehr als 20	380
199.1.6	mehr als 25	425

b) **bei anderen Kraftfahrzeugen bis 7,5 t für Inbetriebnahme, Anordnen oder Zulassen der Inbetriebnahme**

Lfd. Nr.	Überschreitung in v.H.	Regelsatz in Euro
198.2.1 oder 199.2.1	mehr als 5 bis 10	10
198.2.2 oder 199.2.2	mehr als 10 bis 15	30
198.2.3 oder 199.2.3	mehr als 15 bis 20	35
198.2.4 oder 199.2.4	mehr als 20	95
198.2.5 oder 199.2.5	mehr als 25	140
198.2.6 oder 199.2.6	mehr als 30	235

Anhang[1)]
(zu § 3 Absatz 3)

Tabelle 4
Erhöhung der Regelsätze bei Hinzutreten einer Gefährdung oder Sachbeschädigung

Die im Bußgeldkatalog bestimmten Regelsätze, die einen Betrag von mehr als 55 Euro vorsehen, erhöhen sich beim Hinzutreten einer Gefährdung oder Sachbeschädigung, soweit diese Merkmale nicht bereits im Grundtatbestand enthalten sind, wie folgt:

Bei einem Regelsatz für den Grundtatbestand von Euro	mit Gefährdung auf Euro	mit Sachbeschädigung auf Euro
60	75	90
70	85	105
75	90	110
80	100	120
90	110	135
95	115	140
100	120	145
110	135	165
120	145	175
130	160	195
135	165	200
140	170	205
150	180	220
160	195	235
165	200	240
180	220	265
190	230	280
200	240	290
210	255	310
235	285	345
240	290	350
250	300	360
270	325	390
280	340	410
285	345	415
290	350	420
320	385	465

1) Anh. neu gef. mWv 1.5.2014 durch VO v. 5.11.2013 (BGBl. I S. 3920).

Bei einem Regelsatz für den Grundtatbestand von Euro	mit Gefährdung auf Euro	mit Sachbeschädigung auf Euro
350	420	505
360	435	525
380	460	555
400	480	580
405	490	590
425	510	615
440	530	640
480	580	700
500	600	720
560	675	810
570	685	825
600	720	865
635	765	920
680	820	985
700	840	1 000
760	915	1 000

Enthält der Grundtatbestand bereits eine Gefährdung, führt Sachbeschädigung zu folgender Erhöhung:

Bei einem Regelsatz für den Grundtatbestand von Euro	mit Sachbeschädigung auf Euro
60	75
70	85
75	90
80	100
100	120
150	180

Abschnitt 2. Befähigung zum Richteramt

§ 5[1) 2)] Befähigung zum Richteramt. (1) Die Befähigung zum Richteramt erwirbt, wer ein rechtswissenschaftliches Studium an einer Universität mit der ersten Prüfung und einen anschließenden Vorbereitungsdienst mit der zweiten Staatsprüfung abschließt; die erste Prüfung besteht aus einer universitären Schwerpunktbereichsprüfung und einer staatlichen Pflichtfachprüfung.

(2) Studium und Vorbereitungsdienst sind inhaltlich aufeinander abzustimmen.

§ 5a[3)] Studium. (1) [1]Die Studienzeit beträgt viereinhalb Jahre; diese Zeit kann unterschritten werden, sofern die jeweils für die Zulassung zur universitären

---

[1)] § 5 neu gef. durch G v. 25.7.1984 (BGBl. I S. 995); Abs. 1 neu gef. mWv 1.7.2003 durch G v. 11.7. 2002 (BGBl. I S. 2592).

[2)] Die Länder haben ua folgende Vorschriften erlassen:

- **Baden-Württemberg:** G über die juristischen Prüfungen und den juristischen Vorbereitungsdienst (Juristenausbildungsgesetz – JAG) v. 16.7.2003 (GBl. S. 354), zuletzt geänd. durch G v. 17.12.2020 (GBl. 2021 S. 1); VO des Justizministeriums über die Ausbildung und Prüfung der Juristinnen und Juristen (Juristenausbildungs- und Prüfungsordnung – JAPrO) v. 2.5.2019 (GBl. S. 131), zuletzt geänd. durch VO v. 23.6.2021 (GBl. S. 581)
- **Bayern:** Ausbildungs- und Prüfungsordnung für Juristen v. 13.10.2003 (GVBl. S. 758), zuletzt geänd. durch V v. 5.8.2021 (GVBl. S. 537)
- **Berlin:** G über die Ausbildung von Juristinnen und Juristen im Land Berlin (Berliner Juristenausbildungsgesetz – JAG) v. 23.6.2003 (GVBl. S. 232), zuletzt geänd. durch G v. 14.9.2021 (GVBl. S. 1077); Ausbildungs- und PrüfungsO für Juristen (JAO) v. 4.8.2003 (GVBl. S. 298), zuletzt geänd. durch G v. 14.9.2021 (GVBl. S. 1077)
- **Brandenburg:** G über die Juristenausbildung im Land Brandenburg (Brandenburgisches Juristenausbildungsgesetz – BbgJAG) v. 4.6.2003 (GVBl. I S. 166), zuletzt geänd. durch G v. 5.6.2019 (GVBl. I Nr. 22); Ausbildungs- und PrüfungsO für Juristen im Land Brandenburg (Brandenburgische Juristenausbildungsordnung – BbgJAO) v. 6.8.2003 (GVBl. II S. 438), zuletzt geänd. durch G v. 5.6.2019 (GVBl. I Nr. 22)
- **Bremen, Hamburg und Schleswig-Holstein:** Übereinkunft über ein Gemeinsames Prüfungsamt und die PrüfungsO für die Große Juristische Staatsprüfung, veröffentlicht in Bremen: Bek. v. 13.12.1993 (GBl. S. 357); Hamburg: G v. 26.6.1972 (GVBl. S. 119), zuletzt geänd. durch G v. 30.6.1993 (GVBl. S. 131); Schleswig-Holstein: Bek. v. 28.7.1993 (GVOBl. S. 389)
- **Bremen:** G über die erste juristische Staatsprüfung und den juristischen Vorbereitungsdienst (Juristenausbildungs- und -prüfungsgesetz – JAPG) v. 20.5.2003 (Brem.GBl. S. 251), zuletzt geänd. durch G v. 30.3.2021 (Brem.GBl. S. 307); G zur Regelung der Zulassungsbeschränkung zum Vorbereitungsdienst im Lande Bremen (Vorbereitungsdienst-Zulassungsgesetz) v. 21.2.1977 (Brem.GBl. S. 111), zuletzt geänd. durch G v. 8.5.2018 (Brem.GBl. S. 226)
- **Hamburg:** Hamburgisches Juristenausbildungsgesetz (HmbJAG) v. 11.6.2003 (HmbGVBl. S. 156), zuletzt geänd. durch G v. 24.8.2021 (HmbGVBl. S. 604); siehe auch unter Bremen, Hamburg und Schleswig-Holstein
- **Hessen:** G über die juristische Ausbildung (Juristenausbildungsgesetz – JAG) idF der Bek. v. 15.3.2004 (GVBl. I S. 158), zuletzt geänd. durch G v. 6.9.2019 (GVBl. S. 232); VO zur Ausführung des JuristenausbildungsG (Juristische AusbildungsO – JAO –) v. 25.10.2004 (GVBl. I S. 316), zuletzt geänd. durch G v. 6.9.2019 (GVBl. S. 232)
- **Mecklenburg-Vorpommern:** G über die Juristenausbildung im Land Mecklenburg-Vorpommern – Juristenausbildungsgesetz (JAG M-V) v. 16.12.1992 (GVOBl. M-V S. 725), zuletzt geänd. durch G v. 19.7.2018 (GVOBl. M-V S. 245); VO zur Ausführung des Gesetzes über die Juristenausbildung (Juristenausbildungs- und PrüfungsO – JAPO M-V –) v. 16.6.2004 (GVOBl. M-V S. 281), zuletzt geänd. durch VO v. 17.11.2020 (GVOBl. M-V S. 1146); VO über die Beschränkung der Aufnahme in den juristischen Vorbereitungsdienst (KapazitätsVO des jur. Vorbereitungsdienstes – KapVO –) v. 24.3. 1993 (GVOBl. M-V S. 227), geänd. durch VO v. 19.12.1995 (GVOBl. 1996 M-V S. 52)
- **Niedersachsen:** Niedersächsisches G zur Ausbildung der Juristinnen und Juristen (NJAG) idF der Bek. v. 15.1.2004 (Nds. GVBl. S. 7), zuletzt geänd. durch VO v. 20.12.2016 (Nds. GVBl. S. 308); VO zum Niedersächsischen Gesetz zur Ausbildung der Juristinnen und Juristen (NJAVO) v. 2.11.1993 (Nds. GVBl. S. 561), zuletzt geänd. durch VO v. 4.6.2021 (Nds. GVBl. S. 358)
- **Nordrhein-Westfalen:** Gesetz über die juristischen Prüfungen und den juristischen Vorbereitungsdienst (JuristenausbildungsG – JAG NRW) v. 11.3.2003 (GV. NRW. S. 135, ber. S. 431), zuletzt geänd. durch G v. 9.11.2021 (GV. NRW. S. 1190)

→

Schwerpunktbereichsprüfung und zur staatlichen Pflichtfachprüfung erforderlichen Leistungen nachgewiesen sind. [2] Mindestens zwei Jahre müssen auf ein Studium an einer Universität im Geltungsbereich dieses Gesetzes entfallen.

(2) [1] Gegenstand des Studiums sind Pflichtfächer und Schwerpunktbereiche mit Wahlmöglichkeiten. [2] Außerdem ist der erfolgreiche Besuch einer fremdsprachigen rechtswissenschaftlichen Veranstaltung oder eines rechtswissenschaftlich ausgerichteten Sprachkurses nachzuweisen; das Landesrecht kann bestimmen, dass die Fremdsprachenkompetenz auch anderweitig nachgewiesen werden kann. [3] Pflichtfächer sind die Kernbereiche des Bürgerlichen Rechts, des Strafrechts, des Öffentlichen Rechts und des Verfahrensrechts einschließlich der europarechtlichen Bezüge, der rechtswissenschaftlichen Methoden und der philosophischen, geschichtlichen und gesellschaftlichen Grundlagen; die Vermittlung der Pflichtfächer erfolgt auch in Auseinandersetzung mit dem nationalsozialistischen Unrecht und dem Unrecht der SED-Diktatur. [4] Die Schwerpunktbereiche dienen der Ergänzung des Studiums, der Vertiefung der mit ihnen zusammenhängenden Pflichtfächer sowie der Vermittlung interdisziplinärer und internationaler Bezüge des Rechts.

(3) [1] Die Inhalte des Studiums berücksichtigen die ethischen Grundlagen des Rechts und fördern die Fähigkeit zur kritischen Reflexion des Rechts; sie berücksichtigen ferner die rechtsprechende, verwaltende und rechtsberatende Praxis einschließlich der hierfür erforderlichen Schlüsselqualifikationen wie Verhandlungsmanagement, Gesprächsführung, Rhetorik, Streitschlichtung, Mediation, Vernehmungslehre und Kommunikationsfähigkeit. [2] Während der vorlesungsfreien Zeit finden praktische Studienzeiten von insgesamt mindestens drei Monaten Dauer statt. [3] Das Landesrecht kann bestimmen, daß die praktische Studienzeit bei einer Stelle und zusammenhängend stattfindet.

(4) Das Nähere regelt das Landesrecht.[1)]

(Fortsetzung der Anm. von voriger Seite)

– **Rheinland-Pfalz:** Landesgesetz über die juristische Ausbildung (JAG) v. 23.6.2003 (GVBl. S. 116), geänd. durch G v. 20.10.2010 (GVBl. S. 319); Juristische Ausbildungs- und Prüfungsordnung (JAPO) v. 1.7.2003 (GVBl. S. 131), zuletzt geänd. durch VO v. 13.9.2021 (GVBl. S. 523)

– **Saarland:** G über die juristische Ausbildung (Juristenausbildungsgesetz – JAG) idF der Bek. v. 12.6.2015 (Amtsbl. I S. 402); VO zur Ausführung des Gesetzes über die juristische Ausbildung (Ausbildungsordnung für Juristen – JAO) idF der Bek. v. 8.1.2004 (Amtsbl. S. 90), zuletzt geänd. durch VO v. 27.1.2021 (Amtsbl. I S. 222)

– **Sachsen:** Sächsisches Juristenausbildungsgesetz – SächsJAG v. 26.2.2021 (SächsGVBl. S. 318); Sächsische Juristenausbildungs- und -prüfungsordnung – SächsJAPO v. 13.9.2021 (SächsGVBl. S. 1124)

– **Sachsen-Anhalt:** G über die Juristenausbildung im Land Sachsen-Anhalt (JuristenausbildungsG Sachsen-Anhalt – JAG LSA) v. 16.7.2003 (GVBl. LSA S. 167), geänd. durch G v. 13.6.2018 (GVBl. LSA S. 72); Ausbildungs- und Prüfungsverordnung für Juristen (JAPrVO) v. 2.10.2003 (GVBl. LSA S. 245, ber. S. 349), zuletzt geänd. durch VO v. 12.6.2014 (GVBl. LSA S. 263)

– **Schleswig-Holstein:** G über die Ausbildung der Juristinnen und Juristen im Land Schleswig-Holstein (Juristenausbildungsgesetz – JAG) v. 20.2.2004 (GVOBl. Schl.-H. S. 66), zuletzt geänd. durch VO v. 16.1.2019 (GVOBl. Schl.-H. S. 30); LandesVO über die Ausbildung der Juristinnen und Juristen (Juristenausbildungsverordnung – JAVO) v. 15.2.2014 (GVOBl. Schl.-H. S. 35), zuletzt geänd. durch VO v. 9.2.2021 (GVOBl. Schl.-H. S. 154); siehe auch unter Bremen, Hamburg und Schleswig-Holstein

– **Thüringen:** Thüringer G über die juristischen Staatsprüfungen und den juristischen Vorbereitungsdienst (Thüringer JuristenausbildungsG – ThürJAG) idF der Bek. v. 28.1.2003 (GVBl. S. 33), zuletzt geänd. durch G v. 22.3.2016 (GVBl. S. 150); Thüringer Juristenausbildungs- und PrüfungsO (ThürJAPO) v. 24.2.2004 (GVBl. S. 217), zuletzt geänd. durch VO v. 12.2.2018 (GVBl. S. 43)

[3)] § 5a neu gef. durch G v. 25.7.1984 (BGBl. I S. 995), Abs. 2 neu gef., Abs. 4 aufgeh., bish. Abs. 5 wird Abs. 4 durch G v. 20.11.1992 (BGBl. I S. 1926); Abs. 1 Satz 1, Abs. 2, 3 Satz 1 neu gef. mWv 1.7.2003 durch G v. 11.7.2002 (BGBl. I S. 2592); Abs. 1 Satz 1 geänd. mWv 29.11.2019 durch G v. 22.11.2019 (BGBl. I S. 1755); Abs. 2 Satz 3 geänd., Abs. 3 Satz 1 neu gef. mWv 1.8.2021 durch G v. 25.6.2021 (BGBl. I S. 2154).

[1)] Vgl. Anm. zu § 5.

§ 5b[1] Vorbereitungsdienst. (1) Der Vorbereitungsdienst dauert zwei Jahre.

(2) Die Ausbildung findet bei folgenden Pflichtstationen statt:

1. einem ordentlichen Gericht in Zivilsachen,
2. einer Staatsanwaltschaft oder einem Gericht in Strafsachen,
3. einer Verwaltungsbehörde,
4. einem Rechtsanwalt

sowie bei einer oder mehreren Wahlstationen, bei denen eine sachgerechte Ausbildung gewährleistet ist.

(3) [1] Die Ausbildung kann in angemessenem Umfang bei überstaatlichen, zwischenstaatlichen oder ausländischen Ausbildungsstellen oder ausländischen Rechtsanwälten stattfinden. [2] Eine Ausbildung an einer rechtswissenschaftlichen Fakultät sowie an der Deutschen Hochschule für Verwaltungswissenschaften Speyer kann angerechnet werden. [3] Das Landesrecht kann bestimmen, dass die Ausbildung nach Absatz 2 Nr. 1 zum Teil bei einem Gericht der Arbeitsgerichtsbarkeit, die Ausbildung nach Absatz 2 Nr. 3 zum Teil bei einem Gericht der Verwaltungs-, der Finanz- oder der Sozialgerichtsbarkeit stattfinden kann.

(4) [1] Eine Pflichtstation dauert mindestens drei Monate, die Pflichtstation bei einem Rechtsanwalt neun Monate; das Landesrecht kann bestimmen, dass die Ausbildung nach Absatz 2 Nr. 4 bis zu einer Dauer von drei Monaten bei einem Notar, einem Unternehmen, einem Verband oder bei einer sonstigen Ausbildungsstelle stattfinden kann, bei der eine sachgerechte rechtsberatende Ausbildung gewährleistet ist. [2] Der Vorbereitungsdienst kann im Einzelfall aus zwingenden Gründen verlängert werden, nicht jedoch wegen unzureichender Leistungen.

(5) Während der Ausbildung können Ausbildungslehrgänge bis zu einer Gesamtdauer von drei Monaten vorgesehen werden.

[Abs. 6 ab 1.1.2023:]

(6) [1] Die Ableistung des Vorbereitungsdienstes in Teilzeit ist auf Antrag zu eröffnen im Falle der tatsächlichen Betreuung oder Pflege

1. mindestens eines Kindes unter 18 Jahren oder
2. eines laut ärztlichen Gutachtens pflegebedürftigen Ehegatten, Lebenspartners oder in gerader Linie Verwandten.

[2] Liegen besondere persönliche Gründe vor, die in Art und Umfang den in Satz 1 genannten Gründen vergleichbar sind und eine besondere Härte darstellen, kann auf Antrag die Ableistung des Vorbereitungsdienstes in Teilzeit eröffnet werden. [3] Für die Ableistung in Teilzeit wird der regelmäßige Dienst um ein Fünftel reduziert. [4] Die Dauer des Vorbereitungsdienstes in Teilzeit beträgt zweieinhalb Jahre. [5] Die Zeit der Verlängerung des Vorbereitungsdienstes ist in angemessener Weise auf die Pflichtstationen zu verteilen.

(6) ***[ab 1.1.2023: (7)]*** Das Nähere regelt das Landesrecht.[2]

§ 5c[3] Anrechnung einer Ausbildung für den gehobenen Dienst.

(1) [1] Eine erfolgreich abgeschlossene Ausbildung für den gehobenen Justizdienst oder für den gehobenen nichttechnischen Verwaltungsdienst kann auf Antrag bis zur Dauer von 18 Monaten auf die Ausbildung angerechnet werden. [2] Auf den

---

[1] § 5b neu gef. mWv 1.7.2003 durch G v. 11.7.2002 (BGBl. I S. 2592); Abs. 6 eingef., bish. Abs. 6 wird Abs. 7 mWv 1.1.2023 durch G v. 25.6.2021 (BGBl. I S. 2154)..

[2] Vgl. Anm. zu § 5.

[3] § 5c neu gef. durch G v. 25.7.1984 (BGBl. I S. 995).

Vorbereitungsdienst dürfen jedoch nicht mehr als sechs Monate angerechnet werden.

(2) Das Nähere regelt das Landesrecht.[1)]

§ 5d[2)] Prüfungen; Verordnungsermächtigung. (1) [1]Staatliche und universitäre Prüfungen berücksichtigen die inhaltlichen Vorgaben des § 5a Absatz 3 Satz 1; unbeschadet von § 5a Abs. 2 Satz 2 können die Prüfungen auch Fremdsprachenkompetenz berücksichtigen. [2]Die Einheitlichkeit der Prüfungsanforderungen und der Leistungsbewertung ist zu gewährleisten. [3]Das Bundesministerium der Justiz und für Verbraucherschutz wird ermächtigt, durch Rechtsverordnung mit Zustimmung des Bundesrates eine Noten- und Punkteskala für die Einzel- und Gesamtnoten aller Prüfungen festzulegen.[3)]

(2) [1]Der Stoff der universitären Schwerpunktbereichsprüfung und der staatlichen Pflichtfachprüfung ist so zu bemessen, dass das Studium nach fünf Studienjahren abgeschlossen werden kann. [2]In der universitären Schwerpunktbereichsprüfung ist mindestens eine schriftliche Leistung zu erbringen. [3]In der staatlichen Pflichtfachprüfung sind schriftliche und mündliche Leistungen zu erbringen; das Landesrecht kann bestimmen, dass Prüfungsleistungen während des Studiums erbracht werden, jedoch nicht vor Ablauf von zweieinhalb Studienjahren. [4]Das

---

[1)] Vgl. Anm. zu § 5.

[2)] § 5d neu gef. mWv 1.7.2003 durch G v. 11.7.2002 (BGBl. I S. 2592); Abs. 1 Satz 3 geänd. mWv 8.9. 2015 durch VO v. 31.8.2015 (BGBl. I S. 1474); Abs. 2 Satz 1 geänd. mWv 29.11.2019 durch G v. 22.11. 2019 (BGBl. I S. 1755); Überschrift, Abs. 1 Satz 3 geänd., Abs. 6 Satz 2 angef. mWv 1.8.2021, Abs. 1 Satz 1 geänd. mWv 1.1.2022, Abs. 3 Sätze 1 und 2 geänd. mWv 1.1.2023 durch G v. 25.6.2021 (BGBl. I S. 2154).

[3)] VO über eine Noten- und Punkteskala für die erste und zweite juristische Staatsprüfung v. 3.12.1981 (BGBl. I S. 1243), geänd. durch G v. 19.4.2006 (BGBl. I S. 866); §§ 1 und 2 lauten:

„**§ 1 Notenstufen und Punktzahlen.** Die einzelnen Leistungen in der ersten und zweiten Prüfung sind mit einer der folgenden Noten und Punktzahlen zu bewerten:

sehr gut	eine besonders hervorragende Leistung	= 16 bis 18 Punkte
gut	eine erheblich über den durchschnittlichen Anforderungen liegende Leistung	= 13 bis 15 Punkte
vollbefriedigend	eine über den durchschnittlichen Anforderungen liegende Leistung	= 10 bis 12 Punkte
befriedigend	eine Leistung, die in jeder Hinsicht durchschnittlichen Anforderungen entspricht	= 7 bis 9 Punkte
ausreichend	eine Leistung, die trotz ihrer Mängel durchschnittlichen Anforderungen noch entspricht	= 4 bis 6 Punkte
mangelhaft	eine an erheblichen Mängeln leidende, im ganzen nicht mehr brauchbare Leistung	= 1 bis 3 Punkte
ungenügend	eine völlig unbrauchbare Leistung	= 0 Punkte.

§ 2 Bildung von Gesamtnoten. (1) Soweit Einzelbewertungen zu einer Gesamtbewertung zusammengefaßt werden, ist die Gesamtnote bis auf zwei Dezimalstellen ohne Auf- oder Abrundung rechnerisch zu ermitteln.

(2) Den errechneten Punktwerten entsprechen folgende Notenbezeichnungen:

14.00 – 18.00	sehr gut
11.50 – 13.99	gut
9.00 – 11.49	vollbefriedigend
6.50 – 8.99	befriedigend
4.00 – 6.49	ausreichend
1.50 – 3.99	mangelhaft
0 – 1.49	ungenügend.“

Zeugnis über die erste Prüfung weist die Ergebnisse der bestandenen universitären Schwerpunktbereichsprüfung und der bestandenen staatlichen Pflichtfachprüfung sowie zusätzlich eine Gesamtnote aus, in die das Ergebnis der bestandenen staatlichen Pflichtfachprüfung mit 70 vom Hundert und das Ergebnis der bestandenen universitären Schwerpunktbereichsprüfung mit 30 vom Hundert einfließt; es wird in dem Land erteilt, in dem die staatliche Pflichtfachprüfung bestanden wurde.

(3) [1] Die schriftlichen Leistungen in der zweiten Staatsprüfung sind frühestens im 18. und spätestens im 21. Ausbildungsmonat zu erbringen***[ab 1.1.2023:** ; bei Teilzeitausbildung nach § 5b Absatz 6 Satz 1 ist die Verlängerung des Vorbereitungsdienstes angemessen zu berücksichtigen**]***. [2] ***[bis 31.12.2022:*** Sie***][ab 1.1.2023:** Die schriftlichen Leistungen**]*** beziehen sich mindestens auf die Ausbildung bei den Pflichtstationen. [3] Sieht das Landesrecht neben Aufsichtsarbeiten auch eine häusliche Arbeit vor, kann bestimmt werden, dass diese Leistung nach Beendigung der letzten Station erbracht werden muss. [4] Die mündlichen Leistungen beziehen sich auf die gesamte Ausbildung.

(4) [1] In den staatlichen Prüfungen kann das Prüfungsorgan bei seiner Entscheidung von der rechnerisch ermittelten Gesamtnote abweichen, wenn dies auf Grund des Gesamteindrucks den Leistungsstand des Kandidaten besser kennzeichnet und die Abweichung auf das Bestehen der Prüfung keinen Einfluss hat; hierbei sind bei der zweiten Staatsprüfung auch die Leistungen im Vorbereitungsdienst zu berücksichtigen. [2] Die Abweichung darf ein Drittel des durchschnittlichen Umfangs einer Notenstufe nicht übersteigen. [3] Der Anteil der mündlichen Prüfungsleistungen an der Gesamtnote darf 40 vom Hundert nicht übersteigen. [4] Eine rechnerisch ermittelte Anrechnung von im Vorbereitungsdienst erteilten Noten auf die Gesamtnote der zweiten Staatsprüfung ist ausgeschlossen.

(5) [1] Die staatliche Pflichtfachprüfung kann einmal wiederholt werden. [2] Eine erfolglose staatliche Pflichtfachprüfung gilt als nicht unternommen, wenn der Bewerber sich frühzeitig zu dieser Prüfung gemeldet und die vorgesehenen Prüfungsleistungen vollständig erbracht hat. [3] Das Nähere, insbesondere den Ablauf der Meldefrist, die Anrechnung von Zeiten des Auslandsstudiums, der Erkrankung und der Beurlaubung auf die Studiendauer sowie die Folgen einer Prüfungsunterbrechung regelt das Landesrecht. [4] Das Landesrecht kann eine Wiederholung der staatlichen Prüfungen zur Notenverbesserung vorsehen.

(6) [1] Das Nähere regelt das Landesrecht.[1)] [2] Es kann auch bestimmen, dass in den staatlichen Prüfungen schriftliche Leistungen elektronisch erbracht werden dürfen.

§ 6[2)] Anerkennung von Prüfungen. (1) [1] Die Zulassung zum Vorbereitungsdienst darf einem Bewerber nicht deswegen versagt werden, weil er die universitäre Schwerpunktbereichsprüfung oder die staatliche Pflichtfachprüfung nach § 5 in einem anderen Land im Geltungsbereich dieses Gesetzes abgelegt hat. [2] Die in einem Land im Geltungsbereich dieses Gesetzes auf den Vorbereitungsdienst verwendete Zeit ist in jedem deutschen Land anzurechnen.

(2) Wer im Geltungsbereich dieses Gesetzes die Befähigung zum Richteramt nach § 5 erworben hat, ist im Bund und in jedem deutschen Land zum Richteramt befähigt.

§ 7 Universitätsprofessoren. Jeder ordentliche Professor der Rechte an einer Universität im Geltungsbereich dieses Gesetzes ist zum Richteramt befähigt.

---

1) Vgl. Anm. zu § 5.

2) § 6 Abs. 1 Satz 1 neu gef. mWv 1.7.2003 durch G v. 11.7.2002 (BGBl. I S. 2592).

Abschnitt 3. Richterverhältnis

§ 8 Rechtsformen des Richterdienstes. Richter können nur als Richter auf Lebenszeit, auf Zeit, auf Probe oder kraft Auftrags berufen werden.

§ 9[1] Voraussetzungen für die Berufungen. In das Richterverhältnis darf nur berufen werden, wer

1. Deutscher im Sinne des Artikels 116 des Grundgesetzes[2] ist,
2. die Gewähr dafür bietet, dass er jederzeit für die freiheitliche demokratische Grundordnung im Sinne des Grundgesetzes eintritt,
3. die Befähigung zum Richteramt besitzt (§§ 5 bis 7) und
4. über die erforderliche soziale Kompetenz verfügt.

§ 10 Ernennung auf Lebenszeit. (1) Zum Richter auf Lebenszeit kann ernannt werden, wer nach Erwerb der Befähigung zum Richteramt mindestens drei Jahre im richterlichen Dienst tätig gewesen ist.

(2) [1] Auf die Zeit nach Absatz 1 können angerechnet werden Tätigkeiten

1. als Beamter des höheren Dienstes,
2. im deutschen öffentlichen Dienst oder im Dienst einer zwischenstaatlichen oder überstaatlichen Einrichtung, wenn die Tätigkeit nach Art und Bedeutung der Tätigkeit in einem Amt des höheren Dienstes entsprochen hat,
3. als habilitierter Lehrer des Rechts an einer deutschen wissenschaftlichen Hochschule,

(Fortsetzung nächstes Blatt)

---

[1] § 9 neu gef. mWv 1.7.2003 durch G v. 11.7.2002 (BGBl. I S. 2592).
[2] Nr. 1.

§ 65[1] Versetzungsverfahren. (1) Für das Verfahren bei Versetzung im Interesse der Rechtspflege (Versetzungsverfahren) gelten die Vorschriften der Verwaltungsgerichtsordnung[2] sinngemäß.

(2) [1] Das Verfahren wird durch einen Antrag der obersten Dienstbehörde eingeleitet. [2] Ein Vorverfahren findet nicht statt. [3] Der Vertreter des Bundesinteresses beim Bundesverwaltungsgericht wirkt an dem Verfahren nicht mit.

(3) Das Gericht erklärt eine der in § 31 vorgesehenen Maßnahmen für zulässig oder weist den Antrag zurück.

§ 66[3] Prüfungsverfahren. (1) [1] Für das Verfahren in den Fällen des § 62 Abs. 1 Nr. 3 und 4 (Prüfungsverfahren) gelten die Vorschriften der Verwaltungsgerichtsordnung[2] sinngemäß. [2] Der Vertreter des Bundesinteresses beim Bundesverwaltungsgericht wirkt an dem Verfahren nicht mit.

(2) Ein Vorverfahren findet nur in den Fällen des § 62 Abs. 1 Nr. 4 statt.

(3) Das Verfahren wird in den Fällen des § 62 Abs. 1 Nr. 3 durch einen Antrag der obersten Dienstbehörde, in den Fällen der Nummer 4 durch einen Antrag des Richters eingeleitet.

§ 67 Urteilsformel im Prüfungsverfahren. (1) In dem Fall des § 62 Abs. 1 Nr. 3 Buchstabe a stellt das Gericht die Nichtigkeit fest oder weist den Antrag zurück.

(2) In den Fällen des § 62 Abs. 1 Nr. 3 Buchstaben b bis d stellt das Gericht die Zulässigkeit der Maßnahme oder die Entlassung fest oder weist den Antrag zurück.

(3) In den Fällen des § 62 Abs. 1 Nr. 4 Buchstaben a bis d hebt das Gericht die angefochtene Maßnahme auf oder weist den Antrag zurück.

(4) In dem Fall des § 62 Abs. 1 Nr. 4 Buchstabe e stellt das Gericht die Unzulässigkeit der Maßnahme fest oder weist den Antrag zurück.

§ 68 Aussetzung von Verfahren. (1) [1] Ist eine Maßnahme der Dienstaufsicht aus den Gründen des § 26 Abs. 3 angefochten und hängt die Entscheidung hierüber von dem Bestehen oder Nichtbestehen eines Rechtsverhältnisses ab, das den Gegenstand eines anderen Verfahrens bildet oder bilden kann, so hat das Dienstgericht die Verhandlung bis zur Erledigung des anderen Verfahrens auszusetzen. [2] Der Aussetzungsbeschluß ist zu begründen.

(2) [1] Ist das Verfahren bei dem anderen Gericht noch nicht anhängig, so setzt das Dienstgericht in dem Aussetzungsbeschluß eine angemessene Frist zur Einleitung des Verfahrens. [2] Nach fruchtlosem Ablauf der Frist weist es den Antrag ohne weitere Sachprüfung zurück.

(3) [1] Hängt die Entscheidung eines anderen Gerichts als eines Dienstgerichts davon ab, ob eine Maßnahme der Dienstaufsicht aus den Gründen des § 26 Abs. 3 unzulässig ist, so hat das Gericht die Verhandlung bis zur Erledigung des Verfahrens vor dem Dienstgericht auszusetzen. [2] Der Aussetzungsbeschluß ist zu begründen. [3] Absatz 2 gilt sinngemäß.

---

[1] § 65 Abs. 2 Satz 3 geänd. mWv 1.1.2002 durch G v. 9.7.2001 (BGBl. I S. 1510).
[2] **Sartorius Nr. 600.**
[3] § 66 Abs. 1 Satz 2 geänd. mWv 1.1.2002 durch G v. 9.7.2001 (BGBl. I S. 1510).

Abschnitt 4. Richter des Bundesverfassungsgerichts

§ 69 Beschränkte Geltung dieses Gesetzes. Für die Richter des Bundesverfassungsgerichts gelten die Vorschriften dieses Gesetzes nur, soweit sie mit der besonderen Rechtsstellung dieser Richter nach dem Grundgesetz[1] und nach dem Gesetz über das Bundesverfassungsgericht[2] vereinbar sind.

§ 70[3] Bundesrichter als Richter des Bundesverfassungsgerichts.

(1) Die Rechte und Pflichten eines Richters an den obersten Gerichtshöfen des Bundes ruhen, solange er Mitglied des Bundesverfassungsgerichts ist.

(2) Er ist auf seinen Antrag auch als Richter an einem obersten Gerichtshof des Bundes zu dem Zeitpunkt in den Ruhestand zu versetzen, zu dem sein Amt als Richter des Bundesverfassungsgerichts nach Maßgabe des § 98 des Gesetzes über das Bundesverfassungsgericht[2] endet.

Teil 3. Richter im Landesdienst[4]

§ 71[5] Geltung des Beamtenstatusgesetzes. Soweit dieses Gesetz nichts anderes bestimmt, gelten für das Statusrecht der Richter im Landesdienst bis zu

(Fortsetzung nächstes Blatt)

---

[1] Nr. 1.
[2] **Sartorius Nr. 40.**
[3] § 70 neu gef. durch G v. 12.12.1985 (BGBl. I S. 2226).
[4] Die Länder haben ua folgende Vorschriften erlassen:
- **Baden-Württemberg:** Landesrichter- und -staatsanwaltsgesetz (LRiStAG) idF der Bek. v. 22.5.2000 (GBl. S. 504), zuletzt geänd. durch G v. 17.12.2020 (GBl. 2021 S. 1)
- **Bayern:** Bayerisches Richter- und Staatsanwaltsgesetz (BayRiStAG) v. 22.3.2018 (GVBl. S. 118), zuletzt geänd. durch V v. 26.3.2019 (GVBl. S. 98)
- **Berlin:** Berliner RichterG v. 9.6.2011 (GVBl. S. 238), geänd. durch G v. 17.12.2020 (GVBl. S. 1482)
- **Brandenburg:** Brandenburgisches RichterG – BbgRiG v. 12.7.2011 (GVBl. I Nr. 18), zuletzt geänd. durch G v. 19.6.2019 (GVBl. I Nr. 34)
- **Bremen:** Bremisches RichterG v. 15.12.1964 (Brem.GBl. S. 187), zuletzt geänd. durch G v. 14.7.2020 (Brem.GBl. S. 671)
- **Hamburg:** Hamburgisches Richtergesetz (HmbRiG) v. 2.5.1991 (HmbGVBl. S. 169), zuletzt geänd. durch G v. 26.6.2020 (HmbGVBl. S. 380)
- **Hessen:** Hessisches RichterG (HRiG) idF der Bek. v. 11.3.1991 (GVBl. I S. 54), zuletzt geänd. durch G v. 21.6.2018 (GVBl. S. 291)
- **Mecklenburg-Vorpommern:** LandesrichterG des Landes Mecklenburg-Vorpommern v. 7.6.1991 (GVOBl. M-V S. 159), zuletzt geänd. durch G v. 11.5.2021 (GVOBl. M-V S. 600);
- **Niedersachsen:** Niedersächsisches RichterG v. 21.1.2010 (Nds. GVBl. S. 16), zuletzt geänd. durch G v. 12.5.2020 (Nds. GVBl. S. 116)
- **Nordrhein-Westfalen:** Landesrichter- und Staatsanwältegesetz – LRiStaG v. 8.12.2015 (GV. NRW. S. 812), zuletzt geänd. durch G v. 1.6.2021 (GV. NRW. S. 690)
- **Rheinland-Pfalz:** LandesrichterG (LRiG) v. 22.12.2003 (GVBl. 2004 S. 1), zuletzt geänd. durch G v. 7.2.2018 (GVBl. S. 9)
- **Saarland:** Saarländisches RichterG v. 18.4.1975 (Amtsbl. S. 566), zuletzt geänd. durch G v. 30.11.2016 (Amtsbl. 2017 I S. 81, geänd. durch G v. 24.10.2017, Amtsbl. I S. 1005)
- **Sachsen:** RichterG des Freistaates Sachsen (SächsRiG) idF der Bek. v. 2.8.2004 (SächsGVBl. S. 365), zuletzt geänd. durch G v. 5.3.2019 (SächsGVBl. S. 158)
- **Sachsen-Anhalt:** LandesrichterG – LRiG v. 28.1.2011 (GVBl. LSA S. 30), zuletzt geänd. durch G v. 11.11.2020 (GVBl. LSA S. 644)
- **Schleswig-Holstein:** LandesrichterG – LRiG – v. 23.1.1992 (GVOBl. Schl.-H. S. 46), zuletzt geänd. durch G v. 4.10.2019 (GVOBl. Schl.-H. S. 405)
- **Thüringen:** Thüringer Richter- und StaatsanwälteG v. 14.12.2018 (GVBl. S. 677)

[5] § 71 neu gef. mWv 1.4.2009 durch G v. 17.6.2008 (BGBl. I S. 1010).

98. Bundesrechtsanwaltsordnung (BRAO)[1)]

Vom 1. August 1959
(BGBl. I S. 565)

BGBl. III/FNA 303-8

Lfd. Nr.	Änderndes Gesetz	Datum	Fundstelle	Betroffen	Hinweis
1.	§ 100 Deutsches RichterG	8.9.1961	BGBl. I S. 1665	§ 4	geänd. mWv 1.7.1962
				§ 233	aufgeh. mWv 1.7.1962
2.	Art. 12 Nr. 4 G zur Änd. der StPO und des GVG	19.12.1964	BGBl. I S. 1081	§ 130	geänd. mWv 1.4.1965
3.	Art. 36 EinführungsG zum G über Ordnungswidrigkeiten	24.5.1968	BGBl. I S. 503	§§ 49, 118	geänd. mWv 1.10.1968
4.	§ 20 G zur Wahrung der Einheitlichkeit der Rechtsprechung der obersten Gerichtshöfe des Bundes	19.6.1968	BGBl. I S. 661	§ 172	geänd. mWv 1.7.1968
5.	Art. 1 G zur Änd. der BundesrechtsanwaltsO und der PatentanwaltsO	13.1.1969	BGBl. I S. 25	§§ 7, 16, 27, 35, 43, 53, 55, 57, 65, 66, 74, 95, 100, 102, 103, 110, 112, 115, 117bis 119, 121bis123, 125 bis 131, 133 bis 135, 137bis139, 143, 146, 148, 149, 151, 153, 154, 156, 158, 160, 163, 195 bis 199, 11. Teil Überschrift, §§ 204, 226	geänd. mWv 16.1.1969
				§§ 74a, 115a, 115b, 117a, 117b, 117c, 118a, 118b, 197a, 205a, 233	eingef. mWv 16.1.1969
				§§ 136, 210	aufgeh. mWv 16.1.1969
6.	Art. 2 Nr. 3 G zur Entlastung des Bundesgerichtshofes in Zivilsachen	15.8.1969	BGBl. I S. 1141	§ 172	geänd. mWv 15.9.1969
7.	Art. II Nr. 6 G zur Änd. des Deutschen RichterG	10.9.1971	BGBl. I S. 1557	§ 53	geänd. mWv 15.6.1972
8.	Art. XII Nr. 2 G zur Änd. der Bezeichnungen der Richter und ehrenamtlichen Richter und der Präsidialverfassung der Gerichte	26.5.1972	BGBl. I S. 841	§§ 97, 105, 106	geänd. mWv 1.10.1972
9.	Art. 1 G zur Änd. der BundesrechtsanwaltsO der BundesgebührenO für Rechtsanwälte und anderer Vorschriften	24.10.1972	BGBl. I S. 2013	§ 226	geänd. mWv 1.11.1972
				§ 227a	eingef. mWv 1.11.1972
10.	Art. 96 EinführungsG zum Strafgesetzbuch	2.3.1974	BGBl. I S. 469	§§ 10, 33, 66, 115, 115b, 117	geänd. mWv 1.1.1975

[1)] Überschrift geänd. mWv 1.8.2021 durch G v. 25.6.2021 (BGBl. I S. 2154).

Lfd. Nr.	Änderndes Gesetz	Datum	Fundstelle	Betroffen	Hinweis
11.	Art. 6 Nr. I Erstes G zur Reform des Strafverfahrensrechts	9.12.1974	BGBl. I S. 3393	§§ 66, 69, 74, 115a, 117c wird 117b, 121, 123, 130, 133, 7. Teil 3. Abschnitt Überschrift, §§ 142, 148, 149, 150, 158, 159, 196	geänd. mWv 1.1.1975
				§§ 117b (alt), 124 bis 128	aufgeh. mWv 1.1.1975
12.	Art. 12 G zur Ergänzung des Ersten G zur Reform des Strafverfahrensrechts	20.12. 1974	BGBl. I S. 3686	§ 107	geänd. mWv 1.1.1975
13.	Art. 1 G zur Änd. der BundesrechtsanwaltsO und anderer Vorschriften	20.5.1975	BGBl. I S. 1117	§§ 34, 35, 227a	geänd. mWv 1.6.1973
				§§ 33a, 227b	eingef. mWv 1.6.1973
14.	Art. 4 § 19 G zur Änd. des GerichtskostenG, des G über Kosten der Gerichtsvollzieher, der BundesgebührenO für Rechtsanwälte und anderer Vorschriften	20.8.1975	BGBl. I S. 2189	§§ 192, 193	geänd. mWv 15.9.1975
15.	Art. 2 G zur Änd. der WirtschaftsprüferO und anderer Gesetze	20.8.1975	BGBl. I S. 2258	§ 114	geänd. mWv 24.8.1975
16.	Art. 11 Erstes G zur Reform des Ehe- und Familienrechts	14.6.1976	BGBl. I S. 1421	§ 48	geänd. mWv 1.7.1977
17.	Art. 7 Nr. 7 AdoptionsG	2.7.1976	BGBl. I S. 1749	§ 20	geänd. mWv 1.1.1977
18.	Art. 4 G zur Änd. des Strafgesetzbuches, der Strafprozeßordnung, des GerichtsverfassungsG, der BundesrechtsanwaltsO und des StrafvollzugsG	18.8.1976	BGBl. I S. 2181	§ 66, 69, 114, 115, 115b, 145, 7. Teil 5. Abschnitt Überschrift, §§ 155, 204	geänd. mWv 21.9.1976
				§§ 114a, 159a, 159b, 161a	eingef. mWv 21.9.1976
19.	Art. VII G zur Neuregelung der Rechtsverhältnisse der Mitglieder des Deutschen Bundestags	18.2.1977	BGBl. I S. 297	§ 7	geänd. mWv 1.4.1977
20.	Art. 7 StrafverfahrensänderungsG 1979	5.10.1978	BGBl. I S. 1645	§§ 69, 117b, 122, 161a, 196	geänd. mWv 1.1.1979
				§§ 120a, 150a	eingef. mWv 1.1.1979
21.	Art. 8 Zweites G zur Änd. dienstrechtlicher Vorschriften	30.7.1979	BGBl. I S. 1301	§§ 7, 14	geänd. mWv 1.10.1979
22.	Art. 4 G über die Prozeßkostenhilfe	13.6.1980	BGBl. I S. 677	§ 48	geänd. mWv 1.1.1981
23.	§ 11 BeratungshilfeG	18.6.1980	BGBl. I S. 689	§ 49a	eingef. mWv 1 1. 1981
24.	Art. 2 Abs. 5 Fünftes G zur Änd. der BundesgebührenO für Rechtsanwälte	18.8.1980	BGBl. I S. 1503	§ 209	geänd. mWv 27.8.1980

Lfd. Nr.	Änderndes Gesetz	Datum	Fund-stelle	Betroffen	Hinweis
25.	§ 80 G über die internationale Rechtshilfe in Strafsachen	23.12. 1982	BGBl. I S. 2071	§ 49	geänd. mWv 28.2.1994
26.	Art. 2 Abs 6 Drittes G zur Änd. des Deutschen RichterG	25.7.1984	BGBl. I S. 995	§ 227a	geänd. mWv 1.8.1984
27.	Beschl. des BVerfG – 1 BvL 12/85 –	26.2.1986	BGBl. I S. 744	§ 7 Nr. 3	nichtig
28.	Art. 8 § 1 G zur Änd. von KostenG	9.12.1986	BGBl. I S. 2326	§§ 180, 182, 190, 192, 193	geänd. mWv 1.1.1987
29.	Art. 1 G zur Änd. des Berufsrechts der Rechtsanwälte und der Patentanwälte	13.12. 1989	BGBl. I S. 2135	§§ 5, 7, 9, 14 bis 17, 20, 24, 31, 33, 34 bis 36, 40, 42, 47, 53, 55 bis 57, 66, 71, 72, 77, 89, 95, 103, 114, 118, 139, 140, 150, 151, 154, 161, 161a, 173, 184, 197, 205a, 209, 223, 227a	geänd. mWv 20.12.1989
				§§ 8a, 29a, 36a, 167a, 206, 207	eingef. mWv 20.12.1989
				§§ 214, 216bis 220, 222	aufgeh. mWv 20.12.1989
30.	Art. 3 EG-HochschuldiplomanerkennungsVO	6.7.1990	BGBl. I S. 1349	§§ 4, 93, 101	geänd. mWv 1.1.1991
31.	Art. 7 § 16 BetreuungsG	12.9.1990	BGBl. I S. 2002	§ 48	geänd. mWv 1.1.1992
32.	Art. 7 Abs. 5 Rechtspflege-VereinfachungsG	17.12. 1990	BGBl. I S. 2847	§ 106	geänd. mWv 1.1.1992
33.	Art. 2 G zur Änd. des Berufsrechts der Notare und der Rechtsanwälte	29.1.1991	BGBl. I S. 150	§ 209	geänd. mWv 1.8.1991
				42d, 210	eingef. mWv 3.2.1991
				42a, 42b, 42c, 210	eingef. mWv 1.8.1991
34.	Art. 2 G über Fachanwaltsbezeichnungen nach der BundesrechtsanwaltsO und zur Änd. der BundesrechtsanwaltsO	27.2.1992	BGBl. I S. 369	§§ 42c, 42d	geänd. mWv 7.3.1992
35.	Art. 35 EWR-AusführungsG	27.4.1993	BGBl. I S. 512	§ 206	geänd. mWv 1.1.1994
36.	Art. 8 Abs. 2 KostenrechtsänderungsG 1994	24.6.1994	BGBl. I S. 1325	§§ 103, 192, 193, 200	geänd. mWv 1.7.1994
37.	Art. 2 G Gesetz zum WTO-Übereinkommen	30.8.1994	BGBl. II S. 1438	§ 206	geänd. mWv 1.1.1995
38.	Art. 1 G zur Neuordnung des Berufsrechts der Rechtsanwälte und der Patentanwälte[1)]	2.9.1994	BGBl. I S. 2278, geänd. durch G v. 17.12.	§§ 7, 8a, 9, 11, 12, 14, 16, 21, 27, 28, 29, 29a, 30, 31, 33, 35, 36a, 37, 40 bis 42, 45, 46, 49a, 50 wird 51b, 56, 57, 66, 69, 73, 74, 74a,	geänd. mWv 9.9.1994

[1)] **Amtl. Anm.:** Gem. Art. 22 Abs. 2 treten Artikel 1 Nr. 5, 11 und 38 in den Ländern Baden-Württemberg, Bayern, Berlin, Bremen, Hamburg, Hessen, Niedersachsen, Nordrhein-Westfalen, Rheinland-Pfalz, Saarland und Schleswig-Holstein am 1. Januar 200 in Kraft. In den übrigen Ländern treten sie am 1. Januar 2005 in Kraft.

Lfd. Nr.	Änderndes Gesetz	Datum	Fundstelle	Betroffen	Hinweis
			1999, BGBl. I S. 2448	89 bis 91, 5. Teil Überschrift, 5. Teil 1. und 2. Abschnitt jeweils Überschrift, §§ 92 bis 105, 107 bis 109, 6. Teil Überschrift, §§ 113, 114, 114a, 115a, 115b, 7. Teil Überschrift, §§ 116 bis 123, 130 bis 132, 7. Teil 2. Abschnitt 3. UAbschnitt Überschrift, §§ 135, 137 bis 141, 7. Teil 3. Abschnitt 1. und 2. UAbschnitt jeweils Überschrift, §§ 142 bis 146, 148 bis 150, 156 bis 158, 159a, 159b, 163, 169, 170, 173, 176, 177, 179, 185, 191, 192, 10. Teil 2. Abschnitt, §§ 195, 197 bis 199, 203, 11. Teil Überschrift, §§ 204 bis 207, 209, 221, 223, 224, 226, 227a, 228	
				§§ 43a, 43b, 43c, 49b, 51 (neu), 51a, 59a, 59b, 172a, 191a, 191b, 191c, 191d, 191e	eingef. mWv 9.9.1994
				§§ 22, 24, 42a bis 42d, 51 (alt), 227a, 227b	aufgeh. mWv 9.9.1994
				§§ 34	geänd. mWv 1.1.2000
				§§ 34	geänd. mWv 1.1.2005
				§§ 22, 24227a, 227b	aufgeh. mWv 1.1.2000
				§§ 22, 24227a, 227b	aufgeh. mWv 1.1.2005
39.	Art. 16 EinführungsG zur InsolvenzO	5.10.1994	BGBl. I S. 2911, geänd. durch G v. 19.12. 1998, BGBl. I S. 3836	§§ 7, 14, 66, 69	geänd. mWv 1.1.1999
40.	Art. 2e Drittes G zur Änd. des RechtspflegerG und anderer Gesetze	6.8.1998	BGBl. I S. 2030	§ 149	geänd. mWv 1.1.1998
41.	Art. 4 Drittes G zur Änd. der BundesnotarO und anderer Gesetze	31.8.1998	BGBl. I S. 2585	§§ 35, 45, 205a, 215	geänd. mWv 8.9.1998
42.	Art. 1 G zur Änd. der BundesrechtsanwaltsO, der PatentanwaltsO und anderer Gesetze	31.8.1998	BGBl. I S. 2600	§§ 36a, 60, 61, 74, 74a, 84, 192, 193	geänd. mWv 1.3.1999
				§ 224a	eingef. mWv 9.9.1998
				3. Teil 1. und 2. Abschnitt jeweils Überschrift, §§ 59c bis 59m, 115c, 224a	eingef. mWv 1.3.1999

Lfd. Nr.	Änderndes Gesetz	Datum	Fundstelle	Betroffen	Hinweis
43.	Art. 2 G zur Umsetzung von Richtlinien der Europäischen Gemeinschaft auf dem Gebiet des Berufsrechts der Rechtsanwälte[1]	9.3.2000	BGBl. I S. 182, ber. S. 1349	§§ 4, 27, 59a, 206, 207	geänd. mWv 14.3.2000
44.	Urt. des BVerfG –1 BvR 335/97–	13.12. 2000	BGBl. 2001 I S. 891	§ 25	unvereinbar mit Art. 12 Abs. 1 GG
				§ 226	ab 1.7.2002 hinsichtlich der Beschränkung auf die dort genannten Länder gegenstandslos
45.	Art. 3 § 14 G zur Beendigung der Diskriminierung gleichgeschlechtlicher Gemeinschaften	16.2.2001	BGBl. I S. 266	§§ 20, 35, 53, 55, 114a, 155, 170	geänd. mWv 1.8.2001
46.	Art. 2 Abs. 5 ZustellungsreformG	25.6.2001	BGBl. I S. 1206	§ 30	geänd. mWv 1.7.2002
47.	Art. 36 ZivilprozessreformG	27.7.2001	BGBl. I S. 1887	§ 172	geänd. mWv 1.1.2002
48.	Art. 5 G zur Änd. der InsolvenzO und anderer Gesetze	26.10. 2001	BGBl. I S. 2710	§ 48	geänd. mWv 1.12.2001
49.	Art. 3 G zur Einführung des Euro in Rechtspflegegesetzen und in Gesetzen des Straf- und Ordnungswidrigkeitenrechts, zur Änd. der Mahnvordruckverordnungen sowie zur Änd. weiterer Gesetze	13.12. 2001	BGBl. I S. 3574	§§ 51, 57, 59j, 114, 192, 193	geänd. mWv 1.1.2002
50.	Art. 31 G zur Gleichstellung behinderter Menschen und zur Änd. anderer Gesetze	27.4.2002	BGBl. I S. 1467	§§ 7, 14 bis 16, 67, 95	geänd. mWv 1.5.2002
51.	Art. 10 G zur Ausführung des Römischen Statuts des Internationalen Strafgerichtshofes	21.6.2002	BGBl. I S. 2144	§ 49	geänd. mWv 1.7.2002
52.	Art. 2 G zur Reform der Juristenausbildung	11.7.2002	BGBl. I S. 2592	§§ 59, 73	geänd. mWv 11.7.2002
53.	Art. 4 Abs. 18 KostenrechtsmodernisierungsG	5.5.2004	BGBl. I S. 718	§§ 49b, 103	geänd. mWv 1.7.2004

[1] **Amtl. Anm.:** Dieses Gesetz setzt folgende Richtlinien um: In Artikel 1 §§ 1, 2 bis 15, 36 bis 42 die Richtlinie 98/5/EG des Europäischen Parlaments und des Rates vom 16. Februar 1998 zur Erleichterung der ständigen Ausübung des Rechtsanwaltsberufs in einem anderen Mitgliedstaat als dem, in dem die Qualifikation erworben wurde (ABl. EG Nr. L 77 S. 36); in Artikel 1 §§ 1, 16 bis 24, 36, 40 die Richtlinie 89/48/EWG des Rates der Europäischen Gemeinschaften vom 21. Dezember 1988 über eine allgemeine Regelung zur Anerkennung der Hochschuldiplome, die eine mindestens dreijährige Berufsausbildung abschließen (ABl. EG 1989 Nr. L 19 S. 16); in Artikel 1 §§ 1, 25 bis 35, 40, 42 die Richtlinie 77/249/EWG des Rates vom 22. März 1977 zur Erleichterung der tatsächlichen Ausübung des freien Dienstleistungsverkehrs der Rechtsanwälte (ABl. EG Nr. L 78 S. 17).

Lfd. Nr.	Änderndes Gesetz	Datum	Fundstelle	Betroffen	Hinweis
54.	Art. 4 G zur Anpassung von Verjährungsvorschriften an das SchuldrechtsmodernisierungsG	9.12.2004	BGBl. I S. 3214	§ 59m	geänd. mWv 15.12.2004
				§§ 51b	aufgeh. mWv 15.12.2004
55.	Art. 4 G zur Vereinfachung und Vereinheitlichung der Verfahrensvorschriften zur Wahl und Berufung ehrenamtlicher Richter	21.12. 2004	BGBl. I S. 3599	§§ 94, 102, 103, 107	geänd. mWv 1.1.2005
56.	Art. 42 Erstes G über die Bereinigung von Bundesrecht im Zuständigkeitsbereich des BMJ	19.4.2006	BGBl. I S. 866	Inhaltsübersicht, §§ 59k, 214	geänd. mWv 25.4.2006
				§§ 221, 233	aufgeh. mWv 25.4.2006
57.	Art. 8 Zweites JustizmodernisierungsG	22.12. 2006	BGBl. I S. 3416	§§ 195, 198, 199	geänd. mWv 31.12.2006
				Anl.	eingef. mWv 31.12.2006
58.	Art. 1 G zur Stärkung der Selbstverwaltung der Rechtsanwaltschaft	26.3.2007	BGBl. I S. 358	§§ 6, 8a (alt) wird 8 (neu), 11, 12 bis 14, 16, 17, 27, 29, 29a, 30, 31, 36a, 37, 40 bis 42, 47, 51, 53, 55, 59g, 59h, 59m, 60, 65, 73, 94, 95, 103, 108, 109, 112, 115, 160, 161, 163, 180, 182, 191b, , 192, 201, 207, 209	geänd. mWv 1.6.2007
				§§ 12a, 172b	eingef. mWv 1.6.2007
				§§ 8, 9, 15, 18 bis 21, 23, 25, 26, 28, 32, 32a, 33, 33a, 34, 35, 36, 38, 39, 171, 193, 194, 213, 224a	aufgeh. mWv 1.6.2007
59.	Beschl. des BVerfG – 1 BvR 2576/04 –	12.12. 2006	BGBl. 2007 I S. 495	§ 49b	teilweise unvereinbar mit Art. 12 Abs. 1 GG
60.	Art. 9 Abs. 3 G zur Reform des Versicherungsvertragsrechts	23.11. 2007	BGBl. I S. 2631	§ 51	geänd. mWv 1.1.2008
61.	Art. 4 G zur Neuregelung des Rechtsberatungsrechts[1)]	12.12. 2007	BGBl. I S. 2840	§§ 49b, 59, 59a, 59e, 59f, 59h, 209	geänd. mWv 18.12.2007
				§ 52	aufgeh. mWv 1.7.2008
62.	Art. 1 G zur Neuregelung des Verbots der Vereinbarung von Erfolgshonoraren	12.6.2008	BGBl. I S. 1000	§ 49b	geänd. mWv 1.7.2008

[1)] **Amtl. Anm.:** Dieses Gesetz dient der Umsetzung der Richtlinie 2005/36/EG des Europäischen Parlaments und des Rates vom 7. September 2005 über die Anerkennung von Berufsqualifikationen (ABl. EU Nr. L 255 S. 22).

Lfd. Nr.	Änderndes Gesetz	Datum	Fundstelle	Betroffen	Hinweis
63.	Art. 5 Viertes G zur Änd. verwaltungsverfahrensrechtlicher Vorschriften[1]	11.12. 2008	BGBl. I S. 2418	§ 73a	eingef. mWv 18.12.2008
64.	Art. 4 Abs. 3 G zur Reform der Sachaufklärung in der Zwangsvollstreckung	29.7.2009	BGBl. I S. 2258	§§ 7, 14	geänd. mWv 1.1.2013
65.	Art. 6 Abs. 1 G zur Änd. des Untersuchungshaftrechts	29.7.2009	BGBl. I S. 2274	§ 117b	geänd. mWv 1.1.2010
66.	Art. 4 Zweites OpferrechtsreformG	29.7.2009	BGBl. I S. 2280	§ 49	geänd. mWv 1.10.2009
67.	Art. 1 G zur Modernisierung von Verfahren im anwaltlichen und notariellen Berufsrecht, zur Errichtung einer Schlichtungsstelle der Rechtsanwaltschaft sowie zur Änd. sonstiger Vorschriften[2]	30.7.2009	BGBl. I S. 2449	§§ 6, 14, 15, 17, 27, 29, 29a, 30 bis 36, 43c, 48, 49b, 51, 53, 55, 56, 59b, 59g bis 59i, 59k, 59m, 61, 73, 74, 74a, 84, 89, 94, 95, 103, 104, 106, 108, 109, 115c, 139, 148, 160, 161, 163, 170, 172b, 173, 174, 192, 197, 204, 207 bis 210, 215, Anl.	geänd. mWv 1.9.2009
				§ 32	geänd. mWv 28.12.2009
				§§ 112a, 112b, 112c, 112d, 112e, 112f, 191f, 193, 194	eingef. mWv 1.9.2009
				§§ 8, 11, 16, 37, 40 bis 42, 54, 90, 91, 191, 200 bis 203, 211, 212, 223 bis 237	aufgeh. mWv 1.9.2009
68.	Art. 1 G zur Umsetzung der Dienstleistungsrichtlinie in der Justiz und zur Änd. weiterer Vorschriften[3]	22.12. 2010	BGBl. I S. 2248, ber. 2011 S. 223	§§ 32, 88	geänd. mWv 28.12.2010
				§ 73b	eingef. mWv 28.12.2010
69.	Art. 4 G über den Rechtsschutz bei überlangen Gerichtsverfahren und strafrechtlichen Ermittlungsverfahren	24.11. 2011	BGBl. I S. 2302	§§ 57, 74a, 116	geänd. mWv 3.12.2011
				§ 112g	eingef. mWv 3.12.2011
70.	Art. 8 G zur Verbesserung der Feststellung und Anerkennung im Ausland erworbener Berufsqualifikationen	6.12.2011	BGBl. I S. 2515	§ 4	geänd. mWv 1.4.2012
71.	Art. 7 Abs. 1 G zur Stärkung der Rechte von Opfern sexuellen Missbrauchs	26.6.2013	BGBl. I S. 1805	§ 117a	geänd. mWv 1.9.2013

[1] **Amtl. Anm.:** Dieses Gesetz dient der Umsetzung verwaltungsverfahrensrechtlicher Bestimmungen der Richtlinie 2006/123/EG des Europäischen Parlaments und des Rates vom 12. Dezember 2006 über Dienstleistungen im Binnenmarkt (ABl. EU Nr. L 376 S. 36).

[2] **Amtl. Anm.:** Dieses Gesetz dient der Umsetzung der Richtlinie 2006/123/EG des Europäischen Parlaments und des Rates vom 12. Dezember 2006 über Dienstleistungen im Binnenmarkt (ABl. L 376 vom 27.12.2006, S. 36).

[3] **Amtl. Anm.:** Artikel 1 Nummer 1 und 2, Artikel 2 bis 5 und 8 Nummer 1, Artikel 9 bis 11 und 15 Nummer 2 und 4 und Artikel 18 dieses Gesetzes dienen der Umsetzung der Richtlinie 2006/123/EG des Europäischen Parlaments und des Rates vom 12. Dezember 2006 über Dienstleistungen im Binnenmarkt (ABl. L 376 vom 27.12.2006, S. 36).

Lfd. Nr.	Änderndes Gesetz	Datum	Fundstelle	Betroffen	Hinweis
72.	Art. 2 G zur Einführung einer Partnerschaftsgesellschaft mit beschränkter Berufshaftung und zur Änd. des Berufsrechts der Rechtsanwälte, Patentanwälte, Steuerberater und Wirtschaftsprüfer	15.7.2013	BGBl. I S. 2386	§§ 52, 59j, 59m, 118a, 119b	geänd. mWv 19.7.2013
				§ 51a	eingef. mWv 19.7.2013
73.	Art. 46 2. KostenrechtsmodernisierungsG	23.7.2013	BGBl. I S. 2586	§ 31	geänd. mWv 1.8.2013
74.	Art. 2 Abs. 60 G zur Strukturreform des Gebührenrechts des Bundes	7.8.2013	BGBl. I S. 3154	§ 192	geänd. mWv 15.8.2013
75.	Art. 4 G zur Änd. des Prozesskostenhilfe- und Beratungshilferechts	31.8.2013	BGBl. I S. 3533	§ 48	geänd. mWv 1.1.2014
76.	Art. 3 G gegen unseriöse Geschäftspraktiken[1]	1.10.2013	BGBl. I S. 3714	§ 43d	eingef. mWv 1.11.2014
77.	Art. 7 G zur Förderung des elektronischen Rechtsverkehrs mit den Gerichten	10.10. 2013	BGBl. I S. 3786	§ 177	geänd. mWv 1.7.2014
				§ 31b	eingef. mWv 1.7.2014
				§ 49c	eingef. mWv 1.1.2017
78.	Beschl. des BVerfG – 1 BvR 2998/11, 1 BvR 236/12 –	14.1.2014	BGBl. I S. 111	§ 59e Abs. 2 Satz 1, § 59f Abs. 1	teilweise unvereinbar mit Art. 12 Abs. 1 GG und nichtig
79.	Art. 3 G zur Stärkung des Rechts des Angeklagten auf Vertretung in der Berufungsverhandlung und über die Anerkennung von Abwesenheitsentscheidungen in der Rechtshilfe	17.7.2015	BGBl. I S. 1332	§ 143	geänd. mWv 25.7.2015
80.	Art. 139 Zehnte ZuständigkeitsanpassungsVO	31.8.2015	BGBl. I S. 1474	§§ 31, 31b, 33, 51, 51a, 59j, 107, 109, 112a, 163, 169, 170, 173, 176, 185, 191e, 206	geänd. mWv 8.9.2015
81.	Art. 1 G zur Neuordnung des Rechts der Syndikusanwälte und zur Änd. der FinanzgerichtsO	21.12. 2015	BGBl. I S. 2517	§§ 33, 215	geänd. mWv 1.1.2016
				§§ 31, 31c (früherer § 31b), 46	neu gef. mWv 1.1.2016
				§§ 31a, 31b, 46a, 46b, 46c	eingef. mWv 1.1.2016
82.	Beschl. des BVerfG – 1 BvL 6/13 –	12.1.2016	BGBl. I S. 244	§ 59a Absatz 1 Satz 1	nichtig, siehe Fußnote dort
83.	Art. 3 G zur Umsetzung der RL über alternative Streit-	19.2.2016	BGBl. I S. 254	§ 191f	geänd. mWv 1.4.2016

[1] **Amtl. Anm.:** Dieses Gesetz dient der Umsetzung von Artikel 13 der Richtlinie 2002/58/EG des Europäischen Parlaments und des Rates vom 12. Juli 2002 über die Verarbeitung personenbezogener Daten und den Schutz der Privatsphäre in der elektronischen Kommunikation (Datenschutzrichtlinie für elektronische Kommunikation) (ABl. L 201 vom 31.7.2002, S. 37), die zuletzt durch Artikel 2 der Richtlinie 2009/136/EG (ABl. L 337 vom 18.12.2009, S. 11) geändert worden ist.

Lfd. Nr.	Änderndes Gesetz	Datum	Fundstelle	Betroffen	Hinweis
	beilegung in Verbraucherangelegenheiten und zur Durchführung der VO über Online-Streitbeilegung in Verbraucherangelegenheiten[2]				
84.	Art. 1 G zur Umsetzung der BerufsanerkennungsRL und zur Änd. weiterer Vorschriften im Bereich der rechtsberatenden Berufe[1]	12.5.2017	BGBl. I S. 1121	§ 46a	geänd. mWv 1.1.2016
				§§ 7, 10, 12, 27, 31, 31a, 33, 46c, 51, 51a, 53, 55, 57, 58, 59a, 59b, 59j, 59m, 63, 66, 73, 74, 74a, 76, 80, 82, 84, 85, 86, 87, 89, 112a, 112d, 115c, 163, 168, 173, 177, 178, 180, 185, 187, 191a, 191b, 191d, 204, 205a, 207, 209, 211, 214	geänd. mWv 18.5.2017
				§§ 31, 31a	geänd. mWv 1.1.2018
				§§ 64, 69, 88, 89	geänd. mWv 1.7.2018
				Inhaltsübersicht, Paragraphenüberschriften und Untergliederungen (teilweise), §§ 4, 50, 60, 112f, 191e	neu gef. mWv 18.5.2017
				§ 112h	eingef. mWv 18.5.2017
				§§ 5, 215	aufgeh. mit Ablauf des 17.5. 2017
85.	Art. 3 G zur Neuregelung des Schutzes von Geheimnissen bei der Mitwirkung Dritter an der Berufsausübung schweigepflichtiger Personen	30.10. 2017	BGBl. I S. 3618	Inhaltsübersicht, §§ 43a, 59m	geänd. mWv 9.11.2017
				§ 43e	eingef. mWv 9.11.2017
86.	Art. 4 G zur Änd. von Vorschriften über die außergerichtliche Streitbeilegung in Verbrauchersachen und zur Änd. weiterer Gesetze	30.11. 2019	BGBl. I S. 1942	§ 191f	geänd. mWv 1.1.2020
87.	Art. 2 G zur Neuregelung des Rechts der notwendigen Verteidigung[2]	10.12. 2019	BGBl. I S. 2128	§ 31	geänd. mWv 13.12.2019

[2] **Amtl. Anm.:** Dieses Gesetz dient der Umsetzung der Richtlinie 2013/11/EU des Europäischen Parlaments und des Rates vom 21. Mai 2013 über die alternative Beilegung verbraucherrechtlicher Streitigkeiten und zur Änderung der Verordnung (EG) Nr. 2006/2004 und der Richtlinie 2009/22/EG (Richtlinie über alternative Streitbeilegung in Verbraucherangelegenheiten) (ABl. L 165 vom 18.6.2013, S. 63).

[1] **Amtl. Anm.:** *(abgedruckt in Änderungstabelle Nr.* ***69****)*

[2] **Amtl. Anm.:** Dieses Gesetz dient der Umsetzung der Richtlinie (EU) 2016/1919 des Europäischen Parlaments und des Rates vom 26. Oktober 2016 über Prozesskostenhilfe für Verdächtige und beschuldigte Personen in Strafverfahren sowie für gesuchte Personen in Verfahren zur Vollstreckung eines Europäischen Haftbefehls (ABl. L 297 vom 4.11.2016, S. 1; L 91 vom 5.4.2017, S. 40). […]

Lfd. Nr.	Änderndes Gesetz	Datum	Fundstelle	Betroffen	Hinweis
88.	Art. 14 G zur Umsetzung der ÄndRL zur Vierten EU-GeldwäscheRL[1]	12.12. 2019	BGBl. I S. 2602	§ 73b	geänd. mWv 1.1.2020
89.	Art. 1 G zur Umsetzung der VerhältnismäßigkeitsRL (RL (EU) 2018/958) im Bereich öffentlich-rechtl. Körperschaften[2]	19.6.2020	BGBl. I S. 1403	§§ 59b, 112h, 191e	geänd. mWv 30.7.2020
90.	Art. 3 G zur Verbesserung des Verbraucherschutzes im Inkassorecht und zur Änd. weiterer Vorschriften	22.12. 2020	BGBl. I S. 3320	§ 43d	neu gef. mWv 1.10.2021
91.	Art. 8 G zur Modernisierung des notariellen Berufsrechts und zur Änd. weiterer Vorschriften	25.6.2021	BGBl. I S. 2154	Überschrift, Inhaltsübersicht, §§ 7, 12, 12a, 14, 15, 17, 30, 31, 31a, 43a, 43c, 45, 46a, 46c, 47, 55, 59b, 59h, 70, 71, 72, 73, 75, 77, 81, 89, 94, 103, 107, 110, 140, 149, 163, 167a, 170, 173, 185, 188, 189, 191b, 191c, 191e, 191f, 192, 206, 207, 208, Anl.	geänd. mWv 1.8.2021
				§§ 10, 37, 53, 54, 58, 76, 86, 161, 184	neu gef. mWv 1.8.2021
				§ 61	aufgeh. mit Ablauf des 31.7. 2021
92.	Art. 1 G zur Neuregelung des Berufsrechts der anwaltlichen und steuerberatenden Berufsausübungsgesellschaften sowie zur Änd. weiterer Vorschriften im Bereich der rechtsberatenden Berufe	7.7.2021	BGBl. I S. 2363	Inhaltsübersicht, §§ 29a, 31, 31a, 31c, 31d, 32, 33, 36, 43a, 43c, 46, 46a, 46b, 49b, 51, 52, 58, 59a, 59b, 60, 69, 74, 74a, 113, 114, 114a, 115a, 117b, 118, 119, 122, 123, 130, 131, 133, 137, 138, 139, 143, 145, 146, 148, 149, 150, 150a, 151, 153, 154, 155, 156, 158, 159, 159b, 160, 161, 161a, 163, 172b, 174, 182, 190, 191a, 191b, 192, 196, 197, 197a, 198, 199, 204, 205a, 209, Anl.	geänd. mWv 1.8.2022
				Teil 2 Überschrift, § 45, Teil 3 Abschnitt 2 (§§ 59b, 59c, 59d, 59e, 59f, 59g, 59h, 59i, 59j, 59k, 59l, 59m, 59n, 59o, 59p, 59q), §§ 66, 115, 115b, 118a, 134, Teil 8 Ab-	neu gef. mWv 1.8.2022

[1] **Amtl. Anm.:** Dieses Gesetz dient der Umsetzung der Richtlinie (EU) 2018/843 des Europäischen Parlaments und des Rates vom 30. Mai 2018 zur Änderung der Richtlinie (EU) 2015/849 zur Verhinderung der Nutzung des Finanzsystems zum Zwecke der Geldwäsche und der Terrorismusfinanzierung und zur Änderung der Richtlinien 2009/138/EG und 2013/36/EU (ABl. L 156 vom 19.6.2018, S. 43).

[2] **Amtl. Anm.:** Dieses Gesetz dient der Umsetzung der Richtlinie (EU) 2018/958 des Europäischen Parlaments und des Rates vom 28. Juni 2018 über eine Verhältnismäßigkeitsprüfung vor Erlass neuer Berufsreglementierungen (ABl. L 173 vom 9.7.2018, S. 25).

Lfd. Nr.	Änderndes Gesetz	Datum	Fund-stelle	Betroffen	Hinweis
				schnitt 3 Überschrift, Teil 12 Überschrift, §§ 206, 207	
				§§ 31b, 43f, 113a, 113b, Teil 7 Abschnitt 1 UAbschnitt 1 Überschrift, UAbschnitt 2 (§§ 118c, 118d, 118e, 118f, 118g), Teil 8 Abschnitt 3 UAbschnitt 1 Überschrift, UAbschnitt 2 (§ 173a), §§ 207a, 209a	eingef. mWv 1.8.2022
				§§ 51a, 59a, 115c, 120a, 135, 172a	aufgeh. mit Ablauf des 31.7. 2022
93.	Art. 1 G zur Förderung verbrauchergerechter Angebote im Rechtsdienstleistungsmarkt[1]	10.8.2021	BGBl. I S. 3415	§ 49b	geänd. mWv 1.10.2021
94.	Art. 22 G zum Ausbau des elektronischen Rechtsverkehrs mit den Gerichten und zur Änd. weiterer Vorschriften[1]	5.10.2021	BGBl. I S. 4607	§ 30	geänd. mWv 1.1.2022

Inhaltsübersicht[2]

Erster Teil. Der Rechtsanwalt

§ 1 Stellung des Rechtsanwalts in der Rechtspflege
§ 2 Beruf des Rechtsanwalts
§ 3 Recht zur Beratung und Vertretung

Zweiter Teil. *[bis 31.7.2022: Zulassung des Rechtsanwalts][ab 1.8.2022: Zulassung und allgemeine Vorschriften]*

Erster Abschnitt. Zulassung zur Rechtsanwaltschaft

§ 4 Zugang zum Beruf des Rechtsanwalts
§ 5 (weggefallen)
§ 6 Antrag auf Zulassung zur Rechtsanwaltschaft
§ 7 Versagung der Zulassung
§§ 8 und 9 (weggefallen)
§ 10 Aussetzung des Zulassungsverfahrens
§ 11 (weggefallen)
§ 12 Zulassung
§ 12a Vereidigung
§ 13 Erlöschen der Zulassung
§ 14 Rücknahme und Widerruf der Zulassung
§ 15 Ärztliches Gutachten bei Versagung und Widerruf der Zulassung
§ 16 (weggefallen)
§ 17 Erlöschen der Befugnis zur Führung der Berufsbezeichnung

Zweiter Abschnitt. Kanzlei und Rechtsanwaltsverzeichnis

§§ 18 bis 26 (weggefallen)
§ 27 Kanzlei

[1] **Amtl. Anm.:** Notifiziert gemäß der Richtlinie (EU) 2015/1535 des Europäischen Parlaments und des Rates vom 9. September 2015 über ein Informationsverfahren auf dem Gebiet der technischen Vorschriften und der Vorschriften für die Dienste der Informationsgesellschaft (ABl. L 241 vom 17.9.2015, S. 1).

[2] Inhaltsübersicht neu gef. mWv 18.5.2017 durch G v. 12.5.2017 (BGBl. I S. 1121); geänd. mWv 9.11. 2017 durch G v. 30.10.2017 (BGBl. I S. 3618); geänd. mWv 1.8.2021 durch G v. 25.6.2021 (BGBl. I S. 2154); geänd. mWv 1.8.2022 durch G v. 7.7.2021 (BGBl. I S. 2363).

§ 28 (weggefallen)
§ 29 Befreiung von der Kanzleipflicht
§ 29a Kanzleien in anderen Staaten
§ 30 Zustellungsbevollmächtigter
§ 31 Verzeichnisse der Rechtsanwaltskammern und Gesamtverzeichnis der Bundesrechtsanwaltskammer
§ 31a Besonderes elektronisches Anwaltspostfach
[bis 31.7.2022:]
§ 31b Europäisches Rechtsanwaltsverzeichnis
[ab 1.8.2022:]
§ 31b Besonderes elektronisches Anwaltspostfach für Berufsausübungsgesellschaften
[bis 31.7.2022:]
§ 31c Verordnungsermächtigung
[ab 1.8.2022:]
§ 31c Europäisches Rechtsanwaltsverzeichnis
[ab 1.8.2022:]
§ 31d Verordnungsermächtigung

Dritter Abschnitt. Verwaltungsverfahren

§ 32 Ergänzende Anwendung ***[bis 31.7.2022:*** des Verwaltungsverfahrensgesetzes***][ab 1.8.2022:*** *der Verwaltungsverfahrensgesetze]*
§ 33 Sachliche und örtliche Zuständigkeit
§ 34 Zustellung
§ 35 Bestellung eines Vertreters im Verwaltungsverfahren
§ 36 Ermittlung des Sachverhalts und Übermittlung ***[bis 31.7.2022:*** personenbezogener Daten***][ab 1.8.2022:*** *von Daten]*
§ 37 Ersetzung der Schriftform

(Fortsetzung nächstes Blatt)

§ 17[1)] Erlöschen der Befugnis zur Führung der Berufsbezeichnung.

(1) [1] Mit dem Erlöschen der Zulassung zur Rechtsanwaltschaft (§ 13) endet die Befugnis, die Berufsbezeichnung „Rechtsanwalt" oder „Rechtsanwältin" zu führen. [2] Die Bezeichnung darf auch nicht mit einem Zusatz, der auf die frühere Berechtigung hinweist, geführt werden.

(2) Die Rechtsanwaltskammer kann einem Rechtsanwalt, der wegen hohen Alters oder aus gesundheitlichen Gründen auf die Rechte aus der Zulassung zur Rechtsanwaltschaft verzichtet, die Erlaubnis erteilen, seine Berufsbezeichnung mit dem Zusatz „im Ruhestand" weiterzuführen, der auch „i. R." abgekürzt werden kann.

(3) Die Rechtsanwaltskammer kann eine nach Absatz 2 erteilte Erlaubnis

1. zurücknehmen, wenn nachträglich Umstände bekanntwerden, die zur Versagung der Erlaubnis geführt hätten, oder
2. widerrufen, wenn nachträglich Umstände eintreten, die bei einem Rechtsanwalt das Erlöschen oder nach § 14 Absatz 2 Nummer 1 oder 2 den Widerruf der Zulassung nach sich ziehen würden.

Zweiter Abschnitt.[2)] [3)] Kanzlei und Rechtsanwaltsverzeichnis

§§ 18–26[4)] (weggefallen)

§ 27[5)] Kanzlei. (1) Der Rechtsanwalt muss im Bezirk der Rechtsanwaltskammer, deren Mitglied er ist, eine Kanzlei einrichten und unterhalten.

(2) [1] Verlegt der Rechtsanwalt seine Kanzlei, errichtet er eine weitere Kanzlei oder eine Zweigstelle oder gibt er eine weitere Kanzlei oder eine Zweigstelle auf, hat er dies der Rechtsanwaltskammer unverzüglich anzuzeigen. [2] Die Errichtung oder Aufgabe einer weiteren Kanzlei oder einer Zweigstelle im Bezirk einer anderen Rechtsanwaltskammer ist auch dieser Rechtsanwaltskammer anzuzeigen.

(3) [1] Will der Rechtsanwalt seine Kanzlei in den Bezirk einer anderen Rechtsanwaltskammer verlegen, hat er die Aufnahme in diese Kammer zu beantragen. [2] Die Rechtsanwaltskammer nimmt den Rechtsanwalt auf, sobald er die Verlegung der Kanzlei in ihren Bezirk nachgewiesen hat. [3] Mit der Aufnahme erlischt die Mitgliedschaft in der bisherigen Rechtsanwaltskammer.

§ 28[6)] (weggefallen)

---

1) § 17 Abs. 1 Satz 1 geänd., Abs. 3 neu gef. durch G v. 13.12.1989 (BGBl. I S. 2135); Abs. 1 Satz 1 neu gef., Abs. 2 Satz 2 aufgeh., bish. Satz 1 geänd., Abs. 3 Sätze 1 und 2 geänd. mWv 1.6.2007 durch G v. 26.3.2007 (BGBl. I S. 358); Abs. 3 Satz 2 aufgeh., bish. Satz 1 geänd. mWv 1.9.2009 durch G v. 30.7.2009 (BGBl. I S. 2449); Abs. 2 geänd., Abs. 3 neu gef. mWv 1.8.2021 durch G v. 25.6.2021 (BGBl. I S. 2154).

2) 2. Abschnitt Überschrift neu gef. mWv 1.6.2007 durch G v. 26.3.2007 (BGBl. I S. 358).

3) Nach Art. 21 Abs. 2 G v. 2.9.1994 (BGBl. I S. 2278) wirkt eine Zulassung bei einem Gericht nach dem RechtsanwaltsG v. 13.9.1990 (GBl. I S. 1504) fort.

4) §§ 18–26 neu gef. mWv 18.5.2017 durch G v. 12.5.2017 (BGBl. I S. 1121).

5) § 27 neu gef. mWv 1.6.2007 durch G v. 26.3.2007 (BGBl. I S. 358); Abs. 3 Sätze 4 und 5 aufgeh. mWv 1.9.2009 durch G v. 30.7.2009 (BGBl. I S. 2449); Abs. 2 Sätze 1 und 2 geänd. mWv 18.5.2017 durch G v. 12.5.2017 (BGBl. I S. 1121).

6) § 28 neu gef. mWv 18.5.2017 durch G v. 12.5.2017 (BGBl. I S. 1121).

§ 29[1] Befreiung von der Kanzleipflicht. (1) Im Interesse der Rechtspflege oder zur Vermeidung von Härten kann die Rechtsanwaltskammer einen Rechtsanwalt von der Pflicht des § 27 Abs. 1 befreien.

(2) Die Befreiung kann widerrufen werden, wenn es im Interesse der Rechtspflege erforderlich ist.

§ 29a[2] Kanzleien in anderen Staaten.

[Abs. 1 bis 31.7.2022:]

(1) Den Vorschriften dieses Abschnitts steht nicht entgegen, daß der Rechtsanwalt auch in anderen Staaten Kanzleien einrichtet oder unterhält.

[Abs. 1 ab 1.8.2022:]

(1) Der Rechtsanwalt darf auch in anderen Staaten Kanzleien einrichten oder unterhalten.

(2) [1] Die Rechtsanwaltskammer befreit einen Rechtsanwalt, der seine Kanzleien ausschließlich in anderen Staaten einrichtet, von der Pflicht des § 27, sofern nicht überwiegende Interessen der Rechtspflege entgegenstehen. [2] Die Befreiung kann widerrufen werden, wenn es im überwiegenden Interesse der Rechtspflege erforderlich ist.

(3) Der Rechtsanwalt hat die Anschrift seiner Kanzlei in einem anderen Staat sowie deren Änderung der Rechtsanwaltskammer mitzuteilen.

§ 30[3] Zustellungsbevollmächtigter. (1) [1] Ist der Rechtsanwalt von der Pflicht befreit, eine Kanzlei zu unterhalten, so hat er der Rechtsanwaltskammer einen Zustellungsbevollmächtigten zu benennen, der im Inland wohnt oder dort einen Geschäftsraum hat. [2] Der Rechtsanwalt hat dem Zustellungsbevollmächtigten einen Zugang zu seinem besonderen elektronischen Anwaltspostfach einzuräumen. [3] Der Zustellungsbevollmächtigte muss zumindest befugt sein, Posteingänge zur Kenntnis zu nehmen und elektronische Empfangsbekenntnisse abzugeben.

(2) An den Zustellungsbevollmächtigten kann, auch von Anwalt zu Anwalt, wie an den Rechtsanwalt selbst zugestellt werden (§§ 174 und 195[4] der Zivilprozessordnung[5]).

(3) [1] Ist ein Zustellungsbevollmächtigter entgegen Absatz 1 nicht benannt, so kann die Zustellung durch Aufgabe zur Post bewirkt werden (§ 184 der Zivilprozessordnung). [2] Das Gleiche gilt, wenn eine Zustellung an den Zustellungsbevollmächtigten nicht ausführbar ist.

---

[1] § 29 Überschrift, Abs. 1 Satz 1 und Abs. 3 Sätze 3 und 4 geänd. durch G v. 2.9.1994 (BGBl. I S. 2278); Abs. 1 und 2 neu gef. mWv 1.6.2007 durch G v. 26.3.2007 (BGBl. I S. 358); Abs. 2 Satz 2 aufgeh., bish. Satz 1 geänd., Abs. 3 und 4 aufgeh. mWv 1.9.2009 durch G v. 30.7.2009 (BGBl. I S. 2449); Überschrift neu gef. mWv 18.5.2017 durch G v. 12.5.2017 (BGBl. I S. 1121).

[2] § 29a eingef. durch G v. 13.12.1989 (BGBl. I S. 2135); Abs. 1 Satz 2 aufgeh., Abs. 2 geänd. durch G v. 2.9.1994 (BGBl. I S. 2278); Abs. 2 sowie Abs. 3 Sätze 1 und 2 geänd. mWv 1.6.2007 durch G v. 26.3.2007 (BGBl. I S. 358); Abs. 2 Satz 2 angef., Abs. 3 Satz 2 aufgeh., bish. Satz 1 wird geänd. mWv 1.9.2009 durch G v. 30.7.2009 (BGBl. I S. 2449); Abs. 1 neu gef. mWv 1.8.2022 durch G v. 7.7.2021 (BGBl. I S. 2363).

[3] § 30 neu gef. mWv 1.6.2007 durch G v. 26.3.2007 (BGBl. I S. 358); Abs. 1 geänd. mWv 1.9.2009 durch G v. 30.7.2009 (BGBl. I S. 2449); Abs. 1 Sätze 2 und 3 angef., Abs. 2 neu gef., Abs. 3 Satz 1 geänd. mWv 1.8.2021 durch G v. 25.6.2021 (BGBl. I S. 2154); Abs. 2 geänd. mWv 1.1.2022 (mangels Textübereinstimmung nicht ausführbar) durch G v. 5.10.2021 (BGBl. I S. 4607).

[4] Gem. Art. 22 G v. 5.10.2021 (BGBl. I S. 4607) sollte mWv 1.1.2022 die mit dem amtlichen Wortlaut nicht übereinstimmende Angabe „§§ 174, 195" durch die Wörter „§ 173 Absatz 1 und 2, §§ 175, 195" ersetzt werden."

[5] **Habersack, Deutsche Gesetze Nr. 100.**

98/4. Gesetz über die Tätigkeit europäischer Rechtsanwälte in Deutschland (EuRAG)[1) 2)]

Vom 9. März 2000
(BGBl. I S. 182, ber. S. 1349)

FNA 303-19

Lfd. Nr.	Änderndes Gesetz	Datum	Fundstelle	Betroffen	Hinweis
1.	Art. 7 G zur Einführung des Euro in Rechtspflegegesetzen und in Gesetzen des Straf- und Ordnungswidrigkeitenrechts, zur Änd. der Mahnvordruckverordnungen sowie zur Änd. weiterer Gesetze	13.12. 2001	BGBl. I S. 3574	§ 39, Anl.	geänd. mWv 1.1.2002
2.	Art. 13 OLG-VertretungsänderungsG	23.7.2002	BGBl. I S. 2850	§ 27	geänd. mWv 1.8.2002
3.	Art. 1 G zur Änd. des EuRAG und weiterer berufsrechtlicher Vorschriften für Rechts- und Patentanwälte, Steuerberater und Wirtschaftsprüfer[3)]	26.10. 2003	BGBl. I S. 2074	§§ 1, 3, 7, 16, 17, 32, 38, 41, Anl.	geänd. mWv 1.11.2003
4.	Art. 4 G zur Anpassung von Rechtsvorschriften des Bundes infolge des Beitritts der Republik Bulgarien und Rumäniens zur EU	7.12.2006	BGBl. I S. 2814	§ 32, Anl.	geänd. mWv 1.1.2007
5.	Art. 2 G zur Stärkung der Selbstverwaltung der Rechtsanwaltschaft	26.3.2007	BGBl. I S. 358	§§ 3, 4, 6, 7, 8, 11, 12, 13, 14, 15, 34, 37, 38, 39, 41	geänd. mWv 1.6.2007
6.	Art. 19 Abs. 9 G zur Neuregelung des Rechtsberatungsrechts[4)]	12.12. 2007	BGBl. I S. 2840	§ 28	geänd. mWv 1.7.2008

1) Verkündet als Art. 1 G v. 9.3.2000 (BGBl. I S. 182); Inkrafttreten gem. Art. 10 Abs. 2 Satz 1 iVm Abs. 1 dieses G am 14.3.2000.

2) **Amtl. Anm. an der Überschrift des MantelG:** „Dieses Gesetz setzt folgende Richtlinien um:
In Artikel 1 §§ 1, 2 bis 15, 36 bis 42 die Richtlinie 98/5/EG des Europäischen Parlaments und des Rates vom 16. Februar 1998 zur Erleichterung der ständigen Ausübung des Rechtsanwaltsberufs in einem anderen Mitgliedstaat als dem, in dem die Qualifikation erworben wurde (ABl. EG Nr. L 77 S. 36); in Artikel 1 §§ 1, 16 bis 24, 36, 40 die Richtlinie 89/48/EWG des Rates der Europäischen Gemeinschaften vom 21. Dezember 1988 über eine allgemeine Regelung zur Anerkennung der Hochschuldiplome, die eine mindestens dreijährige Berufsausbildung abschließen (ABl. EG Nr. L 19 S. 16); in Artikel 1 §§ 1, 25 bis 35, 40, 42 die Richtlinie 77/249/EWG des Rates vom 22. März 1977 zur Erleichterung der tatsächlichen Ausübung des freien Dienstleistungsverkehrs der Rechtsanwälte (ABl. EG Nr. L 78 S. 17).“

3) **Amtl. Anm.:** Dieses Gesetz setzt die Richtlinie 2001/19/EG des Europäischen Parlaments und des Rates vom 14. Mai 2001 zur Änderung der Richtlinien 89/48/EWG und 92/51/EWG des Rates über eine allgemeine Regelung zur Anerkennung beruflicher Befähigungsnachweise und der Richtlinien 77/452/EWG, 77/453/EWG, 78/686/EWG, 78/687/EWG, 78/1026/EWG, 78/1027/EWG, 80/154/EWG, 80/155/EWG, 85/384/EWG, 85/432/EWG, 85/433/EWG und 93/16/EWG des Rates über die Tätigkeiten der Krankenschwester und des Krankenpflegers, die für die allgemeine Pflege verantwortlich sind, des Zahnarztes, des Tierarztes, der Hebamme, des Architekten, des Apothekers und des Arztes (ABl. EG Nr. L 206 S. 1) um, soweit sie die Anerkennung beruflicher Befähigungsnachweise von Rechtsanwälten, Patentanwälten, Steuerberatern und Wirtschaftsprüfern betrifft.

Lfd. Nr.	Änderndes Gesetz	Datum	Fundstelle	Betroffen	Hinweis
7.	Art. 2 G zur Modernisierung von Verfahren im anwaltlichen und notariellen Berufsrecht, zur Errichtung einer Schlichtungsstelle der Rechtsanwaltschaft sowie zur Änd. sonstiger Vorschriften[1]	30.7.2009	BGBl. I S. 2449	Inhaltsübersicht, §§ 3, 7, 9, 11, 12, 13, 14, 25, 27, 31, 33, 34, 36, 41	geänd. mWv 1.9.2009
				§§ 35, 39, Teil 8 Überschrift	neu gef. mWv 1.9.2009
				§ 34a, Teil 6 Überschrift, § 43	eingef. mWv 1.9.2009
				Überschrift vor § 36	aufgeh. mWv 1.9.2009
8.	Art. 9 G zur Verbesserung der Feststellung und Anerkennung im Ausland erworbener Berufsqualifikationen	6.12.2011	BGBl. I S. 2515	Inhaltsübersicht, §§ 1, 3, 16	geänd. mWv 1.4.2012
				§ 38a	eingef. mWv 1.4.2012
9.	Art. 3 G zur Anpassung von Rechtsvorschriften des Bundes infolge des Beitritts der Republik Kroatien zur EU	17.6.2013	BGBl. I S. 1555	§ 32, Anl.	geänd. mWv 1.7.2013
10.	Art. 141 Zehnte ZuständigkeitsanpassungsVO	31.8.2015	BGBl. I S. 1474	§ 40	geänd. mWv 8.9.2015
11.	Art. 2 G zur Neuordnung des Rechts der Syndikusanwälte und zur Änd. der FinanzgerichtsO	21.12.2015	BGBl. I S. 2517	§§ 4, 5, 6, 11, 13	geänd. mWv 1.1.2016
12.	Art. 2 G zur Umsetzung der BerufsanerkennungsRL und zur Änd. weiterer Vorschriften im Bereich der rechtsberatenden Berufe[2]	12.5.2017	BGBl. I S. 1121	Inhaltsübersicht, §§ 4, 5, 6, 7, 11, 12, 13, 17, 18, 21, 23, 25, 26, 27, 32, 34, 34a, 40, 41	geänd. mWv 18.5.2017
				Teil 4 Überschrift, §§ 16, 36, 37, 38	neu gef. mWv 18.5.2017
				§ 16a	eingef. mWv 18.5.2017
				§§ 19, 43	aufgeh. mit Ablauf des 17.5.2017
				Inhaltsübersicht, § 31	geänd. mWv 1.1.2018

[4] **Amtl. Anm.:** Dieses Gesetz dient der Umsetzung der Richtlinie 2005/36/EG des Europäischen Parlaments und des Rates vom 7. September 2005 über die Anerkennung von Berufsqualifikationen (ABl. EU Nr. L 255 S. 22).

[1] **Amtl. Anm.:** Dieses Gesetz dient der Umsetzung der Richtlinie 2006/123/EG des Europäischen Parlaments und des Rates vom 12. Dezember 2006 über Dienstleistungen im Binnenmarkt (ABl. L 376 vom 27.12.2006, S. 36).

[2] **Amtl. Anm.:** Dieses Gesetz dient der Umsetzung der Richtlinie 2005/36/EG des Europäischen Parlaments und des Rates vom 7. September 2005 über die Anerkennung von Berufsqualifikationen (ABl. L 255 vom 30.9.2005, S. 22; L 271 vom 16.10.2007, S. 18; L 93 vom 4.4.2008, S. 28; L 33 vom 3.2.2009, S. 49; L 305 vom 24.10.2014, S. 115), die zuletzt durch die Richtlinie 2013/55/EU (ABl. L 354 vom 28.12.2013, S. 132; L 268 vom 15.10.2015, S. 35; L 95 vom 9.4.2016, S. 20) geändert worden ist, sowie der Umsetzung der Richtlinie 2013/55/EU des Europäischen Parlaments und des Rates vom 20. November 2013 zur Änderung der Richtlinie 2005/36/EG über die Anerkennung von Berufsqualifikationen und der Verordnung (EU) Nr. 1024/2012 über die Verwaltungszusammenarbeit mit Hilfe des Binnenmarkt-Informationssystems („IMI-Verordnung") (ABl. L 354 vom 28.12.2013, S. 132; L 268 vom 15.10.2015, S. 35; L 95 vom 9.4.2016, S. 20).

Lfd. Nr.	Änderndes Gesetz	Datum	Fundstelle	Betroffen	Hinweis
				§ 27a	eingef. mWv 1.1.2018
13.	Art. 6 G zur Neuregelung des Schutzes von Geheimnissen bei der Mitwirkung Dritter an der Berufsausübung schweigepflichtiger Personen	30.10. 2017	BGBl. I S. 3618	§§ 27, 42	geänd. mWv 9.11.2017
14.	Art. 1 VO zur Anpassung des anwaltlichen Berufsrechts an den Austritt des Vereinigten Königreichs aus der EU	10.12. 2020	BGBl. I S. 2929	Anl.	geänd. mWv 1.1.2021
15.	Art. 4 G zur Verbesserung des Verbraucherschutzes im Inkassorecht und zur Änd. weiterer Vorschriften	22.12. 2020	BGBl. I S. 3320	§§ 4, 37	geänd. mWv 1.1.2021
16.	Art. 13 G zur Modernisierung des notariellen Berufsrechts und zur Änd. weiterer Vorschriften	25.6.2021	BGBl. I S. 2154	§§ 2, 6, 9, 12, 14, 15, 17, 18, 20, 21, 22, 23, 25, 30, 31, 32, Anl.	geänd. mWv 1.8.2021
17.	Art. 12 G zur Neuregelung des Berufsrechts der anwaltlichen und steuerberatenden Berufsausübungsgesellschaften sowie zur Änd. weiterer Vorschriften im Bereich der rechtsberatenden Berufe	7.7.2021	BGBl. I S. 2363	§§ 4, 6, 8, 9, 27a, 34a	geänd. mWv 1.8.2022
18.	Art. 24 G zum Ausbau des elektronischen Rechtsverkehrs mit den Gerichten und zur Änd. weiterer Vorschriften[1)]	5.10.2021	BGBl. I S. 4607	§ 31	geänd. mWv 1.1.2022

Inhaltsübersicht[2)]

Teil 1. Allgemeine Vorschriften

§ 1 Persönlicher Anwendungsbereich

Teil 2. Berufsausübung als niedergelassener europäischer Rechtsanwalt

Abschnitt 1. Allgemeine Voraussetzungen

§ 2 Niederlassung
§ 3 Antrag
§ 4 Verfahren

Abschnitt 2. Berufliche Rechte und Pflichten

§ 5 Berufsbezeichnung
§ 6 Berufliche Stellung
§ 7 Berufshaftpflichtversicherung
§ 8 Sozietät im Herkunftsstaat

[1)] **Amtl. Anm.:** Notifiziert gemäß der Richtlinie (EU) 2015/1535 des Europäischen Parlaments und des Rates vom 9. September 2015 über ein Informationsverfahren auf dem Gebiet der technischen Vorschriften und der Vorschriften für die Dienste der Informationsgesellschaft (ABl. L 241 vom 17.9.2015, S. 1).

[2)] Inhaltsübersicht geänd. mWv 1.9.2009 durch G v. 30.7.2009 (BGBl. I S. 2449); mWv 1.4.2012 durch G v. 6.12.2011 (BGBl. I S. 2515); mWv 18.5.2017 und mWv 1.1.2018 durch G v. 12.5.2017 (BGBl. I S. 1121).

Abschnitt 3. Anwaltsgerichtliches Verfahren, Zustellungen
§ 9 Mitteilungspflichten, rechtliches Gehör
§ 10 Zustellungen

Teil 3. Eingliederung

Abschnitt 1. Zulassung zur Rechtsanwaltschaft nach dreijähriger Tätigkeit
§ 11 Voraussetzungen
§ 12 Nachweis der Tätigkeit

Abschnitt 2. Zulassung bei kürzerer Tätigkeit im deutschen Recht
§ 13 Voraussetzungen
§ 14 Nachweise
§ 15 Gespräch

Teil 4. Feststellung einer gleichwertigen Berufsqualifikation
§ 16 Antrag auf Feststellung einer gleichwertigen Berufsqualifikation
§ 16a Entscheidung über den Antrag
§ 17 Zweck der Eignungsprüfung
§ 18 Prüfungsamt
§ 19 (weggefallen)
§ 20 Prüfungsfächer
§ 21 Prüfungsleistungen
§ 22 Prüfungsentscheidung
§ 23 Einwendungen
§ 24 Wiederholung der Prüfung

Teil 5. Vorübergehende Dienstleistung
§ 25 Vorübergehende Tätigkeit
§ 26 Berufsbezeichnung, Nachweis der Rechtsanwaltseigenschaft
§ 27 Rechte und Pflichten
§ 27a Besonderes elektronisches Anwaltspostfach
§ 28 Vertretung und Verteidigung im Bereich der Rechtspflege
§ 29 Nachweis des Einvernehmens, Widerruf
§ 30 Besonderheiten bei Verteidigung
§ 31 Zustellungen in behördlichen und gerichtlichen Verfahren
§ 32 Aufsicht, zuständige Rechtsanwaltskammer
§ 33 Anwaltsgerichtsbarkeit, Zustellungen
§ 34 Anwaltsgerichtliche Ahndung von Pflichtverletzungen, vorläufige anwaltsgerichtliche Maßnahmen
§ 34a Mitteilungspflichten

Teil 6. Rechtsweg in verwaltungsrechtlichen Anwaltssachen und allgemeine Vorschriften für das Verwaltungsverfahren
§ 35 Rechtsweg in verwaltungsrechtlichen Anwaltssachen
§ 36 Bescheinigungen des Heimat- oder Herkunftsstaates
§ 37 Europäische Verwaltungszusammenarbeit; Bescheinigungen
§ 38 Mitteilungspflichten gegenüber anderen Staaten
§ 38a Statistik
§ 39 Gebühren und Auslagen

Teil 7. Ermächtigungen, Übertragung von Befugnissen
§ 40 Ermächtigungen
§ 41 Übertragung von Befugnissen

Teil 8. Übergangs- und Schlussbestimmungen
§ 42 Anwendung von Vorschriften des Strafgesetzbuches

Anlage zu § 1

Teil 1. Allgemeine Vorschriften

§ 1[1)] Persönlicher Anwendungsbereich. Dieses Gesetz regelt für natürliche Personen, die berechtigt sind, als Rechtsanwalt unter einer der in der Anlage zu dieser Vorschrift genannten Berufsbezeichnungen selbständig tätig zu sein (europäische Rechtsanwälte), die Berufsausübung und die Zulassung zur Rechtsanwaltschaft in Deutschland.

Teil 2. Berufsausübung als niedergelassener europäischer Rechtsanwalt

Abschnitt 1. Allgemeine Voraussetzungen

§ 2[2)] Niederlassung. (1) Wer als europäischer Rechtsanwalt auf Antrag in die für den Ort seiner Niederlassung zuständige Rechtsanwaltskammer aufgenommen wurde, ist berechtigt, in Deutschland unter der Berufsbezeichnung des Herkunftsstaates die Tätigkeit eines Rechtsanwalts gemäß §§ 1 bis 3 der Bundesrechtsanwaltsordnung[3)] auszuüben (niedergelassener europäischer Rechtsanwalt).

(Fortsetzung nächstes Blatt)

[1)] § 1 geänd. mWv 1.11.2003 durch G v. 26.10.2003 (BGBl. I S. 2074); geänd. mWv 1.4.2012 durch G v. 6.12.2011 (BGBl. I S. 2515).

[2)] § 2 Abs. 2 geänd. mWv 1.8.2021 durch G v. 25.6.2021 (BGBl. I S. 2154).

[3)] Nr. **98**.

dienstleistenden europäischen Rechtsanwalt darauf hinzuwirken, dass dieser bei der Vertretung oder Verteidigung die Erfordernisse einer geordneten Rechtspflege beachtet.

(3) Zwischen dem Einvernehmensanwalt und dem Mandanten kommt kein Vertragsverhältnis zustande, wenn die Beteiligten nichts anderes bestimmt haben.

§ 29 Nachweis des Einvernehmens, Widerruf. (1) Das Einvernehmen ist bei der ersten Handlung gegenüber dem Gericht oder der Behörde schriftlich nachzuweisen.

(2) [1]Ein Widerruf des Einvernehmens ist schriftlich gegenüber dem Gericht oder der Behörde zu erklären. [2]Er hat Wirkung nur für die Zukunft.

(3) Handlungen, für die der Nachweis des Einvernehmens zum Zeitpunkt ihrer Vornahme nicht vorliegt, sind unwirksam.

§ 30[1)] Besonderheiten bei Verteidigung. (1) [1]Der dienstleistende europäische Rechtsanwalt darf einen Mandanten, dem in einem Strafverfahren die Freiheit auf Grund gerichtlicher oder behördlicher Anordnung entzogen ist, nur in Begleitung eines Einvernehmensanwalts nach § 28 Abs. 1 besuchen und mit dem Mandanten nur über einen solchen schriftlich verkehren. [2]Mit dem Einvernehmensanwalt ist das Einvernehmen über die Ausübung des Besuchs- und Schriftverkehrs herzustellen.

(2) Das Gericht oder die Behörde kann den Besuch ohne Begleitung oder den unmittelbaren schriftlichen Verkehr gestatten, wenn eine Gefährdung der Sicherheit nicht zu besorgen ist.

(3) Die §§ 138a bis 138d, 146, 146a und 148 der Strafprozessordnung[2)] sowie die im jeweiligen Fall für den Besuch von und den Schriftwechsel mit Verteidigern geltenden Vorschriften des Strafvollzugsgesetzes[3)] oder des Justizvollzugsgesetzes des Landes sind auf den Einvernehmensanwalt entsprechend anzuwenden.

§ 31[4)] Zustellungen in behördlichen und gerichtlichen Verfahren.

(1) [1]Der dienstleistende europäische Rechtsanwalt hat einen Zustellungsbevollmächtigten, der im Inland wohnt oder dort einen Geschäftsraum hat, zu benennen, sobald er in Verfahren vor Gerichten oder Behörden tätig wird. [2]Die Benennung erfolgt gegenüber der Behörde oder dem Gericht. [3]Zustellungen, die für den dienstleistenden europäischen Rechtsanwalt bestimmt sind, sind an den Zustellungsbevollmächtigten zu bewirken. [4]An ihn kann, auch von Anwalt zu Anwalt, wie an einen Rechtsanwalt selbst zugestellt werden (§ 173 Absatz 1 und 2, §§ 175, 195 der Zivilprozessordnung[5)]).

(2) Ist ein Zustellungsbevollmächtigter nicht benannt, so gilt in den in § 28 Abs. 1 aufgeführten Verfahren der Einvernehmensanwalt als Zustellungsbevollmächtigter; kann nicht an einen Zustellungsbevollmächtigten im Geltungsbereich dieses Gesetzes zugestellt werden, so kann die Zustellung durch Aufgabe zur Post bewirkt werden (§ 184 der Zivilprozessordnung).

[1)] § 30 Abs. 3 geänd. mWv 1.8.2021 durch G v. 25.6.2021 (BGBl. I S. 2154).

[2)] **Habersack, Deutsche Gesetze Nr. 90.**

[3)] Nr. **91**.

[4)] § 31 Abs. 1 Satz 1 geänd., Satz 4 angef., Abs. 2 geänd. mWv 1.9.2009 durch G v. 30.7.2009 (BGBl. I S. 2449); Abs. 3 angef. mWv 1.1.2018 durch G v. 12.5.2017 (BGBl. I S. 1121); Abs. 1 Satz 4 neu gef. mWv 1.8.2021 durch G v. 25.6.2021 (BGBl. I S. 2154); Abs. 1 Satz 4 geänd. mWv 1.1.2022 durch G v. 5.10.2021 (BGBl. I S. 4607).

[5)] **Habersack, Deutsche Gesetze Nr. 100.**

(3) Die Absätze 1 und 2 gelten nicht, sofern ein Gericht oder eine Behörde bei einem dienstleistenden europäischen Rechtsanwalt, der einen sicheren Übermittlungsweg für die Zustellung elektronischer Dokumente eröffnet hat, auf die Bestellung eines Zustellungsbevollmächtigten verzichtet.

§ 32[1)] Aufsicht, zuständige Rechtsanwaltskammer. (1) [1] Dienstleistende europäische Rechtsanwälte werden durch die zuständigen Rechtsanwaltskammern beaufsichtigt. [2] Dem Vorstand der Rechtsanwaltskammer obliegt es insbesondere,

1. in Fragen der Berufspflichten eines Rechtsanwalts zu beraten und zu belehren;
2. die Erfüllung der beruflichen Pflichten zu überwachen und das Recht der Rüge zu handhaben;
3. die zuständige Stelle des Staates der Niederlassung über Entscheidungen zu unterrichten, die hinsichtlich eines dienstleistenden europäischen Rechtsanwalts getroffen worden sind;
4. die erforderlichen Auskünfte beruflicher Art über dienstleistende europäische Rechtsanwälte einzuholen;
5. auf Antrag bei Streitigkeiten zwischen dienstleistenden europäischen Rechtsanwälten und inländischen Rechtsanwälten zu vermitteln; dies umfasst die Befugnis, Schlichtungsvorschläge zu unterbreiten;
6. auf Antrag bei Streitigkeiten zwischen dienstleistenden europäischen Rechtsanwälten und ihrer Mandantschaft zu vermitteln; dies umfasst die Befugnis, Schlichtungsvorschläge zu unterbreiten.

(2) Der Vorstand kann die in Absatz 1 Nr. 1, 3 bis 6 bezeichneten Aufgaben einzelnen Mitgliedern des Vorstands übertragen.

(3) Die §§ 56 bis 58, 73 Absatz 3 sowie die §§ 74, 74a, 195, 197a bis 199, 205 und 205a der Bundesrechtsanwaltsordnung[2)] gelten entsprechend.

(4) [1] Die Zuständigkeit der Rechtsanwaltskammer für die Aufsicht nach Absatz 1 richtet sich nach dem Staat der Niederlassung des dienstleistenden europäischen Rechtsanwalts. [2] Die Aufsicht wird ausgeübt für dienstleistende europäische Rechtsanwälte aus

1. Belgien und den Niederlanden durch die Rechtsanwaltskammer Düsseldorf in Düsseldorf,
2. Frankreich und Luxemburg durch die Rechtsanwaltskammer für den Oberlandesgerichtsbezirk Koblenz in Koblenz,
3. dem Vereinigten Königreich, Irland, Finnland und Schweden durch die Hanseatische Rechtsanwaltskammer in Hamburg,

(Fortsetzung nächstes Blatt)

[1)] § 32 Abs. 4 Satz 2 Nr. 6 geänd. mWv 1.11.2003 sowie Nr. 7–9 geänd. und Nr. 10–15 angef. mWv 1.5.2004 durch G v. 26.10.2003 (BGBl. I S. 2074); Abs. 4 Satz 2 Nr. 15 geänd. und Nr. 16 und 17 angef. mWv 1.1.2007 durch G v. 7.12.2006 (BGBl. I S. 2814); Abs. 4 Satz 2 Nr. 17 geänd., Nr. 18 angef. mWv 1.7.2013 durch G v. 17.6.2013 (BGBl. I S. 1555); Abs. 1 Satz 2 Nr. 5 geänd., Nr. 6 angef., Abs. 2 und 3 geänd. mWv 18.5.2017 durch G v. 12.5.2017 (BGBl. I S. 1121); Abs. 3 und 4 Satz 2 Nr. 2, 6, 7 und 9 geänd. mWv 1.8.2021 durch G v. 25.6.2021 (BGBl. I S. 2154).

[2)] Nr. **98**.

Sachverzeichnis

Stand: November 2021

Die fetten Zahlen bezeichnen die Gesetze (siehe Inhaltsverzeichnis I S. 1 ff.), die mageren deren Artikel oder Paragraphen. Die Buchstaben ä, ö und ü sind wie a, o und u in das Alphabet eingeordnet.

Abbildungen, Verwendung eingezogener **90d** 81
Abfallwirtschaft 1 74
Abfindung in Geld **75** 11; der übrigen Miterben bei Zuweisung eines landwirtschaftl. Betriebes **40** 16 f.
Abgabe, -n 1 106, 108; von Betäubungsmitteln **86a** 12
Abgabenordnung, Steuerstrafrecht **88b**
Abgeltung, Urlaub **80b** 7
Abgeordneter, Strafsachen **90e** 191 ff.
Abhängigkeit von Opiaten, Substitution **86a** 5
Abhören der Wohnung **1** 13
Abkommen über den Europäischen Wirtschaftsraum, Fahrerlaubnis **35d** 28 ff.
Ablieferung eines literarischen Werkes **66** 10 f.
Ablösung der Staatsleistungen an Religionsgesellschaften **1** 140
Abnahme bei Bauleistungsvertrag **32c** 12; Begriff **50c** 60; von Eiden **98a** 22
Abordnung, Richter **97** 29, 37
Abrechnungsstellen im Wechsel- und Scheckverkehr **54** 38; **56** 31 mit Anm.
Abrufarbeit, Voraussetzungen **78b** 12
Abschlusszwang, VVG **65a** 34
Abschreibung von Gebäuden **30b** 25
Abschriften aus dem Handelsregister **50d** 30
Absolute Priorität, angemessene Beteiligung am Planwert **110e** 27; Durchbrechung **110e** 28
Abstammung, Betriebsverfassung **82** 75; Verbot der Bevorzugung oder Benachteiligung wegen **1** 3
Abstammungssachen, Mitteilungen **101a** 2. Teil 4. Abschn. XIII.
Abstandsunterschreitung, Straßenverkehr **94a** Tab. 2
Abstimmung, Ausübung der Staatsgewalt durch Wahlen und **1** 20; im Bundesrat **1** 51; im Bundestag **1** 42; Dokumnetation **110e** 22; Verschwiegenheitspflicht **97** 43
Abteilung A des Handelsregisters **50d** 3, 40 bis 42
Abteilung B des Handelsregisters **50d** 3, 43 bis 46
Abteilungsversammlung, Voraussetzungen **82** 45
Abwesenheit des Notars **98a** 38 bis 46
Abwickler, Anwaltskanzlei **98** 55; besonderes elektronisches Anwaltspostfach **98/3** 25
Abwicklung von Verwaltungsorganen **1** 130
Abzahlungsgeschäfte, Betrug **90e** 237
Abzüge, VVG **65a** 45
Abzugsteuern, Gefährdung **88b** 380
Achslast, zulässige **94a** Tab. 3
Adhäsionsverfahren, Besonderheiten **103** 64
Adoption, Anspruch auf Durchführung der Eignungsprüfung **45i** 7; Durchführungsbestimmungen **45i** 9d; internationale **45h**; Vermittlungsakten **45i** 9c; Wirkung **45h** 26
Adoptionsanzeigen 45i 6
Adoptionsbegleitung 45i 9
Adoptionsbewerber 45i 1
Adoptionsentscheidung der zentralen Behörde des Heimatsstaats **45h** 17
Adoptionspflege, Beginn **45i** 8
Adoptionssachen, Mitteilungen **101a** 2. Teil 4. Abschn. XIV.
Adoptionsübereinkommen 45i 2a
Adoptionsvermittlung 45i 1; Datenschutz **45i** 9e; internationale **45i** 2a
Adoptionsvermittlungsgesetz 45i
Adoptionsvermittlungsstelle 45i 2; Anerkennung **45i** 4; örtliche **45i** 9b
Adoptionswirkungsgesetz 45j
Adoptiveltern 45h 5
Agrarrecht, Fachanwalt **98/2** 14m
Agrarstruktur, Gesetz über Maßnahmen zur Verbesserung der **40**; Mitwirkung des Bundes bei Verbesserung **1** 91a
Akkord, Mitbestimmung **82** 87
Akten, Verwahrung **98a** 45, 51, 55
Akteneinsicht 90e 296; **98/1** 19; der Finanzbehörde **88b** 395; Strafsachen **90e** 182 ff.; durch Verteidiger **90e** 160
Aktenführung, Bearbeitung **90g** 3; Übergang **90g** 3

Aktenübersendung, Revisionsverfahren **90e** 163 ff.
Aktenversendung, Staatsanwalt **90e** 12
Aktien, Ausgestaltung **52c** 5; iSd DepotG **59** 1; Mitteilung der Veränderung des Stimmrechtsanteils an das Unternehmensregister **58** 33 ff.; Wertpapiere **58** 2
Aktiengesellschaft 52c 3 ff.; Auflösungsklage, Mitteilungen **101a** 2. Teil 1. Abschn. I. 9.; Verpflichtungserklärung **52c** 3
Alkohol, Fahrerlaubnis **35d** 13
Alkoholauffällige Fahrer, Kurse zur Wiederherstellung der Kraftfahreignung **35d** 70
Allgemeine Geschäftsbedingungen *s. a. Zustellung*
Allgemeine Versicherungsbedingungen, Allgemeiner Teil **62j**; Hausrat **62c**; kapitalbildende Lebensversicherung **62h**; Kfz-Versicherung **62f**; Rechtsschutzversicherung **62g**; Reisegepäck **62e**; Unfallversicherung **62i**; Wohngebäude, Wohnflächenmodell **62d**
Allgemeine Verwaltungsvorschriften, Erlass **1** 84 bis 86, 87b
Allgemeinverbindlichkeit, Begriff **81** 5
Allgemeinwohl, Enteignung zum **1** 14
Altenpflege *s. a. Scheckprotest*
Alter, Mindestalter für aktives und passives Wahlrecht **1** 38
Ältere Arbeitnehmer, Befristetes Arbeitsverhältnis **78b** 14; Betriebsrat (Aufgabe) **82** 80
Altersgrenze für Richter **1** 97
Altersheime, Anwendung der Heizkostenverordnung **30c** 11
Altersteilzeit, Richter **97** 76e
Amt, kirchliches **1** 140; öffentliches **1** 33
Amtliche Verwahrung 90e 74 ff.
Amtsanwalt, Mitteilungspflicht **90c** 4
Amtsbezeichnungen 97 19a
Amtsenthebung, personenbezogene Informationen **98a** 64a; von Richtern **1** 98
Amtsgericht, Beratungshilfe **98b** 3; Führung des Handelsregisters **50d** 1
Amtshandlungen, Personen ohne Kenntnisse der deutschen Sprache **109** 8
Amtshilfe, Anwaltssachen **98** 99; der Bundes- und Landesbehörden **1** 35, 44; für Gemeinsamen Senat, oberster Gerichtshöfe **95b** 9
Amtspflegschaft 46 55 f.
Amtspflichtverletzung 1 34; durch Notar **98a** 19; durch Notariatsverwalter **98a** 61; durch Richter **1** 98
Amtssitz, Gerichtsvollzieher **109a** 2
Amtssprache eines Ersuchen eines Mitgliedstaates um Beweisaufnahme **103d** 5; vor Patentamt und Patentgericht **70** 126
Amtsverlust durch strafgerichtliche Verurteilung **98a** 49
Amtsverweigerung, Notar **98a** 15
Amtsvormundschaft 46 55 f.
Amtszeit des Bundespräsidenten **1** 115h
Anbieter, Pflichten **90f** 2
Änderung, -en im Handelsregister **50d** 16; eines Werkes der Literatur und Tonkunst **66** 12, 40
Änderungskündigung, Arbeitsplatzteilung **78b** 13
Aneignungsrecht, int. Erbrechtsverfahren **103p** 32
Anerkennung 21e 39; als Adoptionsvermittlungsstelle **45i** 4; Antrag auf Versagung **103** 45; ausländischer Titel **103a** 25 f.; Beschluss zur vorläufigen Kontenpfändung **103h** 22 ff.; einer Entscheidung **103** 36; von Entscheidungen im internationalen Insolvenzrecht **110b** 32; von Entscheidungen in Unterhaltssachen **21d** 16 ff.; von Entscheidungen nach dem Auslandsunterhaltsgesetz **103o** 30 ff.; von Gerichtsentscheidungen **103i** 36; **103k** 36; von in einem Mitgliedstaat ergangene Entscheidungen **103b** 21; inländischer Entscheidungen **103a** 30 ff.; des Insolvenzverfahrens in übrigen Mitgliedstaaten **110b** 19 ff.; nichtdeutscher Prüfungen von Juristen **97** 112; eines rechtsfähigen Vereins als Betreuungsverein **49c** 14; von Urteilen im europ. Verfahren über geringfügige Forderungen **103e** 20 ff.
Anerkennungs- und Vollstreckungsausführungsgesetz 103a; Anwendungsbereich **103a** 1
Anerkennungsverfahren, Änderungsbeschluss **103a** 27 ff.; Aussetzung **21e** 42; **103i** 41; **103k** 41; besonderes **103a** 33; Kosten **103a** 26
Anfechtung der Entscheidung zur Eröffnung eines Sekundärinsolvenzverfahren **110b** 39; internationales Insolvenzrecht **110b** 5
Angebot, Begriff **50c** 14; Erlöschen **50c** 17; Rücknahme **50c** 15; Widerruf **50c** 16; Zugang **50c** 24
Angehörige, Benachrichtigung bei Festnahme **1** 104; des öffentl. Dienstes **1** 33, 73, ehemalige **1** 131; Schwarzarbeit **94b** 1
Angeklagter, Freispruch **90e** 139; Grundrechte **1** 103
Angestellte, -r, Arbeitszeitgesetz **78** 2; Betriebsverfassungsgesetz **82** 5; Bundesurlaubsgesetz **80b** 2; Entgeltfortzahlung **80** 1; des öffentl. Dienstes, Beschränkung der Wählbarkeit **1** 137

Angriffskrieg 1 26
Anhänger von Kfz. **35b** 29
Anhörung, Betriebsrat bei Kündigungen **82** 102; der land- und forstwirtschaftl. Berufsvertretung in Grundstücksangelegenheiten **40** 19
Anklage 90e 110 ff.; gegen Bundespräsidenten wegen Verletzung des Bundesrechts **1** 61; gegen Richter **1** 98
Anklageschrift 90e 110
Anlagevermittler 32a
Anmeldung von Ansprüchen auf Entschädigung für Strafverfolgungsmaßnahmen **93** 10; zur Eintragung eines Designs **69** 11, Prüfung **69** 16; zur Erteilung eines Patents **70a** 4; einer Marke, Form **72a** 2, Inhalt **72a** 3, Veröffentlichung **72a** 23
Anmeldung von Patenten 70a, *s. a. Internationales Familienrechtsverfahren*
Annahme, Änderungen **50c** 19; Begriff **50c** 18; des GG **1** 144; des Restrukturierungsplans, erforderliche Mehrheiten **110e** 25 f., gruppenübergreifende Mehrheitsentscheidung **110e** 26; Rücknahme **50c** 22; verspätete **50c** 21
Annahme als Kind, ausländische Entscheidung **45j** 1
Annahmeberufung 90e 158a
Annahmeerklärung, Formgültigkeit **21e** 28
Annahmefrist 50c 20; Restrukturierungsplan **110e** 19
Annullierung von Flügen, Ausgleichsleistungen **36a**, Begriff **36a** 2, Schlichtung **36** 57b
Anordnung, -en von Beschränkung **90f** 10; Gebühren in Landwirtschaftssachen **39a** 39; in Landwirtschaftssachen **39a** 18
Anrechnung, internationales Insolvenzrecht **110b** 23
Anrufung eines Gerichts **21e** 14; **103** 32; **103b** 16
Anschauung, religiöse, politische und weltanschauliche **1** 3
Anschlussbeschäftigung, Befristung (sachlicher Grund) **78b** 14
Anspruch aus Opferentschädigungsgesetz **93a** 1; auf Unterhaltsleistung **47–47s**; auf Vorteilsausgleich nach Zuweisung eines landwirtschaftl. Betriebes **40** 17; aus Wohnraumvermittlung **31** 2
Anspruchsausschluss bei Unverhältnismäßigkeit **75** 9
Anstalt des öffentl. Rechts 1 86 f., 130, 135
Anstalten, Eigentum der Religionsgesellschaften an **1** 140
Anstaltsleiter, Mitteilungen an Richter oder Staatsanwalt **91a** 8; Mitteilungen durch Richter und Staatsanwalt **91a** 7; Untersuchungshaft **91a** 4
Anstaltsseelsorge 1 140
Antrag auf Beeidigung als gerichtlicher Dolmetscher **95c** 3; auf Beschränkung **90f** 9; auf Erteilung eines ergänzenden Schutzzertifikats **70a** 19 ff.; auf gerichtl. Entscheidung in Grundstücksangelegenheiten **40** 22, im Strafvollzug **91** 109 ff.; des Schuldners, Restrukturierungsbeauftragter **110e** 77; Verfahren **103q** 6; bei Verfahren in Landwirtschaftssachen **39a** 14; auf Vornahme einer Maßnahme im Strafvollzug **91** 113
Antragsdelikt 90e 6 f.
Antragstellung, Verfahren **103i** 45; **103k** 45
Anwaltsgerichte, Rechtsanwälte **98** 92 bis 99, 119 ff.
Anwaltsgerichtshof für Rechtsanwälte, Zuständigkeit **98** 57
Anwaltsnotar, Bestellung **98a** 3; Voraussetzungen **98a** 5b
Anwaltspostfach *s. a. Wechsel*
Anwaltssachen, verwaltungsrechtliche **98** 112a ff.
Anwendbares Recht, internationales Insolvenzrecht **110b** 7
Anwendungsfreiheit 45h 38
Anwesenheit der Bundesregierung **1** 43
Anzeige 90e 8 f.; des Abschlusses von Landpachtverträgen **39** 3 f.
Anzeigenverbot 45i 13d
Anzeigepflicht 62j B 3; Arbeitsunfähigkeit **80** 5; für bedeutende Beteiligung **52c** 13; des Gewerbetreibenden **32a** 9; des Versicherungsnehmers, Hausratversicherung **62c** B 1
Anzuwendendes Recht bei fehlender Rechtswahl **103i** 26; **103k** 26; Reichweite **103i** 27; **103k** 27; Wirkung gegenüber Dritten **103i** 28; **103k** 28
Arbeit während Untersuchungshaft **91a** 42 ff.
Arbeiter, Arbeitszeitgesetz **78** 2; Betriebsverfassungsgesetz **82** 5; Bundesurlaubsgesetz **80b** 2; Entgeltfortzahlung **80** 1
Arbeitgeber, Arbeitskampfverbot (BetrVG) **82** 74; Arbeitsschutz (BetrVG) **82** 89; Arbeitszeitnachweise **78** 16; Beauftragter (BetrVG) **82** 46; Bekanntgabe des Tarifvertrages **81** 8; Belegschaft (BetrVG) **82** 75; Berufsbildung (BetrVG) **82** 96 ff.; Beschwerden (BetrVG) **82** 84 f.; Betriebsratsauflösung bzw. -ausschluss **82** 23; Betriebsratskosten **82** 40 f.; Betriebsratssit-

zung **82** 29 ff.; Betriebsratswahl **82** 44 ff.; Betriebsratszusammenarbeit **82** 74; Betriebsvereinbarung **82** 77; Betriebsversammlung **82** 43; Dokumentenvorlage (Mindestlohn) **80c** 17; Duldungs- und Mitwirkungspflicht bei Behördenprüfung **94b** 5; Erläuterung der Arbeitsvergütung (BetrVG) **82** 82; Erstattungsanspruch für Entgeltfortzahlung **80a** 1; Freistellung (BetrVG) **82** 38; Jugend- und Auszubildendenvertreter **82** 78a; Leistungsverweigerungsrecht bei Entgeltfortzahlung **80** 7; leitende Angestellte (Zuordnung) **82** 18a; Meldepflicht (Mindestlohn) **80c** 16; Mindestlohn (Zahlungspflicht) **80c** 20; Mitteilungen **79** 15; Monatsgespräch (BetrVG) **82** 74; Mutterschaftsgeld **79** 14; Nachweis der wesentlichen Arbeitsbedingungen **78a** 2; Nachweis von Arbeitszeitregelungen **78** 16; Parteipolitik (BetrVG) **82** 74; personelle Einzelmaßnahme (BetrVG) **82** 99 ff.; Pflichtverletzung (BetrVG) **82** 23; Protokoll der Betriebsratssitzung **82** 34; Schulungs- und Bildungsveranstaltungen (BetrVG) **82** 37; Schwarzarbeit **94b** 1; Tarifbindung **81** 3; Tarifvertragspartei **81** 2; Unfallanzeige **82** 89; Unterlassungsanspruch (BetrVG) **82** 23; Unterrichtung des Arbeitnehmers **82** 81; Wirtschaftsausschuss **82** 110

Arbeitgebervereinigung, Betriebsratssitzungen **82** 29; Betriebsversammlung **82** 46; Geheimhaltungspflicht (BetrVG) **82** 79; Tarifvertragspartei **81** 2

Arbeitnehmer, Anhörung vor Kündigung **82** 102; Arbeitszeitgesetz **78** 2; Beschwerderecht (BetrVG) **82** 84; Betriebsratswahl **82** 16 ff.; Betriebsverfassungsgesetz **82** 5; Betriebsversammlung **82** 43 f.; Diskriminierungsverbote (BetrVG) **82** 75; Duldungs- und Mitwirkungspflicht bei Behördenprüfung **94b** 5; Erörterungsrecht (BetrVG) **82** 82; gewerkschaftliche Betätigung **82** 74; leitende Angestellte **82** 5; Mindestlohn **80c** 22; MitbestG **82a** 3; Nachweis der wesentlichen Arbeitsbedingungen **78a** 2; Personalakte **82** 83; Pflichtverstoß des Betriebsrats **82** 23; Tarifbindung **81** 3; Teilzeitarbeitnehmer (Begriff) **78b** 2; Themenvorschlag für Betriebsrat **82** 86a; Unterrichtung durch Arbeitgeber (BetrVG) **82** 81; vorläufige personelle Maßnahmen (BetrVG) **82** 100 f.; Wahlanfechtung (BetrVG) **82** 47; Wahlvorschlag (BetrVG) **82** 14

Arbeitnehmerähnliche Personen, Bundesurlaubsgesetz **80b** 2; Tarifvertragsgesetz, Begriff **81** 12a

Arbeitnehmer-Entsendegesetz, Mitteilungen **101a** 2. Teil 1. Abschn. I. 5.

Arbeitnehmerschutz, Strafsachen **90c** 46

Arbeitnehmerüberlassung, Anzeige- und Auskunftspflicht des Verleihers **84a** 7; Befreiung von Erlaubnispflicht **84a** 1a; Einschränkungen im Baugewerbe **84a** 1b; Erlaubnis, Erlöschen **84a** 2, Erteilung **84a** 2, Rücknahme **84a** 4, Versagung **84a** 3, Widerruf **84a** 5; Erlaubnispflicht **84a** 1; Rechtsbeziehungen **84a** 12; Rechtsfolgen bei Überlassung durch andere Person als den Arbeitgeber **84a** 10a; Strafsachen **90c** 47; Unwirksamkeit **84a** 9, Rechtsfolgen **84a** 10; Verwaltungszwang **84a** 6

Arbeitnehmerüberlassungsgesetz **84a**; Durchführung **84a** 17; Gebühren und Auslagen **84a** 2a; Meldepflicht **84a** 17b; Mitteilungen **101a** 2. Teil 1. Abschn. I. 5.; Ordnungswidrigkeiten **84a** 16

Arbeits- und Wirtschaftsbedingungen, Recht zur Vereinigung zwecks Förderung **1** 9

Arbeitsabläufe, Betriebsrat **82** 90 f.

Arbeitsbedingungen, Änderung (Nachweis) **78a** 3; Gestaltung **79** 9 ff.; Nachweis **78a** 3

Arbeitsbehörde, Anerkennung von Schulungs- und Bildungsveranstaltungen **82** 37

Arbeitsdirektor, MitbestG **82a** 33; Montan-MitbestG **82b** 13

Arbeitsentgelt, Ermittlung **79** 21; Höhe des A. im Strafvollzug **91** 200

Arbeitsgerichte, Bestellung des Wahlvorstands (BetrVG) **82** 17 ff.; Entscheidungen über Tarifverträge **81** 9

Arbeitsgerichtsbarkeit, oberster Gerichtshof des Bundes **1** 95

Arbeitsgruppen, Bildung **82** 28a; Förderungspflicht **82** 75

Arbeitskampf, Betriebsverfassung **82** 74; Maßnahmen gegen **1** 9

Arbeitslosenhilfe, Zuschüsse **1** 120

Arbeitslosenversicherung, Gesetzgebung **1** 74; Zuschüsse **1** 120

Arbeitsmethoden, Sozialplan **82** 111 f.

Arbeitsort, Mitteilung an Arbeitnehmer **78a** 2

Arbeitsplatz, freie Wahl **1** 12

Arbeitsplatzteilung, Kündigung **78b** 13; Tarifvertrag (Inhalt) **78b** 13; Voraussetzungen **78b** 13

Arbeitsrecht **1** 9; Arbeitsschutz **1** 74; Arbeitsvermittlung **1** 74; Fachanwalt **98/2** 10

Arbeitsruhe an Sonn- und Feiertagen **1** 140

Arbeitsschutz, Betriebsrat **82** 89

Arbeitsschutzgesetze 90e 258 f.
Arbeitsunfall, Betriebsvereinbarung **82** 88; Mitbestimmung **82** 87
Arbeitsverfahren, Mitwirkung des Betriebsrats **82** 90 f.
Arbeitsvergütung, Erläuterung durch Arbeitgeber (BetrVG) **82** 82; Mindestlohn (Fälligkeit) **80c** 2; Mindestlohn (Höhe) **80c** 1; Mitbestimmung **82** 87; Mitteilung an Arbeitnehmer **78a** 2; Teilzeit (Diskriminierungsverbot) **78b** 4
Arbeitsverhältnis, Begründung durch Weiterarbeit **78b** 15; internationales Insolvenzrecht **110b** 13; Nachweis der Arbeitsbedingungen **78a** 2; Strafsachen **90c** 16; Verpflichtung im Verteidigungsfall **1** 12a
Arbeitsverträge, Nachweis über Arbeitsbedingungen **78a** 2; Zuständigkeit **103** 20 ff.
Arbeitszeit, Abweichung **78** 14 ff.; Arbeitszeitnachweise **78** 16; Aushang und Aushändigung des ArbZG **78** 16; Ausnahmen durch RechtsVO **78** 7; Begriff **78** 2; Beschäftigung ohne Ruhepausen **78** 4; Betriebsrat **82** 87; gefährliche Arbeiten **78** 8; Genehmigung durch Behörde **78** 7; Mitteilung an Arbeitnehmer **78a** 2; Rechtsakte der Europäischen Union **78** 24; regelmäßige **78** 3; Ruhezeit **78** 5; Sonn- und Feiertage **78** 10 f.; Tarifvertrag **78** 7; Teilzeitarbeitnehmer (Begriff) **78b** 2; Überwachung **78** 17; Verlängerung **78** 3; **78b** 9; Verringerung, zeitlich begrenzte **78b** 9a, zeitlich nicht begrenzte **78b** 8
Arbeitszeitgesetz 78; Anwendungsbereich **78** 18; Übergangsvorschriften **78** 25
Arbeitszeitkonto, Mindestlohn **80c** 2
Architekt, Strafsachen **90c** 24
Arglist bei Bezahlung von Wechseln **54** 40
Arrest als Disziplinarmaßnahme im Strafvollzug **91** 107; Untersuchungshaft **91a** 68, 71
Arretierungsklausel auf Wechsel **54** 68
Artikel 10-Gesetz 90f
Arzneimittel, ergänzendes Schutzzertifikat **70a** 20; Fahrerlaubnis **35d** 14; Verkehr mit **1** 74; Verwendung eingezogener **90d** 74; *s. a. Fahrerlaubnis*
Arzneimittelgesetz, Straftat **90e** 257
Arzt, Anstaltsarzt **91a** 56; Verschreibung von Betäubungsmitteln durch **86a** 2; Zulassung **1** 74
Ärztliche Bescheinigung, Entgeltfortzahlung **80** 5
Ärztlicher Gutachter 35d 65
Ärztliches Gutachten bei Versagung und Widerruf der Zulassung **98** 15
Asylrecht 1 16a; Verwirkung **1** 18
Atomanlagen, Strafsachen **90c** 40
Atomenergie, Gesetzgebung **1** 74, 87c
Aufbauseminar, Fahrerlaubnis **35d** 35 ff.
Aufbewahrung von Geschäftsunterlagen **32a** 14; personenbezogener Daten **45h** 30
Aufenthaltsermittlung, Kind **103n** 7
Aufenthaltsgesetz, Mitteilungen **101a** 2. Teil 1. Abschn. I. 10.
Aufenthaltsrecht 1 11, 17a; der Ausländer **1** 74
Aufgabe der Streitkräfte **1** 87a
Aufgaben der zentralen Behörden **45h** 8 f.
Aufgebot, Todeserklärung **45** 19 ff.
Aufgebotsverfahren, Todeserklärung **45** 13
Aufgelöste Länder und andere Körperschaften und Anstalten des öffentl. Rechts, Verbindlichkeiten **1** 135a
Aufhebung des Auslieferungshaftbefehls **90h** 24; der Restrukturierungssache **110e** 33; von Verträgen **50c** 26
Aufhebungsbeschluss, Todeserklärung **45** 32
Auflage bei Genehmigung von Ausnahmen nach StVZO **35b** 71; bei Veräußerung landwirtschaftl. Grundstücke **40** 10; von Werken der Literatur und Tonkunst **66** 5, 17
Auflagenhöhe bei literarischen Werken **66** 5, 16
Auflassung, Entgegennahme **98a** 20
Auflösende Bedingung, anzuwendende Vorschriften **78b** 21
Auflösung des Bundestages **1** 39, 58, 63, 68, 115h; bisheriger gesetzgebender Körperschaften **1** 122; von Verwaltungsorganen **1** 130
Auflösung der eingetr. Partnerschaft, Zuständigkeit **103k** 5
Aufnahmefamilie, Entfehrnung **45h** 21
Aufnahmequote, unbegleitete ausländische Kinder und Jugendliche **46** 42c
Aufnahmestaat 45h 2
Aufrechnung, Erstattungsanspruch des Arbeitgebers für Entgeltfortzahlung **80a** 6; internationales Insolvenzrecht **110b** 9
Aufsicht, berufsrechtliche **90c** 29; Bundesrechtsanwaltskammer **98** 176; der Bundesregierung **1** 84, 85, 130; des Staates im Schulwesen **1** 7; Strafsachen **90c** 29; über Verwertungsgesellschaft **65a** 75 ff.
Aufsichtsbehörde für Justizvollzugsanstalten **91** 151 ff.; Notar **98a** 92 ff., 94
Aufsichtsgremium, VVG **65a** 22
Aufsichtsrat nach Drittelbeteiligungsgesetz **82d** 4 ff.; Geheimhaltungspflicht (BetrVG) **82** 79; Geschlechteranteil (Mit-

bestErgG) **82c** 5a; Geschlechteranteil (MitbestG) **82a** 7; Geschlechteranteil (Montan-MitbestG) **82b** 5a; Nichterreichen des Geschlechteranteils durch Wahl (MitbestErgG) **82c** 10f; Nichterreichen des Geschlechteranteils durch Wahl (MitbestG) **82a** 18a; Verbot der Zugehörigkeit für Bundeskanzler und Bundesminister **1** 66, für Bundespräsidenten **1** 55; Zusammensetzung und Bildung (MitbestErgG) **82c** 5 ff.; Zusammensetzung und Bildung (MitbestG) **82a** 6 ff.; Zusammensetzung und Bildung (Montan-MitbestG) **82b** 3 ff.

Aufstand, Einsatz der Streitkräfte **1** 87a

Auftrag, keine Bindung für Abgeordnete **1** 38

Auftraggeber, Mindestlohn (Haftung) **80c** 13; Vermögenswerte **32a** 4

Auftragsvergabe, Ausschluss (Verstoß gegen MiLoG) **80c** 19

Auftragsverwaltung der Länder **1** 85, 87c, 89, 90; im Steuerrecht **1** 108

Aufwendungen, Entgeltfortzahlung **80** 4

Aufwendungsausgleichsgesetz 80a

Aufwendungsersatz von Betreuern **49b** 4

Aufzeichnungspflicht, Betäubungsmittel **86** 17

Aus- bzw. Einreise, Bewilligung **45h** 18

Ausbildung, befristetes Arbeitsverhältnis **78b** 19; einheitliche der Beamten und Angestellten **1** 85, 108; Referendare bei Rechtsanwälten **98** 59; Teilzeit **78b** 10

Ausbildungsbeihilfen, Gesetzgebung **1** 74

Ausbildungsstätte, freie Wahl **1** 12

Ausbürgerung 1 16, 116

Ausfertigung der Bundesgesetze und Rechtsverordnungen **1** 82

Ausforschen von Gefangenen **91a** 9

Ausfuhr von Betäubungsmitteln **86** 11; forst- und landwirtschaftl. Erzeugnisse **1** 74

Ausführung von Kundenaufträgen **58** 82

Ausgaben von Bund und Ländern **1** 106; des Bundes, außerplanmäßige **1** 112, Erhöhung **1** 113, Etatisierung **1** 110, vor Genehmigung des Etats **1** 111, überplanmäßige **1** 112

Ausgleich der Arbeitgeberaufwendungen für Entgeltfortzahlung **80a**; des Vorteils nach Zuweisung eines landwirtschaftl. Betriebes **40** 17

Ausgleichsbeiträge und Anweisungen an leistungsschwache Länder **1** 107

Ausgleichsleistungen für Verspätung und Annullierung von Flügen **36a**

Ausgleichsverfahren im Insolvenzverfahren des Verwahrers von Wertpapieren **59** 33

Ausgleichszeitraum, Tarifvertrag (ArbZG) **78** 7

Ausgleichszuweisungen, Finanzausgleich **1** 107

Aushang, Arbeitszeitgesetz **78** 16; Tarifvertrag **81** 5

Aushilfe, Nachweisgesetz **78a** 1

Auskunft über rechtsverletzende Produkte **75** 8

Auskunftsanspruch, Gebrauchsmuster **71** 24b; Patent **70** 140b

Auskunftspersonen, Betriebsrat **82** 80

Auskunftspflicht, Schadensersatz **75** 8; nach Unterhaltsvorschussgesetz **45d** 6; der Verwertungsgesellschaft **65a** 41, 48

Auskunftswesen, Zentralstelle für polizeiliches **1** 87

Auslagen des Beschuldigten **90e** 145; in Verfahren vor dem Bundespatentgericht **70b** 1; für Wohnraumvermittlung **31** 3

Auslagenfreiheit im Verfahren vor Genehmigungsbehörde **40** 23

Ausland, Anrechnung erlittener Freiheitsentziehung **90d** 39a; Beziehungen zum **1** 32, 59; Rechtshilfeverkehr mit **90d** 18; Streitkräfte **1** 96; Verbot der Auslieferung **1** 16

Ausländer, Anspruch nach Opferentschädigungsgesetz **93a** 1; Aufenthaltsrecht **1** 74; Auslieferung an das Ausland **90h** 2 ff.; Beschäftigung ohne Genehmigung **94b** 10 f.; Betriebsratsverfassung **82** 80; Jugendhilfe **46** 6; sprachunkundig **90e** 181; Strafsachen **90c** 42; Wechselfähigkeit **54** 91

Ausländische Kinder und Jugendliche, Altersfeststellung **46** 42f; Verteilung **46** 42b; vorläufige Inobhutnahme nach unbegleiteter Einreise **46** 42a

Ausländische Titel, Vollstreckbarkeit **103q** 7

Ausländischer Gläubiger, Begriffsbestimmungen (EU) 2015/8 **110b** 2

Ausländischer Titel, Vollstreckungsabwehrantrag **103o** 66; Zwangsvollstreckung **103a** 3 ff.; **103o** 36 ff., Beschwerde **103o** 43 ff.

Auslandsadoption, unbegleitete **45i** 2b; **45j** 4

Auslandsmaßnahmen, Kinder- und Jugendhilfe **46** 38

Auslandstätigkeit, Mitteilung an Arbeitnehmer **78a** 2

Auslandsunterhaltsgesetz 103o; allgemeine gerichtliche Verfahrensvorschriften **103o** 2; Anerkennung und Vollstreckung von Entscheidungen **103o** 30 ff., gerichtliche Zuständigkeit **103o** 35; Anwendungsbereich **103o** 1; Datenerhebung

103o 16 ff.; Mahnverfahren **103o** 75; Verfahrenskostenhilfe **103o** 20 ff.; zentrale gerichtliche Behörde **103o** 4, Aufgaben und Befugnisse **103o** 5, Unterstützung durch das Jugendamt **103o** 6
Auslegung des Grundgesetzes **1** 93, 100
Auslieferung an das Ausland **90h** 2 ff., Entscheidung über Zulässigkeit **90h** 29 ff., internationaler Strafgerichtshof **90h** 9a, wegen militärischer Straftat **90h** 7, örtliche Zuständigkeit **90h** 14, wegen politischer Straftat **90h** 6, Rechtsbeistand **90h** 40, sachliche Zuständigkeit **90h** 13, bei Todesstrafe **90h** 8, Unterlagen **90h** 10, vereinfachte **90h** 41, vorübergehende **90h** 37; von Deutschen an das Ausland, Verbot **1** 16; Ersuchen von Mitgliedstaat der Europäischen Union **90h** 79; Gesetzgebung über **1** 73; an Mitgliedstaat der Europäischen Union **90h** 80 ff.; bei Sammelverwahrung von Wertpapieren **59** 7
Auslieferungsersuchen, Fahndung **90h** 18
Auslieferungshaft **90h** 15; Entschädigung **93** 2; Haftprüfung **90h** 26; vorläufige **90h** 16
Auslieferungshaftbefehl **90h** 17; Aufhebung **90h** 24; Aussetzung des Vollzugs **90h** 25; vorläufige Festnahme **90h** 19
Ausnahmegerichte, Verbot **1** 101
Ausnahmen von Anzeigepflicht **39** 3; von der StVZO, Zulässigkeit von Auflagen **35b** 71; Wertpapierdienstleistungsunternehmen **58** 3
Ausrüstung von Kfz. **35b** 30
Aussagegenehmigung **90e** 44
Ausschlagungserklärung, Formgültigkeit **21e** 28
Ausschließliche Gerichtsstände **103** 24; Priorität **103** 31
Ausschließliche Gesetzgebung **1** 73; des Bundes **1** 71, 124; auf dem Gebiet des Finanzwesens **1** 105
Ausschließliche Zuständigkeit über Entschädigungsanspruch für Strafverfolgungsmaßnahmen **93** 13
Ausschließung von Gerichtspersonen, Patentgericht **70** 86
Ausschluss der Entschädigung für Strafverfolgungsmaßnahmen **93** 5, 12
Ausschluss der Öffentlichkeit **90e** 131 ff., 219; im Bundestag **1** 42
Ausschlussfrist, -en, Betriebsvereinbarung **82** 77; Tarifvertrag **81** 4
Ausschreibung, Arbeitsplatz (Teilzeit) **78b** 7; Arbeitsplätze **82** 93; Zustimmungsverweigerungsgrund **82** 99
Ausschreibung zur Festnahme **90d** 34
Ausschuss, Ausschüsse für Angelegenheiten der EU **1** 45; für auswärtige Angelegenheiten **1** 45a; des Bundesrates **1** 52; des Bundestages **1** 42 bis 45a; gemeinsamer A. des Bundesrates und des Bundestages (Vermittlungsausschuss) **1** 77; Teilnahme der Bundesregierung an A. des Bundesrates **1** 53; für Verteidigung **1** 45a
Ausschussverfahren **21e** 81; **110b** 89
Außendienst, Arbeitnehmer (BetrVG) **82** 5
Außenkanten, vorstehende **35b** 30c
Außenwirtschaft, Strafsachen **90c** 49
Außenwirtschaftsgesetz, Verstoß **90e** 265
Außergerichtliche Rechtsdienstleistungen **99**
Außergerichtliche Streitschlichtung *s. Gesamtverzeichnis der Bundesrechtsanwaltskammer*
Außerordentliche Kündigung, Arbeitnehmervertreter (Verfahren) **82** 103; Betriebsrat (Anhörung) **82** 102
Aussetzung des Verfahrens **1** 100; **97** 68, 83; **103b** 27, 35, gegen Abgeordnete **1** 46; der Verwertung der Masse **110b** 46; des Zulassungsverfahrens **98** 10
Austauschpfändung **109** 74 f.
Auswahlrichtlinien, Begriff **82** 95; Widerspruchsgrund **82** 102; Zustimmungsverweigerungsgrund **82** 99
Auswanderung, Gesetzgebung **1** 73
Auswärtige Angelegenheiten **1** 32, 59, 73; Ausschuss für **1** 45a
Auswärtige Beziehungen, Bundeskompetenz **1** 32
Auswärtige Verträge, Abschluss seitens der Länder **1** 32
Auswärtiger Dienst **1** 87
Ausweispflicht, Kraftfahrzeug **35d** 4
Auszubildende, Arbeitnehmer (BetrVG) **82** 5; Entgeltfortzahlung **80** 1; Mindestlohn **80c** 22; Übernahme in Arbeitsverhältnis (JAV) **82** 78a; Urlaub **80b** 2
Authentizität von Urkunden **103p** 45 ff.
Autobahn-Richtgeschwindigkeit **35c**
Autoschutzbrief, Allgemeine Versicherungsbedingungen **62f**; **62f** A 3

Baden, Erstreckung des Rechts des Vereinigten Wirtschaftsgebietes auf **1** 127; Notariat **1** 138
Baden-Württemberg, Schlichtungsgesetz **104**; Sondervorschr. **98a** 114, 116
Bahnverkehr, Straftaten **90e** 245 ff.
Bank- und Kapitalmarktrecht, Fachanwalt **98/2** 14l
Banken, Anwendung des DepotG **59** 41; Sonntagsbeschäftigung **78** 10; Wertpapiersammelb. **59** 1

Bankier als Bezogener eines Schecks **56** 3; Kommissionsgeschäft über Wertpapiere **59** 28; iSd ScheckG **56** 54
Bankwesen 1 74
Bannbruch 88b 372
Basiselterngeld 45e 4a
Bau- und Architektenrecht, Fachanwalt **98/2** 14e
Bauart in Bezug auf Höchstgeschwindigkeit **35b** 30a
Bauartgenehmigung für Fahrzeugteile **35b** 22a
Baubetreuer 32a
Bauforderungen, Sicherung **32**
Baugeld 32 1; Strafvorschriften **32** 2
Baugewerbe, Einschränkungen der Arbeitnehmerüberlassung **84a** 1b
Baukosten 30b 7
Baukostenzuschüsse, verlorene **30b** 14
Bauleistungen, Vergabe- und Vertragsordnung Teil B **32c**
Bauleistungsvertrag, Abnahme **32c** 12; Abrechnung **32c** 14; Ausführung **32c** 4; Fristen **32c** 5; Gefahrverteilung **32c** 7; Gewährleistung **32c** 13; Haftung **32c** 10; Kündigung **32c** 8, 9; Sicherheitsleistung **32c** 17; Streitigkeiten **32c** 18; Vergütung **32c** 2; Vertragsstrafe **32c** 11; Zahlung **32c** 16
Bäume, Schutz gegen Krankheiten **1** 74
Baunebenkosten 30b 8
Bauten, Beschaffung der Mittel zur Fortsetzung durch Bund **1** 111
Bauträger 32a; Sicherungspflicht **32a** 3
Bauwesen, Beauftragung der Bundeswehrverwaltung **1** 87b
Bayerische Notarkasse 98a 113
Bayerisches Schlichtungsgesetz 104a
Bayern, Notariat **1** 138
Beamte, Amtspflichtverletzung **1** 34; Beschäftigung von B. aus allen Ländern bei Bundesbehörden **1** 36; Beschränkung der Wählbarkeit **1** 137; einheitliche Ausbildung **1** 85; Regelung des Dienstrechts **1** 33; Staatshaftung bei Amtspflichtverletzung **1** 34
Beamtenverhältnis, Strafsachen **90c** 15
Beanstandung von Landpachtverträgen **39** 4
Beantragung, eines Sekundärinsolvenzverfahren, Recht auf **110b** 37
Beauftragter, Berufsbildung **82** 98; der Bundesregierung **1** 84
Bedarf, Unterhalt **47–47s**
Bedarfsgegenstände, Schutz beim Verkehr mit **1** 74
Bedingter Restrukturierungsplan 110e 62
Bedingungen bei Annahme des Wechsels **54** 26; bei Scheckindossament **56** 15; bei Veräußerung landwirtschaftl. Grundstücke **40** 11
Bedürftigkeit, Unterhalt **47–47s**
Beeidigung, gerichtlicher Dolmetscher **95c** 1, Befristung **95c** 7; Zuständigkeit **95c** 2
Beeinträchtigung, Beseitigung **75** 6; Unterlassung **75** 6
Beendigung des Richterverhältnisses **97** 21; des Verteidigungsfalles **1** 115l
Beendigung eines Insolvenzverfahrens, Auswirkung **110b** 48
Befangenheit, Notar **98a** 16
Befehlsgewalt über Streitkräfte **1** 65a, 115b
Beförderung von Waren **50c** 32
Befriedigung, Klage auf vorzugsweise **42** 12
Befristung, 5-Jahres-Zeitraum **78b** 15; ältere Arbeitnehmer **78b** 14; Anschlussbeschäftigung (sachlicher Grund) **78b** 14; Aus-/Weiterbildung **78b** 19; der Beeidigung gerichtlicher Dolmetscher **95c** 7; Begriff **78b** 3; Benachteiligungsverbot **78b** 5; Berufsausbildung (sachlicher Grund) **78b** 14; Beschäftigungsdauer **78b** 4; Diskriminierungsverbot **78b** 4; Eigenart der Beschäftigung (sachlicher Grund) **78b** 14; Elternzeit **45e** 21; Entgeltfortzahlung **80** 8; Erprobung (sachlicher Grund) **78b** 14; Haushaltsmittel (sachlicher Grund) **78b** 14; Höchstdauer **78b** 14; Information (Arbeitsplatz) **78b** 18; Klagefrist **78b** 17; Kündigung (ordentliche) **78b** 15; Mitteilung an Arbeitnehmer **78a** 2; sachlicher Grund **78b** 14; Schriftform **78b** 14; Tarifvertrag (Inhalt) **78b** 14; Unternehmensgründung **78b** 14; Unwirksamkeit (Rechtsfolgen) **78b** 16; Vergleich (sachlicher Grund) **78b** 14; Verlängerung **78b** 14; Vertretung (sachlicher Grund) **78b** 14; vorübergehender Bedarf (sachlicher Grund) **78b** 14; Weiterarbeit **78b** 15; Zeitbefristung (Beendigung) **78b** 15; Zulässigkeit **78b** 14; Zweckbefristung (Beendigung) **78b** 15
Befugnisse zur Gesetzgebung **1** 70 ff.
Beginn der Adoptionspflege **45i** 8
Beglaubigung, Notar **98a** 20
Begleitetes Fahren ab 17 Jahre 35d 48a f.
Begnadigungsrecht 1 90
Begrenzung der Rechtseinschränkungen **2** 18
Begriffstbestimmungen (EU) 2015/848, ausländischer Gläubiger **110b** 2; Entscheidung zur Eröffnung eines Insolvenzverfahrens **110b** 2; Gericht **110b** 2; Gesamtverfahren **110b** 2; Insolvenzverfahren

110b 2; lokaler Gläubiger **110b** 2; Mutterunternehmen **110b** 2; Niederlassung **110b** 2; Organismen für gemeinsame Anlagen **110b** 2; Schuldner in Eigenverwaltung **110b** 2; Unternehmensgruppe **110b** 2; Verwalter **110b** 2; Zeitpunkt der Verfahrenseröffnung **110b** 2
Begründung von Entscheidungen in Grundstücksangelegenheiten **40** 20
Begutachtung von Prüfstellen und Trägern **35d** 72
Begutachtungsstellen für Fahreignung, Träger **35d** 66
Behörde, -n, Anhörung **90e** 90; des Bundes und der Länder, Amts- und Rechtshilfe **1** 35; Einrichtung und Aufbau **1** 84, 85, 108; der Länder, Einrichtung **1** 85; Vertretung **98** 3
Behördenbetreuer, Vergütung **49b** 8
Behördliche Anordnung, Zustimmungsverweigerungsgrund **82** 99
Beiakten 90e 119
Beiordnung eines Rechtsanwalts **98** 48
Beisitzer, notarieller **98a** 103 f., 108
Beistand, Jugendamt als **46** 58
Beistandschaft 46 55, 56
Beitragszahlungen 62j B 1
Beitreibung, Kosten **98** 205
Bekämpfung von Aufständischen durch Streitkräfte **1** 87a
Bekanntgabe der Entscheidung **103q** 10
Bekanntmachung, internationales Insolvenzrecht **110b** 28; des Urteils **75** 21
Bekenntnis, religiöses und weltanschauliches **1** 3, 4, 33, 140
Bekenntnisfreiheit 1 4
Bekenntnisschulen 1 7
Beleidigung 90e 229 ff.; verleumderische durch Abgeordnete **1** 46
Benachteiligende Handlungen 110b 16
Benachteiligung, Zustimmungsverweigerungsgrund **82** 99
Benachteiligungsverbot, Betriebsverfassung **82** 78
Benutzungsgebühren für Straßen **1** 74
Berater, Betriebsänderung **82** 111
Beratung in Betreuungsangelegenheiten, Behörde **49c** 5
Beratungsangebot bei Betreuungsbedarf **49c** 8
Beratungshilfe, Ablehnung der **98/1** 16a; Antrag **98b** 4; Aufhebung der Bewilligung **98b** 6a; grenzüberschreitende Streitsachen **98b** 10; Hinweis auf **98/1** 16; Pflicht **98** 49a; Vergütung **98b** 8 f.
Beratungshilfegesetz 98b
Berechnungsgrundlage der insolvenzrechtlichen Vergütung **110c** 1
Berechnungsverordnung, wohnungswirtschaftliche **30b**
Berechtigungsscheine, Beratungshilfe **98b** 6
Bereitschaftsdienst, abweichende Regelung (Aufsichtsbehörde) **78** 15; Ruhezeit **78** 5
Bereitschaftspolizei, Betäubungsmittel **86** 26
Bergbahnen 1 74
Bergbau 1 74
Berichterstattung an Bundesregierung **1** 85; Freiheit **1** 5; parlamentarische **1** 42
Berichtigung, -en, Gesamtverzeichnis der Bundesrechtsanwaltskammer **98/3** 12; im Handelregister **50d** 17; Rechtsanwaltskammerverzeichnis **98/3** 4
Berlin, Erstreckung des GG auf **1** 144, des Rechts des Vereinigten Wirtschaftsgebietes auf **1** 127; Mitwirkung bei Annahme des GG **1** 145; Sondervorschriften **97** 124
Berlin-Brandenburg 1 118a
Berliner Tabelle 47a
Beruf, freie Wahl **1** 12; Verbot der Ausübung eines B. für Bundeskanzler und Bundesminister **1** 66
Berufliche Betreuer, Begriffsbestimmung **49c** 19; berufsbezogene Fortbildung **49c** 29; erforderliche Sachkunde **49c** 23; Feststellung der persönlichen Eignung **49c** 24; keine Annahme von Geld **49c** 30; Mitteilungspflicht und Nachweispflichten **49c** 25; Registrierung, Widerruf, Rücknahme und Löschung **49c** 27; Registrierungsverfahren und Verordnungsermächtigung **49c** 24; Registrierungsvoraussetzung **49c** 23; Verordnungsermächtigung **49c** 23; Wohnsitzwechsel **49c** 28
Beruflicher Kontakt mit Kindern, fachliche Beratung **46** 8b
Berufs- und Interessenvereinigungen, Rechtsdienstleistung **99** 7
Berufsausbildung, Mindestlohn **80c** 22
Berufsausübung, gesetzl. Regelung **1** 12; Pflichten **98/1** 2 ff.
Berufsausübungsfreiheit, Advokatur **98/1** 1
Berufsbeamtentum 1 33
Berufsbildung, Arbeitnehmer (ArbZG) **78** 2; Beratung mit Betriebsrat **82** 96; Durchführung **82** 98; Errichtung und Ausstattung **82** 97; Förderung **82** 96; Grundsätze **82** 96; Qualifikationsmaßnahmen **82** 97
Berufshaftpflichtversicherung, Notare **98a** 19a; Partnerschaftsgesellschaft mit beschränkter Berufshaftung **98** 51a; Rechtsanwälte **98** 51
Berufskrankheit, Mitbestimmung **82** 87

Berufsmäßigkeit von Vormündern, Feststellung **49b** 1
Berufsordnung für Rechtsanwälte 98/1
Berufspflichten des Rechtsanwalts 98/1 2 ff.; gegenüber Behörden, Gerichten **98/1** 19 f.; gegenüber der Rechtsanwaltskammer **98/1** 24 ff.
Berufsregeln der Rechtsanwälte der EU 98/1 Anlage
Berufsrichter, Ausübung **97** 1; Geltung des RichterG **97** 2
Berufssoldaten, Beschränkung der Wählbarkeit **1** 137; Strafsachen *s. a. Bußgeldkatalog*
Berufstracht 98/1 20
Berufsverbot, Entschädigung für vorläufiges **93** 2; notwendige Verteidigung **98** 150; Vollstreckung **90d** 55
Berufsvereinigungen zur Förderung **1** 9
Berufsvormünder, Umschulung und Fortbildung **49b** 11
Berufung, Entscheidungen **98** 143; der Mitglieder des BVerfG **1** 94; Richter **97** 9; der Richter der obersten Gerichtshöfe **1** 95
Berufungsverfahren in Patentsachen **70** 110 ff.; Strafsachen **90e** 158 f.
Besatzungskosten, Aufwendungen **1** 120
Besatzungsmitglied, Betriebsverfassung **82** 114
Besatzungsrecht, Abbau **1** 79
Beschädigtenversorgung, Aufgaben **1** 87b
Beschäftigung nach Ende des Beschäftigungsverbots **79** 25
Beschäftigungsförderung, Beteiligungsrechte **82** 92a; Betriebsrat (Aufgabe) **82** 80
Beschäftigungssicherung, Beteiligungsrechte **82** 92a; Betriebsrat (Aufgabe) **82** 80
Beschäftigungsverbot, Ende **79** 25; Mutterschutz **79** 6, 16
Bescheinigung, Bearbeitung **103i** 66; **103k** 66; inländische Titel **103a** 58; **103q** 27; Nichtvorlage **21e** 47; **103i** 46; **103k** 46
Beschlagnahme 90e 73a; bei Auslieferung **90h** 39; im Bundestag **1** 40; Entschädigung **93** 2; eines Erzeugnisses bei Gebrauchsmusterverletzung **71** 25a, bei Patentverletzung **70** 142a; von Postsendungen **90e** 77 ff.; Presseerzeugnisse **90e** 249 ff.; von Schriftstücken bei Abgeordneten **1** 47
Beschlagnahmeanordnung 90e 78
Beschleunigtes Verfahren 90e 146
Beschleunigungsgrundsatz, Ermittlungsverfahren **90e** 5; Strafverfahren **90e** 167
Beschluss über Antrag im Strafvollzug **91** 115; Todeserklärung **45** 23 ff.
Beschlussfassung in der Bundesregierung **1** 65
Beschränkung der Hoheitsrechte zugunsten kollektiver Sicherheit **1** 24; des passiven Wahlrechts **1** 137; der politischen Tätigkeit ausländischer Personen **2** 16; Voraussetzung **90f** 3; der Zwangsvollstreckung **103a** 18 ff.
Beschränkungsmaßnahmen, Durchführung **90f** 11; Kontrollgremium **90f** 14; Rechtsweg **90f** 13
Beschuldigter 90e 4a; Auslagen **90e** 145; mehrere Verfahren **90e** 17; persönliche Verhältnisse **90e** 13; Vernehmung **90e** 44 f.; wirtschaftliche Verhältnisse **90e** 14
Beschwerde, Arbeitnehmer (BetrVG) **82** 84 f.; Einlegung **103q** 11; gegen Einstellungsverfügung **90e** 105; Entscheidung **98** 142; **103a** 13; **103q** 12; gegen Entscheidungen der Vollstreckungsbehörde **90d** 21; Gebühren in Landwirtschaftssachen **39a** 40; des Gefangenen im Strafvollzug **91** 108; int. Erbrechtsverfahren **103p** 10 ff.; int. Familienrechtsverfahren **103n** 24; in Patentsachen **70** 122; von Soldaten **1** 96; Untersuchungshaft **91a** 73 ff.; Vollstreckungsklausel **103a** 11 ff.; im Wahlprüfungsverfahren **1** 41
Beschwerde- und Petitionsrecht 1 17, 17a
Beschwerdefrist 103a 11; in Strafvollzugssachen **91** 118
Beschwerdegericht 103q 11; Rechtsbeschwerde **103q** 13; in Strafvollzugssachen **91** 117
Beschwerderecht 2 13; des Gefangenen **91** 108, 116
Beschwerdestelle, Benachteiligungsverbot **82** 78; Einrichtung **82** 86; Geheimhaltungspflicht (BetrVG) **82** 79
Beschwerdeverfahren 103q 12; aufschiebende Wirkung **70** 75; Einwendungen **103a** 12; in Gebrauchsmustersachen **71** 18; Kosten in Strafvollzugssachen **91** 121; Kostenentscheidung **70** 80; vor Patentgericht **70** 73 ff.; VVG **65a** 33
Besondere Gerichtsstände 103 7
Besonderes elektronisches Anwaltspostfach, Abwickler **98/3** 25; Aufhebung der Zugangsberechtigung und Sperrung **98/3** 28; automatische Nachrichtenlöschung **98/3** 27; Datensicherheit **98/3** 26; Einrichtungen **98/3** 21; Erstanmeldung **98/3** 22; Führung **98/3** 20; Löschung des Postfachs **98/3** 29; Nutzen **98/3** 19; Vertreter **98/3** 25; weitere Zugangsberechtigungen

98/3 23; Zugang **98/3** 24; Zugriff auf elektronische Suche **98/3** 19; Zustellungsbevollmächtigter **98/3** 25
Bestallungsurkunde 108a 2
Bestellvertrag im Verlagsrecht **66** 47
Besteuerungsrecht der Religionsgesellschaften **1** 140
Besteuerungsverfahren, Verhältnis zum Strafverfahren **88b** 393
Bestrafung, allg. Voraussetzungen **1** 103; des Bundespräsidenten **1** 60
Besuche, Untersuchungshaft **91a** 24 ff.
Betäubungsmittel 86 1; Abgabe **86a** 12; Abgabe, Erwerb **86** 12 f.; Anforderungsschein **86a** 10, Pflichtangaben **86a** 11; Aufzeichnungspflicht **86** 17; Bundesinstitut f. Arzneimittel u. Medizinprod. **86** 7 f.; Drogenkonsumraum **86** 10a; Einfuhr, Ausfuhr, Durchfuhr **86** 11; einzelne **86** Anl.; Erlaubnisverfahren **86** 3 ff.; Fahrerlaubnis **35d** 14; Kennzeichnung, Werbung **86** 14; Meldepflicht **86** 18; Nachweisführung **86a** 13, 14; Ordnungswidrigkeiten **86a** 17; Probenahme **86** 23 f.; Rezept **86a** 8, Pflichtangaben **86a** 8; Rücknahme, Widerruf der Erlaubnis **86** 10; Sachkenntnis **86** 6; Sicherungsmaßnahmen **86** 15; Straftaten **86** 29 ff.; **86a** 16; Verkehr mit **1** 74; Vernichtung **86** 16; Verschreibung **86** 13; Verschreibungsgrundsatz **86a** 1; Verschreibungsverordnung **86a**; Verwendung eingezogener **90d** 75
Betäubungsmittelabhängigkeit, Straftäter **86** 35 ff.; Substitution **86a** 5
Betäubungsmittelgesetz 86; Straftat **90e** 257
Betäubungsmittelrezept 86a 8; Pflichtangaben **86a** 9
Betäubungsmittelsachen, Mitteilungspflicht **90c** 50
Betäubungsmittelverkehr, Überwachung **86** 19 ff.
Betäubungsmittelverschreibung für Altenheim-, Pflegeheim- und Hospizbewohner **86a** 5c; durch den Arzt **86a** 2; durch den Tierarzt **86a** 4; durch den Zahnarzt **86a** 3; für Einrichtungen des Rettungsdienstes **86a** 6; Formblätter **86a** 15; Grundsätze **86a** 1; für Kauffahrteischiffe **86a** 7; zur Substitution **86a** 5
Beteiligte, Betreuung **98a** 24; bei Verf. vor dem Gemeinsamen Senat oberster Gerichtshöfe **95b** 13; Zustimmungsersetzung (BetrVG) **82** 103
Beteiligung, Übernahme **52c** 18
Beteiligungen des ehemaligen Landes Preußen, Übergang auf den Bund **1** 135
Beteiligungsverhältnis von Bund und Ländern an Einkommen-, Körperschaft- und Umsatzsteuer **1** 106, 107
Betreuer, Vergütung **49b** 4
Betreuung, Sonderfälle **49b** 6
Betreuungsangelegenheiten, Behörde, Informations- und Beratungspflicht **49c** 5; Mitteilung an das Betreuungsgericht und die Stammbehörde **49c** 9; örtliche Zuständigkeit **49c** 2; sachliche Zuständigkeit **49c** 1; Vermittlung von Hilfe **49c** 8
Betreuungsgericht, Mitteilungen zur Herbeiführung einer Tätigkeit **101a** 2. Teil 1. Abschn. I. 1.; Unterstützung durch die Behörde **49c** 11
Betreuungsorganisationsgesetz 49c
Betreuungssachen, Mitteilungen **101a** 2. Teil 4. Abschn. XV.
Betreuungsverein, Aufgaben **49c** 15 f.; finanzielle Ausstattung **49c** 17; Mitteilung von Name und Anschrift des Betreuers **49c** 10; personenbezogene Daten, Verarbeitung **49c** 18
Betreuungsvereine, Vergütung **49b** 7
Betreuungsvorschlag, Sozialbericht oder auf Anforderung des Betreuungsgerichts **49c** 12
Betrieb, kaufmännischer des Bundes **1** 110; des Kfz., Verantwortung für **35b** 31; MitbestG **82a** 3; Montan-MitbestG **82b** 5; Streitigkeiten **82** 18; Zuordnung (Tarifvertrag/Betriebsvereinbarung) **82** 3
Betriebliche Altersversorgung, Sozialplan **82** 112
Betriebs- oder Geschäftsgeheimnis, Betriebsrat **82** 79; Betriebsversammlung **82** 43; Strafvorschriften (BetrVG) **82** 120
Betriebsänderung, Begriff **82** 111 ff.; Berater **82** 111; Interessenausgleich/Sozialplan **82** 111 ff.; Nachteilsausgleich **82** 113
Betriebsanlagen, Sozialplan **82** 111 f.
Betriebsausschuss, Bildung und Rechtsstellung **82** 27; Bruttolohn- und Gehaltslisten **82** 80
Betriebseinschränkung, Betriebsänderung **82** 111
Betriebserlaubnis für Einzelfahrzeuge **35b** 21; für Fahrzeugteile **35b** 22; für Kfz. **35b** 18 ff.
Betriebsfrieden, Entfernung von Arbeitnehmern **82** 104; Zustimmungsverweigerungsgrund **82** 99
Betriebsgeheimnis *s. Berufspflichten*
Betriebskosten 30b 27; Aufstellung **30b/1**; nach II. BV **30e** 1 ff.
Betriebskostenverordnung 30b/1
Betriebsmittelrücklage des Bundes **1** 111
Betriebsorganisation, Sozialplan **82** 111 f.

Betriebsrat, allgemeine Aufgaben **82** 80; ältere Arbeitnehmer **82** 80; Amtsfortführung (bei Rücktritt) **82** 22; Amtszeit **82** 21; Anzahl (Mitglieder) **82** 9 ff.; Arbeitsgruppen **82** 28a; Arbeitsgruppen (Förderungspflicht) **82** 75; Arbeitskampfverbot **82** 74; Arbeitsschutz **82** 89; Arbeitsversäumnis bei Inanspruchnahme (Sprechstunden) **82** 39; Aufgaben **82** 80; Auflösung **82** 23; Auflösung (Geschäftsführung) **82** 13; ausländische Arbeitnehmer **82** 80; Ausschluss eines Mitglieds **82** 23; außerordentliche Kündigung (Verfahren) **82** 103; Berufsbildung **82** 96 ff.; Beschlussfähigkeit **82** 33; Beschwerden **82** 85; Betriebsänderung **82** 111 f.; Betriebsangehörige (Behandlung) **82** 75; Betriebsausschuss **82** 27; Betriebsratsausschuss **82** 28; betriebsstörende Arbeitnehmer **82** 104; Betriebsversammlung **82** 43 ff.; Bruttolohn- und Gehaltslisten **82** 80; Datenschutz **82** 79a; Einsichtsrecht in Unterlagen **82** 80; Ersatzmitglied **82** 25; Ersatzmitglied (Wahl) **82** 14; Freistellung **82** 38; Geheimhaltungspflicht (BetrVG) **82** 79; Gesamtbetriebsrat **82** 50; Geschäftsordnung **82** 36; Geschlechter **82** 15; Hinzuziehung durch Arbeitnehmer **82** 81 f.; Informations-/Kommunikationstechnik **82** 40; Jugend- und Auszubildendenvertretung **82** 80; Kosten **82** 40; laufende Geschäfte **82** 27; Mitbestimmung (soziale Angelegenheiten) **82** 87; Monatsgespräch **82** 74; ordentliche Kündigung **82** 102; Ordnungs- und Zwangsgeld **82** 23; parteipolitische Neutralität **82** 74; Personalakte **82** 83; personelle Angelegenheiten **82** 92 ff.; personelle Einzelmaßnahmen **82** 99 ff.; Restmandat **82** 21b; Rücktritt **82** 13; sachkundige Arbeitnehmer **82** 80; Sachverständige **82** 80; Schulungs- und Bildungsveranstaltungen (BetrVG) **82** 37; Schwerbehinderte **82** 80; Sicherheitsbeauftragter **82** 89; Sitzungen **82** 29 ff.; Sozialplan **82** 112; Spartenbetriebsrat **82** 3; Sprechstunden **82** 39; Tarifvertrag/Betriebsvereinbarung **82** 3; Themenvorschlag der Arbeitnehmer **82** 86a; Übergangsmandat **82** 21a; Umlageverbot **82** 41; Umsetzung von Nachtarbeitern **78** 6; Unfallanzeige **82** 89; Unterlassungsanspruch (BetrVG) **82** 23; Unterrichtung des Arbeitnehmers **82** 81; Versetzung **82** 103; Vertretung **82** 26; Voraussetzungen **82** 1; Vorsitzendenwahl **82** 26; Wahlanfechtung **82** 19; Wahlvorstand **82** 16; Wirtschaftsausschuss **82** 106 ff.; Zusammenarbeitsgrundsätze **82** 74; Zusammensetzung **82** 10 ff., 15

Betriebsräteversammlung **82** 53

Betriebsratsbeschluss, Aussetzung **82** 35; Beanstandung (Jugend- und Auszubildendenvertretung) **82** 66; Beschlussfähigkeit **82** 33; Betriebs- oder Abteilungsversammlung **82** 45; Gesamtbetriebsrat **82** 51; Grundsatz **82** 33; Jugend- und Auszubildendenvertretung **82** 33; Niederschrift **82** 34; Stimmenmehrheit **82** 33

Betriebsratsmitglied, Abteilungsversammlung **82** 42; Amtszeitende **82** 24; Anwesenheitsliste **82** 34; Ausschluss aus Betriebsrat **82** 23; Befreiung von beruflicher Tätigkeit **82** 37; Behinderungsverbot bei Freistellung **82** 38; Benachteiligungsverbot **82** 78; Betriebsratssitzung **82** 29; Betriebsratstätigkeit außerhalb der Arbeitszeit **82** 37; ehrenamtliche Tätigkeit **82** 37; Entgeltschutz **82** 37 f.; Freistellung **82** 38; Gewerkschaftsvertreter (Hinzuziehung) **82** 31; Kündigungsschutz (Verfahren) **82** 103; Nichtwählbarkeit **82** 24; Niederlegung des Amts **82** 25; Schulungs- und Bildungsveranstaltungen **82** 37; Sitzungsniederschriften **82** 34; Versetzung **82** 103; Wählbarkeitsverlust **82** 24

Betriebsratssitzung, Anwesenheitsliste **82** 34; Arbeitgeber **82** 29 f.; Einberufung **82** 29; Gewerkschaftsteilnahme **82** 31; Jugend- und Auszubildendenvertretung **82** 29; Ladung im Verhinderungsfall **82** 29; Niederschrift **82** 34; Öffentlichkeit **82** 30; Schwerbehindertenvertretung **82** 32; Schwerbehindertenvertretung (Einladung) **82** 29; Tagesordnung **82** 29 ff.; Zeitpunkt **82** 30

Betriebsratsvorsitzender, Abteilungsversammlung **82** 46; Aufgaben **82** 26; Betriebsversammlung **82** 42; Einberufung von Sitzungen **82** 29; Führung der laufenden Geschäfte **82** 27; Niederschrift (Unterzeichnung) **82** 34; Wahl **82** 26

Betriebsratswahl, Anfechtung **82** 47; Arbeitsversäumnis **82** 20; Behinderungsverbot **82** 20; Geschlechterquote **82** 15; Kosten **82** 20; leitende Angestellte (Zuordnung) **82** 18a; Übergangsvorschriften **82** 125; vereinfachtes Wahlverfahren (Kleinbetriebe) **82** 14a; Verhältniswahl **82** 14; Wählbarkeit **82** 8; Wahlberechtigung **82** 7; Wahlgänge **82** 14; Wahlgrundsätze **82** 14; Wahlvorschläge **82** 14; Wahlvorschriften **82** 14; Wahlvorstand **82** 16; Wahlvorstand (vereinfachtes Wahlverfahren) **82** 17a; Zeitpunkt **82** 13

Betriebsstilllegung, Betriebsrat **82** 111

Betriebsteile, Abteilungsversammlung **82** 42; Betriebsratsfähigkeit **82** 4; Zuordnung

bei Betriebsratswahl **82** 18; Zuordnung (Tarifvertrag/Betriebsvereinbarung) **82** 3
Betriebsteilverlegung, Betriebsänderung **82** 111
Betriebsunfall, Strafsachen **90c** 44
Betriebsvereinbarung, Arbeitszeit (Tarifvertrag) **78** 7; Aushang und Aushändigung (ArbZG) **78** 16; Ausschlussfristen **82** 77; Bekanntmachung **82** 77; Beschwerdeverfahren **82** 86; Betriebsausschuss **82** 27; Betriebsratsausschüsse **82** 28; Betriebsverfassung (Änderung) **82** 3; Einigungsstellenverfahren **82** 76; Einigungsstellenvergütung **82** 76a; Form **82** 77; Freistellung von Betriebsratsmitgliedern **82** 38; freiwillige **82** 88; Geltung **82** 77; Gesamtbetriebsrat (BetrVG) **82** 47; Kündigung **82** 77; Mitgliederzahl der Gesamt-, Jugend- und Auszubildendenvertretung **82** 72; Mitgliederzahl des Gesamtbetriebsrats **82** 47; Mitgliederzahl des Konzernbetriebsrats **82** 55; Mitteilung an Arbeitnehmer **78a** 2; Nachwirkung **82** 77; Sozialplan **82** 112; Tarifvorrang **82** 77; Überwachung durch Betriebsrat **82** 80; Verzicht **82** 77; Zustimmungsverweigerungsgrund **82** 99
Betriebsverfassung 1 74
Betriebsverlegung, Betriebsänderung **82** 111
Betriebsversammlung, Abteilungsversammlung **82** 42; Betriebsratswahl (Kleinbetriebe) **82** 14a; Grundsätze **82** 42 ff.; Lage innerhalb der Arbeitszeit **82** 44; Leitung **82** 42; Öffentlichkeit **82** 42; Stellungnahme zu Beschlüssen des Betriebsrats **82** 45; Teilversammlung **82** 42; Themen **82** 45; Wahlvorstand **82** 17; Zeitpunkt **82** 43
Betriebszuweisung, gerichtl. **39a** 32a
Betriebszweck, Sozialplan **82** 111 f.
Betroffene, Mitteilung **90f** 12
Betrug 90e 236 ff.; Abzahlungsgeschäfte **90e** 237; Bankgeschäfte **90e** 238; Schwindelunternehmen, Vermittlungsschwindel **90e** 236 ff.
Beurkundung, Gebührenbefreiung **98a** 17; Gerichtsvollzieher **109** 7; Mitteilungen **101a** 2. Teil 1. Abschn. III.; der Mutterschaft **46** 59; Notar **98a** 1, 20 ff.; der Sorgeerklärung **46** 59; des Sorgeverzichts **46** 59; von Unterhaltsverpflichtungen **46** 59; der Vaterschaft **46** 59; des Widerrufs zur Annahme als Kind **46** 59
Beurlaubung, Richter **97** 36, 62, 76b
Beurteilungsgrundsätze, Mitbestimmung **82** 94
Bevölkerung, Beteiligung bei Neugliederung der Länder **1** 118
Bewährungsfälle, Mitteilungen **90c** 13
Bewährungsmaßnahmen, Überwachung von ausländischen **90h** 90a ff.; Überwachung von deutschen in einem anderen Mitgliedstaat der EU **90h** 90l ff.
Bewegliche Sache, Versteigerung **103p** 17; **103q** 17
Bewegungsmarken 72a 12
Beweisaufnahme, Ersuchen eines Mitgliedstaatsgerichts zur **103d** 1; unmittelbare **103d** 17; Zusammenarbeit der Gerichte **103d**
Beweiserhebung, Patentgericht **70** 88; durch Untersuchungsausschüsse **1** 44
Beweissicherung 90e 76; Anwaltssachen **98** 148, 149
Beweisverordnung (EG) 103d; Anwendungsbereich **103d** 1
Bewirtschaftungskosten 30b 24
Beziehungen zu auswärtigen Staaten **1** 59
Bezugsrecht 52c 7
BGH, Berufungsverfahren in Patentsachen **70** 110 ff.; Rechtsbeschwerde in Patentsachen **70** 100 ff.
Biersteuer 1 106
Bild, Meinungsäußerung durch **1** 5, 17a
Bildmarke 72a 8
Bild-Ton-Aufzeichnung, Widerspruchsrecht des Zeugen **90e** 19b
Binnenschifffahrt 1 74, 89; Arbeitszeitgesetz **78** 21
Biologisches Material, Inverkehrbringen **70** 9b; Patent **70** 1, 9a, Angaben **70** 34a
Bitten, Beschwerde- und Petitionsrecht **1** 17, 17a
Blankoindossament auf Scheck **56** 15; auf Wechsel **54** 12 bis 14
Blankowechsel 54 10
Blitzschlag, Hausratversicherung **62c** A 1, A 2; Wohngebäudeversicherung **62d** A 1, A 3
Boden, ungesunde Verteilung, Genehmigung bei Veräußerung **40** 9 ff.
Bodenrecht 1 74
Bodenverteilung, Gesetzgebung **1** 74
Bordvereinbarungen 82 115
Bordvertretung, außerordentliche Kündigung **82** 103; Benachteiligungsverbot **82** 78; Bildung und Aufgaben **82** 115; Geheimhaltungspflicht (BetrVG) **82** 79; Versetzung **82** 103
Börsen, Sonntagsbeschäftigung **78** 10
Börsenwesen 1 74
Börsenzulassung 52c 15
Börsenzulassungs-Verordnung 52c 15
Böser Glaube beim Erwerb eines Schecks **56** 21, eines Wechsels **54** 16
Bösgläubigkeit des Verkäufers **50c** 40

Brand, Hausratversicherung **62c** A 1, A 2; Wohngebäudeversicherung **62d** A 1, A 3
Brandenburg, Gütestellengesetz **104b/1**; Schlichtungsgesetz **104b** 1
Branntwein, Verwendung von eingezogenem **90d** 85
Bremer Tabelle zur Berechnung des Altersvorsorgeunterhalts **47f/1**
Briefgeheimnis 1 10, 44; Verwirkung des Schutzes **1** 18
Brüssel I *s. Versicherungssachen*
Brüssel IIa *s. Nutzhanf*
Bruttolohn- und Gehaltslisten, Einsichtsrecht **82** 80
Bücher, Dauer der Preisbindung **66a** 7; grenzüberschreitende Verkäufe **66a** 4; Mängelexemplare **66a** 7; Preisbindung **66a** 3; Preisfestsetzung **66a** 5
Buchführung, Gerichtsvollzieher **109a** 44 ff.
Buchführungspflicht des Gewerbetreibenden **32a** 10
Buchpreisbindungsgesetz 66a; Anwendungsbereich **66a** 2; Schadensersatz- und Unterlassungsanspruch **66a** 9
Buchprüfer, Strafsachen **90c** 24
Budgetrecht 1 109 bis 115
Bund, auswärtige Beziehungen **1** 32; Eintritt in Rechte und Pflichten der Verwaltung des Vereinigten Wirtschaftsgebietes **1** 133; Finanzhilfen **1** 104a; früheres Reichsvermögen **1** 134, 135; Gemeinschaftsaufgaben **1** 91a, 91b; Haushalt **1** 109 ff.; und Länder **1** 20 bis 37; Richteramt **97** 1 bis 70; Steuergesetzgebung **1** 105
Bundesagentur für Arbeit, Beschäftigungssicherung (Vermittlung) **82** 92a; Betriebsänderung (Vermittlung) **82** 112
Bundesanstalt für Finanzdienstleistungsaufsicht, Anzeige von Verdachtsfällen **58** 23; Aufgaben **58** 6 ff.; Beschwerde **58** 113; internationale Zusammenarbeit **58** 111; Meldepflichten **58** 22; Überwachung der Meldepflichten und Verhaltensregeln **58** 88; Überwachung von Unternehmensabschlüssen **58** 106 ff.; Veröffentlichung von Finanzberichten **58** 106 ff.; Verschwiegenheitspflicht **58** 21; Widerspruchsverfahren **58** 112; Zusammenarbeit mit Behörden im Inland **58** 17; Zusammenarbeit mit der Europäischen Kommission im Rahmen des Energiewirtschaftsgesetzes **58** 20; Zusammenarbeit mit der Europäischen Wertpapier- und Marktaufsichtsbehörde **58** 19; Zusammenarbeit mit zuständigen Stellen im Ausland **58** 18
Bundesarbeitsgericht 1 95; Präsidialrat **97** 54; Richterrat **97** 50
Bundesausgaben und -einnahmen **1** 104a bis 107, 120
Bundesausgleichsamt 1 120a
Bundesautobahnen 1 90
Bundesbank 1 88; Konjunkturausgleichsrücklagen **1** 109; Übertragung von Aufgaben auf Europäische Zentralbank **1** 88
Bundesbeamte, Disziplinargerichte **1** 96; Ernennung und Entlassung von **1** 36, 60; Rechtsverhältnisse **1** 73
Bundesbeamtenrecht, Geltung **97** 46
Bundesbehörden, personelle Zusammensetzung **1** 36
Bundesdisziplinargericht 1 96; Präsidialrat **97** 54; Richterrat **97** 50
Bundeseigene Verwaltung 1 86, 87; der Bundesstraßen **1** 90
Bundeseinkommen 1 106
Bundeseisenbahn 1 73, 80; Umwandlung **1** 143a
Bundeselterngeld- und Elternzeitgesetz 45e; Bußgeldvorschriften **45e** 14; Rechtsweg **45e** 13; Sonderregelung COVID-19-Pandemie **45e** 27; Übergangsvorschriften **45e** 28
Bundesfinanzbehörden 1 87, 108
Bundesfinanzhof 1 95; Präsidialrat **97** 54; Richterrat **97** 50
Bundesflagge 1 22
Bundesgebiet, Angriff auf B. mit Waffengewalt **1** 115a; Freizügigkeit **1** 11; Neugliederung **1** 29, 118
Bundesgerichte 1 92; Berufung der Richter **1** 95; oberste Gerichtshöfe **1** 95; Wehrstrafgerichte **1** 96
Bundesgerichtshof, Anwaltssachen **98** 106 bis 112, 145 bis 147; oberster Gerichtshof des Bundes **1** 95, für gewerbl. Rechtsschutz und Wehrstrafgerichtsbarkeit **1** 96; Präsidialrat **97** 54; Rechtsanwaltschaft **98** 162 bis 174; Richterrat **97** 50
Bundesgesetzblatt, Verkündung des Verteidigungsfalles **1** 115a; Verkündung im **1** 82; Veröffentlichung des GG **1** 145
Bundesgesetze, Ausführung **1** 83 bis 91; Zustandekommen **1** 78, 115c, d
Bundesgesetzgebung 1 70 bis 82; Abgrenzung der Zuständigkeit **1** 70; Ausfertigung, Gegenzeichnung, Verkündung, Inkrafttreten der Gesetze **1** 82; ausschließliche **1** 71, 73, altes Recht **1** 124, Zuständigkeit im Finanzwesen **1** 105; Einspruch des Bundesrates **1** 77; Erlass von RechtsVOen **1** 80; Gesetzgebungsnotstand **1** 81; konkurrierende **1** 72, 74, altes Recht **1** 125, im Finanzwesen **1** 105

Bundesgrenzschutz, Betäubungsmittel **86** 26; Einrichtung von Behörden **1** 87; Einsatz **1** 35, 91, im Verteidigungsfall **1** 115f; Unterstützung durch Streitkräfte **1** 87a; Verpflichtung zur Dienstleistung **1** 12a
Bundeshaushalt, über- und außerplanmäßige, Ausgaben **1** 112
Bundeshaushaltsgesetz 1 110
Bundesinstitut f. Arzneimittel und Medizinprodukte, Betäubungsmittel **86** 7; Gebühren und Auslagen **86** 25; Überwachung **86** 19
Bundeskanzler, Befehls- und Kommandogewalt über Streitkräfte **1** 115b; Befugnisse **1** 39, 64 f.; Berufs-, und Gewerbeverbot **1** 66; Eid **1** 64; Gegenzeichnung **1** 58, 82; Gesetzgebungsnotstand **1** 81; Misstrauensvotum, Entlassung **1** 67; Mitglied der Bundesregierung **1** 62; Stellvertreter, Amtsdauer, vorläufige Weiterführung der Geschäfte **1** 69; Verantwortung **1** 65; Vertrauensvotum **1** 68; Wahl und Ernennung **1** 63, 115h
Bundeskriminalamt 90e 29; Benachrichtigung **90e** 207; Nachrichtensammel- und Auswertungsstelle **90e** 217; Unterrichtung **90e** 227
Bundeskriminalpolizeiamt, Einrichtung **1** 73
Bundesländer und Europäische Union **1** 23
Bundesminister, Amtsdauer **1** 69; Berufs- und Gewerbeverbot **1** 66; Erlass von RechtsVOen **1** 80; Ernennung, Entlassung **1** 64; Geschäftsbereich, Verantwortung, Meinungsverschiedenheiten **1** 65; Mitglied der Bundesregierung **1** 62
Bundesminister der Justiz, Aufgaben **1** 96 ff.
Bundesminister der Verteidigung, Befehls- und Kommandogewalt über Streitkräfte **1** 65a
Bundesminister für Finanzen, Aufsicht über Finanzverwaltung **1** 108; Rechnungslegung **1** 114; Zustimmung zu über- und außerplanmäßigen Ausgaben **1** 112
Bundesministerium der Justiz und für Verbraucherschutz, Aufsicht **98** 176
Bundesministerium für Gesundheit, Betäubungsmittel **86** 1
Bundesnachrichtendienst 90f 1; Benachrichtigung **90e** 206; Übermittlung **90f** 7
Bundesnetzagentur, Mitteilungen **101a** 2. Teil 1. Abschn. I. 12.
Bundesnotarkammer 98a 76 ff.; **98c** 6; elektronisches Urkundenarchiv **98a** 78h f.; Generalversammlung **98a** 85 ff.; Notarverzeichnis **98a** 78l; Präsidium **98a** 80; Verschwiegenheitspflicht **98a** 81a; Zentrales Testamentsregister **98a** 78c f.; Zentrales Vorsorgeregister **98a** 78a
Bundesnotarordnung 98a
Bundesoberbehörden, Errichtung **1** 87
Bundesorgane, oberste, Zuständigkeit **1** 93
Bundespatentgericht, Befähigung **97** 120; Errichtung **1** 96; Gebühren **70b** 1; Präsidialrat **97** 54; Richterrat **97** 50
Bundespersonalausschuss, Angelegenheiten **97** 47
Bundespflichten der Länder **1** 37
Bundespräsident 1 54 bis 61; Amtsdauer **1** 54, 115h; Amtseid **1** 56; Amtsverlust **1** 61; Anklage **1** 61; Anordnungen und Verfügungen **1** 58; Aufgaben **1** 58 ff.; Auflösung des Bundestages **1** 68; Ausfertigung der Gesetze **1** 82; Beendigung des Verteidigungsfalles **1** 115l; Begnadigungsrecht **1** 60; Berufs- und Gewerbeverbot **1** 55; Erklärung des Gesetzgebungsnotstandes **1** 81; Ernennung des Bundeskanzlers bei Misstrauensvotum **1** 67, und Entlassung von Bundesbeamten **1** 60; Genehmigung der Geschäftsordnung der Bundesregierung **1** 65; Verkündung des Verteidigungsfalles **1** 115a; Verlangen der Einberufung des Bundestages **1** 39; Vertretung **1** 57, des Bundes **1** 59; völkerrechtl. Erklärungen über Verteidigungsfall **1** 115a; Vorschlag des Kandidaten für Bundeskanzlerwahl **1** 63; Weiterführung der Geschäfte von Bundeskanzler und Bundesministern auf Ersuchen des **1** 69
Bundesprüfstelle für jugendgefährdende Medien, Unterrichtung **90e** 228
Bundesrat 1 50 bis 53; Anklage gegen Bundespräsidenten **1** 61; Aufhebung von Polizeihilfsmaßnahmen **1** 91; Beschluss der Erhöhung der Ausgaben **1** 113; Bildung einer Europakammer **1** 52; Einbringen von Gesetzesvorlagen **1** 76; Einspruch gegen Gesetzesbeschlüsse **1** 77; Einstellung des Einsatzes von Streitkräften **1** 87a; Entlastung der Bundesregierung **1** 114; und Europäische Union **1** 23; Gemeinsamer Ausschuss **1** 53a; Gesetzgebungsnotstand **1** 81; Mitwirkung bei Entscheidungen der Bundesregierung **1** 129; Verletzung des Rechts durch ein Land **1** 84; Vertreter der Länder **1** 144; Wahl der Mitglieder des BVerfG **1** 94; Zustimmung zu Akten der Bundesregierung **1** 84 f., zu allg. Verwaltungsvorschr. **1** 84 f., 108, zu Bundesgesetzen **1** 29, 53a, 79, 81, 84 f., 87, 87b ff., 91a, 104a, 105 bis 109, 115c, d, 115l, 120a, 130, 134 f., zu Bundes-

zwangsmaßnahmen **1** 37, zur Feststellung des Verteidigungsfalles **1** 115a, zur Geschäftsordnung des Vermittlungsausschusses **1** 77, zu RechtsVOen **1** 80, 119, zu Regierungsakten **1** 87; Zutritt seiner Mitglieder zu Sitzungen des Bundestages **1** 43
Bundesrechnungshof **1** 114
Bundesrecht, Fortgeltung **1** 125a; Verhältnis zum früheren Reichsrecht **1** 124 bis 126, zum Landesrecht **1** 31, 142; Völkerrecht als Bestandteil des **1** 25
Bundesrechtsanwaltskammer **98** 175 bis 191; **98c** 3
Bundesrechtsanwaltsordnung **98**; Verwaltungsverfahren **98** 32 ff.
Bundesregierung **1** 62 bis 69; Antrag auf Feststellung des Verteidigungsfalles **1** 115a; Anwendung des Bundeszwangs **1** 37; Aufsicht über Ausführung der Bundesgesetze, Erlass von Anweisungen an die Länder **1** 84, 85; Einsatz der Streitkräfte **1** 87a; Ermächtigung zum Erlass von RechtsVOen **1** 80; Ermächtigungsverordnung bei Sonn- und Feiertagsruhe **78** 13; und Europäische Union **1** 23; Gesetzesvorlagen **1** 76; Gesetzgebungsnotstand **1** 81; Planungen im Verteidigungsfall **1** 53a; Polizeihilfe **1** 91; Rechte im Verteidigungsfall **1** 115f; Teilnahme an Verhandlungen des Bundesrates **1** 53; Zustimmung zu Ausgabenerhöhungen oder Einnahmenminderungen **1** 113; Zutritt ihrer Mitglieder zu Sitzungen des Bundestages **1** 43
Bundesrepublik, Grundgesetz **1**
Bundesrichter **1** 98; Ernennung und Entlassung **1** 60; Richter **97** 70
Bundessozialgericht **1** 95; Präsidialrat **97** 54; Richterrat **97** 50
Bundesstaat **1** 20
Bundesstaatliche Gliederung, Unzulässigkeit der Änderung **1** 79
Bundesstraßen **1** 90
Bundestag **1** 38 bis 48; Anklage gegen Bundespräsidenten **1** 61; Aufhebung von Gesetzen des Gemeinsamen Ausschusses **1** 115l; Auflösung **1** 39, 58, 63, 68, 115h; Begriff der Mehrheit **1** 121; Beteiligung an Wahl der Bundesrichter **1** 95; Bundesversammlung **1** 54; Einstellung des Einsatzes von Streitkräften **1** 87a; Feststellung des Spannungsfalls **1** 80a, des Verteidigungsfalles **1** 115a; gemeinsamer Ausschuss **1** 53a; Gesetzesbeschluss **1** 77; Gesetzesvorlagen **1** 76; Misstrauensvotum gegen Bundeskanzler **1** 67; Petitionsausschuss **1** 45c; Petitionsrecht **1** 17; Präsident **1** 39, 40; Untersuchungsausschüsse **1** 44; Vertrauensvotum für Bundeskanzler **1** 68; Vertreter eines Landes **1** 144; Wahl **1** 38, 39, 115h, des Bundeskanzlers **1** 63; Wehrbeauftragter **1** 45b; Zusammentritt **1** 122; Zustimmung zu Verwaltungsakten der Bundesregierung **1** 87
Bundestagsabgeordnete, allgemeine Stellung **1** 38; Ansprüche **1** 48; Beurlaubung **97** 36; Indemnität und Immunität **1** 46; Wahl **1** 38, 137; Zeugnisverweigerung **1** 47
Bundestagspräsident **1** 39 f.
Bundesunmittelbare Körperschaften des öffentl. Rechts **1** 86, 87
Bundesverfassungsgericht, Richter **97** 69, 70; Richtervorlage **90e** 190, 297; Stellung im Verteidigungsfall **1** 115g; Verfassungsbeschwerde **1** 93, 94; Zusammensetzung **1** 94; Zuständigkeit **1** 18, 21, 41, 61, 84, 92 f., 98 ff., 126
Bundesversammlung, Begriff der Mehrheit **1** 121; Wahl des Bundespräsidenten **1** 54
Bundesversorgungsgesetz, entsprechende Anwendung nach Opferentschädigungsgesetz **93a** 1
Bundesverwaltung **1** 83 bis 91
Bundesverwaltungsgericht **1** 95; Präsidialrat **97** 54; Richterrat **97** 50
Bundeswasserstraßen **1** 89; Verwaltung **1** 87
Bundeswehr, Befehls- und Kommandogewalt **1** 65a; Betäubungsmittel **86** 26; Mitteilungen der Vollstreckungsbehörde an die **90d** 47; Organisation **1** 87a, b; Wehrstrafgerichte **1** 96
Bundeswehrverwaltung **1** 87b
Bundeszentralregister **90e** 16, 134
Bundeszwang gegenüber Ländern **1** 37
Bürge, Bürgschaft, Befreiungsanspruch des Bundes **1** 115; Scheckbürge **56** 25 bis 27; Wechselbürge **54** 30 bis 32, 47
Bürgerliches Recht, Gesetzgebung **1** 74
Bußgeldbescheid, Einspruch **90e** 281 ff.
Bußgelderkenntnis im Strafverfahren **90e** 294
Bußgeldkatalog **94a** 1; Regelsätze **94a** Anlage
Bußgeldregelsätze **94a** 3
Bußgeldsachen, Mitglieder gesetzgebender Körperschaften **90e** 298
Bußgeldverfahren, Pflichtverteidigung **98** 49; Richtlinien **90e**; **90e** 269 ff.; Steuersachen **88b** 409 ff.
Bußgeldvorschriften Adoptionsvermittlungsgesetz **45i** 14

Cannabis **86** 24a
CCBE-Berufsregeln **98/1** Anlage

Chefarzt, Arbeitszeitgesetz **78** 18
CISG, Anwendungsausschlüsse **50c** 2; Anwendungsbereich **50c** 1; Auslegung **50c** 7; Ausschluss durch Parteiabrede **50c** 6; convention on contracts for the international sale of goods **50c**; Haftungsausschluss **50c** 5; sachlicher Geltungsbereich **50c** 4; Schadenersatz **50c** 74 ff.; Vertragsabschluss **50c** 14 ff.; zeitlicher Geltungsbereich **50c** 100
COVID-19, Gesetz zur Funktionsfähigkeit der Kammern **98c**
COVID-19-Pandemie, Sonderregelung Bundeselterngeld- und Elternzeitgesetz **45e** 27

Darlehen an Wertpapieren **59** 15
Darlehensvermittler 32a
Darstellender Teil, Grundlagen und Auswirkungen des Restrukturierungsplans **110e** 6
Daten, Mitteilungspflicht **90c** 1 ff.; personenbezogene **90b** 4; Schutz personenbezogener **46** 61 bis 68; *s. Jugendliche*
Datenschutz 110b 78 ff.; Adoptionsvermittlung **45i** 9e; bei Kinder- und Jugendhilfe **46** 61 bis 68; im Strafvollzug **91** 179 bis 187
Datenspeicher, Verwendung eingezogener **90d** 81
Datenübermittlung an Kraftfahrt-Bundesamt **35b** 29a
Dauer des Vertrags **62j** B 2
Demokratische Grundordnung, Abwehr einer drohenden Gefahr **1** 87a, 91; freiheitliche, Beseitigung derselben als Parteiziel **1** 21; Kampf gegen **1** 18; Verfassung der Parteien in Übereinstimmung mit **1** 21
Demokratische Verfassung der BRD **1** 20; der Länder **1** 28
Depotgesetz 59; Strafbestimmungen **59** 34 bis 37
Derivate, Begriff **58** 2; Handel **58** 1
Design, ausländische Priorität **69** 14; Ausstellungspriorität **69** 15; Bauelemente komplexer Erzeugnisse **69** 4; Bekanntmachung **69** 20; Berechtigte **69** 7 ff.; dingliches Recht **69** 30; eingetragenes, Aufbewahrung und Wiedergabe **69a** 26, Nichtigkeit **69a** 21, Verzicht **69a** 20; Eintragungsverfahren **69** 11 ff.; Erläuterung der Wiedergabe **69a** 10; Erzeugnisangabe und Klassifizierung **69a** 9; internationale Eintragung, Schutzverweigerung **69a** 23; Neuheitsschonfrist **69** 6; Nichtigkeit **69** 33 ff.; Offenbarung **69** 5; Rechtsnachfolge **69** 29; Rechtsverletzungen **69** 42 ff.; Register **69** 19, Einsichtnahme **69** 22; Sammelanmeldung **69** 12; Schutzdauer **69** 27; Schutzumfang **69** 38; Wiedergabe **69a** 7; Zwangsvollstreckung **69** 30
Designabschnitte, flächenmäßige **69a** 8
Designgesetz 69; Antrag auf Weiterbehandlung **69a** 12; Datenschutz **69** 22a; Maßnahmen der Zollbehörde **69** 55 ff.; Sammelanmeldung **69a** 11; Verfahrenskostenhilfe **69** 24
Designrecht, Fachanwalt **98/2** 14h
Designregister, Eintragungen **69a** 16; Eintragungsurkunde **69a** 17; Inhalt **69a** 15; Sammeleintragung **69a** 18
Designsachen, Gebühren des Vertreters **70c** 3b; Kosten **70b** Anlage
Designschutz 69 2, 37 ff.; Ausschluss **69** 3; Reparaturklausel **69** 40a; Verfahren **69** 23
Designstreitsachen, Verfahren **69** 52 ff.
Designverordnung 69a
Deutsche Bahn AG, Urlaub **80b** 13
Deutsche Demokratische Republik, Entschädigung für Strafverfolgungsmaßnahmen **93** 16a; Verbindlichkeiten **1** 135a
Deutsche Gerichtsbarkeit, Diplomat **90e** 193 ff.
Deutscher, Auslieferungsverbot **1** 16; Staatsangehörigkeit **1** 16, 73, 116; staatsbürgerl. Rechte und Pflichten **1** 33; Volkszugehörigkeit **1** 116
Deutscher Bundestag, Strafsachen **90e** 191 ff.
Deutsches Patent- und Markenamt, Gebühren **70b** 1; Verfahrensgrundsätze **69a** 22
Deutsches Reich, Staatsverträge **1** 123; Verbindlichkeiten **1** 135a
Deutsches Richtergesetz 97
Deutsches Volk, Einheit **1** Präambel; Geber des Grundgesetzes **1** Präambel
Deutschland, Vollendung der Einheit und Freiheit **1** Präambel
Devisenwerte, Verwendung eingezogener **90d** 77
Diamorphin zur Substitution **86a** 5a
Dienstalter, Richter **97** 20
Dienstaufsicht, Gerichtsvollzieher **109a** 1; *s. Aktenversendung*
Dienstausweis, Gerichtsvollzieher **109a** 5
Dienstfahrzeug, Fahrerlaubnis **35d** 26 f.
Dienstgericht des Bundes **97** 61 bis 68; der Länder **97** 77 ff.
Dienstleistungen, Inanspruchnahme **98** 43e; **98a** 26a; Klassifizierung **72a** 19; Unanwendbarkeit des CISG **50c** 3
Dienstraum, Amtshandlung **90e** 199
Dienstunfähigkeit, Versetzung **97** 34, 35

Dienstvereinbarung, Arbeitszeit (Tarifvertrag) **78** 7; Aushang und Aushändigung (ArbZG) **78** 16; Mitteilung an Arbeitnehmer **78a** 2
Dienstverhältnis, Rechtsanwalt **98** 46
Dienstzeit, Ermäßigung **97** 48a
Dingliche Rechte, Anpassung **21e** 31
Dingliche Rechte Dritter, internationales Insolvenzrecht **110b** 8
Dinglicher Arrest 109 153
DIN-Normen 70a 2
Diplomat, deutsche Gerichtsbarkeit **90e** 193 ff.
Diplom-Juristen aus dem Beitrittsgebiet **99a** 5
Diskriminierung, Verbote (BetrVG) **82** 75
Diskriminierungsverbot 2 14
Dispacheur, Strafsachen **90c** 24
Disziplinareintragungen, Tilgungsfrist **98a** 110a
Disziplinargericht, -e des Bundes **1** 96; Notar **98a** 99 ff.
Disziplinarmaßnahmen, Untersuchungshaft **91a** 68
Disziplinarverfahren gegen Bundesbedienstete **1** 96; Einleitung **98a** 95; Maßnahmen **98a** 97 f.; gegen Notar **98a** 92 ff.; Richter **97** 30
Dolmetscher, gerichtlicher, Antrag auf Beeidigung **95c** 3, Beeidigung **95c** 1, Befristung der Beeidigung **95c** 7
Domizilwechsel 54 22, 27
Doppelakten 90e 12
Dreidimensionale Marken 72a 9
Dreiteilung der Gewalten **1** 20
Dringliche Gesetzesvorlagen 1 81
Drittelbeteiligungsgesetz 82d; erfasste Unternehmen **82d** 1
Dritterwerber, Schutz im internationalen Insolvenzrecht **110b** 17
Drogen *s. a. CISG*
Drogenauffällige Fahrer, Kurse zur Wiederherstellung der Kraftfahreignung **35d** 70
Drogenkonsumraum, Erlaubnis **86** 10a
drohenden Zahlungsunfähigkeit, nachhaltige Beseitigung, Instrumente **110e** 29
Druckschriften, Korrektur **66** 20
Duplikat des Wechsels **54** 64 bis 66
Durchfuhr von Betäubungsmitteln **86** 11
Durchlieferung 90h 43 ff.; an Mitgliedstaat der Europäischen Union **90h** 83 ff.
Durchsuchung 90e 73a; bei Auslieferung **90h** 39; im Bundestag **1** 40; Entschädigung **93** 2; während Untersuchungshaft **91a** 61; der Wohnung **1** 13, durch Gerichtsvollzieher **109** 61
Düsseldorfer Tabelle 47; Ergänzung **47/1**
EG-Typengenehmigung für Kfz. **35b** 19
EG-Verordnungen, Zuständigkeit und Anerkennung und Vollstreckung von Entscheidungen in Zivil- und Handelssachen **103**
Ehe, Schutz **1** 6; Trennung ohne Auflösung der, Zuständigkeit **103b** 3 ff.; Ungültigkeitserklärung einer, Zuständigkeit **103b** 3 ff.
Ehegattenunterhalt, Düsseldorfer Tabelle **47**; *s. a. Mitteilungspflicht, -en*
Eheliche Güterstände-Verordnung 103i; Anwendungsbereich **103i** 1; Begriffsbestimmungen **103i** 3; Inkrafttreten **103i** 70; internationale Übereinkünfte **103i** 62; Rechtseinheit **103i** 21; Rechtswahl **103i** 22; Übergangsbestimmungen **103i** 69; Überprüfungsklausel **103i** 68; universelle Anwendung **103i** 20; Widerklagen **103i** 12
Ehelicher Güterstand, Anpassung dinglicher Rechte **103i** 29; Eingriffsnormen **103i** 30; einstweilige Maßnahmen **103i** 19, 53; Gerichtsanrufung **103i** 14; Rechtshängigkeit **103i** 17; Sicherungsmaßnahmen **103i** 19, 53; Verfahrensbeschränkung **103i** 13; Zuständigkeit **103i** 2
Eheregister 113 3, 15, *s. Schlichtungsgesetz*
Ehesachen, Mitteilungen **101a** 2. Teil 4. Abschn. X.
Ehesachen, Verordnung (EG) *s. Schöffen*
Ehescheidung, Nichtanerkennung einer Entscheidung über **103b** 22; Umwandlung einer Trennung ohne Auflösung **103b/1** 4; Zuständigkeit **103b** 3 ff.; **103i** 5
Eheschließung 113 11 ff.; Gerichtsstandsvereinbarung **103i** 7; Standesamtsvorbehalt **113** 11, *s. Besonders elektronisches Anwaltspostfach; s. a. Patentanmeldung*
Eheschließungsrecht 2 12
Eheurkunde 113 57, *s. Orden*
Ehre, persönliche **1** 5
Ehrenamt, Mindestlohn **80c** 22
Ehrenamtliche Betreuer, Begriffsbestimmung **49c** 19; Vereinbarung über Begleitung und Unterstützung **49c** 22; Voraussetzung **49c** 21
Ehrenamtliche Richter, Ausübung **97** 1; Bestellung und Abberufung **97** 44; Bezeichnung **97** 45a; Strafsachen **90c** 17; Unabhängigkeit und Pflichten **97** 45
Ehrenannahme eines Wechsels **54** 56 bis 58
Ehreneintritt beim Wechsel **54** 55 bis 63
Ehrenzahlung eines Wechsels **54** 55, 59 bis 63
Ehrenzeichen *s. CISG*

Eid, Abnahme **98a** 22
Eidesformel, Bundeskanzler und Bundesminister **1** 64; Bundespräsident **1** 56; religiöse **1** 140
Eidesstattliche Versicherung, Aufnahme **98a** 22
Eigenbedarf, Unterhaltsrecht **47–47s**
Eigenhändler, Kaufmann als E. von Wertpapieren **59** 31
Eigenmittelforderungen 52c 1
Eigenstaatlichkeit in Gesetzgebung **1** 72, 74, 105; der Länder **1** 83, 109
Eigentum, Garantie, Pflichten **1** 14; Sozialisierung **1** 15; Übergang bei der Einkaufskommission von Wertpapieren **59** 24; Übergang bei Einkaufskommission von Wertpapieren **59** 18; Verwirkung **1** 18
Eigentümer eines Gebäudes, Pflicht zur verbrauchsabhängigen Kostenverteilung **30c** 6, Pflicht zur Verbrauchserfassung von Wärme und Warmwasser **30c** 4, Verteilung der Heiz- und Warmwasserkosten **30c** 1
Eigentumsübergang, Steuerstraftat **88b** 394
Eigentumsvorbehalt, internationales Insolvenzrecht **110b** 10
Eignung, fachlich **45i** 3; Fahrerlaubnis **35d** 11; persönlich **45i** 3
Eignungsprüfung, Adoption **45i** 7
Ein- und Auswanderung 1 73
Einbruchdiebstahl, Hausratversicherung **62c** A 1, A 3
Einbürgerung von Verfolgten **1** 116
Einfuhr von Betäubungsmitteln **86** 11
Eingangsabgaben, Gefährdung **88b** 382
Eingetragene Partnerschaft, Anpassung dinglicher Rechte **103k** 29; Eingriffsnormen **103k** 30; einstweilige Maßnahmen **103k** 19, 53; Gerichtsanrufung **103k** 14; Gerichtsstandsvereinbarung **103k** 7; Rechtshängigkeit **103k** 17; Sicherungsmaßnahmen **103k** 19, 53; Verfahrensbeschränkung **103k** 13
Eingetragene Partnerschaften-Verordnung 103k; Anwendungsbereich **103k** 1; Begriffsbestimmungen **103k** 3; Inkrafttreten **103k** 70; internationale Übereinkünfte **103k** 62; Rechtseinheit **103k** 21; Rechtswahl **103k** 22; Übergangsbestimmungen **103k** 69; Überprüfungsklausel **103k** 68; universelle Anwendung **103k** 20; Widerklagen **103k** 12
Eingliederungshilfe für seelisch behinderte Kinder und Jugendl. **46** 44, 85
Eingriffe in Grundrechte **1** 19; in Rechte Dritter durch Bundeswehrverwaltung **1** 87b
Eingruppierung, Mitbestimmung **82** 99
Einheit des deutschen Volkes **1** Präambel; Gesetzgebung über E. des Zollgebietes **1** 73
Einheitlichkeit der Rechtsprechung, oberster Gerichtshöfe des Bundes, Gesetz zur Wahrung der **95b**
Einigungsstelle, Arbeitsbedingungen und -abläufe **82** 90 f.; Arbeitsverträge **82** 94; Auswahlrichtlinien **82** 95; Beisitzer **82** 76; Benachteiligungsverbot **82** 78; Berufsbildung **82** 98; Beschlussfassung **82** 76; Beschwerden **82** 85; Beurteilungsgrundsätze **82** 94; Bildung **82** 76; Durchführung von Vereinbarungen **82** 77; Ermessensüberschreitung **82** 76; Freistellung von Betriebsratsmitgliedern **82** 38; Geheimhaltungspflicht (BetrVG) **82** 79; Gesamt-, Jugend- und Auszubildendenvertretung **82** 72; Gesamtbetriebsrat **82** 47; Kosten **82** 76a; Kündigungen **82** 102; Personalfragebogen **82** 94; Schulungs- und Bildungsveranstaltungen **82** 37; Soziale Angelegenheiten **82** 87; Sozialplan **82** 112; Sprechstunden **82** 39; Sprechstunden (Jugend- und Auszubildendenvertretung) **82** 69; Verfahrensgrundsätze **82** 76; Vergütung der Beisitzer **82** 76a; Vergütung des Vorsitzenden **82** 76a; Vorsitzender **82** 76; Wirtschaftsausschuss **82** 109; Zusammensetzung **82** 76
Einkaufskommission von Wertpapieren **59** 18 ff.
Einkommen, unterhaltsrechtliche Relevanz **47–47s**
Einkommenssteuergesetz, Kindergeld **45a**
Einkommensteuer 1 106 bis 108
Einlassungsfrist *s. Atomanlagen*
Einlegung der Beschwerde **103q** 11
Einnahmen und Ausgaben des Bundes, Besatzungskosten, Kriegsfolgelasten **1** 120, Etatisierung **1** 110, und der Länder **1** 104a, 106
Einreden gegen den Anspruch aus einem Scheck **56** 22; gegen Wechselanspruch **54** 17
Einrichtungen, besonderes elektronisches Anwaltspostfach **98/3** 21
Einsatz der Streitkräfte **1** 87a
Einschränkung der Genehmigung zur Veräußerung landwirtschaftl. Grundstücke **40** 9 ff.; Grundrechte **90f** 21; von Grundrechten **1** 17a, 18, 19
Einsichtnahme, Gesamtverzeichnis der Bundesrechtsanwaltskammer **98/3** 13; ins Handelsregister **50d** 10; Rechtsanwaltskammerverzeichnis **98/3** 6

Einsichtsrecht, Herkunftsnachweis **85e** 31, familiengerichtliches Verfahren **85e** 32
Einspruch des Bundesrates **1** 77, 78; gegen Bußgeldbescheid **90e** 281 ff.; gegen Europäischen Zahlungsbefehl **103g** 16; gegen Patent **70** 59, Kosten **70** 62
Einstellung, Auswahlrichtlinien **82** 95; wegen Geringfügigkeit **88b** 398; Mitbestimmung **82** 99; des Strafverf., Entschädigung **93** 2; des Verfahrens **90e** 88 ff.
Einstellungsverfügung, Beschwerde **90e** 105
Einstiegsqualifizierung, Mindestlohn **80c** 22
Einstweilige Anordnung gegen Bundespräsidenten **1** 61; int. Familienrechtsverfahren **103n** 15
Einstweilige Maßnahme 21e 19
Einstweilige Maßnahmen 21e 54; **103** 35; Verordnung Brüssel IIa (EheVO) **103b** 20
Einstweilige Unterbringung 91a 88 ff.; Entschädigung **93** 2
Einstweilige Verfügung 109 154
Eintragung, Gesamtverzeichnis der Bundesrechtsanwaltskammer **98/3** 11; Rechtsanwaltskammerverzeichnis **98/3** 3
Eintragungspflichtige Rechte, Wirkung **110b** 14
Einwände gegen Beschränkung **103q** 15
Einweisungslehrgänge, Überwachung **35d** 43
Einwendungen des Scheckverpflichteten **56** 22; des Wechselverpflichteten **54** 17
Einzelhaft, Untersuchungshaft **91a** 60
Einzelweisungen der Bundesregierung an oberste Landesbehörden **1** 84, 119
Einziehung, Betäubungsmittelrecht **86** 33; von Gegenständen **90d** 60, Entschädigung **90d** 68a
Eisenbahnen 1 73, 74, 130; Umwandlung der Bundeseisenbahn **1** 143a
Eisenbahnverkehrsverwaltung 1 87e
Elektrizitätswirtschaft 1 74
Elektronische Aktenführung, internationale Rechtshilfe **90h** 77a; Strafvollzugsgesetz **91** 110a
Elektronische Form für Patentanmeldung **70a** 3
Elektronische Führung des Handelsregisters **50d** 47 ff.
Elektronische Signatur, Notar **98a** 33; in Verfahren vor dem Patentamt und Patentgericht **70** 125a
Elektronische Strafverfahrensakten, Übermittlung **90g** 2 ff.; Übermittlungswege **90g** 4
Elektronisches Anwaltspostfach, besonderes **98** 31a
Elektronisches Notarpostfach 98a 78n
Elterliche Sorge, Beratung **46** 17 ff.; Jugendamt **46** 52a
Elterliche Verantwortung der Adoptiveltern **45h** 26; Ausübung **45m** 16; Einstweilige Maßnahmen, Schutzmaßnahmen **103b/1** 15; Entscheidungen, Antrag auf Vollstreckbarerklärungen **103b** 28; Entzug **45m** 18; Erlöschung **45m** 16; Gerichtsstandvereinbarung **103b/1** 10; Nichtanerkennung einer Entscheidung über **103b** 23; Umgangsrecht, Zuständigkeit **103b/1** 7; Umzug, Zuständigkeit **103b/1** 8; Verfahren, Zentrale Behörden **103b/1** 76 ff.; Vorfragen **103b/1** 16; Zuständigkeit **103b** 8 ff.; Zuständigkeit, Anerkennung und Vollstreckung **103b/1**; Zuweisung **45m** 16
Eltern, Beratung und Unterstützung **46** 37; Erziehungsrecht **1** 6
Elterngeld, alleiniger Bezug durch einen Elternteil **45e** 4c; Anrechnung anderer Leistungen **45e** 3; Antragstellung **45e** 7; Auskunftspflicht **45e** 8; Auszahlung **45e** 6; Bemessungszeitraum für die Ermittlung des Einkommens **45e** 2b; Berechtigte **45e** 1; Bezugsdauer, Anspruchsumfang **45e** 4; Geschwisterbonus und Mehrlingszuschlag **45e** 2a; Höhe **45e** 2; Unterhaltspflichten **45e** 11; Verhältnis zu anderen Sozialleistungen **45e** 10; weitere Berechtigte **45e** 4d; Zusammentreffen von Ansprüchen **45e** 5
Elterngeld Plus 45e 4a; Partnerschaftsbonus **45e** 4b
Eltern-Kind-Verhältnis 45h 26; **45m** 4
Elternzeit, Anspruch **45e** 15; befristete Arbeitsverträge **45e** 21; Heimarbeit **45e** 20; Kündigung zum Ende der **45e** 19; Kündigungsschutz **45e** 18; Urlaub **45e** 17
Emittenten, Pflichten gegenüber Wertpapierinhabern **58** 48 ff.
Empfangsbestätigung, Rechtsmittelschrift **90e** 151
Ende des Vertrags **62j** B 2
Energiewirtschaft 1 74
Entbindung, Beschäftigungsverbote **79** 3 ff.
Enteignung 1 14, 15; Recht **1** 74
Entfaltung der Persönlichkeit, Grundrecht **1** 2
Entfernung aus Betriebswegen **75** 7
Entgelt bei Freistellung für Untersuchungen und zum Stillen **79** 23; für Wohnraumvermittlung **31** 2
Entgeltfortzahlung, Anwendungsbereich **80** 1; Anzeige- und Nachweispflichten **80** 5; Arbeitsunfähigkeit und gesetzlicher Feiertag **80** 4; Ausgleich der Arbeitgeber-

aufwendungen **80a**; Auslandsaufenthalt **80** 5; Beendigung des Arbeitsverhältnisses **80** 8; Feiertage **80** 2; Feiertagsbezahlung der Heimarbeiter **80** 11; Forderungsübergang **80** 6; Gratifikation (Kürzung) **80** 4a; Heimarbeit **80** 10; Höhe **80** 4; Krankheitsfall **80** 3; Leistungsverweigerungsrecht des Arbeitgebers **80** 7; medizinische Vorsorge und Rehabilitation **80** 9; bei Spende von Organen oder Geweben **80** 3a; Unabdingbarkeit **80** 12

Entlassung von Richtern **1** 98; **97** 21; wegen Übernahme des Abgeordnetenmandats **1** 48; aus Untersuchungshaft **91a** 17

Entnazifizierung 1 139

Entschädigung nach Billigkeit **93** 4; der Bundestagsabgeordneten **1** 48; für eingezogene Gegenstände **90d** 68a; nach Einstellung des Verf. **93** 3; bei Enteignung **1** 14, 15; Gesetz über E. für Strafverfolgungsmaßnahmen **93**; der Opfer v. Gewalttaten **93a**; für Strafverfolgungsmaßnahmen **93** 2; für Urteilsfolgen **93** 1; des Verletzten **90e** 173 f.; Versagung der E. für Strafverfolgungsmaßnahmen **93** 6; für vorläufiges Berufsverbot **93** 2

Entschädigungsansprüche für Strafverfolgungsmaßnahmen **93** 10; Umfang **93** 7

Entscheidung, Anerkennung durch Mitgliedstaat **103b** 21; Antrag auf Vollstreckbarerklärung **103i** 48; **103k** 48; Ausschluss der Nachprüfung **103i** 40; **103k** 40; Ausschluss der sachlichen Nachprüfung **103b** 26; Bekanntgabe **103q** 10; Beschwerde **103q** 12; über Ehescheidung, Nichtanerkennung **103b** 22; über elterliche Verantwortung, Nichtanerkennung **103b** 23; zur Eröffnung eines Sekundärinsolvenzverfahren **110b** 38; Hinterlegung **103i** 56; **103k** 56; über Rückgabe des Kindes, Vollstreckbarkeit **103b** 42; Sicherheitsleistung **103i** 56; **103k** 56; Teilvollstreckbarkeit **103i** 54; **103k** 54; über Umgangsrecht, Vollstreckbarkeit **103b** 40 f.; Vollstreckbarerklärung **103i** 47; **103k** 47; Vollstreckbarkeit **103i** 42; **103k** 42

Entscheidung zur Eröffnung eines Insolvenzverfahrens, Begriffstbestimmungen (EU) 2015/8 **110b** 2

Entscheidungen in Ehesachen, Zuständigkeit **103b/1** 3; Zuständigkeit, Anerkennung und Vollstreckung **103b/1**

Entscheidungsrecht des Kindes hinsichtlich religiösem Bekenntnis **45k** 5

Entziehung der deutschen Staatsangehörigkeit **1** 16; der Fahrerlaubnis **90d** 56, Entschädigung **93** 2; selbstständiges Verfahren **90e** 180

Entziehungsanstalt, Maßregeln der Besserung und Sicherung **91** 137; Zusammentreffen mit Freiheitsstrafe **90d** 44a, 44b

Erbanteil an landwirtschaftl. Grundstück, Veräußerung **40** 2

Erbe, Rechtsübergang im gewerbl. Rechtsschutz **66** 34

Erbenloser Nachlass 21e 33

Erbrecht, Fachanwalt **98/2** 14f; Garantie **1** 14

Erbrechtsverfahren, internationales **103p**, örtliche Zuständigkeit **103p** 2, Zwangsvollstreckung **103p** 3 ff.

Erbsachen, Allgemeine Zuständigkeit **21e** 4; Beschränkung des Verfahrens **21e** 12; Gerichtsstandsvereinbarung **21e** 5; Rechtswahl **21e** 22; Zuständigkeit in Mitgliedstaaten **21e** 2

Erbschaft, Annahme **21e** 13; Ausschlagung **21e** 13

Erbschaftsteuer 1 106

Erbvertrag 21e 25

Erdbeben, Hausratversicherung **62c** A 2; Wohngebäudeversicherung **62d** A 3

Erfinder, Recht auf Patent **70** 6

Erfinderschutz 1 73

Erfindung, Begriff der erfinderischen Tätigkeit **70** 4; Begriff der Neuheit **70** 3; gewerblich anwendbare **70** 5; kein Patent **70** 2; Patent **70** 1

Erfolglosigkeitsbescheinigung, Schlichtungsgesetze **104 ff.**

Erfolgshonorar, Rechtsanwalt **98** 49b

Erfüllung, Recht des Käufers auf **50c** 46; von Verbindlichkeiten des Deutschen Reiches u. a. **1** 135a

Erfüllungsanspruch 50c 28

Ergänzendes Schutzzertifikat, Antrag auf Erteilung **70a** 19 ff.; für Arzneimittel **70a** 20; für Pflanzenschutzmittel **70a** 21

Ergänzungsabgabe zur Einkommensteuer **1** 106

Ergänzungszuweisungen, Finanzausgleich **1** 107

Erholungsurlaub, Beschäftigungsverbot **79** 24

Erkennungsdienstliche Maßnahmen im Strafvollzug **91** 86

Erlaubnis zum Betrieb von Drogenkonsumräumen **86** 10a; zur Kindertagespflege **46** 43

Erlaubnispflicht, Kraftfahrzeug **35d** 4; nach dem VVG **65a** 77 ff.

Erlaubnisverfahren, Betäubungsmittel, Ausnahmen **86** 4, Beschränkungen **86** 9, Versagung **86** 5; zum Verkehr mit Betäubungsmitteln **86** 3 ff.

Erledigung, Ablehnung der **103d** 14; des Ersuchens, allgemein **103d** 10; des Ersuchens in Anwesenheit und unter Beteiligung Gerichtsbeauftragter **103d** 12, und unter Parteibeteiligung **103d** 11; Kosten **103d** 18; Verfahren nach **103d** 16
Erlöschen eines Angebots **50c** 17; des Patents **70** 20; Zulassung **98** 13
Ermächtigung der Bundesregierung zum Erlass von Rechtsverordnungen **1** 80; auf Grund fortgeltender Rechtsvorschr. **1** 129; der Landesregierungen **35b** 70
Ermächtigungsdelikte 90e 212
Ermäßigung, Dienstzeit **97** 62
Ermittlung des Arbeitsentgelts **79** 21
Ermittlungen, Abschluss **90e** 109; während Untersuchungshaft **91a** 9
Ermittlungsverfahren, Beschleunigungsgrundsatz **90e** 5; Staatsanwalt **90e** 1 ff.; Steuerstraftat **88b** 397 ff.
Ernährung, Sicherung **1** 74
Ernennung und Entlassung von Beamten **1** 60
Erneuerungsschein iSd DepotG **59** 1
Erörterung des Restrukturierungsplans **110e** 21
Ersatzdienst für Kriegsdienstverweigerer **1** 12a, 17a
Ersatzfreiheitsstrafen, Vollstreckung **90d** 48 ff.; Vollstreckung mehrerer **90d** 43
Ersatzmitglieder, Nachrücken **82** 25
Ersatzmutter 45i 13a
Ersatzmutterschaft 45i 13a–13d
Ersatzmuttervermittlung 45i 13b; Strafvorschriften **45i** 14b; Verbot **45i** 13c
Ersatzzustellung, Gerichtsvollzieher **109** 19 ff.
Erstattungsanspruch des Arbeitgebers für Entgeltfortzahlung **80a** 1, Ausnahmen **80a** 11, Verjährung und Aufrechnung **80a** 6, Versagung und Rückforderung **80a** 4
Erste Hilfe, Schulung **35d** 19; Schulungsstellen **35d** 68
Ersuchen eines Mitgliedstaates um Beweisaufnahme 103d 1; allgemeine Bestimmungen über die Erledigung des **103d** 10; Amtssprache **103d** 5; Durchführungsbestimmungen **103d** 19; Entgegennahme des **103d** 7; Erledigung in Anwesenheit **103d** 11, 12; Erledigung unter Beteiligung Gerichtsbeauftragter **103d** 12; Erledigung unter Parteibeteiligung **103d** 11; Form und Inhalt des **103d** 4; Kosten **103d** 18; Übermittlung des **103d** 6; Übersenden des **103d** 2; unvollständiges **103d** 8; Vervollständigung **103d** 9
Ertragswert landwirtschaftl. Betriebe, Festsetzung **40** 16
Erwerbsminderung, Schadensersatz **36** 38
Erziehung, Hilfe zur **46** 27 ff.; der Kinder **46** 1, 9
Erziehungsbeistand, Aufgaben **46** 30
Erziehungsberechtigter 1 6, 7; **46** 7, 9
Erziehungsrecht der Eltern **46** 1
Erziehungsregister 90e 16
Erzwingungshaft 91 171 bis 175
Etatsrecht 1 110 bis 115
EuEheVO, Bescheinigung **103b/1** 36 ff.; elterliche Verantwortung, Zentrale Behörden **103b/1** 76 ff.; Entscheidung, Anerkennung **103b/1** 30, Versagung **103b/1** 38 ff., vollstreckbare **103b/1** 34 ff.; Öffentliche Urkunden **103b/1** 64 ff.; Teilvollstreckung **103b/1** 53; Unterbringung eines Kindes in einem anderen Mitgliedstaat **103b/1** 82; Unterlagen **103b/1** 31 ff.; Vollstreckungsverfahren **103b/1** 51; Zentrale Behörden, Informationsaustausch **103b/1** 87 ff., Kosten **103b/1** 83; *s. a. Insolvenzverfahren*
EuErbVO, Anwendungsbereich **21e** 1; Ausschussverfahren **21e** 81; Begriffsbestimmung **21e** 3; Bescheinigung **21e** 80; Formblätter **21e** 80; Informationen **21e** 79; Informationen für die Öffentlichkeit **21e** 77; Informationen zu Kontaktdaten und Verfahren **21e** 78; Inkrafttreten **21e** 84; Kollisionsnorm **21e** 21; Reichweite **21e** 23; Übergangsbestimmungen **21e** 83; Überprüfung **21e** 82; universelle Anwendung **21e** 20; Verhältnis zu internationalen Abkommen **21e** 75; Verhältnis zur EuInsVO **21e** 76
EuGüVO 103i
EuGVO, Ausführungsgesetz **103a**; *s. a. Zentrales Fahrerlaubnisregister*
EuInsolvenzVO *s. Kfz-Versicherung*
EuPartVO 103k
Europa, Vereintes E. **1** Präambel
Europäische Ermittlungsanordnung 90h 91a ff.
Europäische Gemeinschaft, Wahlrecht **1** 28
Europäische Menschenrechtskonvention 2
Europäische Patentanwälte in Deutschland **98/5**, Zulassung **98/5** 4
Europäische Rechtsanwälte in Deutschland **98/4**, Niederlassung **98/4** 2 ff., Sozietät in Herkunftsstaat **98/4** 8, verwaltungsrechtliche Anwaltssachen **98/4** 35 ff., vorübergehende Tätigkeit **98/4** 25 ff., Zulassung **98/4** 11 f.
Europäische Union 1 23; Arbeitszeitgesetz **78** 24; Aufgabenübertragung von der Bundesbank **1** 88; Ausschuss für Angelegen-

heiten der **1** 45; Fahrerlaubnis **35d** 28 ff.; Mindestruhezeiten für Kraftfahrer **78** 5; Mitgliedstaaten, Rechtshilfe **90h** 78 ff.; Mitwirkung der Länder **1** 50; Rechtsanwalt **98/1** Anlage; Staatsangehörige, Gleichwertigkeitsprüfung für die Zulassung zum Vorbereitungsdienst **97** 112a
Europäische Zentralbank 1 88
Europäischer Vollstreckungstitel 103f; Bestätigung **103f** 6 ff.; Mindestanforderungen **103f** 12 ff.; Vollstreckung **103f** 20 ff.
Europäischer Zahlungsbefehl 103g 7; Einspruch gegen **103g** 16; Erlass **103g** 12; Vollstreckbarkeit **103g** 18; Vollstreckung **103g** 21; Zustellung **103g** 13
Europäisches Mahnverfahren, Verordnung (EG) **103g**
Europäisches Nachlasszeugnis 21e 62 ff.; **103p** 33 ff.; Änderrung **21e** 71; Antrag **21e** 65; Aussetzung der Wirkung **21e** 73; Ausstellung **21e** 67; beglaubigte Abschrift **21e** 70; Berichtigung **21e** 71; Erteilung **21e** 64; Inhalt **21e** 68; Prüfung des Antrags **21e** 66; Rechtsbehelf **21e** 72; Widerruf **21e** 71; Wirkung **21e** 69; Zuständigkeit **21e** 64; Zweck **21e** 63
Europäisches Parlament, Strafsachen **90e** 191 ff.
Europäisches Patent mit einheitlicher Wirkung **110b** 15
Europäisches Rechtsanwaltsverzeichnis 98 31b; Abruf von Angaben **98/3** 16; abrufbare Angaben **98/3** 17; Abrufbarkeit **98/3** 18
Europäisches Sorgerechtsübereinkommen 103m, *s. Finanzdienstleistungsinstitute*
Europäisches Verfahren für geringfügige Forderungen **103e** 4 ff., Anerkennung und Vollstreckung des Urteils **103e** 20 ff.
Europakammer 1 52; für Angelegenheiten der EU **1** 52
EuZustellVO 103c, *s. Fristen*
Exhumierung 90e 34
Explosion, Hausratversicherung **62c** A 1, A 2; Wohngebäudeversicherung **62d** A 1, A 3
Exterritoriale, Amtshandlungen des Gerichtsvollziehers **109** 3

Fachanwalt 98/2; Fachgebiete **98/2** 1; Verfahrensordnung der Rechtsanwaltskammer **98/2** 17 ff.; Verleihungsvoraussetzungen **98/2** 2 ff.
Fachanwaltsordnung 98/2
Fahndung 90e 39 ff.; bei Auslieferungsersuchen **90h** 18; Wegfall des Fahndungsgrundes **90d** 34
Fahndungshilfsmittel 90e 40
Fahreignungs-Bewertungssystem, Bewertung zu berücksichtigender Straftaten und Ordnungswidrigkeiten **35d** Anl. 13; Fahreignungsregister **35d** 40 ff.
Fahreignungsregister 35d 59 ff.; Fahreignungs-Bewertungssystem **35d** 40 ff., Anl. 13
Fahreignungsseminare 35d 42; Qualitätssicherungssysteme **35d** 43a; Überwachung **35d** 43
Fahrerlaubnis, Alkohol **35d** 13; Arzneimittel **35d** 14; Auflagen **35d** 3, 46 ff.; ausländische **35d** 28 ff.; begleitetes Fahren ab 17 Jahre **35d** 48a f.; Beschränkung **35d** 23, 46 ff.; Beschränkung auf Automatikgetriebe **35d** 17a; Betäubungsmittel **35d** 14; Dienstfahrzeug **35d** 26 f.; Entziehung **35d** 46 ff.; **90d** 56; Erteilungsverfahren **35d** 21 ff.; Erteilungsvoraussetzungen **35d** 7 ff.; Fahrgastbeförderung **35d** 48; Ferienziel-Reisen **35d** 48; Geltungsdauer **35d** 23; gewerbsmäßige Ausflugsfahrten **35d** 48; Mietwagen **35d** 48; Neuerteilung **35d** 20; auf Probe **35d** 32 ff.; Sonderbestimmung für das Führen von Einsatzfahrzeugen **35d** 6c; Verlängerung **35d** 24
Fahrerlaubnisklassen 35d 6
Fahrerlaubnisprüfung 35d 15; praktische **35d** 17 f.; Prüfstelle **35d** 69; theoretische **35d** 16
Fahrerlaubnissachen 90c 45
Fahrerlaubnis-Verordnung 35d; Ordnungswidrigkeiten **35d** 75; Zuständigkeiten **35d** 73
Fahrlässigkeit bei Erwerb eines Schecks **56** 21, eines Wechsels **54** 16; bei Zahlung von Wechseln **54** 40
Fahrprüfung, geschwindigkeitsbeschränkte Kleinkrafträder **35d** 5; Mofa **35d** 5
Fahrtenbuch, Führung **35b** 31a
Fahrtkosten, Sozialplan **82** 112
Fahrverbot 94a 4; Vollstreckung **90d** 59a
Fahrzeuge, Bau **35b** 30; Verantwortung für Betrieb der **35b** 31; Zulassung zum Straßenverkehr **35b** 16 ff.
Fahrzeuggewicht, Überprüfung **35b** 31c
Fahrzeugteile, Bauartgenehmigung **35b** 22a; Betriebserlaubnis **35b** 22; Prüfzeichen **35b** 21a
Faires Verfahren, Recht auf **2** 6
Fälligkeit, Mindestlohn **80c** 2; des Schecks **109,** *s. Arbeitnehmerüberlassung*
Falschgeld, Verwendung von eingezogenem **90d** 76
Familie, Betriebsrat (Aufgabe) **82** 80; Schutz **1** 6; **2** 8

Familiengericht, Beteiligung von Kindern und Jugendl. **46** 8; Mitteilungen **90c** 31, zur Herbeiführung einer Tätigkeit **101a** 2. Teil 1. Abschn. I. 1.; Unterstützung durch Jugendamt **46** 50
Familienhilfe, Aufgabe **46** 31
Familienleistungsausgleich 45a 31
Familienpflege, Sicherung der Rechte von Kindern **46** 37b
Familienrecht, Fachanwalt **98/2** 12
Familienrechtsverfahren, Internationales **103n**, *s. Glücksspiel*
Familiensachen, Mitteilungen **101a** 2. Teil 4. Abschn.
Familiensenate, unterhaltsrechtliche Leitlinien und Grundsätze **47–47s**
Farbmarken 72a 10
Feiertage, Entgeltzahlung **80** 2; Schutz **1** 140
Fernmeldegeheimnis 1 10, 18, 44
Fernmeldewesen 1 73, 80
Fernverkehr, Landstraßen **1** 74, 90
Festnahme 1 104; von Abgeordneten **1** 46; des Bundespräsidenten **1** 60; vorläufige bei Auslieferungshaftbefehl **90h** 19, Entschädigung **93** 2
Feststellung der Berufsmäßigkeit von Vormündern **49b** 1; Kostenentscheidung **103q** 22; des Spannungsfalls **1** 80a; Verfahren **103q** 21; des Verteidigungsfalles **1** 115a
Feuerbestattung 90e 38
Fiktion der Teilung der Genehmigung zur Veräußerung landwirtschaftl. Grundstücke **40** 6
Filmwesen 1 5
Finanzausgleich 1 107
Finanzbehörden 1 108; Akteneinsicht **88b** 395; Steuerstraftaten **88b** 386 ff.
Finanzdienstleistungsinstitute, Strafsachen **90c** 25; Verpflichtete nach Geldwäschegesetz **88a** 2
Finanzgerichtsbarkeit 1 108; oberster Gerichtshof des Bundes **1** 95
Finanzhilfen des Bundes für die Länder **1** 104a ff.
Finanzinstrumente mit Sitz außerhalb der Europäischen Union **58** 102 ff.
Finanzmärkte, internationales Insolvenzrecht **110b** 12
Finanzmarktstabilisierungsfonds 52c 1 ff.
Finanzmonopole 1 105 f., 108
Finanztermingeschäfte 58 99 f.
Finanzunternehmen, Verpflichtete nach Geldwäschegesetz **88a** 2
Finanzwesen 1 104a bis 115
Finanzzuweisungen des Bundes **1** 106
Fischerei 1 74
Fischereipachtverträge 39 11; **39a** 51
Flagge des Bundes **1** 22
Flüchtlinge und Vertriebene 1 74, 116, 119, 131
Flüchtlingskinder, Zuständigkeit **45m** 6
Flüge, Annullierung und Verspätung, Ausgleichsleistungen **36a**
Fluggäste, Nichtbeförderung, Ausgleichsleistungen **36a**; Nichtbeförderung oder verspätete Beförderung, Schlichtung **36** 57b
Föderalismusreform, Übergangsvorschriften **1** 125b, 125c
Folgemitteilungen 90c 7
Folter, Verbot **2** 3
Forderungen, Anmeldung der Gläubigerforderungen im internationalen Insolvenzrecht **110b** 53 ff.; gestundeter oder erlassener, Wiederaufleben **110e** 69; unbestrittene, Europäischer Vollstreckungstitel **103f**; wirtschaftlich vergleichbare **52c** 17
Forderungsanmeldung, Verfahren **110b** 55
Förderungsaufgaben der Behörde für Betreuungsangelegenheiten **49c** 6
Form bei Anmeldung einer Marke **72a** 2; für Beschwerde vor Patentgericht **70** 73; der Eintragungen ins Handelsregister **50d** 12; des Ersuchens eines Mitgliedstaates um Beweisaufnahme **103d** 4
Formfreiheit des Kaufvertrags beim internationalen Warenkauf **50c** 11
Förmliche Verpflichtung, beschäftigte Personen **98a** 26
Forschung, Förderung **1** 74; Freiheit **1** 5; Zusammenwirken von Bund und Ländern bei wissenschaftl. **1** 91b
Fortbildung, Berufsvormünder **49b** 11
Fortgeltung alten Rechts **1** 140
forum necessitatis, Notzuständigkeit **21e** 11
Fragebogen, Betriebsrat **82** 94
Frau, Untersuchungshaft **91a** 12, 22; Verpflichtung zur Dienstleistung im Verteidigungsfall **1** 12a; kein Waffendienst **1** 12a
Freie Benutzung von urheberrechtsfreien Werken **66** 39, 40
Freie Meinungsäußerung 1 17a, 18
Freiexemplare für den Verfasser eines Werkes **66** 6, 25, 46
Freifahrt der Abgeordneten **1** 48
Freiheit, Beschränkung der F. eines Abgeordneten **1** 46; der Meinungsäußerung **1** 5, 17a, 18; der Person **1** 2
Freiheitsentziehende Sanktionen, Vollstreckungshilfeverkehr mit Mitgliedstaat der Europäischen Union **90h** 84 ff.

Freiheitsentziehung, Rechtsgarantien **1** 104; Zwangsarbeit **1** 12
Freiheitsentziehungssachen, Mitteilungen **101a** 2. Teil 1. Abschn. II.
Freiheitsrecht 2 5
Freiheitsstrafe, Vollstreckung **90d** 22 ff., mehrerer F. **90d** 43; Zusammentreffen mit Sicherungsverwahrung **90d** 44, mit Unterbringung in einem psychiatrischen Krankenhaus **90d** 44a, 44b
Freispruch, Anträge **90e** 139; Entschädigung für Strafverfolgungsmaßnahmen **93** 2
Freistellung von Richtern **97** 76d
Freiwillige Gerichtsbarkeit, Todeserklärung **45** 13
Freiwillige Soldaten, Beschränkung der Wählbarkeit **1** 137
Freiwillige Versteigerungen 109 190 ff.
Freizügigkeit 1 11, 17a, 73, 117
Fremdenfeindlichkeit, Betriebsrat (Aufgabe) **82** 80; Betriebsvereinbarung **82** 88; Kündigung **82** 104; personelle Einzelmaßnahme **82** 99
Fremdgelder, Verwaltung **98/1** 4
Fremdwährungswechsel 109, *s. Miete, Kündigung*
Frieden 1 26; Wahrung des F. der Welt **1** Präambel
Friedensregelung, Grundgesetzänderung **1** 79
Friedensschluss, Entscheidung durch Bundesgesetz **1** 115l
Frist, -en für Ausführung von Bauleistungen **32c** 5; Berechnung im WechselG **54** 73; für Beschwerde vor Patentgericht **70** 73; für Entschädigungsansprüche für Strafverfolgungsmaßnahmen **93** 10, 12; nach dem LandpachtverkehrsG **39** 2, 7; bei Wechseln **54** 23, 34
Fristberechnung nach ScheckG **56** 55 ff.
Fristversäumung bei Wechsel **54** 53 f.
Frühwarnsysteme, Informationen **110e** 101
Führerschein, Ausfertigung **35d** 25; Einziehung **90d** 56; Gültigkeit **35d** 24a; Internationaler, Antrag auf **35d** 25a, Ausstellung **35d** 25b; *s. a. Notar*
Führungsaufsicht, Betäubungsmittelrecht **86** 34
Fürsorge, öffentl. **1** 74
Futtermittel, Verkehr mit **1** 74
Futtermittelgesetz, Verstoß **90e** 264

G 10-Kommission 90f 15
Gaststätten, Preisverzeichnis **73a** 7; Ruhezeit **78** 5
Gebietsveränderung der Länder **1** 29; Vermögen bei **1** 135
Gebrauchsmuster, Anmeldung **71** 4, Übersetzung **71** 4b; Begriff der Neuheit **71** 3; Gebrauchsmusterberühmung **71** 30; geheime **71** 9; kein Schutz **71** 2; Löschungsanspruch **71** 15; Register **71** 8; Schutzbereich **71** 12a; Schutzdauer **71** 23; Unterlassungs- und Schadensersatzanspruch **71** 24; Verhältnis zu Patent **71** 14; Voraussetzungen des Schutzes **71** 1; Wirkung der Eintragung **71** 11; Zwangslizenz **71** 20
Gebrauchsmustergesetz 71; Strafvorschriften **71** 25
Gebrauchsmustersachen, Gebühren des Vertreters **70c** 3; Notartätigkeit **98a** 17
Gebrauchsmusterstreitsachen, Zuständigkeit **71** 27
Gebühren des Deutschen Patent- und Markenamts und des Bundespatentgerichts **70b** 1, Fälligkeit **70b** 3, Höhe **70b** 2, Zahlungsfristen **70b** 6; Handelsregister **50f**; keine **21e** 58; Rechtsanwalt **98/1** 21 ff.; des Vertreters in Designsachen **70c** 3b, in Gebrauchsmustersachen **70c** 3, in Patentsachen **70c** 2, in Sortenschutzsachen **70c** 3c, in Topographieschutzsachen **70c** 3a
Gebührenfreiheit im Verfahren vor Genehmigungsbehörde **40** 23
Gebührenverzeichnis des Patentkostengesetzes **70b** Anlage
Geburt, Anzeige **113** 18, *s. Verordnung Brüssel I;* Kostenübernahme **85e** 34
Geburtenregister 113 3, 21, *s. Verordnung Brüssel IIa*
Geburtsurkunde 113 59, *s. Brüssel IIa*
Gedankenfreiheit 2 9
Gefahr bei Bauleistungsvertrag **32c** 7; für das Kind **45m** 36
Gefahr für Leib oder Leben im Ausland **90f** 8
Gefährdung von Betreuten, Beratung durch Geheimnisträger **49c** 31
Gefahrenabwehr, Mitteilungen **101a** 2. Teil 1. Abschn. II. 4.
Gefahrerhöhung 62j B 3
Gefahrübergang beim internationalen Warenkauf **50c** 66 ff.
Gefahrverschollenheit 45 7
Gefälligkeitsarbeiten, Schwarzarbeit **94b** 1
Gefangene, Behandlung **91a** 18 ff.; junge **91a** 1, 13, 22, 77 ff.; Strafsachen **90c** 43; Vernehmung **90e** 20; weibliche **91a** 22
Gegenüberstellung 90e 18
Gegenvormund, Jugendamt als **46** 58
Gegenzeichnung von Anordnungen und Verfügungen des Bundespräsidenten **1** 58

Geheime Gebrauchsmuster 71 9
Geheimhaltung 75 16; Staatsgeheimnisse **90e** 213; nach Verfahrensabschluss **75** 18; Zeugenschutz **90b** 3
Geheimpatente 70 50 ff.
Gehör, rechtliches **1** 103
Geistig behinderte Zeugen, Vernehmung **90e** 21
Geistliche, Strafsachen **90c** 22
Geldfälschung 90e 215 ff.
Geldforderungen, Zwangsvollstreckung wegen **109** 67 ff.
Geldrente als Schadensersatz **36** 38
Geldsanktionen, Vollstreckungshilfeverkehr mit Mitgliedstaat der Europäischen Union **90h** 86 ff.
Geldstrafen, Vollstreckung **90d** 48 ff.
Geldwäschebeauftragter 88a 7
Geldwäschegesetz 88a; allgemeine Sorgfaltspflichten **88a** 10; Aufzeichnungs- und Aufbewahrungspflichten **88a** 8; Bußgeldvorschriften **88a** 56; gruppenweite Pflichten **88a** 9; interne Sicherungsmaßnahmen **88a** 6; Meldepflichten **88a** 43 f.; Risikoanalyse **88a** 5; Risikomanagement **88a** 4; Strafsachen **90c** 52; Transparenzregister **88a** 18 ff.; Verpflichtete **88a** 2; wirtschaftlich Berechtigter **88a** 3; Zentralstelle für Finanztransaktionsuntersuchungen **88a** 27 ff.; zuständige Aufsichtsbehörde **88a** 50
Geldwesen im Bund **1** 73, 111, 115
Gemeinde, Anteil an Einkommensteuer, Umsatzsteuer, Grund- und Gewerbesteuer **1** 106; Finanzwesen **1** 106 ff., 134; frühere Verbindlichkeiten **1** 135a; Selbstverwaltung **1** 28; Verfassungsbeschwerde **1** 93
Gemeindeverband, Verfassungsbeschwerde **1** 93
Gemeine Gefahr, Grundrechtseinschränkung **1** 13
Gemeineigentum, Überführung von Grund und Boden, Produktionsmitteln usw. in **1** 15, 74
Gemeinsame Ausschüsse, Betriebsverfassung **82** 28
Gemeinsame Einrichtungen, Tarifvertrag **81** 4
Gemeinsamer Ausschuss, Feststellung des Verteidigungsfalles **1** 115a; Rang und Geltungsdauer von Gesetzen **1** 115k, 115l; Stellung und Rechte **1** 115e; für Verteidigungsfall **1** 53a; Wahl eines neuen Bundeskanzlers **1** 115h
Gemeinsamer Betrieb, Gesamtbetriebsrat (Stimmengewichtung) **82** 47; Voraussetzungen **82** 1
Gemeinsamer Senat der obersten Gerichtshöfe des Bundes **1** 95; **95b** 1 bis 9
Gemeinschaftsaufgaben, Bildungsplanung und wissenschaftl. Forschung **1** 91b; Mitwirkung des Bundes **1** 91a
Gemeinschaftsgeschmacksmuster 69 62 ff.
Gemeinschaftskonten, vorläufige Kontenpfändung **103h** 30
Gemeinschaftsmarke 110b 15
Gemeinschaftsschule 1 7
Gemeinschaftssteuern 1 106
Genehmigtes Kapital, Schaffung **52c** 7b
Genehmigung für Veräußerung land- oder forstwirtschaftl. Grundstücke **40** 2 ff.
Genehmigungsbehörde, Grundstücksverkehr **40** 3, 18 ff.
Generalbundesanwalt, Abgabe von Verfahren **90e** 203
Generalstaatsanwalt, Revision **90e** 168
Genesungsgeld, Unfallversicherung **62i** 2
Genmanipulation 1 74
Genossenschaften, Rechtsdienstleistung **99** 7
Genossenschaftsregister, Anmeldung, Mitteilung über unrichtige, unvollständige oder unterlassene **101a** 2. Teil 1. Abschn. I. 2.
Genossenschaftsregistersachen, Mitteilungen **101a** 2. Teil 4. Abschn. XXI. 8.
Gensequenzen, kein Patent **70** 1a
Genussmittel, Verkehr mit **1** 74
Genussrechte 52c 8
Genussscheine, Wertpapiere **58** 2
Gepäck, Schadensersatz für Beschädigung, Verlust oder verspätete Beförderung **36** 44; Zerstörung, Beschädigung oder Verlust, Schlichtung **36** 57b
Gepäckschäden, Haftung **36** 47
Gericht, Anrufung **21e** 14; Begriffsbestimmungen (EU) 2015/848 **110b** 2
Gericht, -e, Entscheidung über Entschädigung **93** 8 f.; unmittelbare Beweisaufnahme **103d** 17; unmittelbarer Geschäftsverkehr **103d** 2; Vertretung **98** 3; Zusammenarbeit auf dem Gebiet der Beweisaufnahme **103d**
Gerichtliche Beschränkungen 75 19
Gerichtliche Entscheidung über Strafzeitberechnung **90d** 42; Zustimmungsverweigerungsgrund **82** 99
Gerichtliche Nachprüfung, internationales Insolvenzrecht **110b** 5
Gerichtliche Verfahrensvorschriften 103q 2
Gerichtliche Vergleiche 103 59; Vollstreckbarkeit **103i** 60; **103k** 60
Gerichtliche Zuweisung eines landwirtschaftl. Betriebes **40** 13 bis 17, 33

Gerichtlicher Dolmetscher, Antrag auf Beeidigung **95c** 3; Beeidigung **95c** 1
Gerichtlicher Vergleich, Vollstreckbarkeit **21e** 61
Gerichtliches Planabstimmungsverfahren 110e 23
Gerichtsdolmetschergesetz 95c; Bußgeldvorschriften **95c** 11; Kosten **95c** 12
Gerichtshof, Errichtung **2** 19
Gerichtskosten, Spruchverfahrensgesetz **51b** 15
Gerichtsorganisation, Versetzung **97** 32 f.
Gerichtsstand des Sachzusammenhangs **103** 8
Gerichtsstandsvereinbarung, Eheschließung **103i** 7; eingetragene Partnerschaft **103k** 7; Erbsachen **21e** 5
Gerichtsstandvereinbarungen 103 25 f.
Gerichtsverfassung 1 74
Gerichtsvollzieher, Amtssitz **109a** 2; Aufträge **109a** 19 ff.; Auftragsform **109** 4; Ausschließung von dienstlicher Tätigkeit **109** 2; Auszahlung des Erlöses **109** 118 f.; Buchführung **109a** 44 ff.; Dienstaufsicht **109a** 1; Dienstausweis **109a** 5; Diensteinkommen **109a** 7 ff.; Diensteinnahmenübersicht **109a** 70 f.; Dienstsiegel **109a** 4; Durchsuchung der Wohnung **109** 61; Erledigungszeit **109** 5; Ersatzzustellung **109** 19 ff.; Exterritoriale **109** 3; freiwillige Versteigerungen **109** 190 ff.; Geschäftsanweisung **109**; Geschäftsbetrieb **109a** 29 ff.; Geschäftsprüfungen **109a** 72 ff.; gesetzlicher Vertreter **109** 18; Hilfsbeamte **109a** 81; Kassenführung **109a** 51 ff.; NATO-Angehörige **109** 3; Protokoll über Vollstreckungshandlung **109** 63, besondere Vorschriften **109** 86; Prozess- und Verfahrenskostenhilfe **109a** 59 ff.; Prüfungspflichten bei Wegnahme von Waffen **109** 66; Sicherungspflichten **109a** 62 ff.; Verhalten bei Zwangsvollstreckung **109** 58 ff.; Vordrucke **109a** 80; Vorschriften über die Beurkundung **109** 7; Widerstand gegen **109** 62; Zuständigkeit **109a** 10 ff.; Zustellung **109** 9 ff.; Zustellung auf Betreiben der Parteien **109** 16 ff.; Zustellung von Anwalt zu Anwalt **109** 27; Zustellungsarten **109** 17 ff.; Zustellungsauftrag an die Post **109** 25; Zwangsvollstreckung nach der ZPO **109** 30 ff.
Gerichtsvollzieherbezirk 109a 10 ff.
Gerichtsvollzieherordnung 109a; Aktenführung **109a** 38 ff.
Geringfügig Beschäftigte, Rentenversicherung (Nachweis) **78a** 2
Geringfügige Forderungen, europäisches Verfahren für **103e** 4 ff., Anerkennung und Vollstreckung des Urteils **103e** 20 ff.; Verordnung (EG) **103e**
Geringfügigkeit, Verfahrenseinstellung **88b** 398
Gesamt-, Jugend- und Auszubildendenvertretung, Benachteiligungsverbot **82** 78; Bildung, Aufgaben und Geschäftsführung **82** 72 f.; Geheimhaltungspflicht (BetrVG) **82** 79
Gesamtausgabe von Werken **66** 2, 4
Gesamtbetriebsausschuss 82 51
Gesamtbetriebsrat, Ausschluss von Mitgliedern **82** 48; Beauftragung des Konzernbetriebsrats **82** 58; Benachteiligungsverbot **82** 78; Bestellung des Wirtschaftsausschusses **82** 107; Betriebsräteversammlung **82** 53; Erlöschen der Mitgliedschaft **82** 49; Geheimhaltungspflicht (BetrVG) **82** 79; Gesamtschwerbehindertenvertretung **82** 52; Geschäftsführung **82** 51; Konzernbetriebsrat **82** 54; Mitgliederzahl **82** 47; Rechtsstellung **82** 51; Seebetriebsrat **82** 116; Stimmengewicht **82** 47; Übertragung der Aufgaben des Wirtschaftsausschusses **82** 107; Unterrichtung durch Wirtschaftsausschuss **82** 108; Voraussetzungen **82** 47; Vorsitzender **82** 51; Wahlvorstand **82** 17; Zusammensetzung (Geschlechter) **82** 47; Zuständigkeit **82** 50
Gesamtschuldner alle Scheckverpflichteten als **56** 44; bei Wechsel **54** 47
Gesamtschwerbehindertenvertretung 82 52
Gesamtstrafe, Berechnung der Strafzeit bei **90d** 41; Vollstreckung **90d** 8
Gesamtstrafenbeschluss, Mitteilungspflicht **90c** 1 ff.
Gesamtverfahren, Begriffsbestimmungen (EU) 2015/8 **110b** 2
Gesamtverträge mit Verwertungsgesellschaften **65a** 35
Gesamtverzeichnis *s. Fristen*
Gesamtverzeichnis der Bundesrechtsanwaltskammer, Berichtigung **98/3** 12; Datensicherheit und Einsehbarkeit **98/3** 15; Einsichtnahme **98/3** 13, über Suchfunktion **98/3** 14; Eintragung **98/3** 11; Führung **98/3** 9; Inhalt **98/3** 10
Gesandte, Beglaubigung **1** 59
Geschäftsanweisung für Gerichtsvollzieher 109; Zweck **109** 1
Geschäftsführer, Strafsachen **90c** 24
Geschäftsführung, VVG **65a** 21
Geschäftsgeheimnis 90e 260b
Geschäftsgeheimnis-Schutzgesetz 75; Anwendungsbereich **75** 1; Ausnahmen **75** 5; Begriffsbestimmungen **75** 2; erlaubte

Handlungen **75** 3; Handlungsverbote **75** 4; Strafvorschriften **75** 23
Geschäftsleiter, Wertpapierdienstleistungsunternehmen **58** 81
Geschäftsordnung, Betriebsrat **82** 36; der Bundesregierung **1** 65; von Bundestag und Bundesrat **1** 40, 42, 52; des Gemeinsamen Ausschusses **1** 53a; des Vermittlungsausschusses **1** 77
Geschäftsprüfungen, Gerichtsvollzieher **109a** 72 ff.
Geschäftsstelle, Notar **98a** 10
Geschäftsverkehr, unmittelbarer **103d** 2
Geschäftswert bei Rechtsgeschäften in Landwirtschaftssachen **39a** 36
Geschäftszweig, Angabe im Handelsregister **50d** 24
Geschlecht, Betriebsrat (Zusammensetzung) **82** 15; Verbot der Benachteiligung **1** 3
Geschwindigkeitsüberschreitung **94a** Tab. 1, *s. Titel*
Geschwisterbonus bei Elterngeld **45e** 2a
Gesellschaft, stille **52c** 10
Gesellschaft, -en, Recht zur Bildung **1** 9
Gesellschaften, Europäische (SE) **52c** 6
Gesellschaftsdarlehen **52c** 17
Gesellschaftsrechtliches Spruchverfahren **51b**
Gesellschaftssitz, Bestimmung **103** 63
Gesetz, Bindung von Verwaltung und Rechtsprechung an **1** 20; Überwachung durch Betriebsrat **82** 80; Zustandekommen von Bundesgesetzen **1** 78; Zustimmungsverweigerungsgrund **82** 99
Gesetzesinitiative **1** 76
Gesetzeskraft der BVerfG-Entscheidungen **1** 94
Gesetzesvorlagen **1** 76, 81
Gesetzgebung **1** 74; Bindung an Grundrechte **1** 1, an verfassungsmäßige Ordnung **1** 20; des Bundes **1** 70 bis 82, 115c f., 115k f.; Kompetenz nach Zusammentritt des Bundestages **1** 122; Mitwirkung der Länder **1** 50; im Verteidigungsfall **1** 115d, 115k
Gesetzgebungsnotstand **1** 81
Gesundheitswesen **1** 74
Gewährleistung bei Bauleistungsvertrag **32c** 13
Gewalt, höhere bei Scheckvorlegung **56** 48
Gewaltenteilung **1** 20
Gewaltschutzgesetz, zivilrechtlicher Schutz **49**
Gewaltschutzsachen, Mitteilungen **101a** 2. Teil 4. Abschn. XI.
Gewaltverherrlichende Schriften **90e** 223 ff.
Gewerberecht **1** 74
Gewerbesteuer, Verteilung **1** 106
Gewerbetreibende, -r, Anzeigepflicht **32a** 9; Buchführungspflicht **32a** 10; Informationspflicht **32a** 11; Prüfung **32a** 16 f.; Strafsachen **90c** 39
Gewerblicher Rechtsschutz **1** 73; Bundesgericht **1** 96
Gewerkschaften, Anfechtung der Betriebsratswahl **82** 47; Auflösung des Betriebsrats **82** 23; Ausschluss eines Betriebsratsmitglieds **82** 23; Aussetzung von Beschlüssen (BetrVG) **82** 35; Betätigung für (BetrVG) **82** 74 f.; Betriebs- oder Abteilungsversammlung (Teilnahme) **82** 46; Betriebsratssitzungen **82** 31; Betriebsversammlung (Einberufung) **82** 43; Geheimhaltungspflicht (BetrVG) **82** 79; Nebenbetriebe und Betriebsteile bei Betriebsratswahl **82** 18; Niederschrift der Betriebsratssitzung **82** 34; Ordnungs- und Zwangsgeld **82** 23; Tarifvertragspartei **81** 2; Übersendungs- und Mitteilungspflichten (TVG) **81** 7; Unterlassungsanspruch **82** 23; Wahlvorschläge für Betriebsratswahl (BetrVG) **82** 14; Wahlvorstand (BetrVG) **82** 16 ff.; Zutrittsrecht **82** 2
Gewinnanteilscheine iSd DepotG **59** 1
Gewinne aus schweren Straftaten **88a**
Gewissen, Bindung der Abgeordneten an ihr **1** 38
Gewissensfreiheit **1** 4; **2** 9
Gewissensgründe gegen Kriegsdienstleistung **1** 4, 12a
Gift, Verkehr mit **1** 74
Glaube, Verbot der Benachteiligung **1** 3
Glaubensfreiheit **1** 3, 4; **2** 9
Glaubhaftmachung, Todeserklärung **45** 18
Gläubiger, Schadensersatzpflicht **103q** 26
Gläubigerrechte, Anmeldung der Forderung **110b** 45
Gleichberechtigung **1** 3; Betriebsverfassung **82** 75; Jugend- und Auszubildendenvertretung **82** 62; unter Staaten **1** Präambel; Übergangsregelung **1** 117
Gleichheit vor dem Gesetz **1** 3
Gleichstellung, Betriebsrat **82** 80; Betriebsräteversammlung (Bericht Arbeitgeber) **82** 53; Betriebsversammlung (Bericht Arbeitgeber) **82** 43; Betriebsversammlung (Thema) **82** 45; Jugend- und Auszubildendenvertretung (Aufgabe) **82** 70; Personalplanung **82** 92; staatsbürgerl. G. aller Deutschen **1** 33
Gliederung des Bundes **1** 29, 36, 118
Glücksspiel **90e** 240 f.; im Internet **88a** 16
GmbH & Co. KG **52c** 9b

Gott, Verantwortung vor **1** Präambel
Gottesdienst in Anstalten **1** 140
Grenznachbarschaftliche Einrichtungen, Übertragung von Hoheitsrechten **1** 24
Grenzschutz **1** 73
Grenzstreitigkeiten, Mitteilung über **101a** 2. Teil 1. Abschn. I. 3.
Grenzverbesserung, Genehmigung der Veräußerung landwirtschaftl. Grundstücke **40** 8
Grund und Boden, Sozialisierung **1** 15, 74
Grundbuchamt, Nachweis der Genehmigung zur Veräußerung landwirtschaftl. Grundstücke **40** 7
Grundbuchsachen, Mitteilungen **101a** 2. Teil 4. Abschn. XVIII.
Grundfläche, Ermittlung **30d** 3
Grundgesetz **1** Präambel; Abweichung **1** 143; Änderung **1** 79; keine Änderung **1** 81; Annahme durch Volksvertretungen der Länder, Verkündung, Inkrafttreten, Veröffentlichung **1** 144 f.; Auslegung **1** 93, 100; Außerkrafttreten **1** 146; für die BRD **1**; Entscheidung des BVerfG über Unvereinbarkeit mit Landesrecht **1** 100; und Europäische Union **1** 23; Geltungsdauer **1** 146; Verletzung durch Bundespräsidenten **1** 61; Verstoß eines Bundesrichters gegen das **1** 98
Grundkapital **52c** 7 ff.; Erhöhung **52c** 7
Grundpflichten *s. a. Daten*
Grundrechte **1** 1 bis 19; Einschränkung **90f** 21; Geltung **103i** 38; **103k** 38; in Landesverfassungen, Inkraftbleiben **1** 142; Schutz durch Wehrbeauftragten **1** 45b; Verletzung durch öffentl. Gewalt **1** 19; Verwirkung **1** 18
Grundstücke, Veräußerung land- und forstwirtschaftl. **40** 1 bis 12
Grundstücksbelastung, Inventar **42** 7
Grundstücksverkehr **1** 74
Grundstückverkehrsgesetz **40**
Gruppenarbeit, Mitbestimmung **82** 87
Gruppen-Koordinationsverfahren **110b** 61 ff.; Allgemeine Vorschriften **110b** 71 ff.; Antrag auf Eröffnung **110b** 61; Einwände gegen den vorgeschlagenen Koordinator **110b** 67; Einwände von Verwaltern **110b** 64; Empfehlungen **110b** 70; Entscheidung zur Eröffnung **110b** 68; Folgen eines Einwands gegen die Einbeziehung in ein **110b** 65; Gruppen-Koordinationsplan **110b** 70; Mitteilung durch das befasste Gericht **110b** 63; Nachträgliches Opt-in durch Verwalter **110b** 69; Prioritätsregel **110b** 62; Wahl des Gerichts **110b** 66
Gültigkeit von Gesetzen, Verfahrensvorschriften für Gerichte bei Zweifel über **1** 100
Günstigkeitsprinzip, Tarifrecht **81** 4
Gutachten für Einstufung als Oldtimer **35b** 23; von Richtern **97** 41
Guter Glaube bei Erwerb eines Schecks **56** 21, eines Wechsels **54** 16; bei Pfandrechtserwerb **42** 4 f.
Güterrechtliche Wirkung, Zuständigkeit **103k** 2
Gütestelle **104** 2 ff.; **104a** 5 ff.; **104c** 6 ff.; **104d** 44 ff.; **104e** 37d; **104g** 3 ff.; Haftpflichtversicherung **104b/1** 5; **104c** 5; **104d** 48
Gütestellengesetz, Brandenburg **104b/1**
Güteverfahren, obligatorisches G. **98b** 1

Haager Adoptionsübereinkommen **45h**
Haager Kindesentführungsübereinkommen **103l**; örtliche Zuständigkeit **103n** 11; Verfahren **103n** 37 ff.
Haager Übereinkommen **103a** 37 ff.
Haft, Abgeordnete **1** 46; Kostenbeitrag **91** 50
Haftbefehl **1** 104; **90d** 33; Antragsdelikte **90e** 7; Auslieferung **90h** 17; Mitteilungspflicht **90c** 1 ff.
Haftentlassung **91a** 17
Haftkostenbeitrag **91** 50
Haftpflicht, Luftverkehrsgesetz **36** 33 ff.; des Staates oder öffentl.-rechtl. Körperschaften für Amtspflichtverletzungen **1** 34
Haftpflichtversicherung, Gerichtsstand *s. a. Wechselprotest, Scheckprotest;* Gütestelle **104b/1** 5; **104c** 5; **104d** 48; **104e** 37g; Notare **98a** 19a
Haftprüfung bei Auslieferungshaft **90h** 26
Haftung des Akzeptanten eines Wechsels **54** 28; des Ausstellers eines Wechsels **54** 9, 78; bei Bauleistungsvertrag **32c** 10; des Ehrenakzeptanten **54** 58; für Einlösung des Schecks **56** 12; des Indossanten **54** 15; des Inhabers **75** 12; für militärische Luftfahrzeuge **36** 53 f.; des Rechtsverletzers **75** 10; des Scheckausstellers **56** 12; des Scheckbürgen **56** 27; der Scheckverpflichteten **56** 44; des Staates für Beamte **1** 34; Übernahme für Kredite usw. durch Bund **1** 115; des Vertreters ohne Vertretungsmacht **56** 11; der Wechselverpflichteten **54** 47; der Wertpapiersammelbank **59** 5
Haftungshöchstbeträge, Luftverkehrsgesetz **36** 37
Hafturlaub **91** 13 f., 35
Hagelschaden, Hausratversicherung **62c** A 1, A 5; Wohngebäudeversicherung **62d** A 1, A 5

Halbjahresfinanzbericht 58 115
Hamburg, Sondervorschr. **98a** 116
Handakten, Rechtsanwalts **98** 56; Zurückhaltung **98/1** 17
Handel mit Derivaten **58** 1; Recht des **1** 74; mit Wertpapieren **58** 1
Handels- und Gesellschaftsrecht, Fachanwalt **98/2** 14i
Handels- und Schifffahrtsverträge 1 73
Handels- und Zollgebiet, Einheit **1** 73
Handelsflotte 1 27
Handelsregister, Abschriften **50d** 30; Abteilung A **50d** 3, 40 bis 42; Abteilung B **50d** 3, 43 bis 46; Änderungen und Löschungen **50d** 16; Anmeldung, Mitteilung über unrichtige, unvollständige oder unterlassene **101a** 2. Teil 1. Abschn. I. 2.; Ausdrucke **50d** 30a; Ausfertigungen **50d** 31; Benachrichtigung von der Eintragung **50d** 36; Berichtigungen **50d** 17; Einsichtnahme **50d** 10; elektronische Führung **50d** 7, 47 ff.; Entscheidung über Eintragung **50d** 25; Form der Eintragungen **50d** 12; Führung **50d** 12 ff.; Gebühren **50f**; Löschung von Amts wegen **50d** 19; Mitteilung an Industrie- und Handelskammer **50d** 37; öffentliche Bekanntmachungen **50d** 32 ff.; Registerakten **50d** 8; Registerordner **50d** 9; Übersetzungen **50d** 15; Verfahren bei Anmeldung, Eintragung, Bekanntmachung **50d** 23 ff.
Handelsregistergebührenverordnung 50f
Handelsregistersachen, Mitteilungen **101a** 2. Teil 4. Abschn. XXI. 1. ff.
Handelsregisterverordnung 50d
Handelsrichter, ehrenamtl. Richter **97** 45a
Handelssachen, Handelsrichter **97** 45a; Mitteilungen **101a** 2. Teil 2. Abschn. V.
Handwerk, Recht des **1** 74
Hanf *s. a. Wechselprotest*
Härteausgleich, Opferentschädigungsgesetz **93a** 10b
Härteklausel für Landpachtverträge **39** 5
Hauptinsolvenzverfahren 110b 34
Hauptverfahren 90e 115 ff.; Eröffnung **90e** 115
Hauptverhandlung, Ablauf **90e** 123 ff.; Anwaltsgericht **98** 134 bis 141; Beurkundung **90e** 144; Vorbereitung **90e** 116 ff.
Hauptversammlung 52c 6 ff.; Bundesrechtsanwaltskammer **98** 187 ff.
Hausdurchsuchung 1 13
Hausgeld, Gefangener **91** 47
Haushaltsgegenstände, Lebenspartner **43** 13, 17
Haushaltshilfe, Schwanger- und Mutterschaft (MuSchG) **79** 15
Haushaltsnotlagen, Vermeidung **1** 109a
Haushaltsplan des Bundes **1** 110 f.; Stärke der Streitkräfte **1** 87a
Haushaltswirtschaft von Bund und Ländern **1** 109
Hausratversicherung, Agentenvollmacht **62c** B 18; Allgemeine Versicherungsbedingungen **62c**; Anzeigepflicht des Versicherungsnehmers **62c** B 1; Aufwendungsersatz **62c** B 13; Ausschluss der Leistungspflicht **62c** B 16; Außenversicherung **62c** A 7; Dauer und Ende des Vertrages **62c** B 3; Entschädigungsberechnung **62c** A 12; Entschädigungsgrenzen **62c** A 13; Gerichtsstand **62c** B 21; Kündigung nach Versicherungsfall **62c** B 15; Obliegenheiten des Versicherungsnehmers **62c** B 8; Sachverständigenverfahren **62c** A 15; Umfang und Versicherungsort **62c** A 6; Verjährung der Ansprüche aus dem Versicherungsvertrag **62c** B 20; versicherte Gefahren und Schäden **62c** A 1; versicherte Kosten **62c** A 8; Versicherungswert, Versicherungssumme **62c** A 9; wiederherbeigeschaffte Sachen **62c** A 18; Wohnungswechsel **62c** A 11
Hausrecht des Präsidenten des Bundestages **1** 40
Heilberuf, Strafsachen **90c** 26; Zulassung **1** 74
Heilgewerbe, Zulassung **1** 74
Heilmittel, Verkehr mit **1** 74
Heimarbeit, Arbeitnehmer (BetrVG) **82** 5; Elternzeit **45e** 20; Entgeltfortzahlung **80** 10; Feiertagsbezahlung **80** 11; Mutterschutz **79** 8 f.; Urlaub **80b** 12
Heimatstaat 45h 2
Heimerziehung 46 34
Heimstättenwesen 1 74
Heizkosten, Verteilung **30c** 7
Heizkostenverordnung 30c; Anwendungsbereich **30c** 1; Ausnahmen **30c** 11; Höchstsätze **30c** 7 f., 10
Heizkostenverteiler 30c 5
Heranwachsende *s. a. Scheckprotest*
Herausgabe der Dokumente **75** 7
Herausgabeanspruch nach Verjährung **75** 13
Herausgabepflicht, internationales Insolvenzrecht **110b** 23
Herkunft, Betriebsverfassung **82** 75; Verbot der Bevorzugung oder Benachteiligung **1** 3
Herkunftsstaat, Veröffentlichung **58** 5; Wahl **58** 4
Hessen, Schlichtungsgesetz **104c**
Hilfsakten *s. a. Protestat*
Hilfspersonal 32a 5

Hinterbliebene, Anspruch nach Opferentschädigungsgesetz **93a** 1; von Kriegsteilnehmern, Versorgung **1** 74
Hinterlegung 109 155; keine **21e** 57; der Wechselsumme **54** 42
Hinweis- und Warnpflichten 110e 102
Hochschulen, Ausbau und Neubau **1** 91a
Hochschulwesen, Gemeinschaftsaufgaben **1** 91a
Hochschulzulassung, Gesetzgebung **1** 74
Hochseefischerei 1 74
Hochseeschifffahrt 1 74
Höchstgeschwindigkeit, Berücksichtigung durch Bauart **35b** 30a
Höhe der Auflage eines literarischen Werkes **66** 5
Hoheitsrechte, Beschränkung zugunsten kollektiver Sicherheit **1** 24; Übertragung auf grenznachbarschaftl. oder zwischenstaatl. Einrichtungen **1** 24
Hoheitsrechtliche Befugnisse, Ausübung **1** 33
Höhere Gewalt bei Scheckvorlegung **56** 48
Höherer Verwaltungsdienst, Befähigung **97** 110
Hologrammmarken 72a 12
Honorar der Verfasser **66** 22 ff., 33 f.
Honorarvereinbarung, Rechtsanwalt **98/1** 21
Hör- oder sprachbehinderte Beschuldigte, Vernehmung **90e** 21
Hort 46 22, 24 f.
Hubraum, Berechnung **35b** 30b

Identifizierung nach Geldwäschegesetz **88a** 11 ff.
Identitätsnachweis 35d 64
Illegale Beschäftigung 88b 31a
Immobiliar-Verbraucherdarlehensverträge 58 66
Immobilien-Aktiengesellschaften 57
Immobilienmakler, Verpflichtete nach Geldwäschegesetz **88a** 2
Immunität der Abgeordneten **1** 46; Anwendung **90e** 299; des Bundespräsidenten **1** 60; Prozesshindernis **90e** 191 ff.
Inanspruchnahme von Dienstleistungen **98** 43e; **98a** 26a
Indemnität der Abgeordneten **1** 46
Individualbeschwerden 2 34
Indossable Papiere iSd DepotG **59** 1
Indossament 54 11 bis 20, 77; **56** 14 bis 24; Bedingungen **54** 12
Industrie 1 74
Informationen zum Insolvenzrecht der Mitgliedstaaten und der Union **110b** 86; Liste **103i** 65; **103k** 65; für die Öffentlichkeit **103i** 63; **103k** 63
Informationsausstausch 45h 20
Informationspflichten 110b 81; des Gewerbetreibenden **32a** 11; von Luftfahrtunternehmen **36a** 14; VVG **65a** 47, 53 ff.; gegenüber dem Wirtschaftsausschuss **52c** 11
Informationstechnik, Betriebsrat **82** 40
Informationstechnologierecht, Fachanwalt **98/2** 14k
Informationsübermittlung durch Geheimnisträger bei Gefährdung von Betreuten **49c** 31
Ingenieur, Strafsachen **90c** 24
Inhaberwechsel 54 12
Inhalt bei Anmeldung einer Marke **72a** 3; Gesamtverzeichnis der Bundesrechtsanwaltskammer **98/3** 10; Rechtsanwaltskammerverzeichnis **98/3** 2
Inkassodienstleistungen 99 2, 10; besondere Sachkunde **99** 11; Darlegungs- und Informationspflichten **99** 13a; Darlegungs- und Informationspflichten des Rechtsanwalts **98** 43d; Erstattungsfähigkeit der Kosten für **99** 13b
Inkassoindossament beim Scheck **56** 23; beim Wechsel **54** 18
Inkompatibilität des Bundespräsidenten **1** 55; der Mitglieder des BVerfG **1** 94
Inländische Entscheidungen 103q 28
Innere Unruhen, Wohngebäudeversicherung **62d** A 2
Innerstaatliche Kollision, Nichtanwendung der EuErbVO **21e** 38
Insolvenz, Anwendungsbereich der VO (EU) 2015/848 **110b** 1
Insolvenzantrag 110e 58
Insolvenzrecht, Fachanwalt **98/2** 14
Insolvenzrechtliche Vergütungsverordnung 110c
Insolvenzregister, Einrichtung **110b** 24
Insolvenzverfahren 59 33; Begriffsbestimmungen (EU) 2015/848 **110b** 2; Eröffnung, berechtigt zum Wechselregress **54** 43 f.; Marke **72a** 34; Mitteilungen **101a** 2. Teil 3. Abschn. IX.; Recht an Design **69** 30; Strafbarkeit des Verwahrers von Wertpapieren **59** 37; des Verlegers **66** 36; über Vermögen des Verwahrers **59** 33; Vorrang im **59** 32 f.; Zwangsvollstreckung während **109** 51
Insolvenzverwalter, Geschäftskosten **110c** 4; Haftpflichtversicherung **110c** 4; Rechtsanwalt **110c** 5; Vergütung **110c**, Berechnungsgrundlage **110c** 1, Regelsätze **110c** 2; Verpflichtungen **58** 24; vorläufiger, Vergütung **110c** 11
Insovenzregister, Kosten **110b** 26; Vernetzung **110b** 25

Instandhaltungskosten 30b 28
Instrumente des Stabilisierungs- und Restrukturierungsrahmens **110e** 29
Integration, Betriebsrat (Aufgabe) **82** 80; Betriebsräteversammlung (Bericht Arbeitgeber) **82** 53; Betriebsvereinbarung **82** 88; Betriebsversammlung (Bericht Arbeitgeber) **82** 43; Betriebsversammlung (Thema) **82** 45; Jugend- und Auszubildendenvertretung (Aufgabe) **82** 70
Interesse, Rechtspflege **97** 31, 65, 83
Interessenausgleich, Voraussetzungen **82** 111; Zustandekommen **82** 112
Interlokale Kollisionsnorm 21e 36
Internatiionale Adoptionsvermittlung, Grundsätze **45i** 2c
Internationale Adoptionsvermittlung 45i 2a
Internationale Kindesentführung, Rückgabeverfahren **103b/1** 22, Vollstreckung **103b/1** 28; zivilrechtliche Aspekte **45m** 50; Zuständigkeit, Anerkennung und Vollstreckung **103b/1**
Internationale Rechtshilfe in Strafsachen **90h**
Internationale Zuständigkeit für Insolvenzverfahren **110b** 3
Internationaler Führerschein, Antrag auf **35d** 25a; Ausstellung **35d** 25b
Internationaler Strafgerichtshof, Auslieferung **90h** 9a; Rechtshilfe für **90h** 67a, 74a
Internationaler Warenkauf 50c, *s. a. Scheckprotest*
Internationales Erbrechtsverfahren 103p; örtliche Zuständigkeit **103p** 2; Zwangsvollstreckung **103p** 3 ff.
Internationales Familienrechtsverfahren 103n; einstweilige Anordnung **103n** 15; grenzüberschreitende Unterbringung **103n** 45 ff.; örtliche Zuständigkeit **103n** 10; Vollstreckung **103n** 44; Zuständigkeitskonzentration **103n** 12; Zwangsvollstreckung **103n** 16
Internationales Güterrechtsverfahrensgesetz 103q; Anwendungsbereich **103q** 1; Rechtsverordnung **103q** 3, 4
Internationales Privatrecht, Schiedsgerichtsbarkeit, Beitritt zu Vereinbarungen **1** 24; Verbrechensbekämpfung **1** 73; Verträge des Bundes und der Länder **1** 32; für Wechsel **54** 91 bis 98
Internet, Glücksspiel **88a** 16
Interpersonale Kollisionsnorm 21e 37
Intervention bei Wechseln **54** 55 bis 63
Invalidität, Unfallversicherung **62i** 2
Inventar, Grundstücksbelastung **42** 7; Haftung für Kosten **42** 6; Verpfändung des landwirtschaftl. **42** 1 ff.; Verwertung durch Pachtkreditinstitut **42** 9 ff.

Jagdscheininhaber, Strafsachen **90c** 37, *s. a. Scheckprotest*
Jagdwaffen, Verwendung eingezogener **90d** 69
Jagdwesen, Gesetzgebung **1** 74
Jahresabschluss, Wirtschaftsausschuss **82** 108
Jahresfinanzbericht 58 114
Jugend- und Auszubildendenversammlung 82 74
Jugend- und Auszubildendenvertretung, Amtszeit **82** 64; Aufgaben **82** 60; Aufgaben (allgemeine) **82** 70; außerordentliche Kündigung **82** 103; Aussetzung von Betriebsratsbeschlüssen **82** 35; Beanstandung des Betriebsratsbeschlusses **82** 66; Benachteiligungsverbot **82** 78; Besprechungen mit Arbeitgeber **82** 68; Betriebsratssitzungen **82** 67; Errichtung **82** 60; Geschäftsführung **82** 65; Sprechstunden **82** 69; Sprechstunden (Betriebsrat) **82** 39; Stimmrecht **82** 67; Teilnahme an Betriebsratssitzungen **82** 33; Übernahme in Arbeitsverhältnis **82** 78a; Versetzung **82** 103; Wählbarkeit **82** 61; Wahlberechtigung **82** 61; Wahlgrundsätze **82** 63 f.; Zusammenarbeit mit Betriebsrat **82** 80; Zusammensetzung **82** 62
Jugendamt 45i 2; Amtspflegschaft, Amtsvormundschaft und Beistandschaft **46** 55 f.; Aufbau **46** 70; Aufsicht über Pflegekinder **46** 44; Ausübung der Jugendgerichtshilfe **46** 52; Beratung getrennt lebender Eltern **46** 17, im Verfahren zur Annahme als Kind **46** 51; Beratungs- und Unterstützungspflicht **46** 52a, 53; Beurkundung und Beglaubigung **46** 59; Datenschutz **46** 61 bis 68; Erlaubnis von Vereinsvormundschaften **46** 54; Gegenvormundschaft **46** 58; Hilfe für Kinder und Jugendl. **46** 8, bei Kindern unverheirateter Eltern **46** 52a, bei Unterhaltsansprüchen **46** 52a, bei Vaterschaftsfeststellung **46** 52a; Mitarbeiter **46** 72; Mitteilung über Scheidungssachen **101a** 2. Teil 4. Abschn. X. 2.; Mitteilungspflicht an Vormundschaftsgericht **46** 57; Mitwirkung bei Verfahren **103n** 9; Mitwirkungspflicht beim Vormundschafts- und Familiengericht **46** 50, 53; Schutzauftrag bei Kindeswohlgefährdung **46** 8a; Sorgeregister **46** 58a; vollstreckbare Urkunden **46** 60; vorläufige Inobhutnahme ausländischer Kinder und Jugendlicher **46** 42a; Zuständigkeit **46** 85 bis 89

Jugendarrest, Arbeit und Ausbildung **91c** 11; Aufnahme **91c** 5; Ausgang **91c** 20; Erziehungsarbeit **91c** 10; Fürsorgemaßnahmen **91c** 26; Gesundheitspflege **91c** 17; Hausstrafen **91c** 23; Lebenserhaltung **91c** 12; Mitarbeiter **91c** 3; Persönlichkeitserforschung **91c** 7; Schlussbericht **91c** 27; Seelsorge **91c** 19; Sicherungsmaßnahmen **91c** 22; Sport **91c** 16; Unterbringung **91c** 6; Verhaltensvorschriften **91c** 9; Vollzugseinrichtungen **91c** 1; Vollzugsleiter **91c** 2
Jugendarrestvollzugsordnung 91c
Jugendgefährdende Schriften 90e 223 ff.
Jugendgerichtshilfe, Mitteilungen **90c** 32
Jugendhilfe 46 1 ff.; bei Alleinerziehenden **46** 17 ff.; Aufbau der öffentl. **46** 69 bis 72; Aufgaben der öffentl. **46** 79 bis 81; Aufgaben, Inhalt **46** 2, 9; Beteiligung der Betroffenen **46** 8, 36; Bundesaufgaben **46** 83; Bußgeldvorschriften **46** 104; Datenschutz **46** 61 bis 68; durch Einzelbetreuung **46** 35; durch Erziehung in Tagesgruppen **46** 32; in der Familie **46** 16 f.; freie **46** 74, und öffentl. **46** 3 ff.; Geltungsbereich **46** 6; Gesamtverantwortung **46** 79 bis 81; durch Heimerziehung **46** 34; Jugendarbeit **46** 11; Jugendbericht **46** 84; Jugendsozialarbeit **46** 13; Jugendverbände **46** 12; für junge Volljährige **46** 27 ff., 41; für Kinder **46** 22 ff.; Kinder- und Jugendschutz **46** 14; Kostenbeteiligung **46** 90 ff.; Kostenregelungen **46** 77; Krankenhilfe **46** 40; Länderaufgaben **46** 82; Landesrechtsvorbehalt **46** 15, 26, 49; Leistungsangebote, Entgelte und Qualitätsentwicklung **46** 78a bis 78g; in Notsituationen **46** 20; bei der Schulpflicht **46** 21; Schutzmaßnahmen **46** 42 ff.; Statistik **46** 98 bis 103; Strafvorschriften **46** 105; Tageseinrichtungen **46** 22, 24 f.; Tagespflege **46** 23 f.; Tätigkeitsausschluss einschlägig vorbestrafter Personen **46** 72a; Träger **46** 69; Unterhaltsleistungen **46** 39; Verhältnis zu anderen Leistungsträgern **46** 10; durch Vollzeitpflege **46** 33; vorläufige Unterbringung **46** 42; Zuständigkeit, örtliche **46** 85 bis 88, sachliche **46** 89
Jugendhilfeausschuss 46 71
Jugendliche, Arbeitszeit **78** 18; Beratung **46** 8, 18; Betäubungsmittelabhängigkeit **86** 38; Mindestlohn **80c** 22; Schutz **46** 44 ff.; iSd SGB VIII **46** 7; Strafsachen **90c** 33; Vernehmung **90e** 19, 222
Jugendmedienschutz-Staatsvertrag, Verstoß **90c** 53
Jugendschöffen *s. a. Wechselprotest*
Jugendschutz 1 5, 11, 13
Jugendstrafanstalt, Arbeitsentgelt **91** 176
Juristenausbildungsreform, Übergangsvorschrift **97** Anm. zu 5
Juristische Person, -en, Geltung der Grundrechte **1** 19; Religionsgesellschaften **1** 140; Verfahren bei Geldbuße gegen **90e** 180a
Justizausbildung 97 113
Justizgesetz, Nordrhein-Westfalen **104d**
Justizvollzugsanstalten 91 139 bis 150; Anstaltsbeiräte **91** 162 bis 165; Aufbau **91** 154 bis 161; Vollzug der Freiheitsstrafen **91**

Kabelweitersendung 65a 48 ff.
Kammergericht Berlin, unterhaltsrechtliche Leitlinien **47c**
Kammermitglied, Inhaber **98** 209
Kanzlei 98/1 5; des Rechtsanwalts **98** 27, 29a
Kanzleipflicht 98 27; Ausnahme **98** 29
Kapital, bedingtes **52c** 7a
Kapitalanleger-Musterverfahren, Bekanntmachung **105d** 10; Beteiligte **105d** 9; Kostenentscheidung **105d** 24 ff.; Musterentscheid **105d** 16; Rechtsbeschwerde **105d** 20; rechtsstellung der Beigeladenen **105d** 14; Verfahrensbeendigung **105d** 13; Verfahrensregeln **105d** 11; Vergleich **105d** 17 ff.; Wirkung **105d** 22 f.
Kapitalanleger-Musterverfahrensgesetz 105d; Musterverfahrensantrag **105d** 2, Klageregister **105d** 4, Verordnungsermächtigung **105d** 5 ff., Zulässigkeit **105d** 3
Kapitalerhöhung 52c 7 ff.; bedingte **52c** 7a; gegen Einlagen **52c** 7
Kapitalherabsetzung 52c 7
Kapitalkosten 30b 19
Kapitalmaßnahmen 52c 7e; durch Dritte **52c** 7e
Kapitalverkehrsteuer 1 106
Kapitalversicherung auf den Todes- und Erlebensfall, Allgemeine Versicherungsbedingungen **62h** 1
Kapitalversicherung auf den Todesfall 62h 1
Kapitalversicherung mit festem Auszahlungszeitpunkt 62h 1
Kapitän, leitender Angestellter **82** 114
Kartellrecht, Gesetzgebung **1** 74
Kartellsachen, Mitteilungen **101a** 2. Teil 1. Abschn. I. 11.
Kaskoversicherung, Allgemeine Versicherungsbedingungen **62f** A 2
Katastrophen, Einschränkung der Freizügigkeit **1** 11
Katastrophenhilfe 1 35

Käufer, Fortbestand von Rechten bei Vertragsaufhebung **50c** 83; Mängelrüge **50c** 39; Minderung **50c** 50; Nachfristsetzung **50c** 47; Pflichten **50c** 53 ff.; Rechtsbehelfe **50c** 45; Rügepflicht **50c** 43; Untersuchung der Ware **50c** 38, 58; Vertragsaufhebung **50c** 49
Kauffahrteischiffe 1 27
Kaufmann als Eigenhändler von Wertpapieren **59** 31
Kaufpreis, Bestimmung **50c** 55; Fälligkeit **50c** 59; nach Gewicht **50c** 56; Pflicht zur Zahlung des **50c** 53 f.; Zahlungsort **50c** 57; Zahlungszeit **50c** 58
Kaufrecht der UN *s. a. Scheckprotest*
Kaufvertrag, Anwendung des CISG **50c** 4; Formfreiheit bei internationalem Warenkauf **50c** 11
Kennfadenmarken 72a 12
Kennzeichnung, Betäubungsmittel **86** 14
Kernbrennstoffe *s. a. Wechselprotest*
Kernenergie, Gesetzgebung **1** 87c; Nutzung zu friedlichen Zwecken, Gesetzgebung **1** 73; Wohngebäudeversicherung **62d** A 2
Kfz-Haftpflichtversicherung, Allgemeine Versicherungsbedingungen **62f** A 1
Kfz-Unfallversicherung 62f; Allgemeine Versicherungsbedingungen **62f** A 4
Kfz-Versicherung, Allgemeine Versicherungsbedingungen **62f**; Beginn des Vertrags **62f** B 1; Beitragszahlung **62f** C; Kündigung **62f** G 2 ff.; Laufzeit des Vertrages **62f** G 1; Pflichten beim Gebrauch des Kfz **62f** D; Pflichten im Schadenfall **62f** E; Schadenfreiheitsrabatt-System **62f** I; vorläufiger Versicherungsschutz **62f** B 2
KG 52c 9b
Kind, -er, Antrag auf Rückgabe **103l** 8; Aufenthaltsermittlung **103n** 7; Beratung **46** 8; Betreuung in Notsituationen **46** 20; freiwillige Rückgabe **103l** 10; gleiche Bedingungen für nichtehel. **1** 6; Kindergeld **45a** 1 ff.; Kinderzuschlag **45b** 6a; Leistungen für Bildung und Teilhabe **45b** 6b; Recht auf Meinungsäußerung **103b/1** 21; Schutz **46** 44 ff.; Schutz des Vermögens **45m** 5; mit seelischer Behinderung, Eingliederungshilfe **46** 35a; iSd SGB VIII **46** 7; Vernehmung **90e** 19, 222; widerrechtliche Verbringung in anderen Staat **103l** 3; widerrechtliches Verbringen, Zurückhalten, Zuständigkeit **103b/1** 9
Kinder- und Jugendhilfe für Asylsuchende **46** 86; Auslandsmaßnahmen **46** 38; Beratung **46** 10a; SGB VIII **46**
Kinder- und Jugendhilfestatistik 46 98 bis 103
Kinder- und Jugendschutz, erzieherischer **46** 14
Kindererziehung, Recht der Eltern **1** 6; religiöse **45k**
Kinderfreibeträge 45a 32
Kinderfreizeitbonus, COVID-19-Pandemie **45b** 6d
Kindergarten 46 22, 24 f.
Kindergeld, Anspruchsberechtigte **45a** 62; **45b** 1; Antrag **45a** 67; **45b** 9; Bundeskindergeldgesetz **45b**; Einkommensteuergesetz **45a**; Höhe **45a** 66; **45b** 6; Ordnungswidrigkeiten **45b** 16; Pfändung **45a** 76 f.; Unterhaltspflichten **45b** 6c
Kindergeldanrechnung 47–47s
Kinderschutz, Kooperation und Information, Gesetz **46a**; Rahmenbedingungen für verbindliche Netzwerkstrukturen **46a** 3; staatliche Mitverantwortung **46a** 1
Kinderschutzübereinkommen 45m
Kindertagespflege, Erlaubnis zur **46** 43
Kindesentführung, internationale **103l**; Zuständigkeit in Fällen von **103b** 8
Kindesentwicklung, Unterstützungsangebot **46a** 2
Kindesherausgabe 109 156
Kindesmisshandlung 90e 235
Kindesunterhalt 47–47s
Kindeswohlgefährdung, Geheimnisträger **46a** 4; Schutzauftrag des Jugendamtes **46** 8a
Kindschaftssachen, Mitteilungen **101a** 2. Teil 4. Abschn. XIII.
Kirche, Arbeitszeit **78** 7; Arbeitszeitgesetz **78** 18; Betriebsverfassung **82** 118; MitbestG **82a** 1; und Staat **1** 140
Kirchensteuern 1 140
Kirchliche Trauung vor Eheschließung **113** 67, *s. a. Sorgerechtsübereinkommen, Europäisches*
Klagen, Zuständigkeit, internationales Insolvenzrecht **110b** 6
Klangmarken 72a 11
Klassifizierung von Waren und Dienstleistungen **72a** 19
Kleinkrafträder, geschwindigkeitsbeschränkte **35d** 5, Fahrprüfung **35d** 5
Kleinstbetriebe, Betriebsratsfähigkeit **82** 4
Kliniken, Ausbau und Neubau von Hochschulkliniken **1** 91a
KMU-Wachstumsmärkte 58 76
Koalitionsfreiheit 1 9
Kollektiv- oder Gewährleistungsmarken 72a 4
Kollektives Sicherheitssystem 1 24
Kollision, innerstaatliche **21e** 38
Kollisionsnorm, EuErbVO **21e** 21; interlokale **21e** 36; interpersonale **21e** 37

Kollisionsvorschriften, interlokal **103i** 33; **103k** 33; interpersonal **103i** 34; **103k** 34
Kommanditgesellschaft, MitbestG **82a** 4
Kommanditgesellschaften 52c 6 ff.; auf Aktien **52c** 6
Kommandogewalt über Streitkräfte **1** 115b
Kommissarische Vernehmung 90e 121
Kommission, Ausschuss **103d** 20; Handbuch über mitgliedstaatliche Mitteilungen **103d** 19; Mitteilung durch Mitgliedstaaten **103c** 23; Veröffentlichung **103c** 23; Vorlage des Berichts zur Überprüfung **103d** 23
Kommissionär, Unabdingbarkeit der Verpflichtungen **59** 28
Kommissionsgeschäft, Eigentumsübertragung bei Einkaufskommission **59** 18, 24; Pflichten des Kommissionärs **59** 26, 29; Provision **59** 27; Rechte des Kommittenten **59** 25; Selbsteintrittsrecht **59** 31; über Wertpapiere **59** 18 ff.
Kommorienten 21e 32
Kommunikation der Gerichte **110b** 42; der Verwalter **110b** 41; zwischen Verwaltern und Gerichten **110b** 43
Kommunikationstechnik, Betriebsrat **82** 40
Konfessionsschulen 1 7
Konjunkturausgleichsrücklagen 1 109
Konkurrierende Gesetzgebung 1 72, 74, 105, 115c, 125
Konkurrierende Rechtshängigkeit 103 29
Konkurs- und Vergleichssachen, Mitteilungen **101a** 2. Teil 3. Abschn. VIII
Konkursverfahren *s. a. Wechselprotest*
Konsulatsangehörige, Strafsachen **90c** 41
Kontaktaufnahme 45h 29
Kontaktdaten, Angaben **103i** 64; **103k** 64
Kontenpfändung, vorläufige, Anerkennung, Vollstreckbarkeit und Vollstreckung **103h** 22 ff., Rechtsbehelfe **103h** 33 ff., Verfahren **103h** 5 ff., Verordnung (EU) **103h**
Kontoinformationen, Antrag auf Einholung bei vorläufiger Kontenpfändung **103h** 14
Kontokorrent bei Kommissionsgeschäft über Wertpapiere **59** 19 f.
Kontrollgremium, nachrichtendienstliche Tätigkeit des Bundes **1** 45d
Konzentrationsermächtigung, Anerkennungsverfahren **103a** 34
Konzern, MitbestG **82a** 5
Konzern-, Jugend- und Auszubildendenvertretung, Benachteiligungsverbot **82** 78; Bildung, Aufgaben, Geschäftsführung **82** 73a f.; Geheimhaltungspflicht (BetrVG) **82** 79
Konzernabschluss 58 117
Konzernbetriebsrat, Ausschluss von Mitgliedern **82** 56; Benachteiligungsverbot **82** 78; Erlöschen der Mitgliedschaft **82** 57; Errichtung **82** 54; Geheimhaltungspflicht (BetrVG) **82** 79; Geschäftsführung **82** 59; Konzernschwerbehindertenvertretung **82** 59a; Seebetriebsrat **82** 116; Stimmengewicht **82** 55; Wahlvorstand **82** 17; Zusammensetzung **82** 55; Zuständigkeit **82** 58
Konzernschwerbehindertenvertretung, Konzernbetriebsrat **82** 59a
Koordinator, Abberufung **110b** 75; Aufgaben und Rechte **110b** 72; Gruppen-Koordinationsverfahren **110b** 71; Schuldner in Eigenverwaltung, Gleichstellung **110b** 76; Sprachen **110b** 73; Vergütung **110b** 77; Zusammenarbeit zwischen den Verwaltern und dem Koordinator **110b** 74
Körperschaft, Durchführung von Gesetzen durch **1** 86 f.; Geltung von Grundrechten **1** 19
Körperschaft des öffentlichen Rechts, Anhörung **90e** 90; Bundesrechtsanwaltskammer **98** 176; bundesunmittelbare **1** 73; Haftung für Organe **1** 34; Rechtsanwaltskammer **98** 62
Körperschaftsteuer 1 106 bis 108
Körperverletzung 90e 233 ff.; Schadensersatz **36** 33, 44; Umfang der Ersatzpflicht **36** 36; Unanwendbarkeit des CISG **50c** 5
Korrektur von Druckschriften **66** 20
Kostbarkeiten, Aufbewahrung **98a** 23
Kosten, Anwaltssachen **98** 192 bis 199, 205; Beschwerde **39a** 46; Erinnerung **39a** 46; Ermittlungsverfahren **90e** 5a; Erstattung außergerichtl. **39a** 45; keine K. in Verfahren nach LwVG **39a** 42; Notare **98a** 17; der öffentlichen Bekanntmachung, internationales Insolvenzrecht **110b** 30; für Patentanmeldung **70b** 8; Steuerstrafverfahren **88b** 407; Verordnung Brüssel IIa (EheVO) **103b** 49; Verteilung nach LwVG **39a** 44; der Zusammenarbeit und Kommunikation **110b** 44
Kostenaufteilung bei Nutzerwechsel **30c** 9b
Kostenbeteiligung, Jugendhilfe **46** 90 ff.
Kostenbewusstsein, Staatsanwaltschaft **90e** 5a
Kostenersatz, Gegner **98b** 9
Kostenvorschuss, Sekundärinsolvenzverfahren **110b** 40
Kraftfahreignung, Kurs zur Wiederherstellung **35d** 70

Kraftfahrer, Mindestruhezeiten **78** 5; Sonntagsruhe **78** 9
Kraftfahrt-Bundesamt, Datenübermittlung **35b** 29a; *s. a. Rechtsanwalt*
Kraftfahrwesen, Gesetzgebung **1** 74
Kraftfahrzeug, ausländisches, Abmessungen und Beschaffenheit **35b** 31d, geräuscharmes **35b** 31e; Ausweispflicht **35d** 4; Bau- und Betriebsvorschriften **35b** 30 f.; Betriebserlaubnis **35b** 18 ff.; Erlaubnispflicht **35d** 4; Fahrerlaubnis **35d**; Führung eines Fahrtenbuches **35b** 31a; Pfändung **109** 107 ff.; Reisegepäck **62e** 5; technische Festlegungen **35b** 73; Untersagung des Betriebes **35b** 17; Untersuchung **35b** 29; Verantwortung für Betrieb **35b** 31; Verwendung eingezogener K. **90d** 73; Zulassungsverfahren **35b** 18 ff.
Kraftfahrzeugbrief 35b 20
Kraftfahrzeugführer 35b 31
Kraftfahrzeugsteuer 1 106; Ausgleichsbetrag für **1** 106b
Kraftfahrzeugüberwachung 35b 29
Kraftfahrzeugversicherung, Allgemeine Versicherungsbedingungen *s. a. Fahrerlaubnisprüfung*
Kraftomnibusse 35b 30d
Kraftstoffpreise 73a 8
Krankenhausbehandlung während Untersuchungshaft **91a** 57
Krankenhäuser, Gesetzgebung zur wirtschaftl. Sicherung **1** 74; Ruhezeit **78** 5
Krankenhauspflegesätze, Gesetzgebung zur Regelung **1** 74
Krankenhaus-Tagegeld, Unfallversicherung **62i** 2
Krankenkasse, Erstattung der Entgeltfortzahlung **80a** 1
Krankenkraftwagen, Fahrerlaubnis **35d** 48
Krankheit, Gesetzgebung zum Schutz gegen **1** 74; Grundrechtseinschränkung **1** 13; Urlaub **80b** 9
Kredit, Beschaffung durch Bund **1** 111, 115
Kreditdienstleistungsinstitut, Strafsachen *s. a. Atomanlagen*
Kreditinstitut, -e als Wertpapierdienstleistungsunternehmen **58** 2
Kreditinstitute, Pachtkreditgesetz **42**; Verpflichtete nach Geldwäschegesetz **88a** 2
Kreditvertrag, Preisangabe **73a** 6; Überziehungsmöglichkeiten **73a** 6b; Werbung für **73a** 6a
Kreditwesen, Straftaten **88a**
Kreise, Volksvertretung **1** 28
Krieg, Wohngebäudeversicherung **62d** A 2
Kriegführung 1 26
Kriegsdienst, Verweigerung **1** 12a; kein Zwang **1** 4
Kriegsfolgelasten 1 120
Kriegsgräber, Sorge **1** 74
Kriegsheimkehrer, Vorbereitungsdienst **97** 113
Kriegsschiffe, Wehrstrafgerichte **1** 96
Kriegsverbrechen gegen Eigentum und sontige Rechte **85g** 9; des Einsatzes verbotener Methoden der Kriegsführung **85g** 11; des Einsatzes verbotener Mittel der Kriegsführung **85g** 12; gegen humanitäre Operationen und Embleme **85g** 10; gegen Personen **85g** 8
Kriegsverschollenheit 45 4
Kriegswaffen, Herstellung **1** 26
Kriegswaffenkontrollgesetz, Strafsachen **90c** 49
Kriesenfrüherkennung und Kriesenmanagement bei haftungsbeschränkten Unternehmen **110e** 1
Kriminalpolizei 1 73, 87
Kriminologische Forschung 91 166
Kunden, Begriff **58** 67
Kundenaufträge, Ausführung **58** 82; Bearbeitung **58** 69
Kündigung 62j B 2; Auswahlrichtlinien **82** 95; des Bauleistungsvertrags **32c** 8; zum Ende der Elternzeit **45e** 19; Entgeltfortzahlung **80** 8; kapitalbildende Lebensversicherung **62h** 12; Kfz-Versicherung **62f** G 2 ff.; Mitbestimmung des Betriebsrats **82** 102; bei Übernahme eines Abgeordnetenmandats **1** 48; bei Übernahme einer Beteiligung **52c** 18; des Verlagsvertrages **66** 18; Werkswohnung **82** 87; Wohn- und Betreuungsvertrag **30a** 11 f.; Zustimmungsverweigerungsgrund **82** 99
Kündigungsfristen, Mitteilung an Arbeitnehmer **78a** 2
Kündigungsschutz, Elternzeit **45e** 18
Kündigungsverbot, Mutterschutz **79** 17
Kunst, Freiheit **1** 5
Künstliche Befruchtung 1 74
Kursmakler, Strafsachen **90c** 24
Kurzarbeit, Entgeltfortzahlung **80** 4; Feiertage **80** 2
Küstenschutz, Mitwirkung des Bundes bei Verbesserung **1** 91a
Kuxe iSd DepotG **59** 1

Ladenpreis eines Werkes der Literatur und Tonkunst **66** 21
Ladung, Patentgericht **70** 89; zum Strafantritt **90d** 27
Ladungsfrist *s. Europäisches Rechtsanwaltsverzeichnis*
Land- und forstwirtschaftliche Berufsvertretungen, Anhörung in Grundstücksangelegenheiten **40** 19

Land- und forstwirtschaftlicher Betrieb, Gesetz zur Sicherung **40**
Landbewirtschaftung, Grundstückstausch zur Verbesserung **40** 8
Länder, Ausführung der Bundesgesetze **1** 83; Ausübung der staatlichen Befugnisse **1** 30; Behördeneinrichtung **1** 85; und Bund **1** 20 bis 37; Bundesbeamte **1** 36; Bundesrat **1** 50 bis 53; Bundesstraßenverwaltung **1** 90; Bundeszwang **1** 37; Finanzausgleich **1** 107; Finanzhilfen des Bundes **1** 104a; Finanzverwaltung **1** 108; frühere Verbindlichkeiten **1** 135a; Gebietsveränderungen **1** 29, 118; Gerichte **1** 92; Gesetzgebung **1** 70 ff., 115c; Haushalt **1** 109; Mitwirkung in Angelegenheiten der EU **1** 50, bei Gesetzgebung des Bundes **1** 50; Polizeihilfe bei Gefahr **1** 91; Rechtsstellung der Richter **1** 98; Richteramt **97** 1 bis 45a, 71 bis 84; Steueraufkommen **1** 106 f.; Steuergesetzgebung **1** 105; Verfassung **1** 28; Vermögen, nicht mehr bestehender **1** 135; Verteilung der Flüchtlinge **1** 119; Verträge mit Ausland **1** 32; Vertretung im Gemeinsamen Ausschuss **1** 53a
Ländernotarkasse 98a 113a
Landesausgleichsämter 1 120a
Landesexekutive 1 83
Landeshoheit 1 30, 83
Landesjugendamt 45i 2
Landesjustizverwaltung, Aufsicht **98** 62; **98a** 92; Übertragung **98a** 112
Landeskultur, Bedürfnisse **1** 89
Landesrecht, Fortgeltung von Ermächtigungen **1** 129; Vorrang des Bundesrechts **1** 31
Landesregierungen, Befugnisse im Verteidigungsfall **1** 115i; Erlass von RechtsVOen **1** 80
Landesverfassungen, Grundsätze **1** 28; Weitergeltung **1** 142
Landeszugehörigkeit, Änderung **1** 135
Landpacht, Anzeigepflicht **39** 2; Fischereipacht **39** 11; Gesetzgebung **1** 74; Härteklausel **39** 5; Landpachtverträge **39** 1 ff.
Landpachtverkehrsgesetz 39
Landpachtverträge, Änderung **39** 8 f.; Anhörungspflicht **39a** 32; Ausnahmen von Anzeigepflicht **39** 3; Härteklausel **39** 5
Landschaftspflege, Gesetzgebung **1** 74
Landtag, Mitglieder **97** 36, 121; Petitionsrecht **1** 17; Wahlperioden im Verteidigungsfall **1** 115h
Landwirtschaft 40 1; Arbeitszeit durch Tarifvertrag **78** 7; Pfändung **109** 100; Ruhezeit **78** 5
Landwirtschaftliche Erzeugnisse, Pfändung von Barmitteln aus dem Verkauf **109** 77
Landwirtschaftliche Grundstücke, Pacht **39**
Landwirtschaftsbehörde, Anzeige des Abschlusses von Landpachtverträgen **39** 2
Landwirtschaftsgericht, Entscheidung in Landpachtsachen **39** 8 ff.
Landwirtschaftssachen, Amtshilfe **39a** 17; einstweilige Anordnungen **39a** 18; freiw. Gerichtsbarkeit **39a** 9 bis 47; Gerichte **39a** 1 bis 8; gerichtl. Vergleich **39a** 19; Gesetz über das gerichtliche Verfahren in Landwirtschaftssachen **39a**; Rechtskraft von Entscheidungen **39a** 30; Rechtsweg **39a** 2; Sicherheitsleistung **39a** 30; streitige **39a** 48; Vertretung **39a** 13; vorläufige Vollstreckbarkeit **39a** 30; Zuständigkeit **39a** 1
Landwirtschaftssachen-Verfahrensgesetz 39a
Langzeitarbeitslose, Mindestlohn **80c** 22
Lärmbekämpfung 1 74
Lasten, Berechnung **30b** 40 ff.
Lastenausgleich 1 120a
Leben, Recht auf L. **2** 2, als Grundrecht **1** 2
Lebensgefahr, Grundrechtseinschränkung **1** 13
Lebensmittel, Verkehr mit **1** 74
Lebensmittelrecht, Verstoß **90e** 262
Lebenspartner, Güterstand **43** 6; Sorgfaltspflicht **43** 4; Unterhalt **43** 5, 12, 16; Zuweisung der Wohnung **43** 14
Lebenspartnerschaft, Anwendung eherechtlicher Regelungen **43** 21; Aufhebung **43** 15 ff.; Begründung **43** 1; Bescheinigung zur Begründung *s. Aufsicht;* Erbrecht **43** 10; Getrenntleben der Lebenspartner **43** 12 ff.; gleichgeschlechtliche **43**; Lebenspartnerschaftsname **43** 3; Sorgerecht **43** 9; Umwandlung in Ehe **43** 20a; **113** 17a, *s. Geschäftsgeheimnis;* Unterhaltsansprüche **47–47s**; Versorgungsausgleich **43** 20; Wirkungen **43** 2 ff.
Lebenspartnerschaftsregister 113 3; Fortführung **113** 17; *s. Soldaten*
Lebenspartnerschaftssachen, Mitteilungen **101a** 2. Teil 4. Abschn. XII.
Lebenspartnerschaftsurkunde 113 58, *s. a. Fristen*
Lebenspartnerschaftsvertrag 43 7
Lebensvermutung 45 1 ff., 10
Lebensversicherung, kapitalbildende, Allgemeine Versicherungsbedingungen **62h**; Änderung der Personalien **62h** 15; Ansprüche der Versicherung **62h** 7; anzuwendendes Recht **62h** 18; Auskunfts-

pflichten **62h** 16; Beginn des Versicherungsschutzes **62h** 3; Beitragsfreiheit **62h** 13; Beitragszahlung **62h** 10; Bezugsberechtigung **62h** 9; Gerichtsstand **62h** 19; gesonderte Kosten **62h** 17; Kündigung **62h** 12; Leistungen **62h** 1; Selbsttötung **62h** 5; Überschussbeteiligung **62h** 2; Versicherungsfall in Gefahrensituationen **62h** 4; Versicherungsschein **62h** 8; Vertragskosten **62h** 14; Verzug bei Beitragszahlung **62h** 11; vorvertragliche Anzeigepflicht **62h** 6
Lebenszeit, Ernennung **97** 10
Leerverkäufe 58 53
Legislaturperiode 1 39
Lehrberuf, Strafsachen **90c** 27
Lehre, Zusammenwirken von Bund und Ländern **1** 91b
Lehrer, Religionsunterrichterteilung **1** 7
Lehrfreiheit, Schutz **1** 5; Verwirkung **1** 18
Lehrlingsheim, Anwendung der Heizkostenverordnung **30c** 11
Leichenschau und Leichenöffnung 90e 33 ff.
Leichenteile, Entnahme **90e** 35
Leichtfertige Steuerverkürzung 88b 378
Leiharbeit *s. Geistliche*
Leiharbeitnehmer 84a 1; Auskunftsanspruch **84a** 13; ausländische – ohne Genehmigung **84a** 15 f.; Information über freie Arbeitsplätze **84a** 13a; Mitwirkungs- und Mitbestimmungsrechte **84a** 14; Wahlberechtigung **82** 7; Zugang zu Gemeinschaftseinrichtungen **84a** 13b
Leistung, Preisverzeichnis **73a** 5; an den Schuldner **110b** 31
Leistungen an berufliche Betreuer **49c** 30; Elternzeit **79** 22; bei Mutterschutz und Elternzeit **79** 18 ff.
Leistungsmissbrauch 88b 31a
Leitende Angestellte, Arbeitszeitgesetz **78** 18; Begriff **82** 5; Heranziehung durch Wirtschaftsausschuss **82** 108; MitbestG **82a** 3; personelle Maßnahme **82** 105; Zuordnung bei Betriebsrats- und Sprecherausschusswahlen **82** 18a
Lieferung, vorzeitige **50c** 37, 52; der Ware **50c** 31 ff., Zeit **50c** 33
Linienverkehr, Fahrerlaubnis **35d** 48
Literatur, Verlagsvertrag **66** 1
Lohn- und Arbeitsbedingungen, Koalitionsfreiheit **1** 9
Lohnsteuerhilfevereine, Mitteilungen **101a** 2. Teil 5. Abschn. XXIII.
Lokaler Gläubiger, Begriffsbestimmungen (EU) 2015/8 **110b** 2
Löschung, -en des Gebrauchsmusters **71** 15; im Handelsregister **50d** 16, Angabe des Grundes **50d** 35; Marke **72a** 39, wegen Verfalls **72a** 41
Lotterie *s. a. Wechselprotest*
Luftfahrt, Arbeitszeitgesetz **78** 20; Betriebsverfassung **82** 115; Straftaten **90e** 245 ff.
Luftfahrzeug, -e, Hausratversicherung **62c** A 1, A 2; Pfändung von **109** 85; Wohngebäudeversicherung **62d** A 1, A 3
Luftreinhaltung 1 74
Luftschutz, Gesetzgebung **1** 73
Luftverkehr 1 73
Luftverkehrsgesetz, Haftpflicht **36** 33 ff.; Haftungshöchstbeträge **36** 37; Schlichtung **36** 57 ff.
Luftverkehrspersonal, Strafsachen **90c** 38
Luftverkehrsverwaltung 1 87d
Luftverschollenheit 45 6

Mahnverfahren 103q 30; Auslandsunterhaltsgesetz **103o** 75; Entscheidungsanerkennung **103a** 30 ff.; Europäisches Mahnverfahren **103g**; Zustellung im Ausland **103a** 32; mit Zustellung im Ausland **103p** 30
Makler 32a 1 ff.
Makler- und Bauträgerverordnung 32a
Maklergebühr beim Rückwechsel **54** 52
Mandat 98/1 11 ff.
Mandatsbearbeitung 98/1 11
Mandatswechsel 98/1 15
Mangelfälle, Unterhalt **47–47s**
Manuskript, Rückgabe an Verfasser **66** 27
Marihuana 86 24a
Marken, Anmelder **72a** 5; dreidimensionale **72a** 9; Form der Anmeldung **72a** 2; fremdsprachige Anmeldungen **72a** 15; Inhalt der Anmeldung **72a** 3; Insolvenzverfahren **72a** 34; internationale Registrierungen **72a** 43 ff.; Lizenz **72a** 42a ff.; Löschung **72a** 39, wegen Verfalls **72a** 41; Rechtsübergang **72a** 34; Register **72a** 24 ff.; Teilübergang **72a** 33; Verlängerung **72a** 37 f.; Veröffentlichung der Anmeldung **72a** 23; Zwangsvollstreckung **72a** 34
Markenbeschreibung 72a 6b
Markendarstellung 72a 6a
Markenform 72a 6
Markenverordnung 72a; Widerspruchsverfahren **72a** 29 ff.
Markscheider, Strafsachen **90c** 24
Marktmissbrauchsüberwachung 58 25 ff.
Maße und Gewichte **1** 73
Maßnahmen, vorläufige in Untersuchungshaft **91a** 5
Maßnahmen zur Vermeidung von Untersuchungshaft, Überwachung **90h** 90o ff.

Maßregeln der Besserung und Sicherung, freiheitsentziehende **91** 1, 129 bis 135; Vollstreckung **90d** 53 ff.
Mecklenburg-Vorpommern, Schiedsstellen- und Schlichtungsgesetz **104i**
Mediation 98/1 18; im Streitbeilegungsverfahren **107** 18
Medizinrecht, Fachanwalt **98/2** 14b
Mehrarbeit, Ausgleichsregelung im Tarifvertrag **78** 7
Mehrfachversicherung 62j B 4.1
Mehrheit in Bundesrat, -tag und -versammlung, Begriff **1** 52, 121; qualifizierte **1** 42, 61, 77, 79; beim Volksentscheid **1** 29
Mehrwertsteuer 1 106 bis 108
Meinungsäußerung, freie **1** 5, 17a; **2** 10
Meinungsverschiedenheiten zwischen Bundesministern **1** 65; über Fortgelten von Recht als Bundesrecht **1** 126; über Grundgesetzwidrigkeiten von Bundes- oder Landesrecht **1** 93
Melde- und Ausweiswesen, Gesetzgebung **1** 73
Meldepflicht, -en 65a 42; Arbeitnehmerüberlassungsgesetz **84a** 17b; Betäubungsmittel **86** 18; für Einrichtung zur Betreuung von Kindern und Jugendl. **46** 47; Geldwäschegesetz **88a** 43 f.; Notar **98a** 34
Mensch, junger iSd SGB VIII **46** 7
Menschenhandel 85g 7; **90e** 248
Menschenrechte 1 1 bis 5; Verpflichtung zur Achtung **2** 1
Menschenwürde, Schutz **1** 1
Menschlicher Körper, kein Patent **70** 1a
Miet- und Wohnungseigentumsrecht, Fachanwalt **98/2** 14c
Mietausfall, Wohngebäudeversicherung **62d** A 13
Mietsachen, Mitteilungen **101a** 2. Teil 2. Abschn. IV.
Mietverhältnis, Kündigung *s. Aufsicht*
Mietwucher 90e 239
Migrationsrecht, Fachanwalt **98/2** 14p
Militärische Befehlshaber, Verantwortlichkeit **85g** 4
Militärische Luftfahrzeuge, Haftung **36** 53 f.
Militärische Straftat, Auslieferung an das Ausland **90h** 7
Militärischer Abschirmdienst 90f 1; Benachrichtigung **90e** 206
Militärischer Befehlshaber, Aufsichtspflicht **85g** 14
Militarismus, Befreiung von M. und Nationalsozialismus **1** 139
Minderheitenschutz, Restrukturierungssache **110e** 64
Minderheitsaktionäre, Ausschluss **52c** 14
Minderjährige, Schutz **45m** 51; Strafsachen **90c** 35
Minderung beim internationalen Warenkauf **50c** 50
Mindestalter, Fahrerlaubnis **35d** 10
Mindestlohn, Arbeitgeber (Zahlungspflicht) **80c** 20; Arbeitszeitkonto (Fälligkeit) **80c** 2; Auftraggeberhaftung **80c** 13; Auftragsvergabe (Ausschluss) **80c** 19; Ausnahmen (bis 2016) **80c** 24; Behörden **80c** 14; Berufsausbildung **80c** 22; Bußgeldvorschriften **80c** 21; Dokumentenvorlage **80c** 17; Durchsetzung **80c** 14; Ehrenamt **80c** 22; Einstiegsqualifizierung **80c** 22; Evaluation **80c** 23; Fälligkeit **80c** 2; Höhe **80c** 1; Jugendliche **80c** 22; Konkurrenz (TVG/AEntG) **80c** 1; Kontrolle **80c** 14; Meldepflicht **80c** 16; Mindestlohnkommission **80c** 4; Persönlicher Anwendungsbereich **80c** 22; Praktikant **80c** 22; Stundenlohn **80c** 1; Tarifverträge (Übergangsregelung) **80c** 24; Übergangsregelung (bis 2016) **80c** 24; Unabdingbarkeit **80c** 3; Wertguthaben (Fälligkeit) **80c** 2; Zeitungszusteller (Übergangsregelung) **80c** 24
Mindestlohngesetz, Mitteilungen **101a** 2. Teil 1. Abschn. I. 5.
Mindestlohnkommission, Aufgaben und Zusammensetzung **80c** 4; Beschluss **80c** 9; Verfahren **80c** 10
Mischbetriebe, Veräußerung **40** 8
Missachtung des Übereinkommens **45h** 33
Missbilligung durch Aufsichtsbehörde **98a** 94; Notare **98a** 94
Missbrauch von Grundrechten **1** 18; wirtschaftl. Machtstellung **1** 74
Missbrauch der Rechte, Verbot **2** 17
Missbrauchsverbot 75 14
Misshandlung Festgehaltener **1** 104
Misstrauensvotum gegen Bundeskanzler **1** 67, 115h
Mitarbeiter, Eignung **45i** 3
Mitbestimmung (BetrVG), Akkord- und Prämiensätze **82** 87; Arbeitsbedingungen und -abläufe **82** 90 f.; Arbeitsvergütung **82** 87; Arbeitszeit **82** 87; Ausschreibung von Arbeitsplätzen **82** 93; Außerordentliche Kündigung **82** 103; Berufsbildung **82** 98; Eingruppierung **82** 99; Einstellung **82** 99; Gesundheitsschutz **82** 87; Gruppenarbeit **82** 87; Kündigung **82** 102; Lohngestaltung **82** 87; Ordnung des Betriebes **82** 87; Personalfragebogen **82** 94; Personalplanung **82** 92; personelle Angelegenheiten **82** 92 ff.; persönliche Angaben in Arbeitsverträgen **82** 94; soziale Angelegenheiten **82** 87; Sozialeinrichtungen **82**

87; technische Einrichtungen **82** 87; Überwachung **82** 87; Umgruppierung **82** 99; Urlaub **82** 87; Verhalten der Arbeitnehmer **82** 87; Versetzung **82** 99; Versetzung (Amtsträger) **82** 103; Werkswohnung **82** 87
Miteigentum am Sammelbestand von Wertpapieren **59** 24
Miteigentümer, Ansprüche bei Sammelverwahrung **59** 8
Miteigentumsanteil an landwirtschaftl. Grundstück **40** 2
Miterbe, Zuweisung eines landwirtschaftl. Betriebes **40** 13 ff.
Mitglieder des Bundesrates **1** 51
Mitgliederbeschlüsse bei Genossenschaften **52c** 6
Mitgliedschaft im Bundestag **1** 41
Mitgliedstaat, -en, Ersuchen des Gerichts eines **103d** 1; Mitteilung an Kommission **103c** 23; Prozesskostenhilfe **103c** 21; Übermittlungs- und Empfangsstellen des **103c** 2; Verhältnis bestehender und künftiger Vereinbarungen **103d** 21; Verhältnis der Zustellungsverordnung zu Abkommen der **103c** 20; Zentralstelle **103c** 3; Zuständigkeit für Erbsachen **21e** 2; Zustellungsübermittlung auf konsularischem oder diplomatischem Weg **103c** 12
Mitteilung an Betroffene **90f** 12
Mitteilung, -en zur Bekämpfung der Geldwäsche und Terrorismusfinanzierung **88b** 31b; über Bewährungsfälle **90c** 13; Form **90c** 9; an die Polizei **90c** 11; in Strafsachen **90c**; bei Tateinheit **90c** 8; zum Wählerverzeichnis **90c** 12; in Zivilsachen **101a**, Dokumentation **101a** 1. Teil 4., Inhalt, Form und Zeitpunkt **101a** 1. Teil 5. f., Mitteilungsweg **101a** 1. Teil 7.
Mitteilungspflicht, -en des Amtsanwalts **90c** 4; Daten **90c** 1 ff.; Gesamtstrafenbeschluss **90c** 1 ff.; Haftbefehl **90c** 1 ff.; Inhalt und Zeitpunkt **90c** 6; Mutterschutz **79** 15; nichtfinanzielle Gegenparteien **58** 31; im Privatklageverfahren **90c** 1 ff.; des Richters **90c** 1 ff.; sonstige **90c** Anhang; der Staatsanwaltschaft **90c** 1 ff.; Strafbefehl **90c** 1 ff.; Todesfall **90c** 14; Unterbringungsbefehl **90c** 1 ff.; des Urkundsbeamten **90c** 4; Urteil **90c** 1 ff.; der Vollstreckungsbehörde **90c** 4; für wesentliche Beteiligung **52c** 12; in Zivilsachen, Einschränkung **101a** 1. Teil 2., Geltungsbereich **101a** 1. Teil 1., Stelle **101a** 1. Teil 3.
Mittel der politischen Parteien, Herkunft **1** 21
Mitverschulden des Verletzten **36** 34
Mofa, Fahrprüfung **35d** 5
Monopole **1** 105 f., 108
Moorland, rechtsgeschäftl. Veräußerung **40** 1 ff.
Multilaterales Handelssystem, Aussetzung des Handels **58** 73; besondere Anforderungen **58** 74; Pflichten der Betreiber **58** 72
Multimediamarken **72a** 12
Münzwesen **1** 73
Musik, Online-Rechte **65a** 59 ff.
Musiknoten **66a** 2
Mustermarken **72a** 12
Mutterschaftsgeld **79** 19; Voraussetzungen **79** 13; Zuschuss **79** 14
Mutterschutz, Begriffsbestimmungen **79** 2; Beschäftigungsverbot **79** 3 ff., 16; Bußgeldvorschriften **79** 32 ff.; Durchführungsbestimmungen **79** 26 ff.; Geltungsbereich **79** 1; Heimarbeit **79** 8; Kündigungsverbot **79** 17; Mehrarbeit **79** 8; Mitteilung der Schwangerschaft **79** 5; Nacht- und Sonntagsarbeit **79** 8; Stillzeit **79** 7
Mutterschutzlohn **79** 18
Mutterunternehmen, Begriffsbestimmungen (EU) 2015/8 **110b** 2

Nachbarschaftshilfe, Schwarzarbeit **94b** 1
Nacherfüllung, Recht des Käufers auf **50c** 46; bei vorzeitiger Lieferung **50c** 37
Nachfolger, Wahl eines N. des Bundeskanzlers **1** 67
Nachindossament eines Schecks **56** 24
Nachlass, erbenloser **21e** 33
Nachlasssachen, Mitteilungen **101a** 2. Teil 4. Abschn. XVII.
Nachlassverwalter, Befugnisse **21e** 29; besondere Regelungen **21e** 29; Bestellung **21e** 29
Nachlasszeugnis, Europäisches **103p** 33 ff.
Nachprüfung, Ausschluss in der Sache **21e** 41
Nachprüfungsverbot über Sachentscheidung eines Mitgliedstaats **103b** 26; über Zuständigkeit des Gerichts des Ursprungsmitgliedstaats **103b** 24
Nachsichtwechsel **54** 35, 44, 53, 78
Nachtarbeit, arbeitsmedizinische Untersuchung **78** 6; Ausgleich **78** 6; Begriff **78** 2; betriebliche Weiterbildung **78** 6; Dauer **78** 6; Gestaltung **78** 6; Tarifvertrag abweichender **78** 7; Umsetzung auf Tagesarbeitsplatz **78** 6
Nachteilsausgleich, Betriebsänderungen **82** 113
Nachträgliche Eröffnung des Hauptinsolvenzverfahrens **110b** 50

Nachweis, Arbeitsbedingungen **78a** 2 f.; von Verbleib und Bestand von Betäubungsmitteln **86a** 13
Nachweispflicht, Arbeitsunfähigkeit **80** 5
Nachwirkung, Betriebsvereinbarung **82** 77; Tarifvertrag **81** 4
Nahrungsmittel, Verkehr mit **1** 74
Name, Beurkundung **113** 41 ff., *s. Betäubungsmittel*
Nationale Einheit 1 Präambel
Nationalität, Betriebsverfassung **82** 75
Nationalsozialismus, Befreiung vom N. und Militarismus **1** 139
NATO-Angehörige, Amtshandlungen des Gerichtsvollziehers **109** 3
Naturgefahren, Hausratversicherung **62c** A 5
Naturkatastrophe, Einsatz der Streitkräfte **1** 35; Einschränkung der Freizügigkeit **1** 11; Polizeieinsatz **1** 35
Naturschätze, Sozialisierung **1** 15, 74
Naturschutz, Gesetzgebung **1** 74
ne bis in idem 1 103
Nebenkosten, Betriebskosten **30b/1**
Nebenstrafrecht, Strafvorschriften **90e** 255 ff.
Neuauflage von literarischen Werken **66** 17
Neugliederung des Bundesgebietes **1** 29, 118
Neuwahl des Bundeskanzlers **1** 67, 115h; des Bundestages **1** 39
Nichtanerkennung, Gründe **21e** 40; **103i** 37; **103k** 37
Nichtanwendung bei Kollision **103i** 35; **103k** 35
Nichtbeförderung von Fluggästen, Ausgleichsleistungen **36a**; Schlichtung **36** 57b
Nichteheliche Kinder 1 6
Nichterfüllung des Wohnraumvermittlungsvertrages **31** 4
Nichtigerklärung eines Patents **70** 22
Nichtigkeit, Ernennung zum Richter **97** 18
Nichtvertragsstaat, Anwendbarkeit des Rechts **45m** 20
Niederlassung, Begriffsbestimmungen (EU) 2015/8 **110b** 2; CISG **50c** 10; europäische Rechtsanwälte in Deutschland **98/4** 2 ff.; freie **1** 117
Niederlassungsfreiheit 1 11
Niederlassungsrecht der Ausländer **1** 74
Niederlegung, Zustellung durch **109** 23
Niedersachsen, Schlichtungsgesetz **104j**
Nießbrauch an landwirtschaftl. Grundstück **40** 2
Nordrhein-Westfalen, Justizgesetz **104d**
Normenkontrolle durch Gerichte **1** 100
Not, Hilfe für Kinder und Jugendl. **46** 20
Notadresse auf einem Wechsel **54** 55
Notar, Ablehnung **98a** 16; Ablieferung verwahrter Gegenstände **98a** 51a; Altersgrenze **98a** 48a; Amt **98a** 1 bis 64; Amtsbereich **98a** 10a; Amtsbezeichnung **98a** 52; Amtsbezirk **98a** 11; Amtsenthebung **98a** 47, 50 ff.; Amtsniederlegung **98a** 47; Amtsniederlegung aus gesundheitlichen Gründen **98a** 48c; Amtspflichtverletzung **98a** 19; Amtssiegel **98a** 2; Amtssitz **98a** 10; Amtstätigkeit **98a** 20 bis 24; Anwärterdienst **98a** 7; Aufsicht **98a** 92 bis 94; Aufsichtsbehörde **98a** 92 ff.; Ausschließung **98a** 16; Ausübung **98a** 14 bis 19; Auswahl **98a** 6; Befähigung **98a** 5; Bestellung **98a** 1 bis 13, 12; Betreuung **98a** 24; Beurkundung **98a** 1, 15; Bewerbung **98a** 4a; Bundesnotarordnung **98a**; Disziplinarverfahren **98a** 92 ff.; Disziplinargericht **98a** 99 ff.; Eidesleistung **98a** 13; Eignung **98a** 5; elektronische Signatur **98a** 33; Entlassung **98a** 47 f.; Erlöschen des Amts **98a** 47; Ermahnung durch die Notarkammer **98a** 75; Führung von Akten und Verzeichnissen **98a** 35; Gebühren **98a** 17; gebührenfreie Urkundstätigkeit **98a** 17; Meldepflichten **98a** 34; Nebentätigkeit **98a** 8; Pflicht zur Verschwiegenheit **98a** 18; Pflichten **98a** 25 bis 32; Strafsachen **90c** 23; Unterstützung **98a** 11a; Verbindung **98a** 9; Vertreter **98a** 64b; Vertretungsbefugnis **98a** 24; Voraussetzungen **98a** 5a; vorläufige Amtsenthebung **98a** 54 ff.; vorübergehende Amtsniederlegung **98a** 48b; Wechselprotest **54** 79; Zulassung **98a** 3
Notarassessor 98a 7; Amtspflichtverletzung **98a** 19; *s. Fahrerlaubnis*
Notariat 1 74, 138
Notariatsgebühren, Anwendung **98a** 17
Notariatsverwalter 98a 56 ff.; Amtspflichtverletzung **98a** 61; Dauer **98a** 64
Notarielle Fachprüfung 98a 7a; Aufsichtsarbeiten **98a** 7b; Mündliche Prüfung **98a** 7c; Prüfungsamt **98a** 7g; Prüfungsgebühren **98a** 7h; Täuschungsversuch **98a** 7f; unentschuldigtes Fehlen **98a** 7e; Zeugnis **98a** 7d
Notarielle Urkunden, Zugang zu Forschungszwecken **98a** 18a bis 18d
Notarkammer 98a 113b; **98c** 5; Verschwiegenheitspflicht **98a** 69a
Notarordnung 98a
Notarsachen, verwaltungsrechtliche **98a** 111 ff.
Notarvertreter 98a 38 bis 46
Notarvertretung 98a 39; Amtsausübung **98a** 41; Amtspflichtverletzung **98a** 46; Form der Bestellung **98a** 40

Notarverzeichnis 98a 78l
Notenbank 1 88
Notfrist *s. Betäubungsmittelabhängigkeit*
Notstand, Abweichen **2** 15; Einschränkung der Freizügigkeit **1** 11; Polizeieinsatz **1** 35
Notzuständigkeit, forum necessitatis **21e** 11; **103i** 11; **103k** 11
nulla poena sine lege 1 103; **2** 7
Nutzerwechsel, Kostenaufteilung der Heiz- und Warmwasserkosten **30c** 9b
Nutzhanf, Anbau **86** 24a
Nutzung, -en eines Grundstücks, Beanstandung **39** 4

Oberlandesgericht, Anrufung **103n** 8; Zuständigkeit erster Rechtszug **90e** 202 ff.
Oberste Bundesbehörden 1 36; Weisungsrecht **1** 85
Oberste Gerichtshöfe des Bundes **1** 95, Gemeinsamer Senat **95b** 1 bis 9
Oberstes Landesgericht, Auftreten **98** 172
Obliegenheiten des Versicherungsnehmers in der Hausratversicherung **62c** B 8, Reisegepäckversicherung **62e** 15, Unfallversicherung **62i** 7, in der Wohngebäudeversicherung **62d** A 21
Obligatorische Schlichtung, Baden-Württemberg **104**; Bayern **104a**; Brandenburg **104b**; Hessen **104c**; Nordrhein-Westfalen **104d**; Saarland **104e**; Sachsen-Anhalt **104f**; Schleswig-Holstein **104g**
Ödland, rechtsgeschäftl. Veräußerung **40** 1 ff.
Öffentliche Aufforderung, Feststellung des Todeszeitpunktes **45** 42 f.
Öffentliche Aufträge, Ausschluss (Verstoß gegen MiLoG) **80c** 19
Öffentliche Beglaubigung, Behörde für Betreuungsangelegenheiten **49c** 7
Öffentliche Gewalt, ordentl. Rechtsweg bei Verletzung durch **1** 19
Öffentliche Ordnung 21e 35; **110b** 33; ordre public **103i** 31; **103k** 31
Öffentliche Restrukturierungssachen 110e 84 ff.; Antrag und erste Entscheidung **110e** 84; besondere Bestimmungen **110e** 85
Öffentliche Urkunden 103 58; Annahme **21e** 59; **103i** 58; **103k** 58; Bescheinigungen über **103** 60; Vollstreckbarkeit **21e** 60; **103i** 59; **103k** 59
Öffentliche Verhandlung der Untersuchungsausschüsse **1** 44
Öffentlicher Dienst 1 33, 73, 137; Arbeitszeit (Tarifvertrag) **78** 7; Arbeitszeitgesetz **78** 19; Arbeitszeitregelungen **78** 15; Betriebsverfassung **82** 130; Gesetzgebung **1** 73; Rechtsverhältnisse von früher im ö. D. stehenden Personen **1** 131; Tätigkeit **98** 47; Überwachungszuständigkeit bei Arbeitszeit **78** 17
Öffentlichkeit, Ausschluss **90e** 131 ff., 219; Bundestag, Bundesrat **1** 42, 52; Unterrichtung **90e** 219
Offiziere, Entlassung **1** 60; Ernennung **1** 60
Öffnungsklausel, Tarifvertrag **82** 77
Oldtimer, Gutachten für Einstufung als **35b** 23
OLG Brandenburg, Unterhaltsrechtliche Leitlinien **47d**
OLG Braunschweig, Unterhaltsrechtliche Leitlinien **47e**
OLG Bremen, Unterhaltsrechtliche Leitlinien **47f**
OLG Celle, Unterhaltsrechtliche Leitlinien **47g**
OLG Dresden, Unterhaltsrechtliche Leitlinien **47h**
OLG Düsseldorf, Leitlinien zum Unterhalt **47/1**
OLG Frankfurt a. M., Unterhaltsgrundsätze **47i**
OLG Hamburg, Unterhaltsgrundsätze **47k**
OLG Hamm, Unterhaltsrechtliche Leitlinien **47l**
OLG Jena, Thüringer Tabelle **47m**
OLG Koblenz, Unterhaltsrechtliche Leitlinien **47n**
OLG Köln, Unterhaltsrechtliche Leitlinien **47o**
OLG Naumburg, Unterhaltsrechtliche Leitlinien **47p**
OLG Oldenburg, Unterhaltsrechtliche Leitlinien **47q**
OLG Rostock, Unterhaltsrechtliche Leitlinien **47r**
OLG Saarbrücken, Unterhaltsrechtliche Tabellenwerte **47s**
OLG Schleswig, Unterhaltsrechtliche Leitlinien **47t**
Online-Rechte an Musikwerken, VGG **65a** 59 ff.
Opferanspruch, Forderungspfandrecht **93b** 1; Umgehungsverbot **93b** 2
Opferanspruchssicherungsgesetz 93b
Opferentschädigungsgesetz 93a; Anspruchsberechtigte **93a** 1; Härteausgleich **93a** 10b; Kostenträger **93a** 4; Leistungen bei Gewalttaten im Ausland **93a** 3a; Rechtsweg **93a** 7; Versagungsgründe **93a** 2; Zusammentreffen von Ansprüchen **93a** 3
Opiatabhängigkeit, Substitution **86a** 5
Optionsscheine, Wertpapiere **58** 2
Orden *s. Betäubungsmittel*

Ordentliche Gerichtsbarkeit, oberster Gerichtshof des Bundes **1** 95
Ordentliche Kündigung, Betriebsrat **82** 102
Ordnung, verfassungsmäßige **1** 9, 18, 20 f., 28, 98
Ordnungshaft 91 171 bis 175
Ordnungsmittel 75 17
Ordnungswidrigkeiten im Betäubungsmittelrecht **86a** 17; Erstreckung der öffentlichen Klage auf **90e** 280; Kindergeld **45b** 16; Schwarzarbeit **94b** 8; Straßenverkehr **35d** 75; im Straßenverkehr **35b** 69a
ordre public 21e 35
Ordre public 45m 22
Organ der Staatsgewalt **1** 20
Organe der Restrukturierungssache, Pflichten und Haftung **110e** 43
Organisation der Streitkräfte **1** 87a
Organisationspflichten von Datenbereitstellungsdiensten **58** 58 ff.
Organisierte Kriminalität, Versagungsgrund für Entschädigung nach Opferentschädigungsgesetz **93a** 2
Organisiertes Handelssystem, Aussetzung des Handels **58** 73; besondere Anforderungen **58** 75; Pflichten der Betreiber **58** 72
Organismen für gemeinsame Anlagen, Begriffsbestimmungen (EU) 2015/8 **110b** 2
Organvertreter, Arbeitnehmer (BetrVG) **82** 5
Örtliche Zuständigkeit 21e 45
Örtliches Fahrerlaubnisregister 35d 57
OTC-Derivate 58 30 ff.

Pachtkredit, Abtretung der gesicherten Forderung nur an P.-Institut **42** 13; Verwertung des Pächterinventars **42** 9 ff.
Pachtkreditgesetz 42
Pachtkreditinstitut 42 1 ff.
Pachtverhältnis und Landbewirtschaftung **40** 34
Pakete, Untersuchungshaft **91a** 39
Parlamentarische Kontrolle, Bundesländer **90f** 16; nachrichtendienstliche Tätigkeit des Bundes **1** 45d; durch Wehrbeauftragten **1** 45b
Partei, -en 1 21; Absendetheorie **50c** 27; Auslegung von Erklärungen und Verhalten **50c** 8; Ausschluss von staatlicher Finanzierung **1** 21; Bindung an Handelsbräuche und Gepflogenheiten **50c** 9; Erfüllungsanspruch **50c** 28; Niederlassung **50c** 10; Selbsthilfeverkauf **50c** 88; Verschlechterungseinrede **50c** 71
Parteiabrede, Ausschluss des CISG **50c** 6
Partikularverfahren, Eröffnung **110b** 3
Partnerschaftsregister, Anmeldung, Mitteilung über unrichtige, unvollständige oder unterlassene **101a** 2. Teil 1. Abschn. I. 2.
Partnerschaftsregistersachen, Mitteilungen **101a** 2. Teil 4. Abschn. XXI. 5. ff.
Passwesen 1 73
Patent, Antrag auf Erteilung **70a** 4; Beschränkung **70** 64; Beschränkung der Wirkung **70** 12 f.; Einspruch gegen **70** 59; ergänzende Schutzzertifikate **70** 16a; Erlöschen **70** 20; Erteilung **70** 49; Geheimpatent **70** 50 ff.; keine Erteilung **70** 2; Nichtigerklärung **70** 22; Patentberühmung **70** 146; Recht auf **70** 6; Rücknahme **70** 24; Schutzbereich **70** 14; Schutzdauer **70** 16; Unterlassungs- und Schadensersatzanspruch **70** 139; Veröffentlichung der Erteilung **70** 58; Vindikation **70** 8; Voraussetzungen der Erteilung **70** 1; Widerruf **70** 21, 61; Wirkung **70** 9 ff.; Zwangslizenz **70** 24
Patentamt 70 26 ff.; Abteilungen **70** 27; Akteneinsicht **70** 31; Amtssprache **70** 126; Anmeldung zur Eintragung eines Designs **69** 11; Besetzung **70** 26; Datenschutz **70** 31a; elektronische Signatur **70** 125a; Gebrauchsmusterstelle **71** 10; Patentrolle **70** 30; Prüfung der Anmeldung **70** 44; Recherche **70** 43; **71** 7; Verfahren vor dem **70** 34 ff.
Patentanmeldung 70 34 ff.; Änderungen **70** 38; Benennung des Erfinders **70a** 7; Beschreibung **70a** 10 f.; Formerfordernisse **70a** 6, 15 ff.; fremdsprachige Dokumente **70a** 14; Gebühren **70** 17; Kosten **70b** 8; Mängel **70** 42; Mängelbeseitigung **70** 45; Modelle und Proben **70a** 16; Nichtnennung des Erfinders **70a** 8; Patentansprüche **70a** 9; Prioritätsrecht des Anmelders **70** 40; Schriftform **70a** 3; Sprache **70** 35; Teilung **70** 39; Übersetzung **70** 35a; Unterlagen **70** 36; **70a** 5; Vorauszahlung und Vorschuss **70b** 5; Zeichnungen **70a** 12; Zurückweisung **70** 48; Zusammenfassung **70a** 13
Patentansprüche 70a 9
Patentanwälte, europäische in Deutschland **98/5**
Patentfähigkeit, Stand der Technik **70** 43
Patentgericht 70 65 ff.; Amtssprache **70** 126; Ausschließung und Ablehnung von Gerichtspersonen **70** 86; Beschwerdeverfahren **70** 73 ff.; Beweiserhebung **70** 88; elektronische Signatur **70** 125a; Errichtung **1** 96; Ladung **70** 89; Nichtigkeits- und Zwangslizenzverfahren **70** 81 ff.; Un-

tersuchungsgrundsatz **70** 87; Verfahrensvorschriften **70** 86 ff.; Verkündung und Zustellung der Entscheidung **70** 94; Vertretung vor **70** 97; Zuständigkeit **70** 65
Patentgesetz 70; Anwendung für Gebrauchsmustersachen **71** 21; ergänzende Vorschriften **70a** 1; Strafvorschriften **70** 142
Patentinhaber, Lizenzbereitschaft **70** 23
Patentkostengesetz 70b; Gebührenverzeichnis **70b** Anlage; Geltungsbereich **70b** 1; Kostenschuldner **70b** 4
Patentrolle 70 30
Patentsachen, Berufungsverfahren **70** 110 ff.; Beschwerdeverfahren **70** 122; Gebühren des Vertreters **70c** 2; Rechtsbeschwerdeverfahren **70** 100 ff.; Verfahrenskostenhilfe **70** 129 ff.; Wiedereinsetzung in den vorigen Stand **70** 123
Patentstreitsachen, Verfahren **70** 143 ff.
Patentverordnung 70a; Anwendungsbereich **70a** 1
Pauschalreise, Begriff **36a** 2
Pausen, Mitbestimmung **82** 87
Periodisches Sammelwerk 66 41 ff.
Personal der Bundesbehörden **1** 36
Personalakte 82 83; Recht auf Einsicht durch Rechtsanwalt **98** 58
Personalfragebogen 82 94
Personalplanung, Betriebsrat **82** 92
Personalvertretung, Richterrat **97** 53; Vorschlagsrecht bei Umsetzung von Nachtarbeitnehmern **78** 6
Personalwesen der Bundeswehr **1** 87b
Personelle Einzelmaßnahmen, Mitbestimmung **82** 99 ff.
Personenbezogene Daten, Aufgaben der Kommission im Zusammenhang mit der Verarbeitung personenbezogener Daten **110b** 80; Aufgaben der Mitgliedstaaten hinsichtlich der Verarbeitung **110b** 79; Erhebung **45i** 9e; Nutzung, -en **45i** 9e; Speicherung **110b** 82; Übermittlung **90f** 4; Umgang, Stammbehörde **49c** 26; Verarbeitung **45i** 9e, durch die Behörde **49c** 4, durch den Betreuer **49c** 20; Zeugenschutz **90b** 4; Zugang über das Europ. Justizportal **110b** 83; Zweckbindung **90f** 4, 6; *s. CISG*
Personennahverkehr, Ausgleichsbetrag für öffentl. **1** 106a
Personenschäden, Haftung **36** 45
Personensorge, Beratung **46** 18
Personensorgeberechtigter 46 7, 9
Personenstandsgesetz 113
Personenstandsregister 113 3; Aufbewahrung **113** 7, *s. AGB;* Beweiskraft **113** 54, *s. a. Unterhaltsrechtliche Leitlinien bzw. Grundsätze;* Einsicht **113** 61 ff., *s. a. Insolvenzverordnung, europäische;* Verlust **113** 8, *s. Pflegepersonal*
Personenstandsurkunden 113 54 ff., *s. Brüssel IIa*
Personenstandswesen 1 74
Persönliche Gebrauchsgüter, Unanwendbarkeit des CISG **50c** 2
Persönlichkeitsrecht, Betriebsverfassung **82** 75
Petitionsausschuss, Bundestag **1** 45c
Petitionsrecht 1 17 f.
Pfandgläubiger, Befriedigung nach PachtkreditG **42** 10
Pfandindossament 54 19
Pfandrecht, Beeinträchtigung **42** 8; beschränktes Pf. an Wertpapieren **59** 4, 9, 30; ohne Besitzübertragung **42** 1; Erlöschen **42** 14; gesetzl. des Verpächters **42** 4; des Pachtkreditinstitutes **42** 1 ff.
Pfandstücke, freihändiger Verkauf **109** 97 ff.; öffentliche Versteigerung **109** 92 ff.; Rückgabe **109** 120; Unterbringung **109** 89 f.; Verwertung **109** 91 ff.
Pfändung von Barmitteln aus dem Verkauf landwirtschaftlicher Erzeugnisse **109** 77; von Erzeugnissen, Bestandteilen und Zubehörstücken **109** 78; gleichzeitige für mehrere Gläubiger **109** 117; von Kraftfahrzeugen **109** 107 ff.; Landwirtschaft **109** 100; von Luftfahrzeugen **109** 85; von Schiffen **109** 84; urheberrechtlich geschützter Sachen **109** 79; Verfahren **109** 80 ff.; Wertpapiere **109** 104 ff.; Widerspruch eines Dritten **109** 87
Pfändungsbeschränkungen 109 72 ff.
Pfandverkauf 42 10; **109** 181 ff.
Pfandverwahrung bei Wertpapieren **59** 17
Pflanzen, kein Patent **70** 2a
Pflanzenschutzmittel, ergänzendes Schutzzertifikat **70a** 21
Pflanzliches Vermehrungsmaterial, Inverkehrbringen **70** 9c
Pflege- und Betreuungsleistung und Überlassung von Wohnraum, Vertrag **30a**
Pflegedienste, Arbeitszeit durch Tarifvertrag **78** 7; Verlängerung der Arbeitszeit bei außergewöhnlichen Fällen **78** 13
Pflegeerlaubnis 46 44; Beendigung **46** 48; bei Betreuung durch eine Einrichtung **46** 45; für Pflegekinder **46** 44; Prüfung vor Ort und nach Aktenlage **46** 46
Pflegefamilie als Erziehungshilfe **46** 33
Pflegeheime, Anwendung der Heizkostenverordnung **30c** 11
Pflegeperson, Begriff **46** 44; Beratung und Unterstützung **46** 37a; Pflegeerlaubnis **46** 44

Pflegepersonal, Strafsachen **90c** 28
Pfleger, Beratung durch Jugendamt **46** 53
Pflegesätze der Krankenhäuser, Gesetzgebung zur Regelung **1** 74
Pflegeschaft 45m 3
Pflegschaft 46 53 bis 58
Pflicht, -en, Übernahme **98** 48
Pflicht zur Unterrichtung, der Gläubiger, internationales Insolvenzrecht **110b** 54
Pflichten der Anbieter **90f** 2; Kennzeichnung **90f** 4, 6; Löschung **90f** 4, 6; Prüfung **90f** 4, 6
Pflichtteil, Annahme **21e** 13; Ausschlagung **21e** 13
Pflichtverletzungen, Notare **98a** 94; Rechtsanwälte **98** 57
Pflichtverteidiger 98 49
Plakette über Kfz.-Untersuchung **35b** 29
Planangebot, Annahme des Restrukturierungsplans **110e** 17; Auslegung **110e** 18
Planbetroffene, Auswahl, Restrukturierungsplan **110e** 8; Einteilung in Gruppen **110e** 9; Gleichbetroffene **110e** 10; Versammlung, Abstimmung **110e** 20
Politik, Bestimmung **1** 65
Politisch Verfolgte 1 16a, 18, 116
Politische Betätigung, Betriebsverfassung **82** 74 f.
Politische Straftat, Auslieferung an das Ausland **90h** 6
Polizei, Einsatz zur Hilfe bei Unglücksfall **1** 35; Festnahme durch **1** 104; Mitteilungen **90c** 11; Unterstützung durch Streitkräfte **1** 87a
Polizeigewalt des Bundestagspräsidenten **1** 40
Polizeikräfte der Länder, Unterstellung unter Bundesregierung **1** 91
Polizeiliches Nachrichtenwesen 1 87
Pornographische Schriften 90e 223 ff.
Positionslimits bei Warenderivaten **58** 54 ff.
Positionsmarken 72a 12
Post, Zustellungsauftrag durch Gerichtsvollzieher **109** 25
Post- und Fernmeldewesen 1 73, 80, 130
Post- und Telekommunikation, Dienstleistungen **1** 87f
Post- und Telekommunikationsdienste, Anbieter **90f** 2
Postdienst 1 143b
Postgeheimnis 1 10, 18, 44
Postverkehr, Strafverfahren **90e** 84
Praktikant, Mindestlohn **80c** 22
Prämiensatz, Mitbestimmung **82** 87
Präsentation des Wechsels zur Annahme **54** 24
Präsident, Aufsicht **98a** 92; des Bundesrates **1** 52, Wahrnehmung der Funktionen des Bundespräsidenten **1** 57; des Bundestages **1** 39 f., unter Weiterleitung von Gesetzesbeschlüssen **1** 77; OLG **98a** 92
Präsidialrat 97 54 bis 57; Beteiligung **97** 50 f., 74 f.
Präsidium, Bundesrechtsanwaltskammer **98** 179 bis 186
Preisangabengesetz, Erbbaurechtsverträge **73b** 4; Geld- u Kapitalverkehr **73b** 5; Preisklauselverbot **73b** 1 f.
Preisangabenverordnung 73a
Preisbindung für Bücher 66a
Preise für Werke der Literatur und Tonkunst, Bestimmung **66** 21
Preisklauselgesetz 73b
Presse, Hauptverhandlung **90e** 129; Unterrichtung **90e** 23
Presseerzeugnisse, Beschlagnahme **90e** 249 ff.
Pressefreiheit 1 5, 18
Pressestrafsachen 90e 249 ff.
Preußen, Rechtsnachfolge **1** 135; Verbindlichkeiten **1** 135a
Primawechsel 54 64
Privatklageverfahren 90e 86 f.; Mitteilungspflicht **90c** 1 ff.; Übernahme durch Staatsanwalt **90e** 172
Privatleben, Achtung **2** 8
Privatschulen 1 7
Probenahme, Betäubungsmittel **86** 23 f.
Produkt, Rückruf **75** 7
Produktionsmittel, Sozialisierung **1** 15, 74
Prokuraindossament beim Scheck **56** 23; beim Wechsel **54** 18
Prostitution, Förderung **90e** 248
Prostitutionsgesetz 29a
Protest bei Wechsel **54** 44, 46; *s. CISG*
Protestat 109, *s. Gefangene*
Protestfrist 109, *s. a. Unterhaltsrechtliche Leitlinien bzw. Grundsätze*
Protestgegner 109, *s. a. CISG; s. Insolvenzverordnung, europäische*
Protestort 109, *s. a. Erlös; s. a. Europäischer Vollstreckungstitel*
Proteststelle 109, *s. a. CISG; s. a. Fremdwährungswechsel*
Protesturkunde 109; abhanden gekommene **54** 90; vernichtete **54** 90; *s. Geldfälschung*
Protokoll, Betriebsratssitzung **82** 34
Provision als Nebenforderung bei Scheckansprüchen **56** 45 f.; bei Wechselregress **54** 48 f.; bei Wertpapiergeschäften **59** 27
Prozessbevollmächtigter *s. Steuerfahndung*

Prozessgericht, Eintragung ins Handelsregister auf Grund Entscheidung des **50d** 18
Prozesshindernis, Immunität **90e** 191 ff.
Prozesskostenhilfe 21e 56; Anwendung **98a** 17; gebührenfreie Urkundstätigkeit **98a** 17; Hinweis auf **98/1** 16; Verordnung Brüssel IIa (EheVO) **103b** 50
Prozessrechtliche Vorschriften 1 74
Prozessvoraussetzung, obligatorische Schlichtung **104**; **104 ff.**
Prüfbücher von Kfz. **35b** 29
Prüfmarke von Kfz. **35b** 29
Prüfplakette von Kfz. **35b** 29
Prüfung, Erwerb **97** 113; Gewerbeordnung **32a** 16 f.; der Meldepflichten und Verhaltensregeln **58** 89; *s. Steuerstraftaten*
Prüfung der Zuständigkeit, internationales Insolvenzrecht **110b** 4 ff.
Prüfzeichen für Fahrzeugteile **35b** 21a
Psychiatrisches Krankenhaus 90e 61 ff.; freiheitsentziehende Maßregeln der Besserung und Sicherung **91** 136

Quittung, Scheckindossament als **56** 15
Quote, Betriebsratswahl **82** 15

Radioaktive Stoffe, Gesetzgebung **1** 74, 87c; *s. Atomanlagen*
Rahmenplanung bei Gemeinschaftsaufgaben **1** 91a
Rahmenvorschriften des Bundes **1** 98
Rasse, Gleichberechtigung **1** 3, 116
Rassisch Verfolgte, Wiedereinbürgerung **1** 116
Rassismus, Betriebsrat (Aufgabe) **82** 80; Betriebsvereinbarung **82** 88; Kündigung **82** 104; personelle Einzelmaßnahme **82** 99
Ratifizierung des GG **1** 144
Ratingagenturen 58 29
Raub, Hausratversicherung **62c** A 1, A 3
Raumnot, Freizügigkeitsbeschränkung **1** 117; Grundrechtsbeschränkung **1** 13
Raumordnung, Gesetzgebung **1** 74
Räumung von Wohnungen 109 130
Realsteuern, Aufkommen **1** 106
Recherche, Gebrauchsmuster **71** 7; Patent **70** 43
Rechnungshof des Bundes **1** 114
Rechnungsjahr des Bundes **1** 110
Rechnungslegung 32a 8; durch Bundesminister der Finanzen **1** 114; der Verwertungsgesellschaft **65a** 53 ff.
Recht auf Forderungsanmeldung, internationales Insolvenzrecht **110b** 53
Recht, -e, Bindung von Verwaltung und Rechtsprechung an das **1** 20; Dritter, Eingriffe der Bundeswehrverwaltung **1** 87b; Fortgeltung **1** 124 ff.; Verletzung durch öffentl. Gewalt **1** 19
Rechtliches Gehör, Anspruch **1** 103
Rechtsanwalt 98; Ablehnung **98** 44; aus anderem Staat **98** 206 f.; angestellter **98** 46; Antrag **98** 6; anwaltsgerichtl. Ahndung **98** 113 bis 115b; anwaltsgerichtl. Verf. **98** 116 bis 161, 195 ff.; Anwaltsgerichtshof **98** 100 bis 105; Ausnahme von Kanzleipflicht **98** 29; Ausschluss **98** 69; Beiordnung **98** 48; Beistandsleistung **98** 49; Beratung **98** 3; Beratungshilfe **98** 49a; **98b** 3; berufl. Zusammenarbeit **98** 59a; Berufs- und Vertretungsverbot **98** 150 bis 161; Berufsgerichte **97** 123; Berufshaftpflichtversicherung **98** 51; Berufsordnung **98** 59b; **98/1**; besonderes elektronisches Anwaltspostfach **98** 31a; BGH **98** 106 bis 112, 172 f.; Bundesrechtsanwaltsordnung **98**; Darlegungs- und Informationspflichten bei Inkassodienstleistungen **98** 43d; Einreichung von Schutzschriften **98** 49c; Einschaltung eines ausländischen Rechtsanwalts **98/1** 29b; Erfolgshonorar **98** 49b; Erlöschen **98** 13; in der EU **98/1** Anlage; Fachanwalt **98** 43c; Fremdgelderverwaltung **98/1** 4; Gebühren **98/1** 21 ff.; Handakten **98** 50, 56; Honorarvereinbarung **98/1** 21; Insolvenzverwalter **110c** 5; Kanzlei **98** 27; Kanzlei und Zweigstelle **98/1** 5; Mandant **98/1** 11; Mandat **98/1** 11 ff.; Mandatswechsel **98/1** 15; Personalakten **98** 58; Rechte und Pflichten **98** 43 bis 59b; Rücknahme **98** 14; Strafsachen **90c** 23; Tilgung **98** 205a; Unterrichtung **98** 120a; Unterrichtung des Mandanten **98/1** 11; Vereidigung **98** 12a; Vergütung **98** 49b; Verpflichtete nach Geldwäschegesetz **88a** 2; Versagung **98** 45; Verschwiegenheitspflicht **98/1** 2; Vertretung **98** 3, 53; Vertretung im Streitbeilegungsverfahren **107** 13; Vertretungsverbot **98** 114a; Werbung **98** 43b; **98/1** 6 ff.; Zulassung **98** 4 bis 42, 164 ff.; **98a** 3, Gebühren **98** 192; Zustellung von Anwalt zu Anwalt **109** 27; Zustellungsbevollmächtigter **98** 30; Zwangsgeld **98** 57; zwischenanwaltliche Korrespondenz im grenzüberschreitenden Rechtsverkehr **98/1** 29a
Rechtsanwälte, europäische in Deutschland **98/4**
Rechtsanwaltschaft, BGH **98** 162 bis 174; Gesetzgebung **1** 74; Schlichtungsstelle **98** 191 f.
Rechtsanwaltsgesellschaft 98 59c bis 59m; Geschäftsführer **98** 115c

Rechtsanwaltskammer 98 60 bis 91; Aufsicht **98** 62; Berufspflichten **98/1** 24 ff.; BGH **98** 174; Bildung und Zusammensetzung **98** 60; Festsetzung **98** 57; Funktionsfähigkeit, COVID-19 **98c**; Kammerversammlung **98** 85 bis 89; Kosten in Verwaltungsverfahren der Rechtsanwaltskammer **98** 192; Präsidium **98** 78 bis 84; Unterrichtung **98** 120a; Vorstand **98** 63 bis 77
Rechtsanwaltskammerverzeichnis, Berichtigung **98/3** 4; Datensicherheit und Einsehbarkeit **98/3** 8; Einsichtnahme **98/3** 6, über Suchfunktion **98/3** 7; Eintragung **98/3** 3; einzutragende Personen **98/3** 1; Führungspflicht **98/3** 1; Inhalt **98/3** 2; Sperrung und Löschung von Eintragungen **98/3** 5
Rechtsanwaltsordnung 98
Rechtsanwaltsvergütungsgesetz, Geltung für registrierte Personen nach dem Rechtsdienstleistungsgesetz **99a** 4
Rechtsanwaltsverzeichnis 98 31; europäisches **98** 31b
Rechtsauskünfte, Richter **97** 41
Rechtsbehelf, Vollstreckbarerklärung **21e** 50 f.
Rechtsbehelf, -e, Antrag auf Vollstreckbarerklärung **103i** 49; **103k** 49; Belehrung **90e** 142; gegen Entscheidung über Antrag auf Vollstreckbarerklärung **103b** 33; Entscheidung über Rechtsbehelf **103i** 50; **103k** 50
Rechtsbeistand bei Auslieferung **90h** 40; Schutz der Berufsbezeichnung **99a** 6
Rechtsberatende Berufe, Mitteilungen **101a** 2. Teil 5. Abschn. XXIII.
Rechtsberatung 1 74; BeratungshilfeG **98b**
Rechtsberatungsgesetz, Erlaubnisinhaber nach dem **99a** 1; Inhaber **98** 209
Rechtsbeschwerde 90e 291 ff.; Entscheidung **103a** 17; **103q** 14; Frist **103a** 15; int. Erbrechtsverfahren **103p** 10 ff.; int. Familienrechtsverfahren **103n** 28 ff.; in Patentsachen **70** 100 ff.; Statthaftigkeit **103a** 15; Vollstreckungsklauselerteilung **103a** 15 ff.
Rechtsdienstleistung, Befugnis **99** 3; Begriff **99** 2; durch Berufs- und Interessenvereinigungen, Genossenschaften **99** 7; durch nicht registrierte Personen **99** 6 ff.; durch öffentliche und öffentlich anerkannte Stellen **99** 8; durch registrierte Personen **99** 10 ff.; Registrierung **99** 12 ff.; unentgeltliche **99** 6; Untersagung **99** 9; vorübergehende **99** 15
Rechtsdienstleistungsgesetz 99; Anwendungsbereich **99** 1; Aufsichtsmaßnahmen **99** 13e; Bußgeldvorschriften **99** 20; Einführungsgesetz **99a**
Rechtsdienstleistungsregister 99 16 f.
Rechtseinheit, Wahrung **1** 72
Rechtseinschränkungen, Begrenzung **2** 18
Rechtsgrundlage zum Erlass von VOen **1** 80
Rechtsgutachten von Richtern **97** 41
Rechtshängigkeit 21e 17; doppelte **103b** 19
Rechtshilfe 90e 300; Anwaltssachen **98** 99; besondere Formen **90h** 92 ff.; der Bundes- und Länderbehörden **1** 35; für Gemeinsamen Senat oberster Gerichtshöfe **95b** 9; intern. R. **98** 49; internationale in Strafsachen **90h**; für Patentamt und Patentgericht **70** 128; Schutz personenbezogener Daten **90h** 77c ff., 97a ff.
Rechtshilfeverkehr mit dem Ausland **90d** 18
Rechtsmängel bei Waren **50c** 41
Rechtsmittel, Belehrung **90e** 142; Entscheidung **98** 142 ff.; Rücknahme **90e** 152; Strafverfahren **90e** 147 ff.; Verfahren **90e** 153 ff.; Verzicht **90e** 152
Rechtsmittelbegründung 90e 156
Rechtsmittelbelehrung, Entscheidungen in Grundstücksangelegenheiten **40** 20 f.
Rechtsmittelverzicht, Beurkundung **90e** 143
Rechtsnachfolge, Beschränkung **21e** 30; besondere Regelungen **21e** 30
Rechtspflege, Stellung **98** 1 bis 3
Rechtspfleger, Führung des Handelsregisters **50d** 4
Rechtsprechende Gewalt, Ausübung **1** 92; **97** 1
Rechtsprechung 1 92 bis 104; Bindung an Grundrechte **1** 1, an Recht und Gesetz **1** 20; Wahrung der Einheitlichkeit **1** 95, Gesetz **95b**
Rechtsschutzversicherung, Allgemeine Versicherungsbedingungen **62g**; ausgeschlossene Rechtsangelegenheiten **62g** 3; Beginn und Ende des Versicherungsschutzes **62g** 6; Beitragsfreiheit bei Arbeitslosigkeit **62g** Anhang; Beitragszahlung **62g** 7; Gerichtsstand **62g** 9; Leistungsarten **62g** 2; örtlicher Geltungsbereich **62g** 5; Verhalten im Versicherungsfall **62g** 4; Verjährung **62g** 8
Rechtsstaat, Länderverfassungen **1** 28
Rechtsstellung, Mitglieder **97** 58
Rechtsstreit, Wirkungen des Insolvenzverfahrens im internationalen Insolvenzrecht **110b** 18
Rechtssystem, mehrere in einem Staat **21e** 36 f.

Rechtssysteme, verschiedene gebietsbezogene **45h** 36; verschiedene personenbezogene **45h** 37
Rechtsübergang, Marke **72a** 34
Rechtsverordnungen, Ermächtigung zum Erlass **1** 80, 119, 129; Überwachung durch Betriebsrat **82** 80; Verkündung **1** 82; im Verteidigungsfall **1** 115k; Zustimmungsverweigerungsgrund **82** 99
Rechtsvorschriften, Anwendung im Spannungsfall **1** 80a
Rechtswahl, Beendigung des Verfahrens von Amts wegen **21e** 8; Erbsachen **21e** 22; Unzuständigerklärung **21e** 6; Zuständigkeit **21e** 7
Rechtswahlvereinbarung, Einigung **103i** 24; **103k** 24; Formgültigkeit **103i** 23; **103k** 23; materielle Wirksamkeit **103i** 25; **103k** 25
Rechtsweg, Angelegenheiten **97** 60; bei Beschränkung des Postgeheimnisses **1** 10; bei Enteignungsentschädigung **1** 15; nach Opferentschädigungsgesetz **93a** 7; ordentl., wegen Amtspflichtverletzungen **1** 34, bei Enteignungsentschädigung **1** 14; bei Verletzungen durch öffentl. Gewalt **1** 19
Rechtswissenschaft, Studium **97** 5a, 113; Vorbereitungsdienst **97** 5b
Referendar, Ausbildung **98** 59; als Verteidiger **90e** 107; Vorbereitungsdienst **97** 113
Refinanzierungsmaßnahmen 52c 7 ff.
Regelbedarf, Unterhalt **47–47s**
Regelfahrverbot 94a 4
Regelsätze, erhöhte **94a** Tab. 4; Verkehrsordnungswidrigkeiten **94a** Anlage
Regierungsbildung 1 63 f.
Regionale Wirtschaftsstruktur, Mitwirkung des Bundes bei Verbesserung **1** 91a
Register, eingetragene Designs **69** 19, Einsichtnahme **69** 22; Eintragung der Insolvenzeröffnung bei den übrigen Mitgliedstaaten **110b** 29; Marke **72a** 24 ff.; Zentrales Fahrerlaubnisregister **35d** 49 ff.
Registergericht, Mitteilungen **101a** 2. Teil 3. Abschn. VI. 3.
Regress bei Amtspflichtverletzungen **1** 34; gegen Indossanten **54** 15; gegen Scheckverpflichtete **56** 40 bis 48
Rehabilitation, Urlaub **80b** 10
Reichsautobahnen als Bundeseigentum **1** 90
Reichsrecht, Fortgeltung **1** 123
Reichsvermögen, Übergang **1** 134
Reichswasserstraßen, Bundeseigentum **1** 89
Reihenfolge der Vollstreckung von Freiheits- und Ersatzfreiheitsstrafen **90d** 43
Reisegepäck, Schadensersatz für Beschädigung, Verlust oder verspätete Beförderung **36** 44
Reisegepäckversicherung, Allgemeine Versicherungsbedingungen **62e**; Anzeigepflicht des Versicherungsnehmers **62e** 6; Beginn und Ende des Versicherungsschutzes **62e** 8; begrenzt ersatzpflichtige Schäden **62e** 4; Entschädigung **62e** 12; Kündigung nach Versicherungsfall **62e** 18; Obliegenheiten des Versicherungsnehmers **62e** 15; versicherte Gefahren, Ausschlüsse **62e** 3; versicherte Gefahren und Schäden **62e** 2; versicherte Sachen und Personen **62e** 1; Versicherungsschutz in Kfz. **62e** 5; Versicherungswert, Versicherungssumme **62e** 9; zuständiges Gericht **62e** 20
Reisekosten, Abgeordneter **1** 48
REIT-Aktiengesellschaften 57 1; Anmeldung **57** 8; Ausschluss des Immobilienhandels **57** 14; Börsenzulassung **57** 10; Mindesteigenkapital **57** 15; Steuerbefreiung **57** 16 ff.; Vermögens- und Ertragsanforderungen **57** 12; Vor-REIT **57** 2
Rekapitalisierung 52c 7 ff.
Rekapitalisierungsmaßnahmen, Beendigung **52c** 19; Veränderung **52c** 19
Religion, Betriebsverfassung **82** 75
Religionsfreiheit 1 3 f., 140; **2** 9
Religionsgesellschaften 1 140; Strafsachen *s. Geistliche*
Religionsunterricht 1 7, 141
Religiöse Eidesformel 1 56, 140
Religiöse Kindererziehung 45k
Religiöses Bekenntnis, kein Einfluss auf Rechte und Pflichten **1** 33; Entscheidungsrecht des Kindes **45k** 5
Rentenberater, Vergütung **99** 13d
Rentenberatung 99 10; besondere Sachkunde **99** 11
Rentenversicherung, geringfügig Beschäftigte **78a** 2
Repräsentationen Vereinbarungen 65a 44; Zwang **65a** 69
Republik, Deutschland als **1** 20, 28
Restmandat, Betriebsrat **82** 21b
Restrukturierungsbeauftragter 110e 73 ff.; Aufgaben **110e** 76, 79; Bestellung **110e** 74, und Rechtsstellung **110e** 78; Bestellung von Amts wegen **110e** 73; Festsetung der Vergütung **110e** 82; Rechtsstellung **110e** 75; Regelvergütung **110e** 81; Vergütung **110e** 80 ff., in besonderen Fällen **110e** 83; Vergütungsanspruch **110e** 80
Restrukturierungsfähigkeit 110e 30
Restrukturierungsforderungen, bedingt oder nicht fällig **110e** 3

Restrukturierungsforum, Verordnungsermächtigung **110e** 87
Restrukturierungsplan, Änderung sachenrechtlicher Verhältnisse **110e** 13; Anhörung **110e** 61; Annahmefrist **110e** 19; Antrag, Bestätigungsverfahren **110e** 60; ausgenommene Rechtsverhältnisse **110e** 4; beizufügende Erklärungen **110e** 15; Beschluss, Sofortige Beschwerde **110e** 66; Bestätigungsverfahren **110e** 60 ff.; Checkliste **110e** 16; Entscheidung, Bekanntgabe **110e** 65; Ergebnis- und Finanzplan **110e** 14; Erklärung zur Bestandsfähigkeit **110e** 14; Erörterung- und Abstimmungstermin **110e** 45; gestaltbare Rechtsverhältnisse **110e** 2; Gestaltender Teil **110e** 7; Gliederung **110e** 5; neue Finanzierung **110e** 12; notwendige Angaben **110e** Anlage; Planüberwachung **110e** 72; Vermögensübersicht **110e** 14; Versagung der Bestätigung **110e** 63; Vorprüfung, Antrag **110e** 47, Verfahren **110e** 48; Vorprüfungstermin **110e** 46; Wirkungen **110e** 67 f.
Restrukturierungssache, Anwendbarkeit der Zivilprozessordnung **110e** 38; Aufhebung **110e** 33; Berechnung von Fristen **110e** 91; Beteiligungsrechte nach dem Betriebsverfassungsgesetz **110e** 92; einheitliche Zuständigkeit **110e** 36; Gläubigerbeirat **110e** 93; Planfolgen und Planvollzug **110e** 90; Rechtshängigkeit, Vornahme von Rechtshandlungen **110e** 89
Restrukturierungssachen, öffentliche Bekanntmachung, Verordnungsermächtigung **110e** 86
Restrukturierungsverfahren, Schuldnerpflichten **110e** 32
Restrukturierungsvorhaben, Anzeige **110e** 31
Restrukurierungsgericht, Anzeige der Zahlungsunfähigkiet, Strafvorschrift **110e** 42; Gruppen-Gerichtsstand **110e** 37; örtliche Zuständigkeit **110e** 35; Rechtsmittel **110e** 40; sachliche Zuständigkeit **110e** 34; Verfahrensgrundsätze **110e** 39; Verordnungsermächtigung **110e** 34
Revision, Entscheidungen **98** 145 f.; durch Staatsanwaltschaft **90e** 159 ff.; Verf. **97** 80 ff.
Revisionsverfahren, Aktenübersendung **90e** 163 ff.; Strafsachen **90e** 159 ff.
Rheinland-Pfalz 1 127; Schlichtungsgesetz **104h**; Sondervorschr. **98a** 116
Richter 1 97 f.; **97**; Abordnung **97** 29, 37; Altersgrenze **97** 48, 76; Altersteilzeit **97** 76e; Amtsenthebung **97** 30; Ausnahmegerichte unzulässig **1** 101; Beendigung **97** 24; Bezeichnung **97** 45a; Bundesdienst **97** 46 bis 70; BVerfG **1** 115h; **97** 69 f., 120a; Dienstaufsicht über **97** 26; Dienstgerichte **97** 61 bis 68, 77 ff.; Dienstherr **97** 3; Disziplinarverfahren **97** 61 ff., 77 ff.; Disziplinarverfügung **97** 64; Eid **97** 21, 38; Entlassung **97** 21 ff.; Ernennung **97** 11 f., 17; Freistellung **97** 76d; Führung des Handelsregisters **50d** 4; Haftbefehl durch **1** 104; Landesdienst **97** 71 bis 84; Mandatsniederlegung **97** 17a; Mitglied **97** 121; Mitteilungen an Anstaltsleiter **91a** 7; Mitteilungspflicht **90c** 1 ff.; Nebentätigkeit **97** 40 bis 42; Nichtigkeit **97** 18; der obersten Gerichtshöfe des Bundes **1** 95; rechtsprechende Gewalt **1** 92; Richterverhältnis **97** 8 bis 24; Rücknahme **97** 19; Ruhestand **97** 48, 76; Schiedsrichter **97** 40; Schlichter **97** 40; Teilzeitbeschäftigung **97** 48a bis d, 62, 78; Unabhängigkeit **97** 25 bis 37, 39; Versetzung **97** 30 ff., 65, 83; Vorführung Festgenommener **1** 104; Wählbarkeit **1** 137; Wahrnehmung **97** 4; Zuständigkeit für Vollzug der Untersuchungshaft **91a** 2
Richter auf Lebenszeit, Besetzung **97** 28; Ernennung **97** 10
Richter auf Probe 97 8; Besetzung **97** 29; Entlassung **97** 22; Ernennung **97** 12; Verwendung **97** 13
Richter auf Zeit, Ernennung **97** 11
Richter kraft Auftrags 97 8; Besetzung **97** 29; Entlassung **97** 23; Ernennung **97** 14; Verwendung **97** 15 f.
Richteramt, Befähigung **97** 5 bis 7, 9, 109; **98** 4 f.; Bund und Ländern **97** 1 bis 45a; Übertragung **97** 27
Richtergesetz 1 98; Deutsches **97**
Richterrat, Richtervertretung **97** 49 ff., 72 f.
Richterverhältnis 97 8 bis 24; Strafsachen **90c** 15
Richtervertretungen 97 49 bis 60
Richtervorlage an das BVerfG **90e** 190, 297
Richterwahlausschuss 1 95
Richtlinien, Bußgeldverfahren **90e**; **90e** 269 ff.; der Politik **1** 65; Strafverfahren **90e**
Rückforderung der Erstattung der Entgeltfortzahlung **80a** 4; von Leistungen an den Wohnraumvermittler **31** 5
Rückgabe von Kindern **103l** 8 ff., Einschränkungen **103l** 36, sofortige **103l** 12
Rückgabe des Kindes, Entscheidungen über, Vollstreckbarkeit **103b** 42
Rückgriff beim Scheck mangels Zahlung **56** 40 bis 48; beim Wechsel mangels An-

nahme **54** 43 bis 54, mangels Zahlung **54** 43 bis 54
Rücknahme eines Angebots **50c** 15; der Annahme **50c** 22; Betäubungsmittelrecht **86** 10; der Erlaubnis zur Arbeitnehmerüberlassung **84a** 4; vom Markt **75** 7; des Patents **70** 24; von Rechtsmitteln **90e** 152; Zulassung **98** 14
Rückruf des Produkts **75** 7
Rücktritt vom Verlagsvertrag **66** 30
Rückverweisung 21e 34; Ausschluss **103i** 32; **103k** 32
Rückwechsel 54 52
Rückwirkung, keine R. von Strafgesetzen **1** 103
Rückzahlung von Unterhaltsleistungen **45d** 5
Rügelose Einlassung, Zuständigkeit **21e** 9; **103i** 8; **103k** 8
Ruhepausen, Begriff **78** 4; Tarifvertrag abweichender **78** 7
Ruhezeit, Begriff **78** 5; Tarifvertrag abweichender **78** 7
Rundfunk, freie Berichterstattung **1** 5, 18; Hauptverhandlung **90e** 129; Ruhezeit **78** 5; Unterrichtung **90e** 23
Rüstungsproduktion 1 26

Saarland, Berechnungsverordnung **30b** 49; Schlichtungsgesetz **104e**
Saatgut, Gesetzgebung **1** 74
Sacheinlage, verdeckte **52c** 17
Sachkenntnis, Betäubungsmittel **86** 6
Sachkundige Arbeitnehmer, Betriebsrat **82** 80
Sachlicher Grund, vorläufige personelle Maßnahme **82** 100 f.
Sachsen, Schiedsstellen- und Schlichtungsgesetz **104k**
Sachsen-Anhalt, Schiedsstellengesetz **104f**; Schlichtungsgesetz **104f**
Sachverständige 90e 69 ff.; Betriebsverfassung **82** 80; Entschädigung **88b** 405; in Kraftfahrzeugsachen **35b** 19; Presseangelegenheiten **90e** 254; Strafsachen **90c** 24
Sachwalter, Vergütung **110c** 12
Saisonbetriebe, abweichende Arbeitszeit **78** 15
Sammelurkunde 59 9a
Sammelverfahren 90e 25 ff.
Sammelverwahrung, Ansprüche der Miteigentümer **59** 8; von Wertpapieren **59** 5
Sammelwerk 66 4, 19, 25, 41 ff.
Sanierungsmoderation 110e 94 ff., 96
Sanierungsmoderator, Abberufung **110e** 99; Antrag **110e** 94; Bestellung **110e** 95; Vergütung **110e** 98
Sanierungspläne, Vorschlagsrecht des Verwalters **110b** 47
Sanierungsvergleich, Bestätigung **110e** 97
Schadensersatz, Amtspflichtverletzung **98a** 19; bei Amtspflichtverletzung **1** 34; Anwaltsverhältnis **98** 51 f.; eingetragenes Design **69** 42, 45; Forderungsübergang bei Entgeltfortzahlung **80** 6; Gebrauchsmuster **71** 24; beim internationalen Warenkauf **50c** 74 ff.; Körperverletzung **36** 33, 44; Patent **70** 139; für Strafverfolgungsmaßnahmen **93** 1 f.; Tötung **36** 33, 44; wegen ungerechtfertigter Zwangsvollstreckung **103a** 28; **103o** 69; **103p** 26; wegen Unterlassener unverzüglicher Veröffentlichung von Insiderinformationen **58** 97; wegen Veröffentlichung unwahrer Insiderinformationen **58** 98
Schadensersatzpflicht, Gläubiger **103q** 26; beim Verlagsvertrag **66** 31, 35
Schadensfreiheitsrabatt-System, Kfz-Versicherung **62f** I
Schädlinge, Schutz von Pflanzen **1** 74
Scheck, abhanden gekommener **56** 21, 59; abweichende Schecksumme **56** 9; Änderung des **56** 51; keine Annahme **56** 4; Aushändigung des quittierten **56** 34, 47; ausländisches Recht **56** 60 bis 66; Bereicherungshaftung **56** 58; Bezogener **56** 3, 35; Blankoindossament **56** 16 f.; Blankoscheck **56** 13; Einwendungen des Scheckverpflichteten **56** 22; falscher **56** 10; fehlende Bestandteile **56** 2; in fremder Währung **56** 36; Garantiefunktion **56** 18; gutgläubiger Erwerb **56** 21; Guthabenklausel **56** 3; Haftung des Scheckausstellers **56** 12, des Scheckverpflichteten **56** 44; Indossierung **56** 14 bis 24; Inhaberscheck **56** 5, 20; Inhalt **56** 1; Kraftloserklärung **56** 59; Kreuzung **56** 37 f.; an eigene Order **56** 6; Orderscheck **56** 14; Protest **56** 40 f., 59; für Rechnung eines Dritten **56** 6; Recht auf Teilzahlung **56** 34; Regressrechte **56** 40 bis 48; Rektascheck **56** 14; Tod des Ausstellers **56** 33; Transportfunktion **56** 17; Übertragung **56** 14 bis 24; ungültige Unterschrift **56** 10; Verjährung **56** 52 f.; Verrechnungsscheck **56** 39; Vorlegung **56** 28 bis 31; Widerruf **56** 32; Zahlungsempfänger **56** 5; Zahlungsort **56** 8; Zahlungszeit **56** 28 bis 31; Zinsvermerk **56** 7
Scheckbürgschaft 56 25 bis 27
Scheckduplikat 56 49 f.
Scheckgesetz 56
Scheckprotest 109 172 ff.; Erlass **56** 43; *s. Wechselprotest*
Scheckregressverfahren, Benachrichtigung **56** 42

Schecksumme 56 45 f.
Scheckvermutung 56 19
Schichtarbeit, Gestaltung **78** 6; Nachtarbeit **78** 2; Tarifvertrag abweichender **78** 12; Verlängerung durch Behörde **78** 15
Schiedsamt 104d 44
Schiedsgericht, Vertretung **98** 3
Schiedsgerichtsbarkeit, internationale **1** 24
Schiedsrichter, Nebentätigkeit **97** 40
Schiedsstelle, Allgemeine Verfahrensregeln **65a** 95; Antrag **65a** 92 ff.; Aufbau und Besetzung der Schiedsstelle **65a** 125; Aufklärung des Sachverhalts **65a** 104; Aufsicht **65a** 125; Ausschließung und Ablehnung von Mitgliedern der Schiedsstelle **65a** 127; Aussetzung des Verfahrens **65a** 103; Berechnung von Fristen **65a** 96; Beschlussfassung der Schiedsstelle **65a** 126; Beteiligung von Verbraucherverbänden **65a** 116; Einigungsvorschlag der Schiedsstelle; Widerspruch **65a** 105; Einstweilige Regelungen **65a** 106; Empirische Untersuchung zu Geräten und Speichermedien **65a** 114; Entscheidung über die Kostenpflicht **65a** 121; Entscheidung über Einwendungen **65a** 120; Fälligkeit und Vorschuss **65a** 118; Festsetzung der Kosten **65a** 122; Gütliche Streitbeilegung; Vergleich **65a** 102; Kosten des Verfahrens **65a** 117; für Leistungen des Jugendamts **46** 78g; Schadensersatz **65a** 108; Schriftliches Verfahren und mündliche Verhandlung **65a** 99; Sicherheitsleistung **65a** 107; Streitfälle über Gesamtverträge **65a** 110; Streitfälle über Rechte der Kabelweitersendung **65a** 111; Verfahren bei mündlicher Verhandlung **65a** 100; Verfahrenseinleitender Antrag **65a** 97; Verwertung von Untersuchungsergebnissen **65a** 115; VVG **65a** 1 ff.; Zurücknahme des Antrags **65a** 98; Zuständigkeit für empirische Untersuchungen **65a** 93; Zuständigkeit für Streitfälle nach dem Urheberrechtsgesetz und für Gesamtverträge **65a** 92; Zuständigkeit für Streitfälle über die gebietsübergreifende Vergabe von Online-Rechten an Musikwerken **65a** 94
Schiedsstellengesetz, Mecklenburg-Vorpommern **104i**; Sachsen **104k**; Sachsen-Anhalt **104f**; Thüringen **104l**
Schiedsvereinbarungen 58 101
Schiffe, Pfändung von **109** 84
Schifffahrt 1 73 f., 87, 89; Betriebsverfassung **82** 114; Bordvertretung **82** 115; MitbestG **82a** 34; MontanMitbestErgG **82c** 10a; Straftaten **90e** 245 ff.
Schiffsregistersachen, Mitteilungen **101a** 2. Teil 4. Abschn. XXII.
Schleswig-Holstein, Schlichtungsgesetz **104g**
Schlichter, Nebentätigkeit **97** 40
Schlichtung, Streitigkeiten Fluggäste gegen Luftfahrtunternehmen **36** 57 ff.
Schlichtungsgesetz, Baden-Württemberg **104**; Bayern **104a**; Brandenburg **104b**; Hessen **104c**; Mecklenburg-Vorpommern **104i**; Niedersachsen **104i**; **104j**; Rheinland-Pfalz **104h**; Saarland **104e**; Sachsen **104k**; Sachsen-Anhalt **104f**; Schleswig-Holstein **104g**
Schlichtungsstelle, Benachteiligungsverbot **82** 78; Geheimhaltungspflicht (BetrVG) **82** 79; der Rechtsanwaltschaft **98** 191 f.
Schlichtungsvorschlag, Streitbeilegungsverfahren **107** 19
Schlussvortrag des Staatsanwalts **90e** 138
Schmuggel 88b 373
Schöffen, ehrenamtl. Richter **97** 45a; Strafsachen **90c** 17
Schriften, freie Meinungsäußerung **1** 5, 17a, 18; gewaltverherrlichende **90e** 223 ff.; jugendgefährdende **90e** 223 ff.; pornographische **90e** 223 ff.; staatsgefährdende **90e** 208; Verwendung eingezogener **90d** 81
Schriftform für Patentanmeldung **70a** 3; Wohn- und Betreuungsvertrag **30a** 6
Schriftführer des Bundestages **1** 40
Schriftlichkeit im Sinne des CISG **50c** 13
Schriftstück, Abschrift des zugestellten **103c** 10; Annahmeverweigerung **103c** 8; Entgegennahme **103c** 6; konsularische oder diplomatische Zustellung **103c** 13; Nichteinlassung des Beklagten **103c** 19; Übermittlung **103c** 4, 16, zur Zustellung **103c** 1; Übermittlungs- und Empfangsstellen **103c** 2; Übersetzung **103c** 5; unmittelbare Zustellung **103c** 15; Zustellung **103c** 7; Zustellung per Post **103c** 14
Schriftverkehr, Untersuchungshaft **91a** 28 ff.
Schulden des Deutschen Reiches **1** 135a
Schuldner der Kosten nach Patentkostengesetz **70b** 4; Sicherheitsleistung **103q** 16
Schuldner in Eigenverwaltung, Begriffstbestimmungen (EU) 2015/8 **110b** 2
Schuldnerhaftung, Restrukturierungsplan **110e** 11
Schuldnerpflichten, Restrukturierungsverfahren **110e** 32
Schuldverschreibungen iSd DepotG **59** 1; nachrangige **52c** 8; Wertpapiere **58** 2
Schulsozialarbeit 46 13a
Schulungs- und Bildungsveranstaltungen, Betriebsverfassung **82** 37
Schulwesen 1 7

Schutz des Kerns privater Lebensgestaltung **90f** 3a, 5a; von Kindern **45h**; von zeugnisverweigerungsberechtigten Personen **90f** 3b; der Zivilbevölkerung, Gesetzgebung **1** 73
Schutzmaßnahme 45m 34
Schutzmaßnahmen 45m 1; **79** 10
Schutzvorschriften 45h 1
Schwangerschaft, Aufklärung **85e** 1; Beratung **85e** 2; Beratungsstelle **85e** 3
Schwangerschaftsabbruch in besonderen Fällen, Berechtigte **85e** 19, Kostenerstattung **85e** 22, Leistungen **85e** 20, Rechtsweg **85e** 23, Verfahren **85e** 21; Bundesstatistik **85e** 15, Auskunftspflicht **85e** 18; Bußgeld **85e** 14; Einrichtungen **85e** 13; Informationen **85e** 13a; unverschuldete Arbeitsunfähigkeit **80** 3; Weigerung **85e** 12
Schwangerschaftskonfliktberatung, Bescheinigung **85e** 7; Durchführung **85e** 6; Inhalt **85e** 5
Schwangerschaftskonfliktberatungsstellen 85e 8; Anerkennung **85e** 9; Berichtspflicht und Überprüfung **85e** 10; Dokumentations- und Berichtspflicht **85e** 33
Schwangerschaftskonfliktgesetz 85e
Schwarmfinanzierungsdienstleister 58 32b ff.
Schwarzarbeit, Gesetz zur Bekämpfung der – **94b**; Mitteilungspflicht **90c** 48; Ordnungswidrigkeit **94b** 8; Prüfung durch Behörden **94b** 2 ff.; Übermittlung personenbezogener Daten an Mitgliedstaaten der EU **94b** 6a
Schwarzarbeitsbekämpfungsgesetz, Mitteilungen **101a** 2. Teil 1. Abschn. I. 5.
Schwarzflug 36 33
Schweigepflicht, Richter **97** 43
Schwerbehinderte, Betriebsrat **82** 80
Schwerbehindertenvertretung, Aussetzung von Betriebsratsbeschlüssen **82** 35; Einladung zu Betriebsratssitzungen **82** 29; Teilnahme an Betriebsratssitzungen **82** 32
Seebetriebsrat, außerordentliche Kündigung **82** 103; Benachteiligungsverbot **82** 78; Bildung **82** 116; Geheimhaltungspflicht (BetrVG) **82** 79; Versetzung **82** 103
Seelsorge in öffentl. Anstalten **1** 140
Seeschifffahrt 1 89
Seeverschollenheit 45 5
Seewasserstraßen 1 74
Sehteststelle 35d 67
Sehvermögen, Fahrerlaubnis **35d** 12
Sekundärinsolvenzverfahren 110b 3, 34 ff.; Anwendbares Recht **110b** 35; Eröffnung **110b** 34
Sekundawechsel 54 64
Selbstanzeige, Steuerhinterziehung **88b** 371
Selbstbehalt des Unterhaltspflichtigen **47–47s**
Selbstbestimmung, freie S. des deutschen Volkes **1** Präambel
Selbstständiges Verfahren, Verfall, Entziehung **90e** 180
Selbsttötung, kapitalbildende Lebensversicherung **62h** 5
Selbstverwaltung der Gemeinden **1** 28
Senate, BGH **98** 106 ff.
Seuchen, Gesetzgebung **1** 74
Seuchengefahr, Grundrechtsbeschränkung **1** 11, 13
Sexualstraftat 90e 220 ff.
Sexuelle Handlung, ProstitutionsG **29a**
Sicherheit, System kollektiver **1** 24
Sicherheitsbeauftragter, Betriebsrat (Zusammenarbeit) **82** 89
Sicherheitsleistung 32a 2; Abwendung der Zwangsvollstreckung **103p** 16; bei Bauleistungsvertrag **32c** 17; des Bundes **1** 115; keine **21e** 57; in Landwirtschaftssachen **39a** 30; durch Schuldner **103q** 16; Verordnung Brüssel IIa (EheVO) **103b** 51; vorläufige Kontenpfändung **103h** 12; bei Zwangsvollstreckung **103a** 20
Sicherheitsmaßnahmen 21e 54
Sicherheitsrecht 2 5
Sicherheitsvorschriften, Zutrittsrecht (BetrVG) **82** 2
Sicherstellungsersuchen 90h 94 ff.
Sicherung und Erhaltung des Schuldnervermögens **110b** 52
Sicherungshaft 91 171 bis 175
Sicherungsmaßnahme 21e 19
Sicherungsmaßnahmen 103 35, 40; Betäubungsmittel **86** 15; Jugendarrest **91c** 22
Sicherungsmaßregeln, Beschränkung **103p** 15 ff.; bei Zwangsvollstreckung **103a** 18 ff.
Sicherungspflicht des Bauträgers **32a** 3
Sicherungsregister 113 4
Sicherungsverwahrung 91 129 bis 135; strafvollzugsbegleitende gerichtliche Kontrolle **91** 119a; Vollstreckung **90d** 44
Sicherungsvollstreckung 109 49
Sichtwechsel 54 2, 5, 34, 44, 52 bis 54, 76
Siedlungsunternehmen, Vorkaufsrecht **40** 35
Siedlungswesen 1 74
Sitzungen des Bundestages **1** 39, 42 f.
Sitzungsberichte 1 42
Sklaverei, Verbot **2** 4
Sofortige Beschwerde, Spruchverfahrensgesetz **51b** 12

Solawechsel 54 64
Soldaten, Beschränkung der Wählbarkeit **1** 137; Beschwerden, Disziplinarverfahren **1** 96; Grundrechtseinschränkung **1** 17a; Strafsachen **90c** 19; verurteilte **90d** 47
Sonderausgabe eines literarischen Werkes **66** 4
Sonderfälle, Vollstreckbarkeit **103q** 7
Sondergerichte 1 101
Sonderverwahrung von Wertpapieren **59** 2
Sonderzuwendung, Entgeltfortzahlung **80** 4a
Sonntag, Schutz **1** 140
Sonntagsbeschäftigung, Ausgleich **78** 11; Ausnahmen **78** 10; Begriff **78** 9
Sorgerecht 45m 3 ff.; Entscheidung über **103l** 16 ff., Vollstreckbarerklärung **103m** 7, Vollstreckung **103m** 4; Wiederherstellung **103m** 8; **103n** 33
Sorgerechtsübereinkommen, Europäisches **103m**, Sonderregelungen **103n** 19
Sorgeregister, Jugendamt **46** 58a
Sortenschutzsachen, Gebühren des Vertreters **70c** 3c
Souveränität, Beschränkung **1** 24
Soziale Angelegenheiten, Mitbestimmung **82** 87
Soziale Auswahl, Kündigung **82** 102
Sozialeinrichtungen, freiwillige Betriebsvereinbarungen **82** 88; Mitbestimmung **82** 87
Sozialer Bundesstaat 1 20
Sozialer Rechtsstaat, Länderverfassungen **1** 28
Sozialgerichtsbarkeit, oberster Gerichtshof des Bundes **1** 95
Sozialgesetzbuch Achtes Buch, Kinder- und Jugendhilfe **46**
Sozialhilfe, Gesetzgebung **1** 74
Sozialisierung 1 15, 74
Sozialleistungen als unterhaltsrechtliches Einkommen **47–47s**
Sozialleistungsempfänger, Schwarzarbeit **94b** 1
Sozialplan, Grundsätze **82** 112 f.; Neugründung **82** 112a
Sozialrecht, Fachanwalt **98/2** 11
Sozialtherapeutische Anstalt, Verlegung in **91** 6 f., 9, 199; als Vollzugsanstalt **91** 123 bis 126
Sozialversicherung 1 74, 87; Zuschüsse des Bundes **1** 120
Sozialversicherungsbeiträge, Einbehaltung im Strafvollzug **91** 195
Sozietät 98/1 30 ff.
Spannungsfall, Aufgaben der Streitkräfte **1** 87a; Feststellung **1** 80a
Sparkassen, Anwendung des DepotG **59** 41
Spartenbetriebsrat, Tarifvertrag/Betriebsvereinbarung **82** 3
Spezialkommission zur Prüfung der praktischen Durchführung des Übereinkommens **45h** 42
Spielbanken, Abgaben **1** 106; Verpflichtete nach Geldwäschegesetz **88a** 2
Spitzenorganisationen, Schulungsveranstaltungen (BetrVG) **82** 37; Tarifvertragsabschluss **81** 2
Sprecherausschüsse, Zuordnung von leitenden Angestellten **82** 44a
Sprengstoffrechtliche Bescheinigung, Strafsachen **90c** 36 f.
Sprengstoffsachen 90e 256
Spruchverfahren, Antrag **51b** 3 ff.; gemeinsamer Vertreter **51b** 6; gerichtliche Entscheidung **51b** 11 ff.; gütliche Einigung **51b** 11; Kosten **51b** 15; mündliche Verhandlung **51b** 7 f.; sofortige Beschwerde **51b** 12; Zuständigkeit **51b** 2; Zuständigkeit bei Leistungsklage **51b** 16
Spruchverfahrensgesetz 51b; Anwendungsbereich **51b** 1
Staat, Haftung für Beamte **1** 34; und Kirche **1** 140
Staatenlose 1 16
Staatenlosigkeit 1 16
Staatsangehörigkeit 1 16, 73, 116
Staatsanwalt, Aktenversendung **90e** 12; Disziplinarverf. **97** 122; Ermittlungsverfahren **90e** 1 ff.; Ernennung **97** 12, 122; Mitteilungen an Anstaltsleiter **91a** 7; Schlussvortrag **90e** 138; Todeserklärung **45** 22; Überlassen einzelner Maßnahmen bei Untersuchungshaft **91a** 3
Staatsanwaltschaft, Einbeziehung von Ordnungswidrigkeiten **90e** 273 ff.; Mitteilungspflicht **90c** 1 ff.; Revision **90e** 159 ff.; Unterrichtung **98** 120a; **101a** 2. Teil 3. Abschn. VI. 2.; Zusammenarbeit mit Verwaltungsbehörden **90e** 272
Staatsaufsicht über Schulen **1** 7
Staatsbürgerliche Rechte und Pflichten **1** 1 bis 19, 33
Staatsform der BRD **1** 20
Staatsgeheimnis, Geheimhaltung **90e** 213
Staatshaftung 1 34, 74
Staatskasse, Entschädigung für Strafverfolgungsmaßnahmen **93** 15
Staatskirche 1 140
Staatsleistungen an Religionsgesellschaften **1** 140
Staatsorgane, Verunglimpfung **90e** 209
Staatsprüfungen, Erwerb **97** 113
Staatsschutz, Strafsachen **90e** 202 ff.

Staatsschutzkammer, Zuständigkeit **90e** 204
Staatsschutz-Strafsachen, Gerichtsbarkeit **1** 96
Staatsverträge 1 32, 59, 79; Fortgeltung alter **1** 123
Stabilisierungs- und Restrukturierungsrahmen, Übergang **110e** 100
Stabilisierungsanordnung, Anordnungsdauer **110e** 53; Antrag **110e** 50; Aufhebung und Beendigung **110e** 59; Finanzsicherheiten **110e** 56; Folgenordnung und Neuanordnung **110e** 52; Haftung der Organe **110e** 57; Liquidationsnetting **110e** 56; des Restrukurierungsgerichts **110e** 49; Voraussetzungen **110e** 51; Zahlungs- und Abwicklungssysteme **110e** 56
Stabilisierunsgmaßnahmen 52c 7e f.; Zusammenhang **52c** 7e
Standardformulare, Erstellung und Änderung **110b** 88
Standesamtsvorbehalt, Eheschließung **113** 11
Standesaufsicht *s. Aufsicht*
Standesbeamte 113 2; Mitteilungspflicht an Jugendamt **46** 57
Stellenbesetzung bei Bundesbehörden **1** 36
Stellvertreter des Bundeskanzlers **1** 69
Stempelabgaben, keine **21e** 58
Sterbefallmitteilung 98a 78e
Sterberegister 45 22a; **113** 3, 31, *s. a. Register*
Sterbeurkunde 113 60, *s. a. Brüssel I*
Sterilisation, unverschuldete Arbeitsunfähigkeit **80** 3
Steueraufkommen 1 105 bis 108
Steuerberater, Strafsachen **90c** 24
Steuererstattungsanspruch, unzulässiger Erwerb **88b** 383
Steuerfahndung 88b 404
Steuergefährdung 88b 379
Steuergeheimnis 88b 30
Steuergesetz, Verstoß **90e** 266 f.
Steuerhehlerei 88b 374
Steuerhinterziehung 88b 370; Selbstanzeige **88b** 371
Steuern, Gesetzgebung **1** 105
Steuerordnungswidrigkeiten 88b 377; Mitteilung **101a** 2. Teil 1. Abschn. I. 7.
Steuerpflichtiger, Schwarzarbeit **94b** 1
Steuerrecht, Fachanwalt **98/2** 9
Steuerstrafrecht 88b
Steuerstraftaten 88b 369; Absehen von Verfolgung in besonderen Fällen **88b** 398a; Eigentumsübergang **88b** 394; Ermittlungsverfahren **88b** 397 ff.; Finanzbehörde **88b** 386 ff.; Mitteilung **101a** 2. Teil 1. Abschn. I. 7.; Verteidigung **88b** 392; zuständiges Gericht **88b** 391
Steuervergütungsanspruch, unzulässiger Erwerb **88b** 383
Steuerverkürzung, leichtfertige **88b** 378
Stiefkindadoption, verpflichtende Beratung **45i** 9a
Stiftungen, kirchliche **1** 140
Stimmen der Länder im Bundesrat **1** 51
Stimmrecht bei Absonderanwartschaften **110e** 24; bei Anteils- oder Mitgliedschaftsrechten **110e** 24; bei Restrukturierungsforderungen **110e** 24
Stimmrechte, Mitteilung der Veränderung an das Unternehmensregister **58** 33 ff.
Stimmrechtsanteile bei börsennotierten Gesellschaften **58** 1
Straf- und Bußgeldsachen, Zustellungen **109** 28
Straf- und Bußgeldvorschriften, Adoptionsvermittlungsgesetz **45i** 14–14b
Strafaktenübermittlungsverordnung 90g
Strafantritt, Ladung zum **90d** 27
Strafarrest 91 167 bis 170
Strafbarkeit, Voraussetzungen **1** 103
Strafbefehl, Erlass **88b** 400; Mitteilungspflicht **90c** 1 ff.; Verfahren **88b** 406
Strafbefehlsverfahren 90e 175 ff.
Strafbeginn 90d 38
Strafgerichte für Streitkräfte **1** 96
Strafprozess 1 74
Strafrecht 1 101 bis 104; Fachanwalt **98/2** 13; Gesetzgebung **1** 74
Strafrest, Berechnung **90d** 40
Strafsachen, Abgeordneter **90e** 191 ff.; Akteneinsicht **90e** 182 ff.; Beistandsleistung **98** 49; Berufungsverfahren **90e** 158 f.; Deutscher Bundestag **90e** 191 ff.; Europäisches Parlament **90e** 191 ff.; internationale Rechtshilfe **90h**; gegen Jugendliche **90c** 33; Mitteilungen **90c**; Pflichtverteidigung **98** 49; Revisionsverfahren **90e** 159 ff.
Straftat, -en im Arbeitsverhältnis **90c** 16; Auslieferung wegen **90h** 2 ff.; im Beamtenverhältnis **90c** 15; Betäubungsmittelrecht **86** 29 ff.; **86a** 16; Gewinne aus **88a**; in der Sitzung begangene, Mitteilungen **101a** 2. Teil 1. Abschn. I. 6.; militärische, Auslieferung an das Ausland **90h** 7; politische, Auslieferung an das Ausland **90h** 6; im Richterverhältnis **90c** 15; im Soldatenverhältnis **90c** 19; im Zivildienstverhältnis **90c** 21
Strafurteile, Entschädigung **93** 1
Strafverfahren, Richtlinien **90e**; Verhältnis zum Besteuerungsverfahren **88b** 393

Strafverfolgung von Abgeordneten **1** 46
Strafverfolgungsbehörde, Mitteilungen an das Jugendamt **46a** 5
Strafverfolgungsmaßnahmen in der DDR, Entschädigung **93** 16a; Gesetz über Entschädigung für **93**
Strafvollstreckung, Maßnahmen zur Sicherung der **90d** 34; Unterbrechung bei Vollzugsuntauglichkeit **90d** 45 f.; und Untersuchungshaft **91** 122; Verhältnis zu Untersuchungshaft **91a** 91
Strafvollstreckungsordnung **90d**; Geltungsbereich **90d** 1
Strafvollzug, Einbehaltung von Beitragsteilen **91** 195; Haftkostenbeitrag **91** 50; Sozial- und Arbeitslosenversicherung **91** 195
Strafvollzugsgesetz 91
Strafvorschriften, Ersatzmuttervermittlung **45i** 14b
Strafzeit, Anrechnung im Ausland erlittener Freiheitsentziehung **90d** 39a, von Untersuchungshaft **90d** 39; Berechnung **90d** 37, bei Gesamtstrafen **90d** 41, des Strafrestes **90d** 40; gerichtliche Entscheidung über **90d** 42; Strafbeginn **90d** 38
Straßen, Erhebung und Verteilung von Benutzungsgebühren **1** 74; Verwaltung **1** 74, 90
Straßengüterverkehrsteuer 1 106
Straßentransport, Arbeitszeit für Beschäftigte im **78** 21a
Straßenverkehr 1 74; eingeschränkte Zulassung **35d** 2; Fahrzeugzulassung **35b** 16 f.; Straftaten **90e** 243 f.; Zulassung *s. Fahrerlaubnis*
Straßenverkehrsordnung, Bußgeldsätze **94a** Anlage
Straßenverkehrs-Zulassungs-Ordnung **35b**; Ausnahmen **35b** 70; Ordnungswidrigkeiten **35b** 69a; technische Festlegung **35b** 72; Übergangsbestimmungen **35b** 72; Zuständigkeiten **35b** 68
Streitbeilegungsverfahren 107 11 ff.; Ablehnungsverfahren **107** 14; Mediation **107** 18; Schlichtungsvorschlag **107** 19; Verfahrensdauer **107** 20; Vertretung durch Rechtsanwalt **107** 13
Streitige Restrukturierungsforderungen und Ausfallforderungen **110e** 70
Streitigkeiten, öffentl.-rechtl. **1** 93, 99 f.; zwischenstaatl. **1** 24
Streitkräfte, Befehls- und Kommandogewalt **1** 65a, 115b; des Bundes **1** 17a, 87a f., 96; Einsatz bei Unglücksfällen **1** 35
Streitmittler 107 6
Streitschlichtung, außergerichtliche **104**
Streitwertbegünstigung 75 22
Studentenheim, Anwendung der Heizkostenverordnung **30c** 11
Studium, Rechtswissenschaft **97** 5a
Stundensatz von Betreuern **49b** 4
Stundung der Abfindung für Miterben **40** 16
Sturmschaden, Hausratversicherung **62c** A 1, A 5; Wohngebäudeversicherung **62d** A 1, A 5
Subsidiäre Zuständigkeit 21e 10
Substitution mit Diamorphin **86a** 5a; Verschreibung von Betäubungsmitteln zur **86a** 5
Substitutionsregister 86a 5b
Subventionsbetrug, Mitteilung **101a** 2. Teil 1. Abschn. I. 7.
Sucht *s. Betäubungsmittelabhängigkeit*
Suchtmittel *s. Betäubungsmittel*
Suchtstoffübereinkommen, Vereinte Nationen **86** 28
Syndikusrechtsanwalt 98 46; besondere Vorschriften **98** 46c; Zulassung **98** 46a f.

Tagegeld, Unfallversicherung **62i** 2
Tagesgruppe als Erziehungshilfe **46** 32
Tankstellen, Kraftstoffpreise **73a** 8
Tarifbindung, Begriff **81** 3
Tarife bei Eisenbahn, Post und Telekommunikation **1** 80
Tarifkollision 81 4a
Tarifregister, Begriff **81** 6; Durchführungsbestimmungen **81** 11
Tarifvertrag, Abweichungen (TVG) **81** 4; Allgemeinverbindlichkeit **81** 5; arbeitnehmerähnliche Personen **81** 12a; Arbeitszeitregelungen **78** 7; Ausgleichsregelungen für Nachtarbeiter **78** 6; Aushang **81** 8; Aushang und Aushändigung bei abweichenden Regelungen **78** 16; Ausschlussfristen **81** 4; Beachtung durch Arbeitgeber und Betriebsrat **82** 2; Begriff **81** 1; Bekanntgabe **81** 8; Bemessungsgrundlage in der Entgeltfortzahlung **80** 4; Beschwerdeverfahren (BetrVG) **82** 86; betriebliche Normen **81** 3; Betriebsverfassung (Änderung) **82** 3; betriebsverfassungsrechtliche Normen **81** 3; Einigungsstelle (Vergütung) **82** 76a; Freistellung von Betriebsratsmitgliedern **82** 38; gerichtliche Entscheidungen **81** 9; Gesamt-, Jugend- und Auszubildendenvertretung **82** 72; Gesamtbetriebsrat (BetrVG) **82** 47; Konzernbetriebsrat (BetrVG) **82** 55; Luftfahrt (BetrVG) **82** 117; Mindestlohn (Übergangsregelung) **80c** 24; Mitteilung an Arbeitnehmer **78a** 2; Nachwirkung **81** 4; Öffnungsklausel **82** 77; Parteien **81** 2; Register **81** 6; Schlichtungsstelle **82** 76; Schriftform **81** 1; Spit-

zenorganisationen **81** 12; Tarifbindung **81** 3; Tarifordnungen **81** 10; Übergangsvorschriften **78** 25; Übersendungs- und Mitteilungspflichten **81** 7; Überwachung durch Betriebsrat **82** 80; Urlaub **80b** 13; Verwirkung **81** 4; Verzicht **81** 4; VGG **65a** 39 ff.; Wirkung **81** 4; Zustimmungsverweigerungsgrund **82** 99
Tarifvertragsparteien, Begriff **81** 2
Tarifvorbehalt, Begriff **82** 77
Tarnidentität, Zeugenschutz **90b** 5
Taschengeld, Gefangener **91** 46
Tateinheit, Mitteilungen **90c** 8
Tätigkeitsinhalt, Mitteilung an Arbeitnehmer **78a** 2
Tauschverwahrung nach DepotG **59** 10 f.
Taxi, Fahrerlaubnis **35d** 48
Technische Anlagen, Betriebsrat **82** 90 f.
Technische Einrichtungen, Mitbestimmung **82** 87
Technische Prüfstelle, Fahrerlaubnis **35d** 22
Teilindossament, Nichtigkeit **54** 12; **56** 15
Teilnahmebescheinigung, Aufbauseminar **35d** 37; Fahreignungsseminar **35d** 44
Teilversammlung **82** 42
Teilvollstreckbarkeit **21e** 55
Teilvollstreckung **103b** 36
Teilzeitbeschäftigung, Richter **97** 48a bis d, 76a, 76c f.
Telearbeit, Arbeitnehmer (BetrVG) **82** 5
Telefonate, Untersuchungshaft **91a** 38
Telegraphengeheimnis **1** 18
Telekom **1** 143b
Telekommunikation, Entschädigung **90f** 20; Mitteilungsverbot **90f** 17; Ordnungswidrigkeit **90f** 19; Straftat **90f** 18; Strafverfahren **90e** 85
Tendenzbetriebe, Betriebsverfassung **82** 118; MitbestG **82a** 1
Terrorismus, internationaler, Gesetzgebung **1** 73
Terrorismusfinanzierung **88a** 1
Thüringen, Schiedsstellengesetz **104l**
Thüringer Tabelle, Unterhaltsrechtliche Leitlinien **47m**
Tiere, kein Patent **70** 2a
Tierisches Vermehrungsmaterial, Inverkehrbringen **70** 9c
Tierschutz **1** 20a; **90e** 268; Gesetzgebung **1** 74
Tilgung, anwaltsgerichtl. Maßnahmen **98** 205a; vorzeitige **35d** 63
Titel, Strafsachen **90c** 30
Tod, Nachweis **45** 41; des Verfassers eines Verlagswerkes **66** 34
Todeserklärung, Aufhebung **45** 22 ff.; Aufhebungsbeschluss **45** 32; Feststellungsverfahren **45** 39 ff.; Verfahren **45** 13 ff.; Voraussetzung **45** 1 ff.; Wirkung **45** 9
Todeserklärungsbeschluss **45** 23 ff.
Todeserklärungssachen, Mitteilungen **101a** 2. Teil 4. Abschn. XVI.
Todesfall, Mitteilungspflicht **90c** 14; Unfallversicherung **62i** 2; Zuständigkeit **103i** 4; **103k** 4
Todesstrafe **1** 102; Auslieferung bei **90h** 8
Todesvermutung **45** 1 ff.; Feststellung **45** 44 f.; gleichzeitiger Tod **45** 11; Wirkung **45** 9
Todeszeit, andere **45** 33a; Feststellung **45** 44 f.; Feststellungsverfahren **45** 39 ff.
Ton- und Bildträger, Verwendung eingezogener **90d** 81
Tonkunst, Verlagsvertrag **66** 1, 25
Topographieschutzsachen, Gebühren des Vertreters **70c** 3a
Tötung, Schadensersatz **36** 33, 44; Umfang der Ersatzpflicht **36** 35
Transparenzbericht, VVG **65a** 57 f.
Transplantationen **1** 74
Transport, kontrollierter **90e** 29a
Transport- und Speditionsrecht, Fachanwalt **98/2** 14g
Transportfunktion des Wechsels **54** 14
Transsexuellengesetz, Mitteilungen **101a** 2. Teil 4. Abschn. XIII.
Trennung, Zuständigkeit **103i** 5
Treueverhältnis, öffentl.-rechtl. **1** 33
Treuhänder, Erwerb und Besitz von Wertpapieren für Dritte **59** 42; Vergütung **110c** 14 ff.
Treuhandkonten, vorläufige Kontenpfändung **103h** 30
Treuhandschaften und Landbewirtschaftung **40** 34
Truppendienstgerichte, Präsidialrat **97** 54; Richterrat **97** 50
Typenbetriebserlaubnis (Typschein) **35b** 20

Überbrückungsgeld, Gefangener **91** 51
Übereinkommen der Vereinten Nationen über Verträge über den internationalen Warenkauf **50c**
Übereinkünfte, internationale **45h** 39
Überführung von Verwaltungsorganen **1** 130
Übergangsmandat, Betriebsrat **82** 21a
Übergangsrecht für Gebiet der ehem. DDR **1** 143
Überlange Gerichtsverfahren **98** 116; **98a** 111h; Rechtsschutz **98** 112g
Übermittlung an ausländische Stellen **90f** 7a; durch Bundesnachrichtendienst **90f** 7;

elektronischer Strafverfahrensakten **90g** 2 ff.
Übernahmeangebote 52c 14
Überprüfung, mitzuführender Gegenstände **35b** 31b
Überprüfungsklausel 110b 90
Überschuss im Sekundärinsolvenzverfahren **110b** 49
Überschussbeteiligung, kapitalbildende Lebensversicherung **62h** 2
Übersetzung, beglaubigte **45h** 34; von literarischen Werken **66** 2; von Schriftstücken **103c** 5
Überstunden, Entgeltfortzahlung **80** 4
Überwachung von Besuchen während Untersuchungshaft **91a** 27; Betäubungsmittelverkehr **86** 19 ff.; keine Ü. des Verkehrs mit Verteidiger **91a** 36 ff.; Mitbestimmung **82** 87; des Schriftwechsels des Gefangenen **91a** 30
Umgangsrecht, Beratung für Kinder und Jugendl. **46** 18; Entscheidungen über, Vollstreckbarkeit **103b** 40 f.
Umgruppierung, Auswahlrichtlinien **82** 95; Mitbestimmung **82** 99
Umsatzsteuer 1 106 bis 108
Umschulung, Berufsvormünder **49b** 11
Umsetzung, Nachtarbeiter **78** 6
Umtausch- und Bezugsrechte, Gewährung **52c** 7a
Umwandlung einer Adoption **45h** 27; von Sekundärinsolvenzverfahren **110b** 51
Umweltschutz 1 20a; **90e** 268; betrieblicher, Begriff **82** 89; Betriebsrat, Aufgabe **82** 80; Betriebsräteversammlung, Bericht Arbeitgeber **82** 53; Betriebsvereinbarung **82** 88; Betriebsversammlung, Bericht Arbeitgeber **82** 43, Thema **82** 45; Strafsachen **90c** 51; Wirtschaftsausschuss **82** 106
Umzugskosten, Sozialplan **82** 112
Unabhängiger Honorar-Anlageberater 58 93 f.
Unabhängigkeit der Abgeordneten **1** 48; der Mitglieder des Bundesrechnungshofes **1** 114; des Richters **1** 97
Unbestrittene Forderungen, Europäischer Vollstreckungstitel **103f**
Unfallanzeige, Betriebsrat **82** 89
Unfallverhütungsvorschriften, Mitbestimmung **82** 87; Überwachung durch Betriebsrat **82** 80; Zustimmungsverweigerungsgrund **82** 99
Unfallversicherung, Allgemeine Versicherungsbedingungen **62i**; Ausschluss des Versicherungsschutzes **62i** 5; Beitragszahlung **62i** 11; Fälligkeit der Leistungen **62i** 9; Gerichtsstand **62i** 16; Leistungsarten **62i** 2; Obliegenheiten des Versicherungsnehmers **62i** 7; Versicherungsdauer **62i** 10; Versicherungsumfang **62i** 1
Ungleiche Behandlung, grundgesetzwidrig **1** 3
Unglücksfälle, Einsatz von Polizei und Streitkräften **1** 35
Ungültigerklärung der Ehe, Zuständigkeit **103i** 5
Ungültigerklärung der eingetr. Partnerschaft, Zuständigkeit **103k** 5
Universalschlichtungsstellen der Länder 107 29 ff.
Universität, Studium **97** 113
UN-Kaufrecht 50c
Unlauterer Wettbewerb, Strafverfolgung **90e** 260 ff.
Unpfändbare Sachen 109 73
Unterbringung des Kindes **45m** 33
Unterbringungsbefehl, Mitteilungspflicht **90c** 1 ff.
Unterbringungssachen, Mitteilungen **101a** 2. Teil 1. Abschn. II.
Untergang des Werkes beim Verlagsvertrag **66** 33
Unterhalt, Berliner Tabelle **47a**; Düsseldorfer Tabelle **47**; Leitlinien der Oberlandesgerichte **47 ff.**; Mangelfälle **47**; Sicherung **45d**
Unterhaltsansprüche, Jugendamt **46** 52a
Unterhaltsausfallleistungen 45d 1
Unterhaltsbeitrag, Gefangener **91** 49
Unterhaltsberechtigter, Ersatzanspruch für Strafverfolgungsmaßnahmen **93** 11
Unterhaltsleistung Anspruch auf **45d** 1; beschränkte Rückwirkung **45d** 4; Ersatz- und Rückzahlungspflicht **45d** 5; Übergang von Ansprüchen **45d** 7; Umfang **45d** 2; Verfahren **45d** 9; Zahlungsweise **45d** 9
Unterhaltspflicht, Elterngeld **45e** 11
Unterhaltsrechtliche Leitlinien bzw. Grundsätze, Familiensenate Süddeutschland **47b**; Kammergericht Berlin **47c**; OLG Brandenburg **47d**; OLG Braunschweig **47e**; OLG Bremen **47f**; OLG Celle **47g**; OLG Dresden **47h**; OLG Düsseldorf **47/1**; OLG Frankfurt a. M. **47i**; OLG Hamburg **47k**; OLG Hamm **47l**; OLG Jena **47m**; OLG Koblenz **47n**; OLG Köln **47o**; OLG Naumburg **47p**; OLG Oldenburg **47q**; OLG Rostock **47r**; OLG Saarbrücken **47s**; OLG Schleswig **47t**
Unterhaltssachen, Anerkennung von Entscheidungen **21d** 16 ff.; Antrag auf Unterstützung **103o** 7 ff.; anwendbares Recht **21d** 15; Vollstreckung von Entscheidungen **21d** 16 ff.; Zusammenarbeit **21d** 49 ff.; Zuständigkeit **21d** 3 ff.

Unterhaltsvorschuss 45d 1; Ersatz- und Rückzahlungspflicht **45d** 5; Umfang **45d** 2
Unterhaltsvorschussgesetz 45d; Auskunfts- und Anzeigepflicht **45d** 6; Bußgeldvorschriften **45d** 10
Unterlassungsanspruch, Betriebsverfassung **82** 23; Gebrauchsmuster **71** 24; Patent **70** 139
Unternehmen des Finanzsektors **52c** 1 ff.; der Realwirtschaft **52c** 2 ff.; Wertpapierdienstleistungsunternehmen **58** 2
Unternehmensgründung, Befristung eines Arbeitsvertrags **78b** 14
Unternehmensgruppe, Begriffsbestimmungen (EU) 2015/8 **110b** 2
Unternehmensmitbestimmung, MitbestG **82a** 1 ff.; MontanMitbestErgG **82c** 1 ff.; Montan-MitbestG **82b** 1 ff.
Unternehmensregister 50e 1; Einsichtnahme **50e** 13; Mitteilung der Veränderung des Stimmrechtsanteils aus Aktien an das **58** 33 ff.; Suche im Register **50e** 14; Zugänglichkeit, Berichtigung und Löschung von Daten **50e** 12
Unternehmensregisterverordnung 50e
Unternehmensstabilisierungs- und Restrukturierungsgesetz 110e
Unteroffiziere, Entlassung **1** 60; Ernennung **1** 60
Unterrichtung der Gläubiger von Insolvenzeröffnung in einem Mitgliedstaat **110b** 40 ff.; bei Missachtung des Übereinkommens **45h** 33; der zentralen Adoptionsstelle **45i** 10
Unterrichtung des Mandanten 98/1 11
Untersagung des Betriebs von Kfz. **35b** 17; von Rechtsdienstleistungen **99** 9; vorläufige U. **97** 35
Untersuchung der Kfz. **35b** 29
Untersuchungsausschuss des Bundestages, Rechte **1** 44
Untersuchungshaft 90e 46 ff.; Anrechnung auf Strafzeit **90d** 39; Anstaltsarzt **91a** 56; Anstaltsleiter **91a** 4; Arbeit **91a** 42 ff.; Arbeitsentgelt **91** 177; Arrest **91a** 71; Aufnahme **91a** 16; Behandlung der Gefangenen **91a** 18 ff.; Beschwerde **91a** 73 ff.; besondere Haftarten **91a** 86 ff.; Besuche **91a** 24 ff.; Disziplinarmaßnahmen **91a** 68; Durchsuchung **91a** 61; Entlassung **91a** 17; Entschädigung **93** 2; Ernährung **91a** 50; fernmündlicher Verkehr **91a** 38; Fernsehen **91a** 40; Fesselung **91a** 64; Frauen **91a** 12; Freizeit **91a** 45 ff.; getrennte Unterbringung **91a** 22; Grundsätze **91a** 1; Habe **91a** 53; Haftraum **91a** 54; junge Gefangene **91a** 1, 13, 22, 77 ff.; Kleidung **91a** 52; Krankenhausbehandlung **91a** 57; Maßnahmen zur Vermeidung, Überwachung **90h** 90o ff.; Meinungsverschiedenheiten **91a** 10; Mitteilungen des Richters und des Staatsanwalts **91a** 7; Pakete **91a** 39; richterliche Zuständigkeit **91a** 2; Schriftverkehr **91a** 28 ff.; Seelsorge **91a** 47 ff.; Sicherungsmaßnahmen **91a** 63; und Strafvollstreckung **91** 122; Überlassen einzelner Maßnahmen an Staatsanwalt **91a** 3; Verbot von Untersuchungshandlungen **91a** 9; Verdunkelungsgefahr **91a** 60; Verhältnis zu Strafvollstreckung **91a** 91; Verkehr mit Verteidiger **91a** 36 ff.; Vollzugsanstalten **91a** 11 ff.; vorläufige Maßnahmen **91a** 5; Zusammenlegung von Gefangenen **91a** 9; Zweck **91a** 1
Untersuchungshaftvollzugsanstalten, selbstständige **91a** 11
Untersuchungshaftvollzugsordnung 91a
Unverhältnismäßigkeit, Anspruchsausschluss **75** 9
Unversehrtheit, Recht auf körperliche **1** 2, 104
Unwirksamkeit der Arbeitnehmerüberlassung **84a** 9
Unzumutbare Härte für den Veräußerer landwirtschaftl. Grundstücke **40** 9
Unzuständigerklärung, Rechtswahl **21e** 6
Urheber- und Medienrecht, Fachanwalt **98/2** 14j
Urheberrecht 1 73
Urkunde, -n, Anerkennung **103** 61; Anspruch auf Vorlage einer, Gebrauchsmuster **71** 24c, Patent **70** 140c; Authentizität **103p** 45 ff.; Förmlichkeiten **103i** 61; **103k** 61; Legalisation **21e** 74; öffentliche als Europäischer Vollstreckungstitel **103f** 25; Verordnung Brüssel IIa (EheVO) **103b** 37 f., 45 f.; vollstreckbare **46** 60; Zulassung **98** 12
Urkundsbeamter, Führung des Handelsregisters **50d** 4; Mitteilungspflicht **90c** 4; Obliegenheiten bei Führung des Handelsregisters **50d** 29; Wechselprotest **54** 79
Urlaub, Abgeltung **80b** 7; Anspruch **80b** 1; Arbeitnehmerbegriff **80b** 2; Baugewerbe und sonstigen Wirtschaftszweigen **80b** 13; Bescheinigung bei Arbeitende **80b** 6; Dauer **80b** 3; Erwerbstätigkeit während **80b** 8; Festlegung durch Arbeitgeber **80b** 7; Gewährung durch früheren Arbeitgeber **80b** 6; Krankheit **80b** 9; Landesrecht **80b** 15; medizinische Vorsorge oder Rehabilitation **80b** 10; Mitbestimmung **82** 87; Mitteilung an Arbeitnehmer **78a** 2; Teilurlaub **80b** 5; Übertragung **80b** 7; überzahltes Urlaubs-

entgelt **80b** 5; Unabdingbarkeit **80b** 13; Untersuchungshaft **91a** 41; Urlaubsentgelt **80b** 11; zur Wahlvorbereitung **1** 48; Wartezeit **80b** 4; zusammenhängende Gewährung **80b** 7
Urlaubsabgeltung, Voraussetzungen **80b** 7
Urlaubsentgelt 80b 11
Urlaubsgrundsätze, Mitbestimmung **82** 87
Urlaubsplan, Mitbestimmung **82** 87
Urteil, Bekanntmachung **75** 21; Form **90e** 141; Mitteilungspflicht **90c** 1 ff.

Vandalismus, Hausratversicherung **62c** A 1
Vaterschaftsfeststellung, Jugendamt **46** 52a
Verantwortung, elterliche **45m** 1 ff.
Veräußerung eingezogener Gegenstände **90d** 64; land- und forstwirtschaftl. Betriebe **40** 1 bis 12
Verbindlichkeiten im Zusammenhang mit der Deutschen Einheit **1** 135a
Verbot von Lösungsklauseln, Restrukturierungssachen **110e** 44
Verbrauchersachen, Zuständigkeit **103** 17 ff.
Verbraucherschlichtungsstelle 107 2; behördliche **107** 28; private **107** 3, Anerkennung **107** 24 ff.
Verbraucherstreitbeilegungsgesetz 107; Anwendungsbereich **107** 1; Bußgeldvorschriften **107** 41; Informationspflichten des Unternehmers **107** 36 f.; Luftverkehrsgesetz **36** 57d; Streitbeilegungsverfahren **107** 11 ff.
Verbraucherzentralen, Rechtsdienstleistung **99** 8
Verbrauchssteuergefährdung 88b 381
Verbrauchssteuern 1 106, 108
Verbrechen der Aggression 85g 13
Verbrechen gegen die Menschlichkeit 85g 7
Verbrechensbekämpfung, internationale **1** 73
Verbreitung, urheberschutzfähiger Werke **66** 1 f.
Verbringung in den Aufnahmestaat **45h** 19
Verdunkelungsgefahr, Untersuchungshaft **91a** 60
Vereinbarkeit mit Grundgesetz, Prüfung **1** 100
Vereinigtes Wirtschaftsgebiet 1 127, 133
Vereinigung zur Pflege einer Weltanschauung **1** 140
Vereinigungsfreiheit 1 9, 18; **2** 11
Vereinsfreiheit 1 9, 74
Vereinsrecht, Gesetzgebung **1** 74
Vereinsregister, Anmeldung, Mitteilung über unrichtige, unvollständige oder unterlassene **101a** 2. Teil 1. Abschn. I. 2.
Vereinsregistersachen, Mitteilungen **101a** 2. Teil 4. Abschn. XXI. 9.
Vereinsvormundschaft 46 54
Vereinte Nationen, Suchtstoffübereinkommen **86** 28; Übereinkommen über Verträge über den internationalen Warenkauf **50c**
Verfahren 21e 46; Angaben **103i** 64; **103k** 64; ausländische Entscheidung **103q** 25; ausländischer Titel **103q** 24; Ausschuss **103i** 67; **103k** 67; Aussetzung **21e** 53; **103b** 27, 35; **103i** 52; **103k** 52; Beratungshilfe **98b** 5; Familienrecht, internationales **103n**; vor dem Gemeinsamen Senat, oberster Gerichtshöfe **95b** 10 bis 17; in Zusammenhang stehende **21e** 18; in Markenangelegenheiten **72a** 1; Recht auf faires **2** 6; Zusammenhang **103i** 18; **103k** 18
Verfahren über das Vermögen von Mitgliedern einer Unternehmensgruppe, Rechte des Verwalters **110b** 60; Zusammenarbeit und Kommunikation der Gerichte **110b** 57; Zusammenarbeit und Kommunikation der Verwalter **110b** 56; Zusammenarbeit und Kommunikation, Kosten **110b** 59; Zusammenarbeit und Kommunikation zwischen Verwaltern **110b** 58
Verfahrenseinstellung 90e 88 ff.
Verfahrenskostenhilfe in Designangelegenheiten **69** 24; in Patentsachen **70** 129 ff.
Verfahrensordnung, Fachanwaltschaft **98/2** 17 ff.
Verfall, erweiterter **86** 33; Marke, Löschung wegen **72a** 41; selbstständiges Verfahren **90e** 180; des Wechsels **54** 33 bis 37; Zahlung vor V. des Wechsels **54** 1 f., 40, 75
Verfasser literarischer und tonkünstlerischer Werke, Befugnisse **66** 2; Pflichten **66** 1 f.; Rücktritt **66** 32, 35; Vergütung **66** 22 ff.
Verfassung der BRD **1**; der Länder **1** 28, 142; Übernahme von Bestimmungen der Weimarer **1** 140; zukünftige, des deutschen Volkes **1** 146
Verfassungsbeschwerde, Zulässigkeit **1** 93 f.
Verfassungsgebende Gewalt 1 Präambel
Verfassungsgerichte eines Landes **1** 100
Verfassungsrichter, Länder **97** 84
Verfassungsschutz 1 73, 87
Verfassungsschutzbehörden 90f 1

Verfassungsstreitigkeiten 1 99 f.
Verfassungstreue 1 5, 33
Verfassungswidrige Gesetze 1 100
Verfassungswidrige Parteien 1 21
Verfolgte, Asylrecht **1** 16a, 18; des Nationalsozialismus **1** 116
Verfolgung, gerichtl., von Abgeordneten **1** 46, des Bundespräsidenten **1** 60
Verfolgungsmaßnahmen, Entschädigung **90e** 295
Verfolgungsverjährung 88b 376, 384
Verfügung von Todes wegen 21e 24; Formgültigkeit **21e** 27; materielle Wirksamkeit **21e** 26; schriftliche **21e** 27
Vergabe- und Vertragsordnung für Bauleistungen Teil B 32c
Vergaberecht, Fachanwalt **98/2** 14o
Vergleich, gerichtlicher **21e** 61; **103** 59, als Europäischer Vollstreckungstitel **103f** 24; in Landwirtschaftssachen **39a** 19; Vollstreckung **104a** 18 ff.
Vergütung von Bauleistungen **32c** 2; der registrierten Personen nach dem Rechtsdienstleistungsgesetz **99a** 4; Insolvenzverwalter **110c**; Sachwalter **110c** 12; Treuhänder **110c** 14 ff.; vorläufiger Insolvenzverwalter **110c** 11; von Vormündern und Betreuern **49b**
Verhaftung 1 2, 104; von Abgeordneten **1** 46; Vorführung nach **1** 104
Verhinderung des Bundespräsidenten **1** 57; Notar **98a** 38 bis 46
Verjährung der Ansprüche wegen Verletzung des Patentrechts **70** 141; der Ansprüche aus dem Versicherungsvertrag, Hausratversicherung **62c** B 20; Betriebsvereinbarung **82** 77; Erstattungsanspruch des Arbeitgebers für Entgeltfortzahlung **80a** 6; Herausgabeanspruch **75** 13; bei Scheckansprüchen **56** 52 f.; Wechselverjährung **54** 70 f., 89
Verkäufer, Bösgläubigkeit **50c** 40; Lieferpflicht **50c** 31; Nachfristsetzung **50c** 63; Pflichten **50c** 30; Recht auf Nacherfüllung **50c** 48; Rechtsbehelfe **50c** 61 ff.; Spezifizierung **50c** 65; teilweise Nichterfüllung **50c** 51; Vertragsaufhebung **50c** 64; Vertragsmäßigkeit der Waren **50c** 35 ff.; vorzeitige Lieferung **50c** 52; Zeit der Lieferung **50c** 33
Verkehr mit Betäubungsmitteln **86** 1 ff.
Verkehrsbetriebe, Ruhezeit **78** 5
Verkehrsmittel, freie Benutzung durch Abgeordnete **1** 48
Verkehrspsychologische Beratung 35d 38, 71
Verkehrsrecht, Fachanwalt **98/2** 14d
Verkehrsregelung durch Streitkräfte **1** 87a
Verkehrsteuern 1 106
Verkehrsvorschriften für Kfz. **35b**
Verkehrswesen 1 73 f.
Verkündung der Bundesgesetze **1** 115d; des Verteidigungsfalles **1** 115a
Verlage, Preisfestsetzung **66a** 5; Vertrieb **66a** 6
Verlaggeber 66 48
Verlagsgesetz 66
Verlagsrecht 1 73; Bestellvertrag **66** 47; Entstehen und Erlöschen **66** 8 f.; G über das **66**; Rechte und Pflichten **66** 1; Übertragbarkeit **66** 28
Verlagsvertrag, Ablieferung des Werkes **66** 10 f.; Ende **66** 29; Kündigung **66** 18, 45; Rücktritt **66** 17, 30 f., 35, 37 f.
Verleger, Insolvenzverf. **66** 36; Pflichten nach dem Verlagsvertrag **66** 1, 14 bis 16, 20, 22, 25 bis 27; Rechte **66** 1, 4 f., 21; Rechtsausübung für den Verfasser **66** 9; Rücktrittsrecht **66** 30; Verzug **66** 32 f.
Verletzter, Entschädigung **90e** 173 f.; Ermittlungsverfahren **90e** 4c; Überlassung der Wohnung **49** 2
Verletzung von Amtspflichten **1** 34, 98; **98a** 19; der Auskunftspflicht **75** 8; von Geschäftsgeheimnissen **75** 23; des Patentrechts **70** 139 ff.
Verlust der deutschen Staatsangehörigkeit **1** 16
Vermächtnis, Annahme **21e** 13; Ausschlagung **21e** 13
Vermittler, Zuordnung der leitenden Angestellten **82** 18a
Vermittlung von Wohnraum **31**
Vermittlungsausschuss 1 77
Vermittlungsverbote 45i 5
Vermögen, früheres V. des Reiches, der Länder, der Gemeinden **1** 134 f.; von Mitgliedern einer Unternehmensgruppe, Insolvenzverfahren über **110b** 56 ff.; der Parteien, Verwendung **1** 21
Vermögensabgabe, einmalige **1** 106, 108
Vermögensbildung, freiwillige Betriebsvereinbarungen **82** 88
Vermögenserhaltung des Kindes **45m** 3
Vermögensschutz, Kind **45m** 5
Vermögensstrafe, Vollstreckung **90d** 52
Vermögensteuer 1 106
Vermögensverwaltung, getrennte **32a** 6; des Kindes **45m** 3
Vermögensvorteile 45h 32
Vermutung der Kenntnis bzw. Unkenntnis von Insolvenzeröffnung **110b** 31
Vernehmung des Beschuldigten **90e** 44 f.; von Gefangenen **90e** 20; von geistig oder lernbehinderten Zeugen **90e** 21; von hör- oder sprachbehinderten Beschuldigten

90e 21; von Jugendlichen **90e** 19, 222; von Kindern **90e** 19, 222; kommissarische **90e** 121; von Personen an Bord ausländischer Seehandelsschiffe **101a** 2. Teil 1. Abschn. I. 8.; des Verletzten **90e** 19a; von Verwahrten **90e** 20

Vernetzung der Register, Einrichtung **110b** 87

Vernichtung von Betäubungsmitteln **86** 16; Gebrauchsmuster **71** 24a; von Gegenständen **90d** 63; Patent **70** 140a; des Produkts **75** 7

Veröffentlichung von Eintragungen ins Handelsregister **50d** 32; der Markenanmeldung **72a** 23

Verordnung über das Verschreiben, die Abgabe und den Nachweis des Verbleibs von Betäubungsmitteln **86a**; über Preisangaben **73a**

Verordnung Brüssel I, Ausführungsgesetz **103a**

Verordnung Brüssel Ia (EuGVO), allgemeiner internationaler Gerichtsstand **103** 4; Anwendungsbereich **103** 1; Begriffsbestimmungen **103** 2; Gericht **103** 3; Neufassung **103;** Übergangsvorschriften **103** 66; Verhältnis zu anderen Rechtsinstrumenten **103** 67 ff.; Zuständigkeit **103** 4 ff.

Verordnung Brüssel IIa (EheVO) 103b; einstweilige Maßnahmen **103b** 20; Kosten **103b** 49; Prozesskostenhilfe **103b** 50; sachlicher Anwendungsbereich **103b** 1; Sicherheitsleistung **103b** 51; Urkunden **103b** 37 f., 45 f.; Verhältnis zu anderen Übereinkünften **103b** 59 ff.; zentrale Behörden **103b** 53 ff.

Verordnung (EG) über die Zusammenarbeit auf dem Gebiet der Beweisaufnahme **103d**; über die Zustellung gerichtlicher und außergerichtlicher Schriftstücke **103c**; zur Einführung eines europäischen Verfahrens für geringfügige Forderungen **103e**; Europäisches Mahnverfahren **103g**

Verordnung (EU), Europäischer Beschluss zur vorläufigen Kontenpfändung **103h**; über Insolvenzverfahren **110b**

Verordnungsermächtigung 75 15; Dauer des Anwärterdienstes **98a** 6

Verpfändung des Pächterinventars **42** 1 ff.; von Wertpapieren **59** 12, 12a

Verpfändungsvertrag zwischen Pachtkreditinstitut und Pächter **42** 15 f.

Verpflichtungserklärung, Abgabe **52c** 3; Aktiengesellschaft **52c** 3

Verrechnungsscheck 56 39

Versagung der Bestellung **98a** 6a; der Entschädigung für Strafverfolgungsmaßnahmen **93** 6; der Genehmigung zur Veräußerung landwirtschaftl. Grundstücke **40** 9 ff.; der Vollstreckung **103** 46 ff.; Zulassung **98** 7, ärztliches Gutachten **98** 15

Versammlung der Planbetroffenen zur Planerörterung **110e** 21

Versammlungsfreiheit 1 8, 17a, 18; **2** 11

Verschlusssache, Verlust, Preisgabe **90e** 214

Verschollenheit, allgemeine **45** 3; Begriff **45** 1; zwischenstaatliches Recht **45** 12

Verschollenheitsgesetz 45

Verschreibung von Betäubungsmitteln für Alten- und Pflegeheimpatienten und Hospizen **86a** 5c, durch den Arzt **86a** 2, für den Notfallbedarf in Hospizen **86a** 5d, durch den Tierarzt **86a** 4, durch den Zahnarzt **86a** 3, für Einrichtungen des Rettungsdienstes **86a** 6, für Kauffahrteischiffe **86a** 7, zur Substitution **86a** 5

Verschwiegenheitspflicht des Rechtsanwalts **98/1** 2

Versetzung, Auswahlrichtlinien **82** 95; Begriff **82** 95; Betriebsratsmitglied **82** 103; Mitbestimmung **82** 99; von Richtern **1** 97 f.

Versicherung 32a 2

Versicherungsbedingungen, Hausrat **62c**; kapitalbildende Lebensversicherung **62h**; Kfz-Versicherung **62f**; Rechtsschutzversicherung **62g**; Reisegepäck **62e**; Unfallversicherung **62i**; Wohngebäude, Wohnflächenmodell **62d**

Versicherungsberater 99a 2

Versicherungsrecht, Fachanwalt **98/2** 14a

Versicherungssachen, Zuständigkeit **103** 10 ff.

Versicherungsschutz, Beginn **62j** B 1

Versicherungssteuer 1 106

Versicherungsträger als bundesunmittelbare Körperschaften **1** 87

Versicherungsunternehmen, Strafsachen **90c** 25b; Verpflichtete nach Geldwäschegesetz **88a** 2

Versicherungsvereine auf Gegenseitigkeit **52c** 6

Versicherungsvermittler, Verpflichtete nach Geldwäschegesetz **88a** 2

Versicherungswert, Hausratversicherung **62c** A 9

Versicherungswesen 1 74

Versorgung der Kriegsbeschädigten und Hinterbliebenen **1** 74; von Opfern von Gewalttaten **93a**

Versorgungsberechtigte 1 131; Strafsachen **90c** 18

Verspätete Personenbeförderung, Haftung **36** 46

Verspätung von Flügen, Ausgleichsleistungen **36a**
Versteigerung, bewegliche Sache **103q** 17; freiwillige **98a** 20; öffentliche **109** 92 ff.; Unanwendbarkeit des CISG **50c** 2
Vertagung des Bundestages **1** 39
Verteidiger **90e** 106 ff.; Verkehr mit V. während Untersuchungshaft **91a** 36 ff.
Verteidigung, Anwendung von Rechtsvorschriften im Spannungsfall **1** 80a; Arbeitszeitregelungen **78** 15; Bundestagsausschuss **1** 45a; Gesetzgebung **1** 73, 87b; Grundrechtseinschränkung **1** 17a; Steuerdelikte **88b** 392; Streitkräfte **1** 87a; völkerrechtl. Verträge **1** 24, 79; Vorbereitung der V. während der Untersuchungshaft **91a** 20
Verteidigungsfall **1** 115a bis 115l; Beendigung **1** 115l; Befehls- und Kommandogewalt über Streitkräfte **1** 115b; Befugnisse der Landesregierungen **1** 115i; Begriff **1** 115a; Bundesverfassungsgericht **1** 115g; Erweiterung der Gesetzgebungskompetenz des Bundes **1** 115c; Feststellung **1** 115a; gemeinsamer Ausschuss **1** 53a; Planungen der Bundesregierung **1** 53a; Sonderrechte und Spannungsfall **1** 80a; Stellung und Rechte des Gemeinsamen Ausschusses **1** 115e; vereinfachtes Gesetzgebungsverf. **1** 115d; Verpflichtung zur Dienstleistung **1** 12a; Wahlperioden und Amtszeiten **1** 115h
Verteilung der Heiz- und Warmwasserkosten **30c** 1 ff.; der Steuern **1** 106 f.
Verteilungsplan, VVG **65a** 27
Vertrag über einen unbeweglichen Gegenstand, internationales Insolvenzrecht **110b** 11
Verträge, Änderung oder Aufhebung **50c** 29; Aufhebungserklärung **50c** 26; über Bauleistungen **32c**; über herzustellende Waren oder Dienstleistungen **50c** 3; internationaler Warenkauf **50c**; völkerrechtl. **1** 32, 59
Vertragsaufhebung, Erklärung **50c** 29; durch Käufer **50c** 49; Rückabwicklung **50c** 84; Schadenersatz **50c** 75 f.; durch Verkäufer **50c** 64; Wirkung **50c** 81 ff.
Vertragsbedingungen für die Ausführung von Bauleistungen **32c**
Vertragsrechtliche Wirkungen zum Zeitpunkt der Stabilisierungsanordnung **110e** 55
Vertragsschluss, Zeitpunkt **50c** 23
Vertragsstaat **45h** 2
Vertragsstrafe **32c** 11
Vertragsverletzung, antizipierte **50c** 72; bei Sukzessivlieferungsverträgen **50c** 73; wesentliche **50c** 25
Vertrauensvolle Zusammenarbeit, Betriebsverfassung **82** 2
Vertrauensvotum für Bundeskanzler **1** 68
Vertrauliche Geburt, Beratung **85e** 25; Beratungsstelle **85e** 28; Verfahren **85e** 26
Vertreter, besonderes elektronisches Anwaltspostfach **98/3** 25; der Länder **1** 50 f., 144; Notar **98a** 38 bis 46; ohne Vertretungsmacht, Scheck **56** 11, Wechsel **54** 8
Vertretergebühren-Erstattungsgesetz **70c**
Vertretung von Bundeskanzler und Bundespräsident **1** 57, 69; vor Patentgericht **70** 97; Rechtsanwalt **98** 3
Vertretungsverbot, Rechtsanwalt **98** 114, 150
Vertriebene, Anerkennung **97** 112; und Flüchtlinge **1** 74, 116, 119, 131
Verunglimpfung, Staatsorgane **90e** 209
Vervielfältigung urheberschutzfähiger Werke **66** 1 f., 14 f.
Verwahrer, Insolvenzverf. des **59** 33; Verfügung über Wertpapiere **59** 13; von Wertpapieren **59** 1 f.
Verwahrlosung von Kindern **1** 6, 11, 13
Verwahrte, Vernehmung **90e** 20
Verwahrung, Akten **98a** 45, 51; Drittverwahrung **59** 3; des Pfandes **59** 17; Sammelv. **59** 5; Sonderv. **59** 2; Tauschv. **59** 10 f.; unregelmäßige **59** 15; Zwischenverwahrer **59** 3
Verwahrungsbuch für Wertpapiere **59** 14
Verwalter, Befugnisse im Gebiet eines anderen Mitgliedstaates **110b** 21; Begriffsbestimmungen (EU) 2015/8 **110b** 2; Nachweis der Verwalterbestellung **110b** 22
Verwaltung, Bindung an Grundrechte **1** 1, 20; bundeseigene **1** 36, 86 bis 90, 108; der Länder **1** 83 bis 85, 108
Verwaltungsabkommen des Bundes **1** 59
Verwaltungsakte, Ermächtigung **1** 129
Verwaltungsgerichte, Beteiligung von Kindern und Jugendl. **46** 8; Zuständigkeit **97** 60
Verwaltungsgerichtsbarkeit, oberster Gerichtshof des Bundes **1** 95
Verwaltungskosten **30b** 26
Verwaltungsrecht, Fachanwalt **98/2** 8
Verwaltungsrechtliche Anwaltsachen **98** 112a ff.
Verwaltungsrechtliche Notarsachen, Notare **98a** 111 ff.
Verwaltungssperre, Folgen **110e** 54
Verwaltungsvorschriften des Bundes und der Länder **1** 84 bis 86, 87b, 108, 129
Verwandtenunterhalt, Düsseldorfer Tabelle **47**

Verwarnung 94a 2
Verwertung von Gegenständen **90d** 63; von Kenntnissen aus Überwachung von Gefangenen **91** 34
Verwertungsgesellschaftengesetz, Abschlusszwang **65a** 34; Abzüge **65a** 45; Abzüge von den Einnahmen aus den Rechten **65a** 31; allgemeine Befugnisse der Mitgliederhauptversammlung **65a** 17; Anlage der Einnahmen aus den Rechten **65a** 25; Anwendungsbereich **65a** 1; Aufsichtsgremium **65a** 22; Auskunftspflicht der Nutzer **65a** 41; Außenstehende bei Weitersendung und Direkteinspeisung **65a** 50; Bedingungen für die Mitgliedschaft **65a** 13; Beendigung der Rechtswahrnehmung **65a** 12; Befugnisse der Mitgliederhauptversammlung in Bezug auf die Organe **65a** 18; Berechtigter **65a** 6; Beschwerdeverfahren **65a** 33; besondere Vorschriften für die gebietsübergreifende Vergabe von Online-Rechten an Musikwerken **65a** 59 ff.; Diskriminierungsverbot **65a** 44; Durchführung der Mitgliederhauptversammlung; Vertretung **65a** 19; elektronische Kommunikation **65a** 14, 43; Entziehung, Verwaltung und Verteilung der Einnahmen aus den Rechten **65a** 23; Entzug von Rechten **65a** 12; Feststellung der Berechtigen **65a** 29; Gesamtverträge **65a** 35; Geschäftsführung **65a** 21; Gestaltung der Tarife für Geräte und Speichermedien **65a** 40; getrennte Konten **65a** 24; Grundsatz der Mitwirkung **65a** 16; Hinterlegung **65a** 37; Information der Rechtsinhaber vor Zustimmung zur Wahrnehmung **65a** 53; Informationen für Berechtigte **65a** 54; Informationen für die Allgemeinheit **65a** 56; Informationen zu Werken und sonstigen Schutzgegenständen **65a** 55; Informationspflichten **65a** 47; Jahresabschluss und Lagebericht **65a** 57; jährlicher Transparenzbericht **65a** 58; kollektive Lizenzen mit erweiterter Wirkung **65a** 51 ff.; kulturelle Förderung; Vorsorge- und Unterstützungseinrichtungen **65a** 32; Meldepflicht der Nutzer **65a** 42; Mitglieder **65a** 7; Mitglieder- und Berechtigtenverzeichnis **65a** 15; Mitwirkung der Berechtigten, die nicht Mitglied sind **65a** 20; nicht verteilbare Einnahmen aus den Rechten **65a** 30; Nutzer **65a** 6; Nutzungen für nicht kommerzielle Zwecke **65a** 11; Rechtsinhaber **65a** 5; Repräsentationsvereinbarung **65a** 44; Tarifaufstellung **65a** 38; Tarifgestaltung **65a** 39; unabhängige Verwertungseinrichtung **65a** 4; Verhandlungen **65a** 36; Vermutung bei Auskunftsansprüchen **65a** 48; Vermutung bei gesetzlichen Vergütungsansprüchen **65a** 49; Verteilung **65a** 46; Verteilungsfrist **65a** 28; Verteilungsplan **65a** 27; Verwertung der Einnahmen aus den Rechten **65a** 26; abhängige Verwertungseinrichtung **65a** 3; Verwertungsgesellschaft **65a** 2; Wahrnehmungszwang **65a** 9; Zahlung unter Vorbehalt **65a** 37; Zustimmung zur Rechtswahrnehmung **65a** 10
Verwirkung, Betriebsvereinbarung **82** 77; von Grundrechten **1** 18; Tarifvertrag **81** 4
Verzicht, Betriebsvereinbarung **82** 77; auf Rechtsmittel **90e** 152; Tarifvertrag **81** 4
Verzögerungen, Mitteilung über **103d** 15
Vizekanzler, Stellvertreter des Bundeskanzlers **1** 69
VO (EU) 2015/848 über Insolvenzverfahren, Verhältnis zu Übereinkünften **110b** 85; Zeitlicher Anwendungsbereich **110b** 84
VOB/B 32c
Völkermord 85g 6
Völkerrecht als Bestandteil des Bundesrechts **1** 25; Verf. bei Streit über Anwendbarkeit **1** 100
Völkerrechtliche Verträge 1 79
Völkerrechtliche Vertretungsmacht des Bundespräsidenten **1** 59
Völkerstrafgesetzbuch 85g
Volksbefragung 1 118
Volksbegehren zur Neugliederung der Länder **1** 29
Volksentscheid zur Neugliederung der Länder **1** 29
Volksschulen, private **1** 7
Volksvertreter 1 38
Volkszugehörige, deutsche **1** 116
Volljähriger, jugendl. iSd SGB VIII **46** 7
Vollmacht des Versicherungsvertreters **62j** B 4.3
Vollmachtsindossament beim Scheck **56** 23; beim Wechsel **54** 18
Vollsteckungsbehörde, Aufgaben **90d** 3
Vollstreckbarerklärung 21e 48; Antrag **21e** 49; Antrag auf, Entscheidungen über die elterliche Verantwortung **103b** 28, örtlich zuständiges Gericht **103b** 29, Rechtsbehelf **103b** 33, Verfahren **103b** 30; Aufhebung **21e** 52; **103i** 51; **103k** 51; Europäischer Vollstreckungstitel **103f** 5; Mitteilung über die Entscheidung **21e** 49; Prozesskostenhilfe **103i** 55; **103k** 55; Rechtsbehelf gegen die Entscheidung **21e** 50; Teilvollstreckung **103b** 36; Versagung **21e** 52; **103i** 51; **103k** 51

Vollstreckbarerklärungsverfahren, Gebühren **103i** 57; **103k** 57; Stempelabgaben **103i** 57; **103k** 57
Vollstreckbarkeit 21e 43; ausländische Titel **103q** 7; von Entscheidungen **103** 39; Sonderfälle **103q** 7
Vollstreckung, Absehen von **90d** 17; Antrag auf Versagung **103** 44; anwaltsgerichtl. Maßnahmen **98** 204 f.; ausländische Unterhaltstitel **103o** 65; ausländischer Erkenntnisse in der BRD **90h** 84 ff.; Beschluss zur vorläufigen Kontenpfändung **103h** 22 ff.; deutscher Erkenntnisse im Ausland **90h** 71; deutscher Erkenntnisse in einem anderen Mitgliedstaat der EU **90h** 85 ff.; von Entscheidungen im internationalen Insolvenzrecht **110b** 32; von Entscheidungen in Unterhaltssachen **21d** 16 ff.; von Entscheidungen nach dem Auslandsunterhaltsgesetz **103o** 30 ff.; Europäischer Vollstreckungstitel **103f** 20 ff.; Europäischer Zahlungsbefehl **103g** 21; von Freiheitsstrafen **90d** 22 ff.; von Geld- und Ersatzfreiheitsstrafen **90d** 48 ff.; von Gesamtstrafen **90d** 8; im Ausland verhängte Strafe, Rechtshilfe **90h** 48 ff.; im int. Erbrechtsverfahren **103p** 3 ff.; im int. Familienrechtsverfahren **103n** 44; von Maßregeln der Besserung und Sicherung **90d** 53 ff.; Reihenfolge **90d** 43; aus dem Restrukturierungsplan **110e** 71; Schadensersatz wegen ungerechtfertigter **103o** 69; von Sicherungsverwahrung **90d** 44; von Urteilen im europ. Verfahren über geringfügige Forderungen **103e** 20 ff.; Versagung **103** 46 ff.
Vollstreckung in Zivil- und Handelssachen, Verordnung Brüssel Ia (EuGVO) **103**
Vollstreckungsabwehrantrag, ausländische Titel **103o** 66
Vollstreckungsabwehrklage 103q 23; int. Erbrechtsverfahren **103p** 23; int. Familienrechtsverfahren **103n** 36; Sonderregelungen **103a** 56
Vollstreckungsausführungsgesetz 103a
Vollstreckungsbehörde 90d 4; Beschwerde gegen Entscheidungen der **90d** 21; Erlass eines Vorführungs- oder Haftbefehls **90d** 33; Mitteilungen von der Vollzugsanstalt **90d** 35; Mitteilungspflicht **90c** 4; örtliche Zuständigkeit **90d** 7
Vollstreckungsgegenklage 103a 14
Vollstreckungshilfeverkehr mit Mitgliedstaat der Europäischen Union **90h** 84 ff., Geldsanktionen **90h** 86 ff.
Vollstreckungsklausel 103q 9, 29; Antragstellung **103q** 5; ausländischer Titel **103a** 8 f.; Entscheidung **103q** 8; Gütestelle **104a** 19; Verwendung im Ausland **103a** 31
Vollstreckungstitel, europäischer **103f**, *s. a. Europäischer Vollstreckungstitel*
Vollstreckungsverfahren, Mitteilungen **101a** 2. Teil 3. Abschn.
Vollziehende Gewalt 1 20
Vollzug, der Freiheitsstrafe, Arbeitsentgelt **91** 43; der freiheitsentziehenden Maßregeln der Besserung und Sicherung **91** 129 bis 138; der Freiheitsstrafe **91** 1, Arbeitsentgelt **91** 200, Arbeitspflicht **91** 41, Aus- und Weiterbildung **91** 37 bis 52, Ausführung **91** 35, Ausgang **91** 35, Besuche **91** 23 bis 27, Disziplinarmaßnahmen **91** 102 bis 107, bei Frauen **91** 76 bis 80, Freizeit **91** 67 bis 70, Geld **91** 43 bis 52, gerichtl. Termine **91** 36, Gesundheit des Gefangenen **91** 56 bis 66, Grundsätze **91** 2 ff., Haftkostenbeitrag **91** 50, Hafturlaub **91** 35, medizinische Zwangsmaßnahmen **91** 101, Pakete **91** 33, Planung und Ablauf **91** 5 bis 16, Rechtsbehelfe **91** 108 bis 121, Religionsausübung **91** 53 bis 55, Schriftwechsel **91** 28 bis 31, Sicherheit und Ordnung **91** 81 bis 93, soziale Hilfe **91** 71 bis 75, sozialtherapeutische Anstalt **91** 6, 123 bis 126, Telefon und Telegramme **91** 32, Tod des Gefangenen **91** 66, Unterbringung und Ernährung **91** 17 bis 22, Verwertung von Kenntnissen aus Überwachung **91** 34; der Untersuchungshaft **91a**, Entschädigung **93** 2
Vollzugsanstalt, -en, Mitteilungen an Vollstreckungsbehörde **90d** 35; örtliche Zuständigkeit **90d** 24; sachliche Zuständigkeit **90d** 23; Untersuchungshaft **91a** 11 ff.
Vollzugsbehörden im Strafvollzug **91** 139 bis 150
Voraussetzungen für Beschränkung **90f** 3, 5
Vorbereitungsdienst, Gleichwertigkeitsprüfung für die Zulassung zum **97** 112a; Rechtswissenschaft **97** 5b; Referendar **97** 113
Vorführung des Festgenommenen **1** 104
Vorführungsbefehl 90d 33
Vorkaufsrecht bei Veräußerung landwirtschaftl. Grundstücke **40** 9, 12, 21, 35
Vorläufige Fahrerlaubnis, abweichendes Verfahren **35d** 22a
Vorläufige Festnahme bei Auslieferungshaftbefehl **90h** 19; Haft **91a** 86 f.
Vorläufige Inobhutnahme ausländischer Kinder und Jugendlicher **46** 42a, örtliche Zuständigkeit **46** 88a

Vorläufige Kontenpfändung, Anerkennung, Vollstreckbarkeit und Vollstreckung **103h** 22 ff.; Antrag auf Einholung von Kontoinformationen **103h** 14; Europäischer Beschluss, Verfahren **103h** 5 ff., Verordnung (EU) **103h**; Haftung der Bank **103h** 26; Haftung des Gläubigers **103h** 13; Rechte Dritter **103h** 39; Rechtsbehelfe **103h** 33 ff.; Sicherheitsleistung **103h** 12
Vorläufige Registrierung von bereits tätigen Betreuern **49c** 32
Vorläufige Vollstreckbarkeit in Landwirtschaftssachen **39a** 30
Vorlegung an BVerfG **1** 100
Vorlegungsbeschluss für Gemeinsamen Senat, oberster Gerichtshöfe **95b** 11
Vormund, Beratung durch Jugendamt **46** 53; Bestellung eines Gegenvormunds **46** 58; Feststellung der Berufsmäßigkeit **49b** 1; Vereine **46** 54; Vergütung **49b** 3
Vormundschaft 45m 3; **46** 55 f., 58; durch Vereine **46** 54
Vormundschaftsgericht, Beteiligung von Kindern und Jugendl. **46** 8; Mitteilungen **90c** 31; Unterstützung durch Jugendamt **46** 50, 53
Vormundschaftssachen, Mitwirkung des Jugendamts **46** 50, 53
Vorpfändung 109 126
Vorschlagwesen, Mitbestimmung **82** 87
Vorschulen 1 7
Vorschuss, Unterhalt **45d** 1
Vorsorge, Urlaub **80b** 10
Vorsorge- und Unterstützungseinrichtungen 65a 8
Vorstandsmitglied, Strafsachen **90c** 24
Vorstrafen, Akten über **90e** 73
Vorteilsausgleich nach Zuweisung eines landwirtschaftl. Betriebes **40** 17
Vorzugspreis für Verfasser eines Werkes der Literatur oder Tonkunst **66** 26

Waffen 1 26; Verwendung eingezogener **90d** 69
Waffen- und Sprengstoffrecht, Gesetzgebung **1** 73
Waffensachen 90e 256
Waffenscheininhaber, Strafsachen **90c** 36 f.
Wahl, Ausübung der Staatsgewalt **1** 20; des Bundeskanzlers **1** 63, eines anderen B. **1** 67 f.; des Bundespräsidenten **1** 54; im Bundestag **1** 42; der Bundestagsabgeordneten **1** 38, 41, 48, 137; der Mitglieder des BVerfG **1** 94
Wählbarkeit, Beschränkung bei Beamten und Angestellten des öffentl. Dienstes sowie Richtern **1** 137
Wahlbewerber, außerordentliche Kündigung, Verfahren **82** 103; Versetzung **82** 103
Wählerverzeichnis, Mitteilungen **90c** 12
Wahllichtbildvorlage 90e 18
Wahlprüfung 1 41
Wahlrecht 1 20, 28, 41, 48, 137; aktives und passives **1** 38, 137; von Staatsangehörigen aus EG-Staaten **1** 28
Wahlvorstand, Arbeitsgericht **82** 16; Auflösung des Betriebsrats **82** 23; außerordentliche Kündigung, Verfahren **82** 103; Bestellung/Zusammensetzung **82** 16; Betriebsversammlung, Wahl durch **82** 17; Bordvertretung **82** 115; Einberufung von Sitzungen **82** 29; Ergebnis der Betriebsratswahl **82** 18; Ersatzmitglied **82** 16; Feststellung des Ergebnisses der Betriebsratswahl **82** 18; Geschlechter **82** 16; Kleinbetriebe **82** 17a; Niederschrift über Wahlergebnis **82** 18; Pflichten **82** 18; Übermittlung der Wahlniederschrift **82** 18
Wahrnehmungszwang, VVG **65a** 6, 9
Währungswesen 1 73, 88
Wandelschuldverschreibungen 52c 7a
Waren, Abnahme **50c** 53; Beförderung **50c** 32; Einlagerung bei Dritten **50c** 87; Gefahrübergang **50c** 66 ff.; Klassifizierung **72a** 19; Mängelrüge **50c** 39; Pflicht des Verkäufers zur Erhaltung **50c** 85; Rechtsmängel **50c** 41; Untersuchung der **50c** 38; Vertragsmäßigkeit **50c** 35 ff.; vorzeitige Lieferung **50c** 52
Warenderivate, Positionslimits **58** 54 ff.
Warenkauf, internationaler **50c**
Warenverkehr, Gesetzgebung **1** 73
Wärmelieferverordnung – WärmeLV 30e 1 ff.; Eigenversorgung **30e** 9; Mietwohnraum **30e** 8 ff.; Wärmeliefervertrag **30e** 2 ff.
Wärmezähler 30c 5
Warmwasserkosten, Verteilung **30c** 8
Warmwasserzähler 30c 5
Wasserhaushalt, Gesetzgebung **1** 74
Wasserschaden, Hausratversicherung **62c** A 1, A 4; Wohngebäudeversicherung **62d** A 1, A 4
Wasserstraßen 1 74; des Bundes **1** 89
Wasserwirtschaft 1 89
Wechsel 54 1; abhanden gekommene **54** 16, 90; Abschriften **54** 67 f., 82, 85; Änderungen **54** 69; Annahme **54** 21 bis 29, 82; Arten **54** 3; ausländische Gesetzgebung **54** 91 bis 98; Bereicherung **54** 89; Blankowechsel **54** 10; Domizilwechsel **54** 27; Ehrenannahme **54** 56 bis 58; Ehrenzahlung **54** 55, 59 bis 63; eigener **54** 75 bis 78; Einwendungen **54** 17; Fälligkeit **54**

34 bis 37; falscher **54** 7; in fremde Währung **54** 41; Fristberechnung **54** 72; Garantie **54** 15; gezogener **54** 1 bis 74; Haftung des Akzeptanten **54** 28, des Ausstellers **54** 9, 78; Indossament **54** 11 bis 20; Intervention **54** 55 bis 63; Quittung **54** 39, 58, 62; Recht auf Teilzahlung **54** 39; Rechtsverlust **54** 53 f.; Übertragung **54** 11, 14; Unterzeichnung durch Vertreter **54** 8; Verfall **54** 33 bis 37; Versäumung der Vorlegungsfristen **54** 89; Vervielfältigung **54** 64 bis 66; Vorlegung **54** 21 bis 24, 87; Zahlstellenwechsel **54** 27; Zahlung **54** 38 bis 42, 84; Zahlungsort **54** 4, 75 f.; Zahlungstag **54** 34 bis 37; Zinsen **54** 5, 49
Wechsel- und Scheckprotest 109 157 ff.
Wechselbürgschaft 54 30 bis 32, 47
Wechselduplikate 54 64 bis 66
Wechselfähigkeit 54 91
Wechselgesetz 54
Wechselindossament, Streichung **54** 50
Wechselklagen, Unterbrechung der Verjährung durch **54** 71
Wechselkopien 54 67 f.
Wechselprotest 54 44; **109** 162 ff.; mangels Annahme **54** 46; Berichtigung **54** 85; Erlass **54** 46; Form **54** 80 f.; Ort und Zeit **54** 86 f.; Verf. **54** 79 bis 87; Vermerke **54** 85; Zahlung an Protestbeamten **54** 84; mangels Zahlung **54** 46
Wechselprotestbeamter, Verantwortung **54** 87
Wechselregress 54 43 bis 54, 68
Wechselregressverfahren, Benachrichtigung **54** 45
Wechselsteuer 1 106
Wechselsumme 54 6
Wechselverjährung 54 70 f.
Wechselvermutung 54 16
Wehrbeauftragter des Bundestages **1** 45b
Wehrdienst, Grundrechtseinschränkung **1** 17a; Verpflichtung **1** 12a; Verweigerung aus Gewissensgründen **1** 12a
Wehrersatzwesen 1 87b
Wehrgesetze, Rücksicht auf landsmannschaftl. Verhältnisse **1** 36
Wehrpflicht, Gesetzgebungskompetenz **1** 73
Weimarer Verfassung, Übernahme von Bestimmungen **1** 140
Weine, Verwendung eingezogener **90d** 82
Weingesetz, Verstoß **90e** 263
Weisungen an Bundesratsmitglieder **1** 77
Weisungsrecht des Bundes gegenüber Ländern **1** 37, 84 f., 108, 115f, 128
Weiterbeschäftigung, Anspruch **82** 102; Sozialplan **82** 112; Widerspruch des Betriebsrats **82** 102
Weiterbildung, Nachtarbeiter **78** 6
Weitere Ausschüsse, Betriebsrat **82** 28
Weiterverweisung 21e 34; Ausschluss **103i** 32; **103k** 32
Weltanschauung 1 4, 33, 140; **2** 9
Weltanschauungsschule 1 7
Werbeverbot, Notare **98a** 29
Werbung, Betäubungsmittel **86** 14; durch Rechtsanwalt **98** 43b; **98/1** 6 ff.
Werkvertrag, Verlagsrecht **66** 47
Werkwohnungen, Mitbestimmung **82** 87
Wertguthaben, Mindestlohn **80c** 2
Wertpapierdarlehen 59 15
Wertpapierdienstleistungen, Begriff **58** 2; Erbringung **58** 71
Wertpapierdienstleistungsinstitut, Strafsachen **90c** 25a
Wertpapierdienstleistungsunternehmen, allgemeine Verhaltenspflichten **58** 63; Angebot eines direkten elektronischen Zugangs **58** 77; Anlageempfehlungen und Anlagestrategieempfehlungen **58** 85; Anzeigeplicht **58** 86; Aufzeichnungs- und Aufbewahrungspflicht **58** 83; Ausnahmen **58** 3; Begriff **58** 2; besondere Verhaltensregeln bei der Erbringung von Anlageberatung **58** 64; Einsatz von Mitarbeitern **58** 87; Form der Kundenkommunikation **58** 64a; Geschäfte mit geeigneten Gegenparteien **58** 68; Geschäftsleiter **58** 81; Handeln als General-Clearing-Mitglied **58** 78; Mitteilungspflichten von systematischen Internalisierern **58** 79; Organisationspflichten **58** 80; Selbstauskunft bei der Vermittlung des Vertragsschlusses über eine Vermögensanlage **58** 65; mit Sitz in einem anderen Mitgliedstaat der Europäischen Union **58** 90; mit Sitz in einem Drittstaat **58** 91; Vermögensverwahrung und Finanzsicherheiten **58** 84; Werbung **58** 92; Zuwendungen und Gebühren **58** 70
Wertpapiere, Aktien **58** 2; Aufbewahrung fremder **59** 2; **98a** 23; Ausgleichsverf. bei Verpfändung **59** 33; Auslandsgeschäft **59** 22; Befreiung von Formvorschriften **59** 16; Begriff **58** 2; Bezugsrecht **59** 26; iSd DepotG **59** 1; Einkaufskommission **59** 18; Genussscheine **58** 2; Handel **58** 1; Kontokorrentverkehr **59** 19 f.; Miteigentum am Sammelbestand **59** 6; Optionsscheine **58** 2; Pfandrecht **59** 4, 9, 30; Pfändung **109** 104 ff.; Sammelbestand **59** 24; Sammelurkunde **59** 9a; Schuldverschreibungen **58** 2; Stückeverzeichnis **59** 18 ff.; Umtausch **59** 26; Unterschlagung **59** 34 ff.; Verfügung **59** 17a; Verpfändung **59** 12, 12a; Verwahrung **59** 2; Verwahrungsbuch **59**

24; Verwendung eingezogener **90d** 79; vorrangige Gläubiger für **59** 32; Zertifikate **58** 2; Zurückbehaltungsrecht **59** 4, 9, 30
Wertpapiererwerbsangebote 52c 14
Wertpapierhandelsgesetz 58; Straf- und Bußgeldvorschriften **58** 119 ff.; Übergangsbestimmungen **58** 127 ff.
Wertpapierkauf, Unanwendbarkeit des CISG **50c** 2
Wertpapierrat 58 16
Wertpapiersammelbank 59 5; Hinterlegung von Aktien **59** 1
Wertzeichenfälschung *s. Geldfälschung*
Wettbewerb, Straftaten **90e** 242 f.
Wetterdienst 1 74
Wichtiger Grund, Entgeltfortzahlung **80** 8
Widerruf eines Angebots **50c** 16; der Beeidigung gerichtlicher Dolmetscher **95c** 7; Betäubungsmittelrecht **86** 10; der Erlaubnis zur Arbeitnehmerüberlassung **84a** 5; des Patents **70** 21, 61; Zulassung **98** 14, ärztliches Gutachten **98** 15
Widerspruch im Grundbuch bei Eintragung nicht genehmigter Veräußerungen landwirtschaftl. Grundstücke **40** 7; des Zeugen im Falle der Bild-Ton-Aufzeichnung **90e** 19b
Widerspruchsverfahren, Markenverordnung **72a** 29 ff.
Widerstand, Recht zum **1** 20; gegen Zwangsvollstreckung **109** 62
Widerstandsrecht bei Beseitigung der verfassungsmäßigen Ordnung **1** 20
Wiederaufnahme des Verfahrens 90e 170 f.
Wiederaufnahmeverfahren, Entschädigung für Schäden durch strafgerichtliche Verurteilung **93** 1
Wiedereinbürgerung von Verfolgten **1** 116
Wiedereinsetzung in den vorigen Stand, Patentsachen **70** 123
Wiedergutmachungsrecht 1 74
Wiederwahl des Bundespräsidenten **1** 54
Wirkungen der Anerkennung **110b** 20
Wirtschaftliche Sicherung der Krankenhäuser, Gesetzgebung **1** 74
Wirtschaftlicher Zusammenhang bei Veräußerung landwirtschaftl. Grundstücke **40** 9 ff.
Wirtschaftsausschuss, Benachteiligungsverbot **82** 78; Bildung **82** 106 f.; Sitzungen **82** 108; weitere Ausschüsse **82** 107; Zuständigkeit **82** 106
Wirtschaftseinheit, Wahrung der **1** 72
Wirtschaftsprüfer, Strafsachen **90c** 24; Verpflichtete nach Geldwäschegesetz **88a** 2
Wirtschaftsrecht, Gesetzgebung **1** 74
Wirtschaftsrecht, internationales, Fachanwalt **98/2** 14n
Wirtschaftsstabilisierungsbeschleunigungsgesetz 52c; Begriffsbestimmungen **52c** 1
Wirtschaftsstabilisierungsfonds 52c 1 ff.
Wirtschaftsstruktur, Mitwirkung des Bundes bei Verbesserung der regionalen **1** 91a
Wissenschaft, Förderung **1** 74; Freiheit **1** 5
Wissenschaftliche Forschung, Zusammenwirken von Bund und Ländern **1** 91b
Wohn- und Betreuungsvertrag, Informationspflichten vor Vertragsschluss **30a** 3; Kündigung durch den Unternehmer **30a** 12; Kündigung durch den Verbraucher **30a** 11; Leistungspflichten **30a** 7; Nichtleistung oder Schlechtleistung **30a** 10; Schriftform **30a** 6; Sicherheitsleistung **30a** 14; Vertragsanpassung bei Änderung des Pflege- und Betreuungsbedarfs **30a** 8; Vertragsinhalt **30a** 6; Vertragsschluss und Vertragsdauer **30a** 4; Wechsel der Vertragsparteien **30a** 5
Wohn- und Betreuungsvertragsgesetz 30a
Wohnfläche, Berechnung **30b** 42; **30d** 1
Wohnflächenverordnung 30d
Wohngebäudeversicherung, Allgemeine Versicherungsbedingungen, Wohnflächenmodell **62d**; Ausschluss **62d** A 2; Beitragsberechnung **62d** A 15; Entschädigungsberechnung **62d** A 18; Ersetzung von Mehrkosten **62d** A 12; Gebäude- und Grundstücksbestandteile **62d** A 7; Gefahrerhöhung **62d** A 22; Grundlagen der Anpassung **62d** A 16; Kündigung des Versicherungsverhältnisses **62d** A 23; Mietausfall, Mietwert **62d** A 13; nachträgliche Änderung eines Beitragsmerkmals **62d** A 17; Obliegenheiten des Versicherungsnehmers **62d** A 21; Sachverständigenverfahren **62d** A 19; Selbstbeteiligungen **62d** A 9; Umfang **62d** A 6; Veräußerung der versicherten Sachen **62d** A 24; versicherte Gefahren und Schäden **62d** A 1; versicherte Kosten **62d** A 11; Versicherungsort **62d** A 8; Versicherungswert, Versicherungssumme **62d** A 14; Wohnungs- und Teileigentum **62d** A 10; Zahlung und Verzinsung der Entschädigung **62d** A 20
Wohnraum, Amtshandlung **90e** 199; Anbieten von **31** 6
Wohnraumvermittlungsgesetz 31
Wohnsitz, Bestimmung **21e** 44; **103** 62; **103i** 43; **103k** 43; Freizügigkeit **1** 11, 17a, 73

Wohnung, Lebenspartner **43** 14, 17; Überlassung an Verletzten **49** 2; Unverletzlichkeit **1** 13, 17a
Wohnungen, Räumung **109** 130
Wohnungseigentum, Anwendung der Heizkostenverordnung **30c** 3
Wohnungswesen, Gesetzgebung **1** 74
Wohnwert als unterhaltsrechtliches Einkommen **47–47s**
Wortmarke 72a 7
Württemberg-Baden 1 118, 138
Württemberg-Hohenzollern, Erstreckung des Rechts des Vereinigten Wirtschaftsgebietes auf **1** 127; Sondervorschr. **98a** 116

Zahlstellenwechsel 54 27
Zahlungsbefehl, Europäischer **103g** 7, Einspruch gegen **103g** 16, Erlass **103g** 12, Vollstreckbarkeit **103g** 18, Vollstreckung **103g** 21, Zustellung **103g** 13 ff.
Zahlungsbericht 58 116
Zahlungseinstellung, Strafbarkeit des Kaufmannes bei **59** 37; berechtigt zum Wechselregress **54** 43 f.
Zahlungsinstitute, Verpflichtete nach Geldwäschegesetz **88a** 2
Zahlungskontengesetz, Mitteilungen **101a** 2. Teil 2. Abschn. Va.
Zahlungssysteme, internationales Insolvenzrecht **110b** 12
Zahlungsverkehr, Gesetzgebung **1** 73
Zahlungsverkehr mit Gerichten und Justizbehörden 120c; andere Zahlungsmittel **120c** 2; Barzahlung **120c** 2; unbarer Zahlungsverkehr **120c** 1
Zeitlicher Anwendungsbereich, VO (EU) 2015/848 über Insolvenzverfahren **110b** 84
Zeitpunkt der Verfahrenseröffnung, Begriffsbestimmungen (EU) 2015/8 **110b** 2
Zensurverbot 1 5
Zentrale Adoptionsstelle Aufgaben **45i** 11; Ausstattung **45i** 13; Unterrichtung **45i** 10
Zentrales Fahrerlaubnisregister 35d 49 ff.; Übermittlung von Daten **35d** 51
Zentralstelle des Mitgliedstaates **103d** 3; polizeiliche **1** 87
Zertifikate, Wertpapiere **58** 2
Zeugen 90e 64 ff.; Entschädigung **88b** 405; gefährdete **90b**; Widerspruchsrecht im Falle der Bild-Ton-Aufzeichnung **90e** 19b
Zeugenschutz, Tarnidentität **90b** 5
Zeugenschutzdienststelle 90b 2; Zuwendungen **90b** 8
Zeugenschutz-Harmonsierungsgesetz 90b
Zeugnis über Genehmigungsfreiheit im Grundstücksverkehr **40** 5 f.
Zeugnisverweigerungsrecht 1 47
Zinsen der Schecksumme **56** 45 f.; Wechselzinsen **54** 5, 48
Zinsscheine iSd DepotG **59** 1
Zivilbevölkerung, Gesetzgebung zum Schutz der **1** 73
Zivildienstleistende, Strafsachen **90c** 21
Zivilprozessverfahren, Mitteilungen **101a** 2. Teil 2. Abschn.
Zivilschutz, Betäubungsmittel **86** 26; Verpflichtung zur Dienstleistung **1** 12a
Zölle 1 105 f., 108
Zollfahndung *s. Steuerfahndung*
Zollstraftaten *s. Steuerstraftaten*
Zollverwaltung, Mindestlohn (Zuständigkeit) **80c** 14
Zugang eines Angebots **50c** 24; besonderes elektronisches Anwaltspostfach **98/3** 24
Zugang zu Informationen, Voraussetzungen **110b** 27
Zuhälterei 90e 248
Zulässigkeit, Auslieferung **90h** 29 ff.; Prüfung **21e** 16; **103i** 16; **103k** 16; Prüfung der **103b** 18; der Zuweisung eines landwirtschaftl. Betriebes **40** 14 f.
Zulässigkeitsvoraussetzungen 2 35
Zulassung zu ärztlichen und anderen Heilberufen **1** 74; Einschränkung **35d** 3; Entziehung **35d** 3; europäischer Patentanwälte in Deutschland **98/5** 4; europäischer Rechtsanwälte in Deutschland **98/4** 11 f.; Fahrerlaubnis **35d**; von Fahrzeugen **35b** 16 ff.; zur Zwangsvollstreckung **103q** 5
Zumutbarkeit, Sozialplan **82** 112
Zurückbehaltungsrecht, beschränktes Z. an Wertpapieren **59** 4, 9, 30
Zurückhalten des Kindes, Zuständigkeit **45m** 7
Zusammenarbeit der Gerichte **110b** 42; in Unterhaltssachen **21d** 49 ff.; der Verwalter **110b** 41; zwischen Verwaltern und Gerichten **110b** 43; der zentralen Behörden **45h** 7
Zusammenhang, Verfahren **21e** 18; von Verfahren **103i** 18; **103k** 18
Zusammenlegung von Gefangenen **91a** 9
Zusammenschluss, Koalitionsfreiheit **1** 9
Zusammentritt des Bundestages **1** 39, 122
Zuschüsse des Bundes **1** 120
Zuschussexemplare 66 6
Zusicherung zur Vermeidung eines Sekundärinsolvenzverfahren **110b** 36
Zuständigkeit, alternativ **103i** 9; **103k** 9; in anderen Fällen **103i** 6; **103k** 6; Arbeitsverträge **103** 20 ff.; ausschließliche **103** 24; Ausschluss der Nachprüfung **103i** 39;

103k 39; für Entscheidungen betreffend die elterliche Verantwortung **103b** 8 ff.; für Entscheidungen über die Ehescheidung **103b** 3 ff.; Gebrauchsmusterstreitsachen **71** 27; für Genehmigung zur Veräußerung landwirtschaftl. Grundstücke **40** 18; Gericht **103i** 44; **103k** 44; gerichtliche, Verfahren zur Anerkennung und Vollstreckbarerklärung ausländischer Entscheidungen **103o** 35; zur Gesetzgebung **1** 70 ff.; internationales Insolvenzrecht **110b** 3; in Landpachtsachen **39** 5; örtlich **103q** 3, 4; örtliche **21e** 45; **75** 15, Antrag auf Vollstreckbarerklärung **103b** 29, Auslieferung **90h** 14, Haager Kindesentführungsübereinkommen **103n** 11, int. Erbrechtsverfahren **103p** 2, int. Familienrechtsverfahren **103n** 10, der Vollstreckungsbehörde **90d** 7, der Vollzugsanstalt **90d** 24; Patentgericht **70** 65; Patentstreitsachen **70** 143; Prüfung **21e** 15; **103i** 15; **103k** 15; Prüfung der Z. durch Gericht eines Mitgliedstaats **103b** 17; des Richters für Vollzug der Untersuchungshaft **91a** 2; rügelose Einlassung **21e** 9; sachliche **75** 15, Auslieferung **90h** 13, der Vollzugsanstalt **90d** 23; nach Spruchverfahrensgesetz **51b** 2; subsidiär **103i** 10; **103k** 10; subsidiäre **21e** 10; in Unterhaltssachen **21d** 3 ff.; Verbot der Nachprüfung der Z. des Gerichts des Ursprungsmitgliedstaats **103b** 24; Verbrauchersachen **103** 17 ff.; Vereinbarung über **103** 25 f.; Versicherungssachen **103** 10 ff.

Zuständigkeitskonzentration, int. Familienrechtsverfahren **103n** 12

Zustellung von Amts wegen **110e** 41; Bescheinigung über **103c** 10; Beschluss zur vorläufigen Kontenpfändung **103h** 28; Datum **103c** 9; durch diplomatische oder konsularische Vertretungen **103c** 13; der Entscheidung des Patentgerichts **70** 94; von Entscheidungen in Grundstücksangelegenheiten **40** 20 f.; eines Europäischen Zahlungsbefehls **103g** 13 ff.; durch Gerichtsvollzieher **109** 9 ff.; Kosten **103c** 11; Post **103c** 14; von Schriftstücken **103c** 7; in Straf- und Bußgeldsachen **109** 28; unmittelbare **103c** 15; Verordnung (EG) **103c**

Zustellungsarten, Gerichtsvollzieher **109** 17 ff.

Zustellungsbevollmächtigter, besonderes elektronisches Anwaltspostfach **98/3** 25; Rechtsanwalt **98** 30

Zustellungsempfänger 103a 5

Zustellungsvordrucke 109 26

Zustimmungsverweigerung, Betriebsrat **82** 99

Zutritt zu Bundestagssitzungen **1** 43

Zutrittsrecht, Gewerkschaften (BetrVG) **82** 2

Zuweisung eines landwirtschaftl. Betriebes **40** 13 bis 17, 33

Zwangsarbeit, Verbot **1** 12; **2** 4

Zwangsgeld 103 55; Festsetzung in Grundstücksverkehrsangelegenheiten **40** 24; personelle Maßnahme **82** 101; Rechtsanwalt **98** 57

Zwangshaft 91 171 bis 175

Zwangslizenz, Gebrauchsmuster **71** 20; Patent **70** 24

Zwangsmaßnahmen 103d 13; im Strafvollzug **91** 94 bis 101; außerhalb des Strafvollzuges **91** 178

Zwangsversteigerungssachen, Mitteilungen **101a** 2. Teil 3. Abschn. VII.

Zwangsverwalter, Mindestvergütung **108a** 20; Regelvergütung **108a** 18; Vergütung und Auslagenersatz **108a** 17

Zwangsverwalterverordnung 108a

Zwangsverwaltung, Ausgaben **108a** 9; Auskunftpflicht **108a** 16; Auszahlungen **108a** 11; Beendigung **108a** 12; Buchführung **108a** 14; Grundstücksgleiche Rechte **108a** 23; Masseverwaltung **108a** 13; Mietvertrag **108a** 6; Mitteilungspflicht **108a** 4; Pachtvertrag **108a** 6; Rechtsverfolgung **108a** 7, Rückstände **108a** 8, Vorausverfügungen **108a** 8; Zustimmungsvorbehalt **108a** 10

Zwangsverwaltungsobjekt, Besitzerlangung **108a** 3; Nutzungen **108a** 5

Zwangsvollstreckung 109 30 ff.; ausländische Titel **103o** 36 ff., Beschwerde **103o** 43 ff.; aus ausländischen Titeln **103a** 3 ff.; Beschränkung **103a** 18 ff.; besondere Fälle **109** 48 ff.; zur Erwirkung der Herausgabe von Sachen **109** 127 ff.; in Forderungen und andere Vermögensrechte **109** 121 ff.; wegen Geldforderungen **109** 67 ff.; während Insolvenzverfahren **109** 51; int. Familienrechtsverfahren **103n** 16; Marke **72a** 34; Mobilien **103a** 21; in Nachlass gegen den Erben **109** 52 ff.; in Recht an Design **69** 30; Rechte am Inventar eines Grundstücks **42** 7; Schadensersatz **103a** 28; Unanwendbarkeit des CISG **50c** 2; unbeschränkte Fortsetzung **103a** 22 ff.; **103p** 18 ff.; **103q** 18, 19, 20; ungerechtfertigte **103a** 28; Voraussetzungen **109** 35 ff.; Widerstand Schuldner **109** 133 ff.; Zulassung **103q** 5

Zwangsvollstreckungssachen, Mitteilungen **101a** 2. Teil 3. Abschn. VI.

Zweckgebundene Verwendung personenbezogener Daten **45h** 31
Zwischenscheine iSd DepotG **59** 1
Zwischenstaatliche Einrichtungen, Übertragung von Hoheitsrechten **1** 24
Zwischenstaatliches Recht, Verschollenheit **45** 12

Für handschriftliche Notizen

Für handschriftliche Notizen

Für handschriftliche Notizen

Für handschriftliche Notizen

Für handschriftliche Notizen

Für handschriftliche Notizen

Für handschriftliche Notizen

Für handschriftliche Notizen

Für handschriftliche Notizen

Für handschriftliche Notizen

Für handschriftliche Notizen

Für handschriftliche Notizen

Für handschriftliche Notizen

Für handschriftliche Notizen

Für handschriftliche Notizen

Für handschriftliche Notizen

Für handschriftliche Notizen

Für handschriftliche Notizen

Für handschriftliche Notizen

Für handschriftliche Notizen

Für handschriftliche Notizen

Für handschriftliche Notizen

Für handschriftliche Notizen

Für handschriftliche Notizen

Für handschriftliche Notizen

Für handschriftliche Notizen

Für handschriftliche Notizen

Für handschriftliche Notizen